Esther Meier

Handbuch der Heiligen

Esther Meier

Handbuch der Heiligen

Umschlagabbildungen: „Johannes der Täufer“ von Leonardo da Vinci, „Der Heilige Wendelin“ von Martin Schaffner, „Madonna dell'Impannata“ (Maria mit Kind, den Heiligen Elisabeth, Magdalena und dem Johannesknaben) von Raffael, „Heilige Katharina von Alexandrien“ von Caravaggio, „Heiliger Sebastian“ von Raffael, „Die Heilige Agnes“ von Alessandro Varotari, „Der Apostel Paulus“ von Geminiano Benzoni
Fotos: akg-images

Umschlaggestaltung: Jutta Schneider, Frankfurt a. M.

Die Deutsche Nationalbibliothek verzeichnet diese Publikation in der Deutschen Nationalbibliografie; detaillierte bibliografische Daten sind im Internet über http://dnb.d-nb.de abrufbar.

Die Herausgabe des Werkes wurde durch die Vereinsmitglieder der WBG ermöglicht.
Layout, Satz und Prepress: schreiberVIS, Seeheim
Gedruckt auf säurefreiem und alterungsbeständigem Papier
Printed in Germany

Besuchen Sie uns im Internet: www.primusverlag.de

ISBN 978-3-89678-692-0

Inhaltsverzeichnis

Einleitung

Es gibt weit mehr Heilige als Tage im Jahr und wohl kaum einer kennt die genaue Zahl der Gottesmänner und -frauen, die im Laufe der Jahrhunderte verehrt wurden. Das vorliegende Buch versammelt nur eine kleine Auswahl der bekanntesten Heiligen und lässt zwangsläufig Lücken. Freilich eignet sich nicht jeder Heilige, um in ein ikonografisches Nachschlagewerk aufgenommen zu werden, denn nicht von jeder kanonisierten Person entwickelte sich ein verbindlicher Porträttyp und nicht immer entstanden Bilder in einem zeit- und ortsübergreifenden Maße. Vor allem von jüngeren Heiligen, die nach 1800 kanonisiert wurden, prägte sich kaum eine griffige Ikonografie aus. Auch fehlt es seitdem oftmals an einer überregionalen Verehrung, die für eine gesteigerte Bildproduktion nötig ist. Es müsste eine weltbekannte und populäre Person sein, deren Abbild in vielen Kirchen und Kapellen aufgestellt wird. Mutter Teresa etwa hat gute Chancen, dass sie einst an unterschiedlichen Kultstätten in ihrem Bild gegenwärtig ist. Derzeit aber darf von ihr noch kein Bild zur Verehrung ausgestellt werden, denn die während ihres Erdenlebens im Übermaß karitativ Tätige ist erst seliggesprochen. Die Heiligenikonografie hat viele Facetten und ist ohne die über Jahrhunderte gewachsene Heiligenverehrung nicht zu verstehen.

Der Heiligenhimmel ist in weiten Teilen unübersichtlich, denn er ist keineswegs ein unveränderbares Gefüge. Im Laufe der Jahrhunderte kamen neue Heilige hinzu und noch immer werden Frisch-Kanonisierte aufgenommen. Mit der Neuordnung des Kanonisationsverfahrens nach dem Tridentinum wurde der Stand der Seligen geschaffen, der eine eingeschränkte kultische Ehrerweisung erlaubt. Einige der Beatifizierten wurden zu einem späteren Zeitpunkt kanonisiert und erhielten damit einen höheren Verehrungsgrad. Mancher Heilige indes musste seinen angestammten Platz wieder verlassen, weil seine Existenz nicht genügend abgesichert war und in Kritik geriet, wie → Christophorus und → Katharina von Alexandrien. Nicht nur die Zu- oder Aberkennung des Heiligkeitsstatus bewirkt einen Wandel im Heiligenhimmel, auch kulturelle und zeitgeschichtliche Bedingungen können zu gravierenden Veränderungen führen. Hat doch jeder Heilige mehrere Gesichter, von denen jedes einer anderen Epoche zugewandt ist. Theologische Diskussionen, populär-religiöse Praktiken, politische Ereignisse und sozialgeschichtliche Aspekte bestimmen den Blick auf die Heiligen und geben der Verehrung die jeweilige Ausrichtung. So erfuhr mancher Heilige innerhalb von Jahrhunderten eine Umdeutung seiner Eigenschaften und bestimmte charakterliche Tugenden wurden zu gewissen Zeiten mehr oder weniger betont. Der Apostel Petrus etwa hat als Märtyrer (→ Petrus I) und als Begründer der Papstsukzession (→ Petrus II) stets hohe Aufmerksamkeit erlangt. Doch im Zuge der katholischen Reform und Gegenreformation wurde der reuige Petrus aktuell, der über seine Sünden weint (→ Petrus III) und damit ein Exemplum der wahren Buße gab. So wirken sich irdische Ereignisse auf den Heiligenhimmel aus und weltliche Belange prägen den Charakter der Himmelsbewohner.

Die Veränderungen zeichnen sich deutlich in der Heiligenikonografie ab, denn diese ist ein Spiegel der Zeitgeschichte und Widerschein der Theologie und Frömmigkeit einer Epoche. Doch kann eine Darstellung oder ein neues Bild auch auf die Frömmigkeitspraxis einwirken und dieser eine neue Richtung geben. Bild, Heilige und Kulturgeschichte stehen in einer wechselseitigen Beziehung und sind nur in der Zusammenschau zu verstehen.

Um die vielfältigen Verbindungen und veränderlichen Verhältnisse anzudeuten, ist das Handbuch nicht alphabetisch nach den Namen der Heiligen geordnet, sondern in Zeitabschnitte untergliedert. Die Reformation und das darauf folgende Konzil von Trient bilden die erste große Zäsur, die Aufklärung markiert den zweiten Einschnitt. Zudem sind die Heiligen zu Gruppen zusammengefasst, denn viele von ihnen sind weit weniger individuell als es den Anschein hat. Ihre Biografien sind oftmals aus topischen Versatzstücken geformt und ihre Charaktereigenschaften dem gängigen Bild angepasst. Davon sind vor allem die frühchristlichen Heiligen betroffen, zu deren Leben Zeitzeugnisse weitgehend fehlen und deren Lebensbeschreibung sich erst Jahrhunderte nach ihrem Tode herausbildete.

So wie die Heiligen von den kulturellen Ereignissen beeinflusst sind, so geben im Umkehrschluss die Heiligenverehrung und -ikonografie über die Zeit Auskunft, in der ihr Kult blühte oder dahinschwand. Gleichermaßen lässt ein Heiligenbild immer auch Rückschlüsse auf die Person zu, die die Dargestellten verehrt. Ein aufschlussreiches Beispiel ist in dem Stundenbuch *Grandes Heures* zu finden, das der französische Miniaturenmaler Jean Bourdichon ausstattete. Eine gut gekleidete Frau, geschmückt mit Geschmeide und einer besetzten Haube, kniet mit gefalteten Händen vor ihrem Betpult. Doch schaut sie nicht in das aufgeschlagene Buch, sondern hat den Blick ins Unbestimmte gerichtet. Die hinter ihr stehende Frau indes, die ihren Kopf mit weißen Tüchern verhüllt hat, fixiert eine nicht sichtbare Person und weist mit ihrer rechten Hand auf die Betende. Zudem hat sie ihre Linke sanft um deren Schulter gelegt und deutet damit an, dass sie zu der Knienden in einem besonderen Verhältnis steht. Auch die rechts stehende, in kostbare Gewänder gekleidete und mit Kreuzstab und Krone ausgezeichnete Frau weist mit einer leichten Geste auf die Hauptperson und schaut dabei zu dem Zentrum außerhalb des Bildes. Die gekrönte Frau in der Mitte hingegen, die Pfeil und Fahne in der Hand hält, blickt sinnierend vor sich hin. Die Platzierung der vier Frauen im Bild, ihre Stellung zueinander und ihre ähnlich gute Gewandung vereinen sie zu einer geschlossenen Gruppe.

Jean Bourdichon, Anne von Bretagne mit ihren Schutzheiligen, Buchmalerei, *Grandes Heures*

Dennoch gibt es beredte Unterschiede. Die leicht angedeuteten, kreisrunden Nimben charakterisieren die Stehenden als Heilige, während die Kleidung der Knienden diese als eine sozial hochstehende Zeitgenossin kennzeichnet. Die heiligen Frauen können anhand ihrer Gewänder und Attribute leicht als → Anna, → Ursula und → Helena identifiziert werden. Die Tatsache, dass die beiden Letztgenannten eine Königstochter und eine Kaisermutter waren, und die reiche Kleidung der Knienden legen den Schluss nahe, dass auch die Betende dem Herrscherstand angehört. Tatsächlich hat sich hier Anna von Bretagne, Königin von Frankreich, zum Gebet niedergelassen und sich in den Schutz ihrer persönlichen Heiligen begeben. Wie es einer Herrscherin gebührt, hat sie zwei Frauen aus einem Herrscherhaus zu ihren Schutzheiligen erkoren sowie ihre Namenspatronin Anna.

Die drei heiligen Frauen fungieren als Vermittlerinnen und empfehlen die französische Königin einer in der Hierarchie höher stehenden, doch nicht sichtbaren Person an. Um wen es sich handelt, verrät die Miniatur in dem aufgeschlagenen Buch, die Maria zu erkennen gibt. Das Gesamtbild lässt den Kommunikationsweg zwischen Mensch und Himmel erkennen, der vom Gläubigen über die Heiligen hin zur Muttergottes verläuft. Anna von Bretagne aber schaut Maria nicht mit ihren äußeren Augen. Sie hat zunächst das Bild in ihrem Gebetbuch angesehen, doch blieb ihr Auge nicht daran haften, sondern wandte sich ins Innere, um dort die Muttergottes zu schauen. Das äußere Bild ist Ausgangspunkt der inneren Imagination des Nichtsichtbaren und zugleich eine Gegenwärtigsetzung der abwesenden Heiligen.

Die Heiligenverehrung ist in vielerlei Hinsicht an das Bild gebunden. Über Jahrhunderte war das geschnitzte, gehauene oder gemalte Bildwerk das Medium, das den im Himmel Weilenden auf Erden repräsentierte und das Bindeglied zwischen Gläubigen und Heiligen herstellt. Der enge Zusammenhang zwischen Abbildung und Abgebildeten kommt auch dann zum Ausdruck, wenn, wie gegenwärtig, das Bild als Medium der Heiligenpräsenz stark in den Hintergrund tritt, denn auch die Ablehnung oder die Reduktion der Bildproduktion ist Ausdruck der angestammten Verbindung. Heiligengeschichte ist immer eine Bildgeschichte.

Das Handbuch macht es sich zur Aufgabe, die vielfältigen Verknüpfungen zwischen Heiligen, Ikonografie und Bild aufzuzeigen. Gezwungenermaßen bleibt das Überblickswerk mitunter holzschnittartig und verallgemeinernd. Für einen tieferen Einblick sind Hinweise zur weiterführenden Literatur beigegeben.

Vom frühen Christentum bis zur Reformationszeit

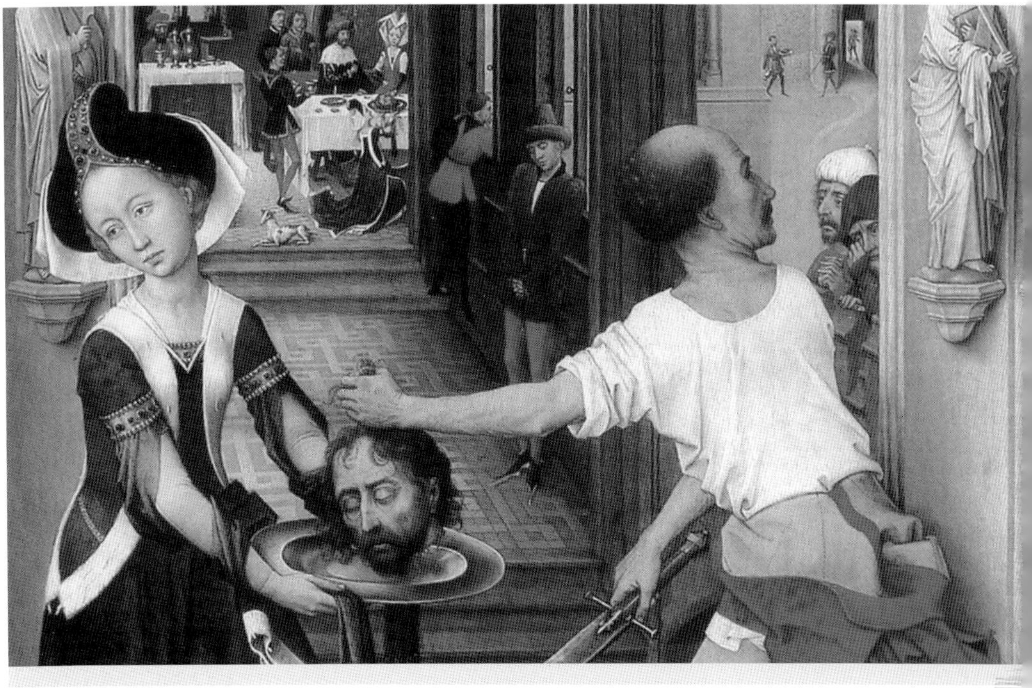

Nimmt man das *Hallesche Heiltumsbuch* zur Hand, das 1520 druckfrisch auf dem Markt erschien, und blättert durch die mehr als 140 Seiten, so eröffnet sich eine Zusammenschau prächtiger Objekte. Im Holzschnitt abgedruckt bietet sich eine schier unendliche Auflistung von kostbaren Kelchen, reich verzierten Kruzifixen, filigran gearbeiteten Monstranzen, kleinteiligen Retabeln und prächtigen Kästchen. Dazwischen sind zahlreiche Kleinskulpturen und Büsten angeordnet, die dazu auffordern, die dargestellte Person zu identifizieren. Dass es sich hierbei nicht nur um eine Ansammlung exquisiter Kunstwerke handelt, wird deutlich, wenn man die dazugehörigen Texte liest. Auf Blatt 98 etwa ist eine gekrönte junge Frau mit einem Kelch in der Hand zu sehen. Die beigefügten Worte erläutern, dass die Skulptur aus reinem Silber gearbeitet wurde und die hl. Barbara vorstellt. Damit nicht genug, erfährt der Leser weiter, dass es sich hierbei um ein kostbares Aufbewahrungsgefäß handelt, in dem eine beträchtliche Anzahl von Barbara-Reliquien ruhen: ein Finger, zwei Zähne, je ein Teil ihres Arms, ihrer Rippe und ihres Schienbeins sowie fünf Partikel von ihren Knochen, zwei Stücke von ihrem Kleid, das sie trug, als sie enthauptet wurde, und 23 weitere Teile. „Summa 36 Partikel" resümiert die stolze Aufzählung. Die anderen Preziosen stellen ebensolche heiligen Güter vor, sogar ein ganzer Körper gehörte zu der stolzen Sammlung. So visualisieren die Bilder eine Vielzahl von heiligen Personen und präsentieren die verehrten Gestalten in den Abbildungen. Besitzer dieses Schatzes war niemand Geringerer als Kardinal Albrecht von Brandenburg, Erzbischof von Magdeburg und Mainz, Administrator von Halberstadt.

Hl. Barbara, *Hallesches Heiltumsbuch*, fol. 98r, Aschaffenburg, Hofbibliothek

Albrechts Reliquiensammlung war zu ihrer Zeit wegen ihrer Menge und prächtigen Präsentation berühmt, grundsätzlich aber ist sie weniger exzeptionell als ein Spiegel der Heiligenverehrung kurz vor der Reformation. Die Anfänge einer derartigen Anhäufung heiliger Körperteile und Objekte führen weit zurück in das frühe Christentum. In den ersten Jahrhunderten nach Christi Geburt wurde die Basis gelegt, auf der aufbauend in den kommenden Jahrhunderten ein solides Gebäude der Heiligenverehrung und Heiligenpräsentation errichtet wurde. Erst an der Schwelle zur Frühen Neuzeit bekam das intakte Bauwerk erste Risse.

Das Grab des Heiligen

Der Beginn der Heiligenverehrung ist nicht genau zu datieren, denn nur zufällig überlieferte Berichte und die Zeiten überdauernde Objekte geben Hinweise auf die gemeinschaftliche Verehrung von Toten. Das prominenteste Zeugnis stammt aus der Feder des Kirchenmannes Gaius, der berichtet, am Vatikan in Rom sei nahe des alten Zirkus Neros ein Gedenkmal des Apostels Petrus zu finden. Tatsächlich brachten Grabungen ein Verehrungsmal zutage, das man nach 160 inmitten einer großen Gräberstätte an einer roten Mauer errichtet hatte. Hier wurde Petrus nachweislich verehrt, ob sich an dieser Stelle sein Grab befand, ist umstritten. Doch glaubte man schon früh, hier würden die Gebeine des Apostels ruhen. Kaiser Konstantin ließ an diesem Ort unter großem Aufwand die erste Petrusbasilika errichten, deren Mittelpunkt die Petrusmemoria bildete. Für diesen in der Apsis gelegenen Ort hatte Konstantin aus dem Osten elegant gedrehte Säulen herbeischaffen lassen, die als Architekturteile des Salomonischen Tempels galten. Nun markierte der außergewöhnliche Baldachin das Heiligtum der Basilika. Für die zahlreichen Pilger, die bald aus aller Herren Länder zum Apostelgrab strömten, markierte der prächtige Aufbau unübersehbar die heilige Stätte und führte die Gegenwart der verehrten Person vor Augen.[1]

Das Grab Petri blieb über Jahrhunderte das Zentrum der Kirche und ist noch heute das Herz von St. Peter. Da in der frühchristlichen Basilika kein feststehender Altar an der Verehrungsstätte vorgesehen war, ließ Papst Gregor der Große (590 – 604) den Fußboden der Apsis erhöhen und über dem heiligen Ort einen Altar aufstellen. Im Renaissancebau Neu-St. Peter erhielt der Hauptaltar seinen Platz exakt über der alten Verehrungsstätte, in der Vierung der Kirche. Gian Lorenzo Bernini fertigte einen monumentalen barocken Bronzebaldachin, der die gewundenen Säulen der ersten Anlage aufgreift und damit die lange Tradition der Petrusverehrung zum Ausdruck bringt.

Die Baugeschichte von St. Peter veranschaulicht die herausragende Bedeutung, die das Heiligengrab von jeher erhielt. Der Begräbnisplatz bildete die Stätte der Verehrung, da man hier den Verstorbenen gegenwärtig glaubte. Deshalb auch hielt man in der frühchristlichen Kirche nach antiker Sitte in Gemeinschaft mit dem Verstorbenen das Totenmahl am Grab – ein Brauch, den Augustin in Mailand zwar untersagte,[2] doch das Grundverständnis von der Gegenwart der Toten änderte sich nicht. Die Erbauung von Kirchen und die Errichtung von Altären über den Gräbern verliehen dem Gedanken sichtbaren Ausdruck. Die Kombination Altar und Grab bezog sich zudem auf die Bibel, derzufolge die Seelen der Märtyrer unter dem himmlischen Altar ruhen (Offb 6,9). Was lag näher, als die sterblichen Überreste auch unter dem irdischen Altar der Kirche zu bergen, zumal die Liturgie auf der Erde die Liturgie des Himmels spiegelte. Von nun an wurden zu allen Zeiten bei jeder Altarweihe Reliquien beigesetzt und selbst kleine Tragaltäre erhielten Partikel der Heiligen implantiert. Auf dem zweiten Konzil von Nizäa (787) hielt man ausdrücklich fest, dass jeder Altar Reliquien beinhalten sollte. So wurden die Heiligen ins Zentrum einer jeden Kirche ge-

Baldachin über dem Petrusgrab in der Konstantinischen Basilika (Rekonstruktion)

[1] Arbeiter 1988. [2] Klauser Th. 1974b.

setzt und ihre Verehrung auf Dauer mit dem kirchlichen Zeremoniell verbunden.

Mit der zunehmenden Bedeutung der Heiligengräber stieg das Verlangen, sich in ihrer unmittelbaren Nähe bestatten zu lassen. Da sich die Märtyrer durch ihren Glaubenstod besondere Verdienste erworben hatten, erhoffte man ihre Fürbitte bei Gott. Zu jener Zeit verstand man die Heiligen nicht als Helfer, die für Spezialgebiete verantwortlich sind, sondern als allgemeine Fürbitter. Die Präsenz des Heiligen auf Erden war an seine sterblichen Überreste gebunden, im Himmel hingegen weilte seine reine Seele. Dank dieser Doppelpräsenz wurde der Heilige zu einem geeigneten Vermittler zwischen Himmel und Erde.[3]

Reliquientranslation

Das Grab des Heiligen brachte den Nachteil mit sich, an einen Ort gebunden zu sein. Der Wunsch, die Kraft des Heiligen auch anderswo zu erlangen, führte zur Entnahme von Körperteilen, den Primärreliquien, oder von Gewandteilen und Ähnlichem, den Sekundärreliquien. Auch Eusebia aus Konstantinopel hatte sich Reliquien von den Vierzig Märtyrern von Sebaste besorgt und diese am Kopfende ihres Sargs einsetzen lassen.[4] So war ihr Körper „ad sanctos“, bei den Heiligen bestattet, obgleich er nicht an einem Heiligengrab ruhte. Im Westen aber galt die Berührung der Grabstätte als ein Sakrileg, weshalb auch Reliquienentnahmen und Gebeinerhebungen nicht erwünscht waren. Dies hielt ein Erlass aus dem Jahr 386 ausdrücklich fest, doch war es möglich, von dieser Bestimmung Dispens zu erhalten. Die erste bezeugte Translation erfolgte noch im gleichen Jahr in Mailand, als Bischof Ambrosius die Leiber der Märtyrer Gervasius und Protasius in die städtische Basilica Ambrosiana überführte. Freilich bestand die Gefahr, dass er die falschen Gebeine ausgegraben hatte und unwürdige Leichname höchste Verehrung erhalten würden. Um jegliche Zweifel zu zerstreuen, betonten die Quellen, dass untrügliche Zeichen die Echtheit der Körper bestätigt hatten: Ein Traum hatte Ambrosius dazu bewogen, die Grabung zu unternehmen, und die aufgefundenen Leichname hatten zu bluten begonnen.[5]

Als in den kommenden Jahrhunderten immer häufiger Gebeine der Heiligen erhoben wurden, stellte sich die Frage nach der Authentizität immer dringlicher. Als sichere Beweise galten die Unversehrtheit und der Wohlgeruch des aufgefundenen Leibes, der Gewänder oder beigegebenen Gegenstände. Selbst die Leichname von Märtyrern, die bei ihrer Hinrichtung grausam verstümmelt worden waren, fand man unversehrt wieder auf. Zudem bluteten die Körper der Blutzeugen oftmals.

Als typisches Beispiel für den Umgang mit heiligen Leibern und den Ablauf ihrer Erhebung mag die Gebeinauffindung des königlichen Goldschmieds und Bischofs → Eligius dienen: Eligius hatte das vergessene Grab des hl. Quintinus gesucht und nach dreißigtägigem Fasten wiedergefunden. Eigenhändig beteiligte er sich an der Grabung. Aus dem geöffneten Boden entstiegen ein Lichtglanz und ein Wohlgeruch. Eligius küsste den Leichnam, hob ihn aus dem Grab und entnahm ihm Zähne, Haare und Fingernägel, wobei der Leichnam zu bluten anfing. Schließlich setzt er den Heiligen hinter dem Altar in einer kostbaren Tumba erneut bei und ermöglichte damit eine anhaltende Verehrung.[6] Der Dreischritt „inventio“, „elevatio“, „translatio“ – Auffindung, Erhebung, Umbettung – markiert die übliche Abfolge einer beginnenden Heiligenverehrung im Sakralraum.

Das Vorgehen des Eligius zeigt zudem die damals übliche Reliquienauswahl. Noch bis nach 800 galt das Abtrennen von Gliedmaßen als frevelhaft, und allein nachwachsende Körperteile, wie Haare, Nägel oder Zähne, durften entnommen werden. Als ein namentlich nicht bekannter Künstler 1115 eine Miniatur schuf, hatte sich das Verhältnis zum Körper des Heiligen gewandelt. Bischof Grotefredus und seine Helfer haben hier den Leichnam des hl. Apollonius auf Tüchern gebettet und sind damit befasst, den rechten Arm mit einem Messer abzutrennen. Dieses Vorgehen war keineswegs eine Leichenschändung, sondern gerade Ausdruck der

Heiligenehrung. Deshalb sind zwei Diakone anwesend, die mit angezundeten Kerzen und Weihrauchfass das heilige Geschehen begleiten. Im oberen Bildfeld findet eine Übergabe von Körperreliquien zweier Heiliger statt, bei der alle Beteiligten die Kästchen mit dem kostbaren Gut ehrerbietig mit verhüllten Händen halten. Die Reliquien des hl. Apollonius würden ebenso sorgfältig aufbewahrt werden, denn jede Reliquie, und sei sie noch so klein, galt als Pars pro toto. Mit dem Erwerb eines Körperpartikels hatte man zugleich die vollständige Virtus des Heiligen erhalten. Seine Kraft war unvermindert in jedem seiner Überreste zugegen, so dass eine Reliquienentnahme keine Verminderung, sondern gerade eine Vermehrung der Wirkmacht mit sich brachte und die Präsenz des Heiligen multiplizierte. Seine Gegenwart war nun nicht mehr an seinen Bestattungsort gebunden, sondern in viele Kirchen und Kapellen transferiert worden.[7]

Reliquienpräsentation

Der Reliquienbesitz zog zwangsläufig eine Reliquienpräsentation nach sich. Noch im frühen Mittelalter wurden die begehrten Körperteile unverhüllt zur Schau gestellt und von den Gläubigen berührt und geküsst. Auf dem Laterankonzil von 1215 sprach man sich jedoch dagegen aus, Reliquien ungeschützt auszustellen. Dieser Entschluss wirkte sich unmittelbar auf das Kunstschaffen aus, denn anstatt die Partikel in Kästchen und Beuteln zu verwahren, aus denen sie leicht herausgenommen werden konnten, barg man sie nun in aufwendig gefertigten Reliquiaren. Die Reliquie des → hl. Laurentius etwa schloss man gegen 1175 in ein fein gearbeitetes Armreliquiar ein. Damit hatte man ein sogenanntes „redendes Reliquiar" gewählt, das mitunter den Körperteil visualisiert, der in ihm ruht. Allerdings ist dieser Zusammenhang zwischen Reliquie und Ostensorium nicht zwingend, denn oftmals entsprach der heilige Partikel nicht seiner äußeren Hülle. Gerade Behältnisse in einer Handform können auch als ein hinweisender Gestus verstanden werden, der nachdrücklich auf die darin verborgenen heiligen Überreste aufmerksam macht. Darüber hinaus wollen Reliquiare durch ihre kostbare und kunstfertige Ausarbeitung die Echtheit der Reliquie demonstrieren. Das Armostensorium besteht aus Zedernholz und ist mit einem fein geprägten und vergoldeten Muster überzogen, zusätzlich wurde es mit einer durch Glas verschlossenen Öffnung versehen, so dass der Betrachter mit dem Behältnis zugleich die Reliquie wahrnehmen konnte. Die materielle Haut diente dazu, den materiell bedeutungslosen, doch geistlich hoch bedeutsamen Inhalt zur Schau

Bischof Grotefredus schneidet einen Arm vom Körper des hl. Apollonius ab, Donzio, *Vita der Gräfin Mathilde von Canossa*, 1115, Vatikan, BAV, Cod. Vat. Lat. 4922, fol. 19r

[3] Kötting 1988; Brown P. 1991. [4] Kötting 1988, S. 108. [5] Dassmann 1975; Kötting 1988, S. 102. [6] Angenendt 1992; Angenendt 1991. [7] Allgemein: Dinzelbacher 1990a; Dinzelbacher 1990b.

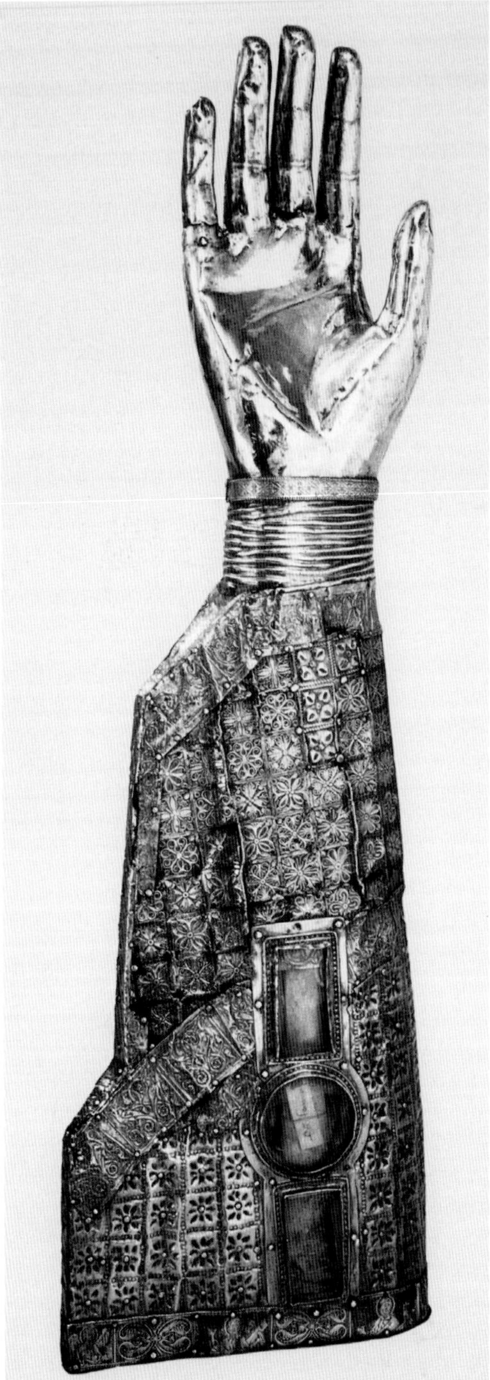

Armreliquiar des hl. Laurentius, um 1157, Berlin, Kunstgewerbemuseum

zu stellen. So kann das goldstrahlende Material die unscheinbare, doch heilige Substanz beglaubigen – in einem derart kostbaren Behältnis konnte sich nur ein ebenso kostbares Objekt befinden.[8] Nicht zuletzt verwies das Ostensorium auf den himmlischen Leib des Heiligen, der der Bibel zufolge verklärt und unverweslich ist (1 Kor 15,35 – 50),[9] auch beim Öffnen eines Heiligengrabes nahmen die Umstehenden oftmals einen überirdischen Glanz und Lichterscheinungen wahr. Die glänzende Oberfläche des Reliquiars spiegelte buchstäblich den himmlisch verklärten Heiligen wider.[10]

Eine andere Weise der Heiligenpräsentation und Heiligenlegitimation leisteten seit dem 12. Jahrhundert Reliquiare, die auf den Seitenwänden und Dächern Szenen aus dem Leben und Sterben einer verehrten Person abbilden. In diesem Fall kommt es den bildlichen Erzählungen zu, von der Heiligkeit des im Innern verborgenen Partikels zu zeugen und die Begründung für ihre Verehrung zu liefern.

Manche Behältnisse fungierten als Sammelreliquiare und beinhalteten unterschiedliche Überreste vieler Heiliger. Vor allem Altarretabel boten Platz für mehrere Ostensorien und erlaubten eine Vielfalt von Repräsentationsvarianten. Das Klarenretabel in Köln etwa zeigt im geöffneten Zustand geschnitzte Apostelstatuen, dazu Reliquienbüsten der Ursula-Jungfrauen (→ Ursula) sowie Fächer für weitere Reliquien.[11] In dieser Kombination bestätigten sich Bild und Reliquie gegenseitig und waren auf das Engste in die liturgische Feier am Altar eingebunden.

Pilgerfahrten

Es gehört zu den Grundbedürfnissen von Menschen aller Kulturkreise, sich in besonderen Notzeiten an geheiligte Orte zu begeben – herausgehoben aus dem Alltag und nahe dem Himmel, erhofft man sich Hilfe und Heil. So waren Pilgerfahrten zu heiligen Städten schon in der Antike und im Judentum üblich und die Reisen zu den Gräbern verehrter Personen des frühen Christentums konnten an bestehende Traditionen anknüpfen. Die Erwartung eines

Klarenaltar, geöffnet, um 1360, Köln, Dom

besonderen Heilgewinns an einem herausgehobenen Ort führte zu einer steigenden religiösen Mobilität, die im Mittelalter alljährlich Tausende auf die Straße brachte. Manche unternahmen eine kurze Reise zu lokalen Kultorten (peregrinationes minores), andere zog es in einer monatelangen Fahrt zu weit entfernten Zielen (peregrinationes maiores). Wallfahrtsort und Wunder gehörten stets auf das Engste zusammen, doch im späten Mittelalter veränderte sich die Kausalkette dieser beiden Größen. Hatte man im frühen Christentum und im frühen Mittelalter ein Heiligengrab besucht und dort unter Umständen das ersehnte (Heilungs-)Wunder erfahren, so ereignete sich im späten Mittelalter zuerst ein aufsehenerregendes Wunder – ein Bild weinte, eine Hostie blutete u. Ä. – und dann zogen Wallfahrer an diesen wundersamen Ort.[12]

Zu den Pilgerzielen in der Ferne zählten Jerusalem, Rom und Santiago de Compostela. Im Laufe der Jahrhunderte nahmen die Reisen zum Grab des Jakobus beständig zu und als man im Jahr 1300 zu Rom das erste Heilige Jahr und den Erwerb eines Plenarablasses ausrief, stieg die Zahl der Rompilger enorm an. Auch ins Heilige Land zogen vermehrt Pilger, nachdem die Kreuzzüge dort Eroberungen gemacht hatten, doch als die Kreuzfahrer 1291 das Land verlassen mussten, wurde es schwieriger, die biblischen Orte zu erreichen. Erst am Ende des Mittelalters konnten wieder leichter Fahrten ins Heilige Land unternommen werden. Auch der niederrheinische Edelmann Ritter Arnold von Harff besuchte auf seiner großen Reise, die ihn von 1496 – 1498 durch weite Teile Europas, Ägyptens und des Vorderen Orients führte, die großen Pilgerstätten. Sein Reisebericht, der in weiten Teilen die gängigen Pilgerhandbücher kompilierte, liegt in mehreren illustrierten Handschriften vor.[13] Die Miniaturen, die Harff an den unterschiedlichen Pilgerorten zeigen, führen anschaulich das Wesen eines solchen Ortes vor Augen. Der Ritter ist durch seine Gewandung Pilgermantel, -hut und -stab als frommer Fernreisender gekennzeichnet. Nie aber ist er vor einer Kirche oder in ei-

[8] Reudenbach 2000. [9] Angenendt 2002. [10] Reudenbach/Toussaint 2003. [11] Legner 1995, S. 182 f. Zu weiteren Kölner Reliquiaren: Legner 2003. [12] Rapp 1993, S. 48 f. [13] Arnold von Harff 2009.

Ritter Arnold von Harff vor St. Peter, 1554, Maria Laach, Hs 268

ner Grabkapelle zu sehen, sondern stets kniet er vor dem Heiligen, dem die Stätte geweiht ist. Harff besucht kein Gebäude und kein Erinnerungsmal, sondern sucht jeweils den Heiligen persönlich auf.

Kanonisation

Die Pilgerströme, die zu weit bekannten Verehrungsstätten zogen, sind Ausdruck einer kirchlich anerkannten Heiligenverehrung. Die offizielle Approbation der Heiligkeit einer Person hat ihre Geschichte, bei der die päpstliche Kanonisation verhältnismäßig spät ins Spiel kam. Zunächst galt die Erhebung der Gebeine zu den Altären als eine ausreichende Legitimation der Heiligenverehrung. Die Kanonisation fand „viam cultus" statt, mittels des kirchlich geförderten Kultes in einer speziellen Kirche. Damit war die Verehrung einer Person regional beschränkt, der Name erschien nur in lokalen liturgischen Schriften und die Kenntnis vom Kultort und seinem Heiligen verbreitete sich langsam. Damit keine unwürdige Person Verehrung empfange, sollte der Bischof über die Rechtmäßigkeit des Kultes wachen. So stellte es eine Ausnahme dar, als man sich 993 für die offizielle Kultanerkennung des Augsburger Bischofs → Ulrich an Rom wandte. Erst unter Papst Alexander III. (1159 – 1185) wurden die Kanonisationen an den päpstlichen Stuhl gebunden und das Prüfverfahren in der Folgezeit durch die Einsetzung einer Kardinalskommission organisiert und reglementiert. Es kristallisierte sich eine dreistufige Prozedur heraus, bestehend aus „petitio", „miracula", „vita". Mit dem Einreichen einer Bitte um Heiligsprechung wurde der Prozess in Gang gebracht, die Kommission forderte daraufhin als Nachweis eine größere Anzahl von Wundern. Dazu wurden Mirakellisten aufgestellt und Zeugen vorgeladen. Wurden die Dokumente und Zeugnisse positiv begutachtet, so konnte eine Vita in Auftrag gegeben werden, die von dem wundersamen Leben und gottgefälligen Wirken des Heiligen zeugte.

Freilich wurden nicht alle Petitionen auf Kanonisation positiv begutachtet und nur etwa die Hälfte der Bittschriften führte zu der gewünschten Heiligsprechung. Zudem gingen mit der Verschärfung des Verfahrens die Suppliken zurück.[14] Als weitere Hürde kamen immense Kosten hinzu. Die Kommissäre waren zu bezahlen, die Spesen der Zeugen zu begleichen und das Kanonisationsfest musste in aller Pracht begangen werden. So blieb es nicht aus, dass vielerorts neue Heilige verehrt wurden, ohne dass je eine offizielle Kanonisation erfolgte.[15] → Rochus ist der berühmteste Heilige des späten Mittelalters, der nie kanonisiert wurde, aber vielerorts eine Verehrung „viam cultus" genoss.

Obgleich prinzipiell ein exzeptionelles, heiliges Leben die Grundlage für eine Kanonisation bildete, wurden doch nur gewisse Personengruppen heiliggesprochen. Männer, die dem Stand der Kleriker oder des Adels angehörten, hatten große Chancen, nach ihrem Tode verehrt zu werden. Erst nach 1100 nahm die Zahl der heiligen Frauen zu, die zu jener Zeit allerdings Jungfrauen oder jungfräulich lebende Witwen sind und meist einem Orden angehören oder ein klosterähnliches Leben führen. Doch erst im 15. Jahrhundert erreichte die Verehrung von weiblichen Heiligen einen ersten Höhepunkt und sie bildeten nun 28 % aller Heiligen – eine Zahl, die in den kommenden Jahrhunderten allerdings wieder rückläufig wurde.

Im späten Mittelalter konnten auch verheiratete Frauen in den Stand einer Heiligen erhoben werden, darunter auch fromme Frauen, die sich keiner Ordensgemeinschaft anschlossen.[16] Heiligkeit beruhte demnach nie allein auf einer entsprechenden Lebensführung, sondern auch auf dem sozialen Stand und dem Geschlecht.

Hagiografie

Die von offizieller Seite in Auftrag gegebene Heiligenvita gehört zum Kanonisationsprozess und ist ein Phänomen, das im hohen Mittelalter seinen Ursprung nahm. Im frühen Christentum lagen noch keine schriftlichen Zeugnisse zum Leben einer verehrten Person vor, allein knappe Märtyrerakten waren greifbar, die als eine Art Prozessprotokoll die Verurteilung referierten.[17] Auch die *Passiones* sind kurz gefasst und enthalten Augenzeugenberichte zum Leiden und Sterben des Heiligen. Inhaltlich ähnlich gestalten sich die *Martyrologien*, lokal variierende kalendarische Aufstellungen, die ebenfalls den Schwerpunkt auf das Martyrium legen. Das älteste erhaltene Verzeichnis ist das *Martyrologium Hieronymianum* und stammt aus dem 5. Jahrhundert. Da sich die Verehrung zunächst auf Märtyrer beschränkte und allein deren Glaubenstod grundlegend war, stand jeweils das Sterben und weniger das Leben des Heiligen im Mittelpunkt.

Einige Heilige erhielten schon früh eine ausführliche Vita, vor allem Bekenner des Glaubens, die nicht den Märtyrertod starben. Athanasius, Bischof von Alexandrien (um 298 – 373), schrieb etwa die Vita das ersten Eremiten → Antonius schon bald nach dessen Tod und Sulpicius Severus verfasste nur wenige Jahre nach der Bestattung des → Martin von Tours die Biografie des verehrten Bischofs. Die Heiligenviten wurden an deren Festtagen öffentlich verlesen, dienten den Mönchen und Nonnen als Tischlektüre und Lesekundige nutzten sie für das private Studium. Doch da die Texte in Latein abgefasst waren, blieb die Gruppe derer, die sie verstehen konnten, klein.[18]

Ein Meilenstein der hagiografischen Schriften bildet die *Legenda aurea*, die Jacobus de Voragine, Dominikaner und Bischof von Genua, verfasste. Wann das epochemachende Werk erschien, ist umstritten, wahrscheinlich lag es bereits 1260 vor. Voragines Legendar beschränkt sich nicht wie ähnlich geartete Schriften auf die Heiligen einer bestimmten Region, sondern weitet den Blick überregional und widmet sich einer großen Anzahl verehrter Personen. Die Fülle von Biografien gliederte er nach dem Kirchenjahr, so dass der Leser eine Lektüre erhielt, die ihn fortlaufend durch das gesamte Jahr begleitete. Die *Legenda aurea* wurde in Klöstern gelesen und diente Studierenden und Priestern als hagiografische Enzyklopädie, die ihnen als Predigthilfe zur Verfügung stand. Das Erfolgsbuch verbreitete sich schnell in ganz Europa und war schon wenige Jahre nach seiner Abfassung auch in den deutschsprachigen Gebieten bekannt. Eine erste Übersetzung ins Deutsche erfolgte 1300 in Versform, weitere Prosafassungen folgten. Auch wenn die vielen kursierenden Versionen auf Voragines Vorlage basieren, gab es doch einige Unterschiede. Viele der Abschriften fügten lokale Heilige hinzu, so wie die *Elsässer Legenda aurea*, die in Straßburg verfasst wurde und bedeutendes Sondergut aufweist. Ende des Mittelalters war die *Legenda aurea* nach der Bibel zum meistverbreiteten Buch geworden.[19]

Die Passionen und Legendare verbreiteten das Wissen um die Heiligen und beförderten deren Verehrung, zugleich aber normierten sie das heilige Leben. Die Berichte wollen nicht vornehmlich historische Informationen übermitteln, sondern den Kult befördern und ein exemplarisches Leben vor Augen stellen. Deshalb warten die Viten mit Topoi auf, die versatzstückartig auftauchen und das tugendhafte Leben eines Heiligen kreieren. Typisch ist ein pränataler Hinweis auf ein besonderes Kind. Die Mutter des → hl. Eligius etwa wurde während ihrer Schwangerschaft von einem Adler begleitet, der direkt über ihr flog, um ihr Schatten zu spenden.[20] Das heilige Kind ist oftmals durch Extreme charakterisiert, entweder ist es besonders hässlich, missgestaltet oder kränklich oder

[14] Angenendt 1994, S. 48. [15] Ries 1993; Schimmelpfennig 1994, S. 73 – 85; Krafft 2005. [16] Goodich 1982; Kieckhefer 1991; Muschiol 1996; Kasten 2001. [17] Holl 1928, S. 68 – 102. [18] Nahmer 1994. [19] Kunze 1970; Williams-Krapp 1979; Rhein 1995, S. 5 – 43.

aber zeichnet es sich durch herausragende Eigenschaften aus, wie Schönheit, Gelehrsamkeit oder Ernsthaftigkeit, die es kindische Spiele und gemeine Scherze verabscheuen lässt.[21]

Heiligenbilder

Die Darstellung der Heiligen in Bildern barg ein Problem, dessen man sich im frühen Christentum sehr bewusst war. Dreidimensionale Bildwerke waren den antiken Götterstatuen zu ähnlich und mochten die Idolatrie begünstigen. Deshalb entwickelte sich die christliche Kunst zunächst auf den Wänden der Kirchenräume und Katakomben sowie auf Sarkophagen und Gebrauchsgegenständen des privaten Lebens. Das ikonografische Programm aber beschränkte sich auf alt- und neutestamentliche Szenen; heilige Personen und Gottesdarstellungen fehlten indes weitgehend.[22] Soweit der nur bruchstückhaft erhaltene Bestand der Sakralkunst ein Urteil zulässt, entstanden erst nach 400 häufiger Darstellungen von Heiligen. Doch die Beschränkung auf das zweidimensionale Bild hatte weiterhin Bestand und wurde erst zur Karolingerzeit nördlich der Alpen mit der Herstellung dreidimensionaler Kruzifixe und thronender Marienfiguren durchbrochen.

Das älteste bekannte plastische Heiligenbild stellt die hl. Fides vor, die im 9. Jahrhundert für die Abteikirche Ste-Foy in Conques geschaffen wurde. Allerdings ist die ursprüngliche Figur nicht mehr erhalten, denn nach 985 wurde sie überarbeitet und erhielt die gegenwärtige Gestalt der goldgefassten, reich mit Edelsteinen geschmückten Figur, die steif auf ihrem Thron sitzt. Im Kopf bewahrte man die Schädelreliquie der hl. Fides. Nachdem die Heilige in Conques ein Wunder gewirkt hatte, reisten viele Gläubigen dorthin, um vor der Fides-Skulptur zu beten. Als überaus kritischer Besucher fand sich im Jahr 1013 auch Bernhard von Angers, Leiter der Domschule von Angers, in Conques ein und kommentierte spöttisch das fromme Gebaren vor der Figur. Doch unvermutet wurde aus dem aufgeklärten Kritiker ein frommer Bildbetrachter: Die Heiligenskulptur zog ihn in Bann und er sandte ein Gebet zu Fides. Später propagierte Bernhard sogar, Bildwerke seien nützlich, da sie zur Andacht führten, das Andenken der Heiligen bewahrten und zum Gebet führten.[23]

Bernhard von Angers war nicht der erste Bildkritiker, denn schon vor ihm hatten sich Theologen skeptisch zum Bildgebrauch geäußert. Serenus, Bischof von Marseille, war sogar tätig geworden und hatte Gemälde zerstören lassen. Papst → Gregor der Große mahnte ihn daraufhin wiederholt zur Mäßigung. Bilder in Kirchen seien nicht nur erlaubt, sondern nützlich: Sie halten die Erinnerung an die dargestellten Personen wach, bewegen zur Andacht und belehren diejenigen, die nicht lesen können.[24] Diese pädagogisch-didaktische Begründung der Bildfunktion wurde zum Topos und über Jahrhunderte wiederholt geäußert und immer wieder versicherte man, Bilder seien Bücher der Leseunkundigen (scriptura laicorum). Dennoch konnte Gregors Diktum nicht die Zweifel aller Theologen an der Rechtmäßigkeit des Bildergebrauchs entkräften.[25]

Großes Aufsehen erregte der Bilderstreit in Byzanz, den Kaiser Leo III. 726 durch einen ikonoklastischen Akt entzündete. Auf dem Konzil von Hiereia im Jahr 754 wurden die Bilder der Ostkirche offiziell verboten und erst unter der Kaiserin Irene 787 auf dem zweiten Konzil von Nizäa wieder zugelassen. Doch die Nachfolger der ikonodulen Herrscherin hingen wiederum der Partei der Bildgegner an, so dass erst Kaiserin Theodora 843 auf einem in Konstantinopel einberufenem Konzil die Bilder Jesu und der Heiligen endgültig wieder erlaubte.[26] Als dogmatisch wichtigstes Argument für die Darstellung heiliger Personen hatte man in Nizäa ins Feld geführt, dass Gott in seinem Sohn Jesus sichtbar geworden war. Christus, der als Gottessohn Menschengestalt angenommen hatte und damit wahrer Mensch und wahrer Gott ist, kann zwar nicht in seiner unabbildlichen göttlichen Natur dargestellt werden, doch in seiner menschlichen Natur sei er sehr wohl abbildbar. Der byzantinische Bilderstreit wirkte sich im Westen dahingehend aus, dass man sich genötigt sah, klare Stellung für die Heiligenbilder zu beziehen. Karl der Große rief gar eine Synode in Frankfurt ein und ließ in einer mehrbändigen Oppositionsschrift, den *Libri Carolini*, die Pro-Bild-Auffassung niederlegen. Im Westen galt weiterhin, dass der Kult, den man den Abbildern zukommen lasse, auf das Urbild übergehe und dass man mit den Bildern auf Erden immer auch den Heiligen im Himmel ehre.

Nachhaltige Bildkritik, die mancherorts zu ikonoklastischen Ausschreitungen führte, wurde erst im 15. Jahrhundert laut. Die Hussiten in Böhmen etwa wandten sich gegen den Heiligen- und Bilderkult und zerstörten die Bildwerke der Kirchen.[27] Gerade am Ende des Mittelalters, als verstärkt kritische Stimmen laut wurden, war die Bildproduktion enorm angestiegen und die Produktion sakraler Kunstwerke blühte wie nie zuvor. Biblische Historien, Szenen aus Heiligenviten und Einzeldarstellungen von Heiligen waren in Öl gemalt, in Holz geschnitzt, in Stein gehauen und in Glas gebannt und selbst in kleinen Dorfkirchen zu sehen. Hinzu kamen wundertätige Bilder aller Art sowie Bilder, die mit Reliquien eine Allianz eingingen. Manche geschnitzte Figuren bargen Reliquien und nach wie vor stellte man Reliquiare zu gewissen Zeiten auf dem Altar aus, so dass sie mit dem Altarbild einen Dialog eingingen. Prozessionen mit kostbaren Ostensorien waren weiterhin aktuell und Heiltumsweisungen hatten einen nie dagewesenen Aufschwung erlangt. Bei diesen im regelmäßigen Turnus stattfindenden Großereignissen präsentierte man dem herbeiströmenden Volk die Reliquien in ihren Reliquiaren von einer gezimmerten Schaubühne, dem Heiltumsstuhl, aus. In Aachen bildete das Kleid Marias den Mittelpunkt der Weisung, in Trier der Rock Christi und in Nürnberg die Reichsinsignien. Die letzte Neuinszenierung von heiligen Überresten erfolgte in Halle im Jahr 1519. Dort hatte Albrecht von Brandenburg den Reliquienschatz von seinem Vorgänger übernommen, diesen um ein Beträchtliches erweitert und für Knochen, Kleiderreste, Haare, Zähne und Nägel der Heiligen unzählige kostbare Behältnisse fertigen lassen. Nicht von ungefähr entstand die außergewöhnliche Sammlung gerade an diesem Ort zu dieser Zeit. Vom nahen Wittenberg her nämlich blies seit dem Thesenanschlag von 1517 ein kräftiger Gegenwind, der mit den althergebrachten Traditionen auch die Heiligenverehrung und die Heiligenbilder fortzublasen drohte. Albrecht von Brandenburg versuchte durch eine außergewöhnliche Prachtentfaltung, durch eine unglaubliche Massenpräsentation – bei der Heiltumsweisung wurden in einem nicht enden wollenden Defilee 8133 Partikel gezeigt –

Hl. Fides, 9. Jh., Conques, Ste-Foy

[20] Griese 2005, S. 197, Anm. 3. [21] Goodich 1982, S. 82 – 100. [22] Spieser 2007. [23] Fricke 2007; Belting 1991, S. 335 f., S. 595 f. [24] Duggan L. 1989; Chazelles 1990. [25] Wirth 2007. [26] Lange G. 2007. [27] Bredekamp 1975, S. 251 – 273; Feld 1990, S. 89 f.; Schnitzler 1996, S. 88 – 95.

Bildersturm, Flugschrift, 1525/1527, Nürnberg, v. Scheurl-Bibliothek, Flugschrift Nr. 160c

und durch die unverhohlene Zurschaustellung seiner eigenen Person ein Bollwerk des Glaubens zu errichten. Doch spätestens 1521 erfolgte die letzte Heiltumsweisung und 1540 sah sich der Kardinal gezwungen, Halle zu verlassen und sich nach Mainz zurückzuziehen.[28]

Just zur Weihnachtszeit 1521 kam es in Wittenberg zu ersten Ausschreitungen. Veranlasst durch agitatorische Reden des Andreas Bodenstein von Karlstadt, Professor der Universität zu Wittenberg, wurden Messen massiv gestört, im Januar 1522 schließlich kam es zu ikonoklastischen Aktionen. Menschen stürmten die Kirchen, rissen die Bilder herab, zerschlugen die Kunstwerke, zerstörten die liturgischen Geräte und entweihten die priesterlichen Gewänder.[29] Seine Ansicht über den Bildgebrauch der Kirche legte Karlstadt in der Schrift *Von Abtuung der Bilder* vor. Darin betonte er, Gott habe im ersten Gebot das Bildermachen verboten (2 Mo 20,4–5: „Du sollst dir kein Bildnis machen, bete es nicht an"). Weiter argumentierte er mit einem Geist-Materie-Dualismus und erklärte, Gott sei Geist und könne nur im Geist, nicht aber im materiellen Bild angebetet werden (Joh 4,24). Schließlich kritisierte er die Heiligenverehrung generell: Gott alleine gebühre die Ehre und nicht den Heiligen.[30]

Die Wittenberger Unruhen läuteten Jahre der Bilderstürme ein, die vor allem während der 1520er und 1530er Jahre wüteten: 1523 in Zürich, 1524 in Augsburg, 1524 und 1530 in Straßburg, 1527 in Konstanz, 1529 in Basel, 1531 in Ulm und 1534 in Münster – wollte man alle Orte nennen, so würde die Liste sehr lang werden.[31]

Mit der Herausbildung der protestantischen Kirche war für einen großen Teil der Bevölkerung die Heiligen- und Bilderverehrung zu einem Ende gekommen. Auf Seiten der Katholiken setzte ein Überdenken der Theologie und Traditionen ein, die sich in Schriften, in Neuordnungen der Frömmigkeitspraxis und bewusster Traditionsfortsetzung äußerte. Im Buch der Heiligenverehrung und Heiligendarstellung wurde ein neues Kapitel aufgeschlagen.

[28] Rasmussen J. 1976/77; Merkel 1992; Kühne 2000, S. 423–444; Cárdenas 2006; Diedrichs 2006. [29] Fabian 1914; Ullmann E. 1992; Schnitzler 1996, S. 237–254. [30] Karlstadt 1983. [31] Köpf 1990; Michalski 2000.

Märtyrer

Die Kirche könne täglich 1000 Märtyrern gedenken, stellte Jacobus de Voragine, der Verfasser der *Legenda aurea*, beeindruckt fest. Tatsächlich bilden die Blutzeugen eine erste große Gruppe von verehrten Heiligen. Das Neue Testament berichtet von zwei Personen, die ihr Leben für ihre christliche Überzeugung lassen mussten: → Johannes der Täufer wurde enthauptet, weil er ein unbequemer Mahnprediger war, und auch der Diakon → Stephanus fand seinen Tod, weil er missliebige Worte verkündigte. Die Bibel berichtet zwar von den Todesumständen, doch betitelt sie die beiden Glaubenshelden nicht als Märtyrer. Das Wort „Martys" findet sich erstmals um 160. In einem Schreiben, das die Gemeinde von Smyrna nach Philomelion sandte und das am Gedenktag des Märtyrers Polykarp an dessen Grab verlesen wurde, wurde der Begriff im Sinne von „Zeugnis ablegen" verwandt: Der Blutzeuge hatte in höchster Standhaftigkeit seinen Glauben bezeugt. Mit dieser begrifflichen Definition konnte man wenige Jahrzehnte später die Bekenner (confessores) von den Märtyrern unterscheiden, die Christus zwar bezeugt hatten, jedoch ihr Leben nicht für ihren Glauben lassen mussten.

Das Sterben der Christen verstand man als eine Fortsetzung des Todesleidens Christi, so dass die Märtyrer zu wahrhaften Nachfolgern Jesu wurden, die ihrem Herrn bis in den Tod gefolgt waren. Zugleich galt das Martyrium als Bestandsprobe der Wahrhaftigkeit des Glaubens. Es erhob sich deshalb die Frage, wie mit Gläubigen zu verfahren sei, die unter dem Druck der Verfolgung ihr Christentum geleugnet hatten, später aber reumütig zur Gemeinde zurückgekehrt waren. Doch auch das Verhalten der Glaubensstreiter konnte zu einem Problem werden. Einige nämlich zerstörten die heidnischen Götzenbilder und provozierten damit ihren eigenen Tod. Personen, die ihr Sterben durch herausfordernde Handlungen selbst verschuldet hatten, gelten nicht als Märtyrer, hielt man 306 auf der Synode von Elvira fest.

Der Blutzeugen gedachte man schon früh kollektiv an ihrem Grabe, doch mit der offiziellen Anerkennung des Christentums rückte die liturgische Verehrung stärker in den Mittelpunkt. Kaiser → Konstantin ordnete an, an den Gedenktagen einen Gottesdienst zu feiern, und ließ mehrere Märtyrerkirchen errichten, wenngleich diese Gotteshäuser nicht zwingend Gebeine der Blutzeugen bargen, in der Apostelkirche in Konstantinopel etwa waren die Leichname der Apostel nicht bestattet. Da mit der Hinwendung Konstantins zum Christentum Christenverfolgungen auf Dauer ausblieben, konnte die Vorbildhaftigkeit des Martyriums nicht mehr wörtlich verstanden werden. Ambrosius erläuterte deshalb, Menschen, die für ihren Glauben starben, seien Exempla des Starkmuts und der Tapferkeit, weil sie sich in der Versuchung bewährt hatten. Als Anfechtung galt nun nicht mehr die Bedrohung des Lebens, sondern sittlich-moralische Verführungen. Damit konnte nun auch ein jungfräulich-zölibatäres Leben mit dem Märtyrertod verglichen werden. Menschen, die sich der sexuellen Keuschheit verschrieben hatten, würden ihr Le-

Stefan Lochner, Apostelmartyrium, 1435/1440, Frankfurt a. M., Städel

ben Gott opfern und sich selbst als Weihegabe hingeben.

Zu neuen Märtyrertoden kam es erst wieder bei der Heidenmission; sie ereigneten sich vor allem in den Gebieten nördlich der Alpen. → Bonifatius etwa musste sein Leben lassen, als er den Friesen das Evangelium predigte. Andere Personen starben aufgrund von politischen Intrigen, wie → Kilian und → Thomas Becket, doch da sie fromme Männer waren, galt ihr Tod bald als ein Martyrium im Namen Christi. Im christianisierten Abendland kam es folglich kaum noch zum Martyrium, doch wurden die frühchristlichen Blutzeugen stets sehr verehrt. Die Hochschätzung spiegelt sich in den Viten der *Legenda aurea* wider, denn von ihnen sind zwei Drittel den Märtyrern gewidmet. Auch innerhalb der Lebensbeschreibungen erhielt der gewaltsame Tod der Heiligen ein großes Gewicht und oftmals wurde die Schilderung

des Martyriums wichtiger als die Lebensstationen, über die der Leser meist nur magere Informationen erhält.

In der bildenden Kunst erlangte die Marter vom hohen Mittelalter an zunehmender Bedeutung und wurde immer detailgenauer abgebildet. Stefan Lochner lieferte zwei Altarflügel, die auf zwölf Bildfeldern das grausame Sterben der Apostel schildern, und legte damit eine einzigartige Zusammenschau der Apostel-Martyrien vor. In einer großen Variationsbreite führte er die Vielfalt der Grausamkeiten vor Augen: → Petrus wird auf dem Kopf gekreuzigt, → Paulus bekommt das Haupt abgeschlagen, Andreas wird ans X-Kreuz genagelt, → Johannes der Evangelist im Ölkessel gesiedet, → Jakobus d. Ä. enthauptet, → Bartholomäus bekommt die Haut abgezogen, → Thomas wird mit einer Lanze durchbohrt, Philippus ans Kreuz gebunden und gesteinigt, Jakobus d. J. mit einer

Walkerstange erschlagen, Matthäus am Altar erstochen, Simon Zelotes und Judas Thaddäus werden erschlagen und erstochen und Matthias wird mit einer Axt der Todesschlag bereitet. Mit diesem Panoptikum des Martyriums führt Lochner die Bereitschaft der Apostel vor Augen, nicht nur das Evangelium zu predigen, sondern dafür ihr Leben zu lassen. Inmitten von feindlichen Henkern und feindlichen Herrschern werden sie zu wahrhaftigen Christusnachfolgern. Dabei leiden sie in stoischer Gelassenheit, ohne jegliches Aufbegehren. Sie gehen ruhig ihrem Tod entgegen, denn dieser ist letztlich ihre Auferstehung zum ewigen Leben. Da man den Todestag eines Heiligen als „dies natalis", buchstäblich als Geburtstag verstand, beging man das liturgische Gedächtnis in der Regel an diesem Tage.

Literatur: Campenhausen 1964 – Dassmann 1975 – Palmer 1989 – Ausst.-Kat. Lochner 1993, Kat.-Nr. 117 – Becker 1994 – Rhein 1995, S. 102 – 136 – Boyarin 1999 – Brinkmann / Kemperdick 2005, S. 176 – 217 – Scheuer 2006

Johannes der Täufer — 24. Juni, 29. August

Johannes der Täufer ist eine Gestalt des Übergangs. Als Vorläufer Jesu (prodromos) und als Prophet Christi steht er zwischen dem Alten und Neuen Testament. Die Bibel berichtet verhältnismäßig ausführlich über seine Geburt, sein Leben und seinen Tod. Durch Gottes Verheißung kam er als Sohn seiner betagten und kinderlosen Eltern Zacharias und Elisabeth zur Welt (Lk 1,5 – 80). Sein Leben verbrachte er in der Einsamkeit der Wüste, er kleidete sich in ein Kamelhaargewand und aß wilden Honig und Heuschrecken. Als Bußprediger und Täufer zog er viele Menschen an, und selbst Jesus empfing von ihm die Taufe, obgleich sich Johannes nicht wertschätzte, Jesu Schuhriemen zu lösen (Mk 1,1 – 13).

Die Stimme des Predigers machte auch nicht halt vor dem Befehlshaber des Landes. Er maßregelte Herodes Antipas, weil dieser zu Unrecht Herodias, die Frau seines Bruders, geheiratet hatte. Herodes aber ließ den ungeliebten Bußprediger einkerkern. Die Geburtstagsfeier des Herrschers sollte das Schicksal des Täufers entscheiden. Herodias' Tochter, deren Namen laut Flavius Josephus Salome lautete, bezauberte Herodes durch ihren Tanz, so dass er ihr einen Wunsch zu erfüllen versprach. Nach Rücksprache mit ihrer Mutter verlangte sie das Haupt des Johannes. Da er sein Versprechen gegeben hatte, musste Herodes den Täufer sofort hinrichten lassen. Die Bibel berichtet, dass Salome ihrer Mutter das Haupt auf einer Schüssel brachte (Mk 6,17 – 29). Die Jünger des Johannes sollen den Leichnam des Predigers zu Grabe getragen haben. Vom Haupt heißt es, dass es an einem gesonderten Ort in Jerusalem begraben wurde. Da ein Kult am Grabe des Täufers entstanden war, suchte Julian Apostata (331 – 363) diesem ein Ende zu setzen, grub die Gebeine aus und verbrannte sie. Zwei Mönche brachten die Asche nach Alexandrien, von wo aus sie nach Genf gelangte. Dort ist sie im Jahr 1098 belegt. Auch das Johanneshaupt wurde zu einer kostbaren Reliquie, denn zwei Mönche hatten es ausgegraben und zunächst in einem Haus in Emesa aufbewahrt. 391 brachte es Theodosius nach Konstantinopel, wo es in einer Art Wasserglas (hydra) oder in einer silbernen Urne aufbewahrt wurde. Von dort aus gelangte die begehrte Reliquie an andere Stätten und bis zum Ende des Mittelalters wurden ein Dutzend Häupter des Täufers an verschiedenen Orten verehrt. Das berühmteste Johanneshaupt war in Amiens zu finden.

In Rom feierte man schon im 6. Jahrhundert am 29. August das Fest der Enthauptung des Johannes. Doch der Geburt des Täufers gedachte man schon seit Jahrhunderten am 24. Juni. Johannes der Täufer ist Patron der Baptisterien.

Rogier van der Weyden schuf ein Retabel mit drei Episoden aus der Vita des Johannes (Geburt, Taufe Jesu und Enthauptung), deren Gliederung ein Torbogen vornimmt. Auf jeder der Darstellung überschreiten die Protagonisten die gezogene Grenzlinie und rücken nahe an den Betrachter heran. Auf der letzten Szene ist tief im Bild die Festtafel des Herodes angesiedelt, doch auf der Schwelle von Bildinnerem zum Bildaußenraum spielt sich das Hauptgeschehen ab: Der Henker überreicht Johannes' Kopf Salome, die eine Schüssel bereithält, während der Körper des Täufers auf der Treppenstufe zusammengesunken ist. Doch obgleich die grausame Hinrichtung auf den Kopf abzielt, blickt keiner der beiden Protagonisten das Haupt an. Salome dreht ihr Gesicht weg, ebenso wie sich der Henker unbeteiligt abwendet. Auf das Geschehen reagieren indes zwei trauernde Personen, die rechts über eine Mauer blicken. Letztlich wird der Kopf auf der Schüssel dem Betrachter zur Anschauung entgegengehalten.

Zu der Zeit, als van der Weyden das Johannes-Retabel malte, war die Ikonografie der Johannesschüssel längst verbreitet. Nachdem der Johanneskopf auf der Schüssel im 10./11. Jahrhundert erstmals im Osten auf einem Gemälde dargestellt wurde, war dieses Motiv seit 1200 auch im Westen bekannt geworden. Oftmals wurden Kopf und Schüssel als dreidimensionales Objekt hergestellt, mit dem die Reliquie eine perfekte Nachbildung erhielt. Doch während diese Werke allein den verehrten Gegenstand boten, vereinte Rogier die Kopfreliquie mit dem erzählenden Kontext. Narration und Präsentation sind vereint, doch durch die betonte Abwendung Salomes und des Henkers bildet das dargebotene Haupt den Mittelpunkt. Die kleinfigurigen Skulpturenszenen im Bogenlauf erzählen die vorherigen Ereignisse: Predigt des Johannes, Ecce agnus Dei, Johannes ermahnt Herodes, Johannes wird eingekerkert, Besuch am Gefängnis, Tanz der Salome. Die zweite Gruppe spielt darauf an, dass der Täufer einst von Jesus gesagt hatte: „Siehe, das ist Gottes Lamm, das der Welt Sünde trägt!" (Joh 1,29). Aufgrund des hinweisenden Charakters des Satzes wird Johannes häufig mit deutend ausgestrecktem Zeigefinger dargestellt.

Rogier van der Weyden, Enthauptung Johannes' des Täufers, Johannes-Retabel, um 1454, Berlin, Gemäldegalerie

| Johannes ist asketisch hager und trägt üblicherweise einen Kamelhaarmantel. Er ist barfuß, seltener in Sandalen. Seine wichtigsten Attribute sind Lamm, Buch und Stab sowie eine Schale oder Muschel, da er Jesus bei der Taufe daraus Wasser übergoss, und die Schüssel mit seinem Haupt.

Domenico Veneziano, Johannes der Täufer in der Wüste, um 1445, Washington, National Gallery of Art; Domenico Ghirlandaio, Szenen aus dem Leben Johannes' des Täufers, Fresko, 1486/1490, Florenz, S. Maria Novella; Retabel Johannes' des Täufers, 14.–15. Jh., Florenz, Museo dell'Opera del Duomo

Quelle: Waters 2008, S. 114–119

Literatur: Arndt/Kroos 1969 – Ernst 1989 – Belting/Kruse 1994, S. 184 f. – Baert 2003

Stephanus — 26. Dezember

Stephanus ist der erste christliche Märtyrer, der nach dem Tod Jesu sein Leben lassen musste. Die Bibel berichtet, dass er zum Diakon gewählt wurde und ein glühender Redner war. Als er einst nach einer Predigt in Verzückung gen Himmel blickte und dort Gottvater und Jesus sah, steinigten ihn die Juden voller Zorn (Apg 6–7; 22,20). Im Gegensatz zur Heiligen Schrift, die kaum mehr über das Leben des Heiligen verlauten lässt, schildert die *Vita fabulosa*, deren älteste erhaltene Version um 1000 datiert, Legendarisches zu seiner Kindheit und Jugend. Ihr zufolge wurde Stephanus im Säuglingsalter vom Teufel geraubt, der statt seiner einen dämonischen Wechselbalg in die Wiege legte. Den kleinen Heiligen aber säugte eine Hirschkuh im Wald, wo ihn bald darauf ein Bischof namens Julian entdeckte. Dieser nahm das Kind zu sich und erzog es im christlichen Glauben. Als Stephanus im Jugendalter in sein Elternhaus zurückkehrte, vertrieb er den Wechselbalg, der nicht gewachsen war und noch immer in der Wiege hockte, und bekehrte seine Eltern. Zugleich aber prophezeite er ihnen sein bevorstehendes Martyrium. Diese Legende war vor allem in Italien weit verbreitet.

Der Stephanuskult setzte erst ein, nachdem der Priester Lukian im Jahr 415 die Gebeine des Heiligen in Kaphar Gamala auffand und Bischof Johannes von Jerusalem sie in die Kirche von Sion übertrug. Doch sollten sie dort nicht lange bleiben, denn Kaiserin Pulcheria, die Schwester des Theodosius II., erwarb den rechten Arm, brachte ihn nach Konstantinopel und ließ ihn 421 in der Palastkirche beisetzen. Die Legende machte aus der Armreliquie bald den vollständigen Leichnam des Heiligen, den jedoch eine gewisse Juliana, die Witwe des Senators Alexander von Jerusalem, versehentlich nach Konstantinopel gebracht haben soll. Ihr Gatte war nämlich neben Stephanus bestattet worden und als sie dessen Gebeine in die Heimat überführen wollte, habe sie statt dieser die heiligen Überreste des Diakons mitgenommen. Von der Kaiserstadt im Osten sollen die Gebeine nach Rom gelangt sein, weil Kaiser Theodosius II. seine dort lebende, besessene Tochter Eudoxia heilen wollte. Auf einem Pferdefuhrwerk brachte man den Leichnam nach Rom, doch vor der Kirche S. Lorenzo fuori le mura weigerten sich die Pferde weiterzugehen. Als Eudoxia an dieser Stelle geheilt wurde, erkannte man, dass Stephanus bei dem → hl. Laurentius ruhen wollte. Eine letzte Gewissheit ergab sich, als die griechischen Mönche, die im Tausch für die Gebeine des Diakons Stephanus den Leichnam des Diakons Laurentius mitnehmen wollten, tot zu Boden fielen.

Die hagiografischen Erzählungen der Translation weisen viele Ungereimtheiten auf und sind anhand historischer Quellen nicht zu bestätigen. Tatsächlich setzte die Stephanusverehrung in S. Lorenzo nicht vor dem 7. Jahrhundert ein und die gemeinsame Grablege der beiden heiligen Diakone war erst im 12. Jahrhundert allseits bekannt.

In Vitenzyklen des Stephanus überwiegen vor allem im 14. und 15. Jahrhundert in Italien die legendarischen Szenen, dazu gehören die Wechselbalgerzählung oder die Entdeckung und Überführung der Gebeine. Von den biblisch belegten Ereignissen hingegen wurde zu jener Zeit nahezu ausschließlich Stephanus' Martyrium abgebildet. Eine prominente Ausnahme bildet die Szenenfolge in der vatikanischen Cappella Niccolina, die überwiegend Szenen aus der Apostelgeschichte umfasst. Für die Ausgestaltung dieses neuen Kapellraums verpflichtete Papst Nikolaus V. Fra Angelico und seine Werkstatt, die dafür eigens aus Florenz anreisten. Wie oftmals in römischen Freskenzyklen sollten sich auch die Vita des Stephanus und des Laurentius gegenüberstehen, obwohl sie zu unterschiedlichen Zeiten lebten und sie nur der Verehrungsort S. Lorenzo fuori le mura vereint. Fra Angelico malte folgende Episoden aus dem Leben des Heiligen: Stephanus' Weihe zum Diakon, bei der er Kelch und Patene empfängt, sein freizügiges Spenden von Almosen, seine Predigt, Disput mit Rechtsgelehrten, Gefangennahme und Steinigung. Alle Ereignisse spielen in Rom, nur

Fra Angelico, Steinigung des Stephanus, 1448, Vatikan, Capella Niccolina

das Martyrium ereignet sich vor den Toren der Stadt. Die mächtige Stadtmauer bildet eine unübersehbare Trennlinie zwischen Stadt und freiem Land, auf dem der Heilige schutzlos den Steinen seiner Gegner ausgeliefert ist. Er trägt zwar noch die kostbare blaue Dalmatik und den goldgelben togaartigen Mantel, doch nun hat er sich von der Ewigen Stadt und allen Ehrenämtern abgewandt und blickt ins Unbestimmte aus dem Bild hinaus. Dort sieht er den offenen Himmel, der dem Betrachter allerdings verborgen ist. Unter den Zuschauern der Steinigung ist → Paulus auszumachen, der hier entsprechend der biblischen Erzählung die Kleider derer hält, die Steine auf Stephanus werfen.

| Stephanus ist als Diakon in Albe und Dalmatik dargestellt. Seine Attribute sind vornehmlich Steine und ein Palmzweig.

Steinigung des hl. Stephanus, Fresko, 12. Jh., Müstair, St. Johann; Martino di Bartolomeo, Sieben Szenen aus der Stephanuslegende, um 1410, Frankfurt a. M., Städel; Giorgio Vasari, Steinigung des Stephanus, 1571, Vatikan, Pinacoteca Vaticana; Adam Elsheimer, Steinigung des Stephanus, 1603/04, Edinburgh, National Gallery of Scotland; Rembrandt, Steinigung des Stephanus, 1625, Lyon, Musée des Beaux-Arts

Quellen: Vanderlinden 1946 – Lechat 1931

Literatur: Colella 1993 – Colella 1997 – Ricker 2008

Petrus I — 29. Juni

Petrus, dessen ursprünglicher Name Simon lautet, ist der Jünger Jesu, über den das Neue Testament am ausführlichsten berichtet. Er stammte aus Galiläa (Mk 14,70), war von Beruf Fischer und wurde von Jesus von seinen Netzen weg zum Menschenfischer berufen (Mk 1,16). Zudem war er verheiratet, denn wir hören von seiner kranken Schwiegermutter (Mk 1,29 – 30). Petrus tritt als impulsiver Charakter hervor, der Jesus verleugnete (→ Petrus III) und dennoch zum obersten Hüter der Gemeinde berufen wurde (→ Petrus II). Nach Jesu Tod wurde Petrus zum Apostel der Juden, während → Paulus

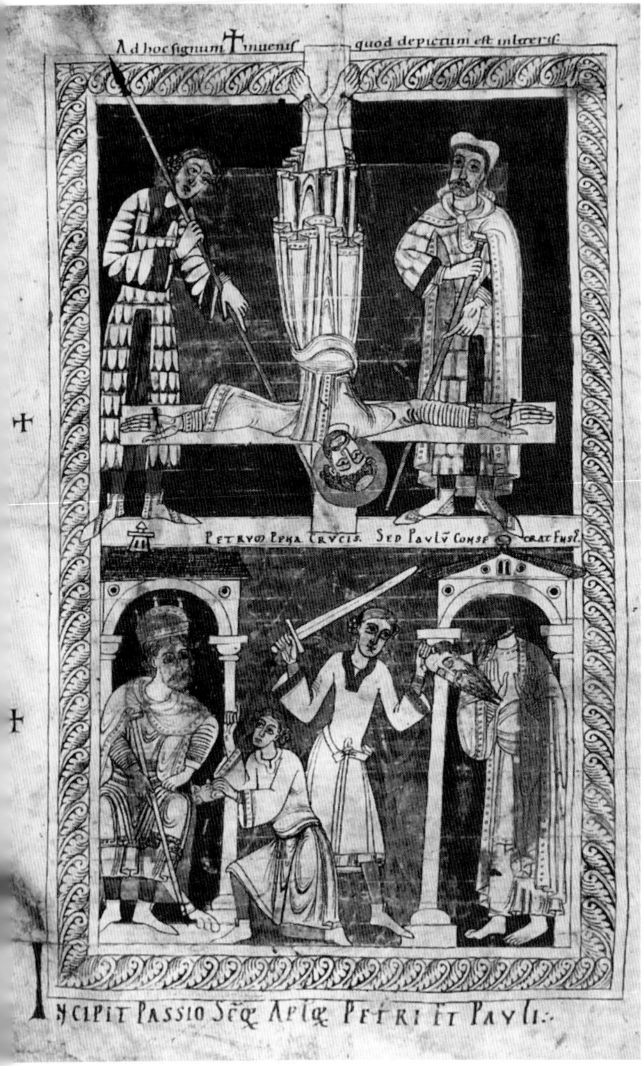

Martyrium des Petrus und Paulus, *Zwiefaltener Passionale*, 1125/1130, Stuttgart, Württembergische Landesbibliothek, Cod. bibl. 2°, fo. 15v

den Heiden das Christentum predigte. Über das Sterben des Apostelfürsten berichtet nicht die Bibel, sondern die um 180/190 verfassten Petrusakten. Dieser apokryphen Schrift zufolge reiste Petrus nach Rom, um dort den Zauberer Simon Magus zu bezwingen, der die Christengemeinde in ihrem Glauben beirrt. In einer spannungsreichen Gegenüberstellung bezwang Petrus seinen Gegner, indem er einen Verstorbenen zum Leben erweckte und sich damit als wahrhaft von Christus beauftragt auswies. Schließlich aber erfuhr Petrus von Xanthippe, der Gemahlin des Präfekten Agrippa, dass dieser ihn hinrichten wolle. Nach Rücksprache mit der Gemeinde floh der Apostel aus Rom. Doch vor den Stadttoren sah er Jesus auf dem Weg in die Stadt. Auf seine Frage: „Herr, wohin gehst du?“ („Quo vadis, Domine?“), antwortete ihm Jesus: „Ich gehe nach Rom hinein, um gekreuzigt zu werden.“ Da erkannte Petrus, dass er selbst das Martyrium erleiden sollte, und kehrte nach Rom zurück. Dort wurde er bald aufgegriffen und zur Kreuzigung geführt. Doch da sich Petrus unwürdig fühlte, in der gleichen Weise wie Jesus zu sterben, bat er, dass man ihn mit dem Kopf nach unten kreuzige. Die Hinrichtung ereignete sich unter Nero, wohl zwischen 64 und 67. Auch wenn anhand von schriftlichen Quellen das Martyrium in Rom nicht zweifelsfrei belegt werden kann, spricht doch vieles dafür, etwa dass allein Rom Anspruch auf das Grab des Apostelfürsten erhebt, der zu keiner Zeit von einer anderen Stadt streitig gemacht wurde. Doch ein Leichnam, der eindeutig als der des Petrus gelten kann, wurde nie aufgefunden.

Schon früh befanden sich in und um Rom Verehrungsstätten des Apostelfürsten. Der Presbyter Gaius sah um 200 ein Siegesmal (tropaion) an der Straße nach Ostia, an der Via Appia gedachte man beider Apostelfürsten (Santi Apostolorum) und spätestens 160/180 errichtete man inmitten des Gräberfeldes in der Nähe des Neronischen Zirkus eine Säulenädikula, an der man Petrus verehrte. Dieses Monument erachtete man für so bedeutend, dass es den kultischen Mittelpunkt der ersten unter → Konstantin errichteten Basilika Alt-St. Peter bildete und man dafür den großen Aufwand in Kauf nahm, das stark abfallende Gelände mit Erde aufzuschütten und sogar das Sakrileg beging, einige der dort errichteten privaten Grabhäuser zu zerstören. Auch der Renaissancebau Neu-St. Peter war wiederum auf das Petrusgrab ausgerichtet und der Hochaltar in der Vierung, an dem allein der Papst als Nachfolger Petri (→ Petrus II) die

Messe zelebrieren darf, ist genau über dem vermeintlichen Grab des Apostels angesiedelt.

Petrus gehört zu den Heiligen, die bereits in der frühchristlichen Kunst häufig dargestellt wurden. Schon ab 340/350 bildete sich ein Porträttyp heraus, der den Apostel mit grauem kurzen Haar zeigt. Nach 500 ist Petrus häufig mit einer Tonsur abgebildet. Das Martyrium des Heiligen aber wurde erst im 9. Jahrhundert zum Bildthema und findet sich zunächst in der Buchmalerei; das älteste bekannte Beispiel ist im *Drogo-Sakramentar*, das bald nach 844 entstand, zu finden. Auch das *Zwiefaltener Passionale* aus den Jahren 1123/1130, das die im Kloster Zwiefalten verehrten Heiligen aufführt, beinhaltet die Szene der Kreuzigung Petri. Bezeichnenderweise zeigt die Miniatur das Martyrium des Petrus und des Paulus und markiert den Beginn des Textes, der zum Fest der beiden Apostel am 29. Juni verlesen wurde. Obgleich das Bildfeld in zwei Register unterteilt ist, die eines der Martyrien zeigen, ist doch eine Beziehung zwischen den beiden Teilen angestrebt. Unten links erteilt Kaiser Nero den Befehl zur Hinrichtung, während ein Kniender zum oberen Bild weist, um dem Herrscher mitzuteilen, dass Petrus auf dem Kopf gekreuzigt werden möchte. Nicht nur die Kreuzigung an sich, sondern auch die Kreuzigungsumstände verweisen auf Christi Tod. Wie Jesus wird Petrus hier mit Nägeln ans Kreuz geschlagen und wie Longinus Jesu Seite durchbohrte, hält ein Mann eine Lanze in Händen. Die Zuweisung des oberen Registers, die bildsprengende Darstellung des Kreuzes in der Mitte des Bildfeldes bestätigt Petrus' Vorrang vor Paulus.

| Petrus trägt Bart, kurzes Haar, evtl. eine Tonsur und ist in ein tunikaartiges Gewand mit Mantel gekleidet. Als Attribut erhält er den Schlüssel, seltener einen Kreuzstab, ein Handkreuz oder ein umgekehrtes Kreuz.

Masaccio, Masolino und Filippino Lippi, Vita des hl. Petrus, Fresko, um 1425/1480, Florenz, Santa Maria del Carmine, Cappella Brancacci; Konrad Witz, Der wunderbare Fischzug Petri, 1444, Genf, Musée d'Art et d'Histoire; Petersretabel, 1477, Nürnberg, St. Sebald; Raffael, Befreiung Petri aus dem Kerker, Fresko, 1512, Vatikan, Stanza di Eliodoro; Caravaggio, Kreuzigung Petri, 1601, Rom, Santa Maria del Popolo, Cerasi-Kapelle

Quelle: Petrusakten 1989

Literatur: Kinder Carr 1978 – Borries-Schulten 1989 – Refice 1999 – Ravasi 1999 – Zwierlein 2009 – Wittekind 2009, Kat. 133

Paulus I — 29. Juni

Der hl. Paulus wurde als Saulus in der kilikischen Stadt Tarsus geboren. Er entstammte einer jüdischen Familie und erhielt eine solide theologische Ausbildung in Jerusalem. Es ist allerdings umstritten, welcher der verschiedenen jüdischen Schulen er sich anschloss, der Tradition nach hatte er bei dem Gelehrten Gamaliel studiert. Als eifernder Jude verfolgte Paulus die zum Christentum bekehrten Juden, bis ihm einst auf dem Weg nach Damaskus Gott erschien und zu einer radikalen Umkehr bewog: Aus dem Christenverfolger Saulus wurde der Christusnachfolger Paulus (→ Paulus II). Da er nun in Damaskus mit dem gewohnten rückhaltlosen Eifer für das Christentum eintrat, beschlossen die Juden einen Mordanschlag, dem er nur entkam, weil ihn Helfer des Nachts in einem Korb über die Stadtmauern fliehen ließen. Von nun an engagierte sich Paulus in der Heidenmission. Seine drei Missionsreisen führten ihn nach Kleinasien und Griechenland, wo er u. a. in Philippi, Thessaloniki, Galatien und Korinth erste christliche Gemeinden gründete. Von den römischen Herrschern wurde er als Gefangener nach Rom gebracht, von wo aus er weiterhin sein Korrespondenznetz mit den Gemeinden unterhielt. Unter Nero erlitt er das Martyrium wahrscheinlich im Jahr 67. Über die Gefangenschaft und Hinrichtung schweigt die Bibel, doch bereits die vor dem Jahr 200 verfassten Paulusakten sowie die späteren Legenden berichten davon umso ausführlicher. Der Henker soll ihm wenige Meilen vor den Toren Roms den Kopf abgeschlagen haben. Abgetrennt vom Rumpf sei dieser drei Mal aufgeschlagen und habe drei Mal den Namen Jesu ausgerufen. An

Hans Holbein d.Ä., Basilika San Paolo fuori le mura, um 1504, Augsburg, Katharinenkirche

dieser Stelle ließ → Konstantin der Große die Basilika S.Paolo fuori le mura errichten.

Obgleich Paulus als Gründer der griechischen Gemeinden in Ehren gehalten wurde, ist seine kultische Verehrung in diesen Städten in den ersten Jahrhunderten nicht zu belegen. Es fehlten wohl die Reliquien, die eine Wallfahrt zu diesen Orten begründet haben könnten, die man in verschiedenen Kirchen Roms hütete. Auch im Westen erhielten verhältnismäßig wenige Kirchen das Patrozinium des Apostelfürsten; ein frühes Beispiel ist der Dom zu Münster, der bald nach 800 unter die Schutzherrschaft des Paulus gestellt wurde. Weit öfter als nur Paulus wählte man die beiden Apostelfürsten Petrus und Paulus als Schutzpatrone eines Gotteshauses.

In der frühchristlichen Kunst wurde Paulus häufig zusammen mit Petrus auf Sarkophagen bei der Übergabe von Gesetzen durch Gott (traditio legis) abgebildet, bei der die Apostel eine Schriftrolle empfangen. Auch in den kommenden Jahrhunderten wurden die beiden Apostelfürsten häufig zusammen dargestellt, nach 1450 etwa wurde der sogenannte Apostelabschied aktuell, der zeigt, wie Paulus und Petrus vor ihrem Martyrium voneinander scheiden.

Die Dominikanerinnen des Augsburger Klosters St.Katharina hatten bald nach 1500 bei den führenden Malern des Ortes sieben große Tafeln für den Kapitelsaal bestellt, die jeweils einem der Titelheiligen der sieben Hauptkirchen Roms gewidmet waren. Die Priorin Veronika Welser beauftragte Hans Holbein d.Ä., die Paulusbasilika ins Bild zu setzen. Holbein verknüpfte die Kirche mit Szenen aus dem Leben des Apostels und verwies indirekt auf weitere römische Gotteshäuser. Im linken Kompartiment erhält Paulus die Taufe, im Hintergrund stürzt er bei seiner Bekehrung vom Pferd und am Bildrand reicht er einen Brief aus dem Gefängnis. Im mittleren Teil findet am Bildrand seine Enthauptung statt (S. Paolo fuori le mura) sowie der Abschied der beiden gefesselten Apostelfürsten. Die Ketten des Paulus bewahrt S. Pietro in Vincoli. Im Hintergrund predigt Paulus in Ikonium und links davon sieht man wiederum Petrus und Paulus, wie sie gemäß der Legende nach ihrem Martyrium nach Rom zurückkehren, während rechts Paulus der Plautilla das Tuch zurückgibt, das sie ihm überlassen hatte, damit man ihm damit bei der Enthauptung die Augen verbinde. Diese Reliquie wird in S. Agnese aufbewahrt. Im linken äußeren Bildsegment wird der Leichnam aufgebahrt, der Kopf, den S. Giovanni in Laterano beherbergt, liegt zwischen den Füßen. Im Hintergrund ziehen die kirchlichen Würdenträger zur Einholung der Reliquien aus, auf die das leuchtende Haupt Hirten aufmerksam gemacht hatte. Ganz am Bildrand flieht der Apostel in einem Korb sitzend über die Mauern Damaskus'. Anhand dieser ausführlichen Schilderung konnten die Nonnen das Leben des Paulus nachvollziehen und sich im Geiste auf die Pilgerreise nach Rom begeben – ein Unterfangen, das ihnen die strenge Klausur realiter nicht erlaubte. Eine solche geistliche Pilgerreise wurde üblicherweise Nonnen empfohlen und einer tatsächlich unternommenen Fahrt als gleichwertig erachtet. Hans Holbein unternahm ebenfalls die Pilgerfahrt im Geiste zusammen mit seinen Söhnen Sigismund und Hans d. J., die später ebenfalls Maler werden sollten. Alle drei stehen am Taufbecken des Paulus und verfolgen die Zeremonie mit.

| Paulus ist üblicherweise durch die Stirnglatze und einen langen spitzen Bart gekennzeichnet. Als Attribut erhält er Schwert und Buch.

Flucht des Paulus aus Damaskus, 9. Jh.?, Wandmalerei, Naturns (Südtirol), St. Proculus; Szenen aus dem Leben des hl. Paulus, Predellenflügel des ehem. Brandenburger Hochaltars, 1375, Brandenburg, Dom St. Peter und Paul; Raffael, Paulus predigt in Athen, um 1514, Teppichkarton, London, Victoria and Albert Museum; Domenico Beccafumi, Hl. Paulus in Cattedra, 1515/16, Siena, Museo dell'Opera del Duomo

Quelle: Paulusakten, in: Schneemelcher 1989, S. 193 – 241

Literatur: Dassmann 1982 – Wehr 1996 – Schawe 2000 – Gärtner 2002 – Krause 2002, S. 290 – 299

Andreas — 30. November

Andreas gehörte zu den Jüngern und ersten Aposteln Jesu – das Neue Testament berichtet kaum mehr als diese dürren Tatsachen. Den verstreuten Hinweisen ist zu entnehmen, dass er aus Betsaida stammte (Joh 1,44) und als Bruder des → Petrus wie dieser als Fischer seinen Lebensunterhalt verdiente (Mt 4,18). Da ihn die Apostelreihe des Johannesevangeliums an erster Stelle nennt, gilt er in der Ostkirche als „Erstberufener". Über seine Taten nach Jesu Tod berichten die Andreasakten, die zwischen 150 und 200 verfasst wurden. Diesen zufolge war Andreas als Missionar in Griechenland und Kleinasien tätig. Auch weiß der Text von vielen wundersamen Begebenheiten zu berichten: Der Apostel soll sehr viele Menschen von Krankheiten geheilt und von bösen Geistern befreit haben. Hinzu kommen zahlreiche Totenauferweckungen, darunter auch die Wiedererweckung von 39 Schiffbrüchigen, deren Leichen die Wellen an das Ufer geschwemmt hatten.

Obgleich die Ost- und die Westkirche diese Schrift offiziell ablehnten, entstanden doch mehrere Übersetzungen und Bearbeitungen. Auch Gregor von Tours (538 – 594) gab kurz vor seinem Tod eine gekürzte Fassung heraus. Sehr zurückhaltend schildert der Bischof das Martyrium des Heiligen, das die Andreasakten breit ausmalen. Diesen zufolge verurteilte Aegeates, der Prokonsul von Patras, den Apostel zum Tode, obwohl er seine Gattin Maximilla geheilt und bekehrt hatte. Aegeates aber befahl, den Heiligen ans Kreuz zu binden. Noch bevor man Andreas an den Füßen und um die Achselhöhlen am Kreuzesstamm festbinden konnte, fiel dieser nieder und verehrte das Kreuz als Erinnerungszeichen Christi. Vom Kreuz herab predigte er noch drei Tage und drei Nächte, bevor er verstarb. Davon abweichend erzählte man sich im Orient, Andreas sei an einem Baum mit gegabelten Zweigen gekreuzigt worden. Seine Gebeine überführte man 357 nach Konstantinopel in die Apostelkirche. Von dort aus gelangten sie im Jahr 1208 in den Dom von Amalfi. Der Festtag des Andreas wurde im Westen spätestens seit dem 4. Jahrhundert mit

Rohan-Meister, Apostel Andreas, *Rohan-Stundenbuch*, 1430/1435, Paris, Bibliothèque Nationale, ms. lat. 9471, fol. 217r

einer liturgischen Feier begangen. Als besondere Förderer seines Kultes traten die Burgunderherrscher des späten Mittelalters auf.

Frühe Darstellungen des Apostels Andreas sind in Ravenna zu finden, dem Schnittpunkt des Austauschs östlicher und westlicher Ideen. Dort hat er seinen Platz in Apostelreihen. Schon in jener Zeit kennzeichnete man Andreas als älteren Mann mit grauem oder weißem Bart und durch Haare, die ihm oftmals zu Berge stehen. Dieses ungewöhnliche Motiv versinnbildlicht die frühchristliche Übersetzung seines Namens mit „Kraft".

Andreas' Martyrium spielt in der frühchristlichen Kunst keine Rolle, sondern wurde erst im Mittelalter bedeutsam. Sein Todesinstrument stellte man zunächst als lateinisches Kreuz vor – eine Form, die bis zum Ende des Mittelalters aktuell blieb. Mitunter aber weist ein Kreuz, das auf dem Kopf steht, oder ein T-Kreuz auf sein Martyrium hin. Das bekannte „Andreaskreuz“ in Form eines X setzte sich erst im Hochmittelalter zunächst in der Heraldik, dann auch in der bildenden Kunst durch. Im französischsprachigen Raum ist die Crux decussata seit dem 13. Jahrhundert zu finden. Nach dem Konzil von Trient lehnten Geistliche wie Johannes Molanus diese Darstellungsform zwar als unhistorisch ab, doch setzte sich ihre Argumentation nicht durch und die Crux decussata blieb weiterhin üblich.

Sehr häufig erscheint Andreas mit dem X-Kreuz in der Buchmalerei. Ein namentlich nicht bekannter Buchmaler, der im Umfeld der Pariser Miniaturisten tätig war, stattete ein Stundenbuch der Familie Rohan mit einer Vielzahl von ganzseitigen Bildern aus. Zu den Suffragangebeten gehört eine Miniatur, die den hl. Apostel in ganzer Figur zeigt. Er ist in ein langes altertümliches Gewand gekleidet und hat den Kopf mit einem Tuch bedeckt. Wie üblich kennzeichnen ihn der schneeweiße lange Bart und das schlohweiße Haar. In der Hand hält er ein großes X-Kreuz, das jedoch zu klein ist, als dass ein Mensch daran gekreuzigt werden könnte. Der Rohan-Meister wollte mit diesem Bild keine Historie erzählen, sondern das Martyrium des Apostels als einen Grund seiner Heiligkeit andeuten. Deshalb auch sind in dem goldenen Nimbus die Worte „ora pro nobis“ („Bitte für uns“) zu lesen.

| Andreas hat weißes Haar und einen weißen Bart und erhält als Attribut ein Buch, eine Schriftrolle oder ein Kreuz, das meist eine X-Form hat.

Apostelreihe, Mosaik, 494/515, Ravenna, Erzbischöfliche Kapelle; Caravaggio, Kreuzigung des Apostels Andreas, 1607, Cleveland, Cleveland Museum of Art; Domenichino und Guido Reni, Die Geißelung des Apostels Andreas und Weg zur Kreuzigung, 1607, Rom, S. Gregorio Magno al Celio, Oratorium S. Andrea; François du Quesnoy, Hl. Andreas, 1629–1640, Rom, St. Peter, Vierungspfeiler

Quellen: Gregor von Tours 1885 – Andreasakten, in: Schneemelcher 1989, S. 93–137

Literatur: Dvornik 1958 – Rohan Book of Hours 1973 – Ernst 1989 – Pillinger 1994 – Colavolpe 2000 – Denoël 2004

Laurentius — 10. August

Der Diakon Laurentius ist ein Märtyrer, dessen Leben, Sterben und Verehrung auf das Engste mit Rom verbunden sind. Für die Ewige Stadt wurde er nach den Apostelfürsten → Petrus und → Paulus zum bedeutendsten Märtyrer.

Erstmals gab Ambrosius verstreute Hinweise zu dem vorbildlichen Erzdiakon, der die ihm anvertrauten Kirchengüter auch unter großer Bedrängnis zu bewahren wusste. Bevor nämlich Papst Sixtus II. verhaftet und bald darauf hingerichtet wurde, hatte er Laurentius die Kirchenschätze anvertraut. Als die kaiserlichen Soldaten ihn zur Herausgabe des sakralen Schatzes drängten, verwies der treue Diakon auf die Armen, Kranken und Bettler mit den Worten, diese seien der Schatz der Kirche. Daraufhin wurde Laurentius festgenommen und auf einem glühenden Rost zu Tode gefoltert. Die *Passio Polychromii* aus den Jahren um 500 verband die einzelnen Stränge der Berichte zu einer geschlossenen Erzählung, die nun mit weiteren Einzelheiten aufwartete. Sie nannte etwa weitere Folterungen, die Laurentius erdulden musste, die jedoch viele Römer zum Christentum bekehrt hatten. Den Schriften nach soll Laurentius unter Kaiser Decius (249–251) das Martyrium erlitten haben, doch passt dessen Regierungszeit nicht mit dem Pontifikat Sixtus' II. (257–258) zusammen. Erst im 16. Jahrhundert korrigierte man diesen Fehler und nannte nun Kaiser Valerius (253–261), denn auch unter dessen Herrschaft war es zu Christenverfolgungen gekommen.

Der Laurentiuskult setzte sich zunächst in Rom durch, wo ihm schon im Mittelalter über zwanzig Kirchen geweiht waren. Zum wichtigsten Verehrungsort wurde die Basilika San Lorenzo fuori le mura, die Papst → Silvester über dem Grab an der Via Tiburtina errichten ließ. An diesem Ort wurden auch die Gebeine des zweiten heiligen Diakons → Stephanus beigesetzt. Als getreuen Diakon des Papstes Sixtus erwählte man Laurentius zum Patron der päpstlichen Privatkapelle Sancta

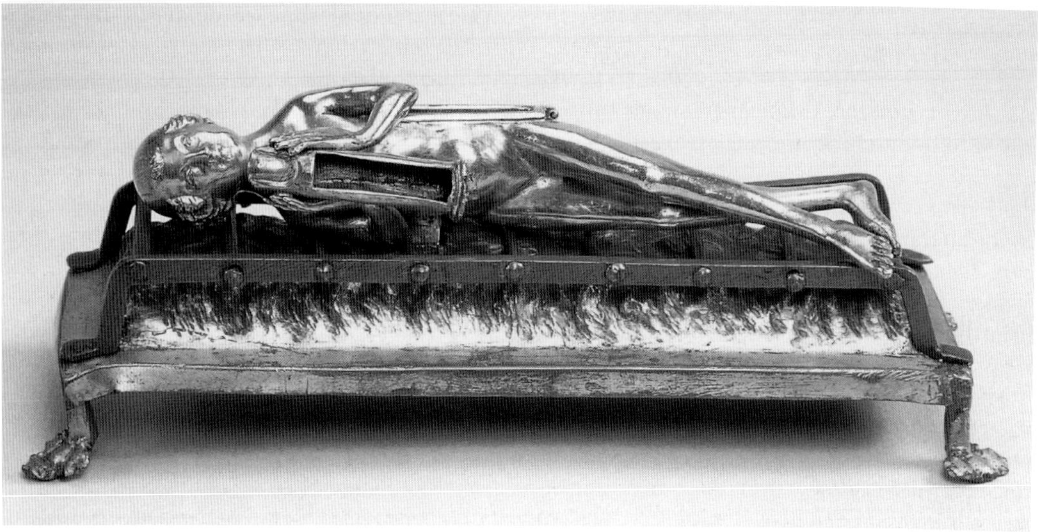

Reliquienstatue des hl. Laurentius, um 1300, Paris, Louvre

Sanctorum am Lateran. Doch auch nördlich der Alpen verehrte man ihn an vielen Orten. Bereits um 900 gehörte er zu den Heiligen, an deren Festtagen man die Arbeiten ruhen ließ, um besonders feierliche Gottesdienste zu begehen.

Die älteste erhaltene Darstellung des heiligen Diakons stammt aus dem 5. Jahrhundert und ist im Mausoleum der Galla Placidia in Ravenna zu finden. Dort steht er in antiker Diakonsgewandung neben einem Rost, unter dem ein wildes Flammenmeer emporzüngelt. Oftmals ist Laurentius zusammen mit dem zweiten Märtyrer-Diakon Stephanus abgebildet, vor allem in Rom entstanden auch einige Lebenszyklen, so etwa in der päpstlichen Capella Nicollina im Vatikanspalast.

Eine Darstellung besonderer Art entstand im hohen Mittelalter unter der Hand eines Pariser Goldschmieds. Dieser fertigte ein Reliquiar, das Überreste des Laurentius barg und die Gestalt des Märtyrers erhielt. Der Heilige liegt entkleidet und lang ausgestreckt auf dem Rost. Die auf Hochglanz polierte Vergoldung führt die glimmende Glut überzeugend vor Augen, sie scheint die Kohlen zum Glühen zu bringen.

Laurentius hält in beiden Händen ein Stück seines Fingers und präsentiert dieses in einem gläsernen Reliquiar. Doch auch seine linke Körperseite ist aufgebrochen und lässt einen Knochenpartikel aus seiner Hüfte erkennen. Die Statuette ist damit ein typisches „redendes“ Reliquiar, dessen Äußeres über seinen Inhalt Auskunft gibt. Zugleich liefert es den Beweis für die Echtheit der heiligen Knochen und bestätigt die Rechtmäßigkeit ihrer Verehrung. Doch ebenso wird der historische Anlass, der zum Laurentius-Kult führte, mit dem goldglänzenden Martyrium auf Dauer in Erinnerung gerufen.

| Laurentius trägt die Albe und Dalmatik des Diakons. Sein wichtigstes Attribut ist der Rost.

Laurentius-Rost-Reliquiar, 1200/1250, Quedlinburg, St. Servatius, Schatzkammer; Retabel des Laurentius, nach 1350, Lleide (Lérida), San Lorenzo; Fra Angelico, Vita des hl. Laurentius, um 1448, Vatikan, Cappella Niccolina; Johann Koerbecke (Umkreis), Tafel mit der Legende des hl. Laurentius, um 1485, Münster, Westfälisches Landesmuseum; Tizian, Martyrium des hl. Laurentius, 1548/1559, Venedig, Santa Maria Assunta

Quellen: Ambrosius/PL 16, S. 90 – 92 – Acta Sanctorum, Aug. II, Bd. 36, S. 485 – 532

Literatur: Maggio 1967 – Colella 1993 – Colella 1997 – Benvenuti/Giannarelli 1998 – Ausst.-Kat. Philippe le Bel 1998, Kat.-Nr. 130

Katharina von Alexandrien I

25. November

Katharina von Alexandrien war die schöne wie intelligente Tochter des ägyptischen Königs Costos. Nach dem Tod ihres Vaters wurde sie von einem Eremiten bekehrt, der ihr ein Madonnenbild schenkte und sie taufte. Katharina aber fühlte sich so sehr zu Christus hingezogen, dass sich dieser mit ihr durch einen bräutlich-mystischen Ringwechsel verband (→ Katharina von Alexandrien II). Als der römische Kaiser Maxentius die Christen verfolgte, verwickelte ihn die kluge Katharina in einen Disput, bei dem sie durch geistreiche Antworten brillierte und selbst die 50 herangezogenen heidnischen Philosophen zum Schweigen brachte. Diese ließen sich sogar bekehren und taufen, weshalb sie von dem wutschnaubenden Kaiser verbrannt wurden. Auch Katharina sollte zu Tode gerädert werden, doch griff der Himmel ein, zerstörte durch ein Unwetter das Folterinstrument und erschlug die heidnischen Soldaten. Katharina konnte noch Hunderte zum Christentum bekehren, bevor ihr Maxentius den Kopf abschlagen ließ. Aus ihrem Körper aber floss Milch statt Blut. Der Leichnam der Märtyrerin musste nicht unter den Heiden verbleiben, sondern wurde von Engeln auf den Berg Sinai getragen. Katharinas gewaltsamer Tod soll sich im Jahr 305 in Alexandrien ereignet haben.

Die Urform der Legendenschreibung datiert wohl ins 7./8. Jahrhundert und wurde im Osten des Reiches verfasst. Doch niemals existierte ein ägyptischer König namens Costos. Diese und andere Ungereimtheiten brachten der Katharinenverehrung nach dem Tridentinum heftige Kritik ein. Der Kult der Heiligen hatte sich zunächst in Byzanz und dann in einigen Regionen des Westens ausgebreitet, ab 1200 setzte ihre Verehrung in der gesamten westlichen Kirche ein und Katharina avancierte zur beliebtesten weiblichen Heiligen. Im 15. Jahrhundert wurde ihr Bildnis am häufigsten auf Einblattdrucken dargestellt und nur Marienbilder waren mehr verbreitet. Katharinas Popularität wurde durch ihre Zugehörigkeit zu den → Vierzehn Nothelfern noch gesteigert. Der herausragende Ort ihrer Verehrung ist das Kloster Sinai, in dem ihre Gebeine ruhen. Von dort aus gelangten ihre Reliquien schon gegen 1015 nach Ste-Trinité du Mont in Rouen, das zu einem Zentrum ihrer Verehrung wurde. Darüber hinaus pflegten Bildungsstätten den Kult der gelehrten Heiligen, wie die Universität in Paris.

Die Ereignisse, die der Legende nach aufeinanderfolgen, hat Cranach in einem Simultanbild dargestellt: Eine dunkle Gewitterwolke hat sich zusammengeballt und entlädt sich in heftigem Hagel und einer Folge von grell leuchtenden Blitzen. Das Unwetter zerstört das am rechten Bildrand aufgerichtete Rad sowie Menschen und Tiere, die nicht mehr rechtzeitig flüchten konnten. Doch unberührt von dem Getümmel kniet im Bildvordergrund Katharina von Alexandrien auf dem Rasen gekleidet in ein kostbares Samtkleid mit modisch geschlitzten Ärmeln und Perlenbesatz. Ihre Frisur ist kunstvoll geflochten und die Stirn der Mode entsprechend ausrasiert. So wartet sie mit gefalteten Händen und gen Himmel gerichtetem Blick darauf, dass der Henker mit einem Schwertstreich ihren Kopf vom Rumpf trennen wird. Der hässliche Scherge in gemeiner Kleidung steht breitbeinig über Katharinas Gewandschleppe und bemächtigt sich schon vor der Enthauptung des Körpers der Heiligen, indem er mit seiner groben Hand ihren zarten Hals berührt. Wo Cranachs Bild seinen Platz hatte, ist unbekannt, doch eine etwa gleichzeitig entstandene, weniger dramatische Fassung diente als Mitteltafel eines Retabels und ist heute in Dresden zu sehen.

Wie andere Maler und Bildschnitzer stellte auch Cranach Katharina in prächtigen Gewändern und feinem langen Haar dar, das gemeinhin eine fromme Frau als Braut Christi und Jungfrau auszeichnete, zudem unterstrich er betont ihre körperliche Anmut, die ihre geistliche Schönheit zum Ausdruck bringt. Im späten 14. und frühen 15. Jahrhundert indes hatten Miniaturmaler die Heilige mit nur

Lucas Cranach d. Ä., Das Martyrium der hl. Katharina von Alexandrien, um 1505, Budapest, Ráday-Sammlung der Reformierten Kirche

schulterlangem Haar abgebildet, obgleich diese Haartracht für weibliche Heilige unüblich ist. Diese Frisur kommt vielmehr Männern zu. Offenbar spielen diese Bilder auf Katharinas „männliche" Eigenschaften an: ihre Regentschaft, Diskussionsfreudigkeit und Gelehrsamkeit.

| Das häufigste Attribut der hl. Katharina ist das Rad, oftmals trägt sie auch das Schwert. Ebenso kann sie den Palmzweig der Märtyrer oder das Buch als Ausweis ihrer Gelehrsamkeit erhalten. Mitunter deutet eine Krone ihre königliche Abstammung an und die kleine Gestalt des Kaisers Maxentius zu ihren Füßen symbolisiert ihren Sieg über das Heidentum.

Erster Meister von Bát, Zwei Szenen aus dem Leben der Katharina von Alexandrien, um 1420, Esztergom, Keresztény Múzeum; Holzskulptur der hl. Katharina, Anf. 15. Jh., Burg Karlstein; Lucas Cranach d. Ä., Flügelretabel mit dem Martyrium der hl. Katharina, 1506, Dresden, Gemäldegalerie Alte Meister; Hans Mielich, Disputà der hl. Katharina, um 1567, Rückseite des Münsteraltars, Ingolstadt, Liebfrauenmünster

Quellen: Varnhagen 1891 – Knust H. 1890 – Bronzini 1960

Literatur: Winstead 2003 – Tammen 2003a – Ausst.-Kat. Cranach 2007, Kat.-Nr. 11 – Schill 2005 – Walsh 2007

Afra von Augsburg

7. August

Ob die heilige Afra je lebte, ist durch keine Quellen zu belegen, und wann sie ihr Martyrium erlitten haben könnte, ist umstritten. Gemeinhin gilt, sie sei unter Diokletian (284–305) gegen 304 gemartert worden, doch ereignete sich ihr gewaltsamer Tod möglicherweise schon um 260. Die hagiografischen Schriften beschreiben Afra als eine zyprische Königstochter, die dem Venuskult geweiht in Augsburg dieser Bestimmung als Prostituierte nachging. Als ein gewisser Bischof Narcissus und sein Diakon Felix einst auf der Flucht vor Verfolgern an ihre Tür klopften, nahm sie die frommen Männer auf. Von deren christlichem Verhalten und ihren Erzählungen beeindruckt und von Narcissus' Überlistung des dämonischen Aegyptius überzeugt, bekehrte sie sich. Mit ihr wandten sich ihre Dienerinnen Digna, Eumenia (Eunomia) und Euprepia (Eutropia) sowie ihre Mutter Hilaria dem Christentum zu. Als Afra kurz darauf das heidnische Opfer verweigerte, wurde sie an einen Baumstamm gefesselt und verbrannt. Ihre Gefährtinnen und ihre Mutter bestatteten ihren Leichnam am zweiten Meilenstein vor den Toren Augsburgs und wurden schließlich selbst hingerichtet.

Am Ort ihrer Bestattung wurde die Heilige spätestens seit dem frühen 6. Jahrhundert verehrt und schon Venantius Fortunatus (um 540–600/610), der Biograf des → Martin von Tours, wusste von ihrem Grab zu berichten. An dieser Stelle erbaute man wahrscheinlich ein Jahrhundert später eine erste Kirche, deren Folgebauten häufig zerstört und neu errichtet wurden, bis man bald nach 1474 den Grundstein zu der ehemaligen Benediktinerabteikirche St. Ulrich und Afra legte (heute St. Ulrich). Der erste, gegen 640 verfasste, Lebensbericht schildert protokollartig Afras Bekehrung und Sterben, während die um 770 entstandene Biografie weit ausführlicher von ihrer Hinwendung zum Christentum und ihrem Martyrium erzählen. Seit 819 wird ihr Name in Heiligenkalendern mancher Regionen genannt, im Kalendarium des Augsburger Domstifts ist sie erstmals 1010 belegt, doch sind ältere verlorene Zeugnisse anzunehmen. Einen Aufschwung erhielt ihre Verehrung durch den → hl. Ulrich, der als Bischof Augsburgs die hl. Afra sehr verehrte und sie wiederholt in Visionen schaute.

Die hl. Afra ist selten alleine dargestellt. Szenische Abbildungen aus ihrem Leben sind ebenso rar. Zwar wurde seit dem 12. Jahrhundert häufig gemalt, wie sie dem hl. Ulrich im Traum erscheint und ihm ihr Grabmal zeigt, doch gehört diese Episode zur Ulrichsvita und nicht zu einem Afrazyklus. Häufiger bildete man ihr Martyrium ab, seltener hingegen die Beisetzung ihres Leichnams. Umfangreichere Bildfolgen zu ihrem Leben entstanden für einige Stadtchroniken und Legendensammlungen Augsburgs, etwa für diejenige, die Johannes Klesatel 1454 in St. Ulrich und Afra schrieb. Generell ist eine größere Anzahl an Darstellungen in der Stadt und im Bistum Augsburg zu finden. Diese Bildwerke zeigen die hl. Afra als Einzelgestalt oder im Verbund mit anderen Heiligen. Häufig ist sie mit dem zweiten Bistumspatron, dem hl. Ulrich zu sehen, hin und wieder ist der heilige Bischof Simpert (um 750–807) als dritter Schutzpatron Augsburgs hinzugefügt. Diese Dreiergruppe malte um 1492 der ortsansässige Künstler Thoman Burgkmair auf den Flügel eines Retabels, das offenbar zum Anlass der Erhebung der Gebeine des hl. Simpert für die Simpert-Kapelle von St. Ulrich und Afra bestimmt war. Sie ist anhand ihrer reichen Kleidung – sie trägt ein hermelinverbrämtes Untergewand und ein Obergewand mit Pelzbesatz – und der mächtigen goldenen Krone als Angehörige eines Königs-

Thoman Burgkmair, Altarflügel mit den Heiligen Ulrich, Afra und Simpert, um 1492, Rottenburg, Diözesanmuseum

hauses gekennzeichnet, doch die langen offenen Haare deuten ihre Prostitution an. Die Heiligen sind an eine Säule gefesselt, an der bereits Flammen emporzüngeln. Burgkmair verzichtete darauf, das Martyrium szenisch wiederzugeben, sondern verwies mit der attributiven Beifügung auf den erlittenen Feuertod, ebenso wie Fisch und Wolf mit Kind, die den Heiligen Ulrich und Simpert zugeordnet sind, entsprechende Ereignisse aus deren Leben andeuten.

| Afra trägt in der Regel ein Kopftuch und Schleier, eine Krone kann auf ihre königliche Abstammung hinweisen, seltener hält sie ein Lilienzepter in der Hand. Sie ist häufig mit überkreuzten Händen an einen Baumstamm gebunden, mitunter an eine

Säule. Oft steht sie auf einem brennenden Scheiterhaufen. Als Hinweis auf ihr Martyrium kann sie auch eine Fackel in ihren Händen halten.

Meister Juan, Afra-Legende am Alabastersarkophag des hl. Narcissus, 1328, Gerona, San Félix; Meister der Ulrichsvita, Die Vision des hl. Ulrich, um 1454, Augsburg, St. Ulrich; Hans Holbein d. Ä., Beisetzung der hl. Afra, 1490, Eichstätt, Bischöfliches Palais; Paolo Veronese, Martyrium der hl. Afra, 1580, Brescia, St. Eufemia

Quellen: Berschin 1981 – Conversio Afrae 1995

Literatur: Schimmelpfennig 1993 – Ausst.-Kat. Afra 2004 – Thierbach 2004

Agatha von Catania — 5. Februar

Agatha stammte aus einer adligen sizilianischen Familie und soll das Martyrium zur Zeit der Christenverfolgung des Decius (249 – 251) erlitten haben. Ein Präfekt namens Quintianus verhaftete die junge Christin und versuchte sie zu verführen. Da sie seinen Annäherungen widerstand, wurde sie gefoltert. Unter anderem ließ er der Heiligen, die sich ihm verweigert hatte, die Brüste abschneiden. In der Nacht erschienen der misshandelten Agatha → Petrus und ein Engel im Kerker und boten ihr an, sie zu heilen. Doch die Heilige bestand darauf, ihre Schmerzen zu erdulden und selbst als sich die Tore des Gefängnisses öffneten, floh sie nicht. So musste sie ihr Leben auf dem Scheiterhaufen lassen. Bei ihrem Tode erschütterte ein Erdbeben Catania. Die Bevölkerung bestattete den Leichnam in aller Pracht und Engel errichteten an ihrem Grabe eine Tafel mit einem Epitaph, der Agatha als fromme Frau pries. Quintianus aber wollte das Vermögen der Verstorbenen einziehen und jagte auf seinem Pferd ihren Besitzungen zu. Doch sein Reittier galoppierte ihn geradewegs in die Hölle hinein. Als ein Jahr später der Ätna ausbrach, breitete Agatha ihren Schleier schützend über Catania aus und bekehrte durch dieses Wunder die letzten Heiden der Stadt zum Christentum. Über dem Grab der Heiligen errichtete man bald eine Kirche, die zu einem Pilgerzentrum wurde, das zahllose Gläubige anzog. Auch die → hl. Lucia soll einst dorthin gepilgert sein.

Agathas Name ist bereits im *Martyrologium Hieronymianum* des 5. Jahrhunderts zu finden. Im 9. Jahrhundert wurde ihre Vita auch im Norden bekannt und ihre Reliquien gelangten über die Alpen. Agatha aber wurde zunächst als Herrin des Ätnas verehrt und später als Helferin gegen Feuersbrünste. Ihren Schutz versprechenden Schleier bewahrte man im Dom zu Florenz auf, ein weiteres Verehrungszentrum wurde Cremona. Erst nach 1200 gewann ihr Martyrium an Bedeutung und die Heilige wurde aufgrund ihrer Glaubenstreue in Ehren gehalten.

Piero della Francesca fügte auf seinem mehrteiligen Perugia-Retabel eine Darstellung der hl. Agatha ein, die traditionell und bemerkenswert zugleich ist. Wie üblich hält die Heilige eine Schale, auf der ihre zwei abgeschnittenen Brüste ruhen. In der anderen Hand trägt

Piero della Francesca, Hl. Agatha, 1460/1470, Perugia, Galleria Nazionale dell'Umbria

sie einen Palmzweig als Hinweis auf die himmlische Belohnung, die auf ihr Martyrium folgte. Agathas Gesicht entspricht kaum der üblichen idealen Schönheit einer Heiligen. Die breite Nase und die leicht nach unten gezogenen Mundwinkel sind nur einige Merkmale, aufgrund derer manche das Bild einem Gehilfen Pieros zuschreiben. Doch gerade diese unidealisierten Züge verleihen Agatha eine überzeugende Körperlichkeit. Die Heilige trägt einen roten, hermelingefütterten Mantel. Da sie den Betrachter nicht anblickt, sondern ins Unbestimmte schaut, hält sie ihm ihre abgeschnittenen Brüste zwar nicht direkt entgegen, präsentiert sie aber dennoch unübersehbar als Reliquien ihres Martyriums. Die Körperteile werden zum Ausweis ihres christlichen Leidens und zum Pars pro toto ihres gesamten Körpers, den sie Gott selbst darbrachte. Dabei wird das Rund der Brüste zu einem formgebenden Bilddetail. Es korrespondiert mit der runden Schale, die wiederum in der Form des Bildfeldes, des Tondo, aufgegriffen wird. Schließlich ist auch der Nimbus als eine glatte runde Scheibe gegeben. Durch die Variationen der Form prägen sich die Zeichen von Agathas Heiligkeit ein und das Bild wird zu einer Verdichtung ihres Martyriums. Der Nimbus aber ist als eine spiegelgleiche Scheibe gegeben, die den weißen Schleier der Heiligen reflektiert. Da die Malerei an dieser Stelle beschädigt ist, fällt dieses Detail nicht sofort ins Auge, doch die anderen Heiligen des gesamten Retabels – auf den Mitteltafeln ist die Madonna zwischen Heiligen zu sehen – sind mit einem ebensolchen spiegelnden Nimbus ausgestattet. So wird auch Agatha nicht durch einen immateriellen Schein ausgezeichnet, sondern durch eine harte Materie, die ihren Körper widerzuspiegeln vermag. Der Nimbus reflektiert die Heilige, die Schale trägt ihre Brüste und der Tondo enthält ihr Bild. So wird das Rund zum Träger der heiligen Agatha.

| Agathas wichtigstes Attribut sind ihre abgeschnittenen Brüste, die sie meist auf einer flachen Schale präsentiert. Oftmals hält sie auch einen Palmzweig in Händen.

Sebastiano del Piombo, Martyrium der hl. Agatha, 1520, Florenz, Palazzo Pitti; Giulio Campi, Freskenzyklus mit dem Leben der hl. Agatha, 1537, Cremona, Sant'Agata; Francisco de Zurbarán, Hl. Agatha, 1630/1633, Montpellier, Musée Fabre; Giambattista Tiepolo, Martyrium der hl. Agatha, 1735/36, Berlin, Gemäldegalerie

Quelle: Acta Sanctorum, Febr. I, Bd. 4, S. 599–661

Literatur: Brusa 1951 – Garibaldi 1993

Agnes von Rom — 21. Januar

Informationen zum Leben der hl. Agnes entnahm man im Mittelalter vornehmlich der Vita, die man dem Verfasser Pseudo-Ambrosius zuschrieb. Diese Biografie resultiert aus einer Verquickung der lateinischen Version des Ambrosius (→ vier Kirchenväter) mit einer griechischen Fassung. Diesem Komposittext zufolge hatte die in Rom lebende zwölfjährige Agnes die Aufmerksamkeit des Präfektensohns geweckt, der sie zu heiraten begehrte. Doch die Jungfrau verweigerte ihre Zustimmung, weil sie bereits einem Bräutigam versprochen sei, der ihr seinen Ring an die Hand gesteckt sowie ein Halsband und ein Gewand geschenkt habe. Es ist unschwer zu erraten, dass sich Agnes Christus anverlobt hatte. Der Werber geriet über die Ablehnung in Wut und forderte, dass Agnes den Göttern opfern solle oder sie müsse in einem Freudenhaus das Verlangen vieler Männer stillen. Da Agnes das heidnische Opfer verweigerte, wurde sie nackt ins Bordell gebracht, doch auf wunderbare Weise wuchs ihr Haar und bedeckte ihren bloßen Körper. Als der Präfektensohn Agnes mit Gewalt nehmen wollte, fiel er tot zu Boden, die Heilige aber erweckte ihn wieder zum Leben. Agnes wurde daraufhin ins Feuer geworfen, und da sie überlebte, mit einem Schwertstich durch den Hals tödlich verwundet. Nach anderen Schriften soll Agnes verbrannt worden sein. Wann sich ihr Martyrium ereignete, ist unklar, gemäß der griechischen Hagiografie geschah es in den Jahren um 157.

Ein erstes Verehrungszentrum der hl. Agnes entstand in Rom mit der Kirche Sant'Agnese in Agone, die man im Stadion des Domitian, der späteren Piazza Navona, errichtete, als dem Ort ihres Martyriums. In diesem Gotteshaus bewahrte man das Haupt der Heiligen auf. Eine zweite Kultstätte entstand mit der Basilika Sant'Agnese fuori le mura an dem Bestattungsort über der Katakombe an der Via Nomentana. Von Rom aus verbreitete sich der Kult über ganz Europa, und Städte wie Paris, Köln oder Utrecht wurden bedeutende Kultorte.

Seit der frühen Verehrungszeit wurden am Festtag der hl. Agnes zwei Lämmer aus dem römischen Trappistenkloster Tre Fontane mit weißen und roten Rosen geschmückt und nach Sant'Agnese fuori le mura getrieben. Von dort brachte man sie in den Vatikan, wo sie gesegnet wurden. Schließlich wurden sie von den Benediktinerinnen aus Santa Cecilia in Trastevere mehrere Monate lang gehütet. Im Juni schor man die Lämmer und die Schwestern fertigten aus der Wolle zwölf Pallien. Diese deponierte man in der Nacht zu St. Peter und Paul in einem Schrein unter dem Hauptaltar von St. Peter. Am folgenden Tag überreichte der Papst die Pallien einigen Erzbischöfen als Ehreninsignien.

Entsprechend diesem lang bezeugten Brauch ist Agnes schon auf einer der frühesten Darstellungen mit einem Lamm zu sehen, obgleich die meisten Heiligen erst im Mittelalter ihre Attribute erhielten. Im mosaizierten Jungfrauenzyklus, der um 500 für S. Apollinare Nuovo in Ravenna geschaffen wurde, erscheinen Jungfrauen in gleicher Gewandung, die Kronen in den Händen tragen, allein Agnes ist ein Lamm beigegeben. Dieses Attribut verweist auf ihre Reinheit und Unschuld, doch erhielt sie es wohl eher durch eine Verballhornung ihres Namens Agnes in Agnus (lat. Lamm). Auch in anderen Kontexten ist Agnes häufig zusammen mit heiligen Jungfrauen abgebildet. Szenische Darstellungen konzentrieren sich vor allem auf die Bordellszene oder das Martyrium.

Agnes gehört auch zu den weiblichen Heiligen, die im Stundenbuch der Katharina von Kleve, Herzogin von Geldern und Gräfin von Zütphen, zu finden sind. Dieses Buch ragt durch seine große Anzahl von qualitätvollen Miniaturen unter den Stundenbüchern des späten Mittelalters hervor. Es hebt sich auch durch die Heiligenbitten von Büchern dieser Gattung hervor, denn die Fürbitten umfassen auffallend viele weibliche Heilige, während gewöhnlich die männlichen Helfer in der Überzahl sind. Agnes ist hier wie üblich reich gekleidet: Sie trägt einen hermelingefütterten Mantel und hat das Lockenhaar mit einem Blumenkranz geschmückt. Das Lamm springt wie Hündchen an ihr empor. Ihr kreisrunder goldener Nimbus, der sie als Heilige auszeichnet und schmückt, wird in den goldenen Kleinodien der Bildeinfassung variiert. Der Miniaturist hat ein kostbares Perlenhalsband mit perlenbesetzten Medaillons um

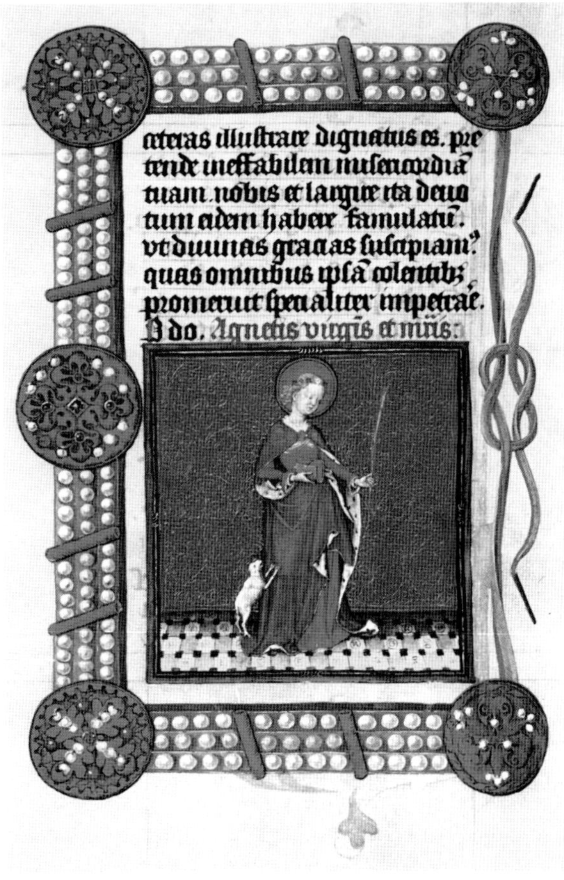

Hl. Agnes, *Stundenbuch der Katharina von Kleve*, um 1440, New York, Pierpont Morgan Library

das Bild der Heiligen und den Gebetstext gelegt, so dass eine formale und materielle Entsprechung entstand. Da ähnliche, kostbare Schmuckstücke auch zum Besitz der Katharina von Kleve gehörten, kennzeichnen die gemalten Preziosen das Stundenbuch als ein gleichermaßen wertvolles Objekt. Doch zugleich regen sie zu gedanklichen Assoziationen an, wie die Heilige als Zierde des Himmels oder christliche Tugend als Schmuck der Frau.

| Agnes ist reich gekleidet, mitunter aber ist sie nackt und wallendes Haar bedeckt ihren Körper. Ihr Attribut schlechthin ist das Lamm, sie kann aber auch ein Buch, einen Palmzweig und seltener eine Krone erhalten.

Agnes im Jungfrauenzyklus, um 500, Ravenna, S. Apollinare Nuovo; Duccio di Buoninsegna, Hl. Agnes unter den Heiligen des Domaltars, 1308/1311, Siena, Domopera; Meister des Bartholomäusaltars, Mystische Vermählung der hl. Agnes mit dem Jesuskind, um 1500, Nürnberg, Germanisches Nationalmuseum; Meister von Frankfurt, Hll. Agnes und Lucia, Flügelaußenseite des Annenretabels, 1505, Lübeck, St. Annenmuseum; Lavinia Fontana, Hl. Agnes, 1611/1614, Rom, Santa Maria della Pace, Capella Rivaldi

Quelle: Denomy 1938

Literatur: Cavalieri 1899 – Miniaturen 1966 – Wolf G. 1997 – Baert 2007 – Diskant Mair 2004/05

Lucia von Syrakus — 13. Dezember

Lucia ist weder als Person historisch nachweisbar, noch geben Ereignisse ihrer Biografie einen Hinweis auf geschichtliche Begebenheiten. Offenbar ist die Heilige eine Gestalt, die ganz in den Bereich der legendarischen Hagiografie gehört. Dieser zufolge stammte sie aus Syrakus und gehörte zu einer christlichen Familie. Als ihre Mutter Euthicia krank wurde, pilgerten beide nach Catania an das Grab der → hl. Agatha. Dort erhielt Lucia im Schlaf die Weissagung, ihre Mutter werde durch den festen Glauben der Tochter gesunden, doch sie selbst werde das Martyrium erleiden. Nach der Heilung der Mutter verteilte die Heilige allen Besitz an die Armen. Dieses Vorgehen aber brachte ihren heidnischen Freier auf den Plan, der sich über das Verschleudern der Habe ereiferte. Wütend brachte er zur Anzeige, dass sie Christin sei. Nach einem längeren Disput mit dem Richter wollte dieser sie ins Bordell schaffen lassen, doch die junge Heilige wurde so schwer, dass die kräftigsten Männer sie nicht von der Stelle schaffen konnten, selbst Ochsen vermochten sie nicht zu bewegen noch der Zauber der heidnischen Magier. Da unternahm der Richter Tötungsversuche, die aber allesamt nicht fruchteten – weder starb sie, als man Pech über sie ausschüttete, noch verbrannte sie das Feuer, das man um sie entzündete. Schließlich wurde Lucia mittels eines Schwertstichs durch den Hals umgebracht. Ihr Martyrium soll sich unter der Herrschaft des Diokletian (284 – 305) ereignet haben.

In den frühen Legenden und selbst in der *Legenda aurea* fehlt die Episode, für die Lucia in Kunst und Brauchtum bekannt werden sollte. Weil sich ein heidnischer Freier in sie verliebte, riss sie sich ihre schönen Augen aus und sandte sie ihm. Maria soll ihr dafür ein neues, noch schöneres Augenpaar gegeben haben. Da das Auge als Organ galt, durch das die Liebe entzündet wird, ist es verständlich, dass Lucia sich gerade dieses Verführungsorgans entledigte.

Lucias Vita gelangte von Sizilien aus wohl durch Papst Agathon (678 – 681) nach Rom. Nördlich der Alpen setzte ihre Verehrung erst mit einiger Verzögerung ein. Eine erste Biografie ist erstmals im 9. Jahrhundert auf der Reichenau nachweisbar. 970 werden Lucia-Reliquien nach Metz gebracht. Doch zu dieser Zeit müssen schon mehrere hl. Lucien bekannt gewesen sein, denn Bischof Theoderich musste schwören, dass dies tatsächlich die Überreste der Lucia von Syrakus seien.

Eine weitere kultische und hagiografische Vermischung erfolgte mit der → hl. Ottilia, für die ebenfalls Augen bedeutsam sind. Beide Heilige galten als Patronin der Augenkranken, so dass Lucias Festtag schließlich am 13. Dezember, dem Ottilientag, begangen wurde. Eine böhmische Sonderform der Ottilienlegende interpoliert sogar Motive der Luciaerzählung: Ein englischer König soll sich auf Hohenburg in die Nonne Ottilia verliebt und sie in seine Gewalt zu bringen versucht haben. Da sandte Ottilia ihm ihre Augen, doch ein Engel brachte ihr neue.

Gregor XIII. (1572 – 1585) strich bei der Kalenderreform das Fest der hl. Lucia. Doch im Brauchtum überlebte die Heilige noch mehrere Jahrhunderte.

Lucia ist häufig als Einzelperson oder im Verbund mit anderen Heiligen zu sehen, in Italien gehört sie oftmals zu einer Sacra Conversazione. Nur selten wurde ihr ein ganzer Vitenzyklus gewidmet. Der Sieneser Maler Domenico Beccafumi präsentiert die Heilige mit einem Teller, auf dem ihre Augen ruhen. Diese Darstellungsweise hatte man bereits im Quattrocento präferiert, während das Motiv nördlich der Alpen erst um 1500 aktuell wurde. Hier nun sind die ausgestochenen Augen unübersehbar ins Bild gesetzt, so dass den Betrachter zwei Augenpaare anblicken: das Gott geopferte und das wieder geschenkte. Dabei kommt Lucia keineswegs als vergeistigte junge Frau daher, sondern unter ihrem dünnen Kleid treten die Brüste hervor und über den Augen auf dem Teller sind ihre körperlichen Reize erkennbar. Es wird deutlich, dass Lucia ihren jungfräulichen Leib durch die Augengabe verteidigte. Durch den doppelten Blick ihrer Augen will sie nun den Betrachter zu einem keuschen, Christus hingegebenen Leben verführen. Auch an das Schwert, das sie leicht und elegant in der Hand hält, ist hier eine zweifache Bedeutung geknüpft. Zunächst ist es die Waffe, mit der sie sich die Augen ausstach, dann aber stellt es das Mordinstrument vor. Ob Augenopfer, ob Lebenshingabe, beide gewaltsamen Taten beweisen Lucias hingebungsvolle Liebe zu Christus. Eine gleiche Ambivalenz zwischen Schmerz und Eleganz ist ihrem Mantel eingeschrieben, der sie blutrot umfängt und sie gewissermaßen in einen weichen Blutstrom einhüllt.

| Lucia erhält als Attribut ausgestochene Augen, eine Lampe, ein Schwert oder einen Palmzweig.

Domenico Beccafumi, Hl. Lucia, 1521, Siena, Monte dei Paschi di Siena

Carlo Crivelli, Hl. Lucia, um 1476, Washington, National Gallery of Art; Pietro Perugino, Hl. Lucia, 1506, New York, The Metropolitan Museum of Art; Caravaggio, Das Begräbnis der hl. Lucia, 1608, Syrakus, Museo Nazionale di Palazzo Bellomo; Luca Giordano, Die hl. Lucia wird zur Hinrichtung geführt, 1659, Neapel, Museo e Gallerie Nazionali di Capodimonte; Sebastiano Ricci, Letzte Kommunion der hl. Lucia, 1730, Parma, Santa Lucia

Quelle: Surius 1575, Bd. 6., S. 892 – 894

Literatur: Kretzenbacher 1959 – Ausst.-Kat. Beccafumi 1990, Kat.-Nr. 18.

Apollonia von Alexandrien — 9. Februar

Eusebius von Cäsarea (260 / 264 – 337 / 340), Bischof und Kirchenhistoriker, berichtete erstmals von dem Martyrium der Apollonia. Mit wenigen Worten erzählt er, dass es in Alexandrien zur Regierungszeit Kaiser Philippus Arab (244 – 249) zur Christenverfolgung kam. Davon war auch Apollonia betroffen, eine im Alter bereits fortgeschrittene Jungfrau, der man so hart auf den Kinnbacken schlug, dass ihre Zähne heraussprangen. Als man ihr einen lodernden Scheiterhaufen zeigte und sie zur Abwendung von Gott aufforderte, sei sie freiwillig in die Flammen gesprungen. Genau genommen hatte Apollonia damit Selbstmord begangen – eine Todesart, die von der Kirche generell verurteilt wurde. → Augustin, der Eusebius gelesen hatte, erläuterte deshalb in apologetischer Absicht, wie Apollonia würden viele den Freitod wählen, um einer bevorstehenden Schändung zu entgehen. In späteren Legendenfassungen wurde dieser problematische Tatbestand umgebogen, andere Details wurden verändert und die dürren Fakten narrativ bereichert. Eine ausführliche Legende kursierte aber erst nach 1300. Diese hagiografischen Schriften verlegen ihr Martyrium nun in die Regierungszeit Kaiser Decius' (249 – 251) und erzählen, Apollonia sei Tochter des Königs von Alexandrien und habe ihren Namen nach einer Götzenfigur des Apoll erhalten. Der Vater war Heide, doch die Mutter bekehrte sich zum Christentum und ließ auch ihre Tochter taufen. Als Apollonia einen mächtigen König heiraten sollte, eröffnete sie ihrem Vater, dass sie sich bereits einem anderen Bräutigam angetraut habe, nämlich Christus selbst. Mit dieser bedeutsamen Veränderung wurde aus der älteren Jungfrau eine junge begehrenswerte Frau. So wird der Leser indirekt informiert, dass ihre Virginität einer selbstgewählten Christusfrömmigkeit entsprang. Nun wurde Apollonia ohne Wasser und Brot ins Gefängnis geworfen. Da sie dennoch standhaft blieb, band man sie an eine Säule und zog ihr alle Zähne heraus. Dies nahm Apollonia zum Anlass, Gott zu bitten, sich all derjenigen, die an Zahnschmerzen leiden, zu erbarmen.

Obgleich Apollonias Biografie in vielen populären Schriften, wie der *Legenda aurea* oder der *Elsässer Legenda aurea*, fehlt, wurde die Heilige dennoch ab 1300 auch nördlich der Alpen zunehmend verehrt. In Italien wurde die Kathedrale von Tortona in der Lombardei zu einem Zentrum ihres Kultes, denn dorthin waren zu einem unbekannten Zeitpunkt ihre Reliquien transferiert worden. Im frühen Mittelalter hingegen hatte sich ihre Verehrung auf Alexandrien beschränkt.

Mitunter wurde die Vita der Apollonia von Alexandrien mit der Biografie der Apollonia von Rom vermischt. Diese war die Tochter eines römischen Senators und erlitt unter Kaiser Julian Apostata (360 – 363) das Martyrium. Auch ihr schlug man die Zähne aus, enthauptete sie jedoch anschließend. In Anlehnung an die berühmtere Namens- und Leidensverwandte verehrte man auch die römische Heilige am 9. Februar.

Die ersten Darstellungen der Apollonia sind erst nach 1200 greifbar. Doch schon eine Bleimünze, die eine der ältesten bekannten Abbildungen zeigt, verweist in einer Inschrift auf ihre Hilfe bei Zahnschmerzen. In den folgenden Jahrhunderten ist Apollonia oftmals als eine Heilige unter vielen zu sehen. Ihr Martyrium wurde nur selten als einzelne Szene wiedergegeben. Erst im Barock schilderte man detailgenau das grausame Ausreißen der Zähne.

Ein namentlich nicht bekannter Künstler, der den Notnamen Meister des Antoine de Roche erhielt, malte um 1500 für ein nur knapp 20 cm hohes Stundenbuch eine große Anzahl von Miniaturen. Wie für derartige Gebetbücher üblich, bestehen die letzten Gebete aus Suffragien, aus Anrufungen, die an verschiedene Heilige gerichtet sind. Zu den Fürbitten der Apollonia gehört eine ganzseitige Miniatur, die der Buchmaler mittels Architekturelementen in mehrere Bildfelder untergliederte. Das größte Kompartiment präsentiert die Heilige stehend, mit der Zahnzange in der Hand. An sie richtet der Beter seine Gebete und in den szenischen Bildern erhält er eine Erläuterung, warum Apollonia eine geeignete Fürbitterin ist. In der linken Spalte sind die Ablehnung der Brautwerber und Geißelung bei entblößtem Oberkörper zu sehen, während

Meister des Antoine de Roche, Hl. Apollonia, Guémadeuc-Stundenbuch, fol. 120r, um 1500, Ramsen, Antiquariat Bibermühle

direkt unter dem Hauptbild die Ziehung der Zähne und Brechung des Kiefers dargestellt ist. Diese Szene ist auf einer Sohlbank platziert und spielt sich nicht in einem bildartigen Feld, sondern auf einem Bühnenraum ab. Damit wird das zum Tode führende Martyrium besonders eindrücklich vergegenwärtigt. Der grausame Tod steht mit dem Hauptbild der Heiligen in engster Beziehung, während die seitlichen Bilder nur die eher marginale Vorgeschichte erzählen.

| Apollonias wichtigste Attribute sind Zange und Zahn.

Hans Baldung, gen. Grien, Hl. Apollonia, Flügelaußenseite des Sebastian-Retabels, 1507, Nürnberg, Germanisches Nationalmuseum; Jacob Jordaens, Das Martyrium der hl. Apollonia, 1628, Antwerpen, Augustinerkirche; Guido Reni, Martyrium der hl. Apollonia, 1620/1625, New York, Richard Feigen Collection

Quelle: Acta Sanctorum, Febr. II, Bd. 5, S. 277–282

Literatur: Poletti 1934 – Bruck 1967 – König 2001 – Pack 2005

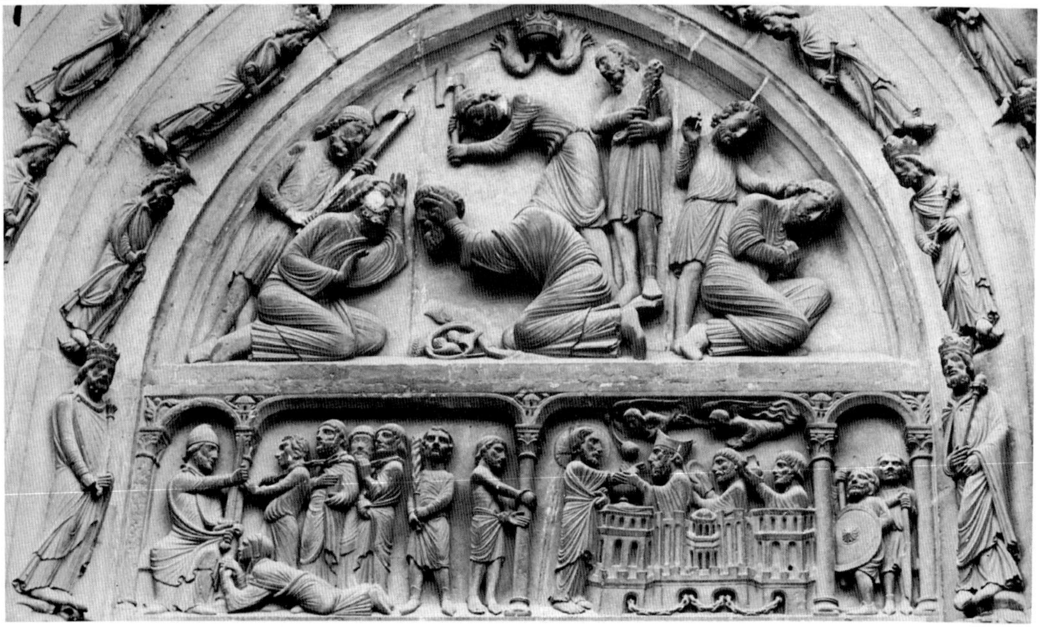

Gefangennahme und Enthauptung des hl. Dionysius, um 1175, Saint-Denis, ehem. Abteikirche Saint-Denis, nördliches Querhausportal

Dionysius von Paris 9. Oktober

Der hl. Dionysius (Denis) soll der erste Bischof von Paris gewesen sein. Zudem machte ihn die mittelalterliche Hagiografie zu einem Zeitgenossen des Apostels → Paulus und glaubte, er sei mit dem in der Apostelgeschichte erwähnten Dionysius Areopagita (Apg 17,34) identisch. So ordnete man ihm auch dessen vermeintliche Schriften zu. Heute bezeichnet man den namentlich nicht bekannten Autor dieser Werke als Pseudo-Dionysius. Schon im Mittelalter wurde die Gleichsetzung des Dionysius mit Dionysius Areopagita bezweifelt und die Humanisten sprachen sich erneut dagegen aus.

Über Dionysius von Paris ist nur weniges bekannt. Er lebte im 3. Jahrhundert, stammte wohl aus Italien und erlitt vermutlich im Jahr 285 das Martyrium – so zumindest ist es den ältesten überlieferten Lebenszeugnissen des Gregor von Tours aus dem Jahr 594 zu entnehmen. Dionysius hatte sich wahrscheinlich auf Geheiß des Papstes nach Gallien begeben, um dort zusammen mit weiteren Bischöfen zu missionieren. Späteren hagiografischen Berichten zufolge wurde er aufgrund seines Glaubens eingekerkert und auf dem Montmartre enthauptet. Die Schrift *Post beatam et gloriosam*, die ein unbekannter Autor um 825 verfasste, erwähnte erstmals das wundersame Ereignis der Kephalophorie (gr. Kopftragen), das die Ikonografie des Heiligen prägen sollte. Nach der Enthauptung habe Dionysius seinen abgeschlagenen Kopf in die Hände genommen und ihn zwei Meilen weit getragen. Erst einige Jahre später berichten Schriften, er habe sein Haupt an den Ort getragen, an dem er bestattet werden wollte. Die → hl. Genovefa soll eine erste Kapelle über Dionysius' Grab errichtet haben, der fränkische König Dagobert I. (629 – 638 / 39) fand die Gebeine des Märtyrers wieder auf und ließ zu seiner Ehre die Abteikirche Saint-Denis erbauen. Zugleich wählte er das Gotteshaus als seinen Bestattungsort und begründete damit die Tradition der Grablege der französischen Könige in diesem Gotteshaus. Die machtpolitische Verbindung zwischen Saint-Denis und dem Königtum war damit hergestellt. Neben der Abtei beanspruchte St. Emmeram in Regensburg, Reliquien des Heiligen zu besitzen, und avancierte zu einem bedeutenden Verehrungszentrum des Dionysius.

Unter dem gelehrten Abt Suger (1122 – 1151) entstand an der Stelle des alten Saint-Denis ein neuer gotischer Kirchenbau. Neben aufsehenerregenden architektonischen Neuerungen zeichnet sich der Bau durch seine Bildhauerarbeiten aus. Nach dem Tod des kunstverständigen Abtes entstand das Tympanon des Portals im Nordquerhaus, das dem Kirchenpatron gewidmet ist. Im Türsturz ist Dionysius links unter den Gefangenen auszumachen, während er rechts in einer kettenumspannten Feste zu sehen ist, wo er über die Festungsmauern hinweg von Jesus die letzte Kommunion erhält. Das Giebelfeld präsentiert den Heiligen drei Mal: In den beiden äußeren Kompartimenten kniet er nieder und wird von einem Schergen an den Haaren gezogen und nimmt erschrocken gestikulierend wahr, dass der hinter ihm stehende Henker das Beil zum Schlag erhebt. Im Mittelteil hält Dionysius sein abgeschlagenes Haupt in Händen. In der Spitze dieses Feldes ist eine Krone zu sehen, die dem Märtyrer zukommt.

In Saint-Denis scheint Dionysius sein abgeschlagenes Haupt in seinen Händen aufzufangen, doch schon nach 1110 waren Darstellungen entstanden, die den heiligen Bischof stehend zeigen, seinen Kopf in Händen haltend. Er war zum Kephalophor geworden, der sein Haupt mehr präsentiert, als dass er es zu seinem Bestattungsort trägt. Dabei kann der Enthauptete durchaus zugleich seinen Kopf auf den Schultern tragen. Manches Mal ist er mit anderen kephalophoren Heiligen zusammen abgebildet, etwa mit Rustikus und Eleutherius, die mit ihm das Martyrium erlitten haben sollen.

| Dionysius ist in bischöfliche Gewänder gekleidet. Sein Attribut ist der abgeschlagene Kopf, den er (kopflos) in Händen hält oder auf einem Buch balanciert. Trägt Dionysius sein Haupt auf den Schultern, fehlt manches Mal die Schädelkalotte.

Glasfenster mit Dionysius-Zyklus, um 1300, Bourges, Saint-Denis-de-Jouhet; Elfenbeindiptychon mit Szenen aus dem Leben des hl. Dionysius, 1320/1330, Paris, Musée Cluny; Léon Bonnat, Das Martyrium des hl. Dionysius, 1874/1885, Paris, Panthéon

Quelle: Surius 1574, Bd. 5, S. 642 – 658

Literatur: Lacaze 1979 – Bähr 1984

Dorothea von Cäsarea — 6. Februar

Dorothea ist eine Märtyrerin des frühen Christentums, deren Vita für diese Zeit typisch ist. Die Heilige war Tochter christlicher Eltern namens Dorotheus (Theodorus, Torus) und Theodora (Thea). Diese flohen mit ihren Kindern vor den Christenverfolgungen aus Rom und ließen sich in Cäsarea in Kappadokien nieder. Dort aber erwarteten Dorothea Nachstellungen anderer Art. Sie hatte nämlich durch ihre außergewöhnliche Schönheit das Interesse des Präfekten Capricius (Fabricius) geweckt, der sie zur Frau begehrte. Dorothea aber verstand sich als Braut Christi und lehnte die Werbung des Freiers ab. Damit zog sie sich dessen Zorn zu und musste dafür unter Folter büßen. Capricius ließ sie gefangen nehmen, sieden, schlagen und mit Fackeln brennen. Doch Gott heilte ihre Wunden und durch ihre Standhaftigkeit bekehrten sich zahllose Heiden. Schließlich wurde Dorothea enthauptet. In den Tagen der Martyrien hatte der Gerichtsschreiber Theophilus Dorothea zum Spott gebeten, sie möge ihm Rosen und Äpfel aus dem Paradies senden. Als die Heilige ihren letzten Atem aushauchte, erschien vor Theophilus ein Junge, der ihm den gewünschten Korb voller Rosen und Äpfel brachte. Der Spötter bekehrte sich und wurde nun seinerseits hingerichtet. Dorotheas Tod wird gemeinhin für 287 oder die Jahre um 304 angenommen.

Der Name der Heiligen aus Cäsarea ist bereits im *Martyrologium Hieronymianum* des 5. Jahrhunderts verzeichnet. Der älteste Text in Vernakular entstand um 1400 als Verserzählung in Deutschland. Diese Übersetzung spiegelt die hohe Verehrung wider, die Dorothea im deutschsprachigen Raum vom 14. bis zum 16. Jahrhundert genoss.

Konrad von Soest, Hl. Dorothea, um 1410, Münster, Westfälisches Landesmuseum für Kunst- und Kulturgeschichte

Darstellungen der hl. Dorothea sind erst seit dem 14. Jahrhundert zu finden. Sie zeigen das Martyrium oder konzentrieren sich auf die einzelne Figur der Heiligen. Diese Variante hatte auch der in Dortmund wirkende Maler Konrad von Soest für den Flügel eines kleinen Retabels gewählt, das er für die Augustinernonnen der Walpurgiskirche in Soest schuf. Die Heilige ist in ein Brokatgewand gekleidet, über dem sie einen blauen Mantel trägt. In der linken Hand hält sie einen Erdbeerzweig, in der Rechten hingegen, wie üblich, ein Körbchen mit roten Rosen. Dieses typische Attribut gab Konrad ihr erst in einem zweiten Arbeitsgang, denn ursprünglich sollte die weibliche Heilige eine → Katharina von Alexandrien vorstellen. Im Goldgrund sind noch die Umrisse des Schwertgriffes auszumachen. Doch aus unbekannten Gründen wurde das Bildprogramm geändert und aus Katharina wurde Dorothea. Nun erst trug der Maler auf die Krone und auf den Nimbus den Namen „Sancta Dorothea" ein. Die Veränderungen mitten im Arbeitsprozess waren leicht möglich, da es sich bei Katharina und Dorothea um heilige Jungfrauen handelt, die üblicherweise mit offenem Haar dargestellt werden. Eine Umarbeitung in eine heilige Witwe, wie etwa → Elisabeth, oder in eine heilige Ordensfrau, wie etwa → Ottilia, wäre mit mehr Aufwand verbunden gewesen, da diesen Frauen ein anderer Kopfputz und andere Kleidung zukommt. Das Beispiel der Heiligen, die eine neue Identität bekam, zeigt anschaulich, dass die Gestalten wenig individuell sind, sondern allein einen Typus verkörpern und damit austauschbar waren. Erst das Attribut macht aus einer heiligen Jungfrau eine konkrete Person.

| Dorotheas typisches Attribut ist der Korb mit Rosen, den mitunter ein Junge trägt.

Hans Baldung, gen. Grien, Hl. Dorothea, Flügelaußenseite des Sebastian-Retabels, 1507, Nürnberg, Germanisches Nationalmuseum; Hans Baldung, gen. Grien, Enthauptung der hl. Dorothea, 1516, Prag, Nationalgalerie; Matthias Grünewald, Hl. Dorothea, um 1520, Berlin, Kupferstichkabinett

Quellen: Ludwig 1928 – Busse 1930

Literatur: Pieper 1986, S. 40 – 43 – Wolf K. 1996

Ursula 21. Oktober

Jahrhundertelang verehrte man die Schar der Jungfrauen, bevor eine der heiligen Frauen den Namen Ursula erhielt. In Köln hatte ein gewisser Clemens schon bald nach 400 zu Ehren der hll. Jungfrauen eine kleine Kirche errichten lassen und bald nach 700 gedachte man dieser in einer liturgischen Feier. Auch erzählten erste Lebensbeschreibungen vom Martyrium der Mädchen und nannten einige sogar mit Namen, doch dass sich unter ihnen eine Ursula befunden habe, wurde erst im 9. Jahrhundert bekannt. Von nun an nahmen die oftmals knappen Erzählungen Gestalt an und bald hatte sich eine ausführliche Vita herausgebildet: Ursula, die schöne und kluge Tochter des Königs von Britannien, hatte sich Christus anverlobt. Doch aus politischen Gründen sollte sie Ätherius heiraten. Zwar stimmte Ursula den unausweichlichen Plänen zu, doch erbat sie sich eine Frist von drei Jahren, während der sie zusammen mit ausgesuchten Mädchen auf Reisen gehen wollte, ihr Verlobter aber im christlichen Glauben unterwiesen werden sollte. Ursula und ausgewählte zehn Gefährtinnen suchten sich je 1000 fromme Jungfrauen und bestiegen mit diesen elf Schiffe. In Basel angekommen, pilgerte die rastlose Gesellschaft nach Rom, wo sie einen gewissen Papst Cyriacus (dessen Namen man unter den amtierenden Päpsten vergeblich sucht) zum Mitreisen bewegen konnten. Auch der inzwischen bekehrte Bräutigam Ätherius stieß nun mit weiteren Anhängern zu der Gruppe und schiffte sich mit den Jungfrauen in Köln ein. Dort fielen sie in die Hände der Hunnen (die niemals bis nach Köln vorgedrungen waren) und wurden allesamt hingerichtet. Als Letzte starb auch Ursula durch einen Pfeilschuss der heidnischen Schlächter.

Tatsächlich stieß man im Jahr 1106 bei Grabungen in der Nähe der Jungfrauenkirche auf ein römisches Gräberfeld und glaubte die Überreste der 11 000 Märtyrerinnen und ihrer Begleiter gefunden zu haben. Anhand von Zetteln im Grab und älteren Heiligenlegenden wusste man die Toten namentlich zu benennen – sicherheitshalber übergab man die Namensliste der Benediktinerin Elisabeth von Schönau, die diese mittels visionärer Eingebungen einer Prüfung unterzog. Auch wenn dieses Prüfverfahren bei Zeitgenossen auf Kritik stieß, so wurden von nun an unzählige Reliquien Ursulas und ihrer Jungfrauen versandt. Die Ursulaverehrung stieg jetzt im gesamten Abendland sprunghaft. In St. Ursula zu Köln aber wurden die Reliquien der Heiligen in einem Schrein hinter dem Altar aufbewahrt, während man die ihrer Jungfrauen in Reliquienbüsten einschloss. Doch wann die mysteriöse wie hoch verehrte Ursula geboren wurde und verstarb und ob sie überhaupt je lebte, können keine zuverlässigen Quellen belegen und die Legendentexte sind sich darüber uneins. Seit Anfang der Frühen Neuzeit gilt 237 als ihr Todesjahr.

Bald nachdem das Gräberfeld in Köln entdeckt worden war, entstanden erste Darstellungen Ursulas und ihrer Jungfrauen. Die älteste bekannte stammt aus den Jahren um 1140 und zeigt Ursula in einem Büstenporträt, um das kreisförmig die Köpfe ihrer Gesellinnen angeordnet sind. Auf den Kreis der Jungfrauen fliegen Pfeile zu. Wo dieses einzigartige Kalenderblatt entstand, ist unbekannt, doch viele der Bilder Ursulas wurden in den kommenden Jahrhunderten in Köln, am Niederrhein und in den Niederlanden geschaffen. Häufig stellte man Ursula als Einzelfigur dar oder konzentrierte sich auf die Szene ihres Martyriums. Doch auch mehrteilige Lebenszyklen waren beliebt. Der Meister der Heiligen Sippe schuf mit 18 Einzelbildern, die eine ca. 30 m lange Wandfläche bedeckten, wohl eine der umfangreichsten Folgen.

Der aus Seligenstadt gebürtige Hans Memling bekam den Auftrag, für die Reliquien Ursulas und ihrer Jungfrauen, die bisher in einem kleinen Sarg geruht hatten, einen neuen Schrein zu fertigen. Das Gehäuse selbst kommt wie ein Kirchlein daher, gebildet aus architektonischen Elementen und von einem Dach geschützt. Die Schmalseiten öffnen sich gleich einem Portal und tatsächlich lässt die Malerei in das Innere einer Kirche blicken. In dem gemalten Sakralraum der einen Schreinseite steht Ursula, die ihren kostbaren Mantel schützend über ihre Jungfrauen ausgebreitet hat. Wie auf diesem Werk

Hans Memling, Sankt-Ursula-Schrein, 1489, Brügge, Sint-Janshospitaal

birgt sie auch auf vielen anderen Darstellungen wie eine → Schutzmantelmadonna unter ihrem Mantel ihre Gefährtinnen, mitunter aber auch Päpste, kirchliche Würdenträger und Könige. Auf den Langseiten des Schreins entwickeln sich zwischen den Arkaden einige Episoden aus dem Leben der Heiligen, die sich nun im Freien unter einem stahlblauen Himmel abspielen. Einmal sitzt die Gesellschaft der heiligen Frauen samt Papst und Kardinal im Schiff, ein anderes Mal werden sie in Köln von den Hunnen niedergemacht. Dass hier tatsächlich die Stadt am Rhein gemeint ist, belegt die exakte Wiedergabe der Gebäude im Hintergrund. Auf dem letzten Feld ist gar der Kölner Dom zu sehen, der sich zu dieser Zeit noch im Bau befand. Unmittelbar vor dem Kirchenbau wird Ursula von einem Pfeil durchbohrt. Die realitätsnahen Abbildungen der Heiligen und des Geschehens umhüllen die Gebeine im Schrein und lassen die Toten gleichsam im Bilde zum Leben erwachen.

| Ursula ist prächtig gekleidet und trägt oftmals eine Krone. Als Attribut erhält sie einen Pfeil, einen Palmzweig, eine Fahne oder ein Schiff.

Vittorio Carpaccio, Ursula-Zyklus, 1490, Venedig, Galleria dell'Accademia; Meister der hl. Ursula, Szenen aus dem Leben der hl. Ursula, um 1500, Köln, Wallraf-Richartz-Museum, Nürnberg, Germanisches Nationalmuseum u. a.; Pieter de Witte (Peter Candid), Das Martyrium der hl. Ursula, 1588, München, St. Michael; Michael Willmann, Der Tod der hl. Ursula, 1694, Breslau, Klosterkirche der Ursulinen

Quelle: Levison 1927

Literatur: Zehnder 1985 – Belting/Kruse 1994, S. 259 f. – Lange B. 2003

Bonifatius 5. Juni

Bonifatius, der Apostel Germaniens, wurde unter dem Namen Wynfreth (Winfrid) 672/74 in Wessex geboren. Anstatt sich wie sein Vater als Landedelmann niederzulassen, trat er ins Kloster von Exeter ein, erhielt die Priesterweihe, war in diplomatischen Diensten für das Kloster tätig und wurde schließlich Abt des Konvents in Nursling. Berühmt wurde er für seine Missionstätigkeiten auf dem Festland, die zu seiner Lebensaufgabe wurden. Den ersten Versuch, die Friesen zum Christentum zu bekehren, unternahm er 716, wenn auch ohne Erfolg, denn der Stammesfürst Radbod widerstand der christlichen Lehre. Wynfreth erkannte schnell, dass für das Gelingen seines Unternehmens die offizielle Beauftragung der Kirche und der Schutz des merowingischen Königs nötig waren. So reiste er zunächst nach Rom, wo ihn der Papst zum Heidenmissionar ernannte und ihm den Namen Bonifatius gab, während er von Pippin einen Geleitbrief erhielt. Seine Missionsreisen durch Thüringen, Hessen und Friesland erbrachten nun den erhofften Gewinn, zumal er 722 erneut in der Heiligen Stadt vorstellig geworden war und das Amt des Missionsbischofs erhalten hatte. Dank dieser Ernennung konnte er Bischöfe weihen und diese in den zum Christentum übergetretenen Gebieten einsetzen. Als er 737 in Rom gar zum Legaten für Germanien berufen wurde, waren den Möglichkeiten, feste kirchliche Strukturen zu schaffen, keine Hindernisse mehr gesetzt.

In Friesland arbeitete Bonifatius mehrere Jahre mit dem älteren → Willibrord zusammen, der sich schon vor ihm um die Bekehrung des friesischen Volksstammes bemüht hatte. In Hessen machte er von sich reden, als er bei Geismar eine Eiche fällen ließ, die dem Gott Donar geweiht war. Sein erster Biograf Willibald von Mainz berichtet, er habe aus dem Holz eine Kirche errichtet und durch diesen Akt viele zum Christentum bekehrt. In Friesland, das seinem missionarischen Eifer so lange widerstanden hatte, kam er schließlich zu Tode. Als er 754 in Dokkum Vorbereitungen traf, eine große Anzahl von frisch Getauften zu firmen, sah er sich von Bewaffneten umzingelt. Die Legende weiß, dass er einen Schwertstreich mit dem Evangeliumsbuch abwehrte, bevor ihm ein weiterer Hieb den Tod brachte. Tatsächlich ist ein Codex aus seinem Besitz, der heute in Fulda aufbewahrt wird, von scharfen Schnitten gekennzeichnet. Um seinen Leichnam stritten sich Utrecht, Mainz und Fulda. Sturmi, Abt des Klosters in Fulda, konnte unter Berufung auf Bonifatius' letzten Willen die kostbaren Gebeine für seine Basilika beanspruchen, wo sie noch heute in der Krypta ruhen. Im 19. Jahrhundert erhielt der Bonifatiuskult eine Belebung in Abwehr der aufklärerischen Tendenzen im Katholizismus und im Kulturkampf. Nun wurde das Fest des Heiligen, das bisher nur in Deutschland gefeiert worden war, für die gesamte Kirche verbindlich.

Frühe Darstellungen des Bonifatius sind vor allem in Sakramentaren zu finden. Diese liturgischen Bücher beinhalten die Gebete, die der Priester während der Messe spricht, eingeteilt in unveränderliche Teile, die bei jeder Messfeier gesprochen werden, und solche, die sich stets verändern, je nachdem, welches Christusfest (Temporale) oder Heiligenfest (Sanctorale) an diesem Tag begangen wird. Im sogenannten *Göttinger Sakramentar*, das um 975 in dem berühmten Skriptorium des Fuldaer Klosters geschrieben und illuminiert wurde, sind zwei Szenen aus dem Leben des Bonifatius an den Anfang des Bonifatiusfestes gesetzt. Über dem Textteil mit der großen D-Initiale hat der Miniaturist mittels einer Säule zwei Bildfelder geschaffen. In dem linken tauft Bonifatius einen bekehrten Friesen in einem bottichartigen Gefäß. Der Heilige selbst trägt das priesterliche Ornat und streckt seine Hand segnend aus, während ein Ministrant dem Täufling seine Hand auf den Kopf legt und Stammesangehörige in schlichter Kleidung das Geschehen verfolgen. Auf dem zweiten Bild bedrängen geharnischte und bewaffnete Krieger Bonifatius, der gerade den tödlichen Schwertstreich erhalten hat, obwohl er das Evangeliumsbuch schützend emporhält. Diese beiden Szenen charakterisie-

Taufe und Martyrium des Bonifatius, *Göttinger Sakramentar*, um 975, Göttingen, Niedersächsische Staats- und Universitätsbibliothek, 2° Cod. Ms. Theol. 231 Cim., fol. 87r

ren den Heiligen als Missionar und Märtyrer und übermitteln die Haupttaten, die Bonifatius zum verehrten Heiligen werden ließen. Außerhalb der Buchmalerei entstanden Bonifatiusbilder vor allem in seinen Bistümern. Nach 1600 erlebten Darstellungen des Friesenmissionars eine Renaissance in den Niederlanden (→ Willibrord). Im 19. Jahrhundert wurde der Heilige zu einem beliebten Protagonisten in der Historienmalerei.

| Bonifatius trägt meist das Ornat des Priesters oder des Bischofs mit Krummstab. Als Attribut erhält er ein Kirchenmodell, einen Dolch oder ein Schwert, das oftmals ein Buch durchbohrt.

Hl. Bonifatius, Steinrelief, Anf. 12. Jh., Fulda, Kirche am Petersberg; Melchior Blootacker, Bonifatiusschrein, 1624, Brügge, Liebfrauenkirche; Johannes Neudecker d. Ä., Bonifatiusaltar, um 1710, Fulda, Domkrypta; Alfred Rethel, Bonifatius errichtet das Kreuz über der gefällten Donar-Eiche, 1833, Berlin, Nationalgalerie; Alfred Rethel, Predigt des hl. Bonifatius, 1835, Aachen, Suermondt-Ludwig-Museum

Quelle: Vitae Bonifatii 1977

Literatur: Imhof/Stasch 2004 – Ausst.-Kat. Bonifatius 2004 – Winterer 2009

Veit 15. Juni

Der hl. Veit (Vitus) wurde im 3. Jahrhundert in Sizilien geboren und gehörte zu einer wohlhabenden Familie. Bereits als Kind bekehrte er sich zum Christentum und zog sich dadurch den Zorn seines Vaters Hylas zu. Dieser versuchte ihn vergeblich durch Gewalt und List zum Glaubensabfall zu bewegen. Als er ihn mit Stöcken und Ruten schlagen ließ, verdorrten den Peinigern die Arme, und als er ihn zusammen mit schönen Mädchen in einen Raum einsperrte, damit diese ihn verführten, sah er durch das Schlüsselloch, wie sich sieben Engel schützend um Veit stellten – nach einer anderen Quelle umgaben ihn zwölf Lampen. Der Vater wurde ob des Gesehenen blind und nur sein Sohn vermochte ihn zu heilen. Schließlich floh Veit mit seiner frommen Amme Crescentia und seinem Erzieher Modestus ins süditalienische Lukanien (Basilicata). Hier aber gerieten sie in die Hände des Christenverfolgers Kaiser Diokletian. Veit heilte zwar dessen besessenen Sohn, doch weil sich die drei Christen weigerten den Götzen zu opfern, mussten sie Gefangenschaft und Folter erdulden: Sie wurden in einen Kes-

Meister des Augustineraltars und Werkstatt, Veitretabel, 1487, Nürnberg, Germanisches Nationalmuseum

sel mit siedendem Öl gesteckt, doch sie überlebten; Veit wurde den Löwen vorgeworfen, doch zähmte er die wilden Tiere; alle drei wurden auf eine Folterbank gebunden, doch Erdbeben und Unwetter streckten die Peiniger nieder und ein Engel löste die Fesseln der Gefolterten. Der Bote Gottes trug die drei Standhaften zu einem Fluss, wo sie ihre Seelen aushauchten. Veit aber hatte gebeten, die Fliegen mögen ihre Leichen vier Tage nicht umschwirren. Ein Adler soll die Toten bewacht haben, bis die fromme Florentia sie bestattete.

Die Gebeine des Veit ruhten zunächst in Marianus (Mazara), doch sollten sie dort nicht bleiben. Zunächst gelangten sie nach Lukanien und von dort nach Rom. 755/56 überführte man den Leichnam nach Saint-Denis und 836 nach Corvey, wo ein bedeutendes Kultzentrum des hl. Veit entstand. Von Corvey breitete sich die Verehrung des hl. Veit bis nach Böhmen aus, wo er zum Patron der ersten Kirche der Prager Burg, dem späteren Veitsdom, erhoben wurde. Zu dieser Zeit kursierte schon längst die Vita des Heiligen; die älteste bekannte Version, die sogenannte *Lukanische Passio*, war um 600 verfasst worden.

Veit wurde im späten Mittelalter als heiliger Helfer gegen den Veitstanz angerufen. Diese Massenpsychose, die Menschen tagelang in exzessivem Tanzen und Singen durch die Städte trieb, die kollektive Halluzinationen und epilepsieartige Anfälle mit sich brachte und erst mit der völligen Erschöpfung der Tanzwütigen endete, ist für mehrere Städte bezeugt. Ein letzter großer Tanzwahn brach 1518 in Straßburg aus. Die rasenden Tänzer riefen den hl. Veit an, da sich dieser während seiner Lebenszeit als Heiler des besessenen Kaisersohns ausgezeichnet hatte.

Veit wurde häufig als einzelne Gestalt abgebildet oder im Verbund der → Vierzehn Nothelfer. Ein Altarretabel mit mehreren Szenen seiner Vita entstand 1487 für den Hochaltar der Nürnberger Augustiner-Eremiten, die ihre Kirche dem Heiligen geweiht hatten. Der namentlich nicht bekannte Künstler schuf mit seinen Werkstattmitarbeitern ein mehrfach wandelbares Retabel, das im geschlossenen Zustand acht Episoden vorführt. Von links nach rechts entwickeln sich in zwei Registern die bekanntesten Ereignisse aus dem Leben des hl. Veit: Ablehnung des Götzendienstes, Versuchung durch die Mädchen, Geißelung, Heilung des besessenen Kaisersohns, Marter im Ölkessel, Bewahrung im Löwengehege, letzte Folter am Balken, Tod am Fluss und Aufnahme der Seelen in den Himmel. Der Maler strukturierte die vielfigurigen Szenen übersichtlich, indem er die Ereignisse im oberen Register je in einen Innenraum verlegte, die im unteren sich aber im Freien abspielen. In den Bildfeldern, die alle drei Märtyrer zeigen, nimmt Veit stets die herausgehobene Mittelposition ein.

| Veit ist als Junge oder Jüngling dargestellt. Als Attribut führt er als Hinweis auf sein Martyrium Palmzweig, Schwert, Kessel oder eine Öllampe mit sich, aber auch ein Buch und einen Vogel, der einen Hahn, einen Adler oder einen Raben vorstellen kann.

Wandmalerei mit Legende des hl. Veit, 1428, Stuttgart-Mühlhausen, Ev. Veitskirche; Hans Burgkmair, Hll. Christophorus und Veit auf dem Flügel des Sigismund-Sebastian-Retabels, 1505, Nürnberg, Germanisches Nationalmuseum; Johann Heiss, Martyrium des hl. Veit, 1679, Ochsenhausen, Friedhofskapelle Sankt Veit; Martin Johann Schmidt, gen. Kremser Schmidt, Das Martyrium des hl. Veit, 1772, Nürnberg, Germanisches Nationalmuseum

Quelle: Passio Viti 1939

Literatur: Beutinger 1939 – Königs 1939 – Strieder 1993, Kat.-Nr. 73 – San Vito 2008

Kilian

8. Juli

Kilian ist der Heilige, der zur Identitätsbildung der Franken entscheidend beitrug. Von dem irischen Bischof, der sich in Würzburg niederließ, berichtet erstmals die *Passio minor*, die wohl zwischen 770 und 790 in Würzburg geschrieben wurde. Den Anlass für die Abfassung der Vita bot die Überführung von Kilians Gebeinen in den Salvatordom der Stadt im Jahr 788.

Hl. Kilian, Fahnentuch, um 1266, Würzburg, Mainfränkisches Museum

Über die Zeit, die Kilian in seiner Heimat verbrachte, weiß der Biograf wenig zu berichten und konzentriert sich ganz auf die Ereignisse in Franken. Der Heilige zog mit Gefährten aus Irland an einen Ort namens Würzburg, der zu jener Zeit noch nicht christianisiert war. Bevor er das Christentum verkündete, musste er zunächst nach Rom reisen, um sich dort vom Papst die Erlaubnis zum Predigen einzuholen. Zurück in Franken begann Kilian mit der Verkündigung und konnte bald Herzog Gozbert bekehren sowie die Bevölkerung des Herrschaftsgebietes. Einige Zeit später ermahnte Kilian den Herzog, er möge seine Gemahlin Geilana entlassen, da diese die Frau seines Bruders gewesen war, was nicht Gottes Willen entspreche. Geilana aber erfuhr von diesem Ansinnen und nutzte die Gelegenheit, als sich Gozbert auf einem Feldzug befand, um Kilian und seine Gefährten durch das Schwert hinrichten zu lassen. Dies ereignete sich im Jahr 689. Der Herzog erfuhr von der Ermordung der Gottesmänner, weil einer der Henker wahnsinnig wurde und sich des Verbrechens selbst anklagte. Gozbert ließ den Mann gefangen nehmen, doch auf Anraten des Volkes setzte er ihn wieder auf freien Fuß, um zu sehen, ob Gott selbst die Untat ahnden würde. Tatsächlich zerfleischte sich der Henker in seiner Raserei selbst. Auch dem Herrscherhaus, das zu dem Martyrium des Kilian beigetragen hatte, war keine Zukunft beschert, denn zunächst starb Geilana im Wahnsinn, dann wurde Gozbert von seinen Dienern ermordet und schließlich vertrieb das Volk den nachfolgenden Sohn Hedan II. Als man aber Kilians Gebeine ausgrub, fand man die Gewänder des Leichnams unversehrt vor, ebenso wie die heiligen Bücher und Gefäße, die man mit ins Grab gelegt hatte, unbeschädigt geblieben waren.

Die Hagiografie leistete weit mehr, als das Martyrium des Heiligen zu schildern: Sie bezeichnete erstmals die im Gebiet um Würzburg gelegenen Siedlungen als Franken und schuf damit die Identität eines Volksstammes. Deshalb auch wallfahrteten alle Pfarreien der Diözese alljährlich zum Grab ihres Heiligen, der seit dem 13. Jahrhundert als Apostel der Franken bezeichnet wurde. Zudem gibt die Vita eine Begründung für das Aussterben des Herrscherhauses, obgleich diese keinen historischen Anhalt hat, denn noch 717 regierte Hedan II. das Herzogtum. Kilian war zunächst Patron Würzburgs, wurde dann aber der Schutzheilige von ganz Franken.

In bischöflichen Gewändern samt Handschuhen, Mitra und Krummstab steht der hl. Kilian hoch aufgereckt, in der Hand hält er das nach oben gerichtete, blanke Schwert. Das in Tempera gemalte und mit Seidenapplikationen versehene Bild nimmt die gesamte Höhe eines Fahnentuches ein. Unbekannt ist, ob die Fahne ursprünglich als Kirchenbanner gefertigt wurde oder ob sie von Anfang an als Feldzeichen gedacht war. Die Inschrift auf der Rückseite aber bestätigt, dass sie 1266 in der entscheidenden Schlacht am Mühlberg mitgeführt wurde. Hier schlug das Heer der Würzburger Verbündeten, bestehend aus dem Domkapitel und der Bürgerschaft, die Grafen von Henneberg, die ihre Macht bedrohlich ausgedehnt hatten, als der Bischofsstuhl für einige Jahre vakant war. Die Darstellung gab den zahlreichen folgenden Abbildungen des Bistumspatrons eine entscheidende Richtung. Bis dahin nämlich war Kilian als Bischof ohne individuelle Kennzeichen abgebildet worden oder als Märtyrer, dem der Henker mit dem Schwert den Kopf abschlägt. Nun aber erhielt er auf Einzeldarstellungen das siegesgleich erhobene Schwert. Damit ergab sich eine beredte Parallele zu den Bischöfen von Würzburg, die 1168 die Gerichtsbarkeit und die herzoglichen Rechte über das Bistum und Herzogtum Franken erhalten hatten. Bei der Messe hielt der Obermarschall bis zur Wandlung der eucharistischen Elemente ein nach oben gekehrtes bloßes Schwert in Händen. Die Todeswaffe des Märtyrers war zum Siegesinstrument des Schlachtenhelfers geworden und zum Ausweis der exekutiven Macht des amtierenden Bischofs.

| Kilian ist als Bischof im Ornat dargestellt, in der Hand hält er das Schwert, das nach oben zeigt.

Elfenbeinrelief mit Martyrium des Kilian, Kiliansevangeliar, um 1090, Würzburg, Universitätsbibliothek; Reliquienfigur des hl. Kilian, 1350/1400, Paderborn, Erzbischöfliches Diözesanmuseum; Meister des Kilians-Martyriums, Kiliansmarter, um 1490, Würzburg, Martin von Wagner-Museum; Veit Stoß, Lebensszenen des hl. Kilian, Flügel des Maria-Magdalena-Altars, 1504/05, Münnerstadt, St. Maria Magdalena; Tilman Riemenschneider, Hl. Kilian, um 1520, Münnerstadt, St. Maria Magdalena

Quellen: Bigelmair 1954/55 – Firsching 1973 – Passio Kiliani/Margaretae 1988

Literatur: St. Kilian 1989 – Erichsen 1989 – Ausst.-Kat. Kilian 1989, Kat.-Nr. 393 – Petersohn 2008

Thomas Becket — 29. Dezember

Als Thomas Becket (dt. auch Thomas von Kandelberg / Kanzelberg) am 29. Dezember 1170 in der Kathedrale von Canterbury einen gewaltsamen Tod fand, starb er zwar gleich einem Märtyrer Christi, doch war er nicht in die Hände von Heiden gefallen, sondern von seinen politischen Gegnern niedergemacht worden. Becket wurde 1117/1119 als Sohn eines wohlhabenden Händlers in London geboren und erhielt seine Erziehung im Augustinerkloster in Merton. Es folgten ein mehrjähriges Studium in Paris und eine Anstellung unter Theobald, Erzbischof von Canterbury, der ihn zum Studium des kanonischen Rechts nach Bologna sandte. Nach seiner Rückkehr trat Thomas Becket in den Dienst König Heinrichs II. Am Hof machte er bald als Lordkanzler Karriere und erlangte mit dieser exponierten Stellung Ansehen, Einfluss und Vermögen. Als Theobald verstarb, bestimmte der König selbst Becket als dessen Nachfolger, da er sich durch die Verbindung von dessen weltlichem mit einem geistlichen Amt Vorteile erhoffte. Nach einigem Zögern bestieg Becket 1162 den Stuhl des Erzbischofs und legte sein Hofamt nieder.

Obwohl Beckett und Heinrich II. sehr vertraut gewesen waren, kam es bald zu ersten Differenzen zwischen dem neuen Erzbischof und dem König, denn Becket besetzte kirchliche Würdenämter nach eigenem Gutdünken und unterstützte Personen, die dem König nicht genehm waren. Der endgültige Bruch erfolgte, als er sich weigerte, straffällige Geistliche dem weltlichen Gericht auszuliefern, und auf der Standesimmunität beharrte, die nur eine kirchenrechtliche Verfolgung erlaubte. Unter dem wachsenden Druck stimmte er im Januar 1164 auf dem Hoftag zu Clarendon doch dem Antrag des Hofes zu, nahm sein Einverständnis jedoch kurz darauf wieder zurück. Vor den drohenden Verfolgungen floh Becket aus England und zog sich auf Rat des Papstes ins Zisterzienserkloster in Pontigny zurück. Doch auch im Exil hielten die Streitigkeiten an, heftige Briefe wurden ausgetauscht und Becket nutzte die geistlichen

Waffen und exkommunizierte einige königliche Beamte. 1170 wurde zwar eine offizielle Aussöhnung zwischen König und Erzbischof erwirkt und Becket kehrte nach England zurück, doch noch vor Jahresende wurde er von Männern aus dem Königsgefolge in der Kathedrale von Canterbury ermordet. Heinrich II. sah sich dem Verdacht auf Anstiftung auf Mord ausgesetzt.

Objekte, die von dem Blutbad übrig geblieben waren, wirkten jedoch bald Wunder, wurden als Blutreliquien verehrt und ließen zahlreiche Menschen zum Grab des Verstorbenen pilgern. Bereits 1173 wurde Thomas Becket kanonisiert. Als auch Heinrich II. ein Jahr später eine Bußwallfahrt zur Kathedrale in Canterbury unternahm, erlebte er ein politisches Wunder: Die bedrohliche Opposition, die seine Söhne gegen ihn errichtet hatten, brach in sich zusammen. Der König wertete dies als ein Versöhnungszeichen des Verstorbenen und bestimmte ihn zu seinem Schutzpatron. Von nun an stieg Canterburys Bedeutung als Pilgerstätte und Reliquien wurden verbreitet. In Braunschweig begründete Heinrich der Löwe, der die Tochter Heinrichs II. geheiratet hatte, die Verehrung Thomas Beckets. In England machte später Heinrich VIII. (1509 – 1547) dem Pilgerstrom ein Ende, indem er Thomas Becket als Staatsverbrecher brandmarkte und 1538 sein Grab zerstören ließ.

Die frühesten Darstellungen des Heiligen entstanden schon bald nach seinem Tod, die ältesten erhaltenen stammen aus Schweden aus der Zeit um 1190. Vor allem im Medium der Wandmalerei finden sich viele Lebenszyklen, doch wurde Beckets Märtyrertod zur bedeutsamsten Szene. Diese ist häufig auf Reliquienkästen zu sehen, die in großer Anzahl in Limoges, dem Zentrum für exquisite Emailobjekte,

Martyrium des Thomas Becket, Reliquienkästchen aus Limoges, 1200/1210, Limoges, Musée Municipal de l'Evêché

hergestellt wurden. Obwohl die Viten, die bald nach Beckets Tod verfasst wurden, die Umstände der Ermordung sehr exakt beschreiben, weichen die Darstellungen, wie etwa die auf dem Reliquienkästchen aus Limoges, doch meist davon ab. Den Texten nach trug der Bischof klerikale Alltagskleidung bestehend aus dem Superpelliceum und einem schwarzen Mantel. Becket stand in der Nähe des Benediktaltars, den sich nähernden Mördern zugewendet. Auf nahezu allen Darstellungen trägt Becket indes das Messornat, zudem steht er vor einem Altar, der mit Messgeräten gedeckt ist. Oftmals wendet er sich sogar dem Altar zu und die Angreifer erschlagen ihn hinterrücks. Es hat damit den Anschein, als feiere der Bischof eine Messe, als er sein Martyrium erlitt. Mit der betonten Verbindung des Todes mit der Messe wird der politische Mord zu einer blasphemischen Handlung. Auf dem Reliquienkästchen zeigt die Abbildung auf dem Dach die Aufbahrung des Leichnams. Im Gegensatz zur Szene am Altar trägt Becket einen Nimbus, denn durch seinen Märtyrertod ist er zu einem Heiligen geworden.

| Thomas Becket trägt das bischöfliche Ornat und die Mitra, oftmals ist er in Messgewänder gekleidet.

Taufstein von Lyngsjö mit dem Martyrium des Thomas Becket, um 1190, Lund, Historisches Museum der Universität Lund; Mitra mit dem Tod des Thomas Becket, Anfang 13. Jh., München, Bayerisches Nationalmuseum; Wandmalerei mit Ermordung des Thomas Becket, 1230/1240, Spoleto, Santi Giovanni e Paolo; Retabel des Thomas von Canterbury, Anf. 16. Jh., Kasteel (Normandie), Martinvast

Quellen: Pont-Sainte-Maxence 1922 – Materials Becket 1875–1885

Literatur: Barth 1960 – Nilgen 1998 – Nilgen 1999 – Duggan A. 2004

Petrus Martyr (von Verona) ——— 29. April

Petrus von Verona musste sein Leben lassen, weil er Opfer eines Mordanschlags der Katharer wurde. Schon im Kindes- und Jugendalter wurde der um 1205/06 in Verona Geborene mit dieser häretischen Strömung vertraut, denn seine Familie sympathisierte mit den Katharern. Doch während seines Studiums in Bologna wandte sich Petrus gerade den Dominikanern zu, die sich die Bekämpfung der Häretiker zur Aufgabe gemacht hatten. 1221 trat er in den noch jungen Orden ein und lernte den Ordensgründer → Dominikus wohl noch persönlich kennen. Manchen hagiografischen Schriften zufolge, doch kaum den Tatsachen entsprechend, soll dieser den neuen Zögling sogar eingekleidet haben. Petrus stand während seines Lebens mehreren Konventen in Oberitalien vor, wie in Asti und Como; in Vinea bewirkte er eine neue Klostergründung. In der Lombardei und in der Toskana entfaltete er eine rege Predigttätigkeit gegen die Katharer, die bald Früchte trug, und selbst prominente Gegner des orthodoxen katholischen Glaubens kehrten in den Schoß der Kirche zurück. Ob der eifrige Prediger auch als päpstlicher Inquisitor auftrat, wird von der Literatur unterschiedlich bewertet. Der Kampf gegen die Häretiker sollte Petrus zum Verhängnis werden. In der Katharerhochburg Giussano in der Lombardei schmiedete man einen Komplott gegen den ungeliebten Prediger und konnte den berüchtigten Pietro da Balsano, genannt Carino, dingen. Man wusste, dass sich Petrus am 6. April 1252 zusammen mit Gefährten auf den Weg nach Mailand begeben wollte, und sandte ihm den Mörder nach. In Meda trennten sich die Mönche und Petrus zog mit dem Bruder Domenico alleine weiter. Im Wald wurden sie von Carino eingeholt und niedergemacht. Die Berichte stellen den Tatvorgang nicht übereinstimmend dar: Dem einen zufolge soll Carino fünf Mal mit einem Messer auf Petrus eingestochen haben, dem anderen nach hieb er ihm zwei Mal auf den Kopf und ein Mal auf die Schulter. Domenico erlag nach zehn Tagen seinen Stichverletzungen, Petrus hingegen verstarb noch am Tatort. Kurz vor seinem Tode soll er das Glaubensbekenntnis gesprochen haben und mit Jesu letzten Kreuzesworten – „Meinen Geist befehle ich in deine Hände" – sein Leben ausgehaucht haben. Manche Textversionen berichten, er habe noch mit seinem eigenen Blut das Wort „Credo" (Ich glaube) auf den Boden geschrieben.

Giovanni Bellini, Tod des hl. Petrus Martyr, um 1509, London, National Gallery

Die Bluttat endete mit Carinos Gefangennahme. Obgleich der Mörder ausbrechen konnte, drückte ihn bald die Reue über seine Tat und bewog ihn, als Laienbruder in den Dominikanerorden einzutreten. Petrus' Leichnam aber wurde in der Dominikanerkirche Sant'Eustorgio in Mailand beigesetzt, in dem Gotteshaus, aus dem man ein Jahrhundert zuvor die heiligen Gebeine der → Drei Könige entwendet hatte. Petrus Martyr wurde bereits ein Jahr nach seiner Ermordung kanonisiert.

Der Dominikaner Jacobus de Voragine nahm den gerade geschehenen Mordfall umgehend in seine *Legenda aurea* auf, an der er Ende der 1250er Jahre arbeitete. In dieser Vita stilisierte Voragine – und andere hagiografische Schriften auch – das Sterben des hl. Petrus zu einem christusgleichen Tod. Er betonte, dass der Märtyrer die gleichen Worte wie Christus gesprochen hatte, wie dieser für die Wahrheit gestorben war und zur Osterzeit sein Leben gelassen hatte. Damit erhielten die Dominikaner einen Heiligen, der wie Franziskus (→ Franziskus von Assisi I) zu einem zweiten Christus geworden war. Der Tod des Ordensbruders Domenico indes blieb in den meisten hagiografischen Schriften unerwähnt.

Petrus Martyr ist häufig zusammen mit anderen Dominikanerheiligen abgebildet. Stets wird durch einen machetenartigen Dolch oder eine Kopfwunde auf sein Martyrium angespielt. Der Mordanschlag selbst ist seltener dargestellt, Giovanni Bellini aber widmete diesem Ereignis ein Tafelbild. In einer friedlichen, ländlichen Gegend, in der die Bevölkerung Arbeiten im Wald nachgeht, spielt sich im Vordergrund wie auf einer Bühne der heimtückische Mord ab. Bellini wich von den bekannten Texten ab und nahm zwei Mörder auf, von denen die beiden Dominikaner überfallen werden. Rechts flieht Domenico vor einem Angreifer und scheint ihm entgegen den historischen Tatsachen zu entkommen, während links Petrus unter einem Dolchstich zusammensinkt. Durch die Doppelung von Tätern und Dominikanermönchen und den unterschiedlichen Ausgang erhält der Tod des Heiligen eine umso dramatischere Note. Zwar fließt kein Blut, doch die blutroten Ärmel und Hosen des Mörders berühren den Körper des Heiligen. Der Betrachter wird unmittelbar zu dieser Hauptgruppe geführt, denn sie ist am linken Bildvordergrund platziert, wo der Leserichtung entsprechend der Bildeinstieg liegt.

Petrus Martyr ist in das schwarz-weiße Dominikanerhabit gekleidet. Entweder steckt ihm ein machetenartiger Dolch im Kopf oder die Kopfwunde ist betont, mitunter hält Petrus den Dolch in der Hand. Auch kann er die drei Kronen des Martyriums, der Jungfräulichkeit und der Lehre erhalten.

Giovanni di Balduccio und Werkstatt, Schrein des hl. Petrus Martyr mit Lebensszenen, 1335–1340, Mailand, Sant'Eustorgio; Carlo Crivelli, Petrus Martyr des Polittico di S. Domenico di Camerino, 1482, Mailand, Pinacoteca di Brera; Domenichino, Martyrium des hl. Petrus Martyr, 1619/1621, Bologna, Pinacoteca Nazionale; Guercino, Hl. Petrus Martyr, um 1647, Bologna, Pinacoteca Nazionale

Quellen: Acta Sanctorum, Apr. III, Bd. 12, S. 686–727 – Prudlo 2008

Literatur: Dondaine 1953 – Fletcher/Skipsey 1991 – Rhein 1995, S. 267–271 – Prudlo 2007 – Alce 2007

Kümmernis — 20. Juli

Um die hl. Kümmernis ranken sich so viele Ungereimtheiten, dass sich nur ein unscharfes Bild abzeichnet. Nicht einmal der Name der Heiligen ist einheitlich überliefert, denn die Quellen bieten die unterschiedlichsten Variationen an: Außer Kümmernis heißt sie auch Ontcommer, St. Gwer, Hülpe oder Hilfe, Wilgefortis oder Hilgefortis, aber auch Liberata, Eutropia, Caritas und ähnlich. Einige der Namen formulieren die Erwartung des Beters, die Heilige möge helfen, befreien, sich kümmern und den Hilfesuchenden „entkümmern", mancher charakterisiert sie als „starke Frau" (virgo fortis, verballhornt Wilgefortis), einer hingegen verschmilzt ihre Person mit einer anderen Heiligen: Die Verehrung der hl. Eutropia von Alexandrien ging im späten Mittelalter ganz im Kult der Kümmernis auf.

Die Vita der Heiligen, die seit 1430 schriftlich verbreitet wurde, ist gleichermaßen vielgestaltig und wandelbar. Der Kern der Erzählung lautet folgendermaßen: Der heidnische König von Portugal hatte eine schöne und fromme Tochter. Diese sollte den König von Sizilien heiraten, doch sie weigerte sich, einen Ungläubigen zum Mann zu nehmen. Ihr Vater ließ sie daraufhin in einen Kerker sperren, wo sie Gott um Hilfe anrief. Auf wundersame Weise wuchs ihr nun ein dichter Bart. Als sie den Anklagen antwortete, sie sei dem Gekreuzigten angetraut, ließ sie ihr Vater ans Kreuz schlagen. Die Vita verortet das Geschehnis in keine Zeit und die Bezeichnungen der Länder sind so allgemein, dass eine genauere Lokalisation nicht möglich ist. Einige Schriften sprechen zwar wiederholt von dem Wallfahrtsort Steenberg, doch konnten in dieser nordbrabantischen Stadt weder das Grab noch Reliquien oder ein Gnadenbild der bärtigen Heiligen ausfindig gemacht werden. Der Kümmernis-Kult breitete sich wohl von Flandern und Brabant nach Deutschland und Österreich aus. Doch auch in Böhmen, Mähren, Schlesien und Kroatien war die Heilige bekannt und wurde über die Jahrhunderte verehrt. Erst nach 1800 ging der Kümmernis-Kult seinem Niedergang zu, allein in Lateinamerika wird die Heilige noch heute als hl. Librada verehrt.

Ein weiteres Rätsel gibt die Verknüpfung der Kernlegende mit einer Erzählung auf, die von einem Spielmann und einem Wunder des Volto Santo, einem verehrten Kreuz in Lucca, berichtet. In der toskanischen Stadt verehrte man seit vielen Jahrhunderten ein Kreuz, an dem eine bärtige Christusfigur in einem langen Gewand hängt. Einst als ein Geiger vor dem Kreuz spielte, rutschte dem Gekreuzigten einer seiner goldenen Schuhe vom Fuß. Der Spielmann wurde des Diebstahls bezichtigt und konnte seine Unschuld beweisen, als er erneut vor dem Gnadenbild aufspielte und dieses ihm wiederum einen Schuh zukommen ließ. Spätestens 1415 beanspruchte man das Schuhwunder für eine Skulptur der hl. Kümmernis. Um die verschiedenen Erzählstränge zusammenzubinden, wurde vermutet, Darstellungen des Volto Santo in Lucca seien in den Niederlanden missverstanden worden und man habe den Gekreuzigten im knöchellangen Gewand für eine bärtige Frau gehalten, woraus dann die Legende der Kümmernis entstanden sei. Diese These wurde bezweifelt, ohne dass weiterführende Erklärungen für die Legendenentstehung greifbar wären.

Das Gebetbuch der Maria von Burgund verzeichnet unter den Suffragien eine Anrufung der Ontcommer, wie die hl. Kümmernis dort genannt wird, zu der eine Miniatur gehört. Die Heilige ist so fest an ein Kreuz gebunden, dass ihr Körper in die starre T-Form des Holzes gezwungen wird. Dies betont die feste Umrisslinie der Gestalt, die entsteht, weil das lange Ärmelgewand an den Füßen zusammengebunden ist. Tatsächlich weist nur das Kleid entfernt darauf hin, dass hier eine Frau am Kreuz hängt, denn das Angesicht mit dem leichten Bartwuchs und den schulterlangen Haaren erinnert eher an den gekreuzigten Christus. Diese Parallele ist bewusst herbeigeführt und auf vielen Darstellungen zu finden. Im Gegenzug deutete man ältere Kreuze mit einer Christusfigur in langer Tunika als Kümmernis.

Das Gebetbuch der Maria von Burgund ist ein typisches Beispiel der Kümmernisdarstellung und -verehrung. Die seltsame Heilige wurde nämlich zunächst in privaten Stundenbüchern der Niederlande abgebildet und oftmals deutete man ihren Bart nur an oder ließ ihn sogar weg. Auch das unten zugebundene Kleid ist charakteristisch, denn es verbarg den weiblichen Körper nahezu vollständig. Erst allmählich akzentuierte man den Bart, formte ihre Brüste unter dem Gewand aus und ließ das Kleid offen herabhängen, so dass die weiblichen und männlichen Kennzeichen einen krassen Kontrast bildeten. Die befremdliche Heilige wurde jedoch selten von namhaften Künstlern gemalt und gerade diese deuteten den Bart möglichst dezent an. Offenbar klaffen der Anspruch der Legende und das ästhetische Empfinden auseinander. Im Barock überwiegen bei weitem die künstlerisch unbedeutenden Darstellungen, welche die männlichen Merkmale der Kümmernis deutlich ins Bild setzen.

Hans Burgkmair verband 1507 erstmals auf einem Einblattdruck die hl. Kümmernis am Kreuz mit dem Spielmann. Auch wenn diese Kombination bald häufiger zu finden war, ist oftmals nicht zu entscheiden, ob der Geiger vor dem Volto Santo oder vor einer hl. Kümmernis aufspielt, denn manche der Gekreuzigten sind nicht oder nicht eindeutig dem weiblichen Geschlecht zuzuordnen. Nur wenn über dem Kreuz der Lilienbogen erscheint, der zum Volto Santo in Lucca gehört, kann die Szene unmissverständlich als das Lucceser Spielmannswunder identifiziert werden.

Nicolas Spiernic, Hl. Kümmernis, *Gebetbuch der Maria von Burgund*, um 1477, Österreichische Nationalbibliothek, Wien, Codex Vindobonensis 1857, fol. 125v

| Die hl. Kümmernis trägt in den meisten Fällen einen Bart und ein langes Gewand. Ist sie nicht gekreuzigt, so hält sie das Kreuz gleich einem Attribut im Arm.

Hl. Kümmernis, 1450, Wandmalerei, Rostock, Nikolaikirche; Hans Memling, Hl. Wilgefortis, Flügelaußenseite des Triptychons des Adriaan Reins, 1480, Brügge, Memlingmuseum; Hieronymus Bosch, Triptychon mit hl. Kümmernis, 1500/1510, Venedig, Dogenpalast

Quellen: Schnürer/Ritz 1934, S. 11 – 53 – Schweizer-Vüllers 1997, S. 273 – 291

Literatur: Schnürer/Ritz 1934 – Stundenbuch Maria von Burgund 1993 – Schweizer-Vüllers 1997 – Friesen 2001 – King 2003 – Camillo Ferrari/Meyer 2005

Eremiten

Eremiten gehören zu den Heiligen, die schon früh verehrt wurden, obgleich sie nicht als Märtyrer starben. Nachdem es durch die Anerkennung des Christentums zu keinen Christenverfolgungen mehr kam, galt nun das entbehrungsreiche Leben der Eremiten als eine Möglichkeit der konsequenten Christusnachfolge. Noch Jacobus von Voragine betonte, dass ein Leben in Buße und Askese das Höchstmaß des Dienstes Jesu darstelle und mit einem langjährigen Martyrium vergleichbar sei. Der Eremit wurde zum Vir Dei, zum Gottesmann, der seine Heiligkeit erlangte, indem er die Anfechtungen eines asketischen Lebens bestand.

Das Ziel eines weltabgewandten Lebens in selbstgewählter Einsamkeit bestand darin, Genügsamkeit zu üben, seelische und leibliche Leidenschaften zu kontrollieren und sich beständig den Tod vor Augen zu führen. An die Stelle der Sorge um das materielle Leben trat eine intensive Meditation, die sich in der murmelnden Wiederholung der Heiligen Schrift äußerte. Mit dieser Lebensform entsprachen die Eremiten Jesu Forderung, alles zu verlassen und allein Christus nachzufolgen (Mk 8,34 f.), und hatten die apostolische Lebensweise bis zum Äußersten radikalisiert. Obgleich diese Frömmigkeitsform mit kirchlicher Befürwortung erfolgte, bestand sie doch ohne eine institutionelle Anbindung, ohne Gottesdienst, Eucharistie und Predigt. Zudem waren die Eremiten keine Kleriker, sondern gehörten dem Laienstand an.

Das Eremitentum entwickelte sich zunächst in der ägyptischen und syrischen Wüste. Vor allem die syrischen Anachoreten (gr. anachorein – ausweichen, sich zurückziehen) zeichneten sich durch eine besonders harte Askese und ein radikales Büßerleben aus. Im Osten entwickelten sich auch die Säulenheiligen (→ Symeon Stylites d. Ä.) als eine Sonderform des Eremitenlebens. Andere Varianten der Weltflucht wählten die Dendriten, die auf Bäumen lebten, oder die Reklusen (Inklusen), die sich einmauern ließen. Für welche Form sich die Anachoreten auch entschieden, stets strebten sie eine ethische und ontologische Vervollkommnung an.

Als erster Einsiedler der Geschichte ist Pachomius (um 292 / 294 – 346) greifbar, der in Ägypten lebte und 320 am Nilufer bei Tabemisi ein Kloster gründete. Die Verbindung von Einsamkeit und Gemeinschaft strebte auch → Antonius Abbas an, der das Coenobidentum entwickelte, ein Zusammenschluss von Eremiten, die sich um einen Vater scharten. Derartige Mischformen entstanden vielerorts. Im Osten hatte das Anachoretentum stets Konjunktur, im Westen hingegen wich es zugunsten des Klosterverbundes. Ein Anachoretentum unter byzantinischem Einfluss lebte noch vom 10. – 12. Jahrhundert in Süditalien fort. Dort siedelten Eremiten, die sich zum gemeinsamen Gottesdienst in einer Kirche versammelten und sich mitunter zum gemeinsamen Essen trafen. Im Gegensatz zu dem zunehmend klerikalisierten Mönchtum gehörten sie weiterhin dem Laienstand an. Im späten Mittelalter trat Nikolaus von Flüe (1417 – 1487) als einer der letzten großen Eremiten auf, dessen Form der

Nikolaus von Flüe, Holzschnitt, um 1480, Zürich, Zentralbibliothek

Einsiedelei jedoch eine klare Veränderung des weltabgeschiedenen Lebens erkennen lässt: Nikolaus hatte zunächst „in der Welt" gelebt, war Richter und Ratsherr gewesen, war verheiratet und hatte zwei Kinder. So kannte er die gesellschaftlichen Probleme seiner Zeit und bezog auch als Einsiedler dazu Stellung. Bauern errichteten ihm eine Klause auf seinem eigenen Grund und Boden, die Ranftkapelle erhob sich daneben. Dort wurde er von seinen Zeitgenossen besucht, denen er als Seelsorger und Ratgeber beistand, und selbst zu politischen Belangen nahm er Stellung. Dieser letzte große Eremit wurde 1669 selig- und 1947 heiliggesprochen.

Unter den Eremiten sind nur wenige Frauen zu finden, denn diesen war es aufgrund ihrer sozialen Stellung kaum möglich, sich in die Einsamkeit der Wüste zurückzuziehen. → Maria Ägyptiaca bildet eine Ausnahme. Manche Heilige wählten die Abgeschiedenheit nur auf Zeit, wie → Hieronymus.

Wollte die Hagiografie über das Leben eines konsequenten Eremiten berichten, so sah sie sich vor das Problem gestellt, dass der Heilige sich gerade durch seine kompromisslose Abgeschiedenheit und Absage aller menschlichen Kontakte auszeichnete. Um dennoch von dem Anachoreten erzählen zu können, führten viele Schriften einen Erzähler ein, der den Eremiten in seiner letzten Lebenszeit besucht und sich von ihm sein zurückliegendes Leben erzählen lässt: Paphnutius suchte → Onuphrius auf, Zosimas → Maria Ägyptiaca und → Antonius Abbas → Paulus von Theben. Den Hauptbestandteil der Eremitenviten bilden harte Askese und das Bestehen von Anfechtungen, Wunder hingegen geschehen nur vereinzelt und betreffen meist den Heiligen selbst; so kann er etwa vom Himmel seine Nahrung erhalten oder durch wundersame Hilfe bestattet werden. Doch viele der hagiografischen Sammlungen des Mittelalters, etwa das *Heiligenleben* des Jean de Mailly (um 1190 – um 1260), beinhalteten keine Viten der eremitischen Altväter. Erst Jacobus von Voragine nahm in seine *Legenda aurea* auch Eremiten auf, wenngleich er sich auf acht Lebensbeschreibungen beschränkte und diese am Ende der Sammlung anordnete.

Literatur: Stirnimann 1981 – Velhagen 1993 – Rhein 1995, S. 172 – 198

Paulus von Theben — 15. Januar

Über das Leben des Paulus von Theben (Paulus der Eremit) berichtet erstmals → Hieronymus in der Vita des → Antonius Abbas, die er zwischen 375 und 378 verfasste. Die Lebensbeschreibung soll den Leser darüber belehren, dass nicht Antonius der erste Eremit war, sondern Paulus schon früher das harte Leben eines Anachoreten gewählt hatte. Da es sich um keine selbstständige Biografie handelt, ist die Hälfte der Kapitel Antonius gewidmet. Dieser habe geglaubt, er sei der erste Eremit, bis ihm Gott zeigte, dass sich schon lange vor ihm der hl. Paulus in der Wüste niedergelassen habe. So erfuhr Antonius im Alter von 90 Jahren, dass ein Einsiedler ein noch vollkommeneres Leben als er selbst führe. So machte er sich auf den Weg, um diesen vorbildlichen Eremiten aufzusuchen. Unterwegs traf er einen Zentauren, von dem Hieronymus sich nicht sicher ist, ob er ein Trugbild des Teufels war, doch wies dieser Antonius den rechten Weg. Dann begegnete er einem Satyrn, dessen reale Existenz Hieronymus gegen jeden Zweifel ausdrücklich betont. Schließlich fand Antonius den bereits 113 Jahre zählenden Paulus, der gegen 250 vor der Christenverfolgung des Decius (249–251) in eine entlegene Landschaft und danach in die Einsamkeit der Wüste geflohen war. Hier ließ er sich in einer Höhle nieder und überlebte, weil ihm 60 Jahre lang ein Rabe täglich ein halbes Brot brachte. Seine Kleidung bestand aus einem Gewand aus verwobenen Palmzweigen. An dem Tag, an dem ihn Antonius besuchte, brachte der göttliche Vogel ein ganzes Brot. Unter dem Vorwand, den Mantel des Bischofs Athanasius für seinen Tod zu benötigen, sandte Paulus seinen Besucher fort. Als dieser kurz darauf mit dem gewünschten Kleidungsstück zurückkam, fand er den Eremiten tot auf. Mit der Hilfe von zwei Löwen grub Antonius ein Grab, wickelte den Leichnam in den Mantel und bestattete ihn. Der Tradition nach soll sich sein Grab in der Höhle des heiligen Eremiten befinden.

Die Höhle des Paulus von Theben wurde von Semi-Anachoreten bewahrt, die dort zumindest zeitweise lebten und offenbar regelmäßig liturgische Feiern abhielten. Bereits um 400 besuchten Pilger diese Höhle. Bald errichtete man über diesem Ort eine Kirche und ein Kloster. Die Reliquien des Paulus gelangten 1240 nach S. Zulian in Venedig, 1381 brachte sie der König von Ungarn nach Buda, wo sie 1541 bei der türkischen Eroberung verloren gingen.

Als Grünewald eine Tafel mit dem Besuch des Antonius bei Paulus malte, war der Heilige in der westlichen Kunst bereits seit ca. 700 Jahren dargestellt worden, wenngleich seine Bilder stets nur in einer bescheidenen Anzahl entstanden waren. Den Anlass für Grünewalds Gemälde bildete weniger die Verehrung des Paulus als vielmehr die des Antonius, denn es stellt einen Flügel des Isenheimer Retabels dar, der dem hl. Antonius Abbas gewidmet war. Hier sitzt dieser im angeregten Gespräch mit dem älteren Eremiten, während der Rabe gerade das Brot bringt. Die Umgebung ist freilich

Matthias Grünewald, Der Besuch des hl. Antonius beim hl. Paulus von Theben, Isenheimer Altar, 1506–1515, Colmar, Museum unter den Linden

keine Wüste, sondern eine unwirtliche, menschenfeindliche Einöde. Tatsächlich berichtet die hochmittelalterliche Hagiografie, Paulus habe sich in den wildesten Wald geflüchtet (*Elsässische Legenda aurea*). Ebenso wenig wie die Vitenverfasser eine Wüste kannten, hatte Grünewald diese je gesehen. Deshalb findet das Treffen der Eremiten inmitten von abgestorbenen Bäumen, nackten Felsen und einer abgestandenen Wasserlache statt. Die Gegend übermittelt einen faulig-dumpfen Eindruck und das weiß-blaue Gebilde im Hintergrund ist kaum ein Berg, sondern scheint ein trügerisches Zeichen zu sein, im Gegensatz zu dem festen Gebirge auf dem zweiten Altarflügel (→ Antonius Abbas). Paulus lebt in einer nordischen Landschaft, die gleichermaßen lebensfeindlich ist wie die ägyptische Wüste. An diese erinnert allein die Palme, deren Stamm Grünewald öffnete, so dass es den Anschein hat, im Innern des Palmbaumes befinde sich die Höhle des Anachoreten. Dass Paulus der „vornehmere" Eremit ist, kann man an seiner spärlichen Kleidung, seinem hageren Körper und seiner unbequemen Sitzgelegenheit ablesen, denn Antonius ist in einen festen Mantel gehüllt, trägt eine warme Kappe und hat sich auf einem Stein niedergelassen. Auf diesem prangt das Wappen des Guido Guersi, Präzeptor der Isenheimer Antoniterpräzeptorei, für deren Klosterkirche das Retabel bestimmt war. Gemeinhin gelten sogar die Gesichtszüge des Antonius als Guersis Porträt.

| Paulus von Theben trägt ein aus Palmblättern gefertigtes Gewand, als Attribut kann er zwei Löwen und einen Raben erhalten.

Sassetta, Treffen des hl. Antonius und hl. Paulus, 1430/1435, Washington, National Gallery of Art; Gerolamo Savoldo, Paulus und Antonius in der Wüste, um 1530, Venedig, Galleria dell'Accademia; Diego Velázquez, Hl. Antonius Abbas und Paulus der Eremit, 1642, Madrid, Prado; Sebastiano Ricci, Tod des hl. Paulus von Theben, 1700/1710, Lawrence, Spencer Museum of Art

Quellen: Vita Pauli/PL 23 – Leben Paulus 1914

Literatur: Holze 1994 – Lyster 2008 – Rebenich 2009

Antonius Abbas — 17. Januar

Der hl. Antonius erhielt viele Beinamen: außer Abbas auch Eremita, der Große und Stern der Wüste. Geboren wurde er um 251 in Ägypten als Spross einer christlich-koptischen Familie. Schon im Alter von 18 oder 20 Jahren ließ er sich vor dem Dorf nieder, um dort zu beten, zu fasten und zu wachen. Doch nach einer 15-jährigen Einübung eines Asketenlebens zog es ihn weiter weg von den Menschen. Die kommenden 20 Jahre verbrachte er in einer Einsiedelei in der Wüste, bis er weiter in die Tiefe der Wüste der Thebais vordrang, wo er sich die letzten 50 Jahre seines Lebens aufhielt. 356 verstarb der einsame Wüstenmönch im Alter von etwa 105 Jahren. Diese Daten sind der ersten Lebensbeschreibung zu entnehmen, die Athanasius, Bischof von Alexandrien, bald nach dem Tod des Heiligen in Griechisch verfasste und die schon wenige Jahre später ins Lateinische übersetzt wurde. Die Urbiografie wurde im Laufe der Jahrhunderte mit den zahlreichen volkssprachlichen Fassungen der sogenannten *Vitaspatrum* vermischt. Antonius' kompromisslose Konzentration auf das Gebet und sein intensives Studium der heiligen Schriften veranlassten viele, sich nach seinem Vorbild als Einsiedler in die Wüste zurückzuziehen. Bekannt aber wurde der Vater der Eremiten für seine dämonischen Heimsuchungen. Wie sehr er sich auch allein der geistlichen Gottesbegegnung zuwandte – vielleicht auch gerade deshalb –, lauerte ihm doch der Teufel in Gestalt von Ungeheuern, tierartigen Wesen und schönen Frauen auf, um ihn zu versuchen und körperlich zu peinigen. Weniger spektakulär, doch ebenso bekannt ist Antonius' Besuch bei dem Eremiten Paulus, der täglich von einem Raben mit einem halben Brot versorgt wurde. An dem Tag, an dem Antonius ihn aufsuchte, erhielt er auf wundersame Weise ein ganzes Brot.

Die Gebeine des heiligen Dulders brachte man um 1095 nach Motte-aux-Bois, wo bald ein reger Pilgerbetrieb einsetzte und das Mutterkloster der Antoniter, St-Antoine-l'Abbaye, errichtet wurde. Die 1297 zu einem Orden erhobene Bruderschaft spezialisierte sich auf die Heilung der Mutterkornvergiftung, dem Ignis sacer, das zu Gefäßverengungen führte. Glühende Hitze, Eiterbeutel und heftige Krampfanfälle waren nur einige der schmerzhaften Symptome. Eine Maßnahme der Behandlung bestand in der Amputation der befallenen Extremitäten.

Auf den Boden geworfen, sich krampfhaft an seinem Krückstock festhaltend versucht der hl. Antonius auf Grünewalds Tafel, sich gegen die Angriffe der herannahenden Ungeheuer zu schützen. In ähnlicher Haltung und gleicher Gestik wie der Heilige fällt in der vorderen linken Bildecke ein abstoßendes Wesen nach hinten. Sein Bauch ist aufgedunsen, die bläuliche Haut von Schwären übersät. Die Darstellung ist ein Flügel des Retabels, das einst im Chor der Antoniterkirche in Isenheim aufgestellt war. Mancher der Kranken, die an diesem Ort gepflegt wurden, war wohl ähnlich missgestaltet. Ein Lichtblick im Kampf mit den überwältigenden teuflischen Mächten zeichnet sich am Himmel ab, wo Gottvater aus der goldenen Himmelsglorie erscheint. Der Legende nach stellte ihm Antonius die Frage, die auf dem am Baumstamm befestigten Zettel zu lesen ist: „Wo warst Du, guter Jesus, wo warst Du, warum bist Du nicht gekommen, meine Wunden zu heilen?“ Worauf dieser ihm antwortete, er habe seinen Kampf gegen die Dämonen sehen wollen.

Das Gemälde des Malers Mathis Gothart Nithart, der unter dem Namen Matthias Grünewald in die Geschichte einging, ist eine der vielen Versuchungsdarstellungen, die im Spätmittelalter überaus aktuell waren. Während Illustrationen der *Vitaspatrum* viele Szenen aus dem Leben des Heiligen zeigen, konzentrieren sich Tafelbilder häufig auf Antonius' Besuch bei dem Eremiten Paulus oder auf seine Versuchung. Obwohl nach 1550 der Ruhm des Heiligen zu schwinden begann, weil die Mutterkornvergiftungen drastisch zurückgingen, überdauerte dieses Bildthema die Jahrhunderte. Besonders den Surrealisten bot es die Möglichkeit, das Absurde und Unbewusste ins Bild zu setzen.

| Das Attribut des Antonius ist das T-Kreuz, das auf seinem dunklen Mantel aufgestickt sein kann. Üblicherweise aber hat seine Krücke diese Form. Zudem trägt er häufig eine Glocke mit sich, deren Klang die Dämonen vertreiben soll. Ein Schwein verweist auf das Recht der Antoniter, ihre Tiere frei herumlaufen zu lassen.

Matthias Grünewald, Die Versuchung des hl. Antonius, Isenheimer Altar, 1506—1515, Colmar, Museum unter den Linden

Vitenzyklus, um 1390, Florenz, Santa Croce; Meister der Heiligen Sippe, Legende des hl. Antonius, 1500/1510, München, Alte Pinakothek; Martin Schaffner, Salemer Antonius-Tafeln, 1517, Karlsruhe, Staatliche Kunsthalle; Hieronymus Bosch, Antonius-Triptychon, 1505/06, Lissabon, Museu Nacional de Arte Antiga; Salvador Dalí, Die Versuchung des hl. Antonius, 1946, Brüssel, Musées royaux des Beaux-Arts de Belgique

Quellen: Apophtegmes 1985 – Athanase 1994

Literatur: Gendolla 1991 – Marquard 1996 – Holländer 2003 – Philipp 2008 – Lüdke 2008

Onuphrius 12. Juni

Onuphrius ist einer der wenigen ägyptischen Heiligen, die auch im Westen Verehrung erlangten. Einer frühen Vita nach, die in der 1. Hälfte des 5. Jahrhunderts in Ägypten entstand, wurde er in einem Zönobium in Hermopolis (al-Aschmûnen) in der Thebais erzogen. Als Sohn eines Königs – je nach Legendentradition herrschte dieser in Abessinien, Persien oder Äthiopien – wählte er doch nicht die weltlichen Herrlichkeiten, sondern verließ angeregt durch das Vorbild des Elias und → Johannes des Täufers sogar die Mönchsgemeinschaft, um sich in die Einsamkeit der Wüste zurückzuziehen. Dort lebte er 70 Jahre ohne menschlichen Kontakt. Seine Kleidung bestand aus einem Lendenschurz aus Blättern und die Blöße seines Körpers bedeckte ein wilder Haarwuchs. In der Hand hielt er einen langen Stab, denn über dreißig Jahre soll er stehend verbracht haben. Als Nahrung dienten Onuphrius Früchte einer Dattelpalme und zur geistigen Stärkung brachte ihm ein Engel jeden Sonntag die Eucharistie. Erst am Ende seines Lebens erhielt der einsame Wüsteneremit Besuch von einem gewissen Paphnutius. Auf dessen Bitte erzählte Onuphrius seine Lebensgeschichte und verschied. Engel stimmten einen Lobgesang an, während der Besucher den Leichnam in eine Hälfte seines Rockes wickelte und in ein Grab bettete. Als Paphnutius überlegte, sich in der nun leeren Einsiedlerhütte des Onuphrius niederzulassen, brach die Klause zusammen und die Palmbäume wurden entwurzelt. Hinter der Person des Paphnutius verbirgt sich wohl keine historische Gestalt. Doch schon in der ersten Vita des hl. Onuphrius tritt der Unbekannte als Ich-Erzähler auf und verleiht der Erzählung damit eine (fiktive) Plausibilität.

Gabriel Mäleskircher, Hl. Onuphrius, um 1470, Freising, Diözesanmuseum

Offenbar brachten Kreuzfahrer die Kunde von dem Wüstenheiligen in den Westen, denn dort wurde er nach 1100 zunehmend verehrt. In München bewahrte man eine Schädelreliquie auf und erhob Onuphrius sogar zum Stadtpatron. Der Festtag aber variierte im deutschsprachigen Raum und je nach Region gedachte man des Heiligen an unterschiedlichen Tagen im Juni. Erst 1568 wurde er ins *Martyrologium* aufgenommen und der 12. Juni verbindlich als sein Festtag festgelegt. Auch seine Vita war lange Zeit so wenig bekannt, dass sie nicht einmal in Jacobus de Voragines *Legenda aurea* zu finden ist. Erst die oberdeutsche Übersetzung der Legendensammlung aus den Jahren vor 1350, die sogenannte *Elsässer Legenda aurea*, beinhaltet die Biografie des Onuphrius.

In der Ostkirche wird Onuphrius seit dem frühen Mittelalter oftmals zusammen mit weiteren Asketen dargestellt. Im Westen indes ist der Heilige zunächst nach 1300 in Italien zu finden, im Norden dauerte es noch weitere 100 Jahre, bis er im Bild festgehalten wurde. Meist entschied man sich dafür, ihn als Einzelperson wiederzugeben oder zusammen mit weiteren Heiligen. Vitenzyklen hingegen bilden eine Ausnahme. Diese aber schildern oftmals eine Szene aus seiner Kindheit, die belegen soll, dass seine Heiligkeit schon von Geburt an vorgezeichnet war. Sein Vater hatte nämlich geargwöhnt, der Junge sei nicht sein Kind, und wollte ihn deshalb ins Feuer werfen. Auf wundersame Weise aber wurde der kleine Onuphrius vor den Flammen bewahrt.

Wohl von der Hand des Malers Gabriel Mäleskircher stammt eine Tafel, die den heiligen Eremiten in ganzer Größe präsentiert. Der Eremit trägt den hagiografischen Texten entsprechend ein dichtes Haarkleid und einen Lendenschurz aus Laub. Auch sein weißes Haupthaar und sein Baart sind während seiner Zeit in der Wildnis lang gewachsen. Doch zugleich ist der wilde Heilige mit einer kostbaren Krone ausgestattet, als Zeichen seiner familiären Abstammung und als Hinweis auf seine Entsagung weltlichen Wohllebens und herrscherlichen Machtstellung. Zugleich aber hat er einen goldenen Nimbus erhalten, beinahe als himmlischen Ersatz für seine Weltflucht. In der Hand hält er ein doppelbalkiges Segenskreuz, an dem ein Glöckchen hängt. Dieses stellt eine bekannte Kreuzreliquie dar, das Schreyer Kreuz, das man seit dem 13. Jahrhundert sehr verehrte.

| Onuphrius trägt einen Blätterschurz und ist oftmals am ganzen Körper behaart. Im Barock wird er lediglich mit dem Lendenschurz dargestellt. Er hält manches Mal einen langen Stab in Händen.

Fra Angelico, Onuphrius, Triptychon der Certosa del Galluzzo, 1428/1439, Florenz, Museo di San Marco; Onuphrius-Zyklus, Wandmalerei, um 1440, Rom, Sant'Onofrio, Kreuzgang; Hans Schäufelein, Hl. Onuphrius, 1515/16, Nürnberg, Germanisches Nationalmuseum; Luca Giordano, Der hl. Onuphrius, um 1660, Neapel, San Francesco di Paola

Quelle: Elsässische Legenda aurea Sondergut 1983, S. 339–348

Literatur: Stieglecker 2001 – Ausst.-Kat. Dürer 2004

Symeon Stylites d. Ä. — 5. Januar

Die Mönche des Ostens hatten einen außergewöhnlichen Hang zur strengsten Askese. Die extremste Form wählten die Styliten, die Säulensteher (gr. stylos – Säule), die oftmals jahrzehntelang hoch oben auf einer Säule lebten. Symeon, der um 389/90 in Syrien geboren wurde, trat zunächst in ein Kloster ein, doch weil er eine zu unbarmherzige Askese übte, musste er den Konvent verlassen. Nun lebte er als Eremit in der Einöde an einen hohen Felsen gekettet. Im Jahr 422 stieg er auf eine 1,80 m hohe Säule, um dort auf einer kleinen Plattform mit Balustrade sein Büßerleben fortzusetzen. Im Laufe der Jahre wuchs die Säule bis auf nahezu 20 m Höhe. Hier war Symeon Sonne, Regen und Unbilden der Natur schutzlos ausgesetzt. Manche der Styliten errichteten eine Art Schutzhäuschen auf der Säulenplattform. Seine Nahrung brachte ihm eine Person über eine Leiter nach oben, andere Säulensteher ließen einen Korb an einem Seil herab. Symeons Ruhm als heiliger Mann verbreitete sich rasch und die Menschen liefen zusammen um zwei Mal täglich seine Predigt zu hören, sich von ihm raten zu lassen oder um von seinen thaumaturgischen Fähigkeiten zu profitieren. Der Säulenheilige verbrachte die meiste Zeit stehend in Gebet und Meditation. Als er 459 verstarb, hatte er über 30 Jahre auf seiner Säule gelebt. Er wurde zunächst am Fuße der Säule bestattet, doch später nach Antiochien und auf das Betreiben des Kaisers Zenon (474–491) schließlich nach Konstantinopel überführt. Am Ort, an dem Symeons Säule stand, erbaute man die prächtige Basilika Qal'at Sim'an (nordwestlich von Aleppo), die zu einem prominenten Wallfahrtszentrum wurde.

Symeon war einer der ersten Styliten. Der früheste bekannte Asket, der um 400 eine Säule bestieg, war Theodulos aus der Nähe von Edessa, später machte Symeon d. J. (512–592) von sich reden, denn er soll schon im Alter von sechs Jahren die Säule gewählt haben. In Syrien, Ägypten, Mesopotamien, Georgien, Konstantinopel sowie in Griechenland und Russland suchten Männer über die Jahrhunderte diese Form der Askese, in Georgien lebte noch im 19. Jahrhundert ein letzter Stylit. Im Westen indes fand diese Extremform der Entsagung wenig Anklang, nur von einem gewissen Diakon Wulflaicus ist bekannt, dass er 586 im Ardennerwald eine Säule errichtete. Doch auf dem Handelsweg zwischen Syrien und dem Abendland fanden auch Nachrichten über die Heiligtümer der Styliten Verbreitung, so dass auch Christen der westlichen Welt schon früh zu den Verehrungsstätten pilgerten. In Neapel sind zwei Styliten sogar im Heiligenkalender des frühen 9. Jahrhunderts zu finden.

Entsprechend den Verehrungszentren sind bildliche Zeugnisse vor allem im Osten verbreitet. Bereits im 5. Jahrhundert entstanden erste Darstellungen, von denen viele in den Grundzügen dem schlichten Bild aus Berlin gleichen. In Syrien gearbeitet, diente das etwa 84 cm hohe Basaltrelief vermutlich als Schrankenplatte. Der Heilige ist als Kapuzenfigur wiedergegeben, auf Arme und Beine wurde zu Gunsten der klaren Umrisslinie verzichtet. Trotz der schlichten Zeichnung wird deutlich, dass Symeon in ein Mönchsgewand gekleidet ist, zudem trägt er einen langen Bart und steht auf der Säule, zu deren Plattform eine Leiter führt. Ein zweiter Mann, der nach seinem Äußeren zu urteilen ebenfalls ein frommer Mönch ist, trägt einen Korb mit Nahrungsmitteln hinauf. Der herbeifliegende Vogel krönt den Styliten offenbar mit einem Kranz. Da die Darstellungen der Säulenheiligen kaum voneinander variieren, vermag man oftmals nur dank einer Inschrift zu entscheiden, welcher der Styliten abgebildet ist. Da auf dem Berliner Basaltrelief Hinweise zu einer genauen Identifikation fehlen, kann nur vermutet werden, dass hier Symeon d. Ä. zu sehen ist.

Symeon der Säulensteher, Syrien, 5./6. Jh., Berlin, Bode-Museum

Auch wenn im Westen der Kult der Styliten keine nennenswerte Verbreitung fand, so waren doch einige Bilder der Säulensteher im Umlauf. An der Säule Symeons d. J. wurden schon zur Lebenszeit des Styliten kleine münzartige Bildchen ausgegeben, sogenannte Eulogien, zudem konnte man diese an den Pilgerstätten der heiligen Säulensteher erwerben. Diese heiligen Gegenstände gelangten auch in weiter entlegene westliche Gegenden. In Rom hatten einige Handwerker am Eingang ihrer Werkstatt eine Abbildung des Heiligen aufgehängt und in der Basilica dei SS. Martiri in Cimitile bei Nola stellte man im frühen 10. Jahrhundert den heiligen Symeon in einer monumentalen Wandmalerei dar. Eine Statue des Heiligen, die nur noch als Fragment erhalten ist, hatte man indes schon um 700 in Poitiers aufgestellt, obgleich zu dieser Zeit plastische Kultbilder noch kaum üblich waren.

| Die Styliten stehen immer auf einer Säule, oftmals haben sie die Hände vor der Brust zusammengelegt. Eine Leiter oder ein Korb an einem Seil erinnern an die Nahrungsmittelbeschaffung.

Basaltstele des hl. Symeon Stylites, 492, Paris, Louvre; Silberplatte mit Symeon Stylites, 550, Paris, Louvre; Fresko mit Symeon Stylites, nach 1260, Trapezunt, H. Sophia

Quellen: Acta Sanctorum, Jan. I, Bd. 1, S. 261–287 – Lietzmann 1908 – Lives of Simeon Stylites 1992

Literatur: Belting 1962 – Elbern 1966 – Fernandez 1975 – Blersch 1978 – Caseau 2004

Maria Magdalena I 22. Juli

Maria Magdalena ist eine problematische Heilige: Schon dem frühen Christentum bereitete es Schwierigkeiten, aus den vielen verstreuten und knappen biblischen Berichten ihre Persönlichkeit herauszufiltern, die Hagiografie indes war sich über ihr Sterben uneins und mindestens fünf Kirchen beanspruchten, im Besitz ihres Leichnams zu sein.

Laut dem Neuen Testament hatte Jesus Maria Magdalena von bösen Geistern befreit (Lk 8,2). Weiter erfahren wir von einer Maria von Magdala, die mit der Mutter Jesu und anderen Frauen unter dem Kreuz stand (Mk 15,40; Joh 19,25). Dieser Frau erschien der auferstandene Christus, den sie aber nicht erkannte und glaubte, es sei der Gärtner. Als Jesus sich zu erkennen gegeben hatte, bat er inständig „Noli me tangere!" – „Rühre mich nicht an!" (Joh 20,11 – 18). Man glaubte zudem, Maria, die Schwester der Martha und des Lazarus (Lk 10, 38 – 41; Joh 11,1 – 2), sei mit Maria Magdalena identisch. Diese hatte Jesus in Bethanien die Füße mit Salböl gesalbt und mit ihren Haaren getrocknet (Joh 12,1 – 3). Doch auch die namentlich nicht genannte Ehebrecherin, die gesteinigt werden sollte (Joh 8,3 – 11), und die Sünderin, die bei dem Gastmahl im Haus des Simeon Jesu Füße mit ihren Tränen benetzt und mit ihren Haaren getrocknet hatte (Lk 7,36 – 38), gab man den Namen Maria Magdalena. So war aus der Heiligen schon in frühchristlichen Schriften eine Prostituierte geworden, die sich bekehrt hatte und Jesus in großer Liebe nachgefolgt war. Vor allem die Protestanten wandten sich gegen die Vermischung der verschiedenen Frauen (→ Maria Magdalena II).

Noch ungereimter sind die letzten Lebensjahre der Maria Magdalena, die sie als büßende Eremitin verbracht haben soll. Mehrere Varianten von Legendentexten kursierten, die bis ins 9. Jahrhundert ihre Vita sogar mit Episoden aus dem Leben der → Maria Ägyptiaca vermischten. Ab ca. 1300 jedoch setzte sich folgende Version durch: Um ihr einstmals sündiges Leben zu büßen, schiffte sich Magdalena zusammen mit 72 Anhängern Jesu in Südfrankreich ein. Dort trat sie zunächst in Marseille als wortgewaltige Predigerin auf, zog sich aber bald in die Einsamkeit zurück. In einer Grotte in Sainte-Beaume bei Aix-en-Provence verbrachte sie ihre restlichen Lebensjahre im Gebet, in Buße und in Meditation. Nach ihrem Tod soll Bischof Maximianus ihren Leichnam in die Kathedrale Ste-Marie-Madeleine in Vézelay gebracht haben. Nachdem immer wieder bestritten worden war, dass ihr Körper sich dort tatsächlich befinde – u. a. beanspruchte die Laterankirche in Rom, im Besitz ihres Leichnams zu sein –, entdeckte man den Leichnam der Heiligen im Jahr 1279 in der Krypta.

Der sogenannte Meister der Magdalena übernahm mit seiner Tafel das Schema der frühen Franziskustafeln (→ Franziskus von Assisi II) und bot damit zweierlei: Überlebensgroß präsentiert er die Heilige im Zentrum als verehrte Person und umgibt sie zugleich mit wesentlichen Episoden aus ihrem Leben. Heiligenbild und Heiligengeschichte – „imago" und „historia" – sind miteinander verbunden. Der namentlich nicht bekannte Maler zeigt Magdalena in einem langen Haarkleid, das ihr der Legende nach während ihres langen Lebens in der Einsamkeit gewachsen war und anstelle von Kleidern ihre Blöße bedeckte. Die kleinen Szenen schildern von oben nach unten in chronologischer Reihenfolge wesentliche Stationen ihres Lebens: Magdalena zu Jesu Füßen im Hause des Simeon, Magdalena bei der Auferweckung ihres Bruders Lazarus, Noli me tangere, Magdalena predigt in Marseille, Magdalena wird während des Stundengebets von Engeln in den Himmel erhoben, Magdalena wird in der Einöde von einem Engel gespeist, Magdalena empfängt das Sakrament von Bischof Maximianus, Magdalena wird bestattet. Die letzten beiden Ereignisse entstammen der Vita der Maria Ägyptiaca und wurden hier mit dem Lebensende der Magdalena vermischt.

So wie auf der Tafel wurde Maria Magdalena über Jahrhunderte hinweg als heilige Büßerin im Haarkleid dargestellt. Seit dem 15. Jahrhundert jedoch trat ihre Nacktheit stärker hervor.

Meister der Magdalena, Hl. Magdalena und Lebensszenen, um 1280, Florenz, Galleria dell'Accademia

Besonders in Italien wurde sie halb entblößt dargestellt, in ihrer körperlichen Schönheit, die sie einst zur Sünde verleitet hatte. Für die Kunst des späten Mittelalters indes war ihre Anwesenheit unter dem Kreuz bedeutsam: Mit aufgelöstem Haar, in kostbare Gewänder gekleidet, ein Salbgefäß neben sich stehend, kniet sie unter dem Kreuz und umfängt den Kreuzstamm oder Jesu blutige Füße.

| Aufgelöstes Haar, kostbare Kleider und Salbgefäß kennzeichnen Maria Magdalena vor allem in erzählenden Darstellungen. Ist sie als Büßerin zu sehen, so wird sie im Haarmantel gezeigt. Seit der Renaissance ist sie häufig in nachlässig geschlossener Kleidung zu sehen.

Lukas Moser, Magdalenenaltar, 1432, Tiefenbronn, St. Maria Magdalena; Niccolò dell'Arca, Beweinungs-Gruppe, 1463, Bologna, Pinacoteca Nazionale; Donatello, Maria Magdalena, 1453/1455, Florenz, Museo dell'Opera del Duomo; Tilman Riemenschneider, Retabel der Maria Magdalena, 1492, Münnerstadt, St. Maria Magdalena; Lucas Cranach d. Ä., Die hl. Maria Magdalena, 1525, Köln, Wallraf-Richartz-Museum

Quellen: Odo von Cluny/PL 133 – Boxler 1996

Literatur: Wilk 1985 – Ausst.-Kat. Maddalena 1986, Kat. 2 – Dillenberger 1990 – Haskins 1993 – Tammen 1997

Sebald — 19. August

Sebald ist eine historische Gestalt und ist doch nicht recht greifbar. Deshalb ist man für die Rekonstruktion seines Lebens mehr auf Vermutungen als auf sicher Verbürgtes angewiesen. Bereits das Jahr seiner Geburt ist nicht überliefert und auch sein Geburtsort, seine Eltern oder deren Stand sind unbekannt. Sicher ist allein, dass Sebald vor 1072 in Nürnberg bestattet wurde, denn in diesem Jahr eilten schon viele Menschen zu seinem Grab, an dem sich Wunderdinge ereigneten. Sebald wurde zum Lokalheiligen, der über die Stadtgrenzen hinaus Bekanntheit erlangte.

Versucht man, aus den Heiligenberichten den historischen Kern herauszuschälen, so war Sebald wohl ein Däne, der von christlichen Eltern erzogen wurde. Er studierte offenbar in Paris, doch dass er gezwungenermaßen die französische Königstochter heiratete, ist sicher eine legendarische Zugabe. Dieser Sachverhalt soll eine Begründung dafür geben, dass er fünfzehn Jahre als Einsiedler lebte, denn noch in der Hochzeitsnacht soll er in die Einsamkeit geflohen sein. Der Papst ermächtigte den frommen Mann zur Wortverkündigung, so dass er nun predigend und wunderwirkend durch Norditalien, Bayern und Franken zog. Auf seiner Reise traf er auf die Missionare Willibald und Wunibald (→ Walburga). Schließlich ließ sich Sebald im Wald bei Nürnberg nieder, den man später Sebalder Wald nannte. Auch hier vollbrachte der einsame Fromme viele Wunder, einst etwa brachte er Eiszapfen zum Brennen. Auch bestimmte Sebald im Vorhinein, dass er dort begraben sein wolle, wohin wilde Ochsen seinen Leichnam bringen würden. Als er dann starb, zogen die Tiere seine Gebeine nach Nürnberg zu der kleinen Peterskapelle, wo man die Überreste beisetzte. Sebald verstarb zwischen 1039 und 1056. Auf sicherem Boden befindet man sich hingegen bei den Ereignissen, die postum an seinem Grab geschahen. Die Wallfahrten zur Kapelle bedingten die Errichtung einer größeren Kirche, zu deren Patron des Hauptaltars Sebald 1337 wurde. Schon 1379 erweiterte man das Gotteshaus durch einen lichten Hallenchor und im Jahr 1397 bettete man die Gebeine des Heiligen in einen neuen Schrein um. Schon in jenem Jahr beging man in Nürnberg den Sebaldustag mit einer liturgischen Feier, obgleich die offizielle Kanonisation erst 1452 erfolgte.

Sebald wurde bald nach seiner Erhebung zum Patron des Hochaltars auch in Bildwerken dargestellt. Entsprechend seinem Verehrungszentrum entstand eine Großzahl der Bilder in Franken. In Nürnberg selbst ragt Sebalds Grabmal hervor, das der ortsansässige Peter Vischer mit seinen Söhnen nach einer langjährigen Planungs- und Fertigungszeit 1519 beendete und im Hochchor von St. Sebald aufstellen ließ. Die Tumba des in Bronze gegossenen Grabs erzählt in vier Bildfeldern Episoden aus dem Leben des

Peter Vischer, Hl. Sebald, Detail vom Sebaldusgrab, 1519, Nürnberg, St. Sebald

Heiligen: das Eiszapfenwunder, die Heilung eines blinden Wagners, das Brotwunder und die Bekehrung von Ketzern. Doch auch als dreidimensionale Figur erscheint Sebald: Vischer gab ihn in der üblichen Ikonografie als bärtigen Mann wieder, der barfüßig mit einem Pilgerstab versehen als frommer Wanderer charakterisiert ist. Er trägt ein knielanges schlichtes Gewand mit einem Mantel. In der Hand hält er das Modell der Sebaldkirche, doch berührt er dieses nicht mit bloßen Händen, sondern hat diese unter seinem Mantel verborgen. Die Kirche wird zu einem heiligen Gegenstand, den er Gott selbst darreicht. Außer diesen Darstellungen, die sich direkt auf den Heiligen beziehen, wartet das Grabmal mit vielen Figuren auf – Tugendpersonifikationen, Gestalten aus der antiken Mythologie, Apostel und Propheten sowie Tiere aller Art –, die vorderhand nichts mit Sebalds Leben zu tun haben. Die auf den ersten Blick heterogene Bildzusammenstellung beruht offenbar auf einer Schrift über den Tugendhelden Herkules, die der Nürnberger Humanist Pangratz Bernhaubt, genannt Schwenter, auf das Drängen Vischers 1514 in deutscher Sprache herausgab. Der Text stellt Herkules als einen zweiten Sebald vor, der gleich dem Heiligen durch ein tugendhaftes Leben die Laster überwunden hatte.

| Sebald wird wie → Jakobus als Pilger dargestellt mit Pilgerhut und -stab sowie der Muschel. Doch im Unterschied zu dem Apostel trägt er das Modell der Sebaldkirche in der Hand.

Hl. Sebald, Holzskulptur, um 1430, Gaflenz (Oberösterreich), Pfarrkirche; Meister des Augustineraltars und Werkstatt, Sebald, Flügel des Veitretabels, 1487, Nürnberg, Germanisches Nationalmuseum; Sebald-Retabel, 1508, Schwäbisch Gmünd, Heiligkreuzmünster

Quelle: Hystori Sebalds 1514

Literatur: Borst 1966 – Pilz 1970 – Maas 1979 – Roth 1980 – Weilandt 2007

Ordensgründer und Ordensangehörige

Ordensgründer erhielten üblicherweise den Status eines Heiligen. Auch wenn nicht immer eine baldige Kanonisierung erfolgte, wurden sie doch nach ihrem Tod innerhalb ihres Ordens verehrt. Der Kult um heilige Gründer und Angehörige einer mönchischen Gemeinschaft setzte verstärkt mit der Herausbildung der Bettelorden im hohen Mittelalter ein. Den neuen Klosterheiligen kam zugute, dass ihre Verehrung zu einer Zeit einsetzte, als die Bildproduktion eine erste Blütezeit erlebte. So ging mit ihrer Kanonisation oftmals eine Bildpropaganda einher, die für den Heiligen und zugleich für den Orden warb.

Die Gründerheiligen und weitere verehrte Mitglieder waren in den meisten Ordenskirchen in Form von Bildwerken präsent. Für ein Minoritenkloster malte der Meister von St. Severin in Zusammenarbeit mit dem Meister der Ursulalegende ein Retabel, das eine Reihe von Franziskanerheiligen zur Schau stellt. Die Mitteltafel ist dem Gründer Franziskus von Assisi vorbehalten, während auf den Flügeln Johannes Capistrano, Bonaventura, → Ludwig von Toulouse und → Bernhardin von Siena zu sehen sind. Mit diesem Heiligenprogramm propagierte der Konvent seine Zugehörigkeit zu den in strenger Ordnung lebenden Franziskanerobservanten. Dieser reformfreudige Zweig, der sich von den Franziskanerkonventualen unterschied, hatte sich erneut den Idealen des Franziskus von Assisi verpflichtet und war um eine Rückführung der franziskanischen Grundsätze bemüht. So propagierte das Retabel die Tradi-

Meister von St. Severin und Meister der Ursulalegende, Franziskaner-Altar, um 1505, Köln, Wallraf-Richartz-Museum

tion des Ordens, führte anerkannte und um Reformen bemühte Mitglieder als Vorbilder vor Augen und bezog innerhalb des Franziskanerordens Stellung.

Freilich wurden stets auch die Gründer früher Gemeinschaften verehrt, wenngleich ihr Kult oftmals nicht die Popularität der späteren Mendikantenheiligen erhielt. Columba († 597) etwa, der das von strenger Askese geprägte irische Mönchtum in das Gebiet des heutigen Frankreich einführte, wurde zwar in ganz Europa verehrt, doch in der Bildkunst ist er nur ausnahmsweise zu finden. Anders erging es → Benedikt von Nursia, der dank seiner Stiftung des einflussreichen Benediktinerklosters Monte Cassino und der Erstellung einer Ordensregel, die zur Grundlage vieler mönchischer Gemeinschaften wurde, über Jahrhunderte allgegenwärtig war. Für die Verbreitung der Benediktsregeln sorgte der Missionar → Bonifatius, der 742 auf dem Concilium Germanicum dafür plädierte, dass neue Klostergründungen unter diese Regeln gestellt würden. Auch → Karl der Große förderte das benediktinische Mönchtum.

Der Charakter des Ordens kam nicht nur in Bildwerken zum Ausdruck, sondern auch in der Architektur. Cluny, das bedeutende Reformkloster des Mittelalters, das direkt dem Papst unterstellt war, entwickelte sich zu einem Megakloster mit bis zu 300 Mönchen, dessen Kirche beständig vergrößert wurde, bis sie sich zum größten Gotteshaus Europas entwickelt hatte. Eine aufwendige Innenausstattung und eine ebenso aufwendige Liturgie, gefeiert mit kostbaren Geräten und in prächtigen Ornaten, waren Ausdruck der zunehmenden Prunkentfaltung.

Die unglaubliche Pracht- und Machtfülle der Cluniazenser rief schon bald Protest hervor und veranlasste → Bernhard von Clairvaux, einen Orden zu gründen, dessen Merkmale eine schlichte Frömmigkeit und ein einfaches Leben waren. Bereits die Bauweise der Kirchen sollte diese Geisteshaltung veranschaulichen: Statt der vielen hohen Türme von Cluny erhielten die Zisterzienserkirchen allein einen niedrigen Dachreiter. Dieses äußere Zeichen einer einfachen Lebensweise übernahmen die Bettelorden.

Mit den Mendikanten traten zunehmend auch Frauen als Ordensgründerinnen und Ordensheilige auf: → Klara von Assisi, die in der Nachfolge des Franziskus einen Frauenzweig ins Leben rief, oder → Franziska Romana, die karitativ tätige und geistlich lebende Frauen um sich sammelte und zu einer anerkannten Gemeinschaft einte. Franziskas Biografie und geistliches Engagement sind typisch für das späte Mittelalter, denn nun fanden zunehmend Frauen aus dem Laienstand eigenständig Wege für einen Zusammenschluss.

Literatur: Jaspert 1982 – Zehnder 1990, S. 520 – 528 – Elm / Berg 1994 – Lutterbach 1995 – Dinzelbacher / Hogg 1997 – Gollnick 2008

Benedikt von Nursia — 21. März

Zum Leben und Wirken des Benedikt von Nursia, dem Vater der Benediktiner, wüsste man nahezu nichts, hätte nicht → Gregor der Große in seinen *Dialogen* eine ausführliche Biografie aufgenommen. Obgleich sich der Papst, selbst ein Verehrer der benediktinischen Lebensform und Frömmigkeit, auf Gewährsleute beruft, vermischt das Werk Historisches mit Legendarischem, so dass sich die Fakten oftmals nicht eindeutig herausschälen lassen. Selbst die Lebensdaten des großen Mönchs sind nur vage Annahmen: Er mag gegen 470 / 480 geboren sein und verstarb wohl gegen 547.

In Nursia (Norcia) geboren, studierte der junge Benedikt in Rom die Artes liberales, verließ die Schule jedoch vorzeitig ohne Abschluss. Nachdem er eine Zeitlang in Enfide (Affile) lebte und dort sein erstes aufsehenerregendes Wunder gewirkt hatte – er machte ein zerbrochenes Sieb durch ein Gebet wieder heil –, zog er nach Subiaco, um sich dort in der Wildnis als Einsiedler niederzulassen. Der Mönch eines nahen Klosters versah ihn mit einer Kutte und versorgte ihn drei Jahre lang mit Lebensmitteln. Bald scharten sich Nachfolger um den frommen

Mann, die er als Äbte über zwölf Klöster eingesetzt haben soll, während er selbst einem dreizehnten Kloster vorstand. Schließlich ließ er auf dem Monte Cassino ein Apolloheiligtum niederreißen und stattdessen eine Kultstätte für → Martin von Tours und → Johannes den Täufer errichten. Das Kloster Monte Cassino wurde zur Keimzelle des Benediktinerordens, der sich in ganz Europa ausbreitete. Benedikt verfasste eine Regel, die in den folgenden Jahrhunderten zur Grundlage nicht nur des Benediktinerordens wurde: Stabilitas locis, Askese, Disziplin, Gehorsam dem Abt gegenüber und das Ora et labora (Bete und arbeite) bildeten den Grundstein der Regel. Benedikts Schwester Scholastika, die ebenfalls als Heilige verehrt wird, gilt gemeinhin als Gründerin der Benediktinerinnen, obgleich ihr Einfluss auf die Ausbildung des weiblichen Ordenszweigs nicht nachweisbar ist.

Auch wenn Angaben zu Benedikts Todestag fehlen, so wissen die *Dialoge* Gregors des Großen doch davon zu berichten. Der sterbensbereite Mönch habe im Kreis seiner Brüder ein letztes Mal das Sakrament empfangen. Zwei Benediktiner, die nicht zugegen waren, sahen einen Lichtweg, der gen Himmel führte, und vernahmen eine Stimme, die ihnen versicherte, Benedikt werde in den Himmel aufgenommen werden.

Die große Zahl von Darstellungen Benedikts von Nursia schon vor der Jahrtausendwende zeugt von der weiten Verbreitung seiner Biografie und der Bedeutung des Benediktinerordens. Der Charakter des Heiligen veränderte sich im Laufe der Jahrhunderte. Von einem jungen, bartlosen Mönch wurde er ab 1400 zu einem Patriarchen mit grauem und langem Haar. Sein Gewand wurde bis gegen 1000 in vielen unterschiedlichen Farben dargestellt und häufig hat er die Kapuze über den Kopf gezogen, bis sich die schwarze Kutte durchsetzte und nur im Umkreis der Olivetaner (der „weißen Benediktiner") das weiße Habit bevorzugt wurde.

Wie in einem gerahmten Bild, das auf einer tapetenbespannten Wand hängt, führt der namentlich nicht bekannte Meister den hl. Bene-

Hl. Benedikt von Nursia, Breviarium Mayer van den Bergh, fol. 424v, 1495/1521, Antwerpen, Museum Mayer van den Bergh

dikt gleich mehrfach vor. Als Hauptfigur kniet er zwischen zwei Felsmassiven und ist von der Außenwelt nichts wahrnehmend ganz in seine fromme Lektüre versunken. Um den Einsiedler herum sind vier Szenen aus seinem Leben gruppiert. Ganz links fügt er betend das zerbrochene Sieb wieder zusammen, direkt über dem Heiligen lässt ein Mönch einen Korb mit Nahrungsmitteln zu dem Betenden herab, während der Teufel die daran hängende Glocke zerstört. Auf dem Felsplateau reicht ein Priester dem Einsiedler das Ostermahl und im Vordergrund wälzt sich Benedikt nackt in Dornen, um sich durch die Abtötung des Fleisches von lüsternen Gedanken und fleischlichen Begierden zu befreien. Diese Darstellung leitet im *Brevier Mayer van den Bergh*, das flämische Miniaturisten für einen portugiesischen Auftraggeber illustrierten, das Offizium des Heiligen ein. Noch bevor der fromme Leser die Fürbittgebete spricht, haben ihn schon die Bilder von Benedikts Heiligkeit und Fürbittkraft überzeugt.

| Benedikt – er kann jugendlich, bartlos oder alt mit langem Bart dargestellt sein – trägt die schwarze Kutte oder das weiße Habit. Als Attribut erhält er den Abtsstab, die Abtsmitra und das Buch.

Hl. Benedikt, Fresko, 13. Jh., Subiaco, Sacro Speco; Luca Signorelli und Sodoma, Lebenszyklus des hl. Benedikt, 1497–1505, Chiusure, Abbazia di Monteoliveto Maggiore; Johann von Spillenberger, Der Tod des hl. Benedikt, 1664, Regensburg, St. Emmeram; Joachim von Sandrart, Der Tod des hl. Benedikt, 1685, Garsten, ehem. Benediktinerstiftskirche

Quelle: Gregor der Große 1995

Literatur: Puzicha 1980 – Nieuwdorp/Dekeyzer 1997 – Benedictus 1998 – Cassanelli/García 2007

Bernhard von Clairvaux I ______ 20. August

Im Mai 1112 standen 30 Männer vor den Toren des Zisterzienserklosters Cîteaux. Der Anführer der Gruppe war der junge, aus dem burgundischen Adel stammende Bernhard von Fontaines, der für sich, seine Geschwister, Verwandte und Freunde Aufnahme suchte. Der um 1090 Geborene hatte eine fromme Erziehung und eine solide Schulbildung erhalten und hatte seine Nächsten von der Notwendigkeit eines strengen klösterlichen Lebens überzeugen können. Das erst 1098 gegründete neue Kloster (Novum monasterium) Cîteaux schien der geeignete Ort zu sein, da sich der Gründer Robert von Molesme auf die Grundpfeiler der Benediktsregel berief: Einsamkeit, Armut, Arbeit. Bernhard wurde schon drei Jahre nach seinem Klostereintritt zusammen mit 25 Adligen beauftragt, eine Tochterniederlassung im Tal Clara vallis zu gründen, die als Clairvaux bekannt wurde. Der noch junge Abt des neuen Klosters lebte in so strenger Askese, dass ihm die Ärzte dringend zur Mäßigung rieten. Als man ihm Bistümer antrug, lehnte er diese drei Mal ab. Das geistliche Leben in Clairvaux erlebte einen so großen Zuspruch, dass weitere Neugründungen nötig wurden. Als Bernhard 1153 verstarb, zählte man 69 Filialen, 75 Tochterniederlassungen der Filialen und 22 Klöster, die wiederum aus diesen hervorgegangen waren. Die explosionsartige Ausbreitung spiegelt die Gesamtsituation der Zisterzienser wider, deren Klöster zu jener Zeit auf 350 angewachsen waren. Neben der Sorge um das geistliche Leben der Brüder war Bernhard in die politischen Streitigkeiten des gespaltenen päpstlichen Hofs involviert und stand mit den Großen seiner Zeit in regem Austausch. Über 550 erhaltene Briefe bezeugen seine weitgespannte Korrespondenz und seine Texte aller Art, vor allem die Hohelied-Auslegung übermitteln seine intensive Christusfrömmigkeit. Diese im eleganten und klaren Latein verfassten Schriften brachten ihm den Namen Doctor mellifluus (honigfließender Kirchenlehrer) ein. Doch war der Inhalt oftmals alles andere als eine süße Speise, denn mit Spott, Ironie und Kritik prangerte Bernhard Missstände an. Vor allem die Wissenschaft und theologische Spekulationen fanden seine Missbilligung, ebenso wie der Prunk und der Überfluss des Klosters Cluny. Stattdessen propagierte er ein mönchisches Leben in Einfachheit, eigenen Broterwerb und Konzentration auf die Seelsorge. Der rege und kompromisslose Abt wurde in Clairvaux bestattet. Im Jahr 1174 wurde er kanonisiert und als 1790 das Kloster aufgehoben wurde, überführte man seine Gebeine nach Ville-sous-la Ferté.

Das Zisterzienserkloster Altenberg im Dhünntal, dessen Gründung ins Jahr 1133 zurückreicht, erhielt ab 1505 eine neue Verglasung des gesamten Kreuzganges. Von den einstmals 115 Fensterscheiben mit Szenen aus dem Leben Christi und des hl. Bernhard von Clairvaux sind heute noch 44 Glasscheiben erhalten. Einige der Scheiben gelangten bis nach Shrewsbury in der walisischen Grafschaft Shropshire. Eine dieser

Darstellungen thematisiert Bernhards Auseinandersetzung mit Cluny. Der heilige Abt, versehen mit Abtsstab und Nimbus, diktiert einem Mönch einen Brief. Über den Inhalt des Schreibens informiert die Architektur im Hintergrund, die auf der linken Seite einen großen Kirchenbau mit großen gotischen Fenstern und vielen Anbauten vorstellt. Das Schild auf der Mauer bezeichnet diesen Gebäudekomplex als Cluny. Die Klosteranlage rechts, die Clairvaux wiedergibt, kommt weit schlichter daher. Der Text unter der Darstellung erklärt, dass Bernhard den Mönch Robert, der in das reiche Kloster Cluny übertreten wollte, durch seinen Brief zur Rückkehr zu bewegen versuchte. Der herabströmende Regen aber, der die Mönche im Hintergrund durchnässt, macht den Brief nicht nass. Dieses Wunder macht augenfällig, dass Gott das Reformkloster Clairvaux und Bernhards Klosterführung gutheißt und der Rückführung von abtrünnigen Mönchen seinen himmlischen Segen verleiht.

Umfassende Zyklen zu Bernhards Leben wurden selten dargestellt, doch in einer reduzierten Form sind einzelne Szenen bereits auf einem Retabel des späten 13. Jahrhunderts aus Mallorca abgebildet. Weiter verbreitet waren indes die Einzelszenen „Lactatio“ und „Amplexus“ (→ Bernhard von Clairvaux II).

| Bernhard trägt die weiße Kukulle, darüber manchmal das schwarze Skapulier oder er ist in ein Pluviale gewandet. Als Attribute kann er den Abtsstab, ein Kruzifix, eine oder drei Mitren, einen Bienenkorb, einen weißen Hund oder einen in Ketten gelegten Teufel erhalten. Vor allem in der Druckgrafik ist ihm häufig das Ordenswappen, bestehend aus einem (rot-weiß) geschachteten Schrägbalken, beigegeben.

Meister von Palma, Hl. Bernhard mit vier Szenen seines Lebens, um 1290, Palma de Mallorca, Archäologisches Museum; Jan Plack, Der hl. Bernhard diskutiert seine Regel mit den Vertretern der Kirche, nach 1480, München, Alte Pinakothek; Marten Pepijn, Bernhard von Clairvaux bekehrt Wilhelm von Aquitanien, um 1620, Valenciennes, Musée des Beaux-Arts; Ignatz Günther, Hl. Bernhard von Clairvaux, 1765/1775, Aholming, Pfarrkirche Sankt Stephanus

Meister von St. Severin (?), Bernhard diktiert unter freiem Himmel einen Brief, 1505/1520, Shrewsbury, St. Mary the Virgin

Quellen: Sancti Bernardi prima/PL 185 – Sancti Bernardi secunda/PL 185

Literatur: Miethke 1980 – Paffrath 1984 – Pressouyre/Kinder 1990 – Dinzelbacher 1998 – Bredero 1996 – Ausst.-Kat. Glasmalerei 2007, Bd. 2, S. 10–139 – Ziegeler 2007, S. 77–79 – Hammer 2008

Franziskus von Assisi I ——— 4. Oktober

Als Franziskus von Assisi um 1181 in Assisi geboren wurde, lag der Gedanke an ein späteres geistliches Leben fern. Als Sohn eines wohlhabenden Tuchhändlers verlebte er seine Jugend mit ebenso gut gestellten Kameraden in Luxus und Verschwendung, bis ihn auf dem Weg nach Apulien die göttliche Stimme zur Umkehr mahnte. Zu dieser ersten Anrufung trat eine weitere, als das Kruzifix der Kirche S. Damiano ihn aufforderte, die zerfallene Kirche wieder zu errichten. Franziskus verstand dies zunächst wörtlich, doch schon bald wurde ihm bewusst, dass eine geistliche Erneuerung nötig war. Nachdem sich Franziskus von seinem Vater losgesagt und die Radikalität seines Entschlusses bekräftigt hatte, indem er sich splitternackt auszog, nahm er das Gewand der Armut, sorgte für Leprakranke und verbrachte lange Zeit in der Einsamkeit. Schon bald fand sein Leben der konsequenten Christusnachfolge Anhänger. Als die kleine Gruppe auf zwölf Personen angewachsen war, verfasste Franziskus in Anlehnung an die Evangelien eine erste Regel, die Innozenz III. 1209 mündlich anerkannte. Die Lebensbeschreibungen wissen in diesem Zusammenhang, dass der Papst träumte, die Laterankirche sei vom Einsturz bedroht und werde durch Franziskus gestützt. Der Leichnam des 1226 verstorbenen Heiligen wurde zunächst in St. Giorgio in Assisi beigesetzt, doch schon 1230 in die Unterkirche der rasch errichteten prächtigen Ordenskirche S. Francesco in Assisi überführt.

Der Orden der Minderbrüder (Ordo Fratrum Minorum) war zunächst nicht hierarchisch organisiert, sondern nach Diensten gegliedert. Ein Custos-Guardianus stand einem Konvent vor, während man auf das Amt eines Abts oder Priors verzichtete. Doch das angestrebte Ideal der brüderlichen Gleichheit wurde bald aufgeweicht und Laienbrüder hatten schnell ihr Recht auf Ordensämter verloren. Seit dem 14. Jahrhundert setzten sich Franziskaner wie → Bernhardin von Siena verstärkt für eine Rückkehr zum franziskanischen Urzustand ein. Nun trennten sich die Observanten, die streng den ursprünglichen Ideen folgten, von den Konventualen. 1517 kam es zum endgültigen Bruch der beiden Franziskanergruppen. Seitdem ist der Ordo Fratrum Minorum vom Ordo Fratrum Minorum Conventualium getrennt.

Der noch junge Franziskanerorden bemühte sich nach dem Tod des Ordensgründers in einer offensiven Bildpolitik, das heilige Leben des Franziskus zu bezeugen. Vom Arnotal und der Toskana ausgehend fanden innovative Bildtypen und neue Ikonografien schnell Verbreitung. Die Bardi-Tafel zeigt eine strukturell und formal neue Bildlösung. Der hl. Franziskus ist in das Ordensgewand gekleidet und nimmt das Zentrum ein. Der Nimbus weist auf seine Kanonisation hin, die Wundmale an Händen und Füßen auf seine Stigmatisation. Das Bildnis des stehenden Heiligen fand als Einzeldarstellung weite Verbreitung, doch hier ist es durch zwanzig szenische Bildfelder aus dem Leben des Franziskus bereichert. Als erzählendes Rahmenwerk sind auf der linken Seite Episoden aus seiner Jugend angeordnet – wie die Loslösung vom Vater und die Wahl des Ordensgewandes –, die unteren acht Szenen sind seinem Leben in der Nachfolge Jesu gewidmet – etwa die Vogelpredigt oder die Stigmatisation, auf die Franziskus mit seinem linken Fuß weist – und die linken Darstellungen beziehen sich auf Wunder und Ereignisse nach seinem Tod – wie die Kanonisation im vierten Bildfeld von oben. Ein auffallendes Merkmal der Tafel ist die giebelartige Zuspitzung des oberen Tafelabschlusses. Der Giebel und die Vereinigung von Heiligenbildnis mit Lebensepisoden sind den italienischen Bildtabernakeln entlehnt, die im giebelgekrönten Schrein eine geschnitzte Heiligenfigur zeigen und die Flügel mit gemalten Bildszenen versehen. Das Bildschema und die Tafelform wurden nahezu seriell in rascher Folge immer wieder verwendet. Die Kombination von statischer Heiligenfigur und szenischer Heiligenbiografie wurde seit Ende des 13. Jahrhunderts auch für andere Heiligendarstellungen verwendet, u. a. für die Darstellung der → hl. Maria Magdalena.

| Franziskus trägt das graue oder braune Ordensgewand, das mit einem Strick gegürtet ist. Die drei Knoten des Gürtels stehen symbolisch für Armut, Keuschheit und Gehorsam. Franziskus ist bartlos und trägt die Tonsur. Auf Einzeldarstellungen trägt er fast immer die Wundmale, während diese auf szenischen Darstellungen fehlen können.

Bardi-Tafel, um 1255, Florenz, S. Croce, Bardi-Kapelle

Giotto u. a., Franziskuszyklus, um 1300, Assisi, St. Francesco, Oberkirche; Sassetta, Apotheose des hl. Franziskus, 1437, Florenz, Harvard Center for Renaissance Studies, Villa I Tatti; Carlo Crivelli, Hl. Franziskus, um 1470, Brüssel, Musées des Beaux-Arts; Korbacher Franziskaner, Franziskanerretabel, 1519, Nieder-Waroldern, Ev. Kirche

Quellen: Bonaventura 1898 – Thomas von Celano 1926/1927

Literatur: Blume 1983 – Krüger 1992 – Wolff 1996 – Ausst.-Kat. Franz von Assisi 1982 – Feld 2007

Klara von Assisi — 12. August

Klara von Assisi ging als erste weibliche Nachfolgerin des Franziskus von Assisi in die Geschichte ein. Geboren wurde sie im Jahr 1193 wie der Heilige auch in Assisi. Die Legende der Heiligen, deren erste Version Thomas von Celano verfasste, berichtet von ihrem heiligen Leben, das sich schon vor ihrer Geburt abzeichnete. Als ihre Mutter Hortulana schwanger war, prophezeite ihr der Himmel eine fromme Tochter. Tatsächlich führte Klara schon im Jugendalter ein hingebungsvolles Leben, zu dem Fasten, intensives Gebet und karitative Tätigkeiten gehörten, und unter ihren feinen Kleidern, die sie ihrer sozialen Stellung entsprechend anziehen musste, soll sie ein raues Wollgewand getragen haben. Ein Zusammentreffen mit Franziskus ließ in ihr den Entschluss reifen, der Welt ganz zu entsagen. Da sie den Widerstand ihrer Familie fürchtete, floh sie aus ihrem Elternhaus in den Nonnenkonvent zu Santa Maria von Portiuncula. Mit dem Ritus der Einkleidung wurden ihre Haare abgeschnitten. Darüber hinaus verteilte sie ihr Gut an die Armen, so dass sie als mittellose Schwester eine der niedrigsten Stellungen im Kloster einnahm. Trotz der Bemühungen ihrer Familie, sie gewaltsam nach Hause zu holen, blieb Klara im Kloster, in das sogar ihre Schwester Agnes eintrat. Bald aber gründete sie eine geistliche Frauengemeinschaft, die sich in San Damiano als Povere Donne (Arme Frauen) niederließ. Diese neue Schwesternschaft erhielt zunächst die Regeln der Benediktiner, doch zeit ihres Lebens kämpfte Klara um eine eigene Ordensregel, die ihrem Ideal einer franziskanischen Gemeinschaft entsprechen würde: Demut, bedingungslose Armut und Broterwerb durch eigene Arbeit. Erst 1253, im Jahr ihres Todes, bekam der Orden die gewünschte Regel zugebilligt. Klaras Leichnam bestattete man zunächst in S. Giorgio in Assisi, doch nach ihrer Heiligsprechung im Jahr 1255 wurde eine neue Ordenskirche, S. Chiara, errichtet, in die ihre Gebeine umgebettet wurden. Der Klarissenorden aber breitete sich rasch nicht nur in Italien, sondern bis hin nach Spanien, Frankreich, Böhmen und in die deutschen Länder aus.

Johann von Soest, Hl. Klara von Assisi, um 1480, Köln, Wallraf-Richartz-Museum

Die älteste Darstellung Klaras entstand nicht in Italien, sondern in Süddeutschland und muss unmittelbar nach ihrer Kanonisation gemalt worden sein. In Italien schuf ein namentlich nicht fassbarer Künstler erstmals 1283 ihr Bildnis in Form einer Vitentafel, wie sie für Franziskus (→ Franziskus von Assisi I) und andere Heilige üblich war. Diese erhielt ihren Platz auf dem Altar der Klosterkirche.

Zwar schufen Maler Tafelbilder mit mehreren Szenen aus dem Leben der Heiligen, doch weit häufiger wurde sie zusammen mit franziskanischen Heiligen dargestellt. So ist sie auch auf einem Triptychon aus dem Kölner Klarissenkloster auf einem der Außenflügel zu sehen, während Franziskus ihr gegenüber auf dem zweiten Flügel abgebildet ist. Klara trägt das franziskanische Habit und hält in der Hand eine goldene Monstranz mit Hostie. Dieses Attribut spielt auf den Überfall der Sarazenen auf das Kloster San Damiano an. Als die feindlichen und zudem heidnischen Krieger ins Kloster eindrangen, trat ihnen die Heilige mit dem Leib Christi entgegen, der ihrer Vita nach allerdings nicht in einer Monstranz ausgestellt war, sondern in einem Kästchen ruhte. Zugleich bat sie Gott um seinen Schutz und bekam das Jesuskind zu Gesicht. Voller Entsetzen waren die Feinde über die Mauern geflohen. In dieser Erzählung schwingt Klaras intensive Eucharistieverehrung an. Diese wird auch auf Darstellungen thematisiert, auf denen Klara in Andacht vor einem Kelch oder einem Ziborium kniet, aus dem das Christuskind erscheint. Auf dem Kölner Retabelflügel knien zu Füßen der heiligen Ordensgründerin 14 Schwestern, von denen die Äbtissin Katharina von Nechtersheim anhand ihres Wappens identifizierbar ist. Auf der Tafel des Franziskus knien 14 weitere Schwestern mit einer zweiten Äbtissin. Mit diesen Darstellungen hatte sich der Kölner Klarissenorden unter den Schutz ihrer Ordensheiligen begeben. Wie dieses Retabel entstanden auch andere Bilder im Umfeld der Klarissen und Franziskaner. Nach 1600 wurden nur noch vereinzelt neue Darstellungen Klaras geschaffen.

| Die hl. Klara trägt ein dunkles, meist braunes, gegürtetes Habit und einen dunklen Schleier über einem weißen Wimpel. Als Attribut kann sie die Monstranz, ein Buch oder einen Lilienstengel erhalten.

Retabel mit Hl. Klara und Viten, 1283, Assisi, S. Chiara; Tafeln mit Szenen aus dem Leben der hl. Klara, um 1360, Nürnberg, Germanisches Nationalmuseum; Antonio Vivarini, Hl. Klara, 1451, Wien, Kunsthistorisches Museum; Meister der Verherrlichung Mariae, Klara und Franziskanerheilige, um 1480, Köln, Wallraf-Richartz-Museum; Franz Sebald Unterberger, Szenen aus dem Leben Klaras, 1731–1733, Brixen, Klarissenkloster

Quellen: Pennacchi 1910 – Bughetti 1912 – Grau 1952

Literatur: Reber 1963 – Wood 1996 – Gennaro 1996 – Andergassen 1999 – Grötecke 2001

Ludwig von Toulouse ——— 19. August

Kurzes Leben und lange Gefangenschaft, Bettelorden und Bischofssitz – diese Extreme kennzeichnen das Leben des hl. Ludwig von Toulouse (von Anjou). 1274 wurde er als erster Sohn Karls II., König beider Sizilien, in eine Familie geboren, die bereits mit einem Heiligen aufwarten konnte. Ludwigs Großonkel Ludwig von Frankreich hatte nicht nur den Beinamen „der Heilige“ erhalten, sondern war tatsächlich kanonisiert worden (→ Ludwig IX., der Heilige). Die anhaltende Fehde des Hauses Toulouse mit dem Haus Aragón sollte das Leben des jungen Ludwig entscheidend prägen. Bei einem Gefecht wurde Karl II. von dem Gegner ergriffen und gefangen gesetzt. Als der Großvater Karl I. verstarb und Karl II. plötzlich König Neapels wurde, ließ man den neuen König frei und inhaftierte an seiner Statt die Söhne Ludwig und Robert. Die Jahre von 1288 bis 1295 verbrachten die Königssöhne an wechselnden Haftorten in Katalonien. Während dieser Zeit widmete sich Ludwig intensiv dem philologischen und theologischen Studium, bei dem ihm als Lehrer und Beichtvater der Franziskaner François Brun beistand. Nach der Freilassung verzichtete Ludwig zugunsten seines Bruders Robert auf seine Thronnachfolge. Doch seinen Wunsch, dem Franziskanerorden beizutreten, lehnte der Vater entschieden ab und bestimmte ihn stattdessen für eine glänzende kirchliche Laufbahn. Als Ludwig schließlich der Bischofssitz von Toulouse angetragen wurde, war er nur unter der Bedingung zur Annahme bereit, dass er zuvor das Mönchsgelübde ablegen dürfe. So wurde er im Dezember 1296 in das Habit der Franzis-

Simone Martini, Hl. Ludwig von Toulouse krönt Robert von Anjou, um 1320, Neapel, Museo di Capodimonte

kaner gekleidet und wenige Tage später in die Gewänder des Bischofs gehüllt. Der franziskanische Bischof übte jedoch nur kurze Zeit sein Amt aus, denn bereits im August 1297 verstarb er. Gemäß seinem letzten Willen wurde Ludwig in der Franziskanerkirche von Marseille beigesetzt. Bald ereigneten sich Wunder an seinem Grab, so dass man sich schnell um seine Heiligsprechung bemühte. 1317 wurde Ludwig von Toulouse kanonisiert. Er wurde vor allem im Einflussbereich der Anjous verehrt und ist der Stadtpatron von Marseille.

Der Sieneser Maler Simone Martini präsentiert den Heiligen als Bischof, der seinem Amt entsprechend in kostbare Gewänder gekleidet ist: Er trägt die Mitra und hält den bischöflichen Hirtenstab in Händen. Auch die frontale Platzierung auf einem Bischofssitz entspricht ganz den damaligen Gepflogenheiten, einen süditalienischen Bischofsheiligen wiederzugeben. Der so Ausgezeichnete trägt jedoch unter dem feinen Pluviale das schlichte Gewand der Franziskaner. Ludwig von Toulouse, resignierter Thronanwärter, Bischof, Franziskaner und Heiliger, überreicht hier Robert von Anjou die Krone des Königreiches. Der Empfangende kniet als kleine Gestalt vor seinem heiligen Bruder und nimmt die Herrschaft mit zusammengelegten Händen entgegen, so wie ein Vasall von einem Landesherrn ein Lehen empfängt und ihm dafür in ebendieser Geste Treue verspricht. Ludwig indes wird seinerseits von Engeln mit der himmlischen Krone gekrönt. Ein verlorener Giebel zeigte wohl einst Gottvater. Die enorme Größe der Tafel (2 × 1,38 m) und die goldenen Fleurs-de-Lys als Rahmenzier offenbaren die familienpolitische Aussage dieses Werks. In der Predellenzone sind fünf Szenen aus dem Leben des Heiligen zu sehen: Ludwig vor dem Papst, Ludwig erhält den Franziskanerhabit und die Mitra, Ludwig bewirtet Arme, der Tod des Heiligen und postume Wunder. Die Tafel war vermutlich als Altarbild in der Grabkapelle der Anjous im Dom zu Neapel aufgestellt. An diesem Ort diente sie der Verehrung des dargestellten Heiligen, proklamierte aber zugleich die Legitimität der keineswegs unumstrittenen Thronfolge Roberts von Anjou.

Einzelszenen des Heiligen sind verhältnismäßig selten. Weit häufiger wurde er zusammen mit anderen Franziskanerheiligen abgebildet, oftmals gehört er zu den Heiligen einer Sacra Conversazione. Von jeher entstanden die meisten Darstellungen Ludwigs in Italien, doch nach 1600 waren sie auch dort kaum noch aktuell.

| Ludwig von Toulouse trägt meist die Franziskanerkutte und den Bischofsmantel, häufig auch die Mitra und den Bischofsstab. Oftmals sind auf dem Mantel oder innerhalb des Bildes die Fleurs-de-Lys zu sehen. Krone, Buch und Lilie können hinzukommen.

Donatello, Der hl. Ludwig von Toulouse, 1421/1425, Florenz, Museo dell'Opera di Santa Croce; Lorenzo di Pietro gen. Vecchietta, Wunder des hl. Ludwig von Toulouse, 1458/1460, Vatikan, Pinakothek; Jakob Mülholz, Altar des hl. Ludwig, 1490/1500, Rothenburg o. d. Tauber, Ev. Pfarrkirche; Giovanni Bellini, Der hl. Christophorus mit Hieronymus und Ludwig von Toulouse, 1513, Venedig, San Giovanni Crisostomo

Quelle: Acta Sanctorum, Aug. III, Bd. 39, S. 775 – 821

Literatur: Kleinschmidt 1909 – Ausst.-Kat. Saint Louis 1970 – Gardner 1976 – Michalsky 2000, S. 67 – 73 – Krüger 2001

Bernhardin von Siena — 20. Mai

Bernhardin von Siena ist der Hauptvertreter der franziskanischen Observanzbewegung des 15. Jahrhunderts. Der 1380 in Massa Marittima bei Siena Geborene bezeugte schon früh eine Neigung zu einem entbehrungsreichen frommen Leben. Zunächst lebte er als Eremit in der Einsamkeit, bevor er dem observanten Zweig der Franziskaner beitrat (→ Franziskus von Assisi I), dem er schließlich als Generalvikar vorstand. Einem Schwerpunkt der Ordensreform, der Predigt, widmete sich Bernhardin mit besonderem Einsatz und Erfolg. Als Wanderprediger zog er durch die Toskana und durch Norditalien, um vor großen Menschenmengen eindrücklich zur Buße und Umkehr aufzurufen. Luxus, Spiel- und Trunksucht prangerte

Sano di Pietro, Altarretabel des hl. Bernhardin von Siena (Rekonstruktion von G. Freuler und M. Mallory), 1450/1460, Siena, Kathedrale und Pinacoteca

er ebenso an wie soziale Missstände. Vor allem nahm er den Kampf gegen den ins Unermessliche gestiegenen Wucherzins auf und wirkte auf die Gründung des Monte di Pietà (Berg des Erbarmens), einer ersten öffentlichen Kreditanstalt, hin. Seine Predigten aber beeindruckten durch ihre Schlichtheit und Klarheit der Worte (sermo humilis) sowie durch theatralische Einlagen. Geschickt setzte Bernhardin Gestik, Mimik und Geräusche ein, um das Gesagte zu unterstreichen, und machte sich Bilder und visuelle Zeichen zunutze.

Zu einem typischen und wirkungsvollen Bild wurd das Monogramm Jesu. Das von ihm erfundene Buchstabenkürzel IHS gibt den griechischen Namen ΙΗΣΟΥΣ (IESOUS) zwar unzulänglich wieder – und dafür wurde er kritisiert –, doch war es wirkungsvoll und wurde zum allgemein gebräuchlichen Christusmonogramm. Diese Buchstaben waren entweder in eine strahlende Sonnenscheibe oder auf eine einfache Tafel eingeschrieben. Basierend auf dem Vers Phil 2,10, nach dem sich alle Knie vor dem Namen Jesu beugen sollen, sollten die Buchstaben zur Verehrung Christi führen. Dass diese Tafeln weit verbreitet waren, ist einer Anekdote zu entnehmen. Ein Spielbretthersteller soll sich bei Bernhardin beklagt haben, dass er durch seine Predigten erwerbslos geworden sei. Der Franziskaner riet ihm, von nun an Christusmonogramme herzustellen, und tatsächlich brachte dieser neue Geschäftszweig dem Mann großen Gewinn ein. Obgleich sich Bernhardin für den Einsatz der Monogrammtafeln vor den Päpsten wiederholt verantworten musste und sich den Verdacht der Idolatrie zuzog, trugen ihm die kirchlichen Oberhäupter doch den Bischofssitz dreier Bistümer an: Siena, Ferrara und Urbino. Der Franziskaner aber schlug diese ehrenvollen Angebote aus. 1444 verstarb er und schon 1450 wurde er kanonisiert. In Siena werden in der Basilica dell'Osservanza seine Reliquien bewahrt, während in Rom Santa Maria di Aracoeli zu einem bedeutsamen Verehrungsort wurde.

Die meisten Bilder präsentieren den Heiligen als Einzelgestalt oder zusammen mit weiteren Franziskanerheiligen. Das ehemalige dreiteilige Altarbild aus dem Dom von Siena kombiniert sein Bildnis mit zwei Predigtdarstellungen. Die exakte Schilderung der städtischen Gebäude erlaubt es, die linke Szene nach Siena auf die Piazza San Francesco und die rechte auf die Piazza del Campo zu verorten. Andächtig kniend und nach Geschlechtern getrennt lauschen die Menschen dem Franziskaner, der erhöht auf einer Kanzel steht. Einmal weist er auf das Kruzifix und das andere Mal hält er das Christusmonogramm empor. Die Piazza del Campo ist vollständig zur Bühne des Predigers geworden: Altäre sind aufgestellt, vor Gebäuden hängen Teppiche und die Nobilitäten der Stadt haben wie in einer Loge einen separaten Platz erhalten. Die Stadt hat sich bereits dem Bußprediger angeschlossen, wie das Monogramm belegt, das in eine kreisrunde Scheibe eingeschrieben an der Fassade des Rathauses noch über das städtische Wappen gesetzt ist: Der Name Jesu herrscht offensichtlich über die Stadt und ihre Bewohner. Die beiden Seitentafeln führen exemplarisch die rechte Reaktion auf das Buchstabenkürzel vor Augen, das dem Betrachter mit der Heiligengestalt in der Mitte deutlich zur Verehrung entgegengehalten wird. Hier aber hat sich die strahlende Scheibe selbstständig gemacht und schwebt über der Hand des Heiligen, ebenso wie dieser von zwei Engeln von der Erde erhoben wird. Im aufgeschlagenen Buch konnte zumindest der Lateinkundige die Worte aus Kol 3,2 lesen: „Quae sursum sunt sapite, non quae super terram" („Trachte nach dem, was droben ist, nicht nach dem, was auf Erden ist"). Die Darstellung Bernhardins als Heiliger mit der Sonnenscheibe und dem Monogramm Christi war besonders in der Druckgrafik weit verbreitet.

| Bernhardin trägt das Habit der Franziskaner und ist als Greis mit Tonsur, hageren Gesichtszügen und eingefallenem Mund charakterisiert. Als Attribut erhält er eine Sonnenscheibe oder eine Tafel mit dem Monogramm Christi, ein Kruzifix, Buch oder drei Bischofsmützen.

Sano di Pietro, Hl. Bernhardin von Siena, Marien-Retabel, 1450, Siena, Basilica dell'Osservanza; Carlo Crivelli, Hl. Bernhard von Siena, 1477, Paris, Louvre; Pintoricchio, Szenen aus dem Leben des hl. Bernhardin von Siena, 1486/1506, Rom, Santa Maria in Aracoeli, Cappella Bufalini; Guercino, Der hl. Bernhardin von Siena und der hl. Franz von Assisi im Gebet vor der Madonna di Loreto, um 1618, Cento, Pinacoteca Civica

Quelle: Acta Sanctorum, Mai V, Bd. 5, S. 87–148

Literatur: Pavone/Pacelli 1981 – Origo 1989 – Freuler 1994 – Bolzoni 2004

Augustin von Hippo ______ 28. August

Augustins Leben und Werk waren für das Mönchtum und die Theologie des Mittelalters überaus bedeutsam. Geboren wurde Augustin im Jahr 354 im nordafrikanischen Thagaste, sein Vater Patricius war Heide, seine Mutter Monika Christin. Dieses und vieles andere wissen wir aus den *Confessiones*, einer autobiografischen Schrift, die Augustin um 400 verfasste. Darin beschreibt er seine Mutter, die ihn auf vielen seiner Stationen begleitet, als einen prägenden Menschen seines Lebens. Bereits in der Kindheit hatte sie Augustin mit dem Christentum vertraut gemacht, ohne dass er die Taufe empfing oder Christ wurde. Vielmehr schloss er sich während seines Studiums in Karthago für einige Zeit den Manichäern an und ging eine

Benozzo Gozzoli, Szenen aus der Vita des hl. Augustin, 1464, San Gimignano, Sant'Agostino

langwährende Beziehung zu einer namentlich nicht bekannten Frau ein, mit der er einen Sohn zeugte. 383 schiffte sich Augustin nach Rom ein, um dort als Privatlehrer Unterricht zu erteilen. Ein Jahr später war er als Magister der Rhetorik in Mailand tätig, wo er Bischof Ambrosius (→ vier Kirchenväter) kennenlernte – eine Bekanntschaft, die sein Leben bestimmen sollte. Augustin hörte viele seiner Predigten, war jedoch nicht gewillt, sein weltliches Leben aufzugeben. Den letzten Ausschlag zur Bekehrung gab eine Szene, die sich in Ambrosius' Garten ereignete. Dort hörte Augustin am 1. August 386 die Stimme eines Kindes, die ihn aufforderte: „Tolle, lege." Das „Nimm und lies" bezog sich auf die Bibel, die er daraufhin zur Hand nahm und zufällig bei Rö 13,13 f. aufschlug. Dort las er die Mahnung, alle Ausschweifungen, „Saufen und Fressen" aufzugeben und sich Christus hinzuwenden. Nun ließ sich Augustin von Ambrosius taufen und zog wieder nach Thagaste, um dort ein abgesondertes Leben in Gemeinschaft mit Gleichgesinnten zu führen. Zu dieser Zeit soll er eine Regel verfasst haben, auf die sich der Augustinerorden berief, deren Verfasserschaft jedoch umstritten ist.

Augustin beschloss sein Leben nicht in frommer Zurückgezogenheit, sondern wurde auf

Wunsch des Volkes zum Priester und Bischof von Hippo geweiht. Von nun an war er um eine Synthese des klösterlichen und des priesterlichen Lebens bemüht. Als Augustin 430 verstarb, hinterließ er zahlreiche theologische Schriften. Seine Gebeine wurden um 500 von Hippo nach Sardinien gebracht, gegen 712/726 aber überführte sie Liutprand, der König der Lombarden, nach S. Pietro in Ciel d'Oro in Pavia, wo sie noch heute ruhen.

Augustins liturgische Verehrung setzte schon vor der Verbreitung seiner Reliquien ein und bereits im *Martyrologium Hieronymianum* aus dem 5. Jahrhundert findet sich sein Name, zudem wurden um 500 mehrere Kirchen in Gallien seinem Patrozinium unterstellt. Nach 900 schließlich fügte man seinen Namen ins Gebet Communicantes, das Heiligengedächtnis, im Canon missae, ein, so dass seitdem sein Name bei jeder Messfeier genannt wird.

Die frühesten bekannten bildlichen Darstellungen des Augustinus stammen aus dem 6. Jahrhundert. Zunächst wurde er als Gelehrter ohne Nimbus abgebildet, der im Bischofsgewand am Schreibpult sitzt. Derartige Bilder sind vornehmlich in der Buchmalerei zu finden. Ab 1300 steigt die Anzahl der Augustinusbilder an. Nun entstanden mehrere Vitenzyklen, die vor allem in den Häusern der Augustinerorden zu finden sind.

Auch Benozzo Gozzoli malte für die Augustinerchorherren im toskanischen San Gimignano eine umfangreiche Bildfolge. Zu der Zeit, als er den Auftrag erhielt, war der Konvent gespalten zwischen dem reformwilligen Fra Domenico Strambi und den Mönchen, die sich weigerten, sich einem augustinisch-observanten Reformorden anzuschließen. Mit dem Vitenzyklus des Augustin und der damit verbundenen Ordensgeschichte sollte der erste ideale Zustand der Gemeinschaft vor Augen geführt werden. Auf einem der Bildfelder ist Augustin drei Mal abgebildet. Jeweils kennzeichnet ihn ein Nimbus, zweimal trägt er das schwarze Habit der Augustiner. Dieses ist üblicherweise seine Gewandung auf Bildern, die für einen augustinischen Kontext bestimmt waren, während er sonst häufig das Bischofsornat trägt. Auf Gozzolis Fresko ist Augustin nur in der oberen Szene in ein weißes Gewand und einen schwarzen Mantel gekleidet. Hier sitzt er inmitten der Brüder des Monte Pisano – der Tradition nach wurde dieses Kloster in der Toskana von Augustin gegründet, obgleich dies nicht den historischen Tatsachen entspricht. Rechts unten übergibt Augustin den Brüdern, die das augustinische Habit tragen, die Ordensregel. Die linke Szene spielt auf eine legendarische Episode an: Als Augustin über das Geheimnis der Trinität (→ Dreifaltigkeit) sann, sah er einen kleinen Jungen, der versuchte, mit einem Löffel das Meer auszuschöpfen. Als er ihn auf die Vergeblichkeit seines Tuns hinwies, antwortete dieser, es sei ebenso nutzlos die Dreieinigkeit mit dem menschlichen Verstand begreifen zu wollen. Dieses Ereignis ist einem apokryphen Brief des Kyrill von Jerusalem zu entnehmen. Gozzoli aber scheint der erste Künstler zu sein, der diese Szene im Bild wiedergab.

| Augustin wird als Bischof dargestellt oder als Mönch im schwarzen Habit der Augustiner. Seine Attribute sind vielfältig, häufig sind es Buch, Kirchengebäude, Kind mit Löffel oder ein Herz, das brennend oder von einem Pfeil durchbohrt sein kann.

Augustinusvita, Glasfenster, 1312, Erfurt, Dom; Giovanni di Balduccio, Arca des hl. Augustinus, 1362, Pavia, San Pietro in Ciel d'Oro; Sandro Botticelli, Hl. Augustin, 1480, Florenz, Ognissanti; Pietro Perugino, Hl. Augustin und Mitglieder der Fraternität von Perugia, um 1500, Pittsburgh, Carnegie Museum of Art

Quellen: Harvengt/PL 203 – Augustin 1964

Literatur: Courcelle/Courcelle 1965 – Courcelle/Courcelle 1969 – Cole Ahl 1986 – Schnaubelt/Fleteren 2003

Antonius von Padua — 13. Juni

Der Heilige wurde 1195 in Lissabon geboren und von seinen Eltern, die dem portugiesischen Adel angehörten, auf den Namen Fernando Martin de Bulhom getauft. In der Kathedralschule erhielt er eine solide Bildung und im Alter von 15 Jahren trat er in das Kloster der

Antonius von Padua, Antwerpener Schnitzretabel, um 1520, Dortmund-Kirchlinde, St.-Josephs-Kirche

Augustinerchorherren in São Vicente ein. Da der Konvent Besuche von Freunden und Familienmitgliedern gestattete, fand Fernando dort nicht die erhoffte Ruhe und zog in das Kloster Santa Cruz in Coimbra. Just in diesen Jahren gelangten Reliquien von vier Franziskanermissionaren, die in Marokko den Märtyrertod erlitten hatten, in die Stadt. Dieser Eifer für Christus beeindruckte Fernando so sehr, dass er sich den Franziskanern von Cambrai anschloss und den Namen Antonius annahm. Von hier aus brach er nach Marokko auf, um dort zu predigen und, wenn nötig, für seinen Glauben zu sterben. Doch sollte ihm dieses Schicksal nicht zuteilwerden, denn wegen einer schweren Krankheit war er gezwungen, das Land vorzeitig wieder zu verlassen. Ungünstige Winde trieben sein Schiff nach Sizilien, wo er an Land ging und sich dem dortigen Franziskanerkonvent anschloss. Er wurde nun in die Emilia Romagna gesandt, wo er bald durch seine geistbegabten Reden Aufsehen erregte.

Antonius bekämpfte besonders die häretischen Katharer in Oberitalien. Bei diesem Unterfangen soll der Esel eines Häretikers vor der Hostie die Knie gebeugt haben, den daneben aufgeschütteten Heuhaufen aber unberührt stehen gelassen haben, obgleich er seit drei Tagen kein Futter erhalten hatte (Abb. S. 188). Für einige Zeit wurde Antonius nach Frankreich gesandt, wo er ebenfalls gegen die Ketzer und Irrlehrer vorging, sich jedoch auch in der Ordensleitung verdient machte: Dem Konvent in Puy stand er als Guardian vor und im Kloster zu Limoges wurde er als Kustos eingesetzt. Nach Italien zurückgekehrt, wurde er Provinzial der Emilia. Schließlich bat Antonius um die Entbindung von den Ämtern, da er sich in Padua allein der Predigt und dem Studium der Schrift widmen wollte. Nun erhielt seine Wortverkündigung einen solch großen Zulauf, dass die Kirchen bald zu klein wurden und Antonius im Freien predigen musste. Doch kurz vor seinem Tode zog sich der rege Franziskaner auch von dieser Aufgabe zurück und verbrachte die Tage in der Einsamkeit von Camposampiero nahe bei Padua. Zusammen mit zwei Franziskanerbrüdern lebte er tagelang in einem Nussbaum, den er nur verließ, um im nahe gelegenen Kloster Essen zu erhalten. 1231 verstarb Antonius auf dem Weg nach Padua im Klarissenkloster S. Maria Materdomini. Schon ein Jahr später wurde er kanonisiert und seine Gebeine wurden 1263 in die Kirche S. Antonio in Padua transferiert, wo sie in einem Grabbau beigesetzt wurden. Bis auf wenige Körperteile, wie seine Zunge und rechte Hand, die vor Ort gesondert ausgestellt wurden, blieb sein Körper bis zum Jahr 1981 unangetastet.

Die ersten Bilder des Heiligen entstanden schon bald nach seinem Tode in Italien und zeigen ihn fast immer mit weiteren Franziskanerheiligen. Trotz der früh einsetzenden Darstellungstradition bildete sich kein allgemeingültiger Typus des hl. Antonius heraus. Zunächst wurde er als alter Mönch mit weißem Bart und Haar dargestellt – obgleich Atonius kein hohes

Alter erreicht hatte –, sein Gesicht kann jedoch schmal oder füllig sein und bald schon bildete man ihn auch als jungen Mann ab. In Flandern entstanden erst 1460/1480 Bilder des Heiligen, obwohl man ihm schon 1244 die Franziskanerkirche in Lüttich geweiht hatte. Erst nach dem Tridentinum wurde er dort zu einem populären Heiligen und häufiger dargestellt. Szenische Darstellungen sind seltener, allein das Wunder des vor der Hostie knienden Esels wurde häufiger wiedergegeben.

Weit verbreitet waren Bilder, die Antonius mit dem Jesuskind zeigen, so wie es im Schnitzretabel eines Franziskanerordens zu sehen ist. Der Heilige trägt die Ordenstracht und balanciert in der linken Hand ein Buch, auf dem der kleine Christusjunge sitzt. Diese Bildtradition nahm ihren Ursprung offenbar im ausgehenden Mittelalter in Spanien und verbreitete sich von dort aus besonders in Flandern und deutschsprachigen Regionen. Üblicherweise gilt dieses Bild als Verweis auf eine Episode, die sich im Haus eines Bürgers ereignet hatte. Der Eigentümer beobachtete, wie das Christuskind Antonius erschien und von diesem umarmt und geküsst wurde. Die attributive Zufügung des Kindes lässt allerdings von einer affektiven Annäherung an Christus nichts verlauten und frühe Darstellungen aus Spanien zeigen das Kind gar innerhalb eines großen Nimbus vor Antonius' Brust. Die Christusverehrung des Heiligen wird damit sinnfällig und entspricht der im 15. Jahrhundert weit verbreiteten Kind-Jesu-Frömmigkeit. Tatsächlich wurde die Szene der Christusumarmung im späten Mittelalter nicht exakt dargestellt, sondern wurde erst im 17. Jahrhundert aktuell. Vor allem die spanische Kunst widmete sich diesem Thema und zeigte, wie Antonius das Kind küsst und herzt.

| Antonius erhält als Attribut eine Lilie, ein Buch, Flammen oder ein flammendes Herz, häufig auch das Jesuskind, das auf einem Buch sitzen oder stehen kann. Seltener trägt er die Monstranz als Verweis auf die Sakramentsverehrung des Esels.

Simone Martini, Hl. Antonius, 1320/1325, Assisi, S. Francesco, Unterkirche; Jan Provost, Altartafel mit dem Hostienwunder, 1521, Brüssel, Koninklijke Musea voor Schone Kunsten; Domenico Beccafumi, Hl. Antonius und das Eselswunder, 1537, Paris, Louvre; El Greco, Die Vision des hl. Antonius von Padua, 1577/1579, Madrid, Prado; Bartolomé Esteban Murillo, Hl. Antonius von Padua und das Jesuskind, 1668, Sevilla, Museo de Bellas Artes

Quelle: Antonii de Padua Vitae 1904

Literatur: Kleinschmidt 1931 – Laurent 1932 – Ausst.-Kat. Antonio 1981 – Buijsen 1989 – Ausst.-Kat. Antonius 1995 – Ausst.-Kat. Anthony 1995 – Sardi 2000 – Tillmann 2001/02 – Bourdua 2008

Dominikus von Caleruega — 4./8. August

Dominikus, der Gründer des Predigerordens, wurde um 1170 in Altkastilien geboren. Zunächst trat er den Chorherren am Domstift von Osma bei. Als er 1203 zusammen mit Bischof Diego nach Norddeutschland reiste, um dort im Auftrag König Alfons' VIII. für den Infanten einen Heiratsvertrag zu schließen, begegnete er in Südfrankreich den häretischen Katharern und in Norddeutschland den heidnischen Kumanen, die vom Schwarzen Meer bis in die nördlichen Gebiete vorgedrungen waren. Die Konfrontation mit Glaubensrichtungen, die dem römischen Katholizismus entgegenstanden, veranlasste ihn und Diego, beim Papst um die Erlaubnis zur Missionsarbeit zu bitten. Obwohl das Gesuch abschlägig beantwortet wurde, zogen die Kanoniker gemeinsam mit drei Zisterziensern los, um gegen die Katharer mittels Predigt vorzugehen. Hatten Missionare zuvor versucht, durch die Zurschaustellung der kirchlichen Macht und Pracht Irrige zur Umkehr zu bewegen, so gingen Dominikus und seine Gefährten zu Fuß und in Armut, bettelnd und predigend ihrem Dienst nach. Die neue Methode hatte Erfolg und Dominikus konnte 1207 in Toulouse ein Haus für bekehrte Anhängerinnen der Katharer einrichten. Am selben Ort gründete er 1215 ein erstes Ordenshaus, dessen Mönche sich der Armut, der Predigt und dem lebenslangen Studium verpflichteten. Mit der Anerkennung des neuen Ordens durch den Papst wurde erstmals in der Geschichte des

Fra Angelico, Geißelung Christi mit Maria und Dominikus, 1440 – 1443, Florenz, San Marco, Zelle 7

Mönchtums das Predigtamt grundsätzlich einem Orden übertragen, anstatt dass es der Bischof, der qua seiner Stellung das Predigtamt innehatte, nur ausgewählten Personen auftrug. Der Papst bezeichnete den neuen Bettelorden als Predigerorden. Der Name des Gründers wurde erst im 15. Jahrhundert zum Ordensnamen, von nun an sprach man oftmals von Dominikanern. Der Orden brachte bedeutende Hochscholastiker, wie Albertus Magnus und → Thomas von Aquin hervor, zudem einige einflussreiche Prediger, wie den in Florenz agitatorisch wirkenden Girolamo Savonarola.

Dominikus' Anliegen, durch Überzeugungsarbeit Ketzer zu bekehren, erweckte schon früh die Aufmerksamkeit der kirchlichen Inquisition, die bemüht war, den neuen Orden für ihre Belange zu gewinnen. Lange verwehrten sich die Dominikaner dagegen, doch einzelne Mönche unterstellten sich dem Papst und traten als Inquisitor auf, womöglich auch → Petrus Martyr. Der Ordensgründer aber hatte alle angetragenen Ehren, etwa Bischofssitze, abgelehnt und starb 1221 in Bologna. Bereits 1234 erfolgte die Heiligsprechung. Seine Gebeine wurden in die neuerrichtete Dominikanerkirche San Domenico überführt und ruhen noch heute hinter dem Altar erhoben in einem Schrein, den Nicola Pisano und seine Werkstatt 1265 fertigten.

Der berühmteste Dominikaner der Kunstgeschichte ist Fra Angelico, der als Mönch im Dominikanerkloster San Marco in Florenz lebte und seinem Beruf als Maler nachging. Seit 1440 war er damit beschäftigt, die Räume des Konvents mit über 50 Fresken auszumalen – ein Unternehmen, das in seinem Umfang einzigartig blieb. In den Zellen der Brüder brachte er je nach Stand des Bewohners – Laienbruder, Novize oder Mönch – ein spezifisches Bildprogramm an, das vornehmlich Episoden aus dem Leben Christi thematisiert. Auf vielen der Wandbilder stellte er den hl. Dominikus dar, der sich den Dominikanern als Identifikationsfigur anbot und sie den Bildinhalt aus dessen Perspektive erleben ließ. Während die Novizen in ihren Zellen eine Kreuzigungsdarstellung erhielten, bekamen die Priesterbrüder Szenen aus der Passion Christi als Andachtsbild. In der Klause eines Mönchs malte Fra Angelico den Ordensheiligen auf einer Stufe sitzend und in einem Buch lesend. In dieser Haltung scheint er über die Geißelung Christi zu meditieren, denn Jesus sitzt auf einem erhöhten Podest mit verbundenen Augen, mit der Dornenkrone auf dem Haupt und dem Rohr in der Hand. Allerdings ereignet sich die Peinigung nicht in diesem Moment, denn Christus ist unbewegt und die abgebildeten Hände und Spottgesichter sind nur zeichenhafte Kürzel. Diese scheinen allein in Dominikus' Innern ein lebendes Bild zu sein, so wie sie auch im Herzen des Betrachters zu einem bewegten und bewegenden Ereignis werden sollen.

Häufig wird die Vision des Dominikus dargestellt, die ihn sehen ließ, wie der zornige Christus Pfeile gegen die sündige Menschheit schleudert. Erst durch die Fürbitte Mariens legte sich sein Zorn, denn die Muttergottes bot ihm Dominikus und → Franziskus von Assisi als treue Diener an. Seit 1500 waren auch Rosenkranzbilder aktuell, auf denen Maria dem hl. Dominikus den Rosenkranz übergibt (→ Rosenkranzmadonna). Diese Darstellungen waren vor allem im Barock weit verbreitet, als die Rosenkranzbruderschaften expandierten.

| Dominikus trägt das Habit der Dominikaner: eine weiße Tunika mit Ledergürtel, weißes Skapulier sowie eine schwarze Kappa mit schwarzer Kapuze. Er kann ein Buch, einen Lilienstengel, einen Stern auf der Stirn und einen Hund mit Fackel als Attribut mit sich führen, da die Dominikaner als „Hunde Gottes" (lat. Domini canus) galten.

Francesco Traini, Dominikus-Retabel mit Lebensszenen, 1345, Pisa, Museo Nazionale di San Matteo; Fra Angelico, Petrus-Retabel mit Dominikanerheiligen, 1428/29, Florenz, Museo di San Marco; Carlo Crivelli, Hl. Dominikus, 1472, New York, Metropolitan Museum; Ludovico Carracci, Die Begegnung der Heiligen Franziskus, Domenikus und Angelus, um 1616, Bologna, Pinacoteca Nazionale

Quellen: Acta Sanctorum, Aug. I, Bd. 35, S. 359 – 654 – Constantinus de Urbevetanus 1936

Literatur: Altaner 1922 – Eckert 1980 – Spike 1997 – Romano 1999 – Bedouelle/Lion/Thévenon 2006

Thomas von Aquin — 7. März

Thomas von Aquin, der mit seinen Schriften die Theologie prägte wie kein anderer, wurde 1224/25 auf der Burg Roccasecca östlich von Aquino im Königreich Sizilien geboren. Die Eltern, Landulph und Theodora, gehörten dem Adel an und hatten den Gepflogenheiten entsprechend für ihren jüngsten Sohn Thomas eine geistliche Laufbahn vorgesehen. Im Alter von sechs Jahren wurde er den Benediktinern in Monte Cassino als Oblate übergeben. Doch als das Kloster unter den Zwisten zwischen Kaiser und Papst zu leiden hatte, ging Thomas nach Neapel, um dort Theologie zu studieren. Hier wurde er erstmals mit der Philosophie des Aristoteles bekannt, die sein Werk nachhaltig beeinflusste. Kontakt zu Dominikanern veranlasste ihn, gegen den Willen seiner Familie in den Predigerorden einzutreten. Nun folgte ein Studium in Paris unter dem gelehrten Hochscholastiker Albertus

Benozzo Gozzoli, Triumph des hl. Thomas von Aquin, 1471, Paris, Louvre

Magnus, dessen Assistent er wurde. Aufgrund seiner Schweigsamkeit und massigen Gestalt soll man Thomas einen „stummen Ochsen" genannt haben. Doch nach einer Aussage von Albertus werde man dessen Brüllen noch in der ganzen Welt vernehmen. Tatsächlich war der Aquinate überaus rege. Eine seiner einflussreichen Arbeiten bildete die *Summa contra gentiles*, mit der er die Wahrheit des christlich-katholischen Glaubens gegen andere Religionen proklamierte. Nach Italien zurückgekehrt begann er sein Hauptwerk, die *Summa theologica*, eine Gesamtdarstellung der scholastischen Theologie, die zum Lehrbuch schlechthin der katholischen Kirche wurde. Neben wechselnden Wirkungsstätten in italienischen Häusern der Dominikaner in Neapel, Orvieto und Rom gehörte ein weiterer Aufenthalt in Paris zu seinem unruhigen Leben. Neben der schieren Menge von theologischen Werken verfasste Thomas für das 1264 eingeführte Fronleichnamsfest ein Offizium sowie mehrere Hymnen zu Ehren der Hostie (→ Juliana von Cornillon [von Lüttich] und Eva von Lüttich). Seine letzte Messe in Neapel soll Thomas nach langer Ekstase nur mit Mühen zu Ende gelesen haben. Dennoch machte er sich auf Geheiß des Papstes auf den Weg zum Konzil nach Lyon. Doch auf der Reise verstarb er am 7. März 1274 in der südlich von Rom gelegenen Zisterzienserabtei Fossanova. Zunächst wurde er dort bestattet, doch mit seiner Kanonisation von 1323 setzte ein Streit um seine sterblichen Überreste ein. Schließlich griff der Papst ein und sprach die Gebeine St-Sernin in Toulouse zu. 1369 wurden sie dorthin überführt.

Der Dominikaner Wilhelm von Tocco († nach 1323), der die erste Vita des Thomas von Aquin verfasste, schildert den Heiligen als groß, sehr korpulent und kahlköpfig. Diese Merkmale prägen weitgehend die Ikonografie des gelehrten Dominikaners, auch wenn die Leibesfülle mitunter nur angedeutet wird.

Bald nach der Kanonisation entstanden erste Darstellungen des Triumphes des hl. Thomas von Aquin – ein Thema, das in Italien sehr aktuell war. Als Benozzo Gozzoli sein Tafelbild malte, war der Bildtypus schon längst eingeführt, so dass er auf eine bekannte Ikonografie zurückgreifen konnte, anhand derer er die Autorität und den Einfluss der thomasischen Schriften proklamierte. In der Mitte sitzt der beleibte Heilige. Auf seinem schwarzen Mantel, den er über dem hellen Habit der Dominikaner trägt, erscheint ein leuchtender Stern als Zeichen seiner Gottesnähe. Vier aufgeschlagene Bücher summieren seine theologischen Werke, die sich auf die Lehren des Aristoteles und des Platon gründen, die links und rechts von Thomas in den Kreis der goldenen Glioriole getreten sind. In dem Buch, das Thomas dem Betrachter vorweist, sind die ersten Zeilen der *Summa contra gentiles* zu lesen. Mit dieser Schrift hatte er gegen die arabische Tradition der Aristoteles-Interpretation argumentiert, die der spanisch-arabische Philosoph Averroes (1126 – 1198) und seine Anhänger verbreiteten. Sinnfällig tritt die Überlegenheit des Heiligen in der am Boden liegenden Gestalt des Averroes hervor. Dieses Werk sowie alle anderen Schriften werden vom Himmel für gut befunden, denn von dort erscheinen die Worte: „Bene scripsisti de me, Thomma" („Gut hast du über mich geschrieben, Thomas"). Auf Erden indes haben sich um den Papst klerikale Würdenträger und weltliche Gelehrte versammelt, um über Thomas von Aquins Schriften zu diskutieren.

Obgleich Thomas von Aquin als Schöpfer des Fronleichnamsoffiziums gilt, wurde er im späten Mittelalter selten im Zusammenhang der Eucharistie abgebildet. Im Barock hingegen betonte man diese Komponente häufig und zeigte den Heiligen mit Kelch und Monstranz.

| Thomas von Aquin trägt das Habit der Dominikaner. Als Attribut erscheint auf seiner Brust ein leuchtender Stern, zudem erhält er Buch und Schreibutensilien sowie mitunter Kelch oder Monstranz. Ebenso können ihm die Taube der göttlichen Inspiration oder die Lilie der Keuschheit beigegeben werden.

Lippo Memmi, Die Verherrlichung des Thomas von Aquin, um 1323, Pisa, Santa Caterina; Filippino Lippi, Vitenszenen und Triumph des hl. Thomas von Aquin, 1488/1493, Rom, S. Maria sopra Minerva; Vittore Carpaccio, Thomas von Aquin mit den hll. Markus und Ludwig von Toulouse, 1507, Stuttgart, Staatsgalerie; Guercino, Thomas von Aquin und die Eucharistie, 1663, Bologna, S. Domenico

Quellen: Eckert 1965 – Fontes Thomae Aquinatis 1911 – 1927

Literatur: Winckel/Goethem/Molkenboer 1927 – Gerulaitis 1967 – Lechner 1974 – Polzer 1993 – Torrell 1995

Nikolaus von Tolentino ——— 10. September

Nikolaus von Tolentino (Nicola di Tolentino) führte ein Leben in Strenge gegen sich selbst, doch in Milde gegen seine Nächsten. Seine Geburt im Jahr 1245 in Sant'Angelo in Pontano galt als wundersam. Seine betagten Eltern, die bisher kinderlos geblieben waren, hatten den → hl. Nikolaus von Myra um einen Nachkommen gebeten – als Dank für das empfangene Kind erhielt es den Namen des Heiligen. Nikolaus wurde von Augustinereremiten unterrichtet, trat in jungem Alter dem Orden bei und erhielt die Priesterweihe. Zunächst sandte ihn der Orden in Klöster unterschiedlicher Orte – wie Recanati, San Ginesio, Valmanente, Fermo und Sant'Elpidio –, bevor er im Kloster Sant'Agostino in Tolentino bis zu seinem Tode im Jahr 1304 blieb.

Nikolaus tat sich vor allem als begnadeter Prediger hervor, der durch eine schlichte Sprache eine Brücke zu seinen Zuhörern zu schlagen wusste. Beinahe täglich soll er das Wort Gottes verkündigt haben. Daneben betätigte er sich intensiv in der Seelsorge sowie in der Armen- und Krankenfürsorge und verstand es, Wohlhabende um Unterstützung für die Notleidenden zu bewegen. Sein geistliches Leben war von intensivem Gebet und anhaltender Askese geprägt. Als er einst durch harte Selbstkasteiungen krank zu Bett lag, weigerte er sich, gebratene Rebhühner zu seiner Kräftigung zu essen. Als er den dringenden Ermahnungen des Priors widerstrebend nachgeben wollte, wurden die gegrillten Hühner lebendig und flogen davon. Dieses Wunder bestätigte seine strikte gottgewollte Enthaltsamkeit. Eine weitere wundersame Begebenheit soll sich kurz vor seinem Tod ereignet haben: Als

Piero della Francesca, Hl. Nikolaus von Tolentino, 1455/1460, Mailand, Poldi-Pezzoli-Museum

sich Nikolaus zum Oratorium begab, ging ihm ein Stern voraus, der sich in den kommenden Jahren alljährlich an Nikolaus' Todestag über seinem Grab zeigte. Nikolaus hatte häufig Visionen; so erschienen ihm etwa die Armen Seelen des Fegefeuers und baten ihn, zu ihrer Erlösung Seelenmessen zu lesen. Ein anderes Mal sah er einen Engel mit einer Krone, der ihn dazu ermunterte, den Augustinern treu zu bleiben. Zugleich hörte er eine Stimme, die ihn eindrücklich mahnte: „Tolentino, Tolentino. Dein Schicksal ist dort. Bleibe bei deiner Berufung. Dort ist dein Heil."

Nikolaus wurde in der Augustinerkirche in Tolentino bestattet. Schon bald geschahen an seinem Grab Wunder. 1446 erfolgte seine Kanonisation, die seiner Verehrung außerhalb Italiens großen Aufschwung gab. Zwischen 1500 und 1800 wurde Nikolaus von Tolentino in ganz Europa und in Südamerika verehrt.

Erste Darstellungen des Nikolaus von Tolentino sind in Italien zu finden. Es verwundert nicht, dass der früheste Freskenzyklus mit seiner Lebensgeschichte schon um 1320 in der Basilika S. Nicola in Tolentino entstand. Nördlich der Alpen setzte sich sein Bild erst nach seiner Kanonisation durch. Vor allem nach 1600, als an vielen Orten für Tote privilegierte Altäre errichtet wurden (→ Gregor der Große II), ist Nikolaus häufig als Erretter der Armen Seelen aus dem Fegefeuer zu sehen, indem er eine Totenmesse liest oder die Hilfsbedürftigen direkt aus dem Purgatorium emporzieht. Bereits im späten Mittelalter ist er wiederholt als Fürbitter für eine Stadt zu sehen.

Piero della Francesco fügte in ein Altarretabel für die Augustinerkirche seiner Heimatstadt Borgo San Sepolcro auch eine Darstellung des Heiligen ein. Er ist hier als korpulenter Augustinermönch mit individuellen Gesichtszügen wiedergegeben. Der über ihm schwebende Stern kennzeichnet ihn unmissverständlich als Nikolaus von Tolentino.

| Nikolaus von Tolentino ist stets in das schwarze Habit der Augustinereremiten gekleidet. Als Attribut erhält er oft eine Lilie oder einen Stern.

Pietro da Rimini (Werkstatt), Legendenzyklus des Nikolaus von Tolentino, 1312/1326, Tolentino, S. Nicola; Giovanni di Paolo, Nicolaus von Tolentino, 1456, Montepulciano, Sant'Agostino; Salvator Rosa, Hl. Nikolaus von Tolentino, um 1636, Fabriano, Dom S. Venanzo; Luca Giordano, Ekstase des Nikolaus von Tolentino, 1685, Neapel, Museo e Gallerie Nazionali di Capodimonte

Quelle: Acta Sanctorum Sept. III, Bd. 43, S. 652

Literatur: Genitili 1966 – Kretzenbacher 1977 – Clark 1981, S. 58–60 – Occhioni/Vauchez 1984 – Orengo 1994 – Tollo/Bisacci 1999

Vinzenz Ferrer — 5. April

Der Spanier Vinzenz (Vincent) Ferrer ist ein Heiliger, der in die Wirren des Großen Abendländischen Schismas verwickelt war. Er wurde 1350 in Valencia geboren und trat im Alter von 17 Jahren in den Dominikanerorden seiner Heimatstadt ein. Studien absolvierte er in Barcelona, Lérida und Toulouse. Er lernte den spanischen Kardinal Pedro de Luna kennen, der später als Benedikt XIII. den Papststuhl in Avignon bestieg. Der einflussreiche Kardinal setzte Vinzenz als Prior in Valencia ein und mit seiner Wahl zum Papst rief er ihn nach Avignon. Ferrer, der sich schon als Anhänger Clemens' VII. bewiesen und in Schriften für das nach Avignon geflohene Papsttum Stellung bezogen hatte, unterstützte nun auch Benedikt XIII. Doch als Frankreich dem avignonesischen Heiligen Stuhl die Obödienz entzog und der Papst nur mangelnden Einheitswillen bekundete, brach er mit ihm und verließ 1398 den päpstlichen Hof zu Avignon. Später erzählte er, eine Vision habe ihn dazu veranlasst, die Kurie zu verlassen und als Wanderprediger zur Umkehr aufzurufen. Im Jahr seines Abschieds seien ihm Christus, → Dominikus und → Franziskus von Assisi erschienen und hätten ihn zur Verkündigung bewegt. Vinzenz Ferrer folgte dem Beispiel der beiden großen Prediger der Bettelorden und zog nun als eschatologischer Bußprediger durch das Land. Seine Redegabe wurde weithin gerühmt und soll zahllose Menschen zur Umkehr bewegt haben. In Valencia habe seine Fastenpredigt gar den sich anbahnenden Bürgerkrieg abgewendet.

Auf einer Predigtreise durch die Bretagne verstarb Vinzenz Ferrer 1419 in Vannes und wurde im dortigen Dom beigesetzt. Für seine Kanonisation setzte sich Papst Kalixt III. persönlich ein und erhob ihn 1458 zu Ehren der Altäre. Doch schon zuvor hatte man den Dominikaner innerhalb des Ordens und in gewissen Regionen, etwa im Veneto, sehr verehrt, ihm Bruderschaften gewidmet und Altäre errichten lassen.

Bilder des Vinzenz Ferrer sind vor allem in Italien zu finden. Giovanni Bellini malte für die venezianische Dominikanerkirche Santi Giovanni e Paolo ein Polyptychon, das den Heiligen in den Mittelpunkt stellt. Auf der Haupttafel ist der heilige Dominikaner zu sehen, von Engelköpfchen umringt und auf Wolken schwebend. Der transzendenten Umgebung entsprechend hat Vinzenz seinen Blick gen Himmel gewandt. In der rechten Hand hält er eine Flamme, in der linken ein geöffnetes Buch, das er dem Betrachter zuwendet, als wolle er ihn auf eine Stelle aufmerksam machen. Auf anderen Darstellungen deutet Vinzenz zum Himmel, wo oftmals Christus erscheint, als Anspielung auf seine endzeitlichen Predigten. Auf dem Polyptychon wird die Gestalt des Heiligen durch Szenen aus seinem Leben ergänzt, die in die Predella gesetzt sind und nicht von Bellini selbst stammen. Mit der Kombination einer Heiligenfigur im Hauptbild mit Lebensepisoden in der Predella entspricht Bellinis Polyptychon der üblichen Gestaltung italienischer Retabel jener Zeit. Im Fuße sind Vinzenz' wundersame Taten aufgeführt, die sich zum Teil postum ereignen: Auferweckung eines verstorbenen Kindes, Predigt mit gleichzeitiger Heilung, Gefangenenbefreiung.

Auf der Haupttafel ist neben Vinzenz der → hl. Sebastian abgebildet. Die Kombination dieser beiden Heiligen ist typisch für italienische Altarbilder, denn dort erscheint Vinzenz oftmals zusammen mit den Pestheiligen Sebastian und → Rochus. Offenbar wurde der heilige Dominikaner, dem man viele Heilungswunder zuschrieb, auch in Zeiten der Pest angerufen.

| Vinzenz Ferrer trägt das Habit der Dominikaner. Als Attribut erhält er eine Flamme oder ein offenes Buch. Oftmals weist er gen Himmel.

Angelo und Bartolomeo Erri, Zwölf Szenen aus dem Leben des Vinzenz Ferrer, 1430/1460, Wien, Kunsthistorisches Museum; Francesco del Cossa, Vinzenz Ferrer, Griffoni Polyptych, 1473, London, National Gallery; (Kopie nach) Tizian, Ermordung des Vinzenz Ferrer, 1526/1530, Cambridge, Fitzwilliam Museum

Quelle: Acta Sanctorum, Apr. I, Bd. 10, S. 475 – 529

Literatur: Goffen 1985 – Zucker 1992 – Smoller 1998 – Rusconi 1999

Giovanni Bellini und Mitarbeiter, Polyptychon des Vinzenz Ferrer, 1454/1464, Venedig, Santi Giovanni e Paolo

Bruno von Köln

11. Oktober

Bruno, der Gründer des Kartäuserordens, wurde um 1030 in Köln geboren. Er war Kanoniker in Köln und Leiter der Domschule in Reims, doch zog es ihn in die Einsamkeit. In der Abtei des Robert von Molesme, dem späteren Gründer von Cîteaux, las Bruno Lebensbeschreibungen von Einsiedlern und war besonders von dem bedingungslosen Asketenleben der Styliten (→ Symeon Stylites d. Ä.) tief beeindruckt. Deshalb begab er sich auf den Rat des Bischofs von Grenoble, Hugo von Châteauneuf, in die Wildnis der Chartreuse (lat. Cartusia). Dort ließ er sich mit sechs Gleichgesinnten auf einem hohen Felsen nieder, um zu beten und geistliche und körperliche Arbeit im Stillschweigen zu verrichten. Für jeden der Brüder wurde eine Holzzelle gezimmert und für die gemeinsamen Gottesdienste eine steinerne Kirche errichtet. Damit hatte das Ursprungskloster der Kartäuser, die Grand Chartreuse, die Grundstruktur erhalten, die allen späteren Kartausen zu eigen werden sollte: Jeder Mönch betet, meditiert, arbeitet und isst in seinem eigenen kleinen Häuschen mit Garten und nur an Sonn- und Festtagen werden gemeinsam Mahlzeiten eingenommen und die Messe gefeiert. Eremitenleben und Koinobitentum hatten eine einzigartige Verschmelzung gefunden. Warum Bruno das Leben im gemeinschaftlichen Schweigen und in einer gemeinsamen Einsamkeit wählte, wusste die Legende schon früh durch ein einschneidendes Erlebnis zu begründen. Bruno habe an einem dreimaligen Totenoffizium teilgenommen, bei dem der Tote sich jedes Mal in seinem Sarg aufgerichtet habe, um zu rufen: „Ich bin gerecht verurteilt vor dem Richtstuhl Gottes."

Der schweigende Heilige musste gezwungenermaßen die Kartause bei Grenoble verlassen, als ihn der Papst nach Rom zitierte. Doch wie er die Bistümer von Reims und Reggio zurückgewiesen hatte, so suchte er auch dem geschäftigen Leben am päpstlichen Hof zu entfliehen. Auf seine wiederholte Bitte durfte Bruno Rom verlassen, jedoch die Alpen nicht überschreiten. So gründete er in La Torre in Kalabrien, dem heutigen Serra San Bruno, wiederum eine Einsiedelei. 1101 verstarb er dort, ohne die Grande Chartreuse je wieder besucht zu haben. Sein Körper wurde zunächst auf dem Mönchsfriedhof bestattet, doch schon bald exhumiert und in die Kirche überführt. Heute ruhen seine Gebeine in diesem Ort auf dem Hochaltar der Kartäuserkirche Santo Stefano del Bosco.

Die erste Niederlassung in unwirtlicher Gegend der Chartreuse wurde 1132 von einer Lawine zerstört und an einer weniger abgelegenen Stelle wieder neu aufgebaut. Die schweigenden Mönche breiteten sich in den folgenden Jahren aus. Im Jahr 1200 zählte man 37 Kartausen, davon zwei auf deutschem Boden, ebenso wie zwei Frauenkonvente. Anstelle einer offiziellen Kanonisation des Gründers Bruno folgte 1514 die Anerkennung seiner ordensinternen Verehrung und erst 1622 fand die Heiligsprechung statt. Aufgrund der späten Legitimierung seines kirchlichen Kultes fehlen mittelalterliche Viten weitgehend und Hinweise zu Brunos Leben sind zunächst nur der Ordenschronik zu entnehmen. Erst nach 1514 erschienen Biografien auf dem Markt, die das Leben des Vaters der schweigenden Mönche publik machten.

Aufgrund der ausbleibenden Kanonisation sind die mittelalterlichen Bildzeugnisse spärlich. Einzeldarstellungen fehlen nahezu vollständig. Stattdessen entstanden vor allem in seiner Heimatstadt Köln, zugleich Gründungsort der größten deutschen Kartause, Darstellungen, die ihn zusammen mit anderen Kartäusermönchen zeigen. So fügte ihn der aus Worms gebürtige und in Köln lebende Maler Anton Woensam in eine Kreuzigung ein. Auf Golgatha haben sich außer → Maria, → Johannes dem Evangelisten und → Petrus vier Kartäusermönche eingefunden. Zur Linken Christi hat Bruno seinen Platz erhalten. Zu seinen Füßen liegen Mitra und Krummstab als Hinweis auf die abgelehnten Bischofssitze. In der Hand hält er einen Ölzweig als Zeichen seiner Gottesnähe (Ps 52,10). Die neben ihm stehenden Personen stellen die Bischöfe Hugo von Châteauneuf, dem einst sieben Sterne die Ankunft Brunos verkündigt hatten, und Hugo von Lincoln mit dem Jesuskind

Anton Woensam, Christus am Kreuz mit Heiligen des Kartäuserordens, 1535, Köln, Wallraf-Richartz-Museum

im Kelch als eucharistisches Symbol dar. Obgleich nur Letzterer den Kartäusern angehörte, trägt auch der Bischof von Grenoble das Habit der schweigenden Mönche als Zeichen, dass er die Ordensgründung unterstützte. Den Kreuzesstamm umfasst der Auftraggeber Petrus Blomevenna, der Prior der Kölner Niederlassung, der sich intensiv mit dem Leben des hl. Bruno befasst hatte. Seine Familienangehörigen sind am Bildrand aufgereiht.

Mit der einsetzenden Vitenschreibung wurde die Produktion von druckgrafischen Lebenszyklen befördert, die oftmals Texteditionen illustrierten. Ebenso entstanden autonome Serien mit biografischen Episoden, wie die 20 Blatt umfassende Folge des Zeichner-Stecher-Teams Giovanni Lanfranco und Theodor Krüger oder die 22 Szenen umfassende Serie, die der Stecher François Chauveau nach dem monumentalen Zyklus schuf, den Eustache Le Sueur für den Kreuzgang der Pariser Kartause gemalt hatte.

| Bruno trägt das weiße Kartäuserhabit mit weißem Skapulier und den weißen Mantel mit weißer Kapuze. Als Attribut erhält er sieben Sterne, Mitren, einen Schädel oder ein Kreuz, aber auch einen Olivenzweig oder eine Lilie. Mitunter hat er Schweigen heischend den Zeigefinger auf den Mund gelegt.

Juan Ribalta, Die Vision des hl. Bruno, 1621/22, Castellón de la Plana, Museo de Bellas Artes; Jacques Sarazin, Hl. Bruno in Meditation, um 1628, Lyon, St-Bruno-des-Charteux; Eustache Le Sueur, Lebenszyklus des hl. Bruno, 1645–1648, Paris, Louvre; Guercino, Madonna mit Kind wird vom hl. Bruno angebetet, um 1647, Bologna, Pinacoteca Nazionale

Quelle: Du Puy 1515

Literatur: Posada 1987 – Zehnder 1990, S. 559–562 – Ausst.-Kat. Bruno 2001 – Hogg/Thir 2002 – Hogg 2003

Franziska Romana 9. März

Die heilige Franziska Romana (Francesca Romana) wurde 1384 als Francesca Bussa in Trastevere geboren. Schon im Alter von elf Jahren wurde sie gegen ihren Willen mit dem wohlhabenden Lorenzo Ponziani verheiratet, mit dem sie in Trastevere lebte. Trotz ihrer arrivierten sozialen Stellung führte Franziska ein Leben in Einfachheit und Frömmigkeit, war karitativ tätig und sammelte vor den Kirchen Roms Almosen für Bedürftige. Obwohl diese Lebensweise nicht ihrem sozialen Status entsprach, zog sie doch andere Frauen an, die Franziskas Vorbild nacheiferten. Um eine geistliche Betreuung zu erhalten, schlossen sich die Frauen 1425 als Oblatinnen den Olivetenbenediktinern in S. Maria Nova (heute S. Francesca Romana) am Forum Romanum an. Dieser Status gewährte ihnen eine spirituelle Führung durch die Brüder und erlaubte ihnen, weiterhin in ihren Häusern zu leben. Für Frauen wie Franziska, die eine Familie zu versorgen hatten, war dies eine Möglichkeit, ihre weltlichen Aufgaben mit einem geistlichen Leben zu verbinden. Dennoch strebten die Frauen ein gemeinschaftliches Leben an. Dies konnten sie in einem ersten Schritt verwirklichen, als sie 1433 in ein Haus am Fuß des kapitolinischen Hügels, dem Tor de'Specchi, zogen und sich dort als Schwesternschaft formierten. In der folgenden Zeit konnte die Gemeinschaft weitere angrenzende Grundstücke und Gebäude erwerben, so dass ein beachtlicher Gebäudekomplex entstand, in dem noch heute die Vereinigung der Nobili Oblati di Tor de'Specchi lebt. Franziska selbst konnte erst 1436, nach dem Tod ihres Ehemannes, zu den Frauen übersiedeln und stand ihnen nun bis zu ihrem Tode im Jahr 1440 als Leiterin vor. Ihr Leichnam wurde in der Kirche der Olivetenbenediktiner S. Maria Nova beigesetzt.

Franziska hat ein frommes Leben in Christusnachfolge geführt, eine Schwesternschaft gegründet, zahlreiche von der Brautmystik geprägte Visionen erhalten und zu ihrem → Schutzengel ein vertrautes Verhältnis gepflegt. Auch soll sie Wunder gewirkt haben, sowohl während ihres Lebens wie auch postum an ihrem Grabe. Zudem verfasste Mattiotti schon wenige Jahre nach ihrem Tod eine erste Biografie. All dies waren günstige Voraussetzungen für eine baldige Kanonisation der Verstorbenen. Doch die drei Kanonisationsprozesse, die man im 15. Jahrhundert anstrengte, blieben ohne Erfolg. Erst 1608 sprach Paul V. Franziska heilig.

Leonardo da Besozzo oder Antonio da Viterbo, Franziska Romanas Vision der Schutzmantelmadonna, um 1445, New York, The Metropolitan Museum of Art

Den mehrfachen Bemühungen um die Kanonisation sind einige Gemälde zu verdanken, denn parallel zu den Kanonisationsprozessen entstanden drei Bildtafeln, welche Franziskas Visionen zum Thema haben und wahrscheinlich für S. Maria Nova geschaffen wurden. Eine der Tafeln zeigt Franziska, die in den Himmel geführt wurde, wo sie nun vor Maria und dem

Christuskind kniet. Die Muttergottes hat sich ihr schützend zugewandt und ihren goldenen Mantel über ihre Schultern ausgebreitet, den → Paulus hilfreich hält. Auch wenn im Himmel nur Franziska unter den Mantel Mariens aufgenommen ist (→ Schutzmantelmadonna), so betrifft der Mantelschutz doch alle Oblatinnen. Auf der Erde breiten → Maria Magdalena und der → hl. Benedikt ein großes weißes Tuch schützend um die Frauen. Die Darstellung bezieht sich auf eine Vision, die Franziska unmittelbar vor der Gründung hatte. Sie proklamiert die göttliche Zustimmung zum Zusammenleben der Frauen noch bevor die Kirche ihr Plazet gegeben hat. Die zweite Szene auf der Erde indes betrifft eine spätere Vision, in der Franziska einen Engel sah, der drei Tuche webte, dabei aber von Hunden und Katzen gestört wurde. Die Gewebe sollen wohl die drei Lebensmodelle der Franziska andeuten: Ehefrau, Witwe und Jungfrau.

Später entstanden umfangreiche Freskenzyklen im Haus der Oblatinnen, in denen nicht die Visionen, sondern die Wunderszenen dominieren. Offenbar hoffte man, dass der Hinweis auf das thaumaturgische Wirken der Verstorbenen den Kanonisationsprozess erneut eröffnen würde. Weitere Bilder wurden für Kirchen geschaffen, die mit der hl. Franziska persönlich verbunden waren, wie für die Kapelle der Familie Ponziani in S. Cecilia in Trastevere. Die Schwesternschaft gewann über Rom hinaus kaum an Bedeutung und auch Darstellungen der Franziska Romana fanden außerhalb der Ewigen Stadt keine wesentliche Rezeption.

| Franziska trägt ein schwarzes Kleid mit einem weißen Schleier. Oftmals hält sie ein Buch in Händen und ein Schutzengel kann neben ihr stehen.

Freskenzyklus mit der Vita der Franziska Romana, 1468, Rom, Tor de' Specchi, Chiesa Vecchia; Freskenzyklus mit der Vita der Franziska Romana, 1485, Rom, Tor de' Specchi, Antico Refettorio; Orazio Gentileschi, Vision der Franziska Romana, 1615/1619, Urbino, Galleria Nazionale delle Marche

Quelle: Bartolomei Romagnoli 1994

Literatur: Boanas/Roper 1987 – Böse 2008, S. 16 – 89 – Brizzi 1984

Visionäre und Mystiker

Bild und Vision gehören auf das Engste zusammen, denn die meisten Visionen sind bildhaft. Zudem können Bildbetrachtungen zu Transzendenzerlebnissen führen und visionäre Schauungen werden oftmals im Bild wiedergegeben. Obgleich schon biblischen Personen Träume und Erscheinungen zuteilwurden, wie etwa → Johannes dem Evangelisten, spielten sie unter den Heiligen des frühen Christentums doch eine untergeordnete Rolle. Im Leben der Märtyrer erfolgten Gottesoffenbarungen nur als Nebenprodukt ihres gottgeweihten Sterbens und Eremiten erfuhren eher eine Dämonophanie, bei der höllische Wesen als Versucher an sie herantraten. Erst im Laufe des Mittelalters und vor allem ab 1200 stiegen die Visionen der Heiligen sprunghaft an. War bis dahin die jenseitige Schau eine Domäne der Männer, so hielten sich nun weibliche und männliche Visionäre nahezu die Waage. Das Geschaute wurde jetzt häufig aufgeschrieben, wobei man die Muttersprache wählte anstelle des Lateins, das bis dahin in der Visionsliteratur vorgeherrscht hatte.

Die Mystik jener Zeit entsprach den jenseitigen Bildern, denn sie bediente sich einer ausgeprägten Bildlichkeit. Das angestrebte Eins-Werden mit Christus (unio mystica) galt gemeinhin als eine bräutliche Vereinigung und die intensive Passions- und Eucharistiefrömmigkeit arbeitete mit konkreten Vorstellungsbildern. Darstellungen wie die des leidenden Jesu waren deshalb geeignete Mittel, um das mystische Erleben zu befördern. Durch die Mystik erhielten Visionen eine bildhafte Gestalt, die wiederum den Mystiker zu einem Bild des Geschauten machte. Häufig nämlich hinterließen die Visionen Spuren am Körper des Schauenden, besondere Aufmerksamkeiten erhielten die zahlreichen Stigmatisationen (→ Franziskus von Assisi, → Katharina von Siena), die das Jenseitserlebnis tief in den Leib einprägten. Die spirituelle Erscheinung wurde damit körperlich erfahrbar und am eigenen Leib ablesbar. In Umkehrung dazu konnte eine körperliche Disziplinierung zu einem visionären Erlebnis führen. Selbstkasteiungen, strenges Fasten und Schlafentzug waren geläufige Mittel, um den Leib abzutöten, ihn zu verlassen und in unkörperliche Sphären einzudringen. Körperbestätigung und Körpertötung bilden die zwei Seiten der Visionsmedaille.

Das Wesen der Vision besteht in der Schwellenüberschreitung, dem Hinübergehen von der irdischen in die transzendente Welt. Dieses liminale Ereignis als ein solches darzustellen, war die Aufgabe der Bilder, die sich stets um die Verhältnisklärung des Schauenden zum Geschauten bemühten. Im frühen und hohen Mittelalter setzten viele Künstler Raumkonstrukte ein, die den Protagonisten klar ihre Stellung zuwiesen. Der Apokalypseteppich von Angers, der einst auf 84 Feldern in immer neuen Konstellationen die eschatologischen Visionen des Johannes vorführte, platziert den Seher in ein Häuschen, die im Inneren geschaute Vision hingegen ereignet sich im Raum davor. Von seiner sicheren Warte aus kann Johannes durch ein Fenster in den Visionsraum schauen, ohne dass er direkt involviert wäre. Doch an seiner Reakti-

Apokalypse von Angers, 1373/1380, Angers, Musée des Tapisseries

on ist seine tiefe Betroffenheit ablesbar. Johannes' Schau-Häuschen ist mit einer Schwelle versehen, die der Visionär auf manchen Bildfeldern überschreitet, um sich direkt in das Geschehen zu begeben. Ein weiterer Raum eröffnet sich in der Himmelszone, indem aus einer wolkenumgrenzten Sphäre himmlische Mächte, meist Engel, auf die Erde niedersteigen. Die Gesamtszene schließlich ist umrandet und in einer Art Guckkästen präsentiert, welche dem Betrachter seinen Standpunkt davor zuweist. So staffelt der Teppich von Angers Raum neben Raum, separiert und verbindet diese bald, um die verschiedenen Qualitäten der Ereignisräume und der Sehenden sowie ihre Beziehung zueinander zu markieren.

Literatur: Benz 1969 – Dinzelbacher 1978 – Dinzelbacher 1991 – Frugoni 1996 – Hamburger 1998 – Hamburger 2000 – Hahn C. 2000 – Ganz 2008

Johannes der Evangelist I

27. Dezember, 6. Mai

Wann Johannes, der Jünger Jesu (→ Johannes der Evangelist II) und Apostel, geboren wurde, ist unbekannt, die Namen seiner Eltern aber werden in den Evangelien genannt: Sein Vater hieß Zebedäus und seine Mutter Maria Salome. Sie war der Legende nach eine Stiefschwester von Jesu Mutter Maria (→ Heilige Sippe). Johannes selbst hatte keinerlei Bildung genossen, sondern arbeitete als Fischer, bevor er sich → Johannes dem Täufer anschloss und dann zu Jesu Gefolge gehörte. Nach der Himmelfahrt Christi sorgte er in Jerusalem für Aufsehen, als er zusammen mit → Petrus predigte, einen Lahmen heilte, dafür vor den jüdischen Rat zitiert wurde und sich wortgewandt zu rechtfertigen wusste (Apg 3 – 4,22). In den letzten Jahrzehnten seines Lebens wirkte Johannes in Kleinasien, wo er einige christliche Gemeinden gründete. Zu dieser Zeit hatten die Christen unter den Unterdrückungen des Kaisers Domitian zu leiden, denen der Legende nach auch Johannes nicht entging. Der heidnische Oberpriester Aristodemus soll versucht haben, ihn durch einen vergifteten Trank umzubringen. Doch der Apostel schlug ein Kreuz über dem Kelch, das Gift entwich in Gestalt einer Schlange und er trank den Becher unbeschadet aus. Auch soll der römische Kaiser den Apostel nach Rom gebracht haben, um ihn in einem Kessel mit siedendem Öl zu töten. Johannes aber überstand auch diese Tortur unversehrt und entging damit als einziger Apostel dem Märtyrertod. Am Ort dieses vermeintlichen Ereignisses wurde bald die Kirche San Giovanni a Porta Latina erbaut.

Nach dem missglückten Tötungsversuch verbannte man Johannes auf die ägäische Insel Patmos, wo ihm ein visionärer Vorausblick auf das Ende der Welt zuteilwurde. Die kaum in Worte zu fassenden geschauten Dinge hielt er im Buch der Offenbarung (Apokalypse) fest und beschrieb in vielen Bildern die letzten Leiden der Menschen, den Kampf des Himmels gegen den Satan, der in Verkörperung von Drache und Schlange auftritt, die ewige Verehrung Gottes auf dem himmlischen Thron und die jenseitige Gottesstadt, das himmlische Jerusalem. Aus der Verbannung kehrte Johannes an seine einstige Wirkungsstätte nach Ephesos zurück, wo er zu einer unbekannten Zeit, doch während der Regierung Trajans (98 – 117), in hohem Alter verstorben sein soll. Die Legenden berichten, dass er kurz vor seinem Tod sein Grab ausheben ließ, eine letzte Messe zelebrierte, sich danach in seine Grabstätte legte und verschied. Auf dem Ayasolukhügel bei Ephesos verehrte man sein Grab schon früh und errichtete darüber eine kleine Kirche, die Kaiser Justinian (527 – 565) durch eine Basilika ersetzte.

Die apokalyptischen Visionen des Johannes wurden in unterschiedlichen Medien der Kunst dargestellt. In Mosaiken und Fresken gehört die Schau des Gottesthrones seit dem 5. Jahrhundert zum kirchlichen Bildprogramm und die gesamte Offenbarung wurde für die Buchmalerei ein wesentliches Thema. In diesen Darstellungen spielt der Heilige selbst keine Rolle, meist ist er nicht einmal abgebildet. Erst ab dem 13. Jahrhundert ist Johannes als Visionär zu sehen, etwa indem er durch ein Fenster in eine Art Visionsraum blickt, in dem sich die endzeitlichen Ereignisse abspielen. Auf dem monumentalen Teppichzyklus von Angers ist der Seher auf jedem der 79 erhaltenen Bildfelder abgebildet und schaut aus der sicheren Distanz seines Baldachinhauses heraus auf die apokalyptischen Szenen oder begibt sich mitten in sie hinein (Abb. S. 106).

Hans Memling hat auf der Flügelinnenseite eines Triptychons, das Johannes dem Evangelisten und → Johannes dem Täufer gewidmet ist, auf dem rechten Flügel die Vision auf Patmos abgebildet und einen anderen Schwerpunkt gesetzt. Nahe am Bildrand sitzt der Apostel, er hält die Feder bereit, um im geöffneten Buch das Gesehene festzuhalten, das den Hintergrund einnimmt: Von einem Regenbogen umfasst und umgeben von 24 Ältesten thront Gott auf einem kunstvollen Herrschersitz, auf kleinen Inseln erscheinen vier Reiter auf ihren Pferden, während die Welt in Flammen aufgeht und hoch am Himmel die Jungfrau auf einer Mondsichel erscheint (→ Maria Immaculata). Der Schwerpunkt liegt weniger auf den Visionsinhalten als auf dem Visionär.

Von den Lebensstationen des Johannes wurden häufig seine Predigttätigkeit und seine letzte Messe dargestellt. In der Buchmalerei ist der Apostel regelmäßig am Anfang des Johannesevangeliums in Form eines Autorenbildnisses zu sehen, das fertige Evangeliumsbuch in Händen haltend oder am Pult sitzend und es niederschreibend. Auf diesen Darstellungen fehlt selten sein Attribut, der Adler.

| Johannes ist ein jugendlicher Apostel, nur in Ausnahmen trägt er einen Bart. Er ist üblicherweise in eine Tunika und einen Mantel gekleidet, mitunter auch in das Messornat. Seine Hauptattri-

Hans Memling, Johannes auf Patmos, Flügel des Johannesretabels, 1479, Brügge, Sint-Janshospitaal

bute sind der Adler und der Kelch, aus dem eine Schlange kommen kann. Oftmals hält er auch ein Buch in Händen.

Apokalypse-Teppich von Angers, 1373/1380, Angers, Schloss; Giovanni di Marco, gen. Giovanni dal Ponte, Johannes-Altar, 1420/24, London, National Gallery; Henning von der Heiden, Fronleichnamsretabel mit Szenen aus dem Johannesleben, 1496, Lübeck, St. Annen-Museum; Albrecht Altdorfer, Johannes der Evangelist und Johannes der Täufer in der Wüste, um 1510, München, Alte Pinakothek; Diego Velázquez, Die Vision des Johannes auf Patmos, um 1618, London, National Gallery

Quelle: Waters 2008, S. 124–177

Literatur: Camille 1992 – Hamburger 2002

Johannes der Evangelist II — 27. Dezember, 6. Mai

Johannes der Evangelist, der als großer Visionär bekannt ist (→ Johannes der Evangelist I), gehörte dem Neuen Testament nach zum engeren Jüngerkreis Jesu. Er erlebte die Ereignisse mit, bei denen nur wenige der Jünger zugegen waren: Er war dabei, als Jesus auf dem Berg Tabor verklärt wurde (Mk 9,2), als Jesus in Gethsemane betete und wachte (Mk 14,33) und stand als Einziger mit Maria unter dem Kreuz (Joh 19,26). Beim letzten Abendmahl war Johannes seinem Herrn besonders nahe, denn während man nach antiker Sitte zu Tisch lag, ruhte er an Jesu Brust (Joh 13,23). Da er in diesem Zusammenhang als Jünger, den Jesus lieb hat, bezeichnet wird, wurde Johannes in der Tradition zum Lieblingsjünger Jesu.

Vor allem die Erzählung von Johannes an Jesu Brust liegend wurde für die Exegeten zu einem bedeutsamen Frömmigkeitszug des Apostels. Die apokryphen Johannesakten bezeichnen ihn als den bräutlichen Jünger, der sich um Jesu willen mit keiner Frau verheiratete. Augustin hingegen ordnete ihn der Vita contemplativa zu und machte ihn damit zum Counterpart des → Petrus, dem Vertreter der Vita activa. An diese Auslegungen anknüpfend beschäftigten sich die Mystiker des hohen Mittelalters intensiver mit der Johannesruhe. Für Johannes Tauler war das untätige Ruhen in Jesus ein vorbildliches Verhalten, dem es nachzueifern galt. Wie Johannes begehrte, an der Brust des Herrn zu liegen, so solle es jeden zu Jesus hinziehen. Heinrich Seuse hingegen hatte einst eine Vision, die das bekannte Bild in einer leicht modifizierten Weise spiegelt. Als er einst zu wissen begehrte, in welcher Gestalt Gott in seiner Seele wohne, wandte er den Blick in sein Inneres und sah dort, wie seine Seele von der göttlichen Weisheit umarmt und an das Herz gedrückt wurde. Die Johannesruhe wurde hier zu einem Sinnbild einer engen Vereinigung zwischen dem Gottliebenden und Gott. Johannes' intimes Liegen an Jesu Brust wurde zum Beispiel schlechthin der angestrebten unio mystica, der mystischen Vereinigung.

In der Kunstgeschichte gehört die Ruhe des Johannes an der Brust Jesu zu Darstellungen des Abendmahls. In diesem Zusammenhang ist sie Teil einer Erzählung. Losgelöst von der Narration aber entstand Ende des 13. Jahrhunderts eine eigene Bildform. Zunächst als Miniaturen in Handschriften, dann als Skulptur war die sogenannte Christus-Johannes-Gruppe vor allem in alemannischen Frauenklöstern für einige Jahrzehnte hochaktuell. Diese Figuren wurden zum typischen Bildwerk der Mystik. Von den über 25 erhaltenen geschnitzten Darstellungen stammt eine der erhaltenen Skulpturen aus dem Dominikanerinnenkloster Adelhausen in Freiburg. Johannes, ein zarter Jüngling mit blonden Locken, sitzt neben Jesus und hat seinen Kopf an dessen Brust gelegt. Auf seine Annäherung reagiert Jesus, indem er ihm seine Hand um die Schulter legt und seine Hand erfasst. Diese Geste spielt auf die Dextrarum Iunctio (Vereinigung der Rechten) an, eine symbolische Handreichung, die zum Zeremoniell der Eheschließung gehörte. Die intime Vereinigung kommt auch in dem dunklen Stoffstück zum Ausdruck, dass über den Schoss der beiden Figuren gelegt ist und diese zu einer Einheit verbindet. Diese Skulptur misst nur knapp 35 cm in der Höhe, so dass sie sich als Andachtsgegenstand für eine Nonne eignete. Doch aus dem

Kloster Katharinental ist bekannt, dass eine überlebensgroße Christus-Johannes-Gruppe auf dem Hochaltar der Klosterkirche stand und von den Schwestern hoch verehrt wurde. Zeitgenössische Berichte erzählen, die Nonne Adelhait Pfefferhartin sei einst, als sie davor gebetet habe, in Ekstase gefallen und vom Boden erhoben worden. Auch die Dominikanerin Anna von Ramsweg vertiefte sich so sehr in das Bildwerk, dass es den Mitschwestern erschien, als ginge von ihr ein Leuchten aus.

Die Christus-Johannes-Gruppen des 13. und 14. Jahrhunderts zeigen in der Regel Jesus und Johannes mit ineinandergelegten Händen. Nach 1400 aber wurde aus dieser innigen Verbindung ein Schlafen in Christi Schoß.

Christus-Johannes-Gruppe aus dem Kloster Adelhausen, um 1350, Frankfurt a. M., Liebieghaus

| Johannes ist jugendlich und bartlos dargestellt. Im Zusammenhang mit der Johannesruhe fehlen seine üblichen Attribute.

Christus-Johannes-Gruppe, 1280/1290, Cleveland, The Museum of Art; St. Katharinental, 1280/1290, Antwerpen, Museum Mayer van den Bergh; Christus-Johannes-Gruppe aus Oberschwaben, um 1320, Berlin, Bode-Museum; Christus-Johannes-Gruppe, Mitte 14. Jh., Frankfurt a. M., Liebieghaus; Christus-Johannes-Gruppe, Anfang 15. Jh., Karlsruhe, Badisches Landesmuseum; Christus-Johannes-Gruppe, Ende 15. Jh., Osnabrück, Kulturgeschichtliches Museum

Quellen: Seuse 1961, S. 20 – Johannesakten, in: Schneemelcher 1989, Bd. 2, S. 138 – 190, hier S. 189 – Waters 2008, S. 132 – 135

Literatur: Haussherr 1975 – Haussherr 1994 – Jäggi 2004 – Ausst.-Kat. Krone und Schleier 2005, Kat.-Nr. 310

Cäcilie I

22. November

Zum Leben und Sterben der Römerin Cäcilie, die vermutlich zur Familie der Caecilii gehörte, über ihre kultische Verehrung und ihre Hauptkirche gibt es seit den Jahren um 500 erste schriftliche Hinweise. Allerdings wurde ihr Festtag in Rom wohl schon im 4. Jahrhundert begangen, ebenso wie offenbar bereits in dieser Zeit die römische Titelkirche Sancta Caecilia in Trastevere an der Stelle errichtet wurde, an der einst das Privathaus der Heiligen stand. Eine Verehrung auf überregionaler Ebene ist dem Eintrag im *Martyrologium Hieronymianum* aus der 1. Hälfte des 5. Jahrhunderts zu entnehmen, das ihr Heiligenfest verzeichnet. Von dem Martyrium aber berichtet erst etwa 100 Jahre später die *Passio Sanctae Caeciliae*: Cäcilie, die reine Jungfrau bleiben wollte, musste gegen ihren Willen den Heiden Valerianus heiraten. Am Tag ihrer Hochzeit hörte sie anstelle der ungeliebten weltlichen Musik in ihrem Herzen himmlische Klänge und gelobte Gott, ihre seelische und körperliche Reinheit zu erhalten. Tatsächlich beschützte sie ein Engel in der ersten Nacht vor der Annäherung des Valerianus, der sich stattdessen zur Taufe bewegen ließ. Er und sein ebenfalls zum Christentum bekehrter Bruder Tiburtius mussten für ihren neuen Glauben schon bald ihr Leben lassen. Cäcilie aber setzte sich für die Heidenbekehrung ein und gab all ihren Reichtum den Armen. Um dem ein Ende zu machen, ordnete der Stadtpräfekt Almachius ihre Hinrichtung an. In ihrem Bade sollte sie durch heiße Dämpfe erstickt werden. Da Cäcilie die Hitze überlebte, wurde ein Scharfrichter herbeigerufen, damit er sie enthaupte. Nachdem dieser die drei nach römischem Recht erlaubten Schwertstreiche ausgeführt hatte, blieb die zu Tode Verwundete in ihrem Blut liegen. Nach drei Tagen gab Cäcilie ihren Geist auf. Falls eine römische Frau Cäcilie tatsächlich einst den Märtyrertod erlitt, könnte sich dieser zwischen 170 – 185 ereignet haben. Sicher verbürgt ist indes, dass Papst Paschalis I. im Jahr 821 ihre Gebeine in der Calixtus-Katakombe auffand und nach S. Cecilia in Trastevere überführen ließ.

Im 14. Jahrhundert wurde Cäcilie zur Patronin der Musik und löste von nun an Johannes den Täufer ab, der bis dahin diese Stellung innehatte. Im 19. Jahrhundert wurde sie zur Repräsentantin der kirchenmusikalischen Restaurationsbewegung, die sich um die A-cappella-Musik im Stile Palestrinas bemühte (Cäcilianismus).

Die ältesten Darstellungen der hl. Cäcilie sind in Ravenna zu finden. Ein Tondo aus der Zeit um 500 in der Kapelle des Erzbischöflichen Palasts zeigt sie im Brustbild als vornehme Frau, während sie wenige Jahrzehnte später im Apsismosaik in S. Apollinare Nuovo in einer Prozession von Jungfrauen eingereiht ist. Alle heiligen Frauen tragen hier die gleichen kostbaren Gewänder byzantinischen Stils und präsentieren mit verhüllten Händen eine Krone und einen Palmzweig. Zu dieser Zeit ist Cäcilie noch nicht durch spezifische Attribute oder individuelle Kennzeichen charakterisiert. Dies sollte sich erst im 14. Jahrhundert ändern, als sie zur Patronin der Musik wurde. Von nun an wurde ihre Audition der Himmelsmusik zu ihrem bedeutsamsten Erlebnis, während ihr Martyrium erst in der Kunst des Barock eine größere Rolle spielte (→ Cäcilie II).

In kostbare Gewänder gekleidet, den Blick gen Himmel gewandt, Musikinstrumente zu ihren Füßen – Raffael führt uns eine Cäcilie vor, deren Augen und Ohren sich von allem Irdi-

Raffael, Hl. Cäcilie, 1514, Bologna, Pinacoteca Nazionale

schen lösen, um sich ganz auf die himmlischen Klänge auszurichten. Sie ist darum nicht bekümmert, dass die Viola da Gamba kaputt ist und die Saiten fehlen, dass der Körper der Flöte geborsten und die Bespannung der Trommel zerschlagen ist und dass aus dem Portativ in ihren Händen die Pfeifen herauszufallen drohen. Ähnlich wie Cäcilie hatte auch der zu ihrer Rechten stehende → Paulus einst ein ekstatisches Erlebnis, dass ihn in den Himmel führte, während → Maria Magdalena zu ihrer Linken die konsequente Christusliebe verkörpert. Die beiden Heiligen im Hintergrund → Johannes der Evangelist und → Augustinus verweisen auf den ursprünglichen Anbringungsort: die Cäcilienkapelle in S. Giovanni in Monte in Bologna, dem Gotteshaus von Kanonikern, die nach den Regeln des Augustinus lebten. Die Stifterin der Kapelle und Auftraggeberin des Altargemäldes, Elena Duglioli, hatte nicht von ungefähr die hl. Cäcilie als Patronin gewählt. War doch ihr eigenes Leben zu einem Spiegel der Vita der frühchristlichen Heiligen geworden. Zwar berichten zeitgenössische Dokumente nur Weniges über Elena Duglioli, doch muss sie eine sehr fromme und karitativ tätige Edelfrau gewesen sein. Nach ihrem Tod wurde sie gleich einer Heiligen verehrt und im Laufe der Jahrhunderte entstanden mehrere hagiografieartige Schriften zu ihrem Leben. Diese berichten, sie habe keusch gelebt, niemals einem Mann in die Augen gesehen, sei auch während ihrer Ehe Jungfrau geblieben und habe in visionären Zuständen himmlische Musik gehört. So war Elena zu einer zweiten Cäcilie geworden. Die Heilige aber, die der himmlischen Musik lauscht, blieb für Jahrhunderte ein aktuelles Bildthema, das im 19. Jahrhundert eine Renaissance erlebte.

| Cäcilie wird mit verschiedenen Attributen abgebildet: Außer der Orgel oder einer Gambe erhält sie einen Palmzweig, Evangelium, Krone, Rosen- oder Lilienkranz.

Apsismosaik mit hl. Cäcilie, um 560, Ravenna, S. Apollinare Nuovo; Apsismosaik mit hl. Cäcilie, 5. Jh. und 817/824, Rom, S. Cecilia in Trastevere; Meister des Bartholomäus-Altars, Hl. Cäcilia auf dem Bartholomäus-Altar, 1500/1510, München, Alte Pinakothek; Hl. Cäcilie, Holzstatue, 16. Jh., Utrecht, Rijksmuseum; Orazio Gentileschi, Hl. Cäcilie an der Orgel mit Engel, um 1610, Washington, National Gallery of Art

Quelle: Martyrologium Hieronymianum 1931, S. 612 f.

Literatur: Kirsch 1910 – Ausst.-Kat. Santa Cecilia 1983 – Zarri 1984 – Connolly 1994 – Maier 1994

Gregor der Große I ______ 12. März

Über das Leben des Papstes Gregor I. informieren drei Biografien aus dem 7. und 8. Jahrhundert. Um 540 geboren, entstammte er einer wohlhabenden römischen Familie, erhielt eine gute Bildung und bekleidete zunächst das Amt eines Präfekten. Doch schon bald gab er das weltliche Leben auf und gründete in seinem Palast auf dem Mons Caelius (Monte Celio) ein Kloster. Dieses abgeschiedene Leben sollte nach kurzer Zeit ein Ende finden, als er zum Diakon geweiht und als Vertreter des Römischen Stuhls an den Kaiserhof nach Konstantinopel entsandt wurde. Zurück in Rom konnte er sich auch jetzt nicht dem weltabgeschiedenen Leben hingeben, sondern musste bald wieder ein öffentliches Amt annehmen. Nun aber, im Jahr 590, wurde er zum Papst gewählt und bekleidete bis zu seinem Tod im Jahr 604 das Pontifikat. Der Dualismus zwischen Vita contemplativa und Vita activa spiegelt sich auch in Gregors theologischen Schriften wider. Daneben schrieb er Bibelauslegungen, die in den folgenden Jahrhunderten rege rezipiert wurden.

Gregors Biografen berichten nicht nur historisch Verbürgtes, sondern auch Legendarisches. Bekannt wurde die Erzählung des Paulus Diaconus, der durch ein Loch in der Wand gesehen haben wollte, wie sich die Taube des Heiligen Geistes auf dem Papst niederließ und diesen beim Schreiben seiner Texte inspirierte. Eine andere Legende erzählt von einer Hostienbäckerin, die daran gezweifelt hatte, dass sich das Brot während der Messe in den Leib Christi verwandeln würde. Auf die Bitte des Papstes habe sich das Brot in den Finger Jesu verwandelt und die Frau von der Transsubstantiation überzeugt. Weiter soll Gregor der Große eine Ikonenprozession durchgeführt haben, als Rom von der Pest heimgesucht wurde. Als ein Engel auf der Spitze der Engelsburg erschien und sein blutiges Schwert zurück in die Scheide steckte, war klar, dass Gott die Bittprozession akzeptiert und die Seuche ein Ende gefunden hatte. Gregor der Große ist einer der → vier Kirchenväter.

Würden Bilder nur das illustrieren, was in schriftlichen Quellen zu lesen ist, dann wäre die sogenannte „Gregorsmesse", eines der Erfolgsbilder des späten Mittelalters, niemals entstanden. Der Geburtsort dieses Bildes ist Rom und das Jahr, das seine Entwicklung einleitete, kann mit 1385/86 ziemlich genau benannt werden. In den genannten Jahren erhielt die Kirche S. Croce in Gerusalemme eine kleine Mosaikikone, die Christus als Schmerzensmann zeigt. Um diese Darstellung der Imago Pietatis entspannte sich schnell die Legende, nach der sich der Schmerzensmann dem Papst einst in einer Vision gezeigt habe. Daraufhin habe der Papst ein Bildnis fertigen lassen, das den Erschienenen getreu wiedergab. Diese von ihm beauftragte Ikone wurde in S. Croce aufbewahrt. Die neue Legende fand schnell Verbreitung und wurde durch Rompilger auch nördlich der Alpen bekannt. Die Erzählung aber wurde nicht durch Texte, sondern vornehmlich durch einen neuen Bildtypus verbreitet, der das außergewöhnliche Ereignis ausführlich schildert und den Namen „Erscheinung Gregorii" erhielt. Die Version, die der aus Bocholt stammende Kupferstecher Israhel van Meckenem schuf, führt in aller Ausführlichkeit das Erscheinungswunder vor Augen, das sich hier während der Messe ereignet. Der Papst kniet vor dem Altar, seine Tiara hält ein Kardinal in Händen, als plötzlich der Schmerzensmann über dem Altar erscheint. Mit Gregor dem Großen kann der Betrachter die Vision miterleben und kann zugleich Ablass erlangen, indem er den Schmerzensmann anschauend Gebete verrichtet. Damit ersparte sich der Bildbetrachter eine Pilgerreise nach Rom zur Ikone in Santa Croce in Gerusalemme.

Mit der Reformationszeit verschwand dieser Bildtypus. Da er selbst von Katholiken nicht mehr in Auftrag gegeben wurde, war er schon bald nicht mehr bekannt. Erst zu Anfang des 19. Jahrhunderts mit der Wiederentdeckung der Kunst des Mittelalters wurde man auf die alten Darstellungen aufmerksam. Angeregt durch die abgebildeten Messen glaubte man fälschlicherweise, sie stellten die Erzählung von der zweifelnden Hostienbäckerin dar, und gab ihnen den Namen „Gregorsmesse".

Nach dem Tridentinum wurden Darstellungen Gregors des Großen als Erlöser der Armen Seelen aus dem Fegefeuer bedeutsam sowie verschiedene Wunderszenen, die im Mittelalter kaum je abgebildet wurden (→ Gregor der Große II).

| Gregor der Große ist an der Tiara zu erkennen, er trägt das Pluviale oder ein Messornat, häufig ist ihm eine Taube beigegeben.

Gregorsmesse, Wandmalerei, 1430/1450, Karlstadt, St. Andreas; Epitaph der Walburg Prünsterer, Gregorsmesse, 1434, Nürnberg, Germanisches Nationalmuseum; Henning von der Heiden und Wilm Dedeke, Fronleichnamsretabel mit zwei Gregorsmessen, 1496, Lübeck, St. Annen-Museum; Meister der Heiligen Sippe, Gregorsmess, um 1495, Köln, Wallraf-Richartz-Museum

Quellen: Johannes Diaconus/PL 75 – Grisar 1887, S. 158–173 – Gasquet 1904

Literatur: Bertelli 1967 – Göttler 2001 – Hecht 2005 – Lentes/Gormans 2006 – Meier 2006 – Ganz 2008, S. 352–386 – Walker Buynum 2006

Israhel van Meckenem, Gregorsmesse, Kupferstich, 1480/1485, Paris, Louvre

Hildegard von Bingen — 17. September

Im Mittelalter verfassten üblicherweise Männer hagiografische Texte. Die große Visionärin Hildegard von Bingen hingegen schrieb ihre eigene Biografie – freilich wurde diese schon bald nach ihrem Tode von Theoderich von Echternach redigiert. Die literarisch rege Frau wurde 1098 in eine hochadelige Familie geboren, die den Stammsitz Bermersheim bei Alzey ihr Eigen nannte. Wohl im Alter von acht Jahren wurde sie den Benediktinerinnen auf dem Disibodenberg übergeben, damit sie das Lesen und Schreiben der lateinischen Sprache erlerne. Zu einem unbekannten Zeitpunkt, zwischen ihrem 15. und 18. Lebensjahr, legte Hildegard das Gelübde ab und lebte von nun an in strenger Klausur. Mit 38 Jahren übernahm sie das Amt der Magistra, und im Alter von 43 fühlte sie sich von Gott aufgefordert, ihre Visionen aufzuschreiben. Nach längerem Zögern kam sie dem Auftrag nach und verfasste ihr erstes Buch *Liber Scivias* (Wisse die Wege). Ausdrücklich wies die Autorin darauf hin, dass sie ihre Vision nicht im Schlaf empfangen habe, auch nicht in der Einsamkeit oder nach langem Fasten und körperlicher Züchtigung, sondern stets bei klarem Bewusstsein. Nachdem der Papst und kirchliche Autoritäten wie → Bernhard von Clairvaux den göttlichen Ursprung ihrer Visionen bezeugt hatten, wurde Hildegard zu einer gefragten Persönlichkeit.

Ecce quadra-
gesimo tercio
temporalis cur-
sus mei anno
cum celesti visi-
oni magno ti-
more et tremu-
la intentione inhererem vidi maxi-
mum splendorem in quo facta est vox
de celo ad me dicens. O homo fragi-
lis et cinis cineris et putredo putredi-
nis. dic et scribe que vides et audis. Sed
quia timida es ad loquendum et simplex
ad exponendum et indocta ad scriben-
dum ea dic et scribe illa non secundum os homi-
nis. nec secundum intellectum humane ad-
inventionis nec secundum voluntatem huma-
ne compositionis sed secundum id quod ea in
celestibus desuper in mirabilibus dei vides et au-
dis. ea sic edisserendo proferens quemadmo-
dum et auditor verba preceptoris sui perci-
piens. ea secundum tenorem locutionis illius ipso vo-
lente. ostendente. et precipiente propalat. Sic
ergo et tu o homo. dic ea que vides et audis. et scri-
be ea non secundum te. nec secundum alium homi-
nem sed secundum voluntatem scientis viden-
tis et disponentis omnia in secretis miste-
riorum suorum. Et iterum audivi vocem
de celo michi dicentem. Dic ergo mirabilia
hec. et scribe ea hoc modo edocta et dic.
Factum est in millesimo centesimo
quadragesimo primo filii dei ihesu christi
incarnationis anno. cum quadraginta duorum
annorum septemque mensium essem maximę co-
ruscationis igneum lumen aperto celo veniens totum
cerebrum meum transfudit. et totum cor totumque
pectus meum velut flamma non tamen ar-
dens sed calens ita inflammavit. ut sol
rem aliquam calefacit. super quam radi-
os suos ponit. Et repente intellectum
expositionis librorum videlicet psalterii
evangelii et aliorum catholicorum tam ve-
teris quam novi testamenti volumi-
num sapiebam. non autem interpretatio-
nem verborum textus eorum nec divisionem

Hildegards Inspiration, Kopie des Wiesbadener *Scivias*, fol. 1r, Original 1170/80, Eibingen, Bibliothek der Abtei St. Hildegard

1147 gründete sie trotz großem Widerstand ein eigenes Kloster auf dem Rupertsberg und erlangte nach einigen Kämpfen die Unabhängigkeit von der Ordensgemeinschaft Disibodenberg. Nach Jahren des Verfassens von kosmologisch-theologischen und heilkundlichen Schriften sowie einer zweiten Klostergründung in Eibingen bei Rüdesheim (heute Benediktinerinnen-Abtei St. Hildegard) starb die tatkräftige Frau im Jahr 1179. Obgleich man seit 1227 Hildegards Kanonisation anstrebte, gelangten diese Bemühungen nie zu einem Erfolg. Dennoch setzte eine Wallfahrt zu ihrem Grab in der Abteikirche auf dem Rupertsberg ein, das Kloster und befreundete Konvente feierten ihren Festtag und an ihrer Grabstätte konnte man Ablass erlangen. Im Dreißigjährigen Krieg überführte man ihre Gebeine aus dem zerstörten Mutterkloster nach Eibingen, wo sie noch heute (in der Pfarrkirche) ruhen. Seit 1941 wird der Festtag der hl. Hildegard in ganz Deutschland gefeiert.

Da Hildegard niemals kanonisiert wurde und sich ihr Kult auf wenige Klöster und einige Regionen beschränkte, wurde sie selten dargestellt. Vereinzelt ist sie in Gruppen von weiblichen Heiligen zu finden, mitunter wurde ihre Gestalt in Holz geschnitzt. Bedeutende Darstellungen der Visionärin sind indes in vielen der handschriftlichen Kopien ihrer Schriften zu finden. Dort fungiert Hildegard nicht als eine zu verehrende Heilige noch als Fürbitterin, sondern als Empfängerin der göttlichen Visionen und als Schreiberin von inspirierten Texten.

Drei der handschriftlichen Exemplare von Hildegards Hauptschrift *Liber Scivias* wurden schon im 12. Jahrhundert illuminiert. Die Eingangsminiatur der heute in Eibingen aufbewahrten Kopie eines zerstörten Exemplars visualisiert und kommentiert das Empfangen und Aufschreiben der Vision. Die Heilige sitzt im Wachzustand auf einem Schemel und notiert die göttliche Eingebung, die gleich roten Feuerzungen auf sie herabkommt, ihren Kopf gleichsam zu umfassen und in ihn einzudringen scheint. Wie sich einst am Pfingstfest Gottes Geist in Form von Feuerzungen auf die Apostel niederließ, so empfängt auch Hildegard die göttliche Vision. Während Gottes Offenbarung in den Raum der begnadeten Nonne eindringt, ist ihr geistlicher Berater Volmar von dieser unmittelbaren Himmelsbegegnung ausgeschlossen. Doch obgleich dieser ausgegrenzt ist, steckt er seinen Kopf in den Raum des heiligen Geschehens und wird so zum unverzichtbaren Zeugen. Hildegard trägt das Geschaute mit einem Griffel auf einer Wachstafel ein, während Volmar ein Pergament bereithält, um darauf die Worte festzuhalten, die ihm die Nonne mitteilt. Die Seherin bekommt die visionären Einblicke gleichsam ins wachsweiche Herz eingedrückt, während Volmar diesem inneren Eindruck, an dem er selbst keinen Anteil hat, eine äußere Gestalt verleiht, die eine Vermittlung gewährleistet.

| Hildegard trägt in der Regel das dunkle Habit und den dunklen Schleier einer Nonne. Ein typisches Attribut hat sich nie herausgebildet, doch kann sie ein Kirchenmodell als Hinweis auf ihre Klostergründung in Händen halten oder ein Buch, das ihre literarische Tätigkeit andeutet.

Hildegard und Volmar, Heidelberger Scivias, um 1200, Heidelberg, Universitätsbibliothek, Cod. Sal. X,16, fol. 3v; Hildegard zwischen Heiligen, Wandmalerei, 2. H. 15. Jh., Oberwesel, Liebfrauenkirche; Retabel mit Hildegardsvita, nach 1895, Bingen, Rochuskapelle; Hildegardszyklus, 1907–1913, Wandgemälde, Abteikirche Eibingen; Karl-Heinz Oswald, Hildegardstatue, 1998, Bingen, Historisches Museum

Quelle: Vita Hildegardis 1998

Literatur: Suzuki 1989 – Ausst.-Kat. Hildegard 1998 – Saurma-Jeltsch 1998 – Graf 2002 – Ganz 2008, S. 118–126

Franziskus von Assisi II — 4. Oktober

Franziskus von Assisi ist der bedeutendste Visionär des Mittelalters, dessen Schau tiefe Spuren im Körper hinterließ. Das außergewöhnliche Geschehnis der Stigmatisation ereignete sich zwei Jahre vor seinem Tod. Zu dieser Zeit hatte Franziskus bereits einen Orden gegründet (→ Franziskus von Assisi I), in Predigten zur Buße aufgerufen und soziale Dienste verrichtet, als er sich nun in die Weltabgeschiedenheit von La Verna bei Arezzo begab. Dort fastete und betete er und meditierte intensiv die Passion Christi. Plötzlich erschien am Himmel ein Seraph mit sechs Flügeln, der – darüber sind sich seine Biografen uneinig – die Gestalt eines Mannes hatte und mit Händen und Füßen an das Kreuz geheftet war, oder – wie Thomas von Celano berichtet – als eine Gestalt, welche die Wundmale trug, als ob sie ans Kreuz geschlagen wäre. Die Vision blieb keine Schau, sondern wurde zu einem taktilen Erlebnis, als sich die Wundmale in die Hände und Füße des Franziskus eingruben und sein Leib die Seitenwunde des Gekreuzigten empfing. Der so Stigmatisierte verbarg seine Male vor den Augen der Mitbrüder, allein Bruder Elias von Cortona sah als Einziger seine Seitenwunde, die häufig geblutet haben soll. Erst als Franziskus 1226 verstarb, nahm man an seinem Leichnam die Stigmata wahr.

Mit dem Empfang der Wundmale Christi hatte Franziskus die Nachfolge Jesu zu einer Christus Conformitas (Christusähnlichkeit) gesteigert, die zu einer körperlichen Angleichung geworden war. Franziskus war zu einem zweiten Christus geworden (alter Christus). Die körperüberformende Verbindung mit Jesus, die kaum enger sein könnte, fand viele Nachahmer, die sich die Wundmale selbst zufügten oder sie in einem mystischen Erlebnis empfingen, wie etwa → Katharina von Siena. Obgleich die Stigmatisation für den Franziskuskult bedeutend werden sollte, spielte sie bei der Kanonisation, die Gregor IX. bereits 1228 vornahm, keine Rolle. Es wurden sogar kritische Stimmen laut, die das Ereignis bezweifelten. Damit war nicht nur ein wichtiger Punkt des Heiligenlebens betroffen, sondern auch die Frage, ob auf den Bildern des Franziskus die Wundmale abgebildet werden dürfen.

Für die bildliche Darstellung des Franziskus waren die Körperwunden entscheidend. Schon die frühen Bildtafeln, die bald nach seinem Tod entstanden, zeigen den stehenden Heiligen zumindest mit den Fuß- und Handmalen. Die Stigmatisation gehört schon auf den ersten Viten-Tafeln zu den abgebildeten biografischen Ereignissen, doch erst Giotto rückte sie um 1300 als großformatige Einzelszene in den Mittelpunkt. Bald wurde sie zu der Franziskusdarstellung schlechthin und bis ins späte Mittelalter hinein entstanden unzählige Bilder der Stigmatisation. Das für das Mittelalter so prägende Ereignis war zwar auch noch im Barock aktuell, doch mit der katholischen Reform wurde die Ekstase des Franziskus zu einem ebenso weitverbreiteten Thema (→ Franziskus von Assisi III). Der Meister der Lindauer Beweinung ließ auf seiner um 1420 entstandenen Bildtafel den Heiligen der Bildtradition entsprechend niederknien und gespannt zum Himmel blicken. Dort erscheint der Heiland am Kreuz, seine Beine von zwei der sechs Seraphenflügeln umhüllt. Leuchtend rote Blutspuren führen von der rechten Hand des Gekreuzigten zur rechten Hand des Franziskus, von der linken Hand Christi zur linken Hand des Heiligen. Ebenso sind die Fußwunden mit den Füßen und die Seitenwunde mit der Seite des Poverello verbunden. Franziskus ist nicht nur ein Spiegelbild Christi, sondern gleichermaßen zu dessen Entsprechung geworden. Die Passionsmystik der Stigmatisation wird durch den blutüberströmten Schmerzensmann am linken Bildrand erneut aufgegriffen, der die blutbesudelten Leidenswerkzeuge in den Armen hält. Dass die Darstellung des leidenden Christus, des erschienenen Seraphen und des christusgleichen Franziskus den Betrachter zu einer intensiven Passionsbetrachtung anregen will, belegen die zwei Figuren von Zeitgenossen, die Stefan Lochner etwa zwanzig Jahre später hinzufügte.

Meister der Lindauer Beweinung (und Stefan Lochner), Stigmatisation des hl. Franziskus mit Christus als Schmerzensmann, um 1420, Köln, Wallraf-Richartz-Museum

| Franziskus trägt das graue oder braune Ordensgewand, das mit dem Strick mit drei Knoten gegürtet ist. Die Erscheinung am Himmel ist als Seraph mit sechs Flügeln oder als ein geflügelter Kruzifixus dargestellt. Im Mittelalter sind fast immer Blutstrahlen zu sehen, die den Seraph mit Franziskus verbinden. Ein zweiter Franziskaner, Bruder Leo, kann bei der Stigmatisation anwesend sein.

Pietro Lorenzetti, Stigmatisation des hl. Franziskus, vor 1320, Assisi, S. Francesco, Unterkirche; Giotto, Stigmatisation des hl. Franziskus, um 1300, Paris, Louvre; Meister von St. Severin und Meister der Ursulalegende, Franziskaneraltar, 1500/05, Köln, Wallraf-Richartz-Museum

Quellen: Bonaventura 1962 – Thomas von Celano 1964

Literatur: Feld 1991 – Krüger 1992 – Ausst.-Kat. Lochner 1993, Kat.-Nr. 54 – Lentes 1995 – Hagnau 1998 – Ganz 2008, S. 283–312

Birgitta von Schweden

8. Oktober

Birgitta von Schweden, große Mystikerin und kirchenpolitisch aktive Frau, wurde 1302 oder 1303 in eine Familie des schwedischen Hochadels geboren. Obgleich sie ehelos leben wollte, musste sie mit 13 Jahren die Ehe mit Ulf Gudmarsson eingehen. Nach einem ersten enthaltsamen Ehejahr wurden dem frommen Ehepaar acht Kinder geboren. Diese ließen sie in Schweden zurück, als sie sich 1341 zu einer Pilgerreise nach Santiago de Compostela begaben. Von der beschwerlichen Fahrt kaum zurückgekehrt, verstarb Ulf. Von nun an veränderte sich Birgittas Leben. Sie empfing jetzt häufiger Visionen, die sie schon seit ihrer frühen Kindheit mitunter erhalten hatte. Um sich ganz frommen Betrachtungen hingeben zu können, lebte sie zunächst im Kloster der Zisterzienserinnen in Alvastra, bevor sie 1346 einen eigenen Orden in Vadstena (Östergötland) gründete, der bald vom Papst bestätigt wurde. Birgitta selbst blieb nicht lange in ihrem Kloster, sondern begab sich nach Rom. Schon längst hatte sie die Päpste aufgefordert, ihren Sitz in Avignon zu verlassen und wieder von der Ewigen Stadt aus zu regieren. Nach ihr sollte → Katharina von Siena diese Bitte eindringlich wiederholen. 1371 schließlich unternahm Birgitta eine Pilgerreise ins Heilige Land. In Bethlehem wurde ihr eine eigentümliche Vision zuteil, die sie zurückversetzte in die Zeit Christi und die Verkündigung von Jesu Geburt sowie die Geburt selbst miterleben ließ. Nach Rom zurückgekehrt, verstarb die Visionärin 1373. Ihre Gebeine überführte man nach Schweden und setzte sie in Vadstena bei.

Birgittas Beichtvater Alfonso Pecha de Vadatera, der Birgitta in den letzten Jahren seelsorgerlich begleitet hatte, veröffentlichte ihre mehr als 700 schriftlich fixierten Offenbarungen. Für die 1377 erschienene Edition arbeitete er jedoch einige der Visionen um, damit sie der gängigen Schultheologie entsprachen. Birgittas Kanonisation im Jahr 1391 trug erheblich zu der Ausbreitung des Birgittenordens bei.

Birgittas Visionen bilden die Grundlage zu vielen Darstellungen. Einige der Abschriften ihrer *Revelaciones* sind reich illustriert, etwa das schon um 1380 geschriebene Exemplar, das in der Pierpont Morgan Library in New York aufbewahrt wird. Ihre Schau der Geburt Jesu aber sollte die Kunst nachhaltig beeinflussen. Birgitta beschrieb, dass sie gesehen habe, wie die schöne schwangere Jungfrau und ihr ehrwürdiger alter Mann sich in eine Grotte begeben haben, um sich auf die Geburt vorzubereiten: der Alte, indem er eine brennende Kerze besorgte, diese an der Mauer befestigte und dann den Raum verließ; die Frau, indem sie ihre Schuhe auszog, den Mantel und den Schleier ablegte und saubere Tücher bereitlegte. Dann habe göttliches Licht die Grotte so stark erleuchtet, dass selbst

Geburt Christi mit Birgitta von Schweden, um 1415, Konstanz, Rosgartenmuseum

der Schein der Kerze überstrahlt wurde. Plötzlich aber, schneller als Birgitta schauen konnte, lag ein nacktes, ganz reines und hell leuchtendes Kind auf dem Boden.

Ein namentlich nicht bekannter Maler setzte die Offenbarung recht exakt um. Den Protagonisten Joseph, Kind und Maria sowie Birgitta wies er einen je eigenen Bildraum zu, indem er die Substruktionen des Stalles (er verzichtet auf die Geburtsgrotte) zur Grenzziehung nutzte. Birgitta hat den Pilgerstab mit Pilgerhut und -tasche hinter sich gelassen und ist aus der gegenwärtigen Pilgerreise buchstäblich in das vergangene Ereignis eingestiegen. Auch wenn sie sich nicht mit Maria und dem Kind in der Mitte des Stalles befindet, ist sie doch so nahe dabei, dass ihr Kleid das Gewand der Jungfrau berührt. Auch hat sie wie die Gottesmutter in andächtiger Haltung den Blick zu Gottvater erhoben und sieht mit ihr, wie Gottvater mit Strahlen die Jungfrau und über die Taube des Heiligen Geistes das Christuskind berührt. Nachdem die Vision der Birgitta bekannt wurde, veränderte sich die Ikonografie vieler Geburtsszenen. Hatte bis dahin Maria in Anlehnung an die byzantinische Tradition auf dem Boden gelegen oder nach westlichem Brauch das Kind in der Krippe angebetet, so liegt das Christuskind nun oftmals nackt auf dem Boden.

Birgitta wurde nicht nur als Visionärin abgebildet, sondern auch als gelehrte Frau am Pult sitzend oder als Ordensgründerin, die ihren Brüdern und Schwestern die Klosterregeln übergibt.

| Birgitta wird als Nonne mit Schleier dargestellt, mitunter trägt sie das weiße Kopfband der Birgittinnen, das mit fünf roten Punkten als Zeichen der Wunden Christi markiert ist. Zudem können sie Stab, Hut und Tasche als Pilgerin kennzeichnen, ein Buch mag hinzukommen.

Niccolò di Tommaso, Birgitta von Schweden und die Geburtsvision, nach 1373/1375, Rom, Pinacoteca Vaticana; Martino di Bartolomeo, Geburtsvision der hl. Birgitta, 1420/1430, Berlin, Gemäldegalerie; Epitaph der Birgitte Topler mit der hl. Birgitta, um 1483, Nürnberg, Germanisches Nationalmuseum; Hans Traut, Die hl. Birgitta ihre Revelationes niederschreibend, um 1505, Nürnberg, Germanisches Nationalmuseum

Quellen: Acta Sanctorum, Okt. IV, Bd. 52, S. 368 – 560 – Sanctae Birgittae Revelaciones 1967 – 2001

Literatur: Reber 1963 – Konrad 1993, Kat.-Nr. 1.01 – Morris 1999 – Åkestam 2002 – Aili/Svanberg 2003 – Ganz 2008, S. 126 – 135 – Heß 2008

Eustachius und Hubertus von Lüttich

20. September und 3. November

Zwei Heilige, deren Leben nicht unterschiedlicher sein könnten, beanspruchen als Bekehrungserlebnis die gleiche göttliche Erscheinung. Die ältere der Viten ist dem hl. Eustachius (Eustathius) gewidmet, der unter dem Namen Placidus geboren wurde und als Offizier im Heer des Kaisers Trajan (98 – 117) diente. Als er eines Tages einen Hirsch im Wald verfolgte, blieb das bedrängte Tier vor einer Felswand stehen und wandte sich seinem Jäger zu. Da sah dieser im Geweih des Hirsches ein Kruzifix. Doch damit nicht genug – das Tier begann zu sprechen und fragte Placidus, warum er es verfolge: „Ich bin Christus, glaube und empfange die Taufe". Anderen Texten zufolge hatte der Gekreuzigte im Geweih diese Worte gesprochen. Die Erscheinung bewegte den Jäger so tief, dass er sich umgehend taufen ließ und nun den Namen Eustachius empfing. Seine Bekehrung zog Verhöre nach sich, schließlich verarmte er und beschloss, mit seiner Familie nach Ägypten zu ziehen. Da ihm das Geld für die Überfahrt fehlte, war er gezwungen, dem Kapitän seine Frau Theopista zu überlassen, und kaum am jenseitigen Ufer angelangt, trugen wilde Tiere seine Söhne Theopistus und Agapitus davon. Doch nach vielen Jahren erhielt er seine Frau unberührt zurück und seine Söhne stießen unversehrt wieder zu ihm. Eustachius erhielt abermals eine Stellung im römischen Heer Kaiser Hadrians, doch verlor er sie, als er sich weigerte, den Götzen zu opfern. Schließlich erlitten er und seine Familie den Märtyrertod in einem glühenden Eisenstier. Die eigenartige Vita entstand im Orient und gelang-

Antonio Pisanello, Die Vision des hl. Eustachius, 1438/1442, London, National Gallery

te über Griechenland nach Süditalien und von dort aus weiter in den Westen. Dementsprechend verbreitete sich auch der Kult des Heiligen zunächst in der Ostkirche und erst ab dem 11. Jahrhundert zunehmend auch im Westen. In Rom aber entstand schon unter → Konstantin dem Großen am Ort seines Martyriums die Kirche Sant'Eustachio. Ein weiterer regionaler Schwerpunkt seiner Verehrung ist in Frankreich zu finden, dort entstanden im 13. Jahrhundert viele Bearbeitungen seiner Vita.

Nach 1400, als sich der Kult und die Hagiografie des Eustachius längst etabliert hatten, interpolierte man in die sei 744 kursierende Vita des hl. Hubertus die Bekehrungserscheinung im Wald. Da Hubertus zu dieser Zeit längst als Schutzpatron der Jäger galt, war eine Christusbegegnung im Gehölz passend. Der um 657 geborene Edelmann bekleidete am Hofe Pippins des Mittleren eine Stellung und wurde bekehrt, als er auf der Jagd einen Hirsch mit dem Gekreuzigten im Geweih erblickte. Hier aber droht Christus mit der Höllenstrafe, wenn sich der Jäger nicht bekehre. Von nun an zog sich Hubertus als Eremit in die Ardennen zurück. Auf göttliche Weisung erhielt er die Priesterweihe, bestieg in Maastricht den Bischofsthron der Diözese Tongern und erhob schließlich Lüttich zum Bischofssitz. Hubertus starb im Jahr 727 eines natürlichen Todes. Zunächst wurde er in St. Peter in Lüttich bestattet und 825 nach Andagium in die Ardennen (Saint-Hubert) überführt, wo sich um sein Grab eine rege Wallfahrt entwickelte. Obgleich die Bekehrungsszene in der Vita des Eustachius ihren Ursprung hat und obgleich Eustachius durch seine Aufnahme unter die → Vierzehn Nothelfer sehr populär war, gewann die Hubertus-Verehrung doch so weit die Oberhand, dass man seit Ende des Mittelalters den Festtag des Eustachius oftmals am Hubertustag beging.

Viele Darstellungen, die nach 1400 entstanden, lassen nicht erkennen, ob sie die Bekehrung des Eustachius oder die des Hubertus abbilden, und nahezu auswechselbar sind die Erscheinungsszenen geworden. Der Florentiner Antonio Pisanello malte in den Jahren um 1440 den hl. Eustachius in unmittelbarer Begegnung mit dem Gekreuzigten im Hirschgeweih. Der Heilige ist in reiche höfische Kleider gehüllt, die blaue Kopfbedeckung und der pelzbesetzte golden schimmernde Rock heben sich als leuchtende Farbflecke von der Waldlandschaft ab. Zwar tummeln sich viele Tiere auf dem Bildfeld, die so genau wiedergegeben sind, dass jedes der Wildtiere und jeder der Hunde genau nach Rasse benannt werden kann, und füllen das Ölgemälde so aus wie franko-flämische Jagdtapisserien jener Zeit, doch lenken sie trotzdem nicht vom Bildmittelpunkt ab. Wie auf Medaillonporträts, die im Florenz jener Jahre sehr aktuell waren, ist Eustachius' Gesicht im Profil wiedergegeben und führt den Blick des Betrachters zum Kruzifix. Christus am Kreuz hat die Augen geschlossen und den Mund nicht geöffnet, ebenso wenig spricht der Hirsch. Stattdessen formuliert Eustachius eine Antwort, die er mit redender Geste unterstreicht.

Der Legende nach war Eustachius vor Entsetzen vom Pferd gestürzt und eine Stunde am Boden liegen geblieben, doch dieser Bekehrungsfall spielt in den Darstellungen keine Rolle. Stattdessen sitzt Eustachius ebenso wie Hubertus auf dem Pferd, oftmals aber knien beide neben ihrem Reittier auf dem Boden.

| Eustachius ist höfisch oder als Jäger gekleidet und erhält den Hirsch mit dem Kreuz im Geweih als Attribut. Auch Hubert ist mit diesem Attribut ausgestattet und auch er trägt oftmals das Gewand eines Jägers. Als Einzelfigur kann er auch in ein bischöfliches Ornat gewandet sein.

Glasfenster mit der Vita des Eustachius, 1210/1215, Chartres, Kathedrale; Rogier van der Weyden (Werkstatt), Hubertuslegende, um 1440, London, National Gallery; Meister des Marienlebens, Bekehrung des hl. Hubertus, 1480/1485, London, National Gallery; Hl. Eustachius, Flügel des Paumgartner-Altars, 1502/1504, München, Alte Pinakothek; Gaspard Crayer, Die Kreuzvision des hl. Hubertus, um 1640, Tervueren, St.-Hubertus-Kapelle

Quellen: Acta Sanctorum, Sept. VI., Bd. 46, S. 106 – 137 – Acta Sanctorum, Nov. I, Bd. 62, S. 759 – 930 – Meyer 1916 – Murray 1929

Literatur: Paffrath 1961 – Gordon 2003, Bd. 1, S. 310 – 324

Helfer für Leib und Seele

Viele Heiligenbiografien schließen damit, dass der sterbende Heilige den Umstehenden verspricht, sie nach seinem Tode in ihren Nöten zu erhören. Damit benennt der Heilige selbst eine seiner Hauptaufgaben, die er im Jenseits wahrnehmen will. Er wird als Helfer in allen Notlagen fungieren, wird die Gebete der Notleidenden entgegennehmen und sie vor den Thron Gottes bringen. Auf welchem Wege die Fürbitte gen Himmel steigt und auf welcher Weise der Heilige Hilfe sendet, veranschaulicht ein Gemälde von Benozzo Gozzoli. Eine große Menschenmenge drängt sich hilfesuchend um den → hl. Sebastian, der auf einem Podest steht. Ob es sich um den Heiligen selbst oder um eine Skulptur handelt, hat Gozzoli wohl absichtlich im Unklaren gelassen. Auf dem Sockel steht eingemeißelt: „Sancte Sebastiane intercede pro devoto populo tuo" („Heiliger Sebastian, bitte für dein frommes Volk"). Tatsächlich hat der Heilige seine Hände gefaltet und sendet seine Fürbitte gen Himmel. Dort unterstützt ihn Maria, die Christus ihre Brüste vorweist und ihn daran erinnert, dass sie ihn mit ihrer Milch großgezogen hat, Jesus indes kniet vor Gottvater und zeigt diesem seine Seitenwunde vor, mahnend, dass er für die Sünden und Not der Menschen gestorben ist. So durchläuft die Fürbitte der Menschen die himmlische Hierarchie, bis sie zum Thron Gottes gelangt, von wo die Erhörung erfolgt. Im diesem Fall baten die Bedrängten um Hilfe in der Pest, die der Himmel wie Pfeile auf die Menschen regnen ließ. Sebastian bewirkt zwar nicht selbst das Ende der Seuche, doch steht er auf der ersten Stufe der sogenannten „Heilstreppe" und wird damit zum ersten Fürbitter. Deshalb auch hat er seinen Mantel gleich einer → Schutzmantelmadonna über die Bedrängten ausgebreitet.

Die Anrufung der Heiligen stieg naturgemäß in Zeiten des körperlichen Leidens und der seelischen Not an. Leib und Seele wurden als zusammengehörig erfahren und die Theologen argumentierten, Krankheit diene der seelischen Läuterung, Gott schicke sie zur Mahnung, als Bewährungsprobe und als Folge der Sünde. Auch die Ärzte verstanden die Sorge um den Körper (cura corporis) und die Sorge um die Seele (cura animae) als zusammengehörig. Medizinische Hilfe, die vornehmlich aus diätischen Verordnungen, Bädern, Kräuteranwendungen und Aderlass bestand, wurde deshalb durch geistliche Leistungen ergänzt, wie des Ablegen der Beichte und Empfangen der Kommunion. Da im Mittelalter die meisten Klöster mit einem Infirmarium ausgestattet waren und manche Orden sich auf die Krankenfürsorge spezialisiert hatten, wie die Johanniter und die Antoniter, kamen hier körperliche und geistliche Hilfestellung auch lokal zusammen.

Als ersten Helfer und Arzt bezeichnet die Bibel jedoch Christus, indem sie ihn als Heiland der körperlich und seelisch Kranken vorstellt (Jes 53,4 f.; Mk 2,17). Doch schon im frühen Mittelalter nahmen die Heiligen den Platz des Heilers ein. Dabei galten sie zunächst als allgemeine Helfer und waren nicht für ein Spezialgebiet zuständig. In der Frühzeit des Mittelalters aber kristallisierte sich zunehmend eine Spezialisierung heraus, die sich bis zum späten Mittelalter

Benozzo Gozzoli, Hl. Sebastian, 1464, San Gimignano, Sant'Agostino

mehr und mehr ausdifferenzierte. Ein Heiliger war in der Regel für mehrere körperliche Gebrechen zuständig, hatte aber ein Hauptzuständigkeitsgebiet. Dieses richtet sich nach der Art seines Martyriums – → Dionysius, der enthauptet wurde, heilte Kopfschmerzen und → Erasmus, dem man die Gedärme aus dem Leib gezogen hatte, war für Magenleiden zuständig –, nach Heilungen, die er während seines Lebens vorgenommen hatte – → Cyriacus, der die besessene Kaisertochter kuriert hatte, wurde bei Epilepsie angerufen –, oder nach Krankheiten, von denen er selbst geheilt worden war – → Ottilia, die von der Blindheit geheilt worden war, galt als Helferin bei Augenleiden, während → Rochus, der von der Pest heimgesucht wurde, zum Pestpatron wurde. Mitunter auch genügten Episoden ihres Lebens, um ein Spezialgebiet zu kreieren, wenn etwa → Margareta, die aus dem Leib eines Drachen unversehrt hervorgestiegen war, zur Schutzpatronin schwangerer Frauen wurde. Oder eine besondere Fähigkeit prädestinierte die Heiligen zu einer besonderen Hilfestellung – so rief man die wortgewandte → Katharina von Alexandrien bei Zungenleiden an. Die Verbindung zwischen einem bestimmten Heiligen und einer Krankheit konnte vielfältig sein und war oftmals nur lose und assoziativ.

Die Hilfe für die Seele konkretisierte sich seit 1200 von einer allgemeinen Bitte um Errettung zu einer Bitte um Erlösung aus dem Fegefeuer (→ Ottilia von Hohenburg). Die Konzentration auf das Purgatorium resultierte aus einem veränderten Bußverfahren. Prinzipiell befreite das Bußsakrament, das → Thomas von Aquin als dreiteilig erläuterte, den Menschen von seiner Sünde: Am Anfang stand die Reue über die Verfehlung (contritio cordis), dann folgte die Beichte (confessio oris) und schließlich die Wiedergutmachung in Form von verdienstvollen Werken (satisfactio operis). Die Absolution jedoch erfolgte erst nach der Erbringung der Strafleistung – dem Sprechen einer bestimmten Anzahl von Gebeten, dem Spenden von Almosen, dem Durchführen einer Wallfahrt u. Ä. –, deren Höhe in einem genauen Tarifsystem festgelegt war. Nun aber erteilte der Priester gleich nach dem Lippenbekenntnis die Absolution, während die Bußleistung später folgen konnte – auf Erden oder im jenseitigen Reinigungsfeuer. Die Bitte um eine vorzeitige Erlösung aus dem Purgatorium wurde damit dringlich. Sie betraf die eigene Seele und die Armen Seelen, die bereits im Fegefeuer schmorten. Der enge Verbund der Lebenden und Toten, der soziale Beziehungen über das Sterben hinweg aufrechterhielt, ließ die Sorge um die Verstorbenen zu einem zentralen Anliegen der Fürbitte werden.

Die Heiligen waren dafür prädestiniert, das Strafmaß aufzuwiegen, denn ihre guten Werke, allen voran der Märtyrertod der Blutzeugen, hatte den Kirchenschatz der Verdienste (thesaurus ecclesiae) weit angefüllt. Die Verdienste Christi schließlich und sein Opfertod ließen den Schatz unerschöpflich werden. So konnte der Papst als oberster Kustos des Kirchenschatzes aus der reich gefüllten Truhe austeilen und durch Ablassspende besondere Straferlässe gewähren. Ein Plenarablass, der zu den Heiligen Jahren ausgerufen wurde, erließ das gesamte Strafmaß, so dass die Seele bei einem plötzlichen Tod vollständig gereinigt sofort in den Himmel eingehen würde.

Literatur: Trüb 1978 – LeGoff 1984 – Wunderli 1986 – Frohn 2001

Kosmas und Damian

27. September

Die Vita der heiligen Ärzte Kosmas und Damian variiert, je nachdem, ob es sich um einen asiatischen, arabischen, syrischen oder römischen Text handelt. Uneinigkeit besteht darüber, ob die Heiligen unter der Herrschaft des Kaisers Carinus (283 – 285) oder Diokletian (284 – 305) und Maximian (286 – 305) lebten, ob sie Brüder oder Zwillingsbrüder waren und ob sie eines natürlichen Todes starben oder das Martyrium erlitten. Im Westen setzte sich gemeinhin die Auffassung durch, die Brüder seien in Aegae (Aigai) in Kilikien geboren und hätten noch drei weitere Brüder gehabt. Ihr Hauptverdienst lag darin, dass sie ihre Heilkunst allen Menschen

Rogier van der Weyden, Medici-Madonna, um 1450, Frankfurt a. M., Städel

kostenfrei zukommen ließen. Als Damian einst von einer Frau drei Eier annahm, die diese ihm hartnäckig aufdrängte, war Kosmas darüber so erbost, dass er schwor, er wolle nicht mit seinem Bruder im gleichen Grab bestattet werden. Erst als ihm in der Nacht Christus erschien und Damian freisprach, legte sich sein Zorn.

Der Landpfleger Lysias verlangte von den Brüdern ein Götteropfer und da sie dies ablehnten, ließ er sie mehrfach foltern und kreuzigen. Die heiligen Ärzte trug man in Pherman (Pheremma) bei Kyrrhos in Syrien zu Grabe, wo schon bald eine Kirche entstand. Von nun an breiteten sich mehrere Kultzentren aus, unter anderem in Aigai und Konstantinopel. Doch selbst in Rom wurden Kosmas und Damian als Heilige verehrt: Schon im 5. Jahrhundert wurden erste Oratorien unter ihr Patrozinium gestellt, Papst Felix IV. (526 – 530) schließlich ließ am Forum Romanum, dem einstigen heidnischen Zentrum der Stadt, die Basilika SS. Cosma e Damiano errichten. Nördlich der Alpen waren frühe Kultzentren in Essen und Bremen zu finden.

Die Kultstätten wurden zum Anziehungspunkt vieler Kranker, die sich von den heiligen Ärzten Gesundung erhofften. Für viele Orte ist der Inkubationsschlaf belegt, der in den Tempeln des Asklepios üblich war und nun in den christlichen Gotteshäusern praktiziert wurde. Dabei schlief der Kranke am Kultort und erfuhr im Schlaf Heilung oder erhielt im Traum Anweisung zur Behandlung. In Konstantinopel soll Kaiser Justinian I. während einer Krankheit den Inkubationsschlaf vollzogen haben. Auf diese Praxis spielt auch die Heiligenvita an, wenn sie berichtet, dass Bedrängte an einer Kultstätte der Ärzte einschliefen und genasen. Auch einem frommen Mann, der in der römischen Kirche SS. Cosma e Damiano den heiligen Dienst versah und ein krebszerfressenes Bein hatte, erschienen die Heiligen im Schlaf, amputierten das kranke Körperglied und setzten stattdessen das Bein eines gerade verstorbenen Negers an.

Seit dem Hochmittelalter sind die Brüder Patrone der Ärzte sowie Schutzheilige der Barbier- und Baderzunft. In dieser Funktion lösten sie mancherorts den → hl. Lukas ab, der traditionell Patron der Ärzte war.

Kosmas und Damian werden häufig als Einzelpersonen dargestellt, nur selten ist ihnen ein gesamter Vitenzyklus gewidmet. Eine der frühesten bekannten Darstellungen des Westens stammt aus Ravenna und datiert in das Jahr 547. Rogier van der Weyden, der sich mit seiner Malerwerkstatt in Brügge angesiedelt hatte, malte zu Ehren des Hauses der Medici in Florenz ein Heiligenbild, doch wer die Tafel bezahlte, ist unbekannt. Mitunter gilt Angelo Tani, ein begüterter florentinischer Handelsmann in Brügge, als Auftraggeber (→ Michael I). Die beiden Ärzte aber waren die Hausheiligen der Familie Medici (ital. Ärzte). Rogier ordnete sie auf seiner Sacra Conversazione zur linken Seite der Madonna an, während die vornehmere rechte Seite → Petrus und → Johannes dem Täufer vorbehalten ist. Diese beiden sind möglicherweise als Namenspatrone von Piero und Giovanni de' Medici zu verstehen. Von den beiden Ärzten erhielt Kosmas den hervorgehobenen Platz unmittelbar neben Maria, sein Bruder, der sich durch die Annahme der Eier schuldig gemacht hatte, ist ihm nachgeordnet. Hier trägt Damian wie üblich einen Spatel in der Hand, doch der Geldbeutel an seinem Gürtel ist ein sehr unübliches Attribut des Heiligen, der umsonst seine Patienten kurierte. Soll der hochgeschlagene Mantel, der erst die Geldkatze sichtbar macht, auf eine heimliche Annahme einer Bezahlung durch die Naturalien hinweisen? Oder ist sie als ein Hinweis auf den vermittelnden Handelsherrn zu verstehen? Kosmas indes trägt die lange pelzverbrämte Schaube und hält ein Uringlas sowie ein geschriebenes Rezept in der Hand. Er wird damit als ein medizinischer Gelehrter ausgewiesen, sein Bruder ist häufig als Wundarzt charakterisiert.

| Die zwei heiligen Ärzte können als Attribut einen Palmzweig und Schwert erhalten, aber auch chirurgische Instrumente. Kosmas trägt oft einen langen Gelehrtenmantel und hält ein Uringlas, Damian hingegen erscheint oftmals mit einer Spatula oder einem Skalpell.

Kosmas und Damian, Apsismosaik, um 530, Rom, SS. Cosma e Damiano; Verpflanzung des Mohrenbeins, 2. H. 15. Jh., Stuttgart, Württembergisches Landesmuseum; Michael Erhart, Skulptur hll. Kosmas und Damian, um 1475, Kaufbeuren, St. Martin; Tizian, Hl. Markus auf dem Thron mit Kosmas und Damian, um 1511, Venedig, Santa Maria della Salute

Quellen: Acta Sanctorum, Sept. VII, Bd. 47, S. 400 – 478 – Deubner 1980

Literatur: David-Danel 1958 – Wittmann 1967 – Julien/Ledermann 1985 – Sander 1993, S. 316 – 335 – Dietrich 2005 – Brenk 2007 – Iacobone 2007

Florian von Lorch — 4. Mai

Zu Florian, der unter Diokletian (284 – 305) das Martyrium erlitten haben soll, gibt das *Martyrologium Hieronymianum* aus der Mitte des 5. Jahrhunderts erste Hinweise. Diese frühe Märtyrerauflistung liefert den Kern der Floriansvita. Der Verwaltungsbeamte Florian aus Lauriacum (Lorch a. d. Enns) war auf Befehl des Statthalters mit einem Stein um den Hals von einer Brücke in die Enns gestürzt worden. Als Strafe für diese Freveltat verlor der Statthalter sein Augenlicht. Diese Aussagen blieben für Jahrhunderte bestehen, wurden aber durch zusätzliche Details bereichert. Florians *Passio* aus dem 9. Jahrhundert macht ihn schließlich zu einem Soldaten – eine Berufsbezeichnung, die ihm bis in die Frühe Neuzeit anhaften soll. Er habe sich geweigert, die heidnischen Götter anzubeten, und sich frei zum Christentum bekannt. Auf einer Brücke habe ihn der Statthalter, der nun den Namen Aquilinus erhält, erneut zur Rede gestellt und ihn dann in den Fluss geworfen. Diese Legendentexte fügten Foltern hinzu, die Florian vor seinem Tod erlitten hatte, man soll etwa seinen Körper mit Eisenhaken aufgerissen haben und im späten Mittelalter heißt es, er sei mit Fackeln gebrannt worden. Eine Witwe namens Valeria wurde durch eine Offenbarung darauf aufmerksam, dass sein Leichnam an den Ufern der Enns liege, bewacht von einem Adler. Daraufhin lud sie ihn auf einen Ochsenkarren, um ihn zu einem geeigneten Bestattungsort zu bringen. Als die Tiere unterwegs vor Durst nicht mehr weiter wollten, sei eine Quelle aus dem Boden hervorgesprudelt. Über dem Grab des Heiligen wurde eine Kapelle errichtet, heute erhebt sich dort in St. Florian bei Linz der barocke Bau der Augustinerklosterkirche.

Teile der Gebeine gelangten schon im hohen Mittelalter über Papst Lucius III. (1181 – 1185) nach Polen, wo sie in der Wawel-Kathedrale zu Krakau in hohen Ehren gehalten wurden. Im Alpenraum breitete sich die Floriansverehrung seit etwa 1150 stark aus und erhielt durch die Habsburger neuen Aufschwung. Kaiser Maximilian I. erkor ihn nach → Georg zu seinem wichtigsten Patron. Da man die genaue Lage seiner Bestattung nicht kannte, ließ der Kaiser Grabungen in St. Florian vornehmen, doch die Gebeine wurden nicht aufgefunden.

Auch wenn Florian zu den christlichen Märtyrern gehört, die schon im frühen Mittelalter verehrt wurden, sind erste bildliche Darstellungen nicht vor dem 12. Jahrhundert zu belegen. Zu dieser Zeit erhielt er wenige charakteristische Merkmale und wurde lediglich als Soldat in Rüstung und mit Schild wiedergegeben. Erst gegen 1420 erhielt er als Attribute das Wassergefäß und mitunter ein brennendes Gebäude, die ihn unmissverständlich als Feuerpatron kennzeichnen. Florian vollzog demnach im späten Mittelalter einen einschneidenden Bedeutungswandel und wurde von einem christlichen Soldaten, der für seinen Glauben zu sterben bereit ist, zum Helfer in Feuersnöten. Von nun an stieg die Produktion seiner Bilder bis in das ausgehende Barock enorm an.

Michael Pacher, der nicht nur ein begnadeter Maler, sondern auch ein fähiger Bildschnitzer war, fertigte für sein Wolfgangsretabel (→ Wolfgang) zwei Figuren an, die als sogenannte Schreinwächter rechts und links des Retabels Aufstellung fanden. Florian ist ein gerüsteter Soldat, der allerdings keine antike, sondern eine mittelalterliche Rüstung trägt, die durch einige Fantasieelemente ergänzt wurde, wie den turbanartigen Kopfputz. Gelassen gießt der Heilige aus einer Kanne Wasser über eine Stadt, aus deren Gebäuden Flammen schlagen. Florian trägt eine riesige Fahne mit sich, entsprechend seinem Counterpart, dem → hl. Georg, der auf der anderen Altarseite eine ebensolche lange Fahnenstange mit sich führt. Georg trägt eine nahezu gleiche Rüstung wie Florian und ebenfalls einen fantastischen Helm. Mit diesen beiden Heiligen flankieren zwei Ritterheilige, die in lebensbedrohlichen Situationen eingreifen, den Altar: Der eine bekämpft den Drachen, der andere das züngelnde Feuer.

| Florian trägt als Soldat eine Rüstung. Seine Hauptattribute sind ein Wasserbottich und ein brennendes Haus.

Hl. Forian, Holzskulptur, um 1330, St. Florian, Kunstsammlung; Marx Reichlich, Votivtafel des Florian Waldauf mit hl. Florian, 1505/06, Hall in Tirol, Stadtmuseum; Albrecht Altdorfer, Tafeln mit Szenen der Floriansvita, nach 1518, Florenz, Uffizien, Nürnberg, Germanisches Nationalmuseum und Prag, Nationalgalerie; Johann Anton Gumpp und Melchior Steidl, Vita des hl. Florian, Deckengemälde, 1690–1694, St. Florian, Augustinerklosterkirche

Quelle: Neumüller 1971

Literatur: Tschochner 1981 – Smolak 1994 – Ebner/Würthinger 2003 – Bergamini/Geretti 2004 – Ausst.-Kat. Floriano 2004 – Telesko 2007

Michael Pacher, Hl. Florian, Holzskulptur, um 1481, St. Wolfgang, Wallfahrtskirche St. Wolfgang

Nikolaus von Myra 6. Dezember

Obgleich den heiligen Nikolaus jedes Kind kennt, ist das Wissen um die historische Person des Bischofs Nikolaus doch begrenzt. Nicht einmal sein Todesjahr ist zuverlässig überliefert, allgemein gilt, dass er um 270 in Patras in Lykien geboren wurde und gegen 342 in seiner Bischofsstadt Myra verstarb. Obgleich seine Vita, die sich in der Ostkirche herausbildete, spätestens im 9. Jahrhundert auch im Westen kursierte und im Laufe der Jahrhunderte ständig erweitert wurde, entstammen doch viele der Erzählungen aus einer anderen Biografie. Weite Teile der Nikolaus-Vita nämlich sind der Lebensbeschreibung des Abtes Nikolaus aus dem Sionkloster († 564) entnommen. Demnach hatte Nikolaus schon im Kindesalter die Lektorenweihe erhalten, mit 19 Jahren wurde er Priester und auf einer Fahrt ins Heilige Land wirkte er erste Wunder. Diese Biografie vermischte sich mit einer bereits früher verbürgten Einzelerzählung, nach der Nikolaus drei Feldherren davor bewahrte, zu Unrecht hingerichtet zu werden. Der neu entstandene Legendentext wuchs sich im Laufe des Mittelalters aus, wurde durch neue Wunder bereichert, während die bekannten Wunder ausgeschmückt und sogar Namen für die Eltern des Heiligen erfunden wurden. Von jeher aber präsentierten die Texte Nikolaus als Wohltäter und Helfer der zu Unrecht in Not Geratenen. So soll er einst fahrende Schüler gerettet haben, die ein betrügerischer Wirt in einem Kessel eingepökelt hatte.

Noch bevor die Vitenschreibung einsetzte, muss der Bischof als Heiliger verehrt worden sein, denn schon im 5. Jahrhundert ist Nikolaus als ein beliebter Vorname zu finden und selbst ein Papst nannte sich nach ihm Nikolaus I. (858–867). Mittelpunkt seiner Verehrung bildete Myra, wo man über seinem Grab eine Kirche errichtet hatte und am 6. Dezember sein Andenken beging. Nachdem die Araber die Stadt gebrandschatzt hatten, nutzten Plünderer die geringe Verteidigungskraft der Bewohner, raubten 1087 die Gebeine des Heiligen und brachten sie nach Bari. Seit dieser Zeit stieg die Verehrung im Westen an. Die heute allseits bekannte Verbindung mit der Rute ging Nikolaus in Klosterschulen ein. In den mittelalterlichen Lernanstalten nämlich gehörte es zur gängigen Pädagogik, mittels einer Rute die Lehre einzubläuen und zu strafen. Mancherorts erhielten die Schüler am Tag des Klosterpatrons von der Stadt Geschenke. Bald wurde Nikolaus selbst zum Schutzheiligen der Schüler und zum lobenden und mahnenden Heiligen, der alljährlich die Kinder besucht.

Bilder des hl. Nikolaus entstanden zunächst in der Ostkirche, wo er häufig als Einzelperson oder im Verbund mit anderen Heiligen dargestellt wurde und mit einem länglichen Gesicht, einer hohen Stirn, weißem Haarkranz und Bart eine unverwechselbare Physiognomie erhielt. Der Westen übernahm diese Ikonografie mit Veränderungen, etwa wurde das byzantinische Omophorion, das schalartige liturgische Kleidungsstück der Bischöfe, zum Pallium, der schmaleren Version des Westens, mit dem der Papst einige hohe kirchliche Würdenträger auszeichnet. Zudem stattete man Nikolaus mit Mitra und Krummstab aus. Die physiognomischen Eigenheiten waren im Westen nicht bedeutsam, hier erscheint er ohne Bart und die Haare sind unter der Mitra verborgen. In diesem Äußeren stellte auch ein namentlich nicht bekannter Maler den Heiligen auf dem Hochaltar der Nikolaikirche im sächsischen Döbeln dar. Auf jedem Bildfeld platzierte er den heiligen Bischof am linken Bildrand, von wo aus er im Weisegestus Wunder wirkt oder selbst Hand anlegt: Einem verarmten Mann, der den verzweifelten Plan gefasst hatte, seine drei Töchter ins Bordell zu geben, warf Nikolaus Goldklumpen durch das Fenster; während einer Hungersnot in Myrna erbittet er von einem Frachtschiff Getreide, dessen Vorräte sich beim Weiterfahren wundersam wieder auffüllen; er entlarvt eine Zauberin, die Schiffern verzaubertes Öl verkauft, das auf Geheiß des Bischofs ins Meer geschüttet wird; in Anlehnung an die ursprüngliche Erzählung von der Errettung dreier Feldherren bewahrt er drei junge Ritter vor ihrer Verurteilung. Mit

Hochaltarretabel mit Vita des hl. Nikolaus, 1515/16, Döbeln, Nikolaikirche

diesen Szenen hat der Maler die bekanntesten Episoden des Heiligen dargestellt und Nikolaus als den heiligen Helfer in großer Not charakterisiert. Mit den vier Szenen erhielt der Betrachter nicht nur eine fromme Bildlektüre, die ihn über das Leben des Heiligen unterrichtete, sondern wurde in einer exemplarischen Beweisführung von der helfenden Kraft des Kirchenpatrons überzeugt.

| Nikolaus trägt das Bischofsgewand mit Mitra und Krummstab. Als Attribute dienen meist drei Goldkugeln oder drei Geldsäcke, zwei oder drei Schüler im Pökelbottich oder ein Buch.

Meister Heinrich (Werkstatt), Steinskulptur des thronenden Nikolaus, um 1300, Überlingen, Nikolaus-Münster; Gentile da Fabriano, Szenen aus dem Leben des hl. Nikolaus, 1425, Vatikan, Pinacoteca; Tilman Riemenschneider, Hl. Nikolaus, um 1505, Karlstadt, St. Andreas; Lorenzo Lotto, Hl. Nikolaus in der Glorie, 1529, Venedig, Chiesa di Santa Maria del Carmine; Luca Giordano, Der hl. Nikolaus in der Glorie, 1658, Neapel, Museo Civico in Castel Nuovo

Quellen: Beatillo 1620 – Anrich 1913

Literatur: Heiser 1978 – Meisen 1981 – Otranto 1987 – Sandner 1993, S. 140 – 143

Margareta von Antiochien — 20. Juli

Die Vita der hl. Margareta, deren Martyrium nur sehr grob zwischen 303 und 411 eingeornet wird, war in Kritik geraten und ihr Wahrheitsgehalt war wiederholt bezweifelt worden, nachdem erstmals Gelasius I. (492 – 496) diese für apokryph erklärt hatte. Trotzdem wurden die hagiografischen Erzählungen und der Kult der Heiligen von 1100 an ungemein populär.

Margareta (gr. Marina), die Tochter des Heiden Theodosius in Antiochien, bekehrte sich zum Christentum und floh vor den Verfolgungen ihres Vaters zu ihrer Amme auf das Land. Als sie dort die Schafe hütete, sah sie der römische Präfekt Olibrius und begehrte sie zur Frau. Da sich Margareta für ihren Glauben und gegen den Werber aussprach, kerkerte dieser sie ein. Doch auch unter der Folter blieb sie standhaft, obwohl ihr schöner Körper derart verunstaltet wurde, dass sich selbst Olibrius ob des vielen Blutes abwandte. Als sie wiederum ins Gefängnis geworfen wurde, erschien ihr ein feindseliger Drache. Was nun geschah, berichten die hagiografischen Schriften unterschiedlich. Meist heißt es, Margareta habe über dem Untier ein Kreuzzeichen geschlagen, worauf es verschwunden sei. Doch mitunter erzählte man sich, der Drache habe die Heilige verschlungen und erst als diese im Leib des Ungeheuers ein Kreuz geschlagen habe, sei das Tier geborsten und Margareta sei unversehrt hervorgestiegen. Diese Version erwähnt auch der Verfasser der *Legenda aurea*, lehnt sie jedoch als apokryph ab. Margareta wurde weiter gefoltert, in dem man sie mit Fackeln brannte und in einen Wasserbottich steckte, dem sie aber unversehrt entstieg. Daraufhin bekehrten sich Tausende und wurden sogleich hingerichtet. Schließlich ordnete Olibrius Margaretas Enthauptung an. Doch bevor der Henker seinen Dienst verrichtete, bat Margareta Gott für all diejenigen, die sie in Zukunft verehren werden, besonders aber für Schwangere, die sie künftig anrufen würden.

Margaretas Reliquien gelangten von Antiochien nach Konstantinopel und von dort 908 nach San Pietro in Valle am Bolsenasee. Von dort aus transferierte man sie 1145 ins nahe gelegene Montefiascone und weihte der Heiligen die Kathedrale. Doch war der Leichnam nicht unversehrt an den Bolsenasee gelangt, denn andere heilige Überreste waren von Konstantinopel aus nach ganz Europa gelangt, ihre Hand etwa bewahrte man in Venedig auf. Diese Reliquie wurde besonders verehrt, da Margareta mit der Hand das Kreuzzeichen über dem Drachen geschlagen hatte. In Saint-Germain-des-Prés in Paris hielt man Margaretas Gürtel in hohen Ehren, da sie mit diesem den Drachen gebunden haben soll. Vor allem schwangere Frauen fanden sich hilfesuchend vor dem heiligen Gegenstand ein und brachten als Votivgaben Kerzen dar, deren Länge dem Umfang ihres schwangeren Leibes entsprach.

Mit der Verbreitung der Legende stiegen auch die Darstellungen der hl. Margareta sprunghaft an. Schon in der Buchmalerei des Hochmittelalters wurde ihre Vita die am häufigsten illustrierte und bis in die Frühe Neuzeit hinein gehörte Margareta auch in anderen Medien zu den oftmals abgebildeten Heiligen. Der Straßburger Frauenorden der Reuerinnen (→ Maria Magdalena II) beherbergte in der Klosterkirche St. Magdalena eine Margaretenstatue, die heute nicht mehr erhalten ist. Von ihrer Existenz zeugen noch zwei Flügel des einstigen Tabernakels, die der sogenannte Meister der Gewandstudien beidseitig bemalte. Auf

Meister der Gewandstudien, Flügel des Margarethenretabels, 1480/1490, Dijon, Musée des Beaux-Arts

der Innenseite entwickelt sich die Lebensgeschichte der Heiligen in aller Ausführlichkeit in mehreren Szenen. Nahezu auf jedem Bildfeld ist Margareta in einem roten Kleid zu sehen, dessen Farbe ihr blutiges Martyrium widerspiegelt. Davon setzten sich die untere linke und die obere rechte Darstellung ab, auf denen ihr nackter Körper den Torturen preisgegeben und die Heilige mit ausgestreckten Armen christusähnlich an einem Folterbalken aufgeknüpft ist. Margaretas offene Haare sind ein Zeichen ihrer Jungfräulichkeit, ebenso wie der

Blumenkranz, den sie auf allen Szenen trägt. Nur auf den beiden Feldern mit ihrer Enthauptung hat die Heilige eine Krone auf dem Kopf, als Hinweis auf die Krone des ewigen Lebens, die sie durch ihr Martyrium erlangt hat (Offb 2,10). In der vorletzten Episode tritt ihr Christus selbst entgegen und nimmt ihre Bitten für die zukünftigen Fürbitter entgegen. Die Drachenszene nimmt zwar nur ein Bildfeld ein, ist aber ausführlich geschildert, indem sie auch die Verwandlung des Drachen in den Teufel zeigt und als Zeugen des verborgenen Geschehens die Amme und einen gewissen Theotimus einfügt, der in Legendentexten des 11. Jahrhunderts als Gewährsmann und Verfasser genannt wird. Die umfangreiche Bilderzählung umfing die Skulptur der Heiligen, stattete sie mit konkreten Taten aus und lieferte die Begründung für ihre Verehrung.

| Margareta ist meist reich gekleidet, trägt oft eine Krone und hat üblicherweise die langen Haare geöffnet. Als Attribut dienen Drache, Kreuzstab oder Buch.

Turino Vanni (Nachfolger), Vitentafel der hl. Margareta, um 1400, Vatikan, Pinakothek; Raffael, Hl. Margareta, 1518, Wien, Kunsthistorisches Museum; Ludovico Carracci, Martyrium der heiligen Margerita, um 1616, Mantua, San Maurizio

Quellen: Margarethen-Legende 1890 – Wace 1932 – Andel 1933 – Passio Kiliani/Margaretae 1988

Literatur: Weitzmann-Fiedler 1966 – Ausst.-Kat. Spätmittelalter 2001, Teil 1, Kat.-Nr. 154 – Petrella 2003/04

Martin von Tours I — 11. November

Martin von Tours vereinte in seiner Person die unterschiedlichsten Lebensstile: Soldatenstand, Bischofsamt und Mönchtum. Um 315/16 in Szombathely in Ungarn geboren und in Pavia aufgewachsen, trat er unter dem Feldherrn und späteren Kaiser Julian in den Militärdienst ein, der ihn nach Gallien führte. Während dieser Zeit ereignet sich das berühmteste Ereignis seines Lebens, das sich bis heute ins Gedächtnis aller Konfessionen eingeschrieben hat: die Mantelteilung vor den Stadttoren von Amiens. Bereits Martins erster Biograf Sulpicius Severus, der dem Heiligen persönlich nahestand, berichtet, er habe aus Mitleid mit einem in der Winterkälte frierenden Armen seinen Soldatenmantel mit dem Schwert geteilt und eine Hälfte dem Bettler überlassen. Mit dieser Erzählung schreibt der Biograf Martin schon für die Zeit seines Soldatenlebens die Eigenschaft der Mildtätigkeit zu. Nach zwanzigjährigem Waffendienst nahm Martin den Abschied, um dem geistlichen Stand beizutreten. 370/71 wurde er schließlich zum Bischof von Tours geweiht. Trotz dieses herausragenden Amtes war er um die Förderung des mönchischen Lebens bekümmert, denn seit seiner Jugend fühlte er sich zum Eremitenleben hingezogen und hatte selbst einige Zeit in der Abgeschiedenheit gelebt. Nun gab er dem Mönchtum des Westens ein neues Profil, indem er anstelle von Einsiedeleien in der Wüste Monasterien in der Nähe von Städten gründete (Ligugé bei Poitiers und Marmoutier über der Loire). Nach einem langen Leben, das von karitativen Tätigkeiten geprägt war, verstarb Martin im Jahr 397 und wurde in Tours bestattet. Über seinem Grab entstand zunächst eine kleine Kapelle, später eine Basilika.

In Martins nächstem Umkreis setzte seine Verehrung früh ein, so verzeichnet schon das älteste bekannte Kalendarium von Tours aus dem Ende des 5. Jahrhunderts den 11. November als seinen Gedenktag. Im römischen Sakramentarium ist er Ende des 8. Jahrhunderts bezeugt. Mit der Bekehrung → Chlodwigs wurde der Heilige zum Patron der Franken. Das merowingische Königshaus war im Besitz der einen Mantelhälfte von Martins geteilter Chlamys und führte diese in Kriegszeiten mit ins Feld. In Friedenszeiten verwahrte man das kostbare Mäntelchen (capella) in der Palastkapelle und bestallte einen Priester (capellani) zu seinem Schutz. Der Name der kostbaren Reliquie aber prägte die Bezeichnung seines Aufbewahrungsortes.

Populär wurde der Heilige durch die Lichter- und Heischezüge, die traditionell am Martinstag, kurz vor der adventlichen Fastenzeit, stattfanden und 1890 mit dem ersten organisierten Fackelzug in Düsseldorf zu öffentlichen Umzügen wurden. Da am 11. November Martin Luther getauft worden war, breitete sich das Martinsfest auch in evangelischen Regionen aus.

Erste Bildnisse des heiligen Bischofs müssen schon kurz nach seinem Tod im Umlauf gewesen sein, schon im 10. Jahrhundert sind sie in großer Anzahl in allen Medien der bildenden Kunst zu finden. Stets wurde auch Martins Vita in vielen Szenen nacherzählt, doch im 12. Jahrhundert kristallisierte sich die Mantelteilung als Hauptszene heraus. Im 15. Jahrhundert wurde diese modifiziert, indem man nun Martin als Bischof darstellte, der einem Bettler Almosen gibt. Häufig wurde auch die wundersame Erscheinung einer Feuerkugel abgebildet, die sich ereignete, als Martin einst eine Messe feierte (→ Martin von Tours II).

Bereits im frühen 13. Jahrhundert stellte ein namentlich nicht bekannter Bildhauer, der unter dem Notnamen Meister von Naumburg in die Kunstgeschichte einging, die Mantelteilung in einem unvergleichlichen Realismus dar. Die freiplastischen Figuren, die vor einem neutralen Hintergrund gesetzt sind, drängen über den engen Kastenraum heraus und bestechen durch ihre physische Präsenz. Der Soldat Martin ist in ein höfisches Gewand gekleidet und zerteilt in diesem Moment mit dem Schwert seine weite Chlamys. Einen Teil des Mantels hält der Bettler bereits in Händen. Von dessen großer Not zeugen sein ausgemergeltes Gesicht, seine hervortretenden Rippen und knochigen Schulterblätter sowie seine zerrissenen kurzen Hosen. Das Relief wurde wahrscheinlich für den Mainzer Dom geschaffen, denn dieser ist dem hl. Martin geweiht. Zudem war dort der Naumburger Meister für mehrere Jahre mit seinen Werkstattmitarbeitern tätig, um Figuren für den Lettner zu skulptieren.

Meister von Naumburg, Bassenheimer Reiter, 1239/1243, Bassenheim, St. Martin

| Martin wird als Soldat zu Pferd abgebildet oder als Bischof in klerikalen Gewändern. Als Attribut kann er eine kleine Figur des Bettlers erhalten oder eine Gans, da am Martinstag die gemästeten Gänse geschlachtet wurden.

Sieben Szenen aus der Martins-Vita, 1100/1150, Zillis, St. Martin; Simone Martini, Martinszyklus, 1315, Assisi, S. Francesco, Unterkirche, Martinskapelle; Derick Baegert, Tod des hl. Martin, um 1480, Münster, Westfälisches Landesmuseum für Kunst und Kulturgeschichte; Lucas Cranach d. Ä. (Werkstatt), Albrecht von Brandenburg als hl. Martin, um 1524, Aschaffenburg, Stiftsmuseum; El Greco, Der hl. Martin und der Bettler, um 1580, Washington, National Gallery

Quellen: Sulpicius Severus/PL 20 – Venantius Fortunatus/PL 88

Literatur: Ewig 1979 – Gabelt 1996 – Groß/Urban 1997 – Lörincz 2001 – Helas 2007, S. 247–257

Severin von Noricum — 8. Januar

Severin von Noricum, Wohltäter, Prediger und Klostergründer, ist nicht zu verwechseln mit dem gleichnamigen heiligen Bischof Severin von Köln, der um 900 lebte. Wann Severin geboren wurde und woher er stammte, ist ungewiss. Doch wirkte er in der römischen Provinz Noricum, die Teile Österreichs, Bayerns und Sloweniens umfasste. Selbst Eugippius, Abt des Klosters Lucullanum bei Neapel, der kurz vor 511 eine erste Vita des Heiligen verfasste, wusste nichts über die ersten Jahre seines Protagonisten zu berichten. Mit großer Wahrscheinlichkeit stammte Severin aus einer wohlhabenden Familie Italiens; ob sein Geburtstag in die Jahre um 410 fällt, muss Vermutung bleiben. Doch weist einiges darauf hin, dass Severin eine gehobene Laufbahn im näheren Umkreis des weströmischen Kaiserhauses angetreten hatte. Wohl in römischem Auftrag gelangte er an die östliche Grenze Noricums, um gegen die angreifenden Germanen Hilfestellung zu leisten. Hier ist er erstmals als Christusnachfolger und Christusprediger greifbar. Von nun an wirkte er an verschiedenen Orten der Provinz, bis hin nach Passau. Er half der Bevölkerung bei drohenden Feindesangriffen, bei Hunger und in Kleidernot. So soll er etwa einst für die Hungerleidenden in Lorch Olivenöl aus Italien besorgt haben. Als er das ersehnte Gut in der Kirche austeilte, versiegte das Öl nicht, bis ein Anwesender erstaunt auf dieses Wunder hinwies. Erst da hatte der Ölfluss ein Ende. Ein anderes Mal soll er in Sorge um die Ausbreitung des Christentums alle Anwohner mit einer Kerze in der Hand im Gotteshaus versammelt haben. Auf ein Gebet hin leuchteten plötzlich alle Kerzen der Christen, die der Noch-nicht-Bekehrten hingegen brannten nicht.

In Passau gründete Severin ein Kloster, als dessen Vorsteher er gilt, ohne dass er aber eine reguläre Abtposition innehatte. Auch lebten die Mönche offenbar ohne eine feste Regel beisammen und Severin wohnte nicht beständig bei den Brüdern. Allem Anschein nach hatte der Heilige keine klerikale Weihe erhalten und war kein Priester, obgleich man ihm ein Bistum antrug, das er jedoch ablehnte. Demütig waren auch seine Lebensgewohnheiten: Er aß sehr mäßig und soll selbst im kalten Winter barfuß gegangen sein.

482 starb der rege Heilige. Als 488 die Mönche aus Noricum wegzogen, nahmen sie die Gebeine des verehrten Severin mit sich. Nach einer kurzen Zwischenlagerung des Leich-

Albrecht Dürer, Severin von Noricum, Detail aus einer Reihe österreichischer Schutzheiliger, Kupferstich, um 1515, Melbourne, National Gallery

nams in Montefeltre wurde er nahe Neapel erneut beigesetzt. Dort ruhte er vorerst in einem Mausoleum, das eine gewisse Barbaria zur Verfügung gestellt hatte. Im Jahr 902 übertrug man die heiligen Gebeine in die Klosterkirche Lucullanum, 1807 schließlich gelangte der Leichnam in die Pfarrkirche von Frattamaggiore (Kampanien).

Darstellungen des Heiligen sind vor allem im Umkreis seiner Wirkungsstätte zu finden, in Bayern, Österreich und Italien. Dort nahmen Ende des Mittelalters seine Bilder enorm zu. So schuf auch Albrecht Dürer für einen Auftraggeber aus dem Umkreis des Hauses Habsburg eine Darstellung des Heiligen, eingefügt in eine Reihe von Schutzpatronen Österreichs. Als Vierter von links fällt Severin zwischen den heiligen Bischöfen, Kriegern und Herrschern durch sein einfaches Gewand und den wallenden Bart auf.

Auch trägt er als Einziger keine Schuhe. Selbst der Abtsstab, den er hier als Klostervorsteher erhalten hat, ist eine sehr schlichte Version ohne jegliche Zierformen, nur der Pannisellus ist daran befestigt. Um den Arm hält er den Rosenkranz und präsentiert dem Betrachter ein aufgeschlagenes Buch. Die Bildunterschrift betitelt Severin als Apostel Österreichs und gibt damit seine Stellung innerhalb der Landesheiligen an.

| Severin ist in das Benediktinerhabit gekleidet, er kann einen langen Bart tragen und ist oftmals barfuß. Mitunter erhält er einen Abtsstab.

Hl. Severin, Holzstatue, um 1470, Passau, St. Severin; Hl. Severin, Holzstatue, 1519, Passau, Dom, Trennbach-Kapelle; Peter Dimmel, Bronzetor mit Vitenszenen des hl. Severin, 1971, Lorch, Basilika

Quellen: Eugippius 1963 – Vita Severini 1986

Literatur: Lotter 1976 – Zinnhobler 1982

Eligius von Noyon — 1. Dezember

Eligius (Éloi) ist ein Heiliger, der eine ungewöhnliche Karriere machte. Geboren wurde er um 588/590 in Chaptelat bei Limoges als Sohn christlicher Eltern. Zunächst ergriff er den Beruf eines Goldschmieds und absolvierte seine Lehre bei Abbo, dem königlichen Münzmeister. Eligius zeichnete sich bald durch seine hohe Kunstfertigkeit aus und erregte die Aufmerksamkeit des merowingischen Königshofes. Auch soll er die Leiber zweier Heiliger gefunden und für ihre Gräber kostbare Goldschmiedearbeiten gefertigt haben. 625 wurde er Münzmeister Chlothars II. und nach dessen Tod Dagoberts I. Tatsächlich tragen einige Münzen aus dem 7. Jahrhundert, die in Paris, Marseille und Arles geprägt wurden, den Namen des Eligius. Die Dienste des heiligen Goldschmieds für die Könige gingen weit über das Handwerk hinaus, denn er wurde zum Berater und gewann bald großen Einfluss am Hofe.

Da Eligius stets dem Göttlichen zugeneigt war, schlug er nach Dagoberts Tod eine geistliche Laufbahn ein und wurde schon 641 zum Bischof von Noyon eingesetzt. Dieses Amt übte er bis zu seinem Tode im Jahr 660 aus. Während seiner Bischofszeit führte Eligius die Christianisierung seines Bistums fort und gründete in Noyon das Frauenkloster Ste-Godeberte. Die Stiftung des Klosters Solignac in Limousin hatte er noch als Goldschmied durch eine reiche Schenkung ermöglicht.

Die erste Vita des Eligius stammt aus der Feder des Audoenus, Bischof von Rouen, der den Heiligen sehr gut gekannt hatte. In den Jahren um 673/675 brachte er die Biografie seines verstorbenen Bischofskollegen zu Papier, die sich durch ihre Länge und die Nennung vieler postumer Wunder von üblichen Heiligenviten unterscheidet. Weitere Viten folgten, die zum Teil durch ihr sprachliches Niveau auffallen, wie eine Überarbeitung aus dem 8. Jahrhundert, die mit Versen durchsetzt ist. Den Legendentexten zufolge musste Eligius einst ein Pferd beschlagen, das so unruhig war, dass er seine Arbeit nicht verrichten konnte. Da schlug er das Bein des Pferdes ab, schmiedete dafür das Hufeisen und setzte es dem Tier wieder an. Als im 13. Jahrhundert erste französischsprachige Viten erschienen, nahm die überregionale Verehrung zu und Wallfahrer strömten zu seinem Grab im Kloster St-Éloi. Doch gerade in diesem Jahrhundert setzte ein 300 Jahre andauernder Rechtsstreit um den wahren Kultort des Heiligen ein. Der Bischof nämlich behauptete, der Leichnam ruhe in seiner Kathedrale St. Martin, da man sie um 850 während der Normannenzeit dorthin transloziert habe. Dennoch blieb das Kloster vor den Mauern der Stadt das Zentrum der Eligiusverehrung.

Viele Handwerke, die mit Metallen und Edelmetallen arbeiteten, wie Gold- und Hufschmiede, wählten Eligius zu ihrem Schutzpatron.

Ein Kupferstecher mit dem Notnamen Meister des Bileam schuf eine Darstellung des Heiligen, die in mancherlei Hinsicht bemerkenswert ist. In eine nur 11,5 × 18,5 cm messende Kupferplatte stach er ein kleinteiliges Bild, das Genreszene und Heiligenbild vereint. Der heilige Bischof sitzt hier in seiner Goldschmiedewerk-

Meister des Bileam, Der hl. Eligius in seiner Werkstatt, Kupferstich, um 1450, Amsterdam, Rijksprentenkabinet

statt; er trägt das bischöfliche Ornat und bearbeitet mit Hammer und Amboss ein Werkstück. Es verwundert kaum, dass in der Hand des Heiligen ein Abendmahlskelch Gestalt annimmt. Die Tätigkeiten des Goldschmieds und Bischofs fallen in eins, denn das geschickte Handwerk und die Sakramentsspende werden dem Gläubigen zum Heil dienen. Eligius thront auf einer bischöflichen Kathedra, von der aus er seine Bistumskinder lehrt, und er ist der Werkstattmeister, der seine Gesellen unterrichtet. Seine Gehilfen sind gerade mit unterschiedlichen Arbeiten beschäftigt: Der linke zieht einen Draht, die beiden am Tisch fertigen den Fuß des Kelches und stanzen ein Blech aus. Die Tätigkeiten und die nötigen Werkzeuge hat der Bileamsmeister in einer Realitätstreue wiedergegeben, die für seine Zeit ungewöhnlich ist. Durch die zentral platzierte Gestalt des würdigen, aber handwerklich arbeitenden Bischofs und die vielen Tiere in der Werkstatt, darunter gar ein Affe, deutete er freilich an, dass er keine Momentaufnahme aus dem Alltag eines Handwerkers liefern wollte. Der Meister des Bileam selbst stand in enger Beziehung zu Eligius, denn als Kupferstecher hatte er diesen zum Patron und wie sein Schutzheiliger arbeitete er mit Metall. Auch sein Kupferstich vereinte Kunstfertigkeit und Heilsvermittlung, denn der Betrachter konnte sowohl die Fähigkeit des Künstlers goutieren als auch den hl. Eligius verehren.

| Eligius ist üblicherweise im bischöflichen Ornat mit Mitra dargestellt. Sein Attribut ist der Hammer.

Taddeo Gaddi, Hl. Eligius in seiner Goldschmiedewerkstatt, um 1340, Madrid, Prado; Sandro Botticelli, Pala di San Marco (Marienkrönung mit den hll. Johannes Ev., Augustinus, Hieronymus und Eligius), 1490/1492, Florenz, Uffizien; Meister des Bileam, Die Messe des hl. Eligius, um 1500, London, The National Gallery; Ignaz Günther, Eligiusaltar, 1765/1775, München, St. Peter

Quellen: Heiligen Leben 1488, fol. CCLXIv–CCLXIIIr – Vita Eligii 1902

Literatur: Etzdorf 1956 – Ehrend 1993 – Westeel 1999 – Ausst.-Kat. Spätmittelalter 2001, Bd. 1, Kat.-Nr. 17 – Griese 2005 – Westeel 2005 – Lohrmann 2007

Aegidius ______ 1. September

Die Lebensdaten des hl. Aegidius (Gilles) sind nicht bekannt, ebenso wenig wie sein Geburtsort. Wir wissen nur, dass er aus Griechenland stammte, womöglich aus Athen, jedoch in der Provence lebte. Dort auch verstarb er um 720. Der Hagiografie nach gehörte der Heilige zu einer wohlhabenden Familie, wandte sich aber von seinem irdischen Besitz ab und verteilte sein Hab und Gut an die Armen. Einem Bettler etwa schenkte er seine teure, überaus reich bestickte Tunika. In der Einsamkeit der Provence lebte Aegidius in einer Höhle und erhielt als Nahrung Milch einer Rehkuh. Diese tägliche Verpflegung prädestinierte ihn zum Patron der stillenden Mütter. Seine Ruhe des weltabgeschiedenen Lebens wurde jedoch gestört, als der Gotenkönig Flavius Wamba (672–680) bei der Jagd in das Gebiet gelangte. Der Herrscher verfolgte just das milchspendende Reh des Heiligen, das in seiner Not zu Aegidius flüchtet. So traf der Pfeil, der das Wild töten sollte, den frommen Einsiedler und verletzte ihn. Der König bereute seine unbedachte Tat, ließ als Sühneleistung ein Benediktinerkloster errichten und setzte Aegidius als Prior ein. Später erhielt der Konvent den Namen Saint-Gilles. In der Zeit, als Aegidius seinen Dienst als Ordensgeistlicher und Priester versah, ereignete sich ein wundersames Geschehen am Altar. Kaiser → Karl der Große soll eine so große Sünde begangen haben, dass er diese nicht einmal seinem Beichtvater anvertrauen wollte. Als Aegidius für den Herrscher eine Messe las, erschien ein Engel vom Himmel und verkündigte, Karls Sünde sei vergeben. Diese Erzählung kann sich jedoch nicht ereignet haben, denn Karl der Große lebte erst nach Aegidius' Tod. Weit mehr als ein historisch verbürgtes oder wahrscheinliches Ereignis zu berichten, will diese Episode die Absolutionsgewalt des Heiligen und sein gottgefälliges geistliches Wirken bezeugen.

Der Kern der Heiligenvita entstand Ende des 10. Jahrhunderts in der Benediktinerabtei Saint-Gilles im heutigen Saint-Gilles-du-Gard im Languedoc und wurde nach und nach erweitert. Bald schon zirkulierten Biografien in Versen und in unterschiedlichen Volkssprachen, im 12. Jahrhundert etwa übersetzte man sie ins Französische. Die überregionale Verbreitung der Vita gab auch der Wallfahrt zum Grab des hl. Aegidius in der Benediktinerabtei großen Aufschwung, die seit 1000 beständig anstieg und Gläubige aus ganz Europa an diesen Ort führte. Die Ausstrahlung des Heiligen wurde durch die günstige Lage von Saint-Gilles unterstützt, denn die Stadt lag an der Mündungsebene der Rhône und der örtliche Hafen begünstigte überregionale Wirtschaftsbeziehungen. Nach 1500 verlor die Abtei zwar an Bedeutung, der Heilige aber blieb als einer der → Vierzehn Nothelfer bedeutsam.

Aegidius ist als Einzelperson, weit häufiger aber im Verbund der Vierzehn Nothelfer abgebildet. Von den szenischen Episoden erhielten die Jagd des Gotenkönigs und die Messfeier für Karl den Großen Präferenz. Eine der berühmtesten Darstellungen schuf ein namentlich nicht bekannter Maler, der nach diesem Werk den Notnamen Meister von Saint-Gilles erhielt. Dieser malte für Ludwig XII. ein Retabel mit mehreren Szenen aus dem Leben des Heiligen. Dabei verquickte er aktuelle Personen mit den Gestalten der Hagiografie. Das Bildfeld, das Aegidius vom Pfeil getroffen und mit dem Reh im Arm zeigt, bringt die Hauptprotagonisten zusammen. Vor dem Heiligen kniet Flavius Wamba, der Ludwigs Gesichtszüge trägt, daneben erscheint Georges von Amboise, der hier mit der Person des Erzbischofs von Nîmes gleichgesetzt ist. Beide verehren den hl. Aegidius, der die Porträtzüge des François de Paule trägt, eines Minoriten, den Ludwig XII. nach Frankreich geholt hatte. Die Überblendung der Vita des Königs und des Heiligen hatte einen konkreten Anhaltspunkt. Ludwig hatte nämlich inständig um einen Nachkommen gebeten. Nach der Geburt des erhofften Sohnes besuchte er sogar Saint-Gilles, um dem Heiligen seinen Dank abzustatten. Der Franziskaner de Paule hingegen war schon zu seinen Lebzeiten in den Ruf als Helfer bei Kinderlosigkeit und Schützer der Kinder gekommen. Das Retabel, das Szenen aus dem Leben des Aegidius trägt, hatte Ludwig wahrscheinlich für die Kirche Saint-Leu-Saint-Gilles in Paris gestiftet.

| Der hl. Aegidius trägt meist das dunkle Ordensgewand der Benediktiner, auf der Messszene trägt er liturgische Gewänder. Seine wichtigsten Attribute sind Reh und Pfeil.

Hl. Aegidius mit der Hirschkuh, Portalskulptur, um 1220, Chartres, Kathedrale Notre-Dame; Thomas von Coloswar, Hl. Aegidius vom Pfeil verletzt, 1427, Esztergom, Keresztény Múzeum; Hans Memling, Hl. Aegidius und andere Heilige, Mitteltafel des Moreel-Triptychons, 1484, Brügge, Groeningenmuseum; Hans Memling, Hl. Aegidius, 1. Wandlung des Passionsaltars der Fam. Greverade, 1491, Lübeck, St.-Annen-Museum

Quelle: Liber Egidii 1889/90

Literatur: Ammann 1965 – Ferguson O'Meara 1977 – Berneville 2003 – Girault 2008

Meister von Saint-Gilles, Hl. Aegidius und die Hirschkuh, um 1503, London, National Gallery

Friedrich Hugenpoet, Hl. Liudger, Psalter, um 1490, Werden, St. Ludgerus, Schatzkammer

Liudger von Münster 26. März

Liudger (Ludger), der erste Bischof von Münster, gehört zu den frühen Missionaren. Er wurde 742 oder 746/47 als Sohn einer wohlhabenden friesischen Familie geboren, die sich noch nicht lange dem Christentum angeschlossen hatte. Erst sein Großvater Wirsing (Wurssing) hatte sich vom Heidentum abgekehrt und samt seinen Angehörigen taufen lassen. Da er die Friesenmissionare → Willibrord und → Bonifatius unterstützte, musste er vor dem Unwillen des heidnischen Friesenkönigs fliehen. In Utrecht fand er mit seiner Familie Schutz und Gelegenheit, seine Söhne auf die dortige Missionsschule zu senden. Liudger trat in die Fußstapfen seiner Verwandten und studierte ebenfalls im Utrechter Martinskloster. Weitere Studien absolvierte er auf der berühmten Kathedralschule in York. Doch musste er diese vorzeiten abbrechen, als ein friesischer Kaufmann in der angelsächsischen Stadt ein Blutbad anrichtete und alle Friesen eilig das Land verließen, um der Vergeltung zu entkommen. Aufs Festland zurückgekehrt, begann Liudger seine Missionsarbeit im Friesenland und in dänischen Grenzgebieten. 777 erhielt er in Utrecht die Priesterweihe. Nach einer Pilgerreise nach Rom und zu dem berühmten Benediktinerkloster Monte Cassino ernannte ihn → Karl der Große zum Missionar des östlichen Frieslandes und Westfalens. Die westfälische Siedlung Mimigernaford (Münster) wurde Liudgers Standort, an dem er eine klosterähnliche Zentralstation aufbaute und von dem aus er das Münsterland versorgte. In Werden bei Essen gründete er ein bedeutendes Kloster. Den Ort der Niederlassung hatte ihm ein Himmelszeichen gezeigt: Einst nämlich hatte ein heftiger Sturm einen Wald vollständig niedergemäht, nur ein Baum war stehen geblieben. Die göttliche Rodung verstand Liudger als ein sicheres Zeichen und ließ auf der freien Fläche das Kloster errichten. 805 wurde Liudger zum Bischof von Münster geweiht. Nur wenige Jahre später starb der rege Missionsbischof auf einer Reise in der Nähe von Billerbeck. Um seinen Leichnam stritten sich Münster und Werden. Erst durch das Eingreifen Karls des Großen fand der Zwist ein Ende und Liudgers Gebeine wurden seinem letzten Willen entsprechend in Werden bestattet.

Dieses und anderes ist den Biografien des heiligen Bischofs zu entnehmen, die bald nach seinem Tode verfasst wurden. Bereits im Laufe des 9. Jahrhunderts entstanden drei Viten.

Darstellungen des hl. Liudger sind vornehmlich im Münsterland und im Umkreis des Klosters Werden zu finden. Im Skriptorium des Klosters entstand um 1100 eine Vita, die ein Buchmaler mit 22 Miniaturen zum Leben des Heiligen illustrierte. Verbreiteter aber waren Darstellungen, die Liudger als einzelne stehende Figur zeigen. Eine solche ist auch in einem Psalter zu finden, den Friedrich Hugenpoet, ein Mönch des Werdener Klosters, um 1490 illuminierte. Liudger trägt die Mitra eines Bischofs und den Bischofsstab. In der rechten Hand hält er das Modell des Münsteraner Doms. Freilich weist dieser nicht die Architektur des von Liudger initiierten Baus auf, sondern ist der zeitgenössischen äußeren Erscheinung angenähert. Es wird deutlich, dass Liudger auch den gegenwärtigen Dom in Händen hält und mit diesem das gesamte Bistum Münster. Zu Füßen des Heiligen sind drei Gänse zu sehen, denen ein Fuchs auflauert. Man erzählte sich mehrere Wundertaten des Bischofs, in die Gänse involviert waren. Einmal soll er einem Bauern, der über Wassermangel klagte, geholfen haben, indem er zwei Gänse mit dem Kopf voran in die Erde steckte, worauf Wasser emporsprudelte. Dieser Liudger-Brunnen ist noch heute in Billerbeck zu sehen. Die Miniatur aber spielt wohl eher auf Liudgers Hilfe an, die er einst einem Bauern gewährte, dessen Ernte regelmäßig von Gänsen aufgefressen wurde. Da hier im Gegensatz zur üblichen Liudger-Ikonografie nicht nur das Geflügel, sondern auch ein Fuchs abgebildet ist, scheint das Werk auf die erfolgreiche Bekämpfung der Gänseplage hinzuweisen.

Das Gänseattribut machte den heiligen Bischof zu einem volksnahen Helfer, der um das leibliche Wohl seiner Pfarrkinder ebenso bemüht ist wie um ihr Seelenheil.

| Liudger ist üblicherweise in das Ornat eines Bischofs gewandet. Als Attribut trägt er ein Dommodell, Gänse oder ein Buch mit sich.

Steinrelief mit hl. Ludgerus, vor 1059?, Werden, St. Ludgerus, Schatzkammer; Hl. Liudger, Holzrelief des Chorgestühls, 1540, Münster, St. Ludgeri; Hl. Liudger, Reliquiar, 1735, Billerbeck, Dom; Gernot Rumpf, Reliquienschrein des hl. Liudger mit Lebensszenen, 1984, Werden, St. Ludgerus, Ringkrypta

Quelle: Vita Liudgeri 1999

Literatur: Elbern 1962 – Kaus 1992 – Figge 2000, S. 76–107 – Isenberg 2005 – Angenendt 2005 – Ausst.-Kat. Liudger 2005

Leonhard von Noblac (von Limoges) — 6. November

Über den hl. Leonhard berichtet erstmals eine Vita, die um 1030 in Noblac bei Limoges, dem heutigen St-Léonard-de-Noblac, entstand. Nur wenige Jahrzehnte zuvor hatte man dort die Gebeine des Heiligen in die Krypta der neuerrichteten Stiftskirche überführt und wollte nun mittels einer Biografie den lokal beschränkten Kult des Heiligen überregional bekannt machen.

Die Lebenszeit des Leonhard lag zur Zeit der biografischen Abfassung schon lange zurück. Dem Text zufolge hatte er im 6. Jahrhundert gelebt und war ein Sohn vornehmer Eltern, die zum Hof des Frankenkönigs → Chlodwig gehörten. Dort hatte ihn der berühmte Bischof Remigius erzogen. Doch kehrte Leonhard dem höfischen Leben den Rücken zu und zog sich in die Einöde Zentralfrankreichs zurück. Als aber die Gattin von Chlodwigs Sohn Theuderich in Geburtsnöten lag, stand er ihr hilfreich bei. Zum Dank erhielt der fromme Helfer das Waldstück, in dem er schon lange lebte, als Geschenk übereignet. Hier gründete er das Kloster Noblac. Zeit seines Lebens sorgte sich Leonhard um Kranke und um die Befreiung von Gefangenen. Wann er verstarb, ist ungewiss, gemeinhin gilt 559 als sein Todesjahr.

Außerhalb seiner Klostergründung war Leonhard kaum bekannt und sein Name nur vereinzelt in Heiligenkalendern und Litaneien des Frühmittelalters zu finden. Seine Vita jedoch verbreitete seinen Ruhm in viele Regionen. Sie verzeichnete viele wundersame Befreiungen von Gefangenen, die Leonhard zeit seines Lebens bewirkte, und prägte damit den Charakter des Heiligen entscheidend. Eine zweite Biografie stammt aus der Feder des Bischofs Walram von Naumburg (1090/91–1111), Domherr von Bamberg, der weitere aktuelle Wunder hinzufügte. So berichtet er etwa, dass der damals berühmte Bohemund I. von Tarent (1051/52–1111), der auf dem ersten Kreuzzug maßgeblich an der Eroberung Antiochiens beteiligt war, in Byzanz drei Jahre in Gefangenschaft verbringen musste und erst gegen die Zahlung eines Lösegeldes freigegeben wurde. Bischof Walram schrieb diesen glücklichen Ausgang der Hilfe des hl. Leonhard zu.

Im Laufe der Zeit verbreitete sich der Leonhardskult, im späten Mittelalter wurde er mancherorts zu den → Vierzehn Nothelfern gezählt. In Deutschland avancierte Inchenhofen bei Aichach-Friedberg zum wichtigsten Wallfahrtsort und zog Hilfsbedürftige aus weiter Ferne an. Hier, wie an anderen Leonhardheiligtümern auch, brachten viele ein Eisenopfer dar, etwa ein Hufeisen. Aus diesen Gaben wurde der Leonhardsnagel geschmiedet, den Männer als Bußleistung mit sich schleppten, andere ließen sich in einen eisernen Ring schmieden. Leonhards Macht der Gefangenenbefreiung war an vielen Kirchen ablesbar, die von außen mit einer Kette umfasst waren. Die zahllosen Wunder, die sich in Inchenhofen ereigneten, verzeichnete man von 1348 an in Mirakelbüchern, die später wiederholt gedruckt wurden. Anhand dieser Aufzeichnungen ist ein Wandel der Anrufungen zu verzeichnen. Noch im späten Mittelalter baten viele Pilger um Befreiung aus Gefangenschaft, doch nach 1600 stieg die Zahl der Frauen an, die den Heiligen um eine glückliche Schwangerschaft anflehten. Daneben wurde Leonhard zum Viehpatron.

Hl. Leonhard, um 1450, Holzschnitt, London, British Museum

Ein schlichter Holzschnitt, den ein namentlich nicht bekannter Maler nicht sonderlich sorgfältig kolorierte, zeigt den Heiligen mit einer Kette. Er trägt das Habit der Benediktiner und die Tonsur eines geweihten Mönchs. So gering der künstlerische Anspruch des Holzschnitts auch ist, so wirkungsvoll konnte das Bildchen doch genutzt werden. Der kleine, in der Höhe nur gut 14 cm messende Druck genügte, um Leonhard in das private Haus zu holen. Gerade die geringe Größe und die einfache Ausführung machten das Heiligenbild für viele erschwinglich und sorgten für eine weite Verbreitung. Der Eigentümer dieses Bildes konnte das Blatt in sein Gebetbuch einlegen und beim Sprechen von Anrufungen sich den Adressaten vor Augen führen. Man konnte davor auch ein Pater Noster oder ein Ave Maria sprechen, Gebete, die auch die meisten Leseunkundigen sprechen konnten. Da der Holzschnitt keine anekdotischen Details bietet, sondern allein Leonhards Gestalt, seinen Nimbus als Ausweis seiner Heiligkeit und die Ketten als Beweis seiner helfenden Kraft, waren die Gedanken des Bittenden konzentriert auf den Heiligen gerichtet.

| Der hl. Leonhard trägt manchmal eine Abtsmitra und ist oftmals in das Habit der Benediktiner gekleidet. Sein typisches Attribut ist eine Kette.

Leonhardsfenster, 1365, Regensburg, Dom; Ignaz Günther, Hl. Leonhard, Detail des Korbinianaltars, 1770/1775, München-Bogenhausen, St. Georg

Quelle: Acta Sanctorum, Nov. III, Bd. 65, S. 139 – 209

Literatur: Kretzenbacher 1954 – Böck 1983/84 – Pötzl 2005

Genovefa von Paris — 3. Januar

Genovefa hatte für eine Frau ihrer Zeit einen ungewöhnlichen Einfluss. Um 420 in Nanterre bei Paris als Kind des Severus und der Geronica geboren, tat sie sich bereits in ihrer Kindheit hervor. Als Bischof Germanus von Auxerre 429 auf einer Reise nach Britannien durch den Ort zog, erkannte er die geistlichen Tugenden des Kindes und huldigte ihm. Zugleich nahm er dem Mädchen das Versprechen ab, Jungfrau zu bleiben, und nahm es trotz seiner Jugend in den Orden der „Virgines sacratae" auf. Genovefas göttliche Kraft wurde der Legende nach offenbar, als ihre Mutter ihr einst verbot, zur Kirche zu gehen, sie schlug und daraufhin erblindete. Erst als die Heilige das Wasser segnete, das sie regelmäßig der Mutter brachte, wurde diese wieder sehend. Nach dem Tod der Eltern zog Genovefa nach Paris. Dort setzte sie sich dem Missfallen der Bevölkerung aus, als der Hunnenkönig Attila Gallien stürmte und die Wohlhabenden sich anschickten, ihren Besitz aus der Stadt in Sicherheit zu bringen. Genovefa forderte sie nämlich auf, ihre Güter in Paris zu lassen. Vor dem ausbrechenden Zorn der Betroffenen konnte sie nur Bischof Germanus retten. Durch intensives Gebet und Almosengeben bewirkte Genovefa schließlich den Sieg über die feindlichen Truppen der Hunnen. Später bewahrte sie die Stadt durch eine ungewöhnliche Versorgungsexpedition vor dem Hungertod, als sie mit elf Schiffen Getreide aus den entfernten Orten Arcis-sur-Aube und Troyes herbeischaffte. Ein anderes Mal erwirkte sie für Pariser Bürger, die Childerich hinrichten lassen wollte, Amnestie. Weiter veranlasste sie den Bau einer Kapelle über dem Grab des → hl. Dionysius. Nach ihrem Tod, in den Jahren um 502, sollen sich Mirakel an ihrem Grab ereignet haben. Schon bald setzte ein reger Reliquienkult ein, der besonders von dem merowingischen Königshaus gefördert wurde. Über ihrem Bestattungsort errichtete → Chlodwig eine erste Kirche, die allerdings den zwölf Aposteln geweiht war. Erst später erhielt sie den Namen Sainte-Geneviève und wurde zum Zentrum des Genovefa-Kults. Während der Französischen Revolution wurde das ruinöse Gotteshaus abgebrochen und stattdessen in unmittelbarer Nähe das Pantheon errichtet. Die Gebeine der Pariser Stadtpatronin wurden 1793 öffentlich verbrannt.

Eine erste Biografie war schon 18 Jahre nach Genovefas Tod entstanden. Der Verfasser, wohl ein Kleriker aus der Umgebung des Königshauses in Tours, sah sich jedoch vor das Problem

Hl. Genovefa, Stundenbuch Heinrichs IV., Anf. 16. Jh., Paris, Bibliothèque Nationale, Ms. Lat. 1171, fol. 90v

gestellt, das Leben einer Heiligen zu erzählen, deren Werke für eine Frau jener Zeit untypisch waren. Da er weder auf den Inhalt noch auf das Vokabular einer anderen Heiligen zurückgreifen konnte, entlehnte er die Terminologie der Martinsvita des Sulpicius Severus (→ Martin von Tours). Damit schuf er eine Nähe zwischen Genovefa und Martin, die er auch direkt aussprach. Ihm zufolge soll der Heilige aus Tours unsichtbar gegenwärtig gewesen sein, als Genovefa einst einen Besessenen heilte.

Ein Mirakel, das seit dem 12. Jahrhundert für die Kunst bedeutsam wurde, findet sich nur in wenigen hagiografischen Texten. In der Nacht, als ein Teufel wiederholt Genovefas Kerze mit einem Blasebalg auslöschte, soll ein Engel diese sofort wieder angezündet haben. Im Stundenbuch Heinrichs IV. stellte der namentlich nicht bekannte Miniaturist mehrere Heilige dar, denen das daneben stehende Verehrungs- und Fürbittgebet galt. Genovefa hält eine lange Kerze in der Hand, um deren Flamme sich Teufel und Engel bemühen. Die Heilige aber nimmt weder von dem Streit Notiz noch ist sie auf das Licht der Kerze angewiesen, denn es ist heller Tag, so dass sie keine Schwierigkeiten hat, in ihrem aufgeschlagenen Buch zu lesen. Kerze, Teufel und Engel fungieren hier als narratives Kürzel, das nicht auf die Heilige, sondern auf den Betrachter ausgerichtet ist. Dieser wird dank der kleinen, handelnden Gestalten an die angedeutete Begebenheit erinnert und bekommt sie gleichermaßen in Kurzform erzählt. Er bleibt dadurch nicht im Unklaren, dass Genovefa von Gott begünstigt ist. So kann der Beter sein Gebet an sie richten, wohl wissend, dass sie seine Bitten als Anwältin vor Gott bringen wird.

Da sich der Kult der Genovefa weitgehend auf Frankreich und vor allem auf Paris beschränkte, wurde die Heilige vergleichsweise selten dargestellt. Sie kann leicht mit der hl. Gudula († 712) verwechselt werden, die in Brüssel verehrt wurde und um deren Kerzenlicht sich ebenfalls Teufel und Engel stritten.

| Genovefas Attribute schlechthin sind Kerze, Fackel oder Laterne sowie ein Teufel mit einem Blasebalg und ein Engel.

Wandteppich mit hl. Genovefa, 15. Jh., Darmstadt, Hessisches Landesmuseum; Hugo van der Goes, Hl. Genovefa, Flügelaußenseite eines Diptychons, nach 1479, Wien, Kunsthistorisches Museum; Sébastien Bourdon, Die hl. Genovefa betet für Paris, 1665/1671, Nantes, Saint-Nicolas; Puvis de Chavannes, Vitenzyklus der hl. Genovefa, Wandgemälde, 1874–1877, Paris, Panthéon

Quellen: Vita Genovefa 1896 – Elsässische Legenda aurea Sondergut 1983, S. 62–771896 – Heinzelmann/Poulin 1986

Literatur: Macaigne 1912 – Réau 1958, Bd. 3,2, S. 563–568 – Barth 1964 – Heinzelmann 1985 – Hartmann-Petersen 2007

Wolfgang von Regensburg ——— 31. Oktober

Wolfgang ist ein Heiliger, der nach einem einfachen Mönchsleben strebte und doch die höchsten Kirchenämter bekleiden musste. Er wurde um 924 im schwäbischen Pfullingen geboren und erhielt im Alter von sieben Jahren eine erste Erziehung wie damals üblich von Geistlichen. Zur Vertiefung der Studien schickte man den Zehnjährigen in die berühmte Klosterschule auf der Reichenau. Dort schloss er Freundschaft mit Heinrich Graf von Babenberg, die seinem Leben eine entscheidende Richtung gab. Zunächst zogen beide zum weiteren Studium nach Würzburg, da dort Heinrichs Bruder auf dem Bischofsstuhl saß. Als Heinrich Bischof von Trier wurde, bat er Wolfgang ihn zu begleiten. Obgleich dieser ein schlichtes Mönchsleben vorgezogen hätte, folgte er dem Freund doch und übernahm in Trier die Leitung der Domschule. Noch vor seinem Tod empfahl Heinrich seinen Gefährten Otto I., der ihn daraufhin in die kaiserliche Kanzlei nach Köln berief. Erst mit vierzig Jahren erfüllte sich Wolfgangs Wunsch nach einem zurückgezogenen Gottesleben und er konnte als Mönch dem Stift Einsiedeln beitreten. Doch sollte er dort nicht den Rest seines Lebens verbringen, denn er lernte weitere einflussreiche Männer kennen. Zunächst traf er → Ulrich, den Bischof von Augsburg, der ihn zum Priester weihte. Nun zog Wolfgang nach Ungarn, um die Magyaren zu bekehren, doch verlief dieses Unternehmen erfolglos. Der Passauer Bischof Pilgrim setzte ihn schließlich 973 als Bischof über Regensburg. Obgleich Wolfgang nun ein hohes Amt bekleidete, trachtete er doch danach, sein schlichtes Leben fortzuführen: Er trug weiterhin sein Mönchshabit, schlief mit den Kanonikern im Dormitorium, fastete, wachte, betete und beging die Messe in größter Andacht. Vor allem aber leitete er eine umfassende geistliche Reformation in St. Emmeram ein, vermehrte die Buchbestände der Bibliothek und setzte sich für die Armenfürsorge ein. Doch auch das bischöfliche Ehrenamt bildete noch nicht das Ende seiner klerikalen

Michael Pacher, Wolfgangsretabel, geschlossen, 1481, St. Wolfgang, Wallfahrtskirche St. Wolfgang

Karriere, denn Otto II. setzte ihn als Reichsbischof ein, so dass ein häufiger Aufenthalt am Hof und die Gegenwart auf Reichstagen nötig wurden. 994 verstarb Wolfgang in Puppingen (Oberösterreich) und wurde in St. Emmeram in Regensburg zu Grabe getragen.

Für die Verehrung Wolfgangs war nicht sein geistliches Wirken als Bischof ausschlaggebend, noch wurde Regensburg zum Zentrum seines Kultes. Vielmehr veranlassten seine Taten am Abersee (Wolfgangsee) eine rege Verehrung in Österreich. Allerdings ist sein Aufenthalt am

Falkenstein am Abersee nur legendarisch belegt und alleine seine Reise ins Mondseeland ist historisch verbürgt. Am heutigen Wolfgangsee soll der heilige Bischof ein Gotteshaus errichtet haben, dessen Lage er durch einen Beilwurf ermittelte. Diese Kirche, die man später St. Wolfgang nannte, wurde zum wichtigsten Kultzentrum des Heiligen sowie zu einem der bedeutendsten Wallfahrtsorte nördlich der Alpen.

Erste Darstellungen des hl. Wolfgang sind in Handschriften des 11. und 12. Jahrhunderts zu finden, doch ab 1400 nahm die Verbreitung seines Bildes enorm zu. Von nun an wurde er vor allem in Österreich und Süddeutschland häufig auf Altarretabeln dargestellt, oftmals als Schnitzfigur im Schrein.

Im Dezember 1471 erhielt Michael Pacher den Auftrag, für den Hauptaltar von St. Wolfgang ein großes Altarretabel mit drei verschiedenen Ansichten zu schaffen, zu dem auch eine Schnitzfigur des → hl. Florian gehört. Zehn Jahre später war das Werk fertiggestellt. In geschlossenem Zustand zeigt das Retabel vier Szenen aus der Vita des Kirchenpatrons. Der Heilige ist jeweils an seiner exponierten Stellung und seinen Bischofsgewändern zu erkennen. Oben links predigt Wolfgang und verhindert, dass der Teufel die Andächtigen ablenkt. Daneben lässt Wolfgang während einer Hungersnot aus den bischöflichen Vorräten Getreide bereitstellen. Im unteren Register ist er beim Mauern des Kirchleins am Abersee zu sehen und die Heilung eines Besessenen, die geschieht, als er die Fertigstellung des Baus überwacht. Die Architektur des Gotteshauses entspricht allerdings nicht der Romanik des 10. Jahrhunderts, sondern ist ein spätgotischer Bau aus Pachers Zeit. Bis auf die Landschaftsszene ist jedes der Bildfelder von einem architektonischen Bogen gerahmt, der wie eine Erzähllinie fungiert. Er platziert den Betrachter vor das Bild und lässt ihn von dort aus in die Szene hineinblicken. Die Inschrift unter den Bildfeldern nennt den Auftraggeber Abt Benedikt, den Künstler Michael Pacher sowie das Jahr der Fertigstellung 1481.

Eine weitere häufig dargestellte Szene, die Pacher auf dem Wolfgangaltar nicht darstellte, zeigt das Wunder der Steinerweichung. Einst, als der Heilige am Falkenstein in der Einöde lebte, soll er aus Wut darüber, dass er die Messe verschlafen hatte, seine Glieder gegen einen Felsen gestoßen haben. Doch Gott verzieh ihm und ließ den Stein zu einem weichen Teig werden. Viele Darstellungen deuten durch tiefe Löcher im Felsen auf dieses Ereignis hin.

| Wolfgang wird in den Gewändern des Bischofs dargestellt, seine wichtigsten Attribute sind das Kirchenmodell und das Beil.

Lebensszenen, Glasfenster, 1442, Regensburg, Dom; Wolfgang und Friedrich Pacher, Szenen aus dem Leben des hl. Wolfgang, Kirchenväterretabel, 1475/1480, München, Alte Pinakothek; Tilman Riemenschneider, Hl. Wolfgang, um 1520, Obersinn, St. Jakobus d. Ä.; Thomas Schwanthaler, Wolfgangsaltar, 1679, St. Wolfgang, Wallfahrtskirche St. Wolfgang

Quellen: Arnoldus 1925 – Otloh 1925

Literatur: Ausst.-Kat. Wolfgang 1972 – Zinnhobler/Amon 1973 – Ausst.-Kat. Wolfgang 1976

Cyriacus von Rom — 8. August

Zur Person des hl. Cyriacus liegen nur spärliche Informationen vor. Zum einen liest man, er soll ein Diakon des Papstes Marcellus (307–309) gewesen sein, doch zugleich heißt es, er sei zur Regierungszeit des Kaisers Diokletian (284–305) zur Zwangsarbeit an dessen Thermen verpflichtet worden. Da sich Cyriacus zum Christentum bekannte, warf man ihn ins Gefängnis. Doch als er Artemia, die Tochter des Kaisers, die von Dämonen besessen war, heilte, setzte man ihn als Dank wieder auf freien Fuß. Der päpstliche Diakon sollte aber dem Martyrium nicht entgehen, denn Diokletians Mitkaiser Maximian (286–305) führte ihn zur Hinrichtung an der Via Salaria. Dort sollen mit Cyriacus weitere Gefährten den Tod gefunden haben, in der ersten Erwähnung des Martyriums aus dem Jahr 345 werden die fünf Kameraden namentlich genannt: Largus, Crescentianus, Memmius, Julian und Smaragdus. Noch im *Martyrologium Hiero-*

Matthias Grünewald, Hl. Cyriacus, Heller-Altar, 1509, Frankfurt a. M., Städel

nymianum des 5. Jahrhunderts und in anderen Martyrologien werden die sechs Männer zusammen aufgeführt, doch seit dem 8. Jahrhundert richtete sich die Verehrung alleine auf Cyriacus.

Papst Marcellus hatte den Leichnam seines gottgetreuen Diakons am 7. Meilenstein der Via Ostiense bestatten lassen. Unter Papst Honorius I. (625 – 638) entstand an dieser Stelle dem Märtyrer zu Ehren eine Kirche, die aber nach einigen Jahrhunderten zu einer Ruine verfiel. Antonio Bosio (1575 – 1629), der erste christliche Archäologe, hatte an diesem Ort die Gebeinreste des hl. Cyriacus aufgefunden.

Nicht alle Reliquien des Cyriacus waren vor der Stadt Rom geblieben, sondern waren nach 900 in Teilen in die Ewige Stadt gebracht worden. Einige Partikel gelangten in die Titelkirche Marcellus. Doch schon 874 hatte man erste Reliquien des Heiligen über die Alpen transferiert. In jenem Jahr übertrug der Wormser Bischof die heiligen Gebeinteile in das Kollegiatsstift Neuhausen bei Worms. Von dort aus breitete sich der Cyriacus-Kult weiter am Rhein entlang aus, nach Speyer, Lorsch und schließlich nach Westfalen. Als Otto der Große (936 – 973) eine Armreliquie nach Bamberg überführen ließ, war die Verehrung des Heiligen bereits allgemein verbreitet. Man rief Cyriacus bei Epilepsie um Hilfe an. Mit → Veit und → Eligius zählt er zu den bedeutenden heiligen Exorzisten des Mittelalters.

Das älteste Bild des hl. Cyriacus ist in der römischen Kirche S. Prassede zu finden und stammt aus dem 9. Jahrhundert, doch blieb seine Darstellung in Italien selten. Nördlich der Alpen konzentriert sich der Bildbestand auf den Ober- und Mittelrhein.

Matthias Grünewald, Maler aus Aschaffenburg, schuf ein bemerkenswertes Abbild des hl. Cyriacus. Dieses ist auf dem Standflügel des Heller-Altars zu sehen, der im Auftrag des Frankfurters Jakob Heller entstand. Der Heilige trägt das übliche Ornat eines Diakons: Über die fein plissierte Albe hat er die Dalmatik gezogen, zudem trägt er die Stola, den Manipel um den linken Arm und als Schulterkragen das Amikt. Allein die zwei großen Agraffen am Halsausschnitt der Dalmatik sind ungewöhnlich und wohl Phantasiegebilde. Cyriacus wendet sich einer knienden Frau zu, die anhand der Krone auf dem Boden als Königstocher kenntlich ist. Doch zu ihrem königlichen Äußeren wollen die verdrehte Handstellung und der gequälte Gesichtsausdruck nicht recht passen, die von ihrer Besessenheit zeugen. Um die Herrschertochter zu heilen, hat Cyriacus seine Stola fest um ihren Hals geschlungen und drückt ihr mit dem Daumen hart gegen das Kinn. Mit diesem Handgriff will er ihr wohl den Mund öffnen, damit der Teufel daraus entweichen kann. Zusätzlich handhabt der heilige Heiler ein Buch, das die nötigen Exorzismusformeln beinhaltet. Diese Texte waren für eine gelingende Teufelsaustreibung unabdingbar. Nach dem Weiheritus mancher Regionen bekam der Exorzist bei seiner Amtseinsetzung ein ebensolches Buch überreicht.

Grünewalds Cyriacus besticht durch seinen Realismus, der etwa in den individuellen Gesichtszügen hervortritt. Selbst das Gewächs im Hintergrund kann eindeutig als Feigenbaum identifiziert werden – eine Pflanze, aus der man Arznei gegen Epilepsie gewann. Doch zugleich gab Grünewald seine Personen in einer Grisaille-Malerei wieder, deren Exzellenz in den feinen Graustufen und den aufgetragenen Weißhöhungen hervortritt, und damit die überzeugend wiedergegebenen Personen der Realität weit entfernen. Überzeugende Naturtreue und höchste Künstlichkeit gehen hier eine spannungsreiche Symbiose ein.

| Cyriacus ist in die Dalmatik eines Diakons gekleidet. Zu seinen Füßen kann ein gefesselter Drache oder Teufel erscheinen oder eine besessene Gestalt.

Hl. Cyriacus, 9. Jh., Rom, S. Prassede; Tilman Riemenschneider, Hl. Cyriacus, 1510, Hannover, Landesmuseum; Bartholomäus Bruyn d. Ä., Cyriakus-Retabel, 1532/33, Darmstadt, Hessisches Landesmuseum

Quelle: Acta Santorum Aug. II, Bd. 36, S. 327 – 340

Literatur: Schauerte 1964 – Zannini 1990 – Sauser 1999 – Dunn 2003 – Ausst.-Kat. Grünewald 2007, Kat.-Nr. 7

Elisabeth von Thüringen ——— 19. November

Elisabeth von Thüringen ist die wohltätige Heilige schlechthin. Über die Konfessionen hinweg wird sie aufgrund ihrer karitativen Betätigung bis in die Gegenwart hinein hoch geachtet. Geboren wurde sie 1207 als Tochter des ungarischen Königs Andreas II. und seiner Gattin Gertrud von Andechs. Ihrem sozialen Rang entsprechend verlobte man die Vierjährige mit dem zukünftigen Herrscher Thüringens und brachte sie auf die Wartburg bei Eisenach, damit sie dort zusammen mit ihrem späteren Gatten und dessen Geschwistern erzogen werde. 1221 wurde Elisabeth die Gattin Ludwigs von Thüringen und brachte in ihren sechs Ehejahren drei Kinder zur Welt. Ludwig fand auf dem Kreuzzug seinen Tod in Süditalien, noch bevor er das Heilige Land erreicht hatte. Für Elisabeth bedeutete die Witwenschaft zunächst Streitigkeiten über ihr Erbe, die erst ein Ende fanden, als sie sich auf ihren Witwensitz ins hessische Marburg begab. Bereits während ihres Ehelebens auf der Wartburg war sie mit der jungen franziskanischen Bewegung in Berührung gekommen und hatte sich um Arme und Kranke bemüht. Der unvereinbare Kontrast zwischen fürstlichem Leben und geistlichem Ideal hatte manches Mal zum Konflikt geführt und konnte nun zugunsten einer rückhaltlosen Christus- und Nächstenliebe entschieden werden. Elisabeth schloss sich als Terziarin den Franziskanern an und gründete in Marburg ein Hospital. Die Krankenpflege betrieb sie so intensiv, dass sie sich nach nur drei Jahren ausgezehrt hatte und 1231 verstarb. Auf den Tod Elisabeths erfolgten Aktionen, die eine baldige Heiligsprechung begünstigten. Ihrem aufgebahrten Leichnam nämlich entnahmen die herbeiströmenden Menschen reliquiengleiche Partikel wie Gewandstücke, Fingernägel und Brustwarzen. Elisabeth wurde in der dem hl. Franziskus geweihten Hospitalkirche bestattet, die ihr einstiger Beichtvater Konrad von Marburg rasch vergrößern ließ. Zudem bemühte er sich umgehend um eine baldige Kanonisation. Noch bevor das Verfahren beendet war, wurden Elisabeths Gebeine exhumiert und in Gegenwart des Kaisers Friedrich II. ins Zentrum der Kapelle umgebettet. Der nun rasch voranschreitende Kanonisationsprozess mit den zahlreichen Zeugenaussagen und den neu verfassten Biografien ist außergewöhnlich gut dokumentiert. Bereits 1235 konnte Elisabeth heiliggesprochen und über ihrer kleinen Grabkirche ein monumentaler Neubau in modernster Architektur hochgezogen werden. 1249 wurden die Gebeine der Heiligen der Armen in einen goldenen mit Edelsteinen verzierten Schrein gebettet, wo sie bis zur Einführung der Reformation in Hessen-Marburg ruhten. Dann ließ Landgraf Philipp

Meister der Gewandstudien, Elisabeth-Triptychon, 1480/1490, Karlsruhe, Staatliche Kunsthalle

der Großmütige die Überreste seiner heiligen Ahnfrau entnehmen und an einen unbekannten Ort bringen.

Die ersten Kunstwerke mit dem Bild der Heiligen und Szenen aus ihrem Leben entstanden wenige Jahre nach ihrer Kanonisation in Marburg. Sowohl die Pilger, die zu ihrem Grab strömten, als auch Elisabeths fürstliche Verwandte begründeten mit der Verehrung eine Bildproduktion über die Grenzen des Reiches hinweg. Als der Meister der Gewandstudien sein Triptychon schuf, hatte sich bereits eine feste Ikonografie etabliert. Elisabeth nimmt das Zentrum der Mitteltafel ein und teilt aus dem Bausch ihres weiten Mantels Brot an Hungrige aus, während sie zugleich einem Durstigen einschenkt. Mit diesem scharen sich Kranke und Lahme um sie. Die Inschrift bestätigt, was das Bild darstellt: „Sancta Elizabeth mater pauperum" („Heilige Elisabeth Mutter der Armen"). Auf den Seitenflügeln setzen sich Darstellungen ihrer Mildtätigkeit fort: Als sie einst Brot zu Armen tragen wollte und auf Aufforderung ihres Gatten vorzeigen musste, was sie in ihrem Gewand mit sich trug, hatten sich die Brote in Rosen verwandelt. Auch das Wasser in einem Krug, mit dem sie die Wunden eines Aussätzigen gewaschen hatte, war zu wohlriechenden Rosen geworden. Als ihr Ehemann ein anderes Mal die Decke ihres Bettes zurückschlug, weil sie dorthin einen Kranken gelegt hatte, lag statt diesem der gekreuzigte Christus im Bett. Auf der letzten Szene wird Elisabeth in den Dritten Orden der Franziskaner aufgenommen. Alle Wunder sind Werke der Barmherzigkeit (Mt 25,40), die Christus mit Worten gesegnet hatte: „Was ihr einem der geringsten Brüder getan habt, habt ihr mir getan."

| Elisabeth ist entweder fürstlich gewandet oder in schlichte Kleider gehüllt. Sie trägt eine, zwei oder drei Kronen (Jungfrau, Ehefrau, Witwe) und erhält als Attribute Brot oder einen Teller mit Speisen, Kanne oder Krug, einen Aussätzigen zu ih-

ren Füßen oder einen Armen, dem sie ein Gewand reicht; doch auch Zepter, Buch oder ein Kirchenmodell.

Elisabeth-Schrein, 1236/1249, Marburg, Elisabethkirche; Elisabeth-Teppich, um 1450, Helmstedt, Kloster Marienberg; Hochaltar-Retabel mit Elisabeth-Zyklus, 1474/1477, Kaschau (Košice), St. Elisabeth; Bernt Notke, Elisabeth-Retabel, 1483, Tallinn, Heilig-Geist-Kirche; Martin Pepijn, Elisabeth-Retabel, 1623, Antwerpen, Elisabethgasthuis

Quellen: Caesarius von Heisterbach 2007 – Dietrich von Apolda 2007

Literatur: Sankt Elisabeth 1981 – Elisabeth Festschrift 1983 – Belghaus 2005 – Ausst.-Kat. Elisabeth 2007 – Honemann 2007 – Ganz 2007 – Bertelsmeier-Kierst 2008

Walburga — 25. Februar

Zum Leben der Walburga liegen kaum mehr als verstreute Nachrichten vor. Sie wurde um 710 in Südengland als Tochter des königlichen Paars Richard und Wuna und als Nichte des Germanenmissionars → Bonifatius geboren. Von ihren zahlreichen Geschwistern erlangten die Brüder Wunibald und Willibald als Missionare Ruhm, zudem wurde der eine Abt des Benediktinerklosters Heidenheim und der andere Bischof von Eichstätt. Ob Walburga in einem englischen Kloster erzogen wurde, kann nur vermutet werden. Sicherheit liegt erst über ihre Tätigkeiten auf dem deutschen Festland vor, wohin sie ihren Brüdern gefolgt war, um deren Christianisierungsunternehmungen zu unterstützen. Nach dem Tod Wunibalds übernahm sie die verantwortungsvolle Aufgabe, als Äbtissin dem Doppelkloster in Heidenheim vorzustehen. Die Legenden berichten über einige Wunder, die sie gewirkt haben soll, doch damit ist schon nahezu alles über Walburgas Leben gesagt.

Beredsamer sind die Ereignisse, die sich nach ihrem Tode ereigneten. Zwar ist auch das Todesdatum der Heiligen unbekannt, sie könnte im Jahr 777 oder 779 verstorben sein, doch wurde sie in Heidenheim bestattet und brachte sich hundert Jahre nach ihrem Ableben selbst wieder ins Gedächtnis. Sie erschien Bischof Otgar und forderte ihn nachdrücklich auf, ihre Gebeine umzubetten. Als gar noch die nördliche Kirchenmauer einstürzte, erkannte Otgar, dass er handeln musste. Er exhumierte die Gebeine der Äbtissin und überführte sie in die Kirche nach Eichstätt, um sie dort vor dem Hochaltar beizusetzen. Als man wenige Jahre später erneut ihr Grab öffnete, fand man den Leichnam mit klaren Tropfen benetzt. Doch achtete man darauf wenig und brachte nur einige Reliquien ins Frauenkloster Monheim, wo schon bald eine rege Walburga-Verehrung einsetzte. In Eichstätt hingegen blieb es wieder still um die Heilige und erst nachdem sich dort 1035 Benediktinerinnen angesiedelt hatten, geschahen aufsehenerregende Dinge. Die sterblichen Überreste der Walburga wurden erneut transferiert, dieses Mal in den Hochaltar. Nun auch sonderten die Gebeine ein heiliges Öl ab und lockten erste Wallfahrer an. Damit die beständig herbeiströmenden Frommen möglichst nahe zum Grab gelangten und um das von Oktober bis zum Walburgistag strömende Öl entnehmen zu können, baute man im Osten der Kirche eine Confessio an. Noch heute ist die Gruftanlage mit den heiligen Gebeinen Anziehungspunkt vieler Pilger.

Walburgas Verehrung erstreckte sich vor allem über den deutschen und nordfranzösischen Sprachraum. In Italien, Spanien, Südfrankreich und ihrem Heimatland England hinterließ die Heilige kaum Spuren.

Die meisten Darstellungen der hl. Walburga sind in den Gotteshäusern zu finden, die ihr geweiht sind. Selbstverständlich entstanden auch für die Eichstätter Walburgiskirche einige Bilder. Um 1500 schuf ein Bildschnitzer eine nahezu zwei Meter hohe Figur der Heiligen. In das Gewand einer Ordensfrau gekleidet und mit dem Äbtissinnenstab in der Hand ist Walburga als Klostervorsteherin charakterisiert. Doch über dem Nonnenschleier trägt sie unübersehbar die königliche Krone, die auf ihre edle Herkunft hinweist. In der Hand balanciert sie auf einem Buch ein Fläschchen ihres heiligen Öls. So bietet Walburga dem Betrachter ihre Gabe selbst an. Zusammen mit der Walburgisstatue entstanden auch Schnitzfiguren ihrer beiden

Hl. Walburga, Holzskulptur, um 1500, Eichstätt, St. Walpurgis, Confessio

Brüder und ihrer Eltern. Auch die Brüder sind anhand ihrer Kleidung als Abt und Bischof gekennzeichnet und auch sie tragen Amtsstäbe in Händen. Richard und Wuna hingegen erhielten statt der kirchlichen Insignien je ein Zepter als Zeichen ihrer weltlichen Macht. Wie in Eichstätt wird Walburga auch andernorts häufig zusammen mit Wunibald und Willibald dargestellt, die Eltern sind seltener zu sehen.

Szenische Darstellungen sind selten zu finden. Diese enthalten Ereignisse ihres Lebens oder Wunder am Grab. Mit dem anhaltenden Ölfluss blieb auch die Ikonografie der Heiligen aktuell und mit den herbeiströmenden Pilgern gelangten ihre Bilder in deren Heimatgegend. Für diese Rezipientengruppe wurden Kupferstiche mit dem Bild der Heiligen oder ihres Grabes gedruckt.

| Walburga trägt das Habit der Benediktinerinnen und hält den Äbtissinnenstab in Händen. Mitunter trägt sie eine Krone über dem Nonnenschleier. Ölgefäß, Buch und Kirchenmodell dienen als Attribute.

Wandteppich mit Walburgavita, um 1455, Schloss Harburg; Schnitzfigur der hl. Walburga, um 1500, Hochaltar, Eichstätt, Dom; Peter Paul Rubens, Hll. Amandus und Walburga, 1610, Antwerpen, Kathedrale; Joachim von Sandrart, Die Verherrlichung der hl. Walburga, 1663/64, Eichstätt, St. Walpurgis

Quelle: Wolfhard 1963

Literatur: Bauch 1970 – Holzbauer 1972 – Stroo 1985 – Mayer 1994 – Ausst.-Kat. Walburga 2000

Jakobus d. Ä. 25. Juli

Gemäß den biblischen Texten war Jakobus, ein Sohn des Zebedäus (Mt 20,20; Mk 10,35 → Heilige Sippe), Jünger Jesu und Apostel. Wie alle Apostel wurde auch er zur Mission ausgesandt, doch lässt die Bibel nichts über seinen Einsatzort verlauten. Darüber und über vieles mehr wissen die Legenden zu berichten. Jakobus sollen seine Predigtreisen bis nach Spanien geführt haben, von wo aus er wieder nach Jerusalem zurückkehrte, wo er im Jahr 44 unter Herodes Agrippa I. als Erster der Apostel den Märtyrertod erlitt. Aus Furcht vor den Juden legten die Apostel seinen Leichnam in ein Boot und schickten dieses auf das Meer hinaus. Nach einer siebentägigen Seereise erreichte das Schifflein den galicischen Ort Iria Flavia (Padrón), wo man den Leichnam bestattete. Da die Menschen dieser Gegend bald wieder ins Heidentum zurückfie-

Meister des Nieder-Erlenbacher Altars, Apostel, rechter Flügel des Nieder-Erlenbacher Altars, 1497, Darmstadt, Hessisches Landesmuseum

len, geriet auch das Grab des heiligen Apostels in Vergessenheit. Erst eine Menge von leuchtenden Sternen machte auf den Ort aufmerksam, so dass man seine Gebeine erhob und für sie eine Kirche errichtete. Der Name Santiago de Compostela (lat. campus stellae – Sternenfeld) erinnert noch heute an die wundersame Auffindung des Leichnams.

Die früheste Notiz von dem Grab ist in einem Martyrologium aus den Jahren um 865 zu finden und zur gleichen Zeit ist der Jakobus-Kult auch schon nördlich der Alpen nachzuweisen. → Karl dem Großen soll Jakobus persönlich im Traum erschienen sein und ihn aufgefordert haben, den Weg zu seinem Grab von den islamischen Sarazenen zu befreien. In Spanien galt der Heilige als Maurentöter (matamauros) und daran anknüpfend wurde er Anfang der Frühen Neuzeit im Zusammenhang mit der Türkenbedrohung zum „mataturcos", in Lateinamerika hingegen pries man ihn als „mataindios".

Einen Höhepunkt erfuhr die Jakobusverehrung erst im 12./13. Jahrhundert und wurde nicht unwesentlich durch eine Biografie herbeigeführt, die man Papst Kalixt II. (1119–1124) zuschrieb. Sie beinhaltet neben dem Lebensbericht liturgische Verse und Gebete sowie einen Pilgerführer. Bereits im 10. Jahrhundert reisten erste Pilger aus Gebieten nördlich der Alpen nach Compostela, das in den folgenden Jahrhunderten neben Rom und Jerusalem zum Hauptziel der Fernwallfahrten wurde. Jakobus aber wurde im französisch-germanischen Sprachraum zum Pilgerheiligen schlechthin.

Ein Passionale aus dem 13. Jahrhundert berichtet erstmals von einem Wunder, das in der folgenden Zeit in vielen Varianten wiederholt erzählt werden sollte. Ein Junge, der mit seinem Vater nach Santiago de Compostela pilgerte, wurde von einem Wirt des Diebstahls bezichtigt und an einen Galgen gehängt. Der Vater, der voller Sorgen weiter zum Grab des Heiligen gereist war, fand auf dem Rückweg seinen Sohn noch lebend am Galgen baumeln. Als er dies dem Herbergsvater mitteilte, antwortete dieser, dies könne er erst glauben, wenn die gebratenen Hühner auf seinem Teller zum Leben erwachten. Tatsächlich erhob sich das Geflügel und flog davon. An Stelle des Jungen fand nun der betrügerische Wirt sein Ende durch den Strick.

Jakobus (span. Santiago) ist der Schutzpatron Spaniens. Im Zuge der katholischen Conquista Lateinamerikas breitete sich der Jakobuskult dort weit aus, weshalb viele Städte seinen Namen führen (z. B. Santiago de Chile, Santiago de Cuba).

Die bildlichen Darstellungen zur Lebensgeschichte des Jakobus umfassen mitunter viele Episoden. Die Hühner-Galgen-Erzählung gehört als fester Bestandteil zu den Zyklen, doch weicht sie oftmals von den bekannten Texten ab. So kann etwa die Mutter des Jungen unter dem Galgen stehen oder aber die Wirtstochter, obgleich keine Legende von diesen Personen berichtet. Die Hängung des Wirtes indes wird selten dargestellt und erscheint selbst dann nicht, wenn das Hühnermirakel in vielen Szenen wiedergegeben ist.

In frühen Darstellungen erscheint Jakobus ohne spezielles Attribut, am Trumeaupfeiler der Kathedrale in Compostela etwa hält er lediglich einen Stab in Händen. Oftmals trägt er auch ein Buch mit sich, das ihn als Apostel ausweist, ebenso wie seine Kleidung zunächst gleich jener der anderen Apostel aus einem togaartigen Gewand besteht. Im Gegensatz aber zu den anderen Aposteln, die das Instrument ihres Martyriums als Attribut erhalten, ist Jakobus kaum je das Schwert beigegeben. Stattdessen wird er ab 1300 als Pilger charakterisiert, der Mantel, Tasche, Hut und Stab des frommen Reisenden mit sich trägt. Die Muschel erinnert an das Pilgerzeichen, das man in Compostela erstehen konnte und das bald zum Kennzeichen des Pilgers schlechthin wurde. Diese attributive Gewichtung nahm auch der Meister des Erlenbacher Altars vor, der alle zwölf Apostel auf den Flügeln darstellte und den meisten das Attribut ihres Martyriums in die Hand gab, während er Jakobus als Pilger kennzeichnete. Dieses Charakteristikum basiert nicht auf einer schriftlichen Quelle, sondern entwickelte sich aus dem postumen Fortleben des Heiligen an dem Pilgerzentrum Compostela.

Stets aktuell waren Bilder, die Jakobus als Maurentöter zeigen und ihn in einen weiten Mantel gekleidet auf einem Pferd dahineilen lassen.

| Jakobus trägt in der Regel Hut, Tasche und Stab der Pilger sowie eine Muschel.

Jakobus, 2. H. 12. Jh., Trumeaufigur des Westportals, Santiago de Compostela, Kathedrale; Goldaltar des hl. Jakobus, 1287–1456, Pistoia, San Zeno; Jakobusvita, Außenseite des Hochaltars, 1402, Göttingen, St. Jacobi-Kirche; Friedrich Herlin, Hochaltar mit der Jakobuslegende, 1466, Rothenburg o. d. T., Jakobuskirche; Tilman Riemenschneider, Hl. Jakobus d. Ä., 1500/1506, Würzburg, Marienkapelle

Quellen: Hahn 1845 – Hämel 1965

Literatur: Hämel 1950 – Plötz 1984 – Steppe 1985 – Beeh 1990, Nr. 11 – Herbers 1994 – Williams-Krapp 1995 – Herbers/Plötz 1998 – Herbers 2004 – Herbers 2009

Sebastian I — 20. Januar

Nach den Lebensbeschreibungen aus der Mitte des 5. Jahrhunderts lebte Sebastian gegen Ende des 3. Jahrhunderts. Er stammte gebürtig aus Narbonne und gehörte zur Leibgarde des Kaisers Diokletian. Doch fiel er bald in Ungnade, weil er wegen ihres Glaubens inhaftierte Christen in ihrer Überzeugung bestärkte und sie zur Standhaftigkeit ermunterte. Damit wurde Sebastian selbst zum Verfolgten und zum Tod durch Pfeilschüsse verurteilt. Die Henker führten ihren Auftrag zwar aus, doch kam ihr Opfer durch die Geschosse nicht zu Tode, sondern wurde nur lebensbedrohlich verwundet. Die fromme Matrone Irene nahm sich seiner an und pflegte ihn gesund. Als sich Sebastian, kaum genesen, im Palast des Diokletian zeigte, um von der Allmacht Gottes zu zeugen, wurde er erneut ergriffen. Nun lautete das Urteil: Tod durch Erschlagen mit Knüppeln. Den Leichnam warf man in die Kloake Maxima, damit die Christen ihn nicht etwa bestatten und Sebastian als Märtyrer verehren würden. Doch die Chris-

Piero und Antonio del Pollaiuolo, Das Martyrium des hl. Sebastian, 1475, London, National Gallery

tin Lucia erhielt im Traum Weisung, den Körper zu bergen. Sie setzte den Körper in der Katakombe an der Via Appia bei. An diesem Ort hatte man schon Mitte des 3. Jahrhunderts die Apostel → Petrus und → Paulus verehrt und ihnen ein Jahrhundert später eine Kirche errichtet (Basilica Apostolorum bzw. S. Sebastiano in Catacumbas, später San Sebastiano fuori le mura). Obgleich durch den Bau der Basilika viele der älteren Grabbauten zerstört wurden, hielt man doch den Zugang zur Sebastianskapelle offen und stattete diese mit einem Altar aus. Während des gesamten Mittelalters, als viele der spätantiken Katakomben in Vergessenheit geraten waren, blieb so die Katakombe unter San Sebastiano bekannt und die Basilika wurde als eine der sieben Pilgerkirchen zu einem vielbesuchten Ort.

Die Verehrung des Märtyrers war nicht auf Rom beschränkt. Im Jahr 826 brachte man seine Gebeine in die Abtei St-Médard de Soisson, wo sich bald ein reger Sebastianskult entwickelte. Die liturgische Verehrung wurde schon Mitte des 4. Jahrhunderts kirchlich legitimiert, indem man Sebastian in den Heiligenkalender aufnahm. Dennoch wurde dem Heiligen über Jahrhunderte weder besondere Verehrung zuteil noch rief man ihn bei speziellen Anliegen an. Das änderte sich erst mit der grassierenden Pest. Als 680 in Pavia die gefürchtete Seuche umging, wandte man sich an Sebastian – so berichtet es Paulus Diaconus. Den Status eines allgemein anerkannten Pestheiligen erhielt er zusammen mit → Rochus jedoch erst mit der großen Pestwelle des 14. Jahrhunderts. Dieser Rang kam Sebastian zu, weil man die Pfeile seines Martyriums mit den Zornespfeilen gleichsetzte, die Gott Pest sendend vom Himmel schleudert (5 Mo 32,23 f.; Ps 7,14; 19,5 f.; Ez 5,16) (Abb. S. 122).

In den ersten Jahrhunderten stellte man Sebastian als bärtigen Mann dar, der eine Toga trägt. Doch mit seiner Verehrung als Pestheiliger bildete sich die Ikonografie seines Martyriums heraus, die bis in die Gegenwart vorherrscht. An einen Pfahl gefesselt, ist der junge Heilige den Pfeilen seiner Peiniger ausgesetzt. Noch im 14. Jahrhundert war es üblich, Sebastian von einer Vielzahl von Pfeilen bedeckt darzustellen, gemäß dem *Martyrologium*, das erzählt, der dichte Pfeilhagel habe ihn in einen Igel verwandelt. Doch seit dem 15. Jahrhundert stecken nur noch wenige Geschosse in seinem makellos weißen, jugendlichen Leib. Besonders in der italienischen Renaissance wurde Sebastian zum Beispiel eines vollkommenen Körpers, der den antiken Statuen entspricht. Im Barock wurde die Sebastiansikonografie durch die Figur der Irene erweitert (→ Sebastian II).

Der in Florenz wirkende Maler Piero del Pollaiuolo schuf zusammen mit seinem Bruder Antonio für das Oratorium St. Sebastian in der Servitenkirche SS. Annunziata in Florenz ein „Martyrium des hl. Sebastian“. Mit diesem Gemälde stellten die Malerbrüder neben der Person des Heiligen den menschlichen Körper in den Mittelpunkt. Der entkleidete Märtyrer an einen Stamm gebunden ist in die Höhe gehoben, wo er den Zielpunkt seiner Peiniger bildet, die mit Armbrüsten und Pfeil und Bogen auf ihn zielen. Die Schützen zeigen die Pollaiuolo jeweils als Paare in gleicher Handlung, sie präsentieren einen der Männer von vorne, den anderen von hinten. Noch der Kunsthistoriograf Giorgio Vasari lobte die Pollaiuolo für die gekonnte Darstellung der Muskulatur der sich neigenden Schützen. Das Martyrium findet isoliert auf einem Hügel statt, von dem aus man Ausblick auf eine weite Landschaft mit antiken Ruinen hat. Diese Details, mit denen Pollaiuolo seine Kenntnis der Antike und seine Fähigkeit, einen Körper anatomisch richtig darzustellen, bewiesen hat, lassen fast vergessen, dass hier ein Heiliger stirbt. Dennoch arbeiteten die Maler auch die geistliche Komponente heraus: Allein Sebastians hoch aufgebundener Körper überschneidet die Horizontlinie, so dass nur er in die Himmelszone hineinragt. Zudem hat er seine Augen gen Himmel gewendet und bekundet so sein Leiden für Gott.

| Sebastian wird als junger Mann dargestellt, nur selten trägt er einen Bart. Während er auf frühen Darstellungen meist in Toga und Chlamys gekleidet ist, kann er später ein Soldatengewand tragen. Pfeile werden zu seinem wichtigsten Attribut.

Andrea Mantegna, Der hl. Sebastian, um 1460, Wien, Kunsthistorisches Museum; Benozzo Gozzoli, Hl. Sebastian, 1464, San Gimignano, Sant'Agostino; Hans Memling, Das Martyrium des hl. Sebastian, um 1470, Brüssel, Koninklijke Musea voor Schone Kunsten; Meister der Heiligen Sippe, Sebastiansaltar, um 1493, Köln, Wallraf-Richartz-Museum; Hans Holbein d. Ä., Sebastiansaltar, 1516, München, Alte Pinakothek

Quelle: Ambrosius / PL 17

Literatur: Zupnick 1958 – Ausst.-Kat. Sebastiaan 1993 – Bulst 1996 – Bergdolt 2000 – Marshall 2002 – Bohde 2004 – Ressouni-Demigneaux 2007

Rochus — 16. August

Rochus erlangte erste öffentliche Aufmerksamkeit, als nach 1470 seine Biografie verfasst und gedruckt wurde. Der Verfasser Francesco Diedo, der Statthalter Venedigs, vermutete, der Heilige sei um 1295 geboren und bereits 1327 verstorben, doch vermutlich erfolgte sein Tod erst gegen 1345/1379. Da zu der historischen Person des Rochus keine Quellen vorliegen, ist man auf die Heiligenviten angewiesen, die freilich mehr an seinem frommen Leben interessiert sind als an historisch verbürgten Tatsachen. Rochus entstammte demnach einer wohlhabenden Familie in Montpellier und erbte nach dem Tod des Vaters das Vermögen. Dieses verschenkte er umgehend an Arme und Bedürftige und begab sich auf eine Reise nach Rom. In dem nördlich der Ewigen Stadt gelegenen Acquapendente trat Rochus erstmals als Heiler von Pestkranken auf, in Rom selbst kurierte er einen Kardinal von der tödlichen Seuche. Als er auf seiner Rückreise durch Piacenza zog, erkrankte er selbst an der Pest und zog sich in den nahegelegenen Wald zurück, um dort seinen Tod zu erwarten. Doch erschien ihm ein Engel Gottes, der eine Quelle aus dem Boden springen ließ. Auch ein Hund kam täglich, um ihn mit Brot zu versorgen, das er vom Tisch seinen Herrn Gottardus entwendet hatte. So genas der Todkranke dank der göttlichen Fürsorge. Als er wieder zu Hause angekommen war, erkannte man ihn jedoch nicht und warf ihn unter Verdacht auf Spionage ins Gefängnis. Nach fünf Jahren Haft verstarb Rochus im Kerker. Erst jetzt erkannte ihn seine einstige Amme an einem Kreuzmal auf der Brust.

Der Heilige lebte und wirkte im Pest-Jahrhundert, doch seine kultische Verehrung erfolgte erst über hundert Jahre später, nachdem seine Biografien veröffentlicht worden waren. Von nun an wurde er über Jahrhunderte als einer der beliebtesten Heiligen angerufen und vor allem in Zeiten von Massenepidemien blühte seine Verehrung auf, etwa während des Dreißigjährigen Krieges oder gegen 1835 und 1854, als Cholera-epidemien ausbrachen. Erst mit dem Rückgang der Pest und den immer seltener auftretenden

Rochusretabel, um 1493, Nürnberg, St. Lorenz

verheerenden Seuchen ebbte auch der Rochus-Kult ab. Bis dahin hatte man der Pest kein wirksames Mittel entgegensetzen können und konnte nur zur Diät raten und als Präventivmittel zu einer keuschen Lebensführung aufrufen. Im Falle der ausgebrochenen Pest galt als einzig hilfreiches Mittel, die heimgesuchte Gegend schnellstmöglich zu verlassen.

In Venedig war 1478 eine Bruderschaft zu seinen Ehren entstanden, die Scuola di San Rocco, die wenige Jahre später die Reliquien des Heiligen aus Montpellier herbeischaffte und sie der Stadt auch auf wiederholtes Bitten nicht mehr zurückgab. Auch in Deutschland entstanden Rochusbruderschaften, dort konzentrierten sich die Kultzentren auf größere Handelsstädte wie Köln oder Nürnberg. 1481 wurde Rochus ins *Missale Romanum* aufgenommen, eine Kanonisation des Heiligen mit der zweifelhaften Vita blieb aber aus.

Mit dem Einsetzen der Rochusverehrung entstanden erste bildliche Darstellungen des Heiligen. Eines der ältesten Werke ließ Peter Imhoff für die St. Lorenzkirche in Nürnberg von einem namentlich nicht bekannten Künstler fertigen: einen Altar mit Schnitzschrein und bemalten Flügeln. Imhoff unterhielt weitreichende Handelsbeziehungen, die sich bis nach Lissabon ausspannten und ihm ein beträchtliches Einkommen verschafften. Seine Unternehmungen führten ihn wiederholt nach Venedig. Sein Bruder Franz gehörte sogar zu den wenigen Deutschen, die als Mitglied der Scuola di San Rocco aufgenommen wurden. In der Lagunenstadt muss Imhoff mit dem neuen Pestheiligen vertraut geworden sein. In seiner Heimatstadt dotierte er 1493 ein Messstipendium und gab zugleich das Retabel für den Rochusaltar in Auftrag. Im Schrein fand außer der Figur des Rochus auch ein Engel Aufstellung, der ihm nicht wie auf anderen Darstellungen eine Salbe auf die Pestbeule streicht, sondern auf diese nur hindeutet und die linke Hand segensgleich erhebt. So wird der durch einen Strahlennimbus ausgezeichnete Heilige selbst geheilt und ist zugleich ein wirkmächtiger Fürbitter. Die acht Bildfelder der Flügelinnenseiten schildern in 17 Haupt- und Nebenszenen Rochus' Lebensgeschichte ausführlich und führten damit den noch wenig bekannten Heiligen in Nürnberg ein. Die Familie Imhoff tat sich bis zur Reformationszeit als eifriger Rochusverehrer hervor und stiftete noch 1521 eine Rochuskapelle auf dem neu angelegten Friedhof. Ein Grund ihrer auffallend reichen Rochusstiftungen mag darin bestehen, dass sie mit teuren Gewürzen handelte, die den damaligen medizinischen Kenntnissen zufolge von der Pest heilen sollten. Zu Pestzeiten erwarben Gewürz-Kaufleute ihr Geld gewissermaßen dank der tückischen Seuche, weshalb eine Gegenleistung in Form einer Retabelstiftung wohl opportun war. Im Gesprenge des Altars steht die Figur des → hl. Sebastian, des zweiten großen Pestheiligen.

Rochus wird als Pilger dargestellt mit Stab, Flasche und Hut, an dem mitunter die Jakobusmuschel angebracht ist. Er entblößt üblicherweise die Pestbeule am Oberschenkel, die zu einer Art Attribut wird. Ein Engel kann ihn begleiten oder ein Hund mit einem Stück Brot im Maul.

Carlo Crivelli, Der hl. Rochus, um 1483, London, Wallace Collection; Hans Schäufelein, Hl. Rochus aus dem Ober-St. Veiter Altar, 1505/1507, Frankfurt a. M., Städel; Hans von Kulmbach, Der hl. Rochus, 1515, Nürnberg, Germanisches Nationalmuseum; Tintoretto, Der hl. Rochus heilt Pestkranke, 1549, Venedig, Chiesa di S. Rocco; Guido Reni, Hl. Rochus im Gefängnis, 1617/18, Modena, Galeria Estense

Quellen: Acta Sanctorum, Aug. III, Bd. 37, S. 380 – 407 – Historiae sanctorum 1483

Literatur: Schmitz-Eichhoff 1977 – Dormeier 1985 – Seiler 1987 – Bulst 1996 – Roemer 2000 – Ausst.-Kat. Rocco 2000 – Rigon/Vauchez 2006

Christophorus 25. Juli

Im Zuge der katholischen Reform des Heiligenkalenders strich man 1969 den Festtag des hl. Christophorus. Der Heilige hatte schon seit Jahrhunderten wiederholt Anlass zur Kritik gegeben, allen voran tadelte der Humanist Erasmus von Rotterdam, dass die Menschen ihr Vertrauen auf Christophorus setzten, und Martin Luther betonte, keine Schrift könne bezeugen, dass der Heilige überhaupt je gelebt habe. Die Verehrung des umstrittenen Heiligen reicht im Westen bis ins frühe 5. Jahrhundert zurück und im 8. Jahrhundert kursierten bereits drei lateinische Fassungen seiner Vita. Im Osten haben sich erste Zeugnisse aus noch früherer Zeit erhalten. Tatsächlich ist Christophorus trotz seiner langen Kulttradition und trotz der weiten Verbreitung keine historische Gestalt.

Über den legendären Heiligen berichten frühe byzantinische Biografien, er sei ein Heide gewesen namens Reprobus. Von enormer Körpergröße und monströs gestaltet mit dem Kopf eines Hundes, war er der menschlichen Sprache nicht mächtig und erst auf seine inständige Bitte begabte ihn Gott mit Sprache und Verstand. Von nun an zog er predigend und Wunder wirkend durch das Land. Mit seiner Taufe empfing der Riese den Namen Christophorus. Einmal stieß er seinen mächtigen Wanderstab auf die Erde, woraufhin dieser grüne Blätter trieb. Weiter berichtet die Erzählung von seinen grausamen Martyrien unter einem gewissen König Dagnus oder Decius, die er wiederholt erdulden musste, ohne dabei ums Leben zu kommen. Schließlich enthauptete man ihn.

Zu welcher Zeit der fromme Riese lebte und wo er wirkte, verschweigen die hagiografischen Schriften wohlweislich. In den lateinischen Texten indes wird er durch einen Lese- oder Verständnisfehler zu einem Mann aus Kana, denn man hatte das Wort „canineus" (lat. hundsköpfig) mit Cananeus (der aus Kana stammende) übersetzt. Auch der Name Reprobus eignet sich nicht für eine regionale Einordnung, denn das lateinische Wort bedeutet „Verworfener" und ist damit eine Allegorie seines vormals unmenschlichen und unchristlichen Lebens. Der neue Name Christophorus hingegen charakterisiert ihn als frommen Mann, denn abgeleitet vom griechischen „Christophoros" (Christusträger) beschreibt er ihn als einen, der Jesus im Herzen trägt. Dieser Name sollte Anlass zu einer Legendenerweiterung geben, deren Ursprung jedoch nicht in schriftlichen Quellen, sondern in bildlichen Darstellungen zu finden ist. Die Textversion überliefert erstmals die *Legenda aurea* wie folgt: Der Riese Christophorus wollte allein dem mächtigsten Mann der Welt dienen und begab sich in den Dienst eines Königs. Als er gewahr wurde, dass dieser sich vor dem Teufel fürchtete, verdingte er sich Satan. Da der Teufel aber Christus fürchtete, wollte der nun diesen suchen. Auf den Rat eines frommen Einsiedlers trug er Menschen über einen Fluss. Einst begehrte auch das Christuskind, übergesetzt zu werden. Das kleine Kind, das der Riese auf seine Schultern gesetzt hatte, wurde ihm so schwer, dass er mit Hilfe seines langen Stabes kaum auf die andere Uferseite gelangte. Auf seine Bemerkung, er habe geglaubt, die gesam-

Hl. Christophorus, Wandmalerei, 1491, Augsburg, Dom

te Welt auf seinen Schultern getragen zu haben, gab sich Christus als Erschaffer und Herrscher der Welt zu erkennen. Aus dem Stab des Fährmanns aber entspross ein Palmbaum. Nun erst beschreibt der Text die Marter und das Martyrium des Christophorus unter dem heidnischen König.

Schon 100 Jahre bevor Voragine in der *Legenda aurea* von dem Fährdienst des Christophorus berichtete, gaben Bilder den Riesen mit dem Christuskind auf dem Arm wieder. Zunächst beschränkte sich das Bildformular auf diese beiden Personen, doch seit dem 13. Jahrhundert ist der Heilige beim Durchschreiten des Flusses zu sehen. Oftmals wird das Wasser zum bedrohlichen Element, in dem Dämonen, Ungeheuer und verführerische Sirenen lauern. Mit der Erfindung des Einblattdrucks gehörte Christophorus zu den Heiligen, deren Bild sehr häufig vervielfältigt wurde. Selbst der älteste datierte Holzschnitt der Geschichte, der mit 1423 bezeichnet ist, stellt den heiligen Fährmann dar. Das bedeutendste Medium der Christophorusbilder aber ist die Wandmalerei und der wichtigste Anbringungsort ist die Außenfassade einer Kirche oder die Innenwand nahe dem Ausgang. Dort ist er vielerorts in riesigen Ausmaßen zu finden. Auch im Augsburger Dom hatte man 1491 einen Christophorus malen lassen, der über 14 Meter misst. Jeder, der das Gotteshaus verließ, musste den heiligen Riesen und das Christuskind auf seinen Schultern sehen und wurde zugleich von diesen angeblickt. Allein das Anschauen des Bildes galt als ein Schutz vor dem unerwarteten Tod. Zwar lassen viele Bildtexte offen, ob der andächtige Blick dem Riesen oder dem Kind gelten soll, oder sie sprechen allgemein vom Ansehen des Christophorus, doch letztlich ist Christophorus eben nur der Christus-Träger. Das Jesuskind hingegen ist der Heil spendende Gegenstand der Betrachtung.

| Christophorus hält einen langen Stab in Händen und trägt das Christuskind auf dem linken Arm oder auf den Schultern. Mitunter erscheint statt des Kindes der bärtige, erwachsene Christus in kleiner Gestalt.

Hl. Christophorus, Wandmalerei, um 1300, Marburg, Schlosskapelle; Hl. Christophorus, Wandmalerei, 1300/1350, Wienhausen, Nonnenchor; Dierck Bouts, Triptychon mit dem hl. Christophorus, 1465, München, Alte Pinakothek; Hieronymus Bosch, Hl. Christophorus das Christuskind tragend, um 1496, Rotterdam, Museum Boijmans Van Beuningen; Joachim Patinir, Der hl. Christophorus, 1520/1524, Madrid, Escorial

Quellen: Walther 1878 – Popescu 1903 – Legenda aurea 1997, S. 498–503

Literatur: Rosenfeld 1937 – Benker 1975 – Chevalley 1995, S. 160 f. – Fuhrmann 1997 – Exner 2003

Ottilia von Hohenburg — 13. Dezember

Ottilia (Odilia, Ottilie) ist eine Heilige, die durch ihre Tränen und ihre Gebete die Befreiung aus dem Fegefeuer bewirkte, und zugleich eine Fürbitterin bei leiblichen Gebrechen. Geboren wurde sie um 660 als Tochter des Adalrich (Attich, Atticus, Eticho) und der Persinda (Berethswinda). Doch da sie blind zur Welt kam, wollte sie ihr Vater töten. Ihre Mutter rettete sie in ein Kloster, wo sie von einer frommen Amme genährt wurde und später niedere Dienste verrichtete. Doch schon im frühen Alter hatte sich ein entscheidendes Wunder ereignet: Auf Gottes Geheiß war der Regensburger Bischof Erhard angereist und hatte das Kind getauft. Dabei war die Blinde sehend geworden. Nach einigen Jahren erfuhr Adalrich, dass seine Tochter noch lebe, ebenso wie Ottilias Bruder Adalbert von ihrem Aufenthalt im Kloster wusste. Um den Vater mit der Schwester zu versöhnen, wollte er Ottilia nach Hause holen, doch als der Vater davon erfuhr, prügelte er seinen Sohn so sehr, dass dieser an den Folgen der Schläge starb. Nun bereute Adalrich den von ihm verschuldeten Tod seines Sohnes und die beabsichtigte Tötung seiner Tochter. Auf seine Herzensreue folgte als Bußleistung der Eintritt in ein Kloster. Zudem schenkte er Ottilia ein Kloster auf seinem Besitz Hohenburg (Ste-Odile im Elsass), dem sie als Äbtissin vorstand. Nach dem Tod des Vaters erfuhr Ottilia durch eine himmlische Offenbarung, dass er aufgrund seiner Sünde im Jenseits große Pein leide. Da betete, wachte und fastete die Fromme so lange, bis ihr eine Stimme mitteilte, ihr Vater sei aus dem Fegefeuer befreit worden. Die hagiografischen Texte bestimmen den Ort der jenseitigen Qualen sehr unterschiedlich. In den frühesten Viten der Ottilia aus dem 10. Jahrhundert heißt es, der Vater sei aus dem Inferno befreit worden, und erst im 15./16. Jahrhundert wird übereinstimmend vom Purgatorium gesprochen. Der kirchliche Entscheid über das Fegefeuer am Ende des 12. Jahrhunderts, das nun das Purgatorium als zeitlichen Strafort bestimmte, im Unterschied zur Hölle, aus der es kein Entkommen gab, hatte mit einiger Verzögerung seinen Niederschlag in der Hagiografie gefunden. Im Jahr 720 verstarb Ottilia. Ihr Grab wurde zum Wallfahrtsziel von Augenkranken. Da auch die hl. Lucia eine Patronin der Augenleidenden war, kam es zu einer Vermischung der hagiografischen Texte beider Heiligen (→ Lucia von Syrakus). Ottilia aber wurde zur Patronin des Elsass.

Oftmals ist Ottilia zusammen mit anderen, meist weiblichen Heiligen dargestellt. Wie Lucia trägt sie ihre Augen als Hinweis auf die Blindenheilung mit sich. Von den Lebensepisoden wurden ihre Taufe und das Losbeten ihres Vaters bedeutsam. Diese Szene stellte ein namentlich nicht bekannter Künstler auf einem spätmittelalterlichen Holzschnitt dar. Die Heilige kniet im andächtigen Gebet vor ei-

Ottilia betet ihren Vater aus dem Fegefeuer los, Holzschnitt, um 1480, München, Bayerische Staatsbibliothek

nem Altar. Die zwei dunklen Markierungen auf dem Boden beziehen sich auf die legendarische Überlieferung, nach der sie so sehr um ihren Vater weinte, dass ihre Tränen den Fußboden aushöhlten. Noch weiß Ottilia nicht, dass ihr Vater in diesem Moment von einem Engel aus dem reinigenden Feuer erlöst wird, doch der Betrachter kann die Wirkung ihres Gebetes sehen. Auf dem Altar steht ein Messkelch, der mit einer Patene bedeckt ist, auf der die Augen der Heiligen ruhen. Diese Stellung erinnert an die Hostie auf der Patene, die während der Messe auf dem Kelch liegt. Die Messgeräte fallen umso mehr auf, als in diesem Moment kein Priester die liturgische Feier begeht, sondern allein Ottilia sich im Gebet an Gott wendet. Es wird deutlich, dass ihre Fürbitte ebenso wirksam ist wie die Messfeier zur Erlösung einer Armen Seele. Wie der geweihte Priester kraft seines Amtes durch das Lesen von Seelenmessen die Tore des Fegefeuers zu öffnen vermag, so befreit die fromme Nonne kraft ihres innigen Gebetes ihren Vater aus dem Purgatorium. Der Holzschnitt konkretisiert den Fürbittweg, indem er auf dem Retabel hinter dem Altar die Madonna mit dem Jesuskind zeigt. Damit ergibt sich eine Staffelung von Ottilia, über die Altargeräte hin zum Altarbild. Das Gebet der Ottilia wirkt zwar gleich einer Seelenmesse, doch wird es durch die Fürbitte Mariens und Christi unterstützt.

Viele Darstellungen des Losbetens verorten die Heilige vor einen Altar, doch manche zeigen Ottilia im Freien oder an einem nicht näher charakterisierten Ort. Jeweils aber proklamieren diese Szenen die sichere Wirkmacht der Fürbitte Ottilias. Nach dem Tridentinum ist diese Szene kaum noch zu finden, denn nun wurde anstelle des individuellen Gebets allein die Befreiung durch einen kirchlichen Amtsträger proklamiert (→ Gregor der Große II).

| Ottilia trägt das Gewand einer Nonne, oftmals auch den Äbtissinnenstab. Als Attribut erhält sie zwei Augen, die häufig auf einem Buch liegen.

Wandmalerei mit Szenen aus der Vita der hl. Ottilia, um 1368, Prag, Sankt Veit; Ottilia erlöst ihren Vater, Portalskulptur, 1380/1400, Thann (Elsass), Theobaldsmünster; Chorbehang mit der Vita Ottilias, 1460/1470, Straßburg, Musée de L'Œuvre Notre-Dame; Meister der Ottilienlegende, Tafeln mit Szenen der Ottilienvita, 1475/1500, Burghausen, Staatsgalerie

Quelle: Mabillon 1935/36, Bd. 2, S. 488–496

Literatur: Barth 1938 – Kretzenbacher 1980 – Bornert 1997 – Wegmann 2003, S. 135–143

Michael I — 29. September

Der Erzengel Michael ist nicht nur ein mächtiger Drachenbezwinger (→ Michael II), sondern galt seit jeher auch als Heilender und Helfender, der dem Menschen in leiblichen und seelischen Nöten beisteht. Als Krankheitsheiler kannte ihn schon das vorchristliche Judentum. Eine jüdische Schrift, die als *Vita Adae et Evae* ins Lateinische übersetzt wurde und wohl schon vor Christi Geburt entstand, weiß davon zu berichten, dass Gott Engel gesandt habe, damit diese Eva in ihren Geburtsnöten beistünden. Michael aber habe neben der Gebärenden gewacht und ihre Hand berührt. Von derartigen Texten abgeleitet galt der Erzengel in der byzantinischen Kirche als Krankenheiler, wenngleich sich diese Ansicht im Volksglauben entwickelte, während die Kirche dazu schwieg. Im Westen fand diese Vorstellung keinen Nährboden, dort galt Michael als Sterbepatron, Seelengeleiter und Seelenwäger.

Schon die alten Ägypter verbanden die Waage mit dem Jenseitsgericht, eine Vorstellung, die das frühe Judenchristentum beeinflusste, das ebenfalls von einem Wäginstrument wusste, das beim letzten Gericht zum Einsatz kommt. Mit der Aufgabe, die Seelen ins Paradies zu führen, erhielt Michael eine Funktion, die man in der Antike Hermes zugeschrieben hatte, der nämlich ebenfalls als jenseitiger Psychopompos (Seelengeleiter) galt. Die bedeutsame Rolle des Erzengels beim Übergang vom Diesseits zum Jenseits klingt schon im apokryphen Judasbrief an, der berichtet, Satan habe mit Michael um den Leichnam Jesu gestritten. Die ebenfalls nicht kanonische Apokalypse des Paulus indes

Hans Memling, Triptychon des Jüngsten Gerichts (Detail), 1466/1471, Danzig, Muzeum Narodowe

übermittelt eine ausführlichere Darstellung von Michaels Aufgabe beim Tode eines Menschen. In einer ekstatischen Schau sei Paulus folgende Szene offenbart worden: Als ein frommer Mensch dem Sterben entgegenschaute, umstanden heilige und gottlose Engel sein Bett. Nach seinem Verscheiden wurde seine Seele von guten Gottesboten liebevoll in Empfang genommen und die Diener des Teufels versuchten umsonst, diese in ihre Gewalt zu bringen. Vor den Thron Gottes gebracht, gab der Allmächtige Michael den Auftrag, die Seele ins Paradies zu führen. An diese Vorstellung anknüpfend, glaubte man, Michael habe auch Christus im Tod beigestanden, sein Grab bewacht und den Frauen von seiner Auferstehung berichtet. Seit spätestens 400 baten die Menschen, Michael möge die Seele zu Gott führen. Dem Seelengeleiter Michael sind viele Friedhofskapellen geweiht, bereits die 819–822 errichtete Michaelskapelle in Fulda diente als Bestattungsort für Äbte und als Kapelle für den Mönchsfriedhof.

In frühen Darstellungen ist Michael nicht näher charakterisiert, sondern wie die anderen Erzengel auch in Tunika und Sandalen gekleidet. Ein byzantinisches Elfenbeinrelief aus dem 6. Jahrhundert zeigt ihn erstmals als Bewacher des Himmelsportals. Auf Weltgerichtsbildern ist zwar schon im frühen Mittelalter häufiger eine Waage zu sehen, doch diese kann Gottvater selbst oder ein nicht näher gekennzeichneter Engel in Händen halten. Erst ab dem 12. Jahrhundert tritt Michael als Seelenwäger auf, zunächst auf Tympanonreliefs in Frankreich, dann auch auf anderen Bildmedien. Doch gehört er nicht zwingend zum Personal eines Jüngsten Gerichts, selbst Stefan Lochners berühmtes Gerichtsbild in Köln (um 1435) kommt ohne den Erzengel und ohne Waage aus. Hans Memling indes gab Michael auf dem Retabel, das er im Auftrag von Angelo di Jacopo Tani und seiner Gattin Catarina di Francesco Tanagli malte, eine herausgehobene Position. Hier tritt der Erzengel als kämpferischer Bote auf, gerüstet in einen spiegelblanken Panzer, der das Geschehen reflektiert. Der kostbare Mantel mit der edelsteinbesetzten Borde und einer goldenen Schließe kennzeichnet ihn als den höchsten Engelsfürsten. Selbst seine Flügel bestehen aus feinen Pfauenfedern und einer strahlend weißen Innenseite. Damit hebt sich Michael deutlich von den anderen Engeln ab, die die Gerichtsposaune blasen und die Leidenswerkzeuge Christi präsentieren. Selbst seine Locken scheinen goldener zu sein und ein Kreuzdiadem kommt nur ihm zu. Trotz seiner jugendlichen Schönheit kommt dem Erzengel die Aufgabe zu, die Seelen zu wägen und diejenigen, die zu leicht befunden werden, mit seinem Kreuzstab auf die Seite des Teufels zu stoßen. Die frommen Seelen jedoch werden von → Petrus und weiteren Engeln am Paradiesportal empfangen. Mit der kostspieligen Retabelstiftung hatte das Ehepaar Tani-Tanagli Gewicht auf ihre geistliche Waagschale gehäuft und ihren jenseitigen Schatz guter Werke vermehrt. Allerdings gelangte das Triptychon nie auf den vorgesehenen Altar in der Marien- und Michaelskapelle in der Badia in Fiesole, denn das Schiff, das von Brügge aus nach Italien segelte, wurde gekapert und das Gemälde kam nach Danzig auf den Altar der Georgsbruderschaft der Seefahrer. Warum aber die Stifter nie ihr Eigentumsrecht an dem Retabel geltend machten und warum stattdessen Tommaso Portinari, wenn auch vergeblich, das geraubte Gut als seines beanspruchte und warum die fromme Seele in der Waagschale Portinaris Porträtzüge trägt, ist bis heute ungeklärt.

| Michael kann als Seelenwäger Tunika und Sandalen, Albe, Pluviale oder aber eine Rüstung tragen. Er hält die Waage in der Hand oder aber Schwert oder Lanze, die auf den endzeitlichen Drachenkampf verweisen.

Erzengel Michael, Byzantinisches Elfenbeindiptychon, 6. Jh., London, British Museum; Tympanon mit Weltgericht, nach 1200, Paris, Kathedrale Notre-Dame, mittleres Westportal; Jan van Eyck und Werkstatt, Jüngstes Gericht, um 1440, New York, Metropolitan Museum of Art; Rogier van der Weyden, Weltgerichtsaltar, 1440/1444, Beaune, Hôtel-Dieu

Quelle: Apokalypse des Paulus, in: Schneemelcher 1989, S. 644–675, hier S. 651–653

Literatur: Rosenberg 1956 – Kretzenbacher 1958 – Rohland 1977 – Belting/Kruse 1994, S. 202–205 – Schaller 2006

Georg 23. April

Die bekannteste Episode aus der Vita des hl. Georg ist sein Kampf gegen den Drachen, der die Stadt Silena in Lybia bedroht hatte. Da sein giftiger Atem viele Stadtbewohner das Leben gekostet hatte und weitere Leben bedrohte, erhielt das Untier täglich zwei Schafe zu seiner Besänftigung, und als dieser Vorrat dem Ende zuging, jeden Tag eine Jungfrau. Das Los traf schließlich auch die Königstochter, deren Namen aber die Legende verschweigt. Diese hatte das Glück, dem christlichen Ritter Georg, einem kappadokischen Soldaten aus dem Heer des Kaisers Diokletian (284 – 305), zu begegnen, der den Drachen schwer verletzte und die Prinzessin aufforderte, diesen an ihrem Gürtel wie einen Hund an der Leine in die Stadt zu führen. Daraufhin bekehrten sich die heidnischen Einwohner zum Christentum, der Drache aber wurde getötet. Dieses Ereignis wurde erstmals als ausführliche Schilderung in die vor 1260 entstandene *Legenda aurea* aufgenommen. Für viele Jahrhunderte galt Georg nur als ein standhafter Bekenner und hervorragender Märtyrer Christi. Die ältesten Erzählungen, die bis zum Ende des 4. Jahrhunderts zurückverfolgt werden können, berichten davon, er habe unter dem historisch nicht nachweisbaren persischen König Dadianos gedient und wegen seiner Weigerung, Götzenbilder anzubeten, unglaubliche Martyrien erduldet: Messer wurden in seinen Leib getrieben, er wurde auf ein mit Klingen besetztes Rad geflochten, seine Füße wurden mit Eisenstangen durchbohrt, er wurde ausgepeitscht und vieles mehr. Obgleich er ob seiner Marter drei Mal den Tod fand, wurde er drei Mal wieder auferweckt; er bewirkte noch, dass die Götzenstatuen als falsche Götter zu Boden fielen, und wurde dann geköpft.

Auch wenn sich im Laufe der Jahrhunderte der Ort des Geschehens und der Name des grausamen Herrschers veränderten, gehörten die Martyrien stets zu Georgs Biografie und auch die *Legenda aurea* weiß davon zu berichten. Der Georgskult kann bis Anfang des 5. Jahrhunderts zurückverfolgt werden. Zu dieser Zeit war er im Mittelmeerraum – vor allem in Syrien und Palästina, aber auch am Nil – weit verbreitet. Die antike Stadt Lydda nördlich von Jerusalem (auch Dispolis, heute Lod) beanspruchte, der Geburts- und Sterbeort des Heiligen zu sein. Über einer Grabeskirche entstand bald eine Basilika, die noch heute ein Zentrum seiner Verehrung ist. In der Westkirche breitete sich die Verehrung besonders durch die Kreuzzüge aus, als deren Schutzheiliger der Kriegerheilige fungierte und durch die christliche Kultstätten, wie Lydda, aus heidnischen Händen befreit werden sollten. Unter Kaiser Friedrich III. erlangte die Georgsverehrung einen neuen Aufschwung, denn im Kampf gegen die Angriffe der Türken gründete er 1468 den Ritterorden vom hl. Georg, der zwar von seinem Nachfolger Maximilian I. weiter unterstützt wurde, doch letztlich keinen Fortbestand hatte.

So wechselhaft wie die Biografie gestaltete sich auch die Darstellung des hl. Georg. Zunächst wurde der Heilige entweder als Hofmann in einer knöchellangen Tunika, der Chlamys und in strumpfartigen Schuhen dargestellt oder als wehrhafter Soldat in kurzem Waffenrock, Brustpanzer und Stiefeln mit Lanze und Schild. Auf frühen Bildern ist Georg häufig stehend zu sehen; wenn er zu Pferd dargestellt ist, tritt sein Ross häufig einen Gegner unter seine Hufe. Dieser kann eine tierartige Gestalt sein oder ein Tyrann, etwa Kaiser Diokletian bzw. König Dadianos – in Anlehnung an spätantike Kaiserdarstellungen wird Georg hier als Besieger des Bösen gefeiert. Im Zusammenhang mit dem Drachenkampf erscheint der Heilige meistens hoch zu Ross und die Prinzessin ist oftmals ein integraler Bildteil, wenngleich sich viele Darstellungen allein auf den Heiligen und das Untier beschränken. Um 1500 schließlich wurde erstmals der triumphierende Georg abgebildet, der den Kampf schon gewonnen hat und wie Michael (→ Michael II) auf dem besiegten Drachen steht.

Der Lübecker Künstler Bernt Notke schuf mit seinen Werkstattmitarbeitern im Auftrag des schwedischen Reichsverwesers Sten Sture und dessen Gattin Ingeborg Tott eine bemerkens-

Bernt Notke, Hl. Georg im Drachenkampf, 1489, Stockholm, Storkyrka

werte Skulpturengruppe. In der Stockholmer Storkyrka ragt seit 1489 ein überlebensgroßer hl. Georg auf seinem Pferd empor, der dem riesigen, am Boden sich windenden Drachen den letzten Stoß versetzt. Die ungeheure Realitätsnähe der Gruppe wusste Notke durch die Verwendung von unterschiedlichen Materialien noch zu steigern: Der Drachenpanzer besteht aus Elchschaufeln, das Geschirr des Pferdes aus echtem Leder, der Pferdeschweif aus vergoldetem Rosshaar und auf der Stirn des Pferdes prangt der Zahn eines Narwals. Zudem liegen am Boden nachgebildete Leichenteile und karge, aus Schwemmholz gebildete Baumreste. In sicherem Abstand auf einem separaten Podest kniet die Prinzessin und verfolgt den Kampf mit betend zusammengelegten Händen. Reliefs umgeben das hohe Podest der beiden Figurengruppen und ergänzen die Drachenkampfszene durch weitere Episoden aus dem Leben des Heiligen. Der hohe Sockel bot Raum für eine Art Kapelle, in der ein Priester am Altar seinen Dienst verrichtete und in der Sten Sture schließlich bestattet wurde.

| Georg hat kein regelrechtes Attribut vorzuweisen. Der stets jugendliche bartlose Jüngling ist entweder als Hofmann oder als Krieger dargestellt, der Drache kann im späten Mittelalter attributartig zu seinen Füßen liegen.

Lebenszyklus des hl. Georg, um 1340, Rhäzüns (Graubünden), St. Georg; Donatello, Hl. Georg, 1416/1420, Florenz, Museo del Bargello; Paolo Uccello, Georg als Drachenkämpfer, um 1435, London, National Gallery; Meister der Georgslegende, Georgsaltar, um 1460, Köln, Wallraf-Richartz-Museum; Egid Quirin Asam, Hochaltar mit dem Drachenkampf des hl. Georg, 1721/1723, Weltenburg, Klosterkirche

Quelle: Aufhauser 1911

Literatur: Winkelbauer 1945 – Braunfels-Esche 1976 – Haubrichs 1979 – Ausst.-Kat. Georg 1981 – Dorsch 1983 – Blass-Simmen 1991 – Petermann 2000, S. 112–131

Mauritius — 22. September

Als Bischof Eucherius von Lyon um 443/450 eine sprachlich anspruchsvolle Biografie des Mauritius (Mauritz, Moritz) verfasste, hatte sich die Verehrung des Heiligen schon längst vom Wallis ausgehend verbreitet. In St-Maurice d'Augaune (Sankt Moritz) soll Mauritius zusammen mit Soldaten seiner Legion das Martyrium erlitten haben und bestattet worden sein. Ursprünglich stammte der Heilige aus Oberägypten, wo er für das Heer des Kaisers Maximianus (286–305) rekrutiert wurde. Als Anführer der Thebäischen Legion, zu der etwa 6600 Mann zählten, zog er nach Gallien. Eucherius berichtet, alle Soldaten sollten vor Kampfesbeginn den Göttern opfern, da aber Mauritius und seine Legionäre Christen waren, versuchten sie dem Befehl zu entgehen, indem sie an einem anderen Ort, dem antiken Agaunum (St-Maurice d'Augaune), ihr Lager aufschlugen. Doch auch dort erreichte sie die Aufforderung zum

Opfer, der man Nachdruck verlieh, indem man einen der sich weigernden Soldaten hinrichtete. Schließlich war die gesamte Thebäische Legion samt Mauritius niedergemacht worden. Eine etwas spätere, weit schlichtere Vita berichtet in leichter Abwandlung, die Thebäer hätten ihr Martyrium erlitten, weil sie sich geweigert hätten, gegen ihre Glaubensgenossen in den Krieg zu ziehen. Der Kult zu Ehren des Mauritius wurde zunächst von den burgundischen Königen befördert, die 515 über seinem Grab ein Kloster errichten ließen.

Unter dem Sachsenkönig Otto dem Großen entwickelte sich Magdeburg zum östlichsten Zentrum der Mauritiusverehrung. Der Herrscher hatte dort ein Kloster eingerichtet und unter das Patronat des Mauritius gestellt, doch auch die Stadt stand unter dessen Schutz und das gesamte Reich war dem heiligen Patron anvertraut. Nachfolgende Ottonen ließen sich in Aachen vor der Mauritiuskapelle krönen und in Rom salbte der Papst den Kaiser vor dem Altar des hl. Mauritius. Der Salier Heinrich III. forcierte die Verehrung, indem er eine erhaltene Lanzenspitze als Waffe des Mauritius proklamierte. Doch der Versuch, eine neue sekundäre Reliquie des Heiligen einzuführen, scheiterte, man verehrte das Kriegsinstrument wieder als Lanze des Hauptmanns Longinus, der sie dem gekreuzigten Jesus in die Seite gestoßen hatte, und bewahrte sie zusammen mit den Reichsinsignien auf. Zu einem weiteren Zentrum der Mauritiusverehrung entwickelte sich Halle an der Saale, wo der Magdeburger Erzbischof Kardinal Albrecht von Brandenburg auf der Moritzburg residierte und noch kurz vor der Reformation den Mauritiuskult zu befördern suchte. Außer dem Heeresführer Mauritius erfuhren auch einige der Soldaten der Thebäischen Legion eine besondere Verehrung, wie Ursus in Solothurn, der Befehlshaber Gereon in Köln oder der Kohortenführer Viktor in Xanten.

In den Jahren um 1240 erhielt der Dom zu Magdeburg eine außergewöhnliche Statue. Ursprünglich etwa 1,50 m groß und farbig gefasst, präsentierte sie einen Krieger in schwerer Rüstung bestehend aus einem Waffenrock, einem goldenen Kettenhemd und einem Lederpanzer mit Schurz, der so exakt gearbeitet ist, dass selbst die Nähte und Nieten erkennbar sind. In den mit schweren Fäustlingen geschützten Händen trug er einst Lanze und Schild, zudem gehörten Schwert und Dolch zu seinen Waffen. Die Figur besticht nicht allein durch die minutiös wiedergegebene Waffenrüstung, sondern vor allem durch die Gesichtszüge, die unter der gepanzerten Kapuze sichtbar sind. Der namentlich nicht bekannte Künstler hat Mauritius als einen Afrikaner charakterisiert, mit dunkler Haut, einer breiten Nase und kräftigen Lippen. Darstellungen von Dunkelhäutigen waren zu jener Zeit eine große Ausnahme, selbst einen der

Hl. Mauritius, um 1240, Magdeburg, Dom

→ Heiligen Drei Könige bildete man erst seit dem späten 14. Jahrhundert als Farbigen ab und allein die Königin von Saba erhielt schon im hohen Mittelalter mitunter ein schwarzes Gesicht. Den Magdeburger Mauritius zeichnen neben der dunklen Hautfarbe auch negroide Gesichtszüge aus, die Königin von Saba hingegen wurde stets mit einer europäischen Physiognomie wiedergegeben. Wo der Künstler für diese ungewöhnliche Skulptur Vorbilder fand, ist unbekannt, wahrscheinlich standen ihm gezeichnete Musterblätter zur Verfügung, denn wohl kaum hatte er je einen Afrikaner gesehen. Er muss zudem mit der französischen Plastik vertraut gewesen sein, denn diese unterschied sich zu jener Zeit in ihrer Wirklichkeitstreue von Werken anderer Regionen. Mit dem Magdeburger Mauritius wurde einem Farbigen die Eigenschaft der Heiligkeit zugesprochen, obgleich man eine dunkle Hautfarbe üblicherweise negativ konnotierte und diese Gestalten wie Teufel, Höllenbewohnern und Henkern vorbehielt. Doch blieb die Mauritiusstatue eine Ausnahme und erst im 15. Jahrhundert wurden Darstellungen eines farbigen Heiligen üblicher, wenngleich diese auf gewisse Regionen beschränkt blieben. In Köln etwa wurde Mauritius stets als Weißer wiedergegeben, ebenso in Frankreich und Italien. Auch die Soldaten der Thebäischen Legion sind immer weiße Männer, selbst dann, wenn der farbige Mauritius ihr Heer anführt.

| Mauritius ist stets gerüstet, statt eines Helms trägt er mitunter einen Herzogshut. Zu seinen Waffen zählen Lanze, Schwert und Schild, zudem kann er eine Fahne erhalten.

Meister Theodor, Hl. Mauritius, 1359–1365, Burg Karlstein, Kreuzkapelle; Hans Baldung, gen. Grien, Retabelflügel mit Georg und Mauritius, um 1507, Berlin, Gemäldegalerie; Matthias Grünewald, Die Heiligen Erasmus und Mauritius, 1521/22, München, Alte Pinakothek; El Greco, Martyrium des Mauritius und der Thebäischen Legion, 1580/1582, Madrid, Escorial

Quelle: Müller 1968

Literatur: Dupraz 1961 – Suckale-Redlefsen 1987 – Fühler-Kreis 2003 – Wermelinger u. a. 2005 – Haman 2006 – Hucker 2006 – Ausst.-Kat. Magdeburg 2009, Bd. 2, Kat. III.25 – Suckale-Redlefsen 2009

Heilige Herrscher und Herrscherinnen

Mit Konstantins Hinwendung zum Christentum war der Grundstein gelegt, dass Herrscher und Herrscherinnen in Zukunft nicht nur als Schützer der Christen auftraten, sondern selbst als Heilige verehrt werden konnten. Die große Welle der Verehrung weltlicher Gebieter setzte jedoch erst im hohen Mittelalter ein. Stephan von Ungarn (997 – 1038) wurde wenige Jahrzehnte nach seinem Tode als heilig verehrt, dann folgten weitere Könige wie Heinrich II. (1154 – 1189) und Eduard der Bekenner von England (1042 – 1066).

Im frühen Mittelalter waren Heilige für die Wahrung des Sippenverbandes bedeutsam, wie → Martin von Tours für die Merowinger. Sie wirkten identitätsstiftend und mussten nicht zwingend der herrschenden Familie angehören. Erst mit der Herausbildung der Nationen rekrutierten sich die Heiligen aus der Königssippe, wie → Wenzel oder Stephan von Ungarn, denen nun die Aufgabe zukam, die Dynastie zu bestätigen und deren Machterhalt zu sichern. Deshalb wurde ihre Kanonisation oftmals von den Familien angestrengt. Allerdings hatte auch die Kirche daran Interesse, dass Herrscher und Herrscherinnen ihres Bistums in den Heiligenhimmel aufgenommen wurden, denn ein solch prominenter Heiliger garantierte einen Ansehenszuwachs ihres geistlichen Gebietes.

Heilige Herrscher zeichneten sich üblicherweise durch christliche Tugenden wie Frömmigkeit, Keuschheit und Mildtätigkeit aus, sie hatten sich oftmals auch im Kampf gegen das Heidentum hervorgetan und waren als Unterstützer der Kirche aufgetreten. Mit diesen Taten wiesen sie persönliche Verdienste auf, die ihre Verehrung begründeten. Doch neben der charakterlichen Heiligkeit bestand grundsätzlich eine Amtsheiligkeit, von der man in England und Frankreich annahm, sie werde durch das Erbkönigtum innerhalb einer Dynastie an den jeweils nachfolgenden König weitergetragen. In diesen Ländern auch berichtete man in der Mitte des 11. Jahrhunderts erstmals, der König habe Blinde und Aussätzige geheilt. Bald erfolgte bei jeder Königskrönung die Heilung von Skrofulösen, so dass Kranke am Krönungstag herbeiströmten und zu dem neuen Herrscher pilgerten. Das Wunder verstand man als einen Ausweis der Rechtmäßigkeit des Amtes und war politisch überaus bedeutsam.

Als im 13. Jahrhundert die neuen Bettelorden entstanden und viele Menschen in ihren Bann zogen, rekrutierten sich viele der herrschenden Heiligen aus dem Kreis der Mendikanten, wie → Ludwig IX. oder → Ludwig von Toulouse. Nun auch wurden häufiger königliche Witwen kanonisiert, sofern sie ihr Leben der Armenfürsorge gewidmet und eine strenge Christusnachfolge praktizierten hatten. Diesem Ideal einer heiligen Herrscherin entsprachen → Hedwig von Schlesien oder → Elisabeth von Thüringen.

Ähnlich wie der weltliche Herrscher galt auch der Papst kraft seines Amtes als heilig und schon die frühen Dekretisten betonten, der oberste Hirte sei durch die Verdienste Petri geheiligt. So wurde es allgemein üblich, den Papst als Beatissimus oder Sanctissimus zu titulieren. Freilich wusste man, dass es selbst dem Heiligen Vater mitunter an der gewünschten Heiligkeit mangelte, ungeachtet dessen, dass prinzipiell nur sittlich

Apsisfresko des Nikolaus-Oratoriums, Kupferstich, Original um 1130/1138, ehemals Rom, Lateranpalast

integre Personen den Papststuhl besteigen sollten. Die unter Umständen fehlende charakterliche Moral aber würden die Verdienste Petri ergänzen, sie tilgten die Sünden des Papstes und verliehen ihm Tugend. So entstand auch innerhalb der Papstsukzession eine Art Erbheiligkeit, die sich auf den ersten Bischof Roms gründete. Idealtypisch vereinte ein Papst seine Amtsheiligkeit mit einer heiligen Lebensführung. Das heilige Amt nämlich erlosch mit dem Tod des Amtsträgers, so dass eine liturgische Verehrung nur Päpsten zukam, die sich ihre Heiligkeit durch einen tugendhaften Wandel erworben hatten.

Im Investiturstreit gewann die Vorstellung der päpstlichen Amtsheiligkeit an Bedeutung und wurde als Primatsanspruch gegen die weltlichen Herrscher ausgespielt. Gregor VII. erklärte in seinem *Dictatus Papae* unmissverständlich, ein ordinierter römischer Bischof sei durch die Verdienste Petri zweifellos heilig, während Könige durch ihre weltliche Macht prinzipiell sündig und korrumpiert seien. Papst Anaklet (1130 – 1138) schließlich brachte diesen Anspruch pointiert in einem Apsisfresko zum Ausdruck, das er im Nikolaus-Oratorium des Lateranpalasts anbringen ließ. Im oberen Register des zweigeteilten Wandbildes knien er und sein Vorgänger Kalixt II. zu Füßen der Madonna begleitet von ihren Schutzheiligen → Silvester und Anaklet I. Papst Silvester trägt demonstrativ die Tiara, die Insignie der weltlichen Macht der Päpste. Das untere Register präsentiert Päpste früherer Epochen, die sich für den Primat des Papstes eingesetzt hatten, zusammen mit jüngst verstorbenen Vorgängern. Jedem der päpstlichen Repräsentanten ist die Bezeichnung „Sanctus“ beigegeben und jeder ist durch den runden Nimbus ausgezeichnet. Eine derart unverhohlene Zurschaustellung der päpstlichen Heiligkeit war seinerzeit einzigartig.

Literatur: Ullmann W. 1960 – Lindner 1967 – Fuhrmann 1980 – Herklotz 1989 – Klaniczay 1990 – Becker 1994 – Bloch 1998 – Schimmelpfennig 1994 – Ehlers 2000 – Marek 2008

Konstantin der Große — 21. Mai

Konstantin, der später den Beinamen der Große erhielt, stieg von der niederen sozialen Stellung eines unehelich geborenen Kindes zum Alleinherrscher des Römischen Reichs auf und wirkte als erster christlicher Kaiser entscheidend auf die Geschichte der christlichen Kirche ein. Als illegitimer Sohn des Constantinus Chlorus, der dem Römischen Reich als Cäsar und Augustus vorstand, und → der Helena kam er 272 oder 273 zur Welt. Er gelangte als einer der vier Tetrarchen zur Herrschaft. Das Jahr 312 markierte den bedeutsamen Wendepunkt in Konstantins Leben sowie in der Reichs- und Kirchengeschichte. Die Schlacht gegen Kaiser Maxentius war zu einem Höhepunkt gekommen, als Konstantin vor dem Entscheidungskampf in einer Vision ein Kreuz am Himmel sah und eine Stimme ihm erklärte: „In hoc signum vinces“ („In diesem

Zeichen wirst du siegen"). Der Herrscher ließ dieses siegverheißende Zeichen auf die Schilde seiner Soldaten anbringen und zog am 28. Oktober seinem Kontrahenten entgegen. Tatsächlich konnte er das zahlenmäßig überlegene Heer in der Schlacht an der Milvischen Brücke besiegen. Von nun an verehrte Konstantin den Gott, der ihm zum Sieg verholfen hatte, und förderte das Christentum rückhaltlos. Das Toleranzedikt, das bereits 311 ausgestellt worden war, machte er in einem diplomatischen Akt auch für die von Licinius beherrschten östlichen Reichsteile gültig. Dieser als Edikt von Mailand bekannte Erlass sicherte allen Religionen und damit auch dem Christentum Kultfreiheit zu und bestimmte, dass konfiszierte Güter zurückzuerstatten seien. Konstantin schuf zudem einen christlichen Jahresrhythmus, indem er den Sonntag zum staatlichen Ruhetag erklärte. Vor allem aber tat er sich als Kirchengründer hervor und von 312 an entstanden in Rom reich ausgestattete Basiliken. Als Konstantin 324 auch Licinius in einer Schlacht schlug, wurde der christliche Kaiser zum Alleinherrscher des gesamten Römischen Reiches.

Um Konstantin woben sich früh Mythen und Legenden und seit dem 8. Jahrhundert wurde er gar als Heiliger verehrt. Dem Papsttum soll er der gefälschten Konstantinischen Schenkung zufolge große Ländereien und umfassende Machtbefugnisse übertragen haben (→ Silvester).

Konstantin verstarb im Jahr 337 und ließ sich auf seinem Sterbebett durch den afrikanischen Bischof Eusebius von Nikomedia taufen. Bestattet wurde er in der Apostelkirche zu Konstantinopel. Späteren Generationen bereitete die Tatsache Probleme, dass Eusebius ein Arianer war, denn der Kaiser war damit auf eine häretische Lehre getauft worden. In der zweiten Hälfte des 5. Jahrhunderts entstand deshalb eine Legende, die eine neue Tauf- und Bekehrungsversion bot: Konstantin war leprakrank und sollte durch ein rituelles Bad im Blut von Kindern Heilung finden. Auf dem Weg zum Kapitol, wo die Bluttaufe stattfinden sollte, warfen sich ihm die Mütter entgegen und baten um Verschonung ihrer unschuldigen Kinder. Konstantin übte Milde und ließ stattdessen Papst → Silvester holen, der sich vor der Verfolgung des Kaisers auf den Berg Soracte zurückgezogen hatte. Von diesem empfing Konstantin die Taufe im Lateranpalast und wurde zugleich von der Lepra geheilt.

Als Kaiser ist Konstantin auf vielen Münzen der Spätantike zu finden. Gegen 314 entstand die Kolossalgestalt des Herrschers, die noch in Fragmenten erhalten ist. In der christlichen Ikonografie ist Konstantin oftmals mit seiner Mutter Helena abgebildet.

Vor allem in Rom entstanden mehrere Zyklen zur Vita des christlichen Kaisers, die oftmals Episoden seines Lebens mit dem Papst Silvesters verbinden. Wiederholt stand dabei das Verhältnis von Kaiser und Papst, von Imperium und Sacerdotium, zur Debatte. Viele dieser Bildfolgen sind schon lange zerstört und nur noch schriftlich überliefert. Andere stehen uns noch in Form von Abzeichnungen vor Augen, so etwa die Mosaiken, die man Ende des 13. Jahrhunderts am Portikus der Peterskirche anbrachte. Eines der Bildfelder schildert, wie Konstantin die zwei Männer, die ihm im Traum erschienen waren, anhand eines Bildes als → Petrus und → Paulus identifiziert, denn die Apostel hatten sich ihm in exakt der Gestalt gezeigt, in der sie üblicherweise abgebildet wurden. Bild und Traum bestätigten sich gegenseitig. Hier sitzt

Silvester zeigt Konstantin die Bilder der Apostel, Nachzeichnung des Mosaikzyklus von St. Peter, vor 1609/10, Vatikan, Archivo S. Pietro, Album, fol. 40r

der Kaiser erhöht auf einem Faltistorium, während Silvester ihn auf die Bildnisse der Apostelfürsten aufmerksam macht. Obgleich der Kaiser durch die exponierte Sitzposition herausgehoben ist, erhielt doch der Papst die Stellung in der Bildmitte, zudem wird er von der rückwärtigen Architektur gerahmt und mit einem Nimbus ausgezeichnet. Am Eingang der Kirche, die das Petrusgrab barg, erhielt der Stellvertreter Christi und Nachfolger Petri die herausgehobene Position. Kurz vor dem Abbruch von Alt-St. Peter, dem auch das Mosaik zum Opfer fiel, zeichnete ein unbekannter Künstler die Bildfolge ab.

Nach 1400 entstanden in Rom kaum noch Konstantinszyklen, doch nach dem Tridentinum sollten mehrteilige Folgen erneut das Papst-Kaiser-Verhältnis zur Diskussion stellen.

| Konstantin ist stets als Kaiser gekennzeichnet, er trägt eine Krone und hält oftmals die kaiserlichen Insignien.

Fragmente der Kolossalstatue Konstantins, 312/315, Rom, Musei Capitolini; Konstantin als Triumphator, Elfenbein, 1. H. 6. Jh., Paris, Louvre; Konstantin- und Silvesterzyklus, 1243/1247, Rom, SS. Quattro Coronati, Oratorium; Piero della Francesca, Der Traum Konstantins, 1452/1466, Arezzo, Kirche San Francesco; Giovanni Baglione u. a., Konstantin- und Silvesterzyklus, 1580/1600, Rom, S. Giovanni in Laterano

Quellen: Heydenreich 1879 – Eusebius 2007

Literatur: Ewig 1956 – Waetzoldt 1964, S. 66 f. – Pohlkamp 1984 – Epp 1988 – Grünewald 1992/93 – Walter 2006

Helena — 18. August

Die Kaisermutter Helena steht uns recht klar vor Augen, das Leben der aus einfachen Verhältnissen stammenden jungen Helena zeichnet sich indes nur schemenhaft ab. So kann über ihren Geburtsort nur spekuliert werden, der Tradition nach stand ihr Elternhaus in Trier, doch auch das antike Drepanum in Bithynien, das bald Helenopolis (Hersek) genannt wurde, beansprucht, ihre Geburtsstadt zu sein. Ebenso unbekannt ist ihr Geburtsdatum, das wahrscheinlich in das Jahr 248 oder 249 fällt. Helena stammte aus einer einfachen Familie, späteren Berichten zufolge soll sie in einem Wirtshaus ihr Brot verdient haben. Klarheit liegt erst über ihre intime Beziehung zu dem späteren Kaiser Constantin Chlorus vor, aus der → Konstantin als uneheliches Kind hervorging. Mit der standesgemäßen Verehelichung ihres Liebhabers mit der Tochter des Augustus Maximian verlieren sich Helenas Spuren wieder. Als ihr Sohn Konstantin seinen Herrschaftssitz in Trier einnahm, begleitete sie ihn möglicherweise, ebenso wie sie ihm später nach Rom folgte. Dort besaß Helena mehrere Anwesen, wie das Palatium Sessorium, das nach ihrem Tode zur Basilika S. Croce in Gerusalemme umgebaut wurde, oder die Besitzung vor der Aurelianischen Mauer, auf der man noch zu ihrer Lebenszeit die Basilika SS. Marcellino e Pietro errichtete. Wann sich Helena bekehrte, ist ebenfalls unklar, vermutlich wandte sie sich erst nach Konstantins Bekehrung dem Christentum zu. Einer Legende nach soll sie bei einer Disputation Konstantins mit heidnischen Priestern und Gelehrten durch die schlagenden Antworten ihres Sohnes von der Wahrheit des Christengottes überzeugt worden sein. Als Helena 328/29 verstarb, war sie dem Bericht des Kirchenhistorikers Eusebius von Cäsarea zufolge 80 Jahre alt.

In einem ihrer letzten Lebensjahre hatte Helena eine Reise ins Heilige Land unternommen, um dort das Christentum zu fördern. Auf dieser Fahrt gründet die Legende der Kreuzauffindung. In Jerusalem verehrte man seit spätestens 340 das Heilige Kreuz, doch wie man an diese kostbare Reliquie gelangt war, berichten erst später verfasste Schriften. Ambrosius von Mailand (→ Vier Kirchenväter) wusste, dass Helena das Kreuz gesucht hatte und von den drei Kreuzen, die sie auffand, anhand des Titulus INRI das Kreuz Christi eindeutig identifizieren konnte. Die Kreuzauffindungslegende, die im Mittelalter in vielen Sprachen und vielen Versionen kursieren sollte, wurde in Jerusalem entwickelt. Dort wirkte der aus Aquileia stammende Kleriker Rufinus für einige Jahre und verfasste um 402 eine Erzählung, die ausführlich die Identifizierung des Kreuzes behandelt. Ihm zufolge hatte Bischof Makarios empfohlen, eine Tote

Kreuzauffindung, *Très Belles Heures*, fol. 118r, vor 1413, Turin, Museo Civico

mit den drei gefundenen Kreuzen zu berühren. Das wahre Kreuz vermochte die tote Frau zum Leben zu erwecken. Etwa 100 Jahre später entstand ein weiterer Legendenstrang, der sich um den christlichen Juden Cyriacus drehte, der aus Angst vor den Juden den Ort des Kreuzes verschwiegen hatte und sein Wissen erst unter großem Druck preisgab. Er soll sogar Bischof Jerusalems geworden sein.

Viele der Darstellungen Helenas stellen weniger die Kaiserin als vielmehr das Heilige Kreuz in den Mittelpunkt. Auch eine Miniatur im Stundenbuch *Très Belles Heures* des Duc de Berry legt diesen Schwerpunkt. Im Hauptbild ist Helena bei der Ausgrabung der drei Kreuze zugegen. Im Bas-de-pages ist die Kreuzprobe zu sehen, mittels derer hier ein verstorbener Mann zum Leben gebracht wird. Entsprechend den unterschiedlichen Versionen der Legenden zeigen Bilder die Auferweckung einer Frau oder eines Mannes. In den *Très Belles Heures* kniet keine Person vor der hl. Helena, diese aber hat sich mit ihren Begleitern vor dem wahren Kreuz auf die Knie begeben. Diesem gilt ihre Anbetung und dieses soll auch der Leser des Stundenbuches verehren. Die ganzseitige Miniatur bildet nämlich den Beginn des Heilig-Kreuz-Offiziums. In der Initiale N, mit der die ersten Worte „Nos autem gloriari oportet in cruce Domini nostri Iesu Christi" („Wir rühmen uns aber des Kreuzes Jesu Christi", Gal 6,14) des Offiziums beginnen, ist Christus am Kreuz zu sehen. Bilder und Worte dienen der Verehrung des Kreuzes, Helena kommt nur Ehre als Auffinderin des Kreuzes zu.

| Helena ist durch reiche Kleidung und eine Krone als Kaisermutter gekennzeichnet. Ihr Attribut ist das Kreuz.

Piero della Francesca, Die Kreuzlegende, 1452/1466, Arezzo, Kirche San Francesco; Barthel Beham, Erprobung des heiligen Kreuzes, 1530, München, Alte Pinakothek; Adam Elsheimer, Die Auffindung und Verehrung des hl. Kreuzes, 1603/1605, Frankfurt a. M., Städel; Francesco Mochi, Helenastatue, 1635/1640, Rom, St. Peter, Vierungspfeiler

Quellen: Constantino Magno 1879 – Cyriacus-Legende 1992

Literatur: Drijvers 1992 – Friedrich 2000 – Heinz 2008 – Embach 2008 – Heinen 2008

Chlodwig — 27. November

Der Merowingerkönig Chlodwig I. ging als erster christlicher Frankenkönig und als Begründer des Frankenreiches in die Geschichte ein. Geboren wurde er 466 als Sohn des Childerich. Weder sein Vater noch er selbst waren Christen, obgleich Childerich durchaus mit der katholischen Kirche sympathisierte. Nachdem Chlodwig 481/82 den Thron bestiegen hatte, vergrößerte er das Reich enorm und unterwarf mehrere germanische Stämme. Für die Hagiografie bedeutsam wurde jedoch seine Hinwendung zum Christentum. Davon berichtet erstmals Gregor von Tours in seinen *Zehn Bücher Geschichten* (Decem Libri Historiarum), die er gegen 576/594 verfasste. Chlodwigs Gattin Chrodechilde (Chlothilde), eine christliche burgundische Prinzessin, habe vergeblich versucht, ihn zu bekehren. Die beiden Söhne erhielten jedoch die kirchliche Taufe. Bei der Schlacht gegen die Alemannen bahnte sich eine schwere Niederlage an, so dass Chlodwig schwor, er wolle dem Gott Chrodechildes angehören, wenn er siegen werde. Als er die Schlacht tatsächlich siegreich bestand, ließ er sich von Remigius, dem Bischof von Reims, im Glauben unterweisen und taufen. Damit war Chlodwig zum „Novus Constantinus" geworden, zum neuen → Konstantin, der das christliche Frankenreich begründete.

Wann dieses bedeutsame Ereignis stattfand, ist indes umstritten. Gregor von Tours glaubte, die Taufe habe sich 496 ereignet, doch viele Historiker verorten sie in das Jahr 508. Allein dass die Taufe am Weihnachtstag stattfand, ist gesichert. Mit Chlodwig sollen 3000 seiner Soldaten in das Taufbad gestiegen sein. Einen leicht variierten Taufbericht überlieferte Bischof Hinkmar, als er im Auftrag Karls des Kahlen bald nach 870 eine Neuauflage der Vita des hl. Remigius verfasste. Er berichtet, bei der Taufe hätten sich so viele Menschen in den Raum gedrängt, dass Bischof Remigius nicht an das Salböl gelangen konnte. Daraufhin habe ihm eine Taube das unentbehrliche Öl gebracht. Mit der Erwähnung des hl. Öls spielt Hinkmar auf die Königssalbung an, die von den Merowingern nicht praktiziert wurde und wahrscheinlich erstmals 751 bei der Krönung Pippins des Kurzen erfolgte. Mit Chlodwigs Salbung wird die Taufe gleichzeitig zur Einsetzung des christlichen Königs als Auserwählter Gottes.

Nach seiner Bekehrung trat Chlodwig als frommer Stifter, Unterstützer der Kirche und Förderer von Konzilien auf. Er starb 511 in Paris und wurde in der Kirche St-Apôtres bestattet, die er über dem Grab der → hl. Genovefa hatte errichteten lassen. Seine christliche Bestattung unterschied sich auffallend von der seines Vaters, der noch nach heidnischer Sitte mit Grabbeigaben unter einem Grabhügel in Tournai seine letzte Ruhe gefunden hatte.

Die Taufe wurde zur wichtigsten Szene der Chlodwig-Ikonografie. Daneben thematisierten die Bilder vor allem seine Schlachten oder die Bekehrungsversuche der Chrodechilde. Mit dem Nationalismus des 19. Jahrhunderts gelangten Historienbilder mit Szenen aus Chlodwigs Leben zu einer neuen Blüte.

Die älteste bekannte Taufdarstellung überliefert ein Elfenbeinrelief aus dem späten 9. Jahrhundert, das mehrere Szenen aus dem Leben des Bischofs Remigius wiedergibt. Im unteren Register ist das Taufzeremoniell zu sehen, das hier bereits alle Elemente vereint, die für alle späteren Bilder von Chlodwigs Taufe typisch werden sollten. Chlodwig taucht bis zur Brust in das Taufbecken ein, während ihm Remigius die Hand auf den Kopf legt und Königin Chrodechilde vom linken Bildrand aus das Ereignis mitverfolgt. Über dem König im Scheitel eines Bogens erscheint die Taube mit dem Salbgefäß im Schnabel. Durch die horizontale Anordnung und die Heraushebung mittels des Architekturelements wird die Taufe als ein gottgefälliger Akt gekennzeichnet und die Salbung gleichermaßen durch den Himmel vorgenommen. Zugleich gibt das Motiv der Taube einen Datierungshinweis: Das Relief muss nach Abfassung der Vita Hinkmars entstanden sein.

| Chlodwig ist durch die Krone als König gekennzeichnet, er trägt königliche Gewänder oder eine Rüstung. Ein Attribut erhält er nicht.

Teppich mit Krönung Chlodwigs und Schlacht bei Soissons, um 1440, Reims, Palais du Tau; Meister von Saint-Gilles, Taufe Chlodwigs (?), um 1500, Washington, National Gallery of Art; Steinretabel mit der Taufe Chlodwigs, 1610, Reims, St-Rémi; Marc Chagall, Glasfenster mit der Taufe Chlodwigs, 1974, Reims, Kathedrale

Quellen: Gregor von Tours Historia 1885 – Hinkmar 1896

Literatur: Steinen 1963 – Ausst.-Kat. Franken 1996 – Rouche 1997/98

Chlodwigs Taufe, Buchdeckel aus Elfenbein, 875/900, Amiens, Musée de la Picardie

Radegundis 13. August

Radegundis (Radegunde, Radegonde) hatte ein bewegtes Leben: Als Königstochter geboren, gewaltsam in ein fremdes Land gebracht, zur Ehe gezwungen, der sie sich nach einigen Jahren entziehen konnte, widmete sie sich der Armenfürsorge, dem geistlichen Leben und der Klostergründung. Die Heilige wurde um 520 als Tochter des thüringischen Königs Berthachar geboren. Im Alter von elf Jahren brachte man sie zusammen mit ihrem jüngeren Bruder an den Hof ihres Onkels Herminafried. Dort erhielt sie eine sorgfältige Erziehung, lernte Latein, las kirchliche Schriften und war karitativ tätig. Als Clothar I., der Sohn des ersten christlichen Merowingerkönigs → Chlodwig, gegen Thüringen ins Feld zog, wandelte sich ihr Leben grundlegend. Der Frankenherrscher brachte die Geschwister in seine Gewalt und verschleppte sie nach Athies. Er ließ den Bruder hinrichten und zwang Radegundis zur Heirat. Da selbst eine Flucht sie nicht vor diesem Schicksal bewahren konnte, wurde sie 540 Clothars siebte Ehefrau. Dass die Ehe kinderlos blieb, erklärt die Hagiografie damit, dass sich Radegundis ihrem Mann zu entziehen verstand: Die Nächte hatte sie im Büßergewand auf dem kalten Boden liegend verbracht. Ebenso verließ sie oftmals die königliche Tafel, um Psalmen zu singen. Auch soll sie sich wiederholt bei ihrem rauen Ehegemahl für die Begnadigung zum Tode Verurteilter eingesetzt haben. Nach zehn Jahren konnte Radegundis eine Auflösung der Ehe erwirken und war trotz wiederholter Anfragen ihres Gatten nicht mehr zu einer Rückkehr zu bewegen. Sie pilgerte zunächst zum Grab des → hl. Martin, ließ sich dann in Noyon zur Diakonin weihen und zog sich auf ihr Gut in Saix zurück. Dort gründete sie eine Frauengemeinschaft, die offenbar in einem losen Verbund ohne Regeln zusammenlebte. Die frommen Frauen widmeten sich der Krankenpflege, der Armenfürsorge und dem Gebet. In Poitiers gründete Radegundis das Kloster Ste-Croix (heute Ste-Radegonde), deren Gemeinschaft sie unter die Regeln des Cäsarius von Arles stellte. Für den Konvent erbat sich Radegundis aus Konstantinopel eine Kreuzreliquie, die ihr Kaiser Justinus II. umgehend sandte. Die einstige Königin stand dem Kloster nicht als Äbtissin vor, sondern setzte ihre Pflegetochter Agnes an diese Stelle. Sie selbst versah stattdessen schlichte Arbeiten einer Nonne, besorgte das Küchen- und Hauswesen. Selbstkasteiungen, Bußübungen und Nachtwachen prägten ihr geistliches Leben, einst soll sie sich gar mit einer glühenden Klinge das Monogramm Jesu in die Haut geritzt haben. Als Nahrung diente Radegundis einfachstes, ungesalzenes Gemüse und Brot. Als die demütige Heilige 587 verstarb und in der Klosterkirche bestattet wurde, waren auch hohe Gäste wie Gregor von Tours anwesend. Radegundis' Grab wurde im Laufe der Jahrhunderte wiederholt geöffnet, so 1412 von Jean de Berry, der ihren Leichnam unverwest und wohlduftend vorfand. 1562 bemächtigten sich die Hugenotten gewaltsam der Gebeine und verbrannten große Teile davon. Die Überreste wurden erneut beigesetzt.

Eine erste Biografie der heiligen Königin stammt aus der Feder des Venantius Fortunatus, der auch eine Vita des → Martin von Tours verfasste und Vertrauter der Nonne Radegundis war. Er stilisierte die fromme Frau zu einer Heiligen, die ihre königlichen Würden zugunsten der christlichen Selbsterniedrigung aufgibt, während ihr zweiter Biograf Baudonivia ihren anhaltenden königlichen Einfluss hervorhob. Die großen hagiografischen Sammlungen wie die *Legenda aurea* berichten jedoch nicht über die thüringisch-französische Heilige und nur einige regionale Abschriften fügten ihre Vita als Zusatz ein.

Radegundis gehört nicht zu den häufig dargestellten Heiligen. Wiederholt sind Szenen ihres Lebens in Viten des Mittelalters zu finden; so entstand die älteste bekannte Handschrift, die mehrere Miniaturen beinhaltet, noch vor 1000. Entsprechend ihren wichtigsten Verehrungsgebieten, die außer Südwestfrankreich auch Thüringen und Würzburg umfassten, entstanden viele Werke in diesen Regionen.

Die Klosterkirche Ste-Croix / Ste-Radegonde in Poitiers präsentiert die Heilige über dem Haupteingangsportal. Dort steht sie an prominenter Stelle zur Rechten einer Marienskulptur. Radegundis ist hier nicht als Nonne wiedergegeben, sondern als Königin mit Krone und Zepter. Allein ihr konzentrierter Blick in ein Buch kennzeichnet sie als fromme Frau sowie die Inschrift auf der Plinthe, die betont, hier sei die heilige Radegundis zu sehen.

Hl. Radegunde, Portalskulptur, um 1320, Poitiers, Ste-Radegonde

| Radegundis trägt das Nonnenhabit oder weltliche Kleidung und eine Krone. In der Hand kann sie das Modell ihrer Klosterkirche halten.

Vita Beatae Radegundis, um 1100, Poitiers, Médiathèque François Mitterrand, ms250 [136]; Radegundis mit Venantius Fortunatus, Gregor von Tours und Agnes, um 1300, Poitiers, Ste-Radegonde; Reliquienschrein der hl. Radegundis, 1845, Poitiers, Ste-Radegonde

Quellen: Saussay 1637 – Baudonivia 1902 – Venantius Fortunatus 2008

Literatur: Wittern 1986 – Gäbe 1989 – Kleinmann 1998 – Ausst.-Kat. Radegonde 2003 – Ausst.-Kat. Radegunde 2006

Karl der Große — 28. Januar

Im Jahr 1000 befahl Otto III., im Aachener Münster das in Vergessenheit geratene Grab Karls des Großen zu suchen und zu öffnen. Als man den Bestattungsort aufdeckte, bot sich ein erstaunlicher Anblick. Der Leichnam saß in reiche Gewänder gehüllt mit Zepter und Krone gleich einem Lebenden auf einem Thron ohne Spuren der Verwesung, nur die Fingernägel waren durch die Handschuhe hindurchgewachsen und die Nasenspitze verloren gegangen. Otto ließ die Nägel schneiden, die Nase durch Gold erneuern und den Toten in der Nähe des Altars wieder zur Ruhe betten. Mit dieser Aktion hatte Otto nicht allein eine sakrale, sondern auch eine politische Handlung vollzogen, die ihn selbst in die Tradition Karls des Großen stellte.

Karl hatte nicht das Leben eines Heiligen, sondern das eines Herrschers und Politikers geführt. 742 als Sohn Pippins d. J. geboren, erhielt er nach dem Tod seines Vaters den westlichen und nördlichen Teil des Reiches und nach dem Tod seines Bruders Karlmann, mit dem er in beständiger Auseinandersetzung gestanden hatte, fiel ihm das gesamte Reich zu, das er durch Kriegszüge um ein Beträchtliches zu erweitern verstand. Zu den wichtigen politischen Ereignissen gehörten die jahrelangen Kämpfe und schließlich der Sieg über die Sachsen, der Kriegszug nach Spanien, die Unterwerfung des Bayern Tassilo III. sowie die diplomatischen und mitunter kriegerischen Beziehungen zu Italien und dem Papst. Spätere Lebensberichte stilisierten einige der kriegerischen Auseinandersetzungen zu einer heiligen Tat, wie den Feldzug nach Spanien, zu dem Karl aufgebrochen sein soll, weil ihn der → hl. Jakobus im Traum aufgefordert habe, sein Grab von den heidnischen Sarazenen zu befreien. Im Jahr 800 erreichte Karl die Höhe seiner Macht, als er, der König der Franken, von Papst Leo III. in der Peterskirche zu Rom zum Kaiser des Römischen Reichs gekrönt wurde. Neben der politischen Machtausdehnung setzte sich Karl für die Erneuerung der Kirchenordnung und Liturgie ein und beförderte eine Bildungs- und Kulturreform, für die er die führenden Geistesgrößen an

Reliquienbüste Karls des Großen, nach 1349, Aachen, Domschatzkammer

seinen Hof holte, wie den Angelsachsen Alkuin von York. Als Karl der Große 814 starb, hatte er einen enormen politischen und kulturellen Beitrag geleistet.

Auch wenn sich so manche der folgenden Herrscher mit diesem idealen Herrscher verbanden, setzte seine liturgische Verehrung erst mit seiner Kanonisation im Jahr 1165 ein, die auf das Betreiben Friedrich Barbarossas erfolgte, obgleich dieser die Heiligsprechung wohl mehr aus politischem Kalkül angestrebt hatte. Als man nach 1200 einen goldenen Schrein anfertigen ließ, den Friedrich II. eigenhändig verschloss, wurde Aachen zu einer Wallfahrtsstätte. Doch die Feier des Karlsfestes blieb stets auf wenige Regionen beschränkt und die Verehrung des heiligen Kaisers ging nach der Reformation sehr zurück. Der Herrscher aber sollte über die Jahrhunderte zur Identifikationsfigur und Projektionsgestalt vieler Machthaber werden.

Zwischen Politik und Heiligenverehrung rangiert auch die Karlsbüste, die eine Aachener Goldschmiedewerkstatt fertigte. Das Silber wurde zu idealtypischen Gesichtszügen getrieben und mit Teilvergoldungen akzentuierte man Bart und Haare. Die antiken Gemmen auf der Büste stellen einen Bezug zum antiken Römischen Reich her, während Adler und Lilien auf das mittelalterliche Heilige Römische Reich anspielen. Die Krone wurde in Prag gefertigt und mit großer Wahrscheinlichkeit von Karl IV. 1349 bei seiner Krönung zum deutschen König getragen. Mit Sicherheit wurde sein Sohn und Nachfolger Sigismund mit dieser Krone gekrönt. Damit empfing der neue König seine Herrschaft gleichsam aus der Hand Karls des Großen und erhielt weit mehr auch die Kraft seines heiligen Vorgängers, denn in der Büste ruht die Schädeldecke Karls des Großen. Das überlebensgroße Reliquiar ist so gearbeitet, dass man es mittels eines Tragholzes in einer Prozession mitführen konnte – von dieser Möglichkeit wurde bei Königskrönungen regelmäßig Gebrauch gemacht. Bei diesem Anlass zog der in seiner Reliquie gegenwärtige heilige Kaiser dem frischgekrönten König entgegen.

Darstellungen Karls des Großen sind selten ohne eine politische Aussage. Oftmals verbinden sie den heiligen Herrscher mit dem gegenwärtigen Regenten und mit den alttestamentlichen Königen David und Salomon.

| Karl der Große ist stets als Herrscher mit Krone dargestellt, zudem trägt er Zepter, Schwert und Reichsapfel.

Karlsschrein, 1182–1215, Aachen, Dom; Skulptur Karls des Großen, 12. Jahrhundert, Müstair (Graubünden), Klosterkirche; Albrecht Dürer, Karl der Große, 1513, Nürnberg, Germanisches Nationalmuseum; Alfred Rethel, Karlsfresken, 1847–1852, Aachen, Rathaus

Quellen: Historia Karoli Magni 1936 – Einhard 1991

Literatur: Geith 1977 – Saurma-Jeltsch 1994 – Erkens 1999 – Kerner 1999 – Kraus/Pabst 2003 – Herbers 2003 – Lüken 2004

Ludwig IX. (der Heilige) 25. August

Ludwig IX. aus dem Hause der Kapetinger kam 1214 in Poissy zur Welt. Zwar war er nur der zweitgeborene Sohn seiner Eltern König Philipp II. und Blanka von Kastilien, doch durch den frühen Tod seines Bruders wurde er zum Thronerben. Nach einer nur kurzen Regierungszeit seines Vaters und dessen frühem Tod wurde Ludwig im Alter von zwölf Jahren als Nachfolger auf den Thron gesetzt, die Regierung übernahm für ihn seine resolute Mutter. 1234 heiratete er Margarete von Provence und wurde im gleichen Jahr in St-Denis zum König von Frankreich gekrönt. Ludwig tat sich schon in jungen Jahren als Förderer der Kirche und der Frömmigkeit hervor. In Royaumont unterstützte er den Bau der Zisterzienserabtei und man erzählte sich, er habe dabei selbst Hand angelegt. Der fromme Herrscher trug während der Fastenzeiten ein härenes Büßergewand unter seinen Kleidern, er betete intensiv, wachte des Nachts und ließ sich von seinem Beichtvater geißeln. Großes Aufsehen erregte der Erwerb der Passionsreliquien, die man in Konstantinopel wegen schwerer finanzieller Nöte zum Verkauf feilbot. Ludwig erstand die Dornenkrone, einen großen Teil des Kreuzes, den Essigschwamm und die Lanzenspitze. In feierlichen Prozessionen führte man die kostbaren Reliquien von Konstantinopel nach Paris, bei denen der König und sein Bruder nur in einem Büßerhemd gekleidet und barfuß den Schrein persönlich trugen. Eigens für die Passionsreliquien entstand binnen weniger Jahre die neue Palastkapelle Sainte-Chapelle als ein überdimensionaler, prächtig ausgestatteter Schrein. In frommem Eifer zog Ludwig in einem ersten Kreuzzug nach Jerusalem, wurde bei einem Kampf in Ägypten gefangen genommen und erst gegen ein hohes Lösegeld wieder freigelassen. Die Auslösung spiegelt Ludwigs vielgepriesene Rechtschaffenheit wider, denn er beklagte, man habe statt der vereinbarten Summe ein niedrigeres Lösegeld ausgezahlt. Weit länger als andere Herrscher hielt sich Ludwig im Heiligen Land auf und suchte vergeblich die Araber zum Christentum zu bekehren. Ein zweiter Kreuzzug, den er einige Jahre später startete, wurde ihm zum Verhängnis. 1270 starb er in Tunis an einer Seuche.

Ein verstorbener König, der ein frommes und gerechtes Leben geführt hatte und der für eine Friedenspolitik stand, brachte die gewünschten Qualitäten für eine baldige Kanonisation mit. Da dies seinen Angehörigen sofort klar war, stritten sich sein Sohn Philipp III. und sein Bruder Karl von Anjou, König von Sizilien, um die sterblichen Überreste. Schließlich einigte man sich, die Eingeweide und das Herz in Sizilien beizusetzen, die Gebeine aber in St-Denis. Nachdem der Kanonisationsprozess, der sich durch den Tod mehrerer Päpste verschleppt hatte, 1297 mit der Heiligsprechung zum Abschluss gelangte, brachte man Ludwigs Haupt in die Sainte-Chapelle, wo es zusammen mit den Passionsreliquien verehrt werden konnte. In Saint-Denis aber errichtete man über dem Grab eine eigene Kapelle und gab der bereits bestehenden volksfrommen Verehrung einen offiziellen Charakter.

Jeanne d'Évreux, Königin von Frankreich, gab gegen 1324 bei Jean Pucelle, dem damals fähigsten Miniaturisten des Landes, ein Stundenbuch in Auftrag, das sich in mancherlei Hinsicht von den üblichen Gebetbüchern unterscheidet. Die feinen Grisaille-Miniaturen zeichnen es als Kunstwerk aus, die Ikonografie indes konzentriert sich auf das Leben Jesu und auf die Vita des hl. Ludwig. Nachdem der Leser viele Szenen aus der Kindheit und der Passion Christi andächtig betrachtet hat, eröffnet ein bemerkenswertes Eingangsbild das Offizium zum hl. Ludwig. Während die meisten Darstellungen des Buches sich auf einer schmalen Bühne unmittelbar am Bildrand entwickeln, führt diese Miniatur den Blick weit in einen geräumigen Kirchenraum. Hier hüten zwei Männer ein Grabmal, so wie wenige Seiten zuvor Soldaten am Grab Christi wachen. Über der Grabstätte erhebt sich die Gestalt des hl. Ludwig in einen Mantel gekleidet und mit der Krone auf dem Haupt. Es herrscht Uneinigkeit darüber, ob das Bild eine reale Gegebenheit wiedergibt und auf dem Grabmal in St-Denis, das im 15. Jahrhundert zerstört wurde, tatsächlich eine stehende Statue zu sehen war oder ob Pucelle eine fiktive Szene malte. Offenbar handelt es sich weniger um einen realen Kirchenraum als vielmehr um einen inneren Andachtsraum, in den die Königin, die im angrenzenden Raumkompartiment vor einem Gebetsstuhl kniet und in einem Buch liest, dank ihrer geistlichen Lektüre Einblick erhält. Auf den folgenden Seiten des Stundenbuches entwickelt sich die Vita des heiligen Königs in vielen Szenen. Durch die Andacht der Jeanne d'Évreux ersteht Ludwig IX. gleichsam aus seinem Grab und führt ihr sein frommes Leben allein durch die Anwesenheit seiner Person vor Augen. Dieses aber hatte er in der Nachfolge Jesu geführt.

Die Vita des hl. Ludwig war in der Buchmalerei des Hochmittelalters verbreitet, ebenso wie Glasfenster oftmals seinen Lebenszyklus bieten.

Jean Pucelle, Gebet am Grab Ludwigs IX., Stundenbuch der Jeanne d'Évreux, 1325–1328, New York, The Cloisters, Acc. 54

| Ludwig ist meist als junger König ohne Bart, mit leicht gewelltem, kurzem Haar dargestellt. Als Ausweis seiner weltlichen Macht trägt er Krone und Zepter. Als Attribut erhält er die Passionsreliquien Dornenkrone, Nägel und Kreuz.

Hl. Ludwig und Johannes d. Täufer, 1450, Paris, Louvre; El Greco, Ludwig der Heilige, 1590, Paris, Louvre; Guercino, Hl. Franziskus und hl. Ludwig IX. in Anbetung eines Madonnenbildes, um 1618, Brisighella, San Francesco; Simon Vouet, Apotheose des hl. Ludwig, um 1640, Rouen, Musée des Beaux-Arts

Quellen: Acta Sanctorum, Aug. V, Bd. 39, S. 275–758 – Joinville 1995

Literatur: Sommers Wright 1971 – Hoffeld 1971 – Brown E. 1984 – LeGoff 2000 – Lützelschwab 2004

Hedwig von Andechs (von Schlesien) 16. Oktober

In welchem Jahr Hedwig, die Tante der → Elisabeth von Thüringen und spätere Landesherrin von Schlesien, geboren wurde, ist unbekannt. Als Tochter aus dem hochadligen Geschlecht der Grafen von Andechs kam sie zwischen 1174 und 1178 zur Welt und wurde im Kloster zu Kitzingen am Main standesgemäß erzogen. Dieser Konvent gehörte als Eigenkloster zum Bistum Bamberg, dem Hedwigs Onkel Otto II. als Bischof vorstand. Im Alter von zwölf Jahren wurde Hedwig mit Heinrich I., dem späteren Herzog von Schlesien und Polen, verheiratet. Nachdem im Jahr 1208 ihr siebtes Kind zur Welt gekommen war, lebten die Gatten in gegenseitigem Einverständnis in ehelicher Enthaltsamkeit. Diesem Tatbestand widmet die *Legenda maior* besondere Aufmerksamkeit und führt viele Beweise für das keusche Eheleben auf: Nie wieder habe Hedwig mit ihrem Gatten alleine gesprochen, stets habe ihr Gespräch von frommen Taten gehandelt, nicht einmal im Krankheitsfalle habe sie Heinrich alleine am Bett einen Besuch abgestattet und wenn Hedwig sich wieder einmal in das Koster Trebnitz zurückzog, habe sie mit den Nonnen im Dormitorium geschlafen. Das besagte Kloster war 1202 von Heinrich gegründet worden und Hedwig hatte die Äbtissin des Kitzinger Konvents samt einiger der Schwestern dort angesiedelt. Der Tradition nach gilt Hedwig selbst als Klostergründerin, später wurde ihre Tochter Gertrud Äbtissin der Gemeinschaft. Nach Heinrichs Tod im Jahr 1238 zog sich die heilige Herzogin ganz hinter die Klostermauern zurück. Wie schon in den Jahren zuvor lebte sie hier weiterhin in beständigen Frömmigkeitsübungen, langem Wachen und strengem Fasten. Noch als sie dem herzoglichen Hofe vorstand, war ihre Kleidung so schlicht gewesen, dass eine Vertraute sie mitunter auf den zerschlissenen Zustand ihres Gewandes hinweisen musste. Das zumindest berichtet die Legende, ebenso wie dieser zu entnehmen ist, dass Hedwig sich jahrelang aus Demut geweigert hatte, Schuhe zu tragen. Um diesen Standpunkt, der einer Herzogin unwürdig war, drehen sich viele Episoden der Biografie. Damit sie einer höherstehenden Person die nötige Ehre erweisen konnte, soll Hedwig ihre Schuhe mit sich getragen und rasch angezogen haben, wenn sie einer Ehrenperson begegnete. Durch das beständige Barfußgehen auch im Winter waren ihre Füße von tiefen Furchen durchzogen, ebenso wie ihre Hände zerschunden waren, weil sie sich zum Beten oft auf dem kalten rauen Boden ausstreckte. Die fromme Herzogin wurde nach ihrem Tode bald verehrt und schon 1267 heiliggesprochen. Für den Kanonisationsprozess wurden 85 Wunder aufgezählt, die sich an ihrem Grab in der Klosterkirche zu Trebnitz ereignet hatten. Als Patronin Schlesiens wurde Hedwig vor allem im Bistum Breslau sehr verehrt, 1680 schließlich wurde die Feier des Hedwigsfestes für die gesamte katholische Kirche bindend.

Kaum 100 Jahre nach dem Tod der hl. Hedwig ließ Herzog Ludwig I. von Liegnitz und Brieg, einer ihrer direkten Nachkommen, zwei Vitenerzählungen abschreiben. Ein Miniaturist stattete den Band mit mehreren narrativen Darstellungen aus, von denen sich ein nicht-szenisches Bild abhebt. Hedwig erhebt sich unter einem Baldachin in voller Gestalt in einer unspezifischen Gewandung mit einem losen Tuch um den Kopf und bloßen Füßen. In ihren Armen trägt sie Gegenstände, die an ihre Heiligkeit erinnern: strumpfartige Lederschuhe, ein Madonnenbild, das sie ihr Leben lang mit sich getragen haben soll, einen Rosenkranz und ein Buch. Das natürlich anmutende Zusammenraffen der Objekte, die zarte Modulierung ihres Gesichts und Hedwigs Blickaustausch mit dem Betrachter verleihen der Darstellung eine starke Unmittelbarkeit. Dennoch stellt sie weniger eine Person aus Fleisch und Blut dar als eine

Hl. Hedwig, Hedwigs-Codex, 1353, Los Angeles, The J. Paul Getty Museum, MS Ludwig XI 7 (83.MN.126), fol. 12v

polychrome Statue, denn links und rechts ihrer Nische knien in kleinen Figuren Ludwig und seine Gemahlin Agnes und richten ihre Gebete an die heilige Ahnfrau. Diese Miniatur trennt zwei Textteile, von welchen der erste Hedwigs fürstliches Leben schildert und dabei von ihrer Hochzeit unvermittelt zu ihrem Tod springt, während der zweite ihrem Klosterleben gewidmet ist. So vereint die Heilige selbst ihr weltliches und ihr geistliches Leben, sie birgt in ihrer Person gleichsam beide Aspekte. Doch ihre Attribute belegen, dass sie durch ihre frommen Taten und ihre völlige Christushingabe die Heiligkeit erlangt hat.

| Hedwig wird meist im Fürstenmantel und mit dem Herzoginnenhut dargestellt. Im 19. Jahrhundert erscheint sie mitunter im Nonnenhabit. Ihre wichtigsten Attribute sind neben den Schuhen ein Kirchenmodell als Hinweis auf das Kloster Trebnitz sowie eine Marienfigur.

Meister Theodoricus, Die hl. Hedwig, 1365/1367, Burg Karlstein; Triptychon der Hedwigslegende, um 1440, Warschau, Nationalmuseum; Hedwigsreliquiar, 1513, Berlin, Hedwigskathedrale; Grabmal der hl. Hedwig, 1676–1680, Trebnitz, Klosterkirche

Quellen: Legende Hedwig 1963 – Hedwigs-Codex 1972

Literatur: Reber 1963 – Gottschalk 1964 – Gottschalk 1981 – Grunewald/Gussone 1996 – Ausst.-Kat. Krone und Schleier 2005, Kat.-Nr. 249

Heinrich II. und Kunigunde

15. Juli und 3. März

Das Kaiserpaar Heinrich II. und Kunigunde ist eine Ausnahmeerscheinung, denn mit einem heiligen Ehepaar wartet die Geschichte kaum auf. Heinrich, der um 973/978 zur Welt kam, entstammt dem bayerischen Herzogsgeschlecht und wurde 1002 zum König gekrönt. Im Jahr 1014 folgte die Kaiserkrönung in Rom. Als er die 975 oder 985 geborene Kunigunde von Luxemburg heiratete, konnte keiner von beiden wissen, dass ihre Ehe kinderlos bleiben sollte. Doch gerade dieser als Manko angesehene Tatbestand bildet ein Mosaiksteinchen im Heiligenbild der Gatten. Die Legenden wissen nämlich zu berichten, dass Heinrich und Kunigunde gegen ihren Willen die Ehe eingegangen waren und sich in der Hochzeitsnacht insgeheim Enthaltsamkeit schwuren. Einst soll der Teufel versucht haben, den frommen Entschluss ins Gegenteil zu kehren und kam wiederholt in Gestalt eines Ritters aus dem Schlafgemach der Königin. Gerüchte wurden laut und Kunigunde wurde auf eigenen Wunsch vor das höchste Gericht gebracht. Als sie wiederholt ihre Unschuld beteuerte, habe Heinrich sie zornig auf die Wange geschlagen, dass ihr das Blut aus Mund und Nase quoll. Doch als sie unbeschadet mit bloßen Füßen über glühende Pflugscharen gelaufen war, wurde ihre Aufrichtigkeit offenbar. Von Heinrich erzählt die Legende, dass ihm bei seinem Kriegszug gegen Polen die Heiligen → Georg, → Laurentius, Hadrian und → Michael beistanden und dem Heer vorangeflogen seien. Das Ehepaar zeichnete sich durch eine rege Stiftungstätigkeit aus, unter der die Wiedererrichtung des Bistums Merseburg und die Bistumsgründung Bambergs besonders hervortreten. In Bamberg gilt Kunigunde traditionell als Stifterin von St. Stephan, wenngleich die Stiftungsurkunde nur Heinrichs Namen aufführt. Die Stadt aber hatte Heinrich seiner Gattin als Morgengabe übergeben. Nun brachte er durch die Stiftung für geistliche Zwecke die Witwenabsicherung in Gefahr. Dies zog einen langjährigen, blutigen Zwist mit Kunigundes Familie mit sich. Erst später überließ Heinrich ihr Kassel als Ersatz und baute das nahe gelegene Kloster in Kaufungen zu ihrem Witwensitz aus. Dorthin zog sich Kunigunde nach seinem Tod im Jahr 1024 zurück und verstarb 1033 nach Jahren des strengen Klosterlebens. Während man in Bamberg die Heiligsprechung des Kaisers forcierte und schon 1146 die Kanonisationsurkunde in Händen hielt, wurde der Kaiserin diese Ehre erst 1200 zuteil. Beide Gatten aber wurden für ihre eheliche Keuschheit, ihre geistlichen Stiftungen, die Bekehrung der Ungarn und die Wunder an ihrem Grab im Bamberger Dom in Ehren gehalten. Die Verehrung Kunigundes sollte bald Heinrichs Ruhm überstrahlen und sie wurde zu einer mariengleichen Heiligen als Patronin über Bamberg gesetzt.

Auf einigen Bildern sind Heinrich und Kunigunde, wie viele weltliche Herrscher auch, in der Rolle des Stifters zu sehen. Als Heilige indes treten sie erst nach ihrer Kanonisation auf. Sehr häufig sind die heiligen Gatten gemeinsam abgebildet, wobei ihre Ebenbürtigkeit zwar durch eine gleiche Gestik, gleiche Gewandfalten und gleiche Attribute betont werden kann, doch in der Regel erhält Heinrich den ehrenvolleren Platz: Er steht etwa zur Rechten Mariens, Kunigunde zu deren Linken oder er ist direkt neben die zentrale Figur gestellt, sie steht indes hinter ihm. Auch der in Bamberg wirkende Wolfgang Katzheimer ordnete auf der Mitteltafel eines Retabels dem König die heraldisch bedeutendere rechte Seite zu, wo er in königlichen Gewändern und mit den herrscherlichen Insignien ausgestattet das große Modell des Bamberger Doms emporhält, während seine Gemahlin auf der linken Seite stehend Hand anlegt. Dadurch kommt Heinrich auf der Chorseite der überdimensional großen Kirche zu stehen, Kunigunde indes auf der Eingangsseite im Westen. Das Dommodell ist der realen Kirche getreu nachgebildet, auch wenn nicht alle architektonischen Details korrekt wiedergegeben sind. Als kleine Figur kniet der Retabelstifter Hernidt vom Stein auf seinem Betstuhl und wird dort von dem heiligen Königspaar gerahmt, während ihn der Dom wie schützend überfängt. Obgleich vom Stein als Pfarrherr in Hof wirkte, pflegte er doch Beziehungen nach Bamberg und hatte am Kunigundenaltar im Dom eine Pfründe gestiftet.

Unter den szenischen Darstellungen nimmt die Pflugscharenprobe quantitativ den ersten Rang ein und bereits in der ersten illuminierten Vita des frühen 13. Jahrhunderts ist diese Episode abgebildet. Häufig wählte man auch die Bezahlung der Arbeiter von St. Stephan, bei der Kunigunde einem Bauhelfer eine Schüssel entgegenhält, aus der er sich seinen Lohn nehmen soll. Als er mehr entnahm als ihm zustand, wurde er von der frommen Königin überführt. Dieses Geschehnis hat offenbar einen realen Anhaltspunkt, denn zum Bamberger Domschatz gehörte spätestens seit Mitte des 12. Jahrhunderts eine Kristallschüssel, die viele Jahrhunderte in hohen Ehren gehalten wurde.

Wolfgang Katzheimer, Heinrich II. und Kunigunde, Flügelaltar des Hernidt vom Stein, nach 1480, Hof a. d. Saale, Lorenzkirche

| Heinrich und Kunigunde tragen reiche Kleider und sind stets als Kaiserpaar durch die Insignien Krone und Zepter gekennzeichnet, als Attribut erhalten sie ein Kirchenmodell.

Heinrich und Kunigunde, Skulpturen der Adamspforte, vor 1237, Bamberg, Domkreuzgang; Wolfgang Katzheimer d. Ä., Hl. Jakobus mit den Bamberger Bistumspatronen Heinrich und Kunigunde, 1478, Kronach, Fränkische Galerie; Meister der Barbaralegende, Heinrichstafel, um 1480, Münster, Westfälisches Landesmuseum; Tilman Riemenschneider, Kaisergrab Heinrichs II. und Kunigundes, 1499–1513, Bamberg, Dom

Quellen: Vita Heinrici 1999 – Ebernand 1960 – Vita Cunegundis 1963

Literatur: Klauser R. 1956 – Guth 1986 – Roth 1987 – Ausst.-Kat. Cranach 1994, Kat.-Nr. 92 – Michalsky 1997 – Weinfurter 1999 – Schneidmüller 2001 – Pflefka 2001

Wenzel 28. September

Als Wenzel (Václav), ein Spross aus dem Geschlecht der Přemysliden, gegen 903/905 geboren wurde, hatte sich das Christentum in Böhmen erst seit kurzer Zeit etabliert. Erst seine Großmutter Ludmilla war die erste christliche Herrscherin Böhmens. Die fromme Frau übernahm für ihren unmündigen Enkel die Regierung, bis sie von ihrer Schwiegertochter, der Mutter Wenzels, ermordet wurde. Wenzel selbst beförderte das Christentum, etablierte den Kult des → hl. Veit auf dem Hradschin und ließ den Leichnam Ludmillas in die St. Georgskirche auf dem Hradschin umbetten. Obgleich die gottesfürchtige Herrscherin dort sehr verehrt wurde und man sie sogar zur Mitpatronin des Prager Doms erhob, sollte doch nicht sie, sondern Wenzel zum Hauptheiligen des Landes werden. Er erhielt den Status eines Heiligen, weil ihn sein Bruder Boleslav 929 ermordete. Boleslav hatte Wenzel bis zur Kirche in Altbunzlau verfolgt, die ihm Asyl bieten sollte. Als Wenzel den Türklopfer umfasste, soll ihn sein Bruder niedergemacht haben. Wenige Jahre später aber fand es Boleslav opportun, die Gebeine des Ermordeten zu erheben, in den Dom zu überführen und sich für die Kanonisation seines Bruders einzusetzen. Zwar war der Mord aus politischen Gründen geschehen, doch schnell wurde Wenzel zu einem christlichen Märtyrer stilisiert. Bereits 975 entstand eine erste Legende, *Crescente fides*, der zahlreiche Bearbeitungen folgten. Selbst der böhmische König und deutsche Kaiser Karl IV. (1316–1378), der seinen heiligen Vorfahren sehr verehrte, verfasste eine Biografie. Um die Verehrung seines heiligen Ahnherrn auch außerhalb Böhmens zu befördern, stiftete er Altäre in Aachen, Ingelheim und Rom und überbrachte auch der Nürnberger Frauenkirche seine Reliquien. In Prag indes ließ er in dem neu errichteten Dom für Wenzels Gebeine eine eigene Kapelle erbauen. Der hl. Wenzel wurde neben den Heiligen Veit, Ludmilla und Adalbert zum Patron des Veitsdomes in Prag, stieg darüber hinaus zum Schlachtenhelfer auf und wurde zum Landesheiligen Böhmens. In dieser Funktion war er weit mehr als ein himmlischer Schutzhelfer, denn man begriff ihn als einen ewigen Landesfürsten, der auf Dauer die Herrschaft ausübt (dux perpetuus), während der regierende Herrscher nur als sein irdischer Stellvertreter galt. Üblicherweise verstanden sich Fürsten als Vicarius Christi (Stellvertreter Christi), doch niemals als Vertreter eines Heiligen. Die Reliquien des hl. Wenzel setzen sich dementsprechend aus Kriegsgerät aller Art zusammen: Rüstung, Helm und Hemd, Lanze und Schwert, aber auch der Türklopfer, den Wenzel umfasste, als er ermordet wurde.

Heinrich oder Peter Parler, Wenzelsstatue, um 1367, Prag, Veitsdom, Wenzelskapelle

Entweder Heinrich Parler (Heinrich von Gmünd) oder sein berühmter Onkel Peter Parler schuf gegen 1367 für den Prager Dom eine Statue des hl. Wenzel. Ob sie von Beginn an für die Wenzelskapelle gedacht war, in der sie heute steht, ist umstritten. Kaiser Karl IV. hatte im neu erbauten Veitsdom seinem heiligen Ahn von Peter Parler die Wenzelskapelle errichten lassen, in der man die verehrten Gebeine ebenso wie die Eucharistie und die Königsinsignien aufbewahrte. Die opulente Ausstattung der Kapelle mit einem umfassenden Freskenzyklus zu Wenzels Leben und die kostbaren Edelsteininkrustationen entsprechen den dort aufbewahrten heiligen Objekten. Die verehrten Überreste Wenzels ruhen in einem Reliquienschrein und die überlebensgroße, polychromierte Figur des Heiligen schaut aus einiger Höhe über dem Altar herab. Wenzel trägt die übliche reiche Rüstung, die hier aus einem Waffenrock und dem modisch tief gerutschten Gürtel und einem Kettenhemd besteht, das so fein bearbeitet ist, dass die einzelnen Ringe abzählbar sind. Auf dem Kopf trägt er den Herzogshut, während er die lange Lanze wie spielerisch vor den Körper führt ebenso wie er den Adlerschild ohne Anspannung mit leichter Hand hält. Am Sockel verweist das Parlerzeichen auf den Schöpfer des Werks.

Schon bevor die Parler die Wenzelsstatue schufen, hatte man den Heiligen häufig auf Herrschermünzen und Siegeln der Přemysliden abgebildet. Seit dem Barock wurde der hl. Wenzel wiederholt beim Bereiten des Messweins und der Hostie dargestellt, denn die Trauben soll er selbst gepresst und den Weizen eigenständig gepflanzt, gedroschen, gemahlen und gebacken haben.

| Der hl. Wenzel ist üblicherweise gerüstet und mit Lanze, Fahne und Adlerschild ausgestattet. Auf dem Kopf kann er den Herzogshut tragen und mitunter die Märtyrerpalme in Händen halten.

Retabel mit hl. Wenzel, hl. Veit und hl. Sigismund, 1385, Stuttgart, Staatsgalerie; Lebenszyklus des hl. Wenzel, Ende 14. Jh., Burg Karlstein; Franz Anton Maulbertsch, Der hl. Wenzel bei der Weinlese, um 1765, Tállya, Pfarrkirche; Joseph Anton Settegast, Der hl. Wenzel beim Hostienbacken, um 1865, Münster, St. Aegidii-Kirche

Quellen: Acta Sanctorum, Sept. VII, Bd. 47, S. 718 – 787 – Blaschka 1934

Literatur: Suckale 1980 – Claussen 1980 – Třeštík 2000 – Machilek/Machilek 2000 – Rosario 2000 – Ausst.-Kat. Karl IV. 2006, Kat.-Nr. 72

Drei Könige

6. Januar

Weise Männer aus dem Morgenland, die im Griechischen als Magier bezeichnet werden, verließen einst ihre Heimat und folgten einem Stern, der die Geburt eines Königs verkündete. Es war naheliegend, den neuen Herrscher im Palast zu Jerusalem zu suchen, doch König Herodes wusste nichts über einen mächtigen Nachfolger. Statt zu einem Prachtbau führte der Stern die Weisen zu einem Stall in Bethlehem. Dort fanden sie das Kind und seine Mutter Maria, beteten es an und schenkten ihm Gold, Weihrauch und Myrrhe. Entgegen ihrem Versprechen gaben sie dem eifersüchtigen Herodes von dem Neugeborenen keinen Bescheid und zogen geradewegs zurück ins Morgenland. So weit der Bericht der Bibel (Mt 2,1 – 12). Aus welchem Land die weisen Männer kamen, wie viele es waren und wie sie hießen, verrät die Bibel nicht. Erst Origenes (185 – 254) schloss aus der Anzahl der Geschenke, es seien ihrer drei gewesen und mit Cäsarius von Arles (um 470 – 542) setzte sich die Ansicht durch, Könige hätten das Kind in Bethlehem besucht. Die lateinische Übersetzung einer griechischen Schrift, die um 500 entstand, nennt die Namen Kaspar, Melchior und Balthasar.

Die legendarische Überlieferung weiß, dass der Mailänder Bischof Eustorgius (344 – um 350) von der Kaiserin → Helena die Gebeine der drei Könige aus Konstantinopel erhielt und sie in einer Kirche vor den Toren Mailands beisetzte. An diesem Ort ließ sich der fromme Bischof selbst bestatten und das kleine Gotteshaus hieß bald Sant'Eustorgio. Die Gebeine gerieten in Vergessenheit und erst als viele Jahrhunderte später Friedrich Barbarossa mit seinem Heer Mailand bedrohlich naherückte, schaffte man alles bewegliche Gut in die Stadt und fand dabei auch die heiligen Leichname. Nach einer langen Belagerung, bei der Mailand weitgehend zerstört wurde, ergab sich die Stadt und händigte dem Sieger auch die kostbaren Reliquien aus. Barbarossa aber gab sie seinem Kanzler und Kölner Erzbischof Rainald von Dassel weiter, der die Gebeine 1164 in den Kölner Dom brachte. Von nun an wurde Köln zum Verehrungszentrum der Heiligen Drei Köni-

Stefan Lochner, Dreikönigsaltar (Dombild), 1440/1445, Köln, Dom

ge. In Mailand indes musste man sich mit dem Besitz einer der vermeintlichen Goldmünzen aus den Geschenken der Könige begnügen – vermutlich eine Münze aus der Regierungszeit des byzantinischen Kaisers Zenon (474–491) –, denn in Köln war man nicht willens, Reliquien der verehrten Könige herauszugeben. Auch die spätere Anfrage der Herrscher aus den Häusern Visconti und Sforza wurde mit dem Hinweis, man werde nicht den kleinsten Teil eines Daumens weggeben, abschlägig behandelt, ebenso wie die Nachfrage des Mailänder Erzbischofs → Karl Borromäus ohne Erfolg blieb. Erst 1904 erhielt die Kirche Sant'Eustorgio Reliquien aus Köln. Rainald von Dassels Nachfolger Philipp von Heinsberg aber ließ für Köln einen goldenen, mit Edelsteinen besetzten Schrein bei Nikolaus von Verdun, dem seinerzeit besten Goldschmied des Reichs, anfertigen. In diesem kostbaren Behältnis ruhen die Gebeine noch heute.

Auf die Liturgie hatte die Verehrung der Drei Könige nur bedingt einen Einfluss. Schon in der frühchristlichen Kirche hatte man am 6. Januar das Epiphaniasfest begangen und drei verschiedener Gottesoffenbarungen gedacht: der Anbetung des Kindes durch die Weisen, der Taufe Jesu und Christi ersten Wunders bei der Hochzeit zu Kana. Je nach Region rückte eines der Ereignisse stärker in den Mittelpunkt, in Köln nahm die Verehrung des Kindes durch die Drei Könige den ersten Rang ein. Doch beging man dort auch andere Königstage mit einem liturgischen Fest, den 23. Juli, an dem Rainald von Dassel die Gebeine in den Dom überführt hatte, sowie die drei Todestage der Könige: Kaspars am 1., Melchiors am 6. und Balthasars am 11. Januar.

Da die Drei Könige zu den biblischen Gestalten gehören, spielten sie schon in der frühchristlichen Kunst eine entscheidende Rolle. In Anbetung des Kindes, das auf Marias Schoß sitzt, sind sie auf Katakombenwänden und seit dem späten 2. Jahrhundert auf christlichen Sarkophagen zu finden. Zu dieser Zeit sind die Könige als junge bartlose Orientalen dargestellt, die Riemenschuhe zu knöchellangen Hosen nebst einer kurzen gegürteten Tunika tragen. Zu der Gewandung gehört die phrygische Mütze, deren Zipfel nach vorne eingerollt ist. Auf den Sarkophagen kontrastiert die Anbetung der Weisen oftmals mit einer Darstellung der Götterverehrung. Erst im 10. Jahrhundert wurden aus den Weisen auch in der bildenden Kunst Könige, die kostbare Gewänder und Kronen tragen. Noch immer aber überreichen sie ihre Geschenke meist mit verhüllten Händen, so wie im antiken Hofzeremoniell dem Herrscher eine Gabe entgegengebracht wurde. Nun auch werden die Könige als drei Männer unterschiedlichen Alters dargestellt – als Jüngling, Mann und Greis – und seit Ende des 14. Jahrhunderts kann der Jüngste von ihnen ein Farbiger sein. Schon früh stellten sich weltliche Herrscher in die Tradition der Drei Könige und bekundeten damit ihre Christusverehrung und proklamierten ein sakrales Königtum, das sie aus der Hand Christi empfangen hatten. Auch die Kölner Stadträte identifizierten sich mit den christlichen Regenten und ließen von Stefan Lochner ein Bild für ihre Rathauskapelle anfertigen. Meist aber betonen derartige Anbetungsbilder nicht die Verehrung der Könige, sondern die Verehrung des Christuskindes.

| Die Drei Könige sind kaum je als Einzelpersonen oder Gruppe abgebildet, sondern gehören nahezu ausschließlich zur Anbetungsszene. Dort fallen sie auf mittelalterlichen Gemälden durch reiche Gewandung auf. In den Händen halten sie goldene Geschenke.

Nikolaus von Verdun, Dreikönigsschrein, vor 1191, Köln, Dom; Benozzo Gozzoli, Zug der Heiligen Drei Könige, 1459/60, Florenz, Palazzo Medici-Riccardi; Hugo van der Goes, Montforte-Altar mit Anbetung der Drei Könige, um 1470, Berlin, Gemäldegalerie; Sandro Botticelli, Anbetung der Hl. Drei Könige, 1475, Florenz, Uffizien

Quelle: Johannes 1963

Literatur: Drei Könige 1964 – Hofmann H. 1975 – Ausst.-Kat. Drei Könige 1982

Petrus II

22. Februar

Petrus, auf den sich das Papsttum gründet, hieß eigentlich Simon und ist unter diesem Namen im Neuen Testament zu finden (→ Petrus I, Petrus III). Erst Jesus gab ihm bei der Berufung den Namen Petrus (Fels – gr. petros, aram. Kephas; Mk 3,16). Eine nähere Erklärung zu dieser bedeutsamen Umbenennung gab Jesus, als Petrus als einziger Jünger erkannte, dass er Christus, der Sohn Gottes sei. Auf dieses Bekenntnis verhieß ihm der Herr: „Du bist Petrus, und auf diesen Felsen will ich meine Gemeinde bauen … Ich will dir die Schlüssel des Himmelreiches geben: Alles, was du auf Erden binden wirst, soll auch im Himmel gebunden sein, und alles, was du auf Erden lösen wirst, soll auch im Himmel gelöst sein" (Mt 16,16 – 19). Dieses Versprechen sollte für die geistliche Macht des Papstes entscheidend werden, ebenso wie Jesu Beauftragung „Weide meine Schafe" (Joh 21,15 – 19) zur wichtigen Legitimation des obersten Hirten der Gesamtkirche wurde.

Zwar sah man Petrus schon früh als ersten Bischof Roms an, doch zunächst galten Petrus und → Paulus als gleichberechtigte Gründer der römischen Kirche. Noch Irenäus von Lyon, der 180/185 eine erste Sukzessionsliste der römischen Bischöfe vorlegte, nannte beide Apostel und erst in den folgenden Jahren, als Rom seinen Primatsanspruch geltend machte, proklamierte man, Petrus und seine Amtsnachfolger seien mit einer besonderen Macht ausgestattet, eine Ansicht, die vor allem Leo I. (440 – 461) mit Nachdruck vertrat. Seit jener Zeit beansprucht die Kirche Roms eine Lehrautorität und Vollgewalt (plenitudo potestatis). 1879 wurde das päpstliche Universalepiskopat zum Dogma erhoben. Eine weitere bedeutsame Zäsur im Selbstverständnis des Papsttums erfolgte in der Mitte des 12. Jahrhunderts. Bis dahin hatten sich die Päpste als Vicarius Petri verstanden, nun aber galten sie als Vicarius Christi. Damit rückten sie in eine unmittelbare Verbindung zu Christus, so wie auch Petrus in direktem Kontakt zu Jesus gestanden hatte.

Pietro Perugino, Schlüsselübergabe an Petrus, 1481/82, Vatikan, Sixtinische Kapelle

An die päpstliche Schlüsselgewalt knüpft sich das Recht, Sündennachlass zu gewähren und für besondere Bußleistungen Ablass zu versprechen. Vor allem für die spätmittelalterliche Frömmigkeit spielte das Ablasswesen eine große Rolle, da die Indulgenzen die schier unerreichbare Seligkeit näherrückten. Petrus aber erhielt mit der Absolutionsgewalt die Macht, das Himmelreich aufzuschließen, weshalb er auf vielen Darstellungen des „Jüngsten Gerichts" am Tor zum Himmel steht und den erlösten Seelen Einlass gewährt.

Die Nachfolger Petri waren mit der Konstantinischen Schenkung (→ Silvester) nicht mehr allein geistliche Herrscher, sondern hatten das Regiment über ein größeres weltliches Territorium erhalten. Dies verdeutlicht der Kopfschmuck des Papstes, der aus der bischöflichen Mitra besteht, die ihm als geistlichem Hirten zusteht, und aus der Tiara, der Insignie seiner weltlichen Macht. Erst Paul VI. (1963–1978), der Papst vieler Reformen, legte 1964 die Tiara ab und verzichtete damit offiziell auf seine weltliche Herrschaft.

Das Fest Petri Stuhlfeier wurde schon früh begangen, in Rom feierte man es bereits vor 500. Die Binde- und Lösegewalt war bereits Thema der frühen Petrusdarstellungen auf Sarkophagen. Seit der zweiten Hälfte des 4. Jahrhunderts gehört die Schlüsselübergabe (clavis legis) zum Standard-Bildprogramm parallelisiert mit der Gesetzesübergabe an Petrus (traditio legis). Während die Gesetzesübergabe in der Kunst des Mittelalters keine Rolle mehr spielte, war die Schlüsselübergabe stets aktuell, im 14. und 15. Jahrhundert ist sie vor allem in Italien häufig zu finden. Auch Pietro Perugino erhielt von Papst Sixtus IV. den Auftrag, ein Fresko für die neu errichtete päpstliche Kapelle im Vatikan, die Sixtinische Kapelle, mit diesem Thema zu gestalten. Dieses Bild gehört zu den Fresken der Seitenwand, die Szenen aus dem Neuen Testament darstellen. Perugino organisierte das Bild in einer strengen Zentralperspektive und reihte im Bildvordergrund die Hauptprotagonisten wie auf einer Bühne auf. Jesus erhielt den Platz im Zentrum, wo er dem vor ihm knienden Petrus ein Schlüsselpaar übergibt. Hinter dem Apostelfürsten sind die Apostel → Paulus und → Johannes der Evangelist zu erkennen, während die anderen nicht näher charakterisiert sind. Hier in der Kapelle, in welcher der Papst, seine Kardinäle und die Kurie regelmäßig Messe feierten, bestätigte die Schlüsselübergabe die gottgegebene Gewalt der Päpste.

Ganz ähnlich bringt die Szene „Weide meine Schafe" diesen Anspruch zum Ausdruck, bei der Christus Petrus seine Schafherde anvertraut. Dass das Papstamt auf Petrus gründet und durch ihn seine Legitimation erhält, konnten auch Darstellungen der päpstlichen Sukzession vor Augen führen, wie die Folge der Papstbildnisse in S. Paolo fuori le mura, die alle amtierenden Heiligen Väter von Petrus bis zur Gegenwart umfasst.

| Das wichtigste Attribut des Petrus sind die Schlüssel.

Schlüssel- und Gesetzesübergabe an Petrus, 2. H. 4. Jh., Rom, Santa Costanza; Altarflügel mit hl. Petrus, um 1260, Darmstadt, Hessisches Landesmuseum; Arnolfo di Cambio, Bronzestatue des hl. Petrus, 1300, Rom, St. Peter; Raffael, Teppichkarton mit der Schlüsselübergabe an Petrus, um 1514, London, Victoria and Albert Museum

Quelle: Marcellus 1500

Literatur: Dinkler 1939 – Klauser Th. 1974a – Wehr 1996 – Fuhrmann 1998 – Refice 1999 – Zwierlein 2009

Silvester — 31. Dezember

Der Name Papst Silvesters I. ist auf das engste mit dem des Kaisers → Konstantin der Große verbunden. Zum Leben des Papstes ist wenig bekannt, doch hatte er das Pontifikat von 314 bis 335 inne. Über seine geistlichen Taten berichten die *Actus Silvestri*, die wohl in der zweiten Hälfte des 5. Jahrhunderts verfasst wurden und weite Verbreitung fanden. Allein über 300 lateinische Handschriften sind erhalten, hinzu kommen zahlreiche griechische, syrische und armenische Übersetzungen. In dieser einflussreichen Schrift tritt Kaiser Konstantin als Christenverfolger auf, vor dessen Nachstellungen sich der römische Bischof Silvester in den Wald auf den Monte Soracte geflohen hatte. Doch der Kaiser, der erfahren hatte, dass ihm Silvester von der Leprakrankheit heilen werde, ließ den Papst durch seine Palastwache nach Rom bringen. Um nicht das Bild entstehen zu lassen, der Bischof sei feige vor dem Martyrium geflohen, erklärt der unbekannte Verfasser, Silvester sei bereitwillig den Soldaten gefolgt, obgleich er annahm, man wolle ihn zur Hinrichtung führen. Doch statt zum Märtyrer wird der Bischof zum Täufer, der dem Kaiser die christliche Taufe spendet. Hierauf legen die *Actus Silvestri* besonderes Gewicht, obgleich dies nicht dem historischen Tatbestand entspricht. Weiter berichtet die Legende, ein Drache habe auf dem Forum Romanum gehaust, die Stadt mit seinem tödlichen Pestatem in Schrecken versetzt und sei durch Silvester bezwungen worden.

Von großer politischer Bedeutung wurde die Konstantinische Schenkung (Donatio Constantini), eine Fälschung des frühen Mittelalters, welche die weltliche Macht der Päpste legitimieren sollte. Von diesem Akt berichtet das *Constitutum Constantini*, das auch Teile aus der Silvesterlegende übernahm. Um 330, als Konstantin den Regierungssitz nach Byzanz verlegte, soll er dem Papst umfassende territoriale und zeremonielle Rechte verliehen haben. Er übertrug ihm die weltliche Herrschaft über Rom, Provinzen Italiens und den gesamten Okzident und überreichte ihm als Zeichen der Macht hoheitliche Insignien. Mit dieser erfundenen Herrschaftsübereignung hatte die weltliche Regierung der Päpste ihren Ursprung und ihre Legitimation erhalten. Der Papst vereinte nun göttliche und weltliche Macht, er war Gottesmann und Herrscher in Personalunion.

Die erste ausführliche Darstellung der Konstantinischen Schenkung ist im Oratorium der römischen Kirche SS. Quattro Coronati (→ Vier Gekrönten) zu finden. Im Auftrag des Kardinals Stefano Conti, eines Neffen von Papst Innozenz III., entstand in dem neu errichteten Gotteshaus ein Freskenzyklus, der 1247 noch vor der Kapellenweihe fertiggestellt war. Diese ausführliche Silvesterbiografie im Bild stellt in mehreren Szenen Ereignisse aus dem Leben Konstantins und Silvesters dar. Eines der Felder, das

Silvester erhält von Konstantin die Insignien, 1243/1247, Rom, SS. Quattro Coronati, Oratorium

sich auf die Donatio bezieht, zeigt den Papst, wie er auf einem Thron sitzend aus den Händen des Kaisers die Privilegien empfängt. Konstantin kennzeichnen zwar sein kostbares Gewand und der Pupurmantel als imperialen Herrscher, doch ist er barhäuptig, denn seine Krone hält ein Untergebener hinter den Mauern der Stadt in Händen. Zudem ist er niedriger als der Papst angeordnet. Der Papst indes trägt über der Albe und der Dalmatik ebenfalls einen Mantel im hoheitlichen Purpur, über den er das Pallium, das päpstliche Würdezeichen, gelegt hat. Hinzu kommt die Mitra, die ihn als ersten Bischof Roms auszeichnet. Mit dem Purpurmantel hat das kirchliche Oberhaupt gleichermaßen die weltliche Macht übergezogen. Als weitere imperiale Insignien erhält er in diesem Moment vom Kaiser das Phrygium bzw. die Tiara, da Silvester es abgelehnt hatte, eine Krone zu tragen. Über der Tiara hält ein Untergebener das Solecchium, den baldachinartigen Schirm. Neben den Kleidungsstücken hatte der Papst auch den Thron erhalten, ebenso wie einen Schimmel, den Konstantin am Zügel hält, um ihn Silvester zuzuführen. Kardinal Conti hatte einigen Grund, die Kapelle mit Fresken auszustatten, die derart unverhohlen die Macht des Papstes zur Schau stellen. Sein Onkel Innozenz III. nämlich war vor Kaiser Friedrich II., der Teile des Kirchenstaates besetzt hielt, aus Rom geflohen und hatte seinen Neffen als Stellvertreter zurückgelassen. Mit dem Zyklus proklamierte dieser nun den rechtmäßigen Machtanspruch der Päpste.

| Silvester ist in das päpstliche Ornat gewandet, zu dem Tiara und Pallium gehören.

Konstantin- und Silvesterzyklus, 1243/1247, Rom, SS. Quattro Coronati, Oratorium; Sandro Botticelli und Domenico Ghirlandaio (Werkstatt), Silvester, um 1480, Vatikan, Sixtinische Kapelle; Giovanni Baglione u. a., Konstantin- und Silvesterzyklus, 1580/1600, Rom, S. Giovanni in Laterano

Quellen: Constitutum Constantini 1968 – Vita Silvestri 1978

Literatur: Levison 1948 – Fuhrmann 1959 – Laehr 1965 – Loenertz 1975 – Pohlkamp 1983 – Pohlkamp 1984 – Sohn 1997 – Rüttinger 2007

Heilige und das Sakrament

Nicht zu jeder Zeit und nicht für jeden Heiligen war das eucharistische Sakrament bedeutsam. In den Passiones der Märtyrer spielt es keine Rolle, während mit der Eucharistiefrömmigkeit des späten Mittelalters das Verhältnis des Heiligen zum Sakrament ein Thema der literarischen und bildlichen Heiligenschilderungen wurde. Dieser Trend ist deutlich an der Vita der → hl. Barbara abzulesen, denn die Blutzeugin Christi wurde nach 1400 zu einer Heiligen, die das Sterbesakrament bereithält. Das Verhältnis der Heiligen zur Eucharistie war wechselhaft und variierte im Laufe der Jahrhunderte.

Sakrament und eucharistische Wunder erlangten zunächst in den Biografien der heiligen Kleriker eine größere Bedeutung. Viele Viten frühmittelalterlicher Priesterheiliger berichten von wundersamen Ereignissen bei der Messfeier: Über Bischof Felix von Genua (304 – 324), Bischof Honorat von Amiens († um 600) und Bischof → Ulrich von Augsburg erschien die Hand Gottes und als der hl. Martin (→ Martin von Tours II) die Messe zelebrierte, wurde eine feurige Kugel sichtbar. Wie wichtig diese himmlischen Zeichen für einen Priester waren, belegt die Legende des hl. Jodok (um 606 / 610 – um 670). Seine Heiligkeit gründete zunächst auf seinem Einsiedlerleben, das er als Priester führte. Doch in einer Überarbeitung seiner Legende aus den Jahren um die Jahrtausendwende liest man, dass einst, als er die Messe las, die Hand Gottes erschien. Das Motiv der Himmelshand ist ein Beleg dafür, dass Gott das Opfer angenommen hat und der Priester ein gottwohlgefälliges Opfer darbrachte.

Eine weitere Bedeutungsnuance des Messopfers ist den Viten des Papstes → Gregor der Große zu entnehmen. Die Verfasser berichten einmütig von einer Frau, die Kommunionbrot gebacken hatte und daran zweifelte, dass die Wandlungsworte ihr Brot in das Fleisch Christi wandeln würden. Als der Papst ihren Unglauben gewahrte, bat er Gott um ein Wunder und das Brot wurde plötzlich zum Finger Jesu. Die Absicht der Legende, die eucharistische Wandlung zu bezeugen, ist unmissverständlich. Dass gerade Gregor, als Priester und Papst, als Vollbringer des Opfers am Altar und Hüter der Lehre diesen Beweis erbringt, ist kaum verwunderlich.

Die Theologen hatten kaum je bezweifelt, dass sich Brot und Wein bei der liturgischen Feier in Fleisch und Blut Christi wandeln würden. Wie aber die Wandlung vonstattengehe und wie sie zu verstehen sei, darüber war man zu keinem übereinstimmenden Beschluss gekommen. Nach einem Jahrhundert der Streitigkeiten formulierte das Laterankonzil von 1215 schließlich die Transsubstantiationslehre: Die Substanz Brot und Wein werde zum Leib und Blut Christi, während die Akzidentien, wie Form, Farbe und Geruch, unverändert blieben. Mit dieser Formulierung war der Grundstein zu einer eucharistischen Frömmigkeit gelegt, die das späte Mittelalter bestimmen sollte, denn sie bestätigte, dass Christus in der geweihten Hostie und im konsekrierten Wein real präsent ist. Von nun an wurde vor allem die Hostie hoch verehrt. Da sie von nun an nicht mehr in der Sakristei aufbewahrt werden durfte, sondern

Simon Bening, Antonius von Padua und das Hostienwunde, Rothschild-Gebetbuch, 1510/1520, Wien, Österreichische Nationalbibliothek, Cod. Ser. N. 2844, fol. 240v

im Kirchenraum in der Sakramentsnische oder später in einem Sakramentshaus ihren Platz fand, war es möglich, vor dem Leib Christi die individuelle Andacht zu verrichten, die sogenannte Tabernakelfrömmigkeit wurde üblich. Mit der Einführung des Fronleichnamsfestes (→ Juliana von Cornillon [von Lüttich] und Eva von Lüttich) war ein weiterer Schritt zur kirchlich gelenkten Hochachtung der Eucharistie getan.

Nun auch nahmen eucharistische Wunder und eucharistische Visionen zu – Themen, die sich in der Kunst und in der Heiligenverehrung widerspiegeln. Diese schildern seltener das Messwunder eines moralisch integren Priesters und bieten nicht allzu oft den Beweis der Wandlung, sondern sprechen von der Christusfrömmigkeit und den Möglichkeiten, sich mit Christus durch die Einverleibung des Sakraments zu vereinen. Nun sind es oftmals Laien, darunter viele Frauen, die in eine wundersame, bisweilen mystische Beziehung zum Sakrament treten, die oftmals außerhalb der Messe ihren Raum hat. → Klara von Assisi etwa, die das Sakrament hoch verehrte, trat einst mit einer Hostie in der Monstranz den feindlichen Sarazenen entgegen und bewirkte deren Abzug. Wiederum Klara und andere weibliche Heilige sahen das Christuskind in der Hostie oder sie empfingen das Sakrament allein durch ihr inständiges Begehren. Das Anschauen der Hostie war oftmals wichtiger als die Kommunion selbst, denn das andächtige Sehen der Eucharistie (communio per visum) galt der tatsächlichen Kommunion (communio per gustum) als gleichberechtigt, einem unwerten und gedankenlosen Empfangen wurde das schauende Empfangen sogar vorgezogen.

Trotz der Betonung der individuellen Verehrung der Hostie, die prinzipiell Männer und Frauen gleichermaßen betraf, überwiegen in den Viten der männlichen Heiligen, die meist dem Priesterstand angehören, Eucharistiewunder, die sich bei der Konsekration ereignen. Auch sind es meist Männer, die den Beweis für Jesu Gegenwart im Sakrament erbringen. So nahm man in die Vita des → Antonius von Padua ein Sakramentswunder auf, das davon berichtete, wie der Heilige in Rimini einen zweifelnden Kaufmann von der Wahrheit der Eucharistie überzeugt hatte. Er führte den Esel des Händlers, der drei Tage lang nichts gefressen hatte, zwischen einen Heuhaufen und eine konsekrierte Hostie. Das unverständige Tier bewies Verstand, missachtete das Futter und kniete vor dem Sakrament nieder. Bei weiblichen Heiligen hingegen erhält die Kommunion, sei sie per visum oder per gustum, einen größeren Stellenwert.

Literatur: Browe 1928 – Browe 1929 – Browe 1933 – Neunheuser 1963 – Torsy 1971 – Walker Bynum 1988 – Sprandel 1990 – Kieckhefer 1991 – Rubin 1991 – Schlie 2002

Martin von Tours II — 11. November

Schon Martins erster Biograf Sulpicius Severus berichtet von einem Messwunder eigener Art, bei dem nicht die Verehrung des Sakraments, sondern die Reinheit des zelebrierenden Priesters im Mittelpunkt steht. Das bekannte Motiv der Mantelteilung aufgreifend (→ Martin von Tours I), erzählt der Autor, dass einst im Winter, als der Bischof Martin auf dem Weg zur Messe war, ihn ein Bettler um einen Mantel bat. Da der Diakon trotz Martins Bitte diese Gabe verweigerte, reichte der Bischof ihm seine Albe. Daraufhin schickte er den Diakon zum Markt, damit er ein neues Gewand besorge. Dieser aber glaubte, das Kleidungsstück sei für den Bettler bestimmt, und kaufte eine preiswerte kleine Tunika. Als Martin diese zur Messe unter die Kasel anzog, reichten ihm die Ärmel nur bis zum Ellenbogen. Trotz dieser unschicklichen Gewandung feierte er die Messe am Altar, bei der plötzlich ein Feuerball über seinem Kopf erschien. Gemäß dem Liturgiker Johannes Beleth († 1185) endete das Ereignis anders: Als Martin bei der Messe die Arme emporhob, wurden seine nackten Arme sichtbar. Da erschienen Engel und bedeckten seine Nacktheit unter goldenen edelsteinbesetzten Armbändern. Diese Variante verbreitete sich und fand Eingang in die *Legenda aurea*. Ob Feuerkugel, ob Armbänder, jede der Erzählungen betont mit dem Motiv des himmlischen Eingreifens, dass Martins uneigennützige Vergabe des Gewandes die göttliche Zustimmung gefunden hatte.

Mit der Albe hatte Martin von Tours ein symbolträchtiges Gewand verschenkt. Die Liturgiker des Mittelalters, die alle Messgewänder allegorisch ausdeuteten, verstanden das weiße tunikaartige Untergewand aufgrund seiner Farbe als einen Hinweis auf die kultische Reinheit des Priesters. Der Zelebrant sollte von der Sünde rein und von sexueller Befleckung (pollutio) frei sein. Handwaschungen vor und während der Messfeier sowie das Anlegen der reinen Messgewänder sollten zur inneren Reinigung beitragen. Mit der Bedeckung der nackten Arme wird die innere Reinheit Martins bezeugt, die er durch sein karitatives Handeln unter Beweis gestellt hatte. Das Opfer, das er nun am Altar mit reinen Händen und reinem Herz darbrachte, wird als eine Gabe bewertet, die Gott wohlgefällig annimmt.

Die meisten Martinsmessen gehören zu einem Vitenzyklus, während sie als Einzelszenen seltener zu finden sind. Häufig bekleidet ein Engel die Arme des Bischofs mit einem weißen Tuch oder einem goldenen Gewebe. Der namentlich nicht bekannte Maler des sogenannten Klarenaltars aber bezog sich mit seiner Darstellung auf die Textvariante mit der Feuerkugel. Martin feiert die Messe am Altar, gekleidet in

Martinsmesse, Tabernakel des Klarenaltars, um 1400, Köln, Dom

die vorgeschriebenen Messgewänder: Hier trägt er die weiße Albe, darüber eine mehrfarbige Dalmatik und eine Brokatkasel. Aus dem gleichen Stoff sind auch die Dalmatiken der beiden Diakone gefertigt. Der Bischof hat zudem den Manipel um sein linkes Handgelenk gebunden, seine Mitra hält ein weiterer Ministrant in Händen. Gerade findet die Elevation, der wichtigste Teil der Messe, statt. Der kniende Diakon hält die lange Elevationskerze in Händen und hebt die Kasel des Zelebranten. Martin indes erhebt die Hostie hoch über seinen Kopf, während die Feuerkugel aus dem Himmel erscheint und ihre Strahlen Richtung Sakrament sendet. Die nackten Arme sind hier zweitrangig, stattdessen konzentriert sich die Darstellung auf die Annahme des Opfers durch Gott. Mit dieser Aussage entspricht die Darstellung ihrem Anbringungsort. Sie befindet sich auf dem Tabernakel des Altarretabels, in dem die konsekrierten Hostien aufbewahrt wurden.

| Auf den Darstellungen der Messe ist Martin von Tours immer in Messgewänder gekleidet, auch wenn diese nicht immer so genau wiedergegeben sind wie auf dem Klarenaltar. Ein Feuerball oder ein Engel mit einem Stoffstück verweisen auf das Messwunder.

Guido da Como, Martinsmesse, Szene aus einem Reliefzyklus, nach 1250, Lucca, Kathedrale, Fassade; Simone Martini, Martinsmesse, Szene eines Freskenzyklus, 1322/1326, Assisi, S. Francesco, Unterkirche; Martinsmesse, Szene eines Hochaltarretabels, 1480/1485, Forchheim, St. Martin; Messe des hl. Martin, Szene eines Hochaltarretabels, 1506/1508, Schwabach, Ev. Pfarrkirche St. Johann und Martin

Quelle: Sulpicius Severus 1914

Literatur: Angenendt 1993 – Schlie 2002, S. 86 – 91 – Helas 2007, S. 257 – 262

Ulrich von Augsburg — 4. Juli

Ulrich von Augsburg wurde 890 als Sohn einer hochadeligen Familie geboren. Uneinigkeit besteht darüber, ob Dillingen, Wittislingen oder Sumetingen als sein Geburtsort gelten kann. Nach dem Besuch der renommierten Klosterschule in St. Gallen trat er als Schatzmeister in den Dienst des Augsburger Bischofs Adalbero. Nach dessen Tod zog er sich zunächst auf seine Besitztümer zurück, bis er 923 selbst zum Bischof eingesetzt wurde. Während seiner Amtszeit ließ Ulrich zahlreiche Klöster und Kirchen errichten und setzte sich aktiv für die Bildung des Klerus und des geistlichen Nachwuchses ein. Vor allem aber musste er wiederholt gegen die einfallenden Ungarn angehen, die das Bistum verwüsteten, Augsburg bedrohten und etliche Kirchen abbrannten, wie die Grabeskirche der → hl. Afra, die damals noch vor Augsburgs Stadtmauern lag. 955 fand die entscheidende Schlacht auf dem Lechfeld statt, bei der die Feinde endgültig besiegt wurden. Als Ulrich im Zuge der Neuerrichtung der zerstörten Kirche St. Afra nach den Gebeinen der Märtyrerin suchen ließ, offenbarte ihm die Heilige selbst die Stelle ihres Grabes.

Ulrichsmesse, 11. Jahrhundert, Stiftsbibliothek Einsiedeln, Cod. 261, fol. 140

Ulrich verstarb im Jahr 973. Seinen Leichnam bestattete man in der Kirche der von ihm verehrten Heiligen. An seinem Grab ereigneten sich so viele Wunder, dass er bereits 993 kanonisiert werden konnte. Obwohl zu jener Zeit ein Bischof die Heiligsprechung vornahm, wurde Ulrichs offizielle Verehrung von Papst Johannes XV. bestätigt und ging damit als erste nachweisbare päpstliche Kanonisation in die Geschichte ein.

Die Viten des hl. Ulrich wissen von vielen Wundern, die der Bischof bereits zu seiner Lebenszeit gewirkt haben soll. Das bekannteste Mirakel ist das Fischwunder, nachdem er einem fremden Boten an einem Donnerstagabend einen Gänsebraten als Wegzehrung mitgab. Als der Sendbote am kommenden Tag, einem Freitag, bei seinem Herrn ankam, bezichtigte er den hl. Ulrich als Fastenbrecher und wollte als Beweis den Braten vorzeigen. Doch dieser hatte sich in einen Fisch verwandelt.

Erste Darstellungen des hl. Ulrich finden sich in der ottonischen Buchmalerei. In diesem Bildmedium ist der Heilige während des gesamten Mittelalters zu finden, was durch die rege Buchproduktion in Augsburger Skriptorien begünstigt wurde. Vor allem Augsburger Stadtchroniken und Legendensammlungen des 15. Jahrhunderts bilden umfangreiche Bildzyklen seines Lebens ab. In der Skulptur ist er häufig als Einzelperson oder im Verbund mit anderen Heiligen anzutreffen – häufig zusammen mit der hl. Afra, der zweiten Patronin des Bistums Augsburg.

Die Tafelmalerei zeigt häufig Szenen wie das Fischwunder, die Schlacht auf dem Lechfeld, die Visionen der hl. Afra oder das Messwunder. Die früheste bekannte Darstellung dieses Geschehnisses ist in einer handschriftlichen Ulrichsvita aus dem 11. Jahrhundert zu finden. Als Eingangsbild ist der heilige Bischof vor dem Altar zu sehen, auf dem das Korporaltuch ausgebreitet ist. Die Hostie liegt bereit, den Kelch hat der Zelebrant mit seiner linken Hand umfasst und schlägt mit seiner rechten das Kreuz darüber. Offenbar ist der Moment der Bitte um Gottes Segnung der Gaben während des Kanons abgebildet. Bereits der erste hagiografische Text des Gerhard von Augsburg erzählt, bei einer Gründonnerstagsmesse sei Gottes rechte Hand aus dem Himmel erschienen und habe die Gaben gesegnet. Die bildlichen Umsetzungen dieses Wunders lassen üblicherweise einen Moment aus, den die schriftlichen Erzählungen nicht zu erwähnen vergessen. Bei dieser Messe nämlich sollen die bereits verstorbenen Bischöfe Adalbero und Fortunatus erschienen sein und Ulrich assistiert haben. Mit der Auslassung dieser beiden Gestalten liegt der Schwerpunkt der Darstellungen auf der Annahme Gottes der dargebrachten Gaben und weniger auf der bischöflichen Sukzession.

| Das Attribut des hl. Ulrich ist seit etwa 1300 der Fisch, den er oftmals zusammen mit einem Buch in Händen hält. Seinem Amt entsprechend ist er in ein bischöfliches Gewand gekleidet, er trägt die Mitra und einen Bischofsstab.

Meister der Ulrichsvita, Szenen aus dem Leben des hl. Ulrich, 1453/54, Augsburg, St. Ulrich; Hans Holbein d. Ä., Fischwunder des hl. Ulrich, 1512, Flügel des Katharinenretabels, Augsburg, Staatsgalerie; Christoph Amberger, Der hl. Ulrich, Seitentafel des Domaltars, 1554, Augsburg, Dom; Paul Troger, Der hl. Ulrich in der Schlacht auf dem Lechfeld, 1750, Wien, Schottenstift

Quellen: Gerhard 1993 – Bern von Reichenau/PL 142

Literatur: Haupt 1955 – Weitlauff 1993 – Schimmelpfennig 1993 – Balk 1993 – Müller M. 1993 – Kosel 1993 – Vaassen 1993 – Herbers 2009

Juliana von Cornillon (von Lüttich) und Eva von Lüttich — 5. April und 25. Juni

Juliana und Eva von Lüttich sind Heilige, die das kirchliche Leben und die katholische Frömmigkeit maßgeblich bestimmten, die aber als Person hinter der liturgischen Feier, die sie initiierten, zurücktraten. Die beiden Nonnen bewirkten die Einführung des Fronleichnamsfestes und gerieten über dieses bedeutende Fest nahezu in Vergessenheit.

Juliana wurde Ende 1191 oder Anfang 1192 in dem kleinen, östlich von Lüttich gelegenen Ort Retinne geboren. Als sie mit fünf Jahren Waise wurde, gab man sie in einen Frauenorden am Fuße des Mont-Cornillon bei Lüttich, der nach den Regeln → Augustins lebte. Im Alter von

16 Jahren erhielt sie die Vision, die das kirchliche Leben verändern sollte: Sie sah den leuchtenden Mond am Himmel stehen, doch ein Teil von ihm war verdunkelt. Erst nach jahrelangem intensivem Gebet wurde ihr der Sinn der Erscheinung klar: Der Mond steht für das liturgische Kirchenjahr, das noch einen Schatten aufweist, da das Fronleichnamsfest zu seiner Vollkommenheit fehlt. Doch bis die fromme Erkenntnis in die Tat umgesetzt werden konnte, sollten weitere Jahre vergehen. Bei diesem Unterfangen erhielt Juliana, die inzwischen zur Priorin des Klosters eingesetzt worden war, die Unterstützung der Eva von Lüttich, einer gegen 1190 geborenen Rekluse von St. Martin in Lüttich, sowie von einigen Geistlichen wie Jacques de Troyes, dem Erzdiakon von Lüttich, und Robert de Thourotte, dem Bischof von Lüttich. Sie mussten sich gegen ihre Opponenten durchsetzen, die argumentierten, dass man kein besonderes Fest benötige, da man das Sakrament jeden Donnerstag und bei jeder Messe verehre. Im Jahr 1246 wurde in Lüttich erstmals das Fronleichnamsfest begangen.

Als Juliana nach dem Tod des Bischofs de Thourotte einen ihrer wichtigsten Beschützer und Unterstützer verloren hatte, flüchtete sie zunächst zu Eva und verließ schließlich mit ihr die Stadt. Sie fanden Aufnahme in manchen Zisterzienserabteien wie Robermont und Val Notre-Dame zu Huy, zogen dann weiter nach Namur und gelangten schließlich nach Fosses, wo sie bei den Reklusen Zuflucht fanden. Dort starb Juliana am 5. April 1258. Man bestattete sie in der Abtei Villers, doch wurde ihre Grabstätte 1794 zerstört. Erst 1869 wurde Juliana kanonisiert.

Eva setzte sich nach dem Tod ihrer Mitstreiterin weiterhin für die Ausbreitung des Fronleichnamsfestes ein. Ihre Bemühungen gelangten zum Ziel, als sie 1264 von Jacques de Troyes, der inzwischen als Papst Urban IV. den Heiligen Stuhl bestiegen hatte, die Nachricht erhielt, mit der Bulle *Transiturus* habe er die Feier des Fronleichnamsfestes für die gesamte Kirche verbindlich vorgeschrieben. 1265 verstarb auch Eva und wurde in St. Martin zu Lüttich bestattet. An ihrem Grab etablierte sich bald ein Kult und ihre Reliquien gelangten in mehrere Kirchen Belgiens.

Aufgrund Julianas und Evas lokal beschränktem Kult sowie ihrer späten Kanonisation fanden sie nur sehr geringen Niederschlag in der bildenden Kunst. Eine schlichte Miniatur aus dem 13. Jahrhundert zeigt Juliana im dunklen Nonnenhabit mit weißem Schleier und einem Buch in der Hand. Dieses weist wohl auf ihren Stand als Priorin und Verwalterin der Ordensstatuten hin. Das Fehlen von individuellen Attributen ist typisch für Julianas Ikonografie und auch Eva erhielt kaum je ein besonderes Kennzeichen. Bestenfalls zeigen die wenigen erhaltenen Darstellungen sie mit der Hostie. So erhielten die beiden Initiatorinnen des bedeutenden kirchlichen Festes nur eine sehr marginale Stellung unter den Heiligen und eine nahezu vollständige Vernachlässigung innerhalb der bildenden Kunst.

Juliana von Lüttich, Buchmalerei, 13. Jh., Paris, Bibliothèque de l'Arsenal, Ms. Liège 945, fol. 24r

Juliana und Eva sind als Nonnen wiedergegeben, oftmals knien sie vor dem Altar oder dem Altarsakrament.

Hl. Juliana, Holzstatue, 1524, Fosses, Kirche; Englebert Fiseu, Juliana und Eva bei der Anbetung des Sakraments, Zeichnung, 17. Jh., Lüttich, Musée des Beaux-Arts

Quelle: Acta Sanctorum Apr. I, Bd. 10, Sp. 435–479, 542–588

Literatur: Hontoir 1946 – Callaey 1957 – Rubin 1991, S. 169–176

Barbara

4. Dezember

Die hl. Barbara gehört zu den populärsten weiblichen Heiligen des späten Mittelalters. Doch bis sich ihr Kult im Westen durchsetzte, vergingen einige Jahrhunderte. Griechische und syrische Legendentexte kursierten bereits vor 700, während im deutschsprachigen Raum ihre Vita erstmals in einem Zwiefaltener Passional aus der ersten Hälfte des 12. Jahrhunderts zu finden ist. Noch die erste Version der *Legenda aurea* beinhaltete Barbaras Vita nicht, sondern erst eine Abschrift des 14. Jahrhunderts nahm sie auf. Zu einer eucharistischen Heiligen wurde Barbara erst am Ende des Mittelalters.

Barbaras Geburtsdatum, ihr Sterbedatum und ihr Lebensort sind nicht historisch belegt und lassen sich nur bruchstückhaft aus den Legendaren erschließen. Sie lebte zur Herrschaftszeit Kaiser Maximians (286–305), der *Legenda aurea* zufolge in Nikomedia in der heutigen Türkei, nach anderen Schriften aber in der Nähe eines gewissen Heliopolis, ein Name, der auf mehrere spätantike Orte hinweisen könnte. Barbara wuchs in einer wohlhabenden, doch heidnischen Familie auf. Sie war von großer Schönheit und bereits in ihrer Kindheit fragte sie nach Göttlichem. Als Heiratsbewerber herbeiströmten, lehnte sie alle ab, worauf ihr Vater Dioskorus sie in einen Turm einsperrte, der nur zwei Fenster hatte. Als der strenge Vater einst eine längere Reise unternahm, wurde seine keusche Tochter von einer Augenkrankheit befallen. Da man ihr das Christentum als heilmachend empfahl, sandte sie einen Boten nach Alexandrien zu Origenes, der umgehend den Priester Valentinus samt einem Stapel frommer Bücher sandte. Barbara bekehrte sich und wurde von Valentinus in einem Badehaus getauft, das an ihren einsamen Turm grenzte. Manche Schriften wissen, dass sich die Frischbekehrte selbst die Taufe spendete. Mit ihrer Hinwendung zum Christentum ließ Barbara ein drittes Fenster in den Turm brechen. Als der heimgekehrte Vater sie deswegen zur Rede stellte, erläuterte sie, dass die drei Öffnungen die → Dreifaltigkeit symbolisierten. Mit ihrer Hinwendung zum Christentum begann nun Barbaras Martyrium. Der Himmel bewahrte sie zwar vor Dioskorus' erstem Tötungsversuch, indem sich plötzlich ein Fels öffnete und sie verschlang. Sie wurde auf einem Berg wieder herausgelassen, dort aber von einem Hirten gesehen und an ihren Vater verraten. Nun misshandelte Dioskorus seine Tochter und übergab sie der öffentlichen Folter: Barbara wurde ausgepeitscht, mit Fackeln gebrannt, man schlug ihr mit dem Hammer auf den Kopf und schnitt ihre Brüste ab. Schließlich wurde die fromme Jungfrau von ihrem Vater enthauptet. Die Texte sind sich uneins, ob Barbara zu diesem Zeitpunkt fünfzehn oder zwanzig Jahre zählte. Der fromme Valentinus aber soll sie zu Grabe getragen haben. Schon bald brachten christliche Soldaten ihren Leichnam nach Rom und setzten ihn in der Calixtus-Katakombe bei.

Barbaras Ruhm breitete sich im Westen langsam, doch nachhaltig aus. Bergleute, Artilleristen und Kanoniere wählten sie zu ihrer Patronin. Auch zahlreiche Städte stellten sich unter ihren Schutz, vor allem in Südamerika sind viele Orte nach ihr benannt.

Entsprechend ihrer steigenden Verehrung gehörte Barbara im Mittelalter zu den Heiligen, die seit dem Hochmittelalter allenthalben abgebildet wurden, zumal sie auch zu den → Vierzehn Nothelfern zählt. Die früheste Darstellung im Westen ist möglicherweise in der römischen Kirche S. Maria in Antiqua zu finden, doch ist nicht eindeutig zu entscheiden, ob die um 705/06 gemalte weibliche Heilige tatsächlich Barbara vorstellt. Erst nach 1200 entstanden ihre Bilder in größerer Zahl und nach 1300 sind auch Vitenzyklen greifbar.

Die entscheidende Veränderung von einer Märtyrerin zur eucharistischen Heiligen vollzog Barbara nach 1400 nördlich der Alpen. Diese Mutation erfolgte vor allem im Medium des Bildes, denn nun wurde sie häufig mit einem Kelch in der Hand abgebildet, mitunter auch mit einer Hostie.

Lucas Cranach präsentierte die Heilige in einem prächtigen Kleid mit modischen Puffen an den Ärmeln, mit langem offenem Haar und einem kronenartigen Kopfputz. Ihre schlanke Gestalt entspricht dem schmalen Turm im Hintergrund. Doch zusätzlich zu der üblichen Ikonografie gab ihr Cranach einen eucharistischen Kelch in die Hände, der einer Goldschmiedearbeit aus dem 14. Jahrhundert ähnelt. Den Kelch reicht Barbara als Helferin in der Todesstunde mit ehrfürchtig verhüllten Händen. Sie gibt das Sterbesakrament als Wegzehrung auf der Todesreise.

Entsprechend den Bildwerken, die Barbara als eucharistische Heilige zeigen, erhielten auch die Legenden Ende des Mittelalters den Zusatz, dass ein Engel ihr den Kelch ins Gefängnis gebracht habe. Damit hatte Barbara das Sterbesakrament vom Himmel empfangen und war dadurch zur geeigneten Person geworden, die jedem Scheidenden beistand und sogar als Frau das Viaticum gibt.

| Barbara ist meist reich gekleidet und trägt oftmals eine Krone. Ihr Hauptattribut ist der Turm, hinzu kommen vor allem der Kelch und das Schwert.

Meister Francke, Barbara-Retabel, 1410/1415, Helsinki, Suomen Kansallismuseo; Gonzalo Perez, Retabel der hl. Barbara, 1420/1430, Barcelona, Museu Nacional d'Art de Catalunya; Jan van Eyck, Hl. Barbara, 1437, Antwerpen, Koninklijk Museum voor Schone Kunsten; Jean François Millet, Die hl. Barbara fährt in den Himmel, 1841, Angers, Musée des Beaux-Arts et Galerie David

Quelle: Elsässische Legenda aurea Sondergut 1983, S. 90–102

Literatur: Lockwood 1953 – Gaiffier 1959 – Angeletti 1973 – Brzoska 1982 – Nemitz/Thierse 1995

> Lucas Cranach d. Ä., Hl. Barbara, um 1516, Dresden, Gemäldegalerie

Maria gravida

25. März: Verkündigung,
2. Juli: Heimsuchung,
18. Dezember:
Mariä Erwartung

Keine Schwangerschaft hat je so viel Aufmerksamkeit erlangt wie die Mariens. Liturgisch erinnerte man sich daran am Festtage der Verkündigung der Geburt Jesu, dem Tag der Heimsuchung, an dem die schwangere Maria ihre Base Elisabeth besuchte, die gleichfalls in anderen Umständen war, und kurz vor Weihnachten am Tag Maria in Erwartung (Expectatio partus Mariae). Doch beging man dieses Fest nicht in allen Ländern. In England etwa wurde es nie gefeiert, während es in Brasilien einen hohen Stellenwert erhielt. Auch bei dem Fest der → Immaculata Conceptio spielt die Empfängnis des Jesuskindes eine Rolle.

Die biblische Grundlage bilden vor allem die Geburtsankündigung durch den Engel Gabriel (Lk 1,26 – 38) und die sogenannte „Heimsuchung" (Lk 1,39 – 56). Als Maria ihre Verwandte Elisabeth besuchte, die mit → Johannes dem Täufer schwanger war, habe das Kind in Elisabeths Leib vor Freude gehüpft. Daraufhin sprach Elisabeth: „Gepriesen bist du unter den Frauen, und gepriesen ist die Frucht deines Leibes!" Weit ausführlicher als die Bibel schildern die apokryphen Kindheitsevangelien die vorgeburtlichen Ereignisse, wie das Bartholomäusevangelium aus dem 3. Jahrhundert, das den Mutterschoß Mariens hoch lobt. Im Mittelalter setzte man sich auch in theologisch-anthropologischer Hinsicht mit der Schwangerschaft auseinander und betonte, dass Jesus schon bei seiner Empfängnis seine Seele erhalten habe, während man annahm, dass Jungen erst 40 Tage nach ihrer Zeugung die Seele eingepflanzt bekämen und Mädchen diese sogar erst nach 60 – 80 Tagen erhielten.

Mariens Schwangerschaft war für die Mystikerinnen des 14. Jahrhunderts von großer Bedeutung. Wiederholt – vor allem zur Weihnachtszeit – drehten sich die Visionen der Nonnen um dieses Thema, sei es, dass sie die schwangere Gottesmutter schauten, oder sei es, dass sie an ihrem eigenen Leibe Merkmale der Schwangerschaft wahrnahmen. Eine weite Verbreitung fand das Schwangerschaftsmotiv seit Anfang des 13. Jahrhunderts in Elogien und Reimlitaneien, die immer wieder umgearbeitet wurden und schließlich in die Lauretanische Litanei einflossen, die in vielen Bildern Maria als Gebärerin des Erlösers preist.

Theologisch waren mit der Schwangerschaft vornehmlich drei Themen verbunden: Christus ist nicht nur wahrer Gott, sondern durch seine Geburt auch wahrer Mensch (hypostatische Union), und Maria als Gottesgebärerin (gr. Theotokos) hat teil an der Erlösung der Menschheit. Zudem wurde seit dem späten Mittelalter die eucharistische Dimension bedeutsam: Der Leib Mariens wurde mit einem Tabernakel verglichen, der die Hostie trägt.

Die „Heimsuchung" des Marx Reichlich schildert auf den ersten Blick ein unspektakuläres Ereignis: Zwei Frauen stehen einander gegenüber und begrüßen sich. Die Ältere mit dem Kopfschleier ist aus ihrem Haus getreten, um die Jüngere, die nur ihren Umhang lose über den Kopf gezogen hat, willkommen zu heißen. Erst auf den zweiten Blick wird man gewahr, dass beide Frauen hoch schwanger sind und vor ihren Bäuchen zwei winzige Säuglinge erscheinen. So, wie die beiden Frauen sich die Hände reichen, so kommunizieren auch die beiden Kinder: Das linke kniet wie anbetend vor dem rechten, das seine Hand zum Segen erhoben hat. Spätestens anhand dieses Motivs wird man gewahr, dass hier die alte Elisabeth Maria begrüßt und dass auch die Kinder Johannes der Täufer und Jesus schon in den Leibern ihrer Mütter in ihrer Rolle als Verkündiger und Gottessohn miteinander kommunizieren. Dieser Foetus-Typus war im späten Mittelalter im deutschsprachigen Raum und auf der Iberischen Halbinsel verbreitet. In England, Frankreich und Italien indes favorisierte man Andeutungen auf die Schwangerschaft Mariens. Dort hat Maria dem damaligen Brauch der Schwangeren entsprechend die seitlichen Nähte ihrer Kleider aufgetrennt, während auf Heimsuchungsbildern Elisabeth oftmals ihre Hand auf Marias gerundeten Leib legt. In Italien

Marx Reichlich, Heimsuchung, 1506, München, Alte Pinakothek

fand auch der aus Byzanz kommende Platytera-Typus Eingang, bei dem das Christuskind als halbe Figur in einem Clipeus vor Marias Brust gesetzt ist.

Die Anspielung auf Maria als Trägerin des Heils und als Tabernakel Christi konnten auch Schreinmadonnen übernehmen, die vom 13.–16. Jahrhundert aktuell waren: plastische Marienbilder, die man wie ein Retabel öffnen konnte, so dass in Marias Leib die Dreifaltigkeit oder Darstellungen der Passion Christi zum Vorschein kamen. Auch im Barock spielte Maria als Gebärerin des eucharistischen Christus eine entscheidende Rolle. Nun gestaltete man Monstranzen derart, dass die ausgestellte Hostie im Leib Mariens zu sehen war. Die Aufklärung indes übte harsche Kritik an diesen unrealistischen Darstellungen und bei Kirchenvisitationen wurden viele von ihnen entfernt.

| Marias Leib zeigt Anzeichen der Schwangerschaft: Er kann deutlich gerundet sein, das Christuskind kann darin zu sehen sein, es kann davor schweben oder auf eine Scheibe davor gesetzt sein.

Schreinmadonna, um 1300, New York, Metropolitan Museum; Heimsuchungsgruppe aus St. Katharinenthal, um 1320, New York, Metropolitan Museum; Piero della Francesca, Maria del Parto, 1455/1465, Monterchi, S. Maria a Nomentano, Capella del Cimitero

Quelle: Schneemelcher 1987, Bd. 1, S. 343

Literatur: Lechner 1981 – Lane 1984 – Kroos 1986 – Tammen 2003b

Heilige und das Bild

Heilige gehören seit dem frühen Christentum untrennbar mit dem Bild zusammen und Heiligenbilder wurden zu Kommunikationsmedien ersten Ranges. Eine neue und andersartige Beziehung zwischen Heiligen und Bildern entwickelte sich im hohen Mittelalter, als hagiografische Texte wiederholt herausstellten, dass Bildwerke für die Gottesbeziehung der Heiligen eine große Rolle spielen. Seit etwa 1200 berichten Schriften gehäuft davon, dass ein Bild gesprochen oder agiert habe, → Bernhard von Clairvaux etwa wird von einer Marienstatue mit Milch gesäugt und von einem Kruzifix umarmt, → Katharina von Siena empfängt von einer gekreuzigten Christusfigur die Stigmata und → Franziskus von Assisi bekehrt sich, als sich ihm das gemalte Kreuz von S. Damiano zuneigt.

Auf eine zweite Bildbeziehung spielen Berichte und Darstellungen an, denen zufolge ein Heiliger für seine Andachtsübungen Bilder benutzt. Nach 1400 etwa ist → Hieronymus zu sehen, wie er in der Wüste vor einem Kruzifix seine Devotion verrichtet. Diese Tendenz spiegelt die Bedeutung der Bildwerke für die individuelle Andachtspraxis wider, die zu jener Zeit längst Konjunktur hatte, denn nach 1300 waren Darstellungen heiliger Personen in vielen Privathäusern sowie in den Zellen der Mönche und Nonnen zu finden und wurden auch außerhalb des Gotteshauses als Mittel für eine Kommunikation mit dem Himmel genutzt. Das Wesen dieser Zwiesprache führt ein Diptychon vor Augen, das der sogenannte Pseudo-Jacopino di Francesco malte. Die Tafel zeigt Szenen aus dem Leben der → hl. Katharina von Alexandrien einschließlich ihrer Bekehrung und mystischen Vermählung mit Christus. Links erhält die Heilige von einem Eremiten eine Madonnenikone zum Geschenk, die sie vorsichtig in Empfang

Pseudo-Jacopino di Francesco, Katharina von Alexandrien und die Marienikone, Flügel eines Diptychons, 1330/1360, Florenz, Fondazione Longhi

nimmt und liebevoll umarmt, als handele es sich nicht um ein Bild, sondern um die Gottesmutter selbst. Katharina hat das kostbare Werk in ihrem Haus auf einem altarartigen Tisch platziert, doch sind Maria und das Jesuskind gleichsam aus dem Bild gestiegen, denn sie stehen in der Gestalt ihres Abbildes neben dem Altar, um Katharina den Vermählungsring zu reichen. Dieses Beispiel belegt, dass ein Heiligenbild weit mehr als eine reine Abbildung ist, sondern gleichsam als Stellvertreter der himmlischen Personen fungiert und diesen im Bild eine reale Präsenz verleiht.

Mit der Nutzung von Bildern durch Personen, die später selbst als Heilige verehrt werden, kommt der hohe Stellenwert zum Ausdruck, den man Bildwerken bei der andächtigen Kommunikation mit dem Himmel zumaß. Prinzipiell galt zwar noch immer Augustins dreistufiges Werturteil über den Zweck der Bilder, demzufolge eine bildabhängige Frömmigkeit nur eine körperlich-sinnliche Andacht (corporalis) darstellt, die vom Bild aber zu einer geistlichen Devotion führen könne (spiritualis), während die bildlose, rein verstandesmäßige Andacht (intellectualis) die höchste Stufe bildet. Dennoch wurden nun gehäuft Bilder auch von Klerikern unterschiedlichen Standes genutzt, Beichtväter empfahlen Nonnen den Gebrauch von bildlichen Darstellungen und Mönchzellen erhielten bildliche Ausstattungen (Abb. S. 94). Darüber hinaus konnten selbst Privatpersonen mit einem geringen Einkommen preiswerte Grafiken erstehen. Heilige, die vor Bildern ihre Andacht verrichteten, standen für den geistlichen Nutzen der Bildwerke ein.

Das transportable Heiligenbild bot die Möglichkeit, den Heiligen von seiner kirchlichen Verehrungsstätte an andere Orte zu transferieren. Es überführte die heilige Person in das private Haus und übertrug geradezu das Kultzentrum in den häuslichen Bereich. Mit dieser Transferaktion ging keineswegs ein Verlust der Heiligkeit einher, denn wie das Diptychon des Pseudo-Jacopino di Francesco bezeugt, wirkt das Bild auch in der häuslichen Umgebung. Deshalb konnte einer Darstellung ein Ablassversprechen beigegeben werden (vgl. → Gregor der Große I) und für das Sprechen von Gebeten vor dem Bild konnten hohe Indulgenzen erlangt werden, so als hätte der Gläubige das Kultzentrum aufgesucht. Vor allem die Druckgrafik ermöglichte es, ein verehrtes Bild zu multiplizieren und ohne Wirkverlust an andere Orte zu transferieren. Die heilige Aura eines Bildes oder einer Reliquie ging durch die Vervielfältigung nicht verloren, sondern wurde unendlich vermehrt.

Literatur: Ringbom 1969 – Hamburger 1989 – Krüger 1989 – Lentes 1994 – Schmidt 2001 – Krüger 2007, S. 393–395

Bernhard von Clairvaux II — 20. August

Der Zisterzienser Bernhard von Clairvaux (→ Bernhard von Clairvaux I) ist als Bilderkritiker in die Geschichte eingegangen. Doch genaugenommen lehnte er nur bildliche Ausstattungen im Klosterbereich ab, vor allem die Hybridwesen der Skulptur, denn diese würden Auge und Sinn gefangen nehmen und von der Andacht ablenken. Bernhard befürwortete jedoch Bilder in Kirchen, vor allem in Pfarrkirchen, denn diese seien den leseunkundigen Laien eine Hilfe bei der Erinnerung heiliger Texte.

Bernhard war also keineswegs ein kategorischer Bildgegner, und einige Biografien berichten sogar von seinen intensiven Bildbegegnungen. Zwar wissen seine ersten Autoren nichts von einem solchen Ereignis, doch spätere Lebensbeschreibungen erwähnen zwei Bildwunder, die bald zu den bekanntesten Episoden gehörten. Die Exemplasammlung *Ci nous dit* aus den Jahren 1313/1330 erwähnt die Lactatio des heiligen Zisterziensers – ein legendarisches Ereignis, das den göttlichen Ursprung von Bernhards Redegabe belegen will. Dieser Erzählung nach hatte man Bernhard beauftragt, vor dem Bischof von Chalon zu predigen. Aus Furcht vor dieser Aufgabe begab sich Bernhard vor eine Marienstatue und betete zur Muttergottes. Vor dem Bild fiel er in den Schlaf und sah, wie Maria ihm die Brust reichte und mit göttlicher Weisheit nährte. Derart vom Himmel gestärkt wurde aus dem scheuen Bernhard ein wortgewandter Prediger. Tatsächlich wurden Bernhards Schriften über Jahrhunderte hinweg ihres feinen und klaren Stils wegen sehr geschätzt. Die Abschrift eines Ablassbriefes aus dem Jahr 1340 variiert die Lactatio-Erzählung dahingehend, dass die Marienstatue den Betenden unterwies und ihm drei Tropfen Milch in den Mund träufelte. Wiederum aber galt diese Begegnung als Initiationsereignis seiner Predigtgabe.

Die zweite Legende wurde möglicherweise schon von Herbert von Clairvaux († um 1180) verfasst, doch findet sie sich erstmals im *Exordium Magnum* des Konrad von Eberbach († 1221). Nun soll ein Abt beobachtet haben, wie Bernhard in der Kirche auf dem Boden ausgestreckt liegend das Kreuz anbetete. Plötzlich habe die Christusfigur ihre Arme vom Kreuz gelöst und den Andächtigen umarmt. Diese verhältnismäßig junge Erzählung fand keinen Eingang in die *Legenda aurea*, sondern wurde nur in einige Abschriften des ältesten Textes eingefügt.

Amplexus und Lactatio sind häufig dargestellte Szenen aus der Vita des Bernhard von Clairvaux. Die älteste Darstellung der marianischen Nährung entstand um 1290 in Katalonien, doch sollte das Thema vor allem im deutschsprachigen Gebiet, in den Niederlanden und in Flandern aktuell werden. Dort allerdings breitete es sich erst ab 1470 aus. Zu dieser Zeit war Maria als Mutter, die gnädig die Menschheit nährt, schon längst dargestellt worden und die Marienbrüste waren zum Zeichen der Intercessio und der geistigen Mutterschaft geworden. Diese Vorstellungen flossen in die Lactatio des Bernhard ein. Im Gegensatz zu Spanien, wo das Thema zum Bildprogramm von Altarretabeln gehört, ist es im Norden auf kleinformatigen Bildern für die häusliche Andacht zu finden. Für einen ähnlichen Gebrauchszusammenhang waren auch die zahlreichen druckgrafischen Umsetzungen des Sujets bestimmt, die zu jener Zeit nördlich der Alpen kursierten. In Italien indes präferierte man die Muttergottes, die vor dem Pult des Bernhard erscheint und ihn unterweist. Auch die Umarmung des Gekreuzigten,

Jan van Eeckele, Lactatio und Amplexus des hl. Bernhard, um 1510, Tournai, Musée des Beaux-Arts

die nördlich der Alpen seit dem 14. Jahrhundert dargestellt wurde, gewann in der Kunst Italiens erst im 16. Jahrhundert an Bedeutung.

In den Niederlanden wählten viele Maler ein Bildformular, das den hl. Bernhard neben der Madonna zeigt, die ihre Brust entblößt hat, um das Jesuskind zu stillen. Beide Personen sind oft als Halbfiguren hinter eine Brüstung gesetzt, so dass kein Bildwunder geschieht, sondern eine Begegnung mit der Gottesmutter. Andere szenische Wiedergaben platzieren die stillende Maria auf einen Altar, wo sie gleich einer zum Leben erweckten Skulptur agiert. Mitunter aber sitzt sie im Kirchenraum, so dass nicht zu entscheiden ist, ob es sich hier um eine Figurengruppe oder um eine Personengruppe handelt. Der niederländische Maler Jan van Eeckele präsentiert Maria auf einem Thron mit Baldachin. Sie sitzt in einem Raum, der nicht eindeutig als Kirche gekennzeichnet ist. Hier scheint es sich nicht um ein Bildwerk zu handeln, sondern um Maria selbst. Bernhard kniet vor ihr, er trägt das Pluviale und den Abtsstab. Im Hintergrund sieht man den Heiligen ein zweites Mal, nun ist er in das weiße Habit der Zisterzienser gekleidet und nun neigt sich ihm Jesus vom Kreuz zu. Der Kruzifix aber ist eine Skulptur, die zu agieren beginnt.

| Die Darstellungen der Lactatio und des Amplexus zeigen Bernhard mit den üblichen Attributen (→ Bernhard von Clairvaux I).

Meister des Marienlebens, Bernhard mit der Madonna lactans, um 1480, Köln, Wallraf-Richartz-Museum; Filippino Lippi, Vision des hl. Bernhard von Clairvaux, um 1485, Florenz, Badia; Pietro Perugino, Vision des hl. Bernhard, 1490/1493, München, Alte Pinakothek; Michael Willmann, Die Vision des hl. Bernard, 1682, Leubus, Klosterkirche; Giovanni Odazzi, Amplexus, 1705/1710, Rom, San Bernardo alle Terme

Quelle: Blangez 1979

Literatur: Dewez/Iterson 1956 – Dupeux 1991 – Marti/Mondini 1994 – Stoichita 1995, S. 132–149 – Altermatt 2003 – Urbach 2006 – Frese 2006 – Wagner 2007

Katharina von Siena — 30. April

Die Heilige wurde 1347 als Katharina Benincasa in Siena geboren. Bereits mit 18 Jahren schloss sie sich den Dominikaner-Terziarinnen, den Mantellaten, an. Ihr Leben war bestimmt von Fasten, intensivem Gebet und dem Empfang zahlreicher Visionen, beinhaltete aber auch eine Korrespondenz mit den Mächtigen der Kirche. Ein reger Austausch fand mit Papst Gregor XI. statt, den sie inständig bat, von Avignon nach Rom zurückzukehren. 1380 verstarb Katharina und wurde in S. Maria sopra Minerva in Rom bestattet. Ihr Kult verbreitete sich vor allem innerhalb des Dominikanerordens. 1461 wurde sie kanonisiert. Ihre Schriften und ihre Biografien wurden schnell durch das noch junge Medium Buchdruck in viele Länder verbreitet.

Katharina hatte zeit ihres Lebens zahlreiche Visionen. Viele von ihnen sind von ihrer tiefen Christusliebe geprägt. Einmal hatte Katharina Christus ihr Herz gegeben, worauf dieser ihr sein eigenes einpflanzte – ein derartiger aus der weltlichen Minne bekannter Herztausch symbolisiert die tiefe Verbundenheit der Liebenden. In Liebe zu Jesus und Nachvollzug seiner Passion trank sie ein anderes Mal aus seiner Seitenwunde Blut. Als Jesus ihr einst eine goldene Krone und eine Krone aus Dornen anbot, wählte sie die Dornenkrone. Angeregt durch die mystische Vermählung ihrer Namensschwester Katharina von Alexandrien (→ Katharina von Alexandrien II) erlebte auch sie eine bräutliche Vereinigung mit Christus und empfing von ihm den Brautring. Weitreichende Folgen sollten die visionär empfangenen Wundmale haben: Nachdem Katharina lange vor einem Kruzifix gebetet und die Eucharistie empfangen hatte, war sie in Ekstase gefallen. Als sie mit ausgebreiteten Armen vor dem Altar verharrte, näherte sich ihr der gekreuzigte Christus und seine Blutstrahlen kamen auf ihre Hände, Füße und ihr Herz zu. Auf ihre inständige Bitte, dass die Wundmale auf ihrem Körper nicht zu sehen sein sollten, verwandelten sich die Blutstrahlen in helle Lichtstrahlen. Da die Stigmata an Katharinas Körper tatsächlich nicht sichtbar waren, blieb umstritten, ob die Stigmatisation überhaupt stattgefunden hatte – eine Streitfrage, die besonders zwischen den beiden Mendikantenorden Franziskaner und Dominikaner ausgetragen wurde. Der franziskanische Papst Sixtus IV. (1471–1484) verbot in einer Bulle, Katharina mit den Stigmata darzustellen und über dieses Ereignis zu predigen. Sein Nachfolger Alexander VI. hob das Verbot jedoch wieder auf. Die Querelen fanden erst ein Ende, als Urban VIII. (1623–1644) den Erhalt der Wundmale in die liturgischen Lesungen des Festtages der hl. Katharina aufnahm.

Viele von Katharinas mystischen Erlebnissen fanden Eingang in die Kunst, etwa ihre mystische Vermählung mit Christus. Doch auch ihr Eingreifen in die Kirchenpolitik wurde thematisiert, indem sie an einem Pult lesend und schreibend dargestellt wurde. Weit verbreitet aber waren Bilder ihrer Stigmatisation. Giovanni di Paolo fügte diese Episode in einen zehnteiligen Bildzyklus ein. Hier kniet die Heilige in Ekstase vor dem Altar einer Kapelle, der schwarze

Mantel ist ihr von den Schultern geglitten. Sie wendet ihr Gesicht nach oben und erhebt die beiden weit ausgestreckten Hände. In dieser Haltung korrespondiert sie mit dem farbig gefassten Kruzifixus, der sich aus seiner Halterung gelöst hat und hoch über dem Altar schwebt. Das Bildwerk agiert, als wäre es Christus selbst und blickte ihr in die Augen. Auch wenn keine Blutspuren vom Christuskörper zum Leib der Katharina führen, wird doch ersichtlich, dass sie die Wundmale empfängt, so wie auch frühe Darstellungen der Stigmatisation des Franziskus (→ Franziskus von Assisi II) oftmals ohne Blutstrahlen auskommen. Die spiegelbildliche Haltung Katharinas und ihr aschfahles Gesicht, das die Hautfarbe des Gekreuzigten angenommen hat, sind Hinweis genug auf ihre Christusanpassung. Wie Franziskus auf vielen Bildern mit einem Knie auf dem Boden verharrt, empfängt auch Katharina in ebendieser Haltung die Wundmale. Katharinas Passionsfrömmigkeit kommt auch auf Darstellungen zum Ausdruck, auf denen sie ein Kruzifix ansieht, es umfasst oder sogar in den Armen hält. Diese Variante ist häufig auf Druckgrafiken zu finden und auf nahansichtigen Darstellungen, die Katharina in halber Figur zeigen.

| Katharina ist mit dem weißen Habit der Dominikanerinnen und mit einem schwarzen oder einem weißen Schleier ausgestattet, über dem sie die Dornenkrone tragen kann. Ihre Attribute sind Herz und ein Kreuz oder ein Herz, aus dem ein Kreuz emporwächst, sowie ein Lilienstengel oder ein Buch. Mitunter sind die Stigmata zu sehen.

Mino da Fiesole, Büste der hl. Katharina, Mitte 15. Jh., Washington, National Gallery; Cosimo Rosselli, Hl. Katharina übergibt den Terziarinnen die Ordensregeln, um 1473, Edinburgh, National Gallery of Scotland; Lavinia Fontana, Hl. Katharina von Siena mit dem Kreuz, 1611/1614, Rom, S. Maria della Pace; Pompeo Batoni, Ekstase der hl. Katharina von Siena, 1743, Lucca, Museo Nazionale di Villa Guinigi

Quellen: Thomas Antonius 1974 – Raimondo 1994

Literatur: Bianchi/Giunta 1988 – Mortimer 1992 – Giunta 1999 – Santi 1999 – Meiss 1999, S. 200–207 – Hodne 2007 – Böse 2008, S. 98–108

Giovanni di Paolo, Katharina von Siena empfängt die Stigmata, 1461, New York, The Metropolitan Museum of Art

Veronika — 27. Februar

Veronika ist eine Heilige, die ihre Existenz einem Tuch verdankt. In St. Peter zu Rom wird seit unbekannter Zeit ein Gewebe bewahrt, über dessen Bestehen erstmals Quellen des 12. Jahrhunderts berichten. Seit dem frühen Christentum erzählt man sich, dass die Frau, die Jesus von ihrem anhaltenden Blutfluss geheilt hatte (Mt 9,20; Mk 5,25; Lk 8,43), im Besitz eines Bildnisses Christi in einem Leintuch war. Ebendieses Tuch bewahre man in der Papstkirche als kostbare Berührungsreliquie. Genaueres über die Entstehung des sonderbaren Christusporträts ist erst in den um 1300 verfassten Schriften zu lesen, denen zu entnehmen ist, dass Jesus auf dem Weg nach Golgatha mit dem Kreuz beladen sein schweißnasses Gesicht im Tuch der Veronika getrocknet habe und darin auf wundersame Weise der Abdruck seines Antlitzes haften geblieben sei. Nun war Veronika im Besitz der „vera icon“, dem wahren Abbild Christi. Der Pilatusakte nach gelangte das Tuch nach Rom, als der Kaiser Tiberius krank wurde und nach Christus, dem Wunderheiler, im Heiligen Land schickte. Statt diesem konnten die Boten nur eine Frau ausfindig machen, die ein Porträt von ihm besaß, und beide nach Rom bringen. Dort wurde der Kaiser als Erster durch das glaubende Ansehen des Tuches geheilt, und noch im späten Mittelalter schrieb man ihm die Kraft zu, von Epilepsie und Lepra zu befreien. Ein außerordentliches Wunder ereignete sich im Jahr 1216, als man das Tuch am Epiphaniasfest in einer Prozession von St. Peter nach Santo Spirito geleitete. Unverhofft habe sich das Antlitz auf den Kopf gestellt. Dieses außerordentliche Ereignis veranlasste Papst Innozenz III., den Hymnus „Ave facies praeclara“ zu dichten, der über Jahrhunderte zu Ehren des Schweißtuches rezitiert wurde. Von der hl. Veronika aber glaubte man, sie sei in Soulac begraben und verehrte ihre Reliquien in Bordeaux und St-Seurin. Zur Zeit der Reformation geriet die mysteriöse Heilige ins Kreuzfeuer der protestantischen wie auch der katholischen Kritik.

Veronika wurde erst im 15. Jahrhundert in die Szene der Kreuztragung aufgenommen. Hatte sich Christus zuvor zu seiner Mutter umgesehen, so schaute er von nun an zu der Heiligen, die ihm das Tuch darreicht oder mit Erstaunen den Abdruck darin wahrnimmt. Auch in Kreuzigungsszenen kann sie unter dem Kreuz stehen und das Leinen mit dem Angesicht vor sich halten. Losgelöst von der Gestalt der Veronika ist das Christusantlitz schon in Handschriften aus der Mitte des 13. Jahrhunderts zu finden, wo es in strenger Frontalität von einem Nimbus umgeben ist. In ähnlicher Weise, doch unter Hinzufügung der Veronika malte ein in Köln tätiger, doch namentlich nicht bekannter Meister zwei Schweißtuch-Bilder und erhielt nach diesen Werken den Notnamen Meister der hl. Veronika. Auf der Tafel, die in London aufbewahrt wird, hält Veronika

Meister der hl. Veronika, Veronika mit dem Schweißtuch, um 1420, London, National Gallery

das Tuch vorsichtig am oberen Rand und spannt es so weit vor ihrem Körper auf, dass sie selbst davon verborgen wird. Die hl. Frau ist zweitrangig, sie verdankt ihre Existenz allein dem Christusantlitz. Das Leinen fällt in leichten Falten herab, doch das Angesicht Christi ist von der natürlichen Fältelung nicht betroffen – es schwebt offensichtlich mehr vor dem Tuch als dass es von diesem gehalten wird. Das Angesicht selbst ist von einer zarten Schönheit mit ebenmäßigen Zügen, fein geschwungenen Brauen, einer geraden Nase und einem lockigen gespaltenen Bart, eingerahmt von haselnussbraunem Haar. Der goldene, mit einem Zirkel geschlagene, kreisrunde Nimbus vollendet das Ebenmaß. Eindringlich blickt das Angesicht den Betrachter an, der sich dem Blick kaum entziehen kann, zumal ihm kein anderer Blickpunkt geboten wird, denn Veronika selbst hat ihre Augen niedergeschlagen und fungiert eindeutig nur als Tuchhalterin, nicht aber als agierende Person. Obgleich der Tuchabdruck prinzipiell auf die Kreuztragung verweist, ist die Londoner Tafel doch keine Erzählung. Die überdimensionale Größe des Angesichts und die reine Schönheit, die keine Spuren des Leidens erkennen lässt, machen die anekdotische Ebene zweitrangig. Veronika will nichts erzählen, sondern dem Betrachter das verehrungswerte Tuch zur Andacht vorhalten. Vor diesem Bild mag der Fromme eines der hymnischen Schweißtuch-Gebete gesprochen haben, die häufig mit der Bitte schließen, in der himmlischen Ewigkeit Christus von Angesicht zu Angesicht zu schauen. Auf Erden kann der Fromme Gottes Angesicht gleichsam nur in einem Schleier schauen, die unverhüllte und beseligende Schau wird ihm erst im Himmel gewährt sein.

| Veronika trägt immer das Schweißtuch mit sich, das jedoch kaum ein Attribut, sondern oft der Hauptgegenstand des Bildes ist.

Meister der hl. Veronika, Veronika mit dem Schweißtuch, um 1420, München, Alte Pinakothek; Robert Campin, Hl. Veronika, um 1430, Frankfurt a. M., Städel; El Greco, Veronika mit dem Schweißtuch, 1577/1580, Toledo, Museo de Santa Cruz Cervantes; Francesco Mochi, Statue der hl. Veronika, um 1630, Rom, St. Peter

Quellen: Dobschütz 1899, S. 197 – 262, 250 – 333 – Tischendorf 1966, S. 471 – 486

Literatur: Dobschütz 1899 – Kessler/Wolf 1998 – Wolf G. 1999 – Wolf G. 2002 – Meier 2007

Lukas — 18. Oktober

Die Bibel enthält zwar mit dem Lukasevangelium die Schrift des Lukas (→ Vier Evangelisten), doch zum Leben des Evangeliumsverfassers liefert sie nur verstreute Hinweise. Der wohl aus Antiochien Gebürtige war von Beruf Arzt (Kol 4,14). Er hatte Jesus nicht kennengelernt, sondern gehörte zu den Anhängern der Apostel. Als Mitarbeiter des → Paulus bekleidete er diesen auf den Missionsreisen (2 Tim 4,11; Phlm 24). Wo er sich nach dem Tod des Apostels aufhielt und in welcher Weise er nun wirkte, ist nicht widerspruchsfrei zu belegen. Frühe Quellen berichten voneinander abweichend, er habe in Ägypten, in Patras, in Theben als Bischof oder gar in Gallien gewirkt. Auch zu seinem Tod, der wohl in das Jahr 63 datiert, liegen unterschiedliche Informationen vor. Berichten die einen, er sei eines natürlichen Todes gestorben, so glauben die anderen, man habe ihn an einem Ölbaum aufgehängt, wieder andere, man habe ihn ins Meer geworfen. Die Reliquien des Lukas verehrte man zunächst in Theben, doch im Jahr 357 überführte man sie in die Apostelkirche nach Konstantinopel und im 12. Jahrhundert nach S. Giustina in Padua, wo sie noch heute ruhen.

Für die Verehrung des Lukas war weit weniger seine schriftstellerische Leistung ausschlaggebend als seine Tätigkeit als Maler. Zu welcher Zeit man aus dem Evangelisten einen Maler machte, ist nicht mehr exakt nachzuvollziehen, doch entstand eine derartige Legende wohl im Osten. Im Westen spricht man erstmals im frühen 8. Jahrhundert von Lukasbildern. Dieser Tradition zufolge soll Lukas von Maria und dem Jesuskind Porträts angefertigt haben und tatsächlich wurden viele Ikonen als Lukasikonen verehrt. Kernpunkt der legendarischen Überlieferung war die Frage nach dem authentischen Marien- und Christusbildnis. Die Porträts der Gottesmutter und des Gottessohnes führten nicht nur die Dargestellten in ihrem wahrhaften Äußeren vor Augen, sondern hatten als deren Repräsentanten die Macht, Wunder zu wirken. Die *Legenda aurea* berichtet von einer Prozession, die → Papst Gregor der Große hielt, als in Rom die Pest wütete. Im Zug der Bittenden führte man eine Ikone mit, die Lukas gemalt haben soll. Gebete und Bildnis bewirkten Gottes gnädiges Einsehen und die Pest fand ein Ende. Die Legende des malenden Evangelisten bildete die Voraussetzung für die Entstehung der Ikonen und hielt eine nachträgliche Legitimation der Verehrung der Marienikone bereit. Sie war über Jahrhunderte aktuell und erst → Karl Borromäus nahm 1600 dagegen Stellung. Da Lukas als ein frommer Maler galt, wurde er zum Schutzpatron der Malerzünfte.

Derick Baegert, Lukas malt die Madonna, um 1470, Münster, Westfälisches Landesmuseum

Für die Künstler sollte der malende Lukas eine Person der Inspiration und der Identifikation werden. Die bildlichen Zeugnisse der Romanik konzentrieren sich auf den schreibenden Evangelisten, dem vor allem in der Buchmalerei eine entscheidende Rolle zukommt. Als Autorenporträt ist Lukas in vielen Evangeliaren und Evanglistaren dem Lukasevangelium vorweggestellt. Die frühen Darstellungen des Lukas als Maler entstanden im Westen nach 1100 bis gegen 1350 in der Buchmalerei. Miniaturisten setzten sich in dieser Zeit auf verschiedenen Ebenen reflektierend mit dem Bildschaffen auseinander, indem sie den Buchmaler bei der Arbeit zeigen oder ihr Selbstporträt in den Codex eintragen. Mit den Darstellungen des Evangelisten Lukas wurde der Diskurs durch neue Argumente bereichert und auf eine neue Ebene gehoben.

In der Tafelmalerei ist der malende Lukas seit dem 15. Jahrhundert aktuell. Derick Baegert, ein Maler aus Wesel, zeigt den hl. Lukas als älteren Maler, der vor seiner Staffelei sitzt und das Porträt seines Modells direkt auf die Holztafel malt. Lukas malt ein getreues Bild: Auch auf seiner Tafel führt das Christkind den Finger zum Mund und selbst die Falten von Marias Mantel sind nahezu identisch. Doch den Hintergrund des Ateliers und den Ausblick in die Stadt übernimmt der Maler nicht in sein Bild. Lukas überliefert keine narrative Darstellung, die von der Ateliersitzung und deren Umständen erzählt, sondern ein Gemälde, das allein der frommen Verehrung dienen soll. Dennoch ist die Szene der Modellsitzung entscheidend, bezeugt diese doch, dass Lukasbilder wahrhaftige Porträts Mariens und Christi sind und deshalb zu Recht verehrt werden. Darauf verweist auch der Konvexspiegel, der zwischen den Fenstern aufgehängt ist und Lukas im Spiegelbild reflektiert. So wie dieser ein getreues Bild des Malers wiedergibt, so übermittelt auch das Bildnis des Heiligen ein authentisches Porträt Jesu und Mariens. Den göttlichen Charakter des Bildes betont auch der Engel, der im Nachbarzimmer damit beschäftigt ist, die Farben zu reiben, mittels derer Lukas den Gottessohn und die Gottesmutter malt. → Joseph, der neben dem Engel sitzt und in einem Buch liest, ist indes kaum zu sehen. Doch Baegert hat mit diesem Bild zugleich eine Selbstaussage übermittelt. Die Tafel war wohl ursprünglich kein autonomes Bild, sondern bildete möglicherweise den Mittelteil eines Retabels.

Üblicherweise malt Lukas die Madonna, Rogier van der Weyden stellte ihn 1435/1440 erstmals als einen Künstler dar, der sein Modell mit dem Silberstift zeichnet. Eine weitere Neuerung dieses Themas liefert Jan Gossaert um 1520. Bei ihm malt Lukas die Madonna, die ihm in einer Vision erscheint. Marten Heemskerk indes führte die oftmals implizite Selbstaussage des Themas noch weiter aus, indem er sein Selbstporträt einfügte. Dies ist typisch für ein derartiges Lukasbild der Frühen Neuzeit, das viele Künstler nun nutzten, um sich selbst in Gestalt des heiligen Malers darzustellen.

| Der Stier als Hauptattribut des Lukas (→ vier Evangelisten) ist auf den szenischen Bildern des malenden Lukas oftmals zugegen, mitunter fehlt er jedoch.

Rogier van der Weyden, Lukas porträtiert die Madonna, 1435/1440, Boston, Museum of Fine Arts; Jan Gossaert, um 1520, Wien, Kunsthistorisches Museum; Marten Heemskerk, 1532, Haarlem, Frans-Hals-Museum; Frans Floris, Lukas malt die Madonna, 1550/1560, Antwerpen, Koninklijk Museum voor Schone Kunsten; El Greco, Lukas malt die Madonna, 1560/1570, Athen, Benaki Museum

Quelle: Legenda aurea 1997, S. 223 f.

Literatur: Kraut 1986 – Thürlemann 1992 – Pieper 1986, S. 332–338 – Wolf G. 1990, S. 141–145 – Ausst.-Kat. Luca 2000 – Sander 2002 – Boeckl 2005

Hieronymus — 30. September

Die historische Gestalt des Hieronymus zeichnet sich in drei Biografien des Mittelalters ab, von denen die erste im 9. und die letzte im 12. Jahrhundert verfasst wurde. Zudem lassen seine zahlreichen Schriften manches Autobiografische verlauten. Hieronymus wurde 347/48 in Stridon bei Emona (Ljubljana) geboren und erhielt in Rom eine sehr solide Unterweisung in Grammatik und Rhetorik. Nach einem kurzen Aufenthalt in der kaiserlichen Residenzstadt Trier führte er zunächst in Emona ein halbmonastisches Leben. Aus unbekannten Gründen wurde er vom Bischof verbannt und reiste in den Osten, wo das eremitische Mönchtum blühte. Seine erste Station war Konstantinopel, dann hielt er sich viele Jahre in Antiochien auf. Hier soll er seiner eigenen Aussage zufolge längere Zeit in der Wüste Chalkis gelebt haben, doch möglicherweise hielt er sich nur am Rande der Einöde auf. Reisen führten ihn erneut nach Konstantinopel, Rom und Antiochien und brachten ihn mit den Gelehrten seiner Zeit in Kontakt, später kam eine rege Korrespondenz mit → Augustin hinzu. Seine letzten Jahre verbrachte Hieronymus im Heiligen Land, wo er sich in Bethlehem niederließ und 419/20 verstarb. 1260/1290 gelangten seine Reliquien von Bethlehem nach Rom in die Kirche Santa Maria Maggiore.

Hieronymus unterhielt ein weitgespanntes Korrespondenznetz, verfasste einflussreiche exegetische Schriften, schrieb über das asketische Leben und übersetzte das hebräische Alte Testament und das griechische Neue Testament ins Lateinische. Auf seiner Bibelübersetzung fußt die Vulgata, die für Jahrhunderte die maßgebliche lateinische Bibelausgabe war. Die gegensätzlichen Pole Askese und Gelehrtentum, die das Leben des Hieronymus prägten, traten einst als unversöhnlicher Konflikt zu Tage. Im Traum wurde der Heilige vor den Richterstuhl Gottes geführt und mit harschen Worten beschuldigt: „Du bist ein Ciceronianer und kein Christ." („Ciceronianus es, non Christianus.") Diese Episode führte Hieronymus dazu, statt des verfeinerten Stils der antiken Schriftsteller seine Werke in schlichten und klaren Worten zu verfassen. Hieronymus gehört zu den → Vier Kirchenvätern und wurde in der Literatur und in der Kunst als Kardinal ausgegeben, obwohl er nie dieses Würdeamt bekleidete. Im Humanismus kam es zu einer Hieronymus-Renaissance, die bis ins 17. Jahrhundert hinein anhielt. Da der Heilige das Ideal eines Büßers und radikalen Christusnachfolgers darstellt, vermochte man über seine Person radikale Frömmigkeitsbewegungen, die seit dem späten Mittelalter aus der Kirche herausdrängten, wieder an die Kirche zurückzubinden. Zugleich verkörperte Hieronymus den Inbegriff des Gelehrten, der in der Einsamkeit – sei es in der Wüste oder im Studierzimmer – eine schreibende Existenz führt. Denn nicht nur die Buße wurde als eine Reformbewegung verstanden, sondern auch der Humanismus, der stets auf die Ethisierung aller Lebensbereiche ausgerichtet war.

Hieronymus ist der Kirchenvater, der am häufigsten als Einzelperson dargestellt ist, und zählt zu den am meisten abgebildeten männlichen Heiligen. Die zwei Pole, die sein Leben charakterisierten, bestimmen auch seine Ikonografie. Seit der zweiten Hälfte des 14. Jahrhunderts, mit dem Aufblühen des Humanismus, ist er als Gelehrter in seiner Studierstube zu sehen. Dieser Bildtypus entwickelte sich aus dem Au-

Filippino Lippi, Hl. Hieronymus, 1490/1500, Florenz, Uffizien

torenbild und erlebte bis nach 1500 eine Blütezeit. Andere Bilder zeigen den gelehrten Heiligen in der Wüste über seine Schreibarbeiten gebeugt und verquicken damit sein literarisches Leben mit der Einsamkeit. Hieronymus führt offensichtlich eine Vita solitaria (einsames Leben), die Francesco Petrarca, der Vater des Humanismus, anpries.

Weit zahlreicher aber sind die Darstellungen des büßenden Hieronymus in der Wüste, die seit 1400 Konjunktur hatten und bis gegen 1700 aktuell blieben. Wie viele Maler, stellte auch Filippino Lippi die Buße des Heiligen als Bildandacht dar. Hieronymus hat ein Kruzifix behelfsmäßig an einen dürren Stamm gebunden, so dass das Kreuz beinahe daraus hervorzuwachsen scheint. Vor diesem Leidensbild hat er sich auf die Knie gelassen, um ganz in sich zu gehen: Die leeren Augen schauen, ohne zu sehen, und die Hände, die den Stein halten, mit dem er sich auf die Brust schlagen wird, sind eng um den Körper geschlossen. So meditiert Hieronymus das Leiden Christi nicht durch das Lesen von Texten, sondern mit Hilfe eines Bildwerks. Das dreidimensionale Kruzifix eröffnet ihm einen Weg zur Sündenerkenntnis und zur Sündenbuße, der über das Vermögen der Schriften hinausgeht. Deshalb auch treten Hieronymus' stupende Gelehrsamkeit und sein weltliches Kardinalsamt weit in den Hintergrund. Nur im Innern der Höhle sind seine Bücher und der rote Kardinalshut auszumachen. Im rechten Hintergrund ist der Löwe zu sehen, dem Hieronymus einen Dorn aus der Pfote gezogen haben soll und der daraufhin zu seinem ständigen Begleiter wurde.

| Hieronymus trägt die rote Kardinalstracht oder das Büßerhemd, zu dem der Kardinalshut oftmals attributgleich hinzukommt. Weiter weisen ihn Löwe, Buch, Kreuz, Totenschädel oder Kirchenmodell aus.

Antonello da Messina, Hieronymus im Gehäuse, 1474, London, National Gallery; Domenico Ghirlandaio, Hieronymus im Gehäuse, 1480, Florenz, Ognissanti; Leonardo da Vinci, Der hl. Hieronymus in der Wüste, um 1480, Vatikan, Pinakothek; Tizian, Büßender Hieronymus, um 1555, Mailand, Brera; Domenichino, Die letzte Eucharistie des hl. Hieronymus, 1614, Vatikan, Pinakothek

Quelle: Acta Sanctorum, Sept. VIII, Bd. 48, S. 418 – 688

Literatur: Pächt 1963 – Ridderbos 1984 – Rice 1988 – Wiebel 1988 – Hamm 1990 – Nautin 1993 – Locher 1999 – Zambrano/Katz Nelson 2004, Kat.-Nr. 38 – Jeon 2005

Heiligengruppen und Gruppenheilige

Im frühen Christentum bestand zwischen den Altären und den Heiligen keine Verbindung, denn die Funktion des Altars war darauf beschränkt, als Tisch der Eucharistiefeier zu dienen. Erst mit der Erhebung der Heiligenreliquien zu den Altären seit dem Ende des 4. Jahrhunderts kam es zu einem engen Zusammenhang zwischen der jeweiligen verehrten Person und dem Altar einer Kirche. Diese Beziehung, die zunächst nur einige Kirchen und wenige Altäre betraf, verfestigte sich mit der Vorschrift, dass jeder Altar Reliquien eines Heiligen bergen solle. Es war nur eine Frage der Zeit, dass man die heilspendende Gegenwart der verehrten Personen zu vermehren suchte. Um dies zu erreichen, mussten viele Altäre in einer Kirche aufgestellt werden oder ein Altar musste vielen Heiligen geweiht sein. Von beiden Möglichkeiten wurde Gebrauch gemacht. Mit der quantitativen Zunahme der Altäre, die sich schon im frühen Mittelalter abzeichnete, gelangten mehr Reliquien und zugleich mehr Priester in eine Kirche. Durfte doch jeder Priester nur eine Messe pro Tag lesen, so dass einige Zelebranten nötig waren, damit die gewünschten liturgischen Feiern stattfinden konnten.

Die zweite Möglichkeit der Patrozinienanhäufung nahm im späten Mittelalter ungemein zu. Nun war jeder Altar mehreren Heiligen geweiht, die Dedizierungsreihe konnte auf über 60 Heilige anwachsen. Auch diese Multiplizierung des Heils an einem Ort zog mehr Messen mit sich, denn jedes Heiligen wurde an seinem Festtag an seinem Altar besonders gedacht.

In der Johanniskirche zu Lüneburg hatte der Kosmas-und-Damians-Altar im Jahr 1516 eine derartige Patroziniumserweiterung erfahren. Die Kommende führt über 50 einzelne Heilige auf, dazu einige Gruppenheilige, wie die → Siebenschläfer, → Achatius und die 10 000 Märtyrer, die zwölf Apostel, die → Kirchenväter und die → Evangelisten. Wohl im gleichen Jahr erhielt Hinrik Levenstede den Auftrag, für den vielfach dedizierten Altar ein Retabel zu schaffen. Es war freilich unmöglich, alle in der Stiftungsurkunde genannten Heiligen darzustellen, doch Levenstede traf eine Auswahl und führte einige Heilige stellvertretend vor Augen.

Eine zweite Form der angehäuften Heiligenverehrung ist der Kult von Heiligengruppen. Das Kollektiv konnte Personen umfassen, die gemeinsam das Martyrium erlitten hatten, wie → Achatius und seine Gefährten. Nicht von ungefähr entstand just zu der Zeit, als sich die Altarpatrozinien quantitativ vermehrten, die Verehrung der → Vierzehn Nothelfer, eine Zusammenstellung von Heiligen, die nichts miteinander zu tun haben. Weder lebten sie zur gleichen Zeit noch wirkten sie in derselben Region, noch zeichneten sie sich durch gleiche Eigenschaften aus. Gerade die Vielfalt und das Disparate machten die Gruppe aus. Da für viele leibliche und seelische Nöte ein passender Heiliger gegenwärtig war, gewährleisteten die heiligen Gruppenverbände einen umfassenden Heilserwerb.

Die Heiligenverbünde sind für die mittelalterliche Heiligenverehrung typisch, während man

Hinrik Levenstede d. J. und Hans Ditmers, Kreuztragungsretabel, 1. Öffnung, 1516, Lüneburg, Johanniskirche

nach dem Tridentinum sowohl von der Anhäufung der Altarpatrone als auch von vielen Heiligengruppen Abstamd nahm. 1617 strich man etwa die Nothelfermesse aus dem *Missale Romanum*. Mit zunehmender Distanz zu den Heiligenkollektiven gewannen die Individualheiligen an Aufmerksamkeit.

Literatur: Matthaei 1928, S. 163 – Gmelin 1974, S. 156 – 164 – Burschel 2001, S. 251 – 253

Vier Gekrönte 8. November

Die Verehrung der Vier Gekrönten (Quattuor / Quattro Coronati) gilt einer Personengruppe, deren Identität sich aus verschiedenen Überlieferungen zusammensetzt. Zum einen sollen unter Diokletian (284 – 305) vier ausgezeichnete Soldaten (cornicularii), deren Namen nicht überliefert sind, in Rom bei der

Trajanstherme das Opfer an Äskulap verweigert haben und hingerichtet worden sein. Ihre Leichname ruhten an der Via Labicana. Zum anderen kannte man vier christliche Steinmetze aus Pannonien namens Claudius, Castorius, Simphorianus und Nicostratus, deren Glauben sich später auch ihr Werkstattgenosse Simplicius anschloss. Diese hatten zunächst für Diokletian eine Sol-Statue gefertigt, weigerten sich aber, eine Statue des Äskulap herzustellen, so dass alle fünf hingerichtet wurden. In einer Passio, die wahrscheinlich schon im 4. Jahrhundert entstand, wurden die beiden Martyriumserzählungen vereint, indem man von den fünf Steinmetzen aus Pannonien berichtete und erläuterte, man habe sie nach einer harten Geißelung in einer Bleitruhe am 8. November in den Fluss geworfen. 42 Tage später fischte der fromme

Nanni di Banco, Vier Gekrönte, 1409 – 1416/17, Florenz, San Orsanmichele

Nicomedes die Leichname heraus und barg sie in seinem Haus. Nach elf Monaten schließlich erlitten die vier „cornicularii" das Martyrium in Rom, ihre Körper bestattete der christliche Soldat → Sebastian. Da sie am gleichen Tag wie die pannonischen Märtyrer hingerichtet worden waren, verehrte man sie unter deren Namen. Seit jener Zeit bezeichnete man die Märtyrer in Rom als Quattro Coronati und im 6. Jahrhundert weihte man ihnen eine Kirche auf dem Mons Caelius.

In den hagiografischen Schriften des Mittelalters herrscht weitgehend Uneinigkeit über den Namen der vier bzw. fünf Männer, mitunter versuchte man die zwei verschiedenen Märtyrergruppen zu vereinen. In der *Legenda aurea* heißen die Vier Gekrönten Severus, Severianus, Carpophorus und Victorinus, diese habe man aber unter den Namen der fünf Bildhauer Claudius, Castorius, Simphorianus, Nicostratus und Simplicius verehrt.

Wenngleich die Vier Gekrönten nicht zu den populären Heiligen gehörten, waren sie doch in ganz Europa bekannt. Sie treten seltener als Kirchenpatrone auf, doch wurden sie zu den Zunftheiligen der Steinmetze und Bauleute. Damit war ihre Verehrung an die Zeit der Zünfte gebunden und mit der Aufhebung der Handwerkerzünfte ging auch ihr Kult zurück.

Entsprechend der doppelten Identität der Vier Gekrönten in der Hagiografie erhielten die Heiligen auch in der Kunst eine zweifache Charakterisierung. Nördlich der Alpen bevorzugte man ihre Darstellung als Bauleute in Lederschürzen und mit Werkzeugen. In Italien spielte ihr Martyrium eine größere Rolle, beschränkte sich jedoch auf die Geißelung oder Auspeitschung. Dabei erscheinen die vier im Lendenschurz. Entsprechend der knappen Vita, die im Laufe der Jahrhunderte kaum ausgeschmückt wurde, blieben auch die Darstellungen auf wenige Episoden beschränkt.

Die bedeutendste Darstellung der Vier Gekrönten ist in Florenz zu finden. Dort wurde die freistehende Kirche San Orsanmichele rundum mit zwölf Nischen versehen, die je eine der örtlichen Zünfte mit einer Skulptur ausstattete. Die Zunft der Steinmetze und Holzschneider übergab den Auftrag ihrem Zunftmitglied Nanni di Banco (um 1380 – 1421), den auch die Schmiede beauftragt hatten, für ihre Nische einen → hl. Eligius zu schaffen. Für die Steinmetze fertigte Nanni die vier Zunftpatrone. Die rechten zwei Figuren schuf er aus einem einzigen Steinblock. Auf den ersten Blick lassen sich die Männer ikonografisch nicht genau bestimmen, denn sie erscheinen nicht als Bildhauer, sondern gleich römischen Konsuln, die in eine Toga gewandet sind. Auch fehlen typische Attribute oder eine Inschrift mit ihren Namen. Erst das Relief unter den Skulpturen lässt den Zusammenhang mit den pannonischen Bildhauern erahnen. Dort reihte Nanni vier Bauleute auf, die mit unterschiedlichen Arbeiten befasst sind: Maurer, Steinmetz, Bauleiter und Bildhauer arbeiten mit Wasserwaage, Winkelmaß, Mauerlot, Meißel, Bohrer, Zirkel, Winkeleisen und Bossierhammer. Auch diese Männer sind nicht genauer charakterisiert, doch tragen sie im Unterschied zu den Skulpturen in der Nische zeitgenössische Kleidung.

| Die Vier Gekrönten werden häufig als Handwerker mit ihren Werkzeugen dargestellt. Oftmals erhalten sie Kronen als Attribut.

Niccolò di Pietro Gerini, Martyrium der Quattro Coronati, um 1390, Philadelphia, Art Museum; Konrad Kuyn, Statuetten der Vier Gekrönten, 1445, Köln, Erzbischöfliches Diözesanmuseum; Triptychon mit Lebensgeschichte der Quattro Coronati, Anf. 15. Jh., Brüssel, Musée Communal des Beaux-Arts; Epitaph des Wolfgang Tenk mit den Vier Gekrönten, 1514, Steyr, Stadtpfarrkirche

Quelle: Acta Sanctorum, Nov. I, Bd. 62, S. 585 f.

Literatur: Duchesne 1911 – Kirsch 1917 – Kelsch 1987 – Horster 1987, S. 59 – 79 – Butters 1996 – Dionigi 1998 – Bergstein 2000, S. 115 – 123

Siebenschläfer — 27. Juni

Die frühesten Legendentexte von den schlafenden Jünglingen reichen bis ins 5. Jahrhundert zurück und entstanden in Syrien. Die Hagiografie ist sich über die Anzahl der namentlich nicht bekannten Heiligen uneins, es können drei, vier, fünf, acht oder sieben sein. Doch war die Erzählung sehr weit verbreitet und fand in leichter Abänderung des christlichen Textes auch in den Koran Eingang (Sure 18).

Als Kaiser Decius (249 – 251) die Christen verfolgte, retteten sich sieben christliche Jünglinge in eine Höhle bei Ephesus. Mitunter heißt es, auch ein Hund sei dorthin geflüchtet, obwohl die jungen Männer ihn zunächst nicht mitnehmen wollten, weil sie befürchteten, er werde durch sein Bellen ihr Versteck verraten. Als der Kaiser den Höhleneingang zumauern ließ, fielen die Jünglinge in einen tiefen Schlaf. Aus diesem erwachten sie erst 187 Jahre später – in manchen Texten werden davon abweichende Zeitangaben gemacht, bis hin zu 309 und gar zu 600 Jahren –, als der Sklave eines gewissen Adolius die Mauer niederriss, weil er die Steine zum Hausbau verwenden wollte. Vom Hunger getrieben liefen die Jünglinge in die Stadt, um Brot zu kaufen, und verwunderten sich über die Veränderung des Ortes. Sie selbst fielen den Bewohnern durch ihr fremdes Äußeres auf und weil sie mit Geldmünzen bezahlten, die längst aus dem Verkehr gezogen waren. Vor einen Richter gebracht, berichteten die Brüder von ihrem Versteck. Daraufhin eilten viele mit ihnen zur Höhle, mitunter heißt es, selbst Kaiser Theodosius I. (379 – 394) habe sich dort eingefunden. Nachdem die sieben Schläfer ihre erstaunliche Geschichte erzählt hatten, starben sie in Frieden.

Die älteste erhaltene Version dieser Erzählung stammt von dem syrischen Bischof Jakob von Sarug († 522). Einen der syrischen Texte übersetzte Gregor von Tours (538 – 594) ins Lateinische, doch der Urtext stammt wohl kaum aus Syrien. Dagegen spricht schon der Hauptschauplatz Ephesus. Die Ursprungslegende wurde wahrscheinlich in Griechisch oder Lateinisch verfasst.

Ephesus als Ort des Geschehens wurde zum Zentrum der Verehrung der Siebenschläfer. Dass man die Brüder bald bei Schlaflosigkeit anrief, verwundert kaum. Doch nach dem Tridentinum geriet die eigenartige Legende in Misskredit und Gelehrte wie der einflussreiche Kirchenhistoriker Cäsar Baronius bezweifelten ihren Wahrheitsgehalt.

Entsprechend dem Legendenursprung entstanden die frühesten Darstellungen der Siebenschläfer im Osten. Dort und auch auf jüngeren Bildern des Westens sind die Siebenschläfer als bartlose Jünglinge wiedergegeben. Häufig sind sie schlafend in der Höhle zu sehen, doch blieb die Zahl ihrer Bilder im Abendland gering. Eine frühe Darstellung ist in einem *Passionale Sanctorum* zu finden, das 1110 / 1120 im Kloster Zwiefalten geschrieben wurde. Der Text wird stellenweise durch schlichte Zeichnungen unterbrochen. Den Beginn der Vita der Siebenschläfer markieren die Worte der Marginalspalte „Incipit passio virium dormientium" („Es beginnt die Passion der schlafenden Männer") sowie die kleine Miniatur. Die Brüder liegen hier Kopf an Kopf mit geschlossenen Augen in ihrer Höhle, die sie schützend umfängt. Die unbewegte Ruhe im Bauch des Berges wird kontrastiert durch die stilisierten Bäume auf dem Bergeshügel, die sich leicht zu bewegen scheinen. Auch die lange florale Ranke, die sich am Text entlangzieht, bringt eine sanfte Bewegung in die Ruhe der Schläfer.

| Die Jünglinge sind bartlos, sie können Stöcke oder Hirtentaschen mit sich tragen.

Siebenschläfer, 1170/1200, Brauweiler, Kapitelssal; Christian Ruben, Die hll. Siebenschläfer mit den hll. Eremiten Paulus und Antonius, Wandmalerei, 1864, Brauweiler, ehem. Benediktinerabtei, Kapitelsaal

Quelle: Acta Sanctorum, Juli VI, Bd. 31, S. 375 – 397

Literatur: Koch 1883 – Huber 1910 – Boeckler 1923 – Schindler 1961

Siebenschläfer, Stuttgarter Passionale, 1110/1120, Stuttgart, Landesbibliothek, Bibl. fol. 57, fol. 109v

Vierzehn Nothelfer

Im Jahr 1519 ging in Nürnberg die Erzählung in Druck, die von der Entstehung des Hauptverehrungsortes der Vierzehn Nothelfer berichtet. Doch diese Fassung ging verloren und nur die 1596 veröffentlichte Version blieb erhalten. Diese beschreibt auf den Tag genau die wundersamen Ereignisse: Hermann Leicht, der Sohn des Klosterschäfers von Langenheim, hatte am 24. September 1445, als er seine Schafe nach Hause trieb, eine erste Erscheinung. Er sah auf dem Feld ein weinendes Kind sitzen, das plötzlich verschwand. Am 28. September erschien ihm das Kind erneut, doch dieses Mal strahlte es in hellem Glanz und neben ihm standen zwei brennende Kerzen. Monate später, am 28. Juni 1446, erblickte er das seltsame Kind abermals auf dem Feld sitzend. Nun trug es ein rotes Kreuz auf der Brust und 14 Kinder umringten es, von denen einige weiße, andere rote Kleider trugen. Auf Hermanns Frage, was es denn begehre, antwortete das Kind: „Wir seind die viertzehn nothelffer / vnd wöllen ein Cappeln haben." Am 2. Juli schließlich standen zwei Kerzen an der Stelle der Erscheinungen. In Langenheim wollte niemand dem Jungen die Kindererscheinung glauben und erst als am 20. Juli ein kranker Tagelöhner die Vierzehn Nothelfer anrief und gesund wurde, zweifelte man nicht mehr an der göttlichen Vision und errichtete den vierzehn Heiligen eine Kapelle.

Die eigenartige Legende bildet die Scharnierstelle der Verehrung der Vierzehn Nothelfer. Aus dem Text geht hervor, dass man diese bereits im Gebet anrief. Tatsächlich sind schon für 1284 liturgische Anrufungen der Nothelfer bezeugt, doch die Heiligen, die man zu dieser Gruppe zählte, variierten und ein zentraler Verehrungsort existierte nicht, nur Regensburg hatte den Kult der Nothelfer forciert. Nun aber entstand bei Frankenthal (dem heutigen Staffelstein) eine Kapelle zu Ehren der Vierzehn Nothelfer, die nach Altötting zum wichtigsten Wallfahrtsort Bayerns avancierte. Im Barock nahm der Zug der Wallfahrer derart zu, dass 1744 nach den Plänen von Balthasar Neumann die neue Basilika Vierzehnheiligen entstand.

Vierzehn Nothelfer, erste Wandlung des Hochaltarretabels, 1513, Rochlitz, Kunigundenkirche

Obgleich die Nothelfer nun einen festen Ort erhalten hatten, war noch nicht allgemein verbindlich geklärt, welche Heiligen zu der Gruppe gehören. Zur sogenannten Normalreihe zählen → Achatius, → Aegidius, → Barbara, Blasius, → Christophorus, → Cyriacus, → Dionysius, → Erasmus, → Eustachius, → Georg, → Katharina von Alexandrien, → Margareta von Antiochien, Pantaleon (→ Achatius und die 10000 Märtyrer von Armenien) und → Veit. Mitunter wurden auch → Nikolaus, Sixtus, → Leonhard und → Wolfgang dazu gerechnet, ab 1520 setzte sich die Normalreihe durch. Die Heiligen selbst waren Märtyrer – die in der Schäferlegende erwähnten Kinder im roten Gewand – oder Bekenner – die Kinder im weißen Kleid. Viele von ihnen wurden seit mehreren Jahrhunderten verehrt, während einige, wie Veit, zu den verhältnismäßig jungen und weniger bekannten Heiligen zählten.

Die Vierzehn Nothelfer sind auf vielen Bildern zu finden, doch auch hier variieren die Heiligen. Besonders in der Druckgrafik weichen die dargestellten Personen sehr häufig von der Normalreihe ab, zudem sind oftmals nicht alle zu erkennen. Üblicherweise stehen drei Heilige im Vordergrund, während von den dahinter Platzierten nur die Nimben auszumachen sind. Eine summarische Aufführung der Nothelfer genügte offenbar, um Gebete an einen der Heiligen oder auch an die Gesamtheit der Gruppe zu senden.

Die Tafelmalerei indes ist darum bemüht, alle Heiligen erkennbar darzustellen. Der Maler des Hochaltars zu Rochlitz, dessen Name nicht überliefert ist, nutzte die Retabelflügel, um die Nothelfer in zwei Gruppen zu unterteilen. Auf der linken Tafel nehmen die weiblichen Heiligen den Vordergrund ein. Wie viele andere Künstler platzierte auch der Rochlitzer Maler Maria unter die Nothelfer. Sie hält das Christuskind auf den Armen und wendet sich den Frauen zu, damit Jesus in Anspielung auf die mystische Vermählung der hl. Katharina den Ring anstecken kann und damit es Margareta möglich ist, die Hand des Kindes zu küssen. Die Gestalt der Barbara verbindet die Frauengruppe zu einer Einheit. Auch die männlichen Heiligen im Hintergrund sind wie im Gespräch einander zugewandt: die Ritterheiligen Eustachius und Georg sowie Achatius und Veit, wobei Achatius hier nicht wie üblich als Kriegerheiliger erscheint, sondern einen spitzen Dornzweig erhielt, der auf sein Martyrium hinweist. Auf dem rechten Flügel bilden die drei heiligen Bischöfe Dionysius, Blasius und Erasmus eine Einheit, während im Hintergrund Pantaleon, Christophorus und Aegidius zu sehen sind. Der Arztheilige Pantaleon erscheint hier, wie für Darstellungen des 15. Jahrhunderts üblich, unter Hinweis auf sein Martyrium mit auf seinem Kopf festgenagelten Händen.

Im Barock wird häufiger auch die Schäferlegende mit dem Kinderkreis dargestellt. Doch wählte man diese Szene vor allem für schlichtere Darstellungen und Druckgrafiken.

| Die Vierzehn Nothelfer sind mit den typischen Attributen des jeweiligen Heiligen ausgestattet.

Nicolaus Schit, Vierzehn Nothelfer, um 1500, Frankfurt a. M., Städel; Matthias Grünewald, Vierzehn Nothelfer, Außenflügel des Lindenhardt-Retabels, 1503, Lindenhardt, Kirche; Lucas Cranach, Vierzehn Nothelfer, Predella des Torgauer Altars, um 1507, Torgau, Marienkirche

Quelle: Erscheinung der 14 Nothelfer 1953, S. 192

Literatur: Schreiner G. 1959 – Dünninger 1972 – Geldner 1985 – Kohlschein/Schweißinger 1992 – Sandner 1993, S. 140 – 143 – Pötzl 2000

Achatius und die 10 000 Märtyrer vom Berg Ararat — 22. Juni

Die Legende vom Martyrium des Achatius und seinen 10 000 Gefährten entwickelte sich spät. Erst im 12. Jahrhundert kursierten Texte, von denen manche einen gewissen Anastasius Bibliothecarius als Verfasser angaben. Diese berichten von Soldaten, die unter Kaiser Hadrian (117 – 138) und einem Kaiser Antonius dienten. Mit letzterem Herrscher ist wohl Antoninus Pius (138 – 161) gemeint, der allerdings erst nach Hadrians Tod Imperator des römischen Reiches wurde. Im Namen beider Kaiser sei der Feldherr Achatius mit 9000 Mann in den Kampf an den Euphrat gesandt geworden. Vor der Schlacht erschien ihm ein Engel und versprach ihm den Sieg, wenn sich das gesamte Heer zum Christentum bekehren würde. Tatsächlich wurden alle Soldaten Christen und mit Hilfe der Engel gingen sie aus dem folgenden Gefecht als Sieger hervor. Danach wurden sie von den himmlischen Gottesboten im Glauben unterwiesen. Der Kaiser aber versammelte unter sieben Königen (mitunter sind es nur fünf) große Heere, um Achatius und seine Gefährten zu foltern.

Albrecht Dürer, Marter der 10 000 Christen, 1508, Wien, Kunsthistorisches Museum

Doch die Steine, welche die Christen töten sollten, flogen gegen die Werfenden und die Geißeln zerfielen in den Händen der Peiniger. Da bekehrten sich 1000 der heidnischen Soldaten. Die auf 10000 angewachsene Gruppe der Christen wurde nun auf dem Berg Ararat erneut gefoltert: Man drückte ihnen Dornenkronen auf, durchstach ihre Seite mit einer Lanze und verspottete sie. Schließlich schlug man sie ans Kreuz. Unschwer lassen sich die Parallelen zur Passion Christi erkennen. Manche Texte, wie die *Elsässer Legenda aurea*, geben weitere Übereinstimmungen mit dem Tod Jesu an: Die Kreuzigung der Zehntausend soll sich an einem Freitag um die sechste Stunde ereignet haben, begleitet von Erdbeben und Finsternis. Einen bedeutenden Punkt der Legende bildet die Taufe der Märtyrer. Da alle sich erst frisch zum Christentum bekehrt hatten, war keiner von ihnen getauft worden. Die Taufe aber galt von kirchlicher Seite als Voraussetzung für das ewige Leben. Manche Legenden erzählen deshalb, die Märtyrer hätten buchstäblich eine Bluttaufe erhalten, indem die Gemarterten zur Vergebung ihrer Sünden sich das eigene Blut auf den Kopf gestrichen hätten. Andere Texte indes führen einen Bischof Hermolaus von Nikomedien ein, der die Taufe vollzogen haben soll. Diese Version war vor allem in Spanien verbreitet, wo man sich erzählte, Hermolaus sei Bischof von Toledo gewesen. Auch der kryptische Bischof Hermolaus soll schließlich gemartert worden sein, nach manchen Schriften hat man ihm die Augen ausgebohrt.

Die frühesten Darstellungen des Achatius und seiner Gefährten sind aus dem 13. Jahrhundert bekannt. Achatius ist entweder als Einzelgestalt wiedergegeben, in eine szenische Darstellung des Martyriums eingefügt oder als Heiliger in der Gruppe der → Vierzehn Nothelfer. Die Marterszenen zeigen häufig die Kreuzigung der Zehntausend oder stellen dar, wie die Christen im Dornengestrüpp aufgespießt werden. Inmitten der vielen Märtyrer ist Achatius oftmals durch kein Kennzeichen charakterisiert.

Im Auftrag Friedrichs des Weisen, der zahlreiche Reliquienpartikel der Zehntausend und des Achatius besaß – darunter sogar die vollständigen Gebeine von zweien der Märtyrer –, schuf Dürer eine Tafel, auf der er die vielen Torturen ungeschönt vor Augen führt. Im Bildhintergrund werden einige der Soldaten von einer Erhöhung in Dornen gestürzt, andere werden geschlagen, gegeißelt, gesteinigt, geköpft und gekreuzigt. In einer ungeheuren Drastik lässt Dürer ein Szenarium der menschlichen Grausamkeit erstehen und führt den Erfindungsreichtum der Folter vor Augen. Welcher der Gepeinigten Achatius vorstellt, ist unklar. Mitunter nahm man an, Dürer habe Achatius von Armenien mit dem Bischof Achatius von Melitene verwechselt und den Anführer der Truppen deshalb im Bischofsgewand dargestellt. Doch wahrscheinlich stellt der hier abgebildete Bischof Hermolaus dar, der mit den Folterern einen Disput führt. Ob Achatius in der Gestalt mit der Dornenkrone im Bildvordergrund zu erkennen ist, bleibt zu vermuten. Diese Person fällt durch ihre Frontalität besonders ins Auge sowie durch die Haar- und Barttracht, die an Jesus denken lässt. Die Kreuze und diese Ecce-homo-gleiche Gestalt unterstreichen die direkte Christusnachfolge durch das Martyrium. Inmitten des Gemetzels nehmen sich zwei schwarz gekleidete Personen im Zentrum des Bildes seltsam fremd aus. Es sind Dürer und sein Freund Konrad Celtis, der kurz vor der Bildfertigung verstorben war. Der Künstler aber hält ein Fähnchen in der Hand, auf dem die Worte „Iste faciebat anno Domini 1508 / Albertus Dürer alemannus / AD“ (Dieses machte Albrecht Dürer aus Deutschland im Jahr 1508) zu lesen sind.

| Achatius ist meist als Ritter oder Edelmann dargestellt. Er hält einen Dornenstrauch oder -ast in Händen oder eine Waffe.

Kölner Meister, Diptychon mit dem Martyrium der Zehntausend, um 1325, Köln, Wallraf-Richartz-Museum; Vittorio Carpaccio, Legende der 10 000 Märtyrer, 1515, Venedig, Galleria dell'Accademia; Pontormo, Legende der 10 000 Märtyrer, um 1530, Florenz, Palazzo Pitti

Quellen: Acta Sanctorum, Juni V, Bd. 25, S. 151 – 166 – Elsässische Legenda aurea 1980, S. 378 – 385

Literatur: Buchner 1891 – Anzelewski 1971, Kat.-Nr. 105 – Stöcker 1984

Allerheiligen — 1. November

Ein Festtag, an dem man einer größeren Anzahl von Heiligen liturgisch gedenkt, ist in der frühen Kirche für verschiedene Orte und Regionen im Osten bezeugt. In Antiochien beging man schon im 4. Jahrhundert ein Allerheiligengedenken. Wie Johannes Chrysostomos berichtet, war dafür die Oktav vor Pfingsten vorgesehen. Zweihundert Jahre später hatte sich der Tag der Gedenkfeier im Festtagskalender verschoben und fand in Antiochien nun am Mittwoch der zweiten Woche nach Ostern statt. In Syrien hingegen gedachte man am 13. Mai einer anderen Gruppe von Heiligen, man erinnerte sich liturgisch aller Märtyrer. Diese beiden Daten wurden auch für den Westen bedeutsam. In Rom nämlich nennt ein frühes Epistelverzeichnis das nachösterliche Allerheiligenfest und das Pantheon wurde bezeichnenderweise am 13. Mai 609 zur Kirche S. Maria ad Martyras geweiht. Gregor IV. (827 – 844) bestimmte den 1. November zum Festtag Allerheiligen (Omnium Sanctorum). Für die Durchsetzung des Allerheiligentages setzte sich besonders Kaiser Ludwig der Fromme (813 – 840) ein, der die Einhaltung des Festes für das ganze Reich vorschrieb.

Hans Schäufelein, Auhauser Allerheiligenretabel, 1513, Auhausen, ev. Pfarrkirche

Die bildlichen Darstelllungen von Allerheiligen basieren in der Regel auf den Texten der Offenbarung, die von der jenseitigen Anbetung des Lammes und Gottes durch Heilige, Engel, Älteste und Völker sprechen (Offb 5.7). Sie präsentieren im Zentrum das Gotteslamm umgeben von den himmlischen Engelchören. Diese Bildform war in der karolingischen Kunst weit verbreitet und kam vor allem in Sakramentaren zur Anwendung. Seit dem 13. Jahrhundert nahm häufig Maria das Bildzentrum ein.

Hans Schäufelein, der im Auftrag des Georg Truchseß von Wetzhausen ein großes Altarretabel für die Benediktinerkirche in Auhausen malte, übernahm die traditionelle Bildform für das Allerheiligenbild auf der Mitteltafel. In seinem Heiligenhimmel herrscht reine Ordnung und die Heiligen und Engel sind übersichtlich aufgereiht. Die Krönungsgruppe mit Maria und der → Dreifaltigkeit ist von Wolkenbändern umgeben, an die sich die Symbole der → vier Evangelisten anschließen. Um die heilige Handlung gruppieren sich stufenweise Engelchöre und Heilige – eine Gestaltungsform, die man vom 14. bis zum 16. Jahrhundert wiederholt nutzte. Die einzelnen Engelchöre haben hierarchisch geordnet ihren Platz auf langen Wolkenbänken erhalten. Der niedrigste Rang ist am Fuße der Krönungsgruppe zu sehen, es sind die Angeli (Engel). Darüber haben die Archangeli (Erzengel) ihren Platz gefunden, es folgen die Virtutes (Mächte), Potestates (Gewalten), Principates (Fürsten), Dominationes (Herrschaften), Throni (Throne) und schließlich die Cherubinen und Seraphe, die üblicherweise der Gottheit am nächsten stehen. Während die Engelchöre der Krönung zugeordnet sind, haben sich um das Lamm Gottes auf dem Buch mit den sieben Siegeln Patriarchen und Propheten des Alten Testaments und die Apostel des Neuen Testaments versammelt. Die klar durchstrukturierte Gliederung setzt sich auf den Retabelflügeln fort, die verschiedene Heiligengruppen präsentieren. Im linken oberen Feld sind die Märtyrer versammelt, unter ihnen → Georg, → Sebastian, → Laurentius und → Christophorus, während auf dem gegenüberliegenden Bildfeld heilige Bekenner vereint sind, die fast alle dem geistlichen Stand angehören, wie → Hieronymus, → Bernhard von Clairvaux und → Stephanus. Das untere linke Bildfeld schließlich ist den heiligen Jungfrauen vorbehalten, etwa → Katharina von Alexandrien, → Barbara, → Apollonia und dem Kaiserpaar → Kunigunde und Heinrich. Unter diese Gruppe hat sich auch der Maler begeben. Im Gegensatz zu den Heiligen, die ihre Attribute gleich Beweisobjekten ihrer Heiligkeit vorführen, präsentiert Schäufelein ein Täfelchen mit seinem Monogramm. Dieses wird zum Ausweis seiner Kunstfertigkeit und bezeugt, das er das fromme Werk geschaffen habe. Dies mag ihm zu seiner Seligkeit angerechnet werden und ihm einen Platz im Himmel sichern. Der Retabelstifter hingegen ist dem Heiligsten ein wenig nähergerückt und kniet rechts unten auf der Mitteltafel.

Mit der Präsentation der genannten Heiligen spiegelt das Retabel das Allerheiligen-Offizium wider, das Maria, Propheten, Apostel, Märtyrer, Bekenner und Jungfrauen aufführt. Deshalb auch nutzte Schäufelein das vierte Flügelfeld nicht für eine weitere Heiligengruppe, sondern zeigte dort Engel, die Arme Seelen aus dem Fegefeuer erretten; sie werden unter die Heiligen des Himmels aufgenommen. Die Predella schließlich thematisiert in mehreren Szenen die Auferstehung Jesu, denn diese bildet die Grundlage für die Aufnahme aller Heiligen und aller Verstorbenen in den Himmel.

Schäufeleins klare Anordnung aller Heiligen auf einem Altarretabel ist typisch für das späte Mittelalter. Im Barock hingegen nutzte man die Kirchenkuppel als Darstellungsraum und ordnete die Heiligen frei an, ließ sie aber dem Höhepunkt zustreben, den Gottvater und der Sohn oder die → Dreifaltigkeit bildete.

Albrecht Dürer, Allerheiligenbild, 1511, Wien, Kunsthistorisches Museum; Claus Berg, Allerheiligen-Schnitzretabel, 1514/1523, Odense, St. Knuds; Franz Anton Maulbertsch, Glorie der Allerheiligen, 1792/93, Eger, Lyzeumskapelle

Quelle: Honorius Aug./PL 172

Literatur: Metzger 2002, Kat.-Nr. 27

Vier Evangelisten

Die vier Evangelisten sind die Verfasser der ersten vier Bücher des Neuen Testaments. Matthäus, Markus, Lukas und Johannes treten als Autoren der Lebensgeschichte Jesu, seines Leidens, Sterbens und Auferstehens auf und verkünden die gute Nachricht (gr. euangelion) von der Heilstat Gottes.

Zu ihrer Person ist nur Weniges bekannt, wir wissen kaum mehr als sie in ihren Evangelien über sich verlauten lassen. Matthäus war Zöllner (Mt 9,9 – 13; 10,3) und predigte den Hebräern, später wirkte er wohl in Äthiopien oder Persien. Markus begleitete → Paulus (Apg 12,25) und → Petrus (1 Pe 5,13) auf ihren Missionsreisen. Der Kirchenhistoriker Eusebius nahm deshalb an, er habe die Predigten, die Petrus über das Leben Jesu hielt, in seinem Evangelium verarbeitet. Später gründete Markus die Kirche in Alexandrien und stand ihr als Bischof vor. Im Jahr 62 soll er das Martyrium erlitten haben. → Lukas war Arzt, hielt sich mit Paulus in Jerusalem auf und soll der Überlieferung nach auch die Apostelgeschichte verfasst haben. Seinen Wirkungskreis dehnte er bis nach Antiochien und Achaia aus. Erst lange nach seinem Tode ist davon die Rede, dass auch er des Märtyrertodes starb. → Johannes der Evangelist schließlich wurde schon in frühen Schriften als Jünger Jesu bezeichnet, auch galt er bald als Verfasser der Offenbarung. Auch wenn diese wenigen Hinweise zu den Autoren der Evangelien nicht in allen Punkten von der modernen neutestamentlichen Forschung anerkannt werden, galten sie doch bis weit ins 19. Jahrhundert hinein als unangefochten.

Die Kirche erkannte die vier Evangelien schon Ende des 2. Jahrhundert als kanonische Schriften an, während der Gesamtkorpus des Neuen Testamentes erst nach 400 als verbindlicher Kanon feststand. Obgleich alle Evangelisten den irdischen Lebenslauf Jesu bieten und viele Episoden durch mehrere von ihnen berichtet werden, gewichten sie ihre Schriften doch unterschiedlich und manche Ereignisse tauchen als Sondergut nur in einem Evangelium auf. Johannes hält den größten Umfang des Sondergutes bereit, er präsentiert Jesus als majestätischen Gottessohn. Matthäus richtet sein Evangelium an Judenchristen und leitet es mit einem Stammbaum ein, der Jesu Familienlinie bis auf König David und den Erzvater Abraham zurückführt. Markus räumt der Passionsgeschichte einen Hauptplatz ein, während Lukas ausführlicher die Geburtsumstände schildert.

In der bildenden Kunst werden die vier Evangelisten meist zusammen und oftmals als Verfasser der Evangelien dargestellt. Erste Bilder sind schon vor 340 in der Katakombenmalerei zu finden, die sie in Anlehnung an antike Autorenporträts in einem togaartigen Gewand zeigt. Seit der karolingischen Zeit haben die Evangelisten ihren festen Platz in der Buchmalerei. Sie erscheinen in Evangeliaren, wo sie am Anfang ihres Buches zu sehen sind, vor dem Schreibpult sitzend, ausgestattet mit Federkiel und Tintenfass. Auf Bildern, die nach 400 entstanden sind, ist ihnen in der Regel ihr spezifisches Attribut beigegeben – Matthäus ein Mensch, Markus ein Löwe, Lukas ein Stier und Johannes ein Adler. Die Zuordnung dieser vier Gestalten zu den vier Evangelisten basiert auf der alttestamentlichen Ezechielvision, die schildert, wie Ezechiel (Hesekiel) vier Gestalten mit Flügeln sah, deren Angesicht einem Menschen, Löwen, Stier und Adler glichen (Hes 1,4 – 28). Auch Johannes schaute in seiner apokalyptischen Vision vier Wesen, die den Thron Gottes umstehen und ebendiese Gestalten haben (Offb 4, 6 – 9). Schon im frühen Christentum ordneten die Theologen die vier visionären Wesen den vier Evangelisten zu. Irenäus erläutert, die Evangelien seien wie die Wesen viergestaltig und bildeten doch eine Einheit. Doch lange variierten die Schriften die Zusammengehörigkeit der Gestalten zu einem der Evangelisten. Erst mit der weiten Verbreitung der Vulgata des → Hieronymus wurde die Reihenfolge der Evangelienbücher und die Zuordnung der Wesen verbindlich, die durch die einflussreichen exegetischen Schriften → Gregors des Großen zusätzlich untermauert wurden. In der Westkirche setzten sich Darstellungen der Evangelisten mit den vier Wesen und als vier Wesen bald durch – wobei der geflügelte Mensch des Matthäus oftmals zum Engel wurde –, während die Ostkirche diese Deutung dezidiert ablehnte, weshalb dort die typischen Evangelistensymbole fehlen. In der Frühen Neuzeit aber erscheinen sie auch in der westlichen Kunst seltener.

Im Laufe des Mittelalters fanden Evangelistendarstellungen immer häufiger ihren Platz im Deckengewölbe des Kirchenchors oder auf Kanzeln. An diesen Orten bezeugten sie die Rechtmäßigkeit der verkündigten Worte und

Meister E. S., Vier Evangelisten, Kupferstich, um 1480, Dresden, Kupferstichkabinett

die biblische Fundierung des kirchlichen Zeremoniells. Der Meister E. S. schuf Kupferstiche mit den vier Evangelisten, die als Vorlage für die Monumentalmalerei, Gemälde, Reliefs oder Skulpturen herangezogen werden konnten. Er platzierte jeden der Evangelisten mit seinem Symbol in ein Medaillon. Zwar ist keiner der vier Autoren individuell gekennzeichnet – nur Johannes tritt als jugendlicher Evangelist ohne Kopfbedeckung hervor –, doch unterscheidet sie ihre Tätigkeit. Matthäus liest in einem Buch, Markus wendet sich im Redegestus dem Betrachter zu, Lukas schreibt und Johannes schaut zum Himmel. Der Engel wendet sich Matthäus mit einem Schriftband zu und scheint ihm himmlische Worte zuzureichen. Doch die Banderole ist leer, ebenso wie die anderen Bänder nicht mit Schrift versehen sind. So konnten Maler, Bildschnitzer und Bildhauer geeignete Worte hinzufügen – etwa aus dem jeweiligen Evangelium –, die dem Ort ihres Bildwerkes entsprechen würden.

| Die Attribute der Evangelisten Matthäus, Markus, Lukas und Johannes sind Mensch, Löwe, Stier und Adler.

Vier Evangelistensymbole, Apsismosaik, Anf. 5. Jh., Rom, S. Pudenziana; Vier Evangelistensymbole, Deckenmosaik, 494/516, Ravenna, Erzbischöfliche Kapelle; Giovanni Pisano, Christus und die vier Evangelisten, 1302/1312, Pisa, Dom; Tilman Riemenschneider, Vier Evangelisten, 1490/1492, Berlin, Bode-Museum

Quelle: Gregor der Große/PL 76, Sp. 815 f.

Literatur: Nilgen 1973 – Bloch/Nilgen/Förster 1973 – Höfler 2007, Bd. 1, S. 84 f.

Vier Kirchenväter

Die vier großen lateinischen Kirchenväter zeichnen sich durch die rechte Lehre, einen heiligen Lebenswandel und eine hervorragende Gelehrsamkeit aus. Diese Tugenden kommen zwar mehreren Kirchenlehrern zu, doch seit dem 8. Jahrhundert galten Ambrosius (333/34 oder 339/40 – 397), → Hieronymus (um 347 – 419/20), → Augustin (354 – 430) und → Gregor der Große (um 540 – 604) als die anerkannten Kirchenväter schlechthin. 1298 bezeichnete Papst Bonifatius VIII. die vier heiligen Gelehrten erstmals als „doctores ecclesiae" und verfasste für ihre liturgische Verehrung ein eigenes Offizium.

Ambrosius, der älteste der Kirchenväter, stammte aus Trier, erhielt 374 die Erwachsenentaufe und wurde wenige Tage später zum Bischof von Mailand gewählt. In diesem Amt ging er gegen die Arianer vor, verfasste zahlreiche exegetische und katechetische Schriften und trug maßgeblich zu Augustins Bekehrung bei. Er wurde in S. Ambrogio zu Mailand bestattet. Gregor der Große, der jüngste und einzige Papst unter den Kirchenvätern, hinterließ seinerseits Schriften, die für die Theologie des gesamten Mittelalters als Autorität galten. Hieronymus wurde aufgrund seiner Bibelübersetzung und Bibelkommentare aufgenommen, ebenso wie Augustin wegen seiner umfangreichen wie maßgebenden theologischen Schriften Ehre empfing. Letztlich standen die vier Kirchenväter für die Einheit der Glaubenslehre seit der apostolischen bis in gegenwärtige Zeiten. Ihre Meinung, vor allem ihre Bibelauslegung, galt als Garant gegen individuelle und häresieverdächtige Willkür der Exegese.

Mit der Erfindung des Buchdrucks gelangten die Schriften der Kirchenväter zu einer bis dahin nie gekannten Verbreitung. Humanisten wie Erasmus von Rotterdam waren um die Edition der ältesten Quellenschriften bemüht, ein Unternehmen, das man im Barock fortsetzte. Doch erst mit der wissenschaftlichen Quellenkritik wurden die Abhängigkeiten der Handschriften systematisch untersucht und die Urtexte von späteren Fassungen unterschieden.

Die vier Kirchenväter sind als Gruppe in der Monumentalkunst erstmals in der römischen Kirche San Clemente greifbar. Dort präsentiert sie ein Apsismosaik aus der Mitte des 12. Jahrhunderts als schreibende Autoren in antiker Tunika und Toga gewandet. Aus der Kleinkunst hingegen, etwa in der Elfenbeinschnitzerei, sind ältere Werke bekannt, welche die Kirchenväter als Schriftsteller zeigen. Oftmals erscheint in den frühmittelalterlichen Werken die Hand Gottes oder ein Engel vom Himmel, um auf die göttliche Inspiration hinzuweisen. Individuelle Attribute erhalten die Kirchenväter zu jener Zeit noch nicht. Neben der Buchmalerei werden ab Ende des 12. Jahrhunderts viele Kanzeln zum Bildträger der vier großen Lehrer. An diesem Ort stehen sie für die rechte Lehre und die Fortdauer der kirchlichen Lehrtradition.

Als Michael Pacher für das Südtiroler Kloster Neustift den Kirchenväteraltar malte, hatte sich die Ikonografie schon längst weiter entwickelt. Es war üblich geworden, jeden der Gelehrten durch eine individuelle Kleidung zu charakterisieren und mittels kleiner Figuren abbreviaturartig auf ein Ereignis hinzuweisen. So setzte Pacher die vier heiligen Männer unter einen gotischen Baldachin, der vorgibt, eine fein gearbeitete Schnitzarbeit zu sein, und gelangte durch die Hinzufügung von kleinen Gestalten zu einer kommunikativen Szene. Hieronymus in der roten Kardinalstracht hat seine Lektüre

Michael Pacher, Kirchenväterretabel, geschlossen, um 1480, München, Alte Pinakothek

unterbrochen und wendet sich seinem Löwen zu, der klagend seine Tatze hebt. Der Legende nach soll der Wüstenvater der Wildkatze einst einen Dorn aus der Pranke gezogen haben. Neben Ambrosius steht eine Wiege, denn in seiner Kindheit hatte sich eine Biene auf seinem Mund niedergelassen, als Prophezeiung seiner späteren Beredsamkeit. Augustin spricht mit einem Kind, um es davon zu überzeugen, dass es vergeblich ist, mit einem Löffel das Meer ausschöpfen zu wollen (Abb. S. 90). Gregor der Große indes zieht Kaiser Trajan aus dem Fegefeuer, denn er soll für die Seele dieses heidnischen, aber gerechten Herrschers Fürbitte eingelegt haben. Trotz der anekdotischen Verweise machen Pachers Darstellungen deutlich, dass die vier Kirchenväter vornehmlich aufgrund ihrer Gelehrsamkeit Verehrung genossen. Jeder von ihnen sitzt nämlich vor einem Schreib- und Lesepult und über jedem fliegt eine Taube als Hinweis auf die Inspiration ihrer Texte.

| Die Kirchenväter sind zunächst antikisch gewandet, doch dann anhand klerikaler Kleidung als Papst, Bischof und Kardinal gekennzeichnet. Sie halten ein Buch in Händen oder sind individuell durch ihre typischen Attribute gekennzeichnet (→ Augustin, → Hieronymus, → Gregor der Große), Ambrosius erhält oftmals eine Honigwabe mit Bienen.

Michael Pacher, Vier Kirchenväter in der Predella des Wolfgangretabels, 1471–1481, St. Wolfgang; Hans Witten, Tulpenkanzel mit vier Kirchenvätern, 1508–1510, Freiberg, Dom; Moretto da Brescia, Die vier Kirchenväter, um 1530, Frankfurt a. M., Städel

Literatur: Berbier de Montault 1891 – Mühlenberg 1996 – Steger 1999 – Virdis 2002

Dreifaltigkeit — Sonntag nach Pfingsten

Die Lehre von der Dreifaltigkeit (Trinität) basiert auf neutestamentlichen Texten, die Gottvater, den Sohn Jesus und den Heiligen Geist als zusammengehörige Personen beschreiben. Zu den prominenten Bibelstellen gehören die Taufe Jesu, bei der sich der Himmel öffnete, eine Taube herabschwebte und Gottes Stimme Jesu Sohnschaft bestätigte (Mt 3,16), und der Taufbefehl, mit dem Christus den Aposteln den Auftrag gab, die Menschen auf den Namen des Vaters, des Sohnes und des Heiligen Geistes zu taufen (Mt 28,19). Da bereits die ersten Worte des Schöpfungsberichtes im Plural formuliert sind: „Lasset uns Menschen machen“ (1 Mo 1,26), galt dies als Hinweis auf die Präexistenz nicht nur des Vaters, sondern auch des Sohnes und des Heiligen Geistes. Die Frage, wie diese drei Personen sich voneinander unterscheiden und inwiefern sie eine Einheit bilden, sollte die Theologie für viele Jahrhunderte beschäftigen.

Eine der frühen Positionen ist bei Origenes zu finden, der von drei Hypostasen, den drei Wesen sprach. Ihm zufolge zeuge der Vater den Sohn durch seinen Willen, weshalb Gott und Jesus zwei verschiedene Personen sind. → Augustin formulierte die Trinitätslehre, die für die westliche Kirche maßgebend werden sollte. Der entscheidende Passus hielt fest, dass der Geist aus dem Vater und dem Sohn hervorging. Mit diesem „filioque“ (und dem Sohn) bezog er gegen die Meinungen Stellung, denen zufolge der Heilige Geist nur aus dem Vater hervorging oder aus dem Vater durch den Sohn. Mit der Gleichstellung von Vater und Sohn hatte sich Augustin von der Lehre der Ostkirche abgewandt, die das „filioque“ nicht anerkannte.

Weitere Schritte auf dem Weg zur westlichen Trinitätslehre ging man auf verschiedenen Konzilien: 325 hielt man auf dem Konzil von Nizäa Christi Göttlichkeit und Wesenseinheit mit dem Vater fest und 381 auf dem Konzil von Konstantinopel die Göttlichkeit des Heiligen Geistes. Ein zwischen 430 und 500 formuliertes Glaubensbekenntnis, das man lange Athanasius zuschrieb, doch möglicherweise von Ambrosius (→ vier Kirchenväter) verfasst wurde, hält klar die Lehre der Trennung der drei Personen fest, die dennoch in ihrer Göttlichkeit eine Einheit bilden.

Die Dreifaltigkeit war keineswegs allein eine Angelegenheit theologischer Spitzfindigkeiten, sondern gewann für das kirchliche Leben und die individuelle Frömmigkeit an Bedeutung. 1334 wurde das Trinitätsfest als verbindliche liturgische Feier eingeführt und auf den ersten Sonntag nach Pfingsten gelegt. Zahlreiche Kirchen und Altäre waren der Dreieinigkeit geweiht und an einigen Orten entstanden sogar Wallfahrtsstätten, obgleich Reliquien fehlten, die eine Wallfahrt begünstigt hätten. Ausschlaggebend für diese Verehrungszentren waren stattdessen Ereignisse wie der Sieg gegen die Türken, den man 1532 vor dem Berg der Dreifaltigkeit bei Waidhofen a. d. Ybbs in Niederösterreich erlangte. Die allgegenwärtige Verehrung der Dreifaltigkeit erhielt im Barock einen enormen Aufschwung.

Wollte man die Dreifaltigkeit im Bild darstellen, so musste die Verschiedenheit der Personen ebenso wie ihre Einheit zum Ausdruck kommen. Eine Möglichkeit bot die Darstellung einer alttestamentlichen Erzählung, deren Protagonisten man als Vater, Sohn und Heiligen Geist verstand. Die drei Engel etwa, die den Erzvater Abraham im Hain Mamre besuchen (1 Mo 18, 1–15), galten als Trinität, weshalb diese Szene bereits in der frühchristlichen Kunst aktuell war. Ebenso lag eine Zahlensymbolik nahe: Ein Dreieck, drei sich schneidende Kreise oder ein Dreipass konnten die Dreifaltigkeit symbolisieren.

Doch neben den allegorischen und symbolischen Darstellungen setzten sich anthropomorphe Bilder durch: Seit dem 11. Jahrhundert konnte dies ein Leib mit drei Köpfen oder ein Kopf mit drei Gesichtern sein. Daneben waren verschiedene Varianten als drei Männer (Triandrie) verbreitet, entweder als Männer unterschiedlichen Alters oder als zwei Männer und eine Taube oder aber als Mann, Lamm und Taube. Mitunter unterschied man die Gestalten durch verschiedenartige Kopfbedeckungen und Attribute voneinander.

Der aus Polen gebürtige und in München wirkende Jan Polack präsentierte auf seinem Dreifaltigkeitsretabel drei Möglichkeiten der Trinitätsdarstellung und Trinitätstheologie. Für das Mittelbild wählte er einen Gnadenstuhl: Gottvater hält seinen leidenden Sohn auf dem Schoß, auf seiner Schulter hat sich die Taube niedergelassen. Dieser Bildtypus, der nach 1100 entstand und bis nach 1700 weit verbreitet war, bringt den Opfertod Jesu zum Ausdruck, den der Vater annimmt. Auf dem rechten Flügel ist die Taufe Jesu im Jordan zu sehen, bei der Christus, die Taube und Gottvater in einer senkrechten Linie

Jan Polack und Werkstatt, Dreifaltigkeitsretabel, 1491/92, München-Obermenzing, Schlosskapelle Blutenburg

übereinander angeordnet sind. Der linke Flügel hat die Marienkrönung zum Thema, die hier die Trinität vornimmt. Vater, Sohn und Heiliger Geist sind als drei Männer dargestellt, die äußerlich nicht zu unterscheiden sind, deren hierarchisch geordnete Sitzpositionen sie jedoch charakterisieren. In der Mitte vor dem Ehrentuch hat Gottvater Platz genommen, zu seiner Rechten sitzt Jesus mit dem Zepter und zu seiner Linken der Heilige Geist mit der Weltkugel. Das Retabel, das die Zusammengehörigkeit der dreieinigen Gottheit durchdekliniert, war für den Hochaltar der Schlosskapelle von Blutenburg bei München bestimmt, die unter dem Patrozinium der Dreifaltigkeit stand.

Nachtridentinische Theologen lehnten eine dreiköpfige und dreigesichtige Gestalt der Trinität ab und distanzierten sich von allen Bildformen, die sich nicht auf biblische Texte bezogen. Einige wandten sich auch gegen eine Darstellung als drei Männer, eine Ansicht, die auch Benedikt XIV. (1740 – 1758) mit Nachdruck vertrat.

| Die Personen der Dreifaltigkeit können unterschiedliche Kopfbedeckungen tragen. Gottvater kann eine Tiara erhalten oder wie Jesus und der Heilige Geist auch eine Krone tragen. Auch erhalten sie oftmals verschiedene Insignien und Attribute, wie Schwert, Zepter und Weltkugel oder eine Lilie.

Robert Campin, Gnadenstuhl, 1420/1430, Frankfurt a. M., Städel; Andrea del Castagno, Heiliger Hieronymus die Trinität verehrend, Fresko, 1454/55, Florenz, Santissima Annunziata; Tizian, Triumph der Dreifaltigkeit, 1544, Madrid, Prado; Egid Quirin Asam, Gnadenstuhl, 1740, München, Asamkirche

Quelle: Symbolum Athanasianum, in: Denzinger 1991, S. 50 – 52

Literatur: Braunfels 1954 – Bauerreiß u. a. 1958 – Engemann 1976 – Hecht 1997, S. 356 – 364 – Ausst.-Kat. Polack 2004, S. 149 – 163 – Boespflug 2001 – Patschovsky 2003 – Augustyn 2009, S. 45 – 80

Die Heilige Familie

Nicht alle Mitglieder der Heiligen Familie stehen auf der gleichen Heiligkeitsstufe. Im Mittelalter gab es klare Schattierungen ihres Heiligkeits- und Verehrungsgrades, die sich im Laufe der Jahrhunderte veränderten. Dass dem heiligen Kind Jesus göttliche Ehren zukommen, stand freilich nie außer Zweifel. Maria aber erhielt einen bedeutenden Verehrungsschub, als man 431 auf dem Konzil von Ephesus ihre Rolle als Theotokos (gr. Gottesgebärerin) bestätigte. Dieser Ehrentitel, der betonte, dass sie den göttlichen Christus zur Welt gebracht hatte, förderte den Marienkult entscheidend. Schon bald wurde der Gottesmutter zu Ehren S. Maria Maggiore in Rom auf dem Esquilin errichtet. Der Marienkult war prinzipiell ortslos. Da Maria mit ihrem Leib in den Himmel aufgefahren war (→ Mariä Himmelfahrt), gab es auf Erden kein Grab und keine Körperreliquien. Deshalb war man auf Sekundärreliquien angewiesen, wie den Marienrock, -mantel und -gürtel, von denen die Kreuzfahrer etliche aus dem Heiligen Land mitbrachten, oder auf Marienbilder (→ Marien- und Christusikonen), die oftmals als Lukasbilder (→ Lukas) galten und das authentische Antlitz der Gottesmutter wiedergaben. Maria war ein überaus prominentes und allgegenwärtiges Mitglied der Heiligen Familie. Sie wurde als Schlachtenhilfe angerufen, wurde vom einfachen Volk und von Herrscherhäusern verehrt und war die Hauptfürbitterin für Nöte aller Art.

Nach Maria kamen weitere Frauen der Familie zu großen Ehren. Zunächst ihre Mutter → Anna, deren Verehrung im späten Mittelalter Konjunktur hatte. So wie der Marienkult war auch der Kult der hl. Anna keine ausschließliche Angelegenheit der bildungslosen Bevölkerung. Gerade die Annenverehrung wurde von den Humanisten sehr befördert, etwa von dem gebildeten Abt des Klosters Sponheim, Johannes Trithemius, und dem niederländischen Gelehrten Rudolf Agricola. Mit Anna rückten ihre drei Marien-Töchter in den Blick (→ Heilige Sippe).

Innerhalb der Heiligen Familie kam den Frauen eine bedeutsame Rolle zu, während die Männer im Mittelalter nie einen gleichen herausgehobenen Status erlangten: weder Annas Ehemann Joachim noch Marias Mann Joseph. Gerade der Nährvater Joseph nahm eine denkbar nebengeordnete Stellung ein. Giottos Fresko „Flucht nach

Giotto, Flucht nach Ägypten, Fresko, 1303–1305, Padua, Arenakapelle

Ägypten" verdeutlicht das Verhältnis der Familienmitglieder zueinander. Maria und das Kind reiten auf dem Esel, der dahinter aufragende Bergfels betont die Mutter-Kind-Gruppe. Joseph indes schreitet voran und trägt den Proviantkorb. Er unterhält sich mit einem Diener, der den Esel am Zügel führt, so wie auch die beiden Begleitpersonen hinter dem Reittier einander zugewandt sind. Auf diese Weise werden Maria und das Jesuskind als Hauptpersonen aus der szenischen Darstellung herausgehoben, während Joseph zwar einen Nimbus trägt, doch den Nebenpersonen zugeordnet ist. Lange blieb Joseph im Schatten der Gottesgebärerin und des Gottessohnes und erst nach 1600 kam er zu eigenen Ehren.

Literatur: Beissel 1910 – Dörfler-Dierken 1992, S. 165–170 – Schreiner K. 2000

Strahlenkranzmadonna

→ Johannes der Evangelist hatte einst auf der Insel Patmos eine eigenartige Vision: Er sah eine Frau am Himmel, die von der Sonne bekleidet war, den Mond zu Füßen und eine Krone von zwölf Sternen auf ihrem Haupte hatte. Sie war schwanger und wurde zudem von einem Drachen bedroht, der das neugeborene Kind zu verschlingen trachtete. Doch Gott entrückte das geborene Kind zu sich, die Frau floh in die Wüste und der Erzengel → Michael nahm den Kampf mit dem Drachen auf (Offb 12,1–18). Wie die Frau, das sogenannte „apokalyptische Weib", zu deuten sei, darüber herrschten zwei Ansichten vor. Schon die frühen Kirchenväter verstanden sie als Ekklesia, als Sinnbild der Kirche, und als Maria, die in der Einsamkeit der Wüste den Erlöser zur Welt bringt. → Bernhard von Clairvaux führte in einer Predigt zur Oktav des Festes → Mariä Himmelfahrt die ekklesiologische und die mariologische Exegesetradition aus. Seit dem Hochmittelalter setzte sich zunehmend die Deutung des Weibes als Maria durch.

In der bildenden Kunst gewann das apokalyptische Weib im 12. Jahrhundert an Konturen. War es bis dahin oftmals in illustrierten Apokalypse-Handschriften zu sehen, so wurde es nun häufig aus dem erzählenden Zusammenhang herausgelöst und zu einem selbstständigen Bildtypus, der weithin als Maria verstanden wurde. Nun auch erhielt sie einen Strahlenkranz, der im biblischen Text nicht erwähnt wird, der die Gottesmutter aber zu einer überirdisch leuchtenden Person umformte.

Die Augustinerchorherren von Volkhardinghausen bestellten im Jahr 1523 bei der Schnitzwerkstatt der Franziskaner in Meitersdorf eine Strahlenkranzmadonna und erhielten ein prächtiges Werk. Als Doppelmadonna gearbeitet bietet die über einen Meter hohe Mariengestalt zwei Ansichten, die sie einmal in einem rot-goldenen, einmal in einem blaugoldenen Gewand zeigen, zudem umfängt ein großer goldener Strahlenkranz die Madonnenfiguren – Maria ist wahrhaft von der Sonne bekleidet. Jede der beiden Ansichten präsentiert Maria mit dem Kind auf dem Arm und jeweils tritt die Gottesmutter eine Mondsichel unter ihre Füße. Einst trug sie eine Sternenkrone auf dem Kopf, die jedoch verloren ging. Auch der Baldachin, unter dem die Figur ursprünglich stand, ist nicht mehr erhalten, ebenso wenig wie der siebenarmiger Leuchter, der darunter angebracht war. Der gesamte Marienleuchter maß in der Höhe nahezu fünf Meter. So war er nicht zu übersehen, als er im Kirchengewölbe befestigt war, und die Madonnengestalt konnte von zwei Seiten gesehen werden. Hatte man die Kerzen angezündet, so musste es den Mönchen und Kirchenbesuchern vorgekommen sein, als sei ihnen die strahlende Maria der Johannesvision erschienen.

Die mariologischen Auslegungen des Offenbarungstextes wurden den Laien anhand von Ablassbildern vermittelt, die eine Strahlenkranzmadonna und die Bibelverse in Auszügen tragen. Darüber hinaus ist vielen dieser Bilder ein Gebet beigegeben, das Papst Sixtus IV. verfasst haben soll. Die Anrufung galt als Indulgenzgebet, das demjenigen, der es mit Andacht sprach, tausende von Jahren Ablass versprach. Dank dieses Gebetes und der weiten Verbreitung durch Einblattdrucke avancierte die Strahlenkranzmadonna im

Franziskanerwerkstatt Meitersdorf, Volkhardinghausener Strahlenkranzmadonna, 1523, Münster, Westfälisches Landesmuseum für Kunst- und Kulturgeschichte

späten Mittelalter zu einem zentralen Ablassbild. Doch selbst Bildwerke, denen kein Ablassgebet beigegeben war, wie die Volkhardinghausener Strahlenkranzmadonna, konnten als Ablassbild dienen. Sprach der fromme Betrachter davor ein Gebet, etwa das Pater Noster oder das Ave Maria, so durfte er sicher sein, die versprochenen Indulgenzen zu erhalten.

Barocke Bildwerke modifizieren den mittelalterlichen Bildtypus dahingehend, dass sie den Strahlenkranz weglassen, während sich zu Marias Füßen die Schlange windet. Diese Bildwerke stehen oftmals für Marias → Immaculata Conceptio.

| Der Strahlenkranz ist ein wichtiges Motiv der Strahlenkranzmadonna. Der Mond unter den Füßen, die Sterne zum Haupt, eine Krone, das Kind oder die Schlange können hinzukommen.

Himmelskönigin im Strahlenkranz, Deckenmalerei, 1220/1230, Braunschweig, Dom, südl. Querhaus; Meister von Ancona, Strahlenkranzmadonna als Umiltà das Kind säugend, Anf. 15. Jh., Cleveland, Museum of Art; Marienleuchter, 1470, Dortmund, Propsteikirche; Strahlenkranzmadonna im Marienaltar, um 1525, Soest, St. Maria zur Wiese

Quellen: Alcuin/PL 100 – Bernhard/PL183

Literatur: Vetter 1958/59 – Ringbom 1962 – Ringbom 1965, S. 26 f. – Marti/Mondini 1996 – Meier 2008, S. 103 – 106

Maria im umschlossenen Garten

Der umschlossene Garten (hortus conclusus) vereint zwei Grundsehnsüchte des Menschen: das Verlangen nach dem paradiesischen Urzustand und den Wunsch, mit dem Göttlichen zu einer Einheit zu verschmelzen. So beschreibt auch die Bibel das Paradies als Zusammenleben Gottes und des Menschen in einem kultivierten Garten (Gen 2,1 – 15; 3,8). Doch der Sündenfall zerstörte das Wohlergehen und die Gemeinschaft mit Gott, der Mensch wurde aus dem Garten vertrieben und darf ihn erst wieder nach seinem Leben in der Ewigkeit betreten (Offb 21,1 – 2). Als weiteres bedeutsames Bibelbuch greift das Hohelied der Liebe das Bild des Gartens auf. Hier wird die Liebe zweier Menschen besungen, ihr Verlangen nacheinander sowie der Schmerz ihrer Trennung. Die bildreichen Verse und anspielungsvollen Beschreibungen der intimen Beziehung zweier Geliebter interpretierte die Alte Kirche als das Verhältnis der Kirche zu Christus. Mit der Exegese des Rupert von Deutz bekam Maria erstmals die Rolle der Braut (sponsa) zugewiesen, die sich mit ihrem Bräutigam Christus (sponsus) vermählt. Gemäß dieser Auslegung richten sich die Worte des Geliebten an die Jungfrau Maria (Hld 4,12): „Meine Schwester, liebe Braut, du bist ein verschlossener Garten." Worauf sie einladend antwortet (Hld 4,16): „Mein Freund komme in seinen Garten und esse von seinen edlen Früchten." Mit der Gleichsetzung Marias mit dem verschlossenen Garten wurde der Eintritt des Bräutigams in den Garten zum Sinnbild der Empfängnis der Gottesmutter. In ihr, der reinen Jungfrau, hat

Hortus conclusus mit Einhornjagd, um 1470, Erfurt, St. Severikirche

die Gottheit Menschengestalt angenommen. Die Exegese des Hochmittelalters setzte an die Stelle der Braut auch die Seele des Menschen, die sich nach einer Vereinigung mit Christus sehnt. Was lag nun näher, als das Herz eines jeden als umschlossenen Garten zu bezeichnen? Diesen galt es zu pflegen und nach außen zu schützen, damit nicht durch die Pforten der Sinne die Sünde ins Innere dringe.

In der Kunst des Mittelalters ist vornehmlich die Marien-Allegorese anzutreffen. Um diese theologische Ausdeutung des Hoheliedes ins Bild zu setzen, wählte man einen Garten, sei es als Rosenlaube, in der Maria auf einer Rasenbank sitzt, oder sei es der Paradiesgarten, in dem sie die Gesellschaft der Heiligen genießt. Weniger erzählend, sondern mit Symbolen reich bestückt thematisiert der Bildtypus Hortus conclusus Marias Jungfräulichkeit und ihre Empfängnis des Gottessohnes. Ein Tafelbild in der Erfurter Severinkirche aus den Jahren um 1470 präsentiert Maria in einem Garten, der durch ein mächtiges Tor verschlossen und durch einen niedrigen Flechtzaun umschlossen ist. Gerade empfängt die Gottesmutter ein Einhorn, das seine Vorderhufe auf ihren Schoß bettet. Das fremde Tier, das bereits in der *Indika* des Ktesias von Knidos (4. Jh. v. Chr.) als wild und stark beschrieben wird, wurde erstmals im *Physiologus* (um 200) allegorisch gedeutet: Kein Jäger könne es fangen; es werde aber zahm, wenn es seinen Kopf in den Schoß einer Jungfrau lege. Bereits in dieser frühen Schrift wird die Jungfrau mit Maria verglichen und der Jäger mit dem Engel Gabriel. Dieser bläst auf der Erfurter Tafel in sein Jagdhorn und hetzt mit Hilfe der vier Hunde das Einhorn zu Maria. Die Menschwerdung Christi wird hier durch das Jesuskind angedeutet, das von Gottvater gesandt auf Maria zufliegt. Im Garten sind Personen und Objekte angeordnet, die ein Symbol der jungfräulichen Reinheit vorstellen: Der auf dem Altar erblühende Stab ist ein Zeichen dafür, dass aus dem Stamm Aaron eine Jungfrau den Erlöser gebären wird (Num 17,23), der verschlossene Brunnen verweist auf Marias Reinheit (Hld 4,12), Gideon, der neben dem Vlies kniet, das trocken bleibt, obwohl der Tau das Gras benetzt hat, ist ein Hinweis auf die unversehrte Jungfräulichkeit der Gottesmutter (Ri 6,36 – 40), ebenso wie auch der brennende Dornbusch, in dem Gott sich Mose zeigt, ohne dabei den Busch zu verbrennen, auf die unverletzte Jungfräulichkeit anspielt (Gen 3,15). Das Bildthema des umschlossenen Gartens wurde nach der Reformationszeit von Darstellungen der → Maria Immaculata abgelöst, der die üblichen Symbole beigegeben sind. Nun ist der Garten nicht der Ort, an dem sich die Gottesmutter aufhält, sondern ist zu einem der Sinnbilder geworden.

| Zahlreiche Mariensymbole gehören zum Hortus conclusus. Vor allem nach dem Tridentinum umgeben diese auch unabhängig von der Gartenszene die Gottesmutter.

Oberrheinischer Meister, Paradiesgärtlein, 1410/1420, Frankfurt a. M., Städel; Triptychon mit dem Hortus conclusus, um 1420, Erfurt, Mariendom; Umkreis Robert Campin, Maria mit Heiligen im umschlossenen Garten, 1440/1460, Washington, National Gallery of Art; Teppich mit der Einhornjagd, 1480, Zürich, Schweizerisches Landesmuseum

Quellen: Konrad von Würzburg 1926 – Rheinisches Marienlob 1934 – Hermannus Werdensis 2006

Literatur: Reinitzer 1982 – Schmidtke 1982 – Küsters 1985 – Einhorn 1998

Schutzmantelmadonna

Ein Zisterziensermönch hatte eine Vision: Er erblickte im Himmel Mönche aller Orden, jedoch keine Zisterzienser. Auf seine irritierte Frage, warum denn gerade seine Ordensbrüder von der himmlischen Seligkeit ausgeschlossen seien, schlug die Gottesmutter ihren weiten Mantel zurück, zeigte ihm die dort verborgenen Zisterziensermönche und versicherte dem Visionär, dass ihr die Angehörigen seines Ordens so lieb seien, dass sie diese unter ihren Armen berge. Der Erzähler dieser visionären Himmelsschau ist Cäsarius von Heisterbach, Prior der Zisterzienserabtei Heisterbach, der davon in seiner Exemplumsammlung *Dialogus miraculorum* berichtet. Doch nicht nur die Zisterzienser vergewisserten sich mit einer himmlischen Schau ihrer gottgefälligen Frömmigkeit und Vorrangstellung, denn schon wenige Jahre später (um 1240) wissen auch die Dominikaner davon zu berichten, dass ihr Ordensheiliger → Dominikus gesehen habe, dass Dominikanermönche unter dem Mantel der Jungfrau Schutz erhielten.

Das Vorrecht des Mantelschutzes, den bald alle Ordensgemeinschaften für sich in Anspruch nahmen, ist keine ureigen christliche Idee, sondern in Kultur und Recht der Antike und des Mittelalters verankert. Schon in der Spätantike glaubte man, dass Götter bestimmten Personen unter ihrem Mantel Schutz böten, während in der mittelalterlichen Rechtsprechung die adoptierten und legitimierten Söhne als „filii mantelati“ bezeichnet wurden und Frauen unter ihren Gewändern Asyl- und Schutzsuchenden symbolisch Zuflucht bieten konnten. Da Maria schon im 4. Jahrhundert als Hort aller Schutzsuchenden gepriesen wurde und als „mater omnium“ galt, lag es nahe, dass sie zu einer „Schutzmantelmadonna“ wurde.

Besondere Verehrung kam Maria mit schützendem Mantel in Pestzeiten zu, in Pestmessen rief man sie als Interzessorin an. Der weite Mantel, dessen Funktion eben im Schutzbieten lag, förderte die Vorstellung, zu Pestzeiten prallten daran die Pfeile des zornigen Gottes ab. Damit wurde Maria neben → Sebastian und → Rochus zu den bedeutendsten Pestheiligen.

Erste bildliche Zeugnisse der Schutzmantelmadonna sind aus dem Ende des 13. Jahrhunderts überliefert. Duccio di Buoninsegna etwa stellte um 1285 Franziskanermönche dar, die unter dem Mantel der Jungfrau demütig knien. Diese trägt das Christuskind auf dem Arm und deutet damit Jesu Erbarmen mit der Menschheit an. Andere Künstler unterstrichen diesen Gedanken, indem sie das Jesuskind segnend die Hand über die Schutzsuchenden ausstrecken oder es den Mantel Mariens fassen ließen, um ihn über die Menschen auszubreiten. Andere Darstellungen, wie die des Jan Polack, zeigen die Gottesmutter ohne das Kind, so dass allein Maria den Schutz vor dem Zorn Gottes bietet. Mitunter ist ein Engel mit abgebildet, der die Pfeile Pest, Hunger und Krieg abschießt. Auf Polacks Tafel formuliert eine lateinische Inschrift die Bitte: „Du, die du allein den Zorn des ewigen Gottes beugen kannst, birg uns, du Göttliche, in deinem jungfräulichen Schoß.“ Unter dem enorm weiten, mit kostbaren Edelsteinen besetzten Mantel haben sich zur Rechten der gekrönten Himmelskönigin Vertreter der kirchlichen und zur Linken Angehörige der weltlichen Stände versammelt. Auf jeder Seite sind Mitglieder der einflussreichen Münchner Familie Sänftl zu sehen: in reicher Kleidung gewandet Ludwig Sänftl mit seiner Ehefrau, seinen Kindern, seinen Geschwistern und Schwägerinnen und ihm gegenüber Sigismund Sänftl, der als Geistlicher den Chorrock und die Almutia trägt und in einem Buch liest. Auf der kirchlichen Ämterleiter war Sigismund bis zum Freisinger Domdekan emporgeklettert und hatte die Pfründe des Altars der familieneigenen Chorscheitelkapelle in der Frauenkirche zu München inne. In dieser Kapelle, in der die Familienmitglieder ihre letzte Ruhe fanden, brachte die Schutzmantelmadonna die Hoffnung zum Ausdruck, im Gericht nicht dem Zorn Gottes anheimzufallen.

Nicht immer sind die gesellschaftlichen Stände links und rechts der Maria angeordnet, es können auch die Geschlechter voneinander getrennt werden und häufig wurde keine Zuordnung vorgenommen. Seit dem 15. Jahrhundert sind immer wieder individuelle Perso-

Jan Polack (Werkstatt), Schutzmantelmadonna des Sigismund Sänftl, um 1505/1510, München, Frauenkirche

nen unter dem Mantel auszumachen, die nun häufig die gleiche Körpergröße wie Maria erhielten. Nach dem Trienter Konzil wurden die Schutzmantelmadonnen nur noch selten dargestellt.

| Das unverzichtbare Attribut der Schutzmantelmadonna ist ihr Mantel. Darüber hinaus kann sie die üblichen marianischen Beigaben erhalten, wie Krone und Zepter.

Piero della Francesca, Polittico della Misericordia, 1444/1464, Sansepolcro, Museo Civico; Michel Erhart, Ravensburger Schutzmantelmadonna, um 1480/1490, Berlin, Bode-Museum; Andrea Mantegna, Madonna della Vittoria, 1496, Paris, Louvre; Hans Holbein d.J., Darmstädter Madonna, 1528/29, Darmstadt, Schloss; Francisco de Zurbarán, Schutzmantelmadonna mit Kartäusern, 1645/1655, Sevilla, Museo de Bellas Artes

Quellen: Bartholomäus Tridentius 1867 – Theodoricus de Apolda 1867 – Caesarius von Heisterbacensis 1851, Bd. 2, S. 79 f.

Literatur: Sussmann 1929 – Belting-Ihm 1976 – Bulst 1996, S. 78 – 85 – Ausst.-Kat. Polack 2004, S. 253 – 255 – Gormans 2007

Rosenkranzmadonna — 7. Oktober

Ein junger Mann brachte jeden Tag seiner Verehrten liebevoll einen Kranz frischer Blumen. Dies tat er so lange, bis er in ein Zisterzienserkloster eintrat. Da er nun seiner Liebespflicht nicht mehr nachkommen konnte, riet ihm ein Mitbruder, er solle die Blumen durch eine geistliche Gabe ersetzen. Ein tägliches Gebet von 50 Ave Maria würde sich in einen Blumenkranz verwandeln. Bei der verehrten Dame handelt es sich um Maria und der ihr zu Ehren geflochtene Kranz aus Blumen und Gebetsworten gehört zur Ursprungslegende des Rosenkranzes. Einer zweiten legendarischen Überlieferung nach soll Maria dem → hl. Dominikus die Gebetskette gereicht haben, damit er diese an die Menschen weitergebe. Zu Lebzeiten des Dominikus kannte man zwar schon Gebetsschnüre, doch das Rosenkranzgebet ist eine Erfindung des späten Mittelalters.

Der Kartäuser Dominikus von Preußen hatte 1409 die Idee, zwei bekannte Meditationsgebete miteinander zu verbinden: das Ave Maria mit den Betrachtungen des Lebens Jesu. Nach jedem gesprochenen Mariengruß solle eine Station aus der Lebensgeschichte Christi meditiert werden. 50 Geheimnisse waren auf diese Weise zu bedenken oder als eine gesteigerte Gebetsleistung derer 150. Abschriften der Gebetsanleitung verbreiteten sich schnell in Klöstern, doch für die Laienandacht wurde der Rosenkranz erst durch eine veränderte Struktur der Dominikaner nutzbar. Auf fünf Ave Maria (kleine Perlen) sollte ein Pater Noster (große Perle) folgen. Diese Abfolge fünf Mal gesprochen bildet einen Rosenkranz. Wiederholt man diesen drei Mal, so ergeben sich drei unterschiedliche Gebetsreihen: schmerzensreicher, freudenreicher und glorreicher Rosenkranz. Der erste meditiert die Stationen der Passion Christi – Gethsemane, Geißelung, Dornenkrönung, Kreuztragung und Kreuzigung –, der zweite die Kindheit Jesus – Verkündigung, Heimsuchung, Geburt, Darbringung im Tempel und Auffindung des 12-jährigen Jesus im Tempel – und der dritte nachösterliche Ereignisse – Auferstehung, Christi Himmelfahrt, Pfingsten, Mariä Aufnahme in den Himmel und Krönung Mariens.

Die Gebete wurden populär und Schriften warteten mit ausführlichen Andachten zu den Gebetsinhalten auf. Bereits 1468 entstand die erste Rosenkranzbruderschaft, doch die bedeutendste sollte 1475 von Jakob Sprenger in Köln gegründet werden, der sogar Kaiser Friedrich III. beitrat. Großen Aufschwung nahmen die Fraternitäten zur Zeit der katholischen Reform vor allem durch den 1571 errungenen Sieg bei der Schlacht von Lepanto, den Pius V. den gesprochenen Rosengebeten zuschrieb. Von nun an wurde der Tag der Siegesschlacht, der 7. Oktober, zum allgemeinen Rosenkranzfest ausgerufen.

Der Kirchenbesucher, der gegen 1520 St. Lorenz in Nürnberg betrat, sah hoch oben im Chor eine sackartige Verhüllung. Nur an wenigen Tagen im Jahr entfernte man die unförmige Ummantelung, an deren Stelle dann die farbig gefassten Figuren in einem Rosenkranz zum Vorschein kamen. Diese Arbeit hatte der Oberbürgermeister Anton Tucher bei Veit Stoss in Auftrag gegeben. In vielen Kirchen Nürnbergs waren Rosenkranztafeln und Rosenkranzretabel zu sehen, doch nur St. Lorenz hatte ein derart beeindruckendes, dreidimensionales Bild erhalten. Stoss verwandte ein visuelles Schema, das sich seit den 1480er Jahren in der Druckgrafik durchgesetzt hatte: In einem Kreis angeordnet unterbrechen runde Bildmedaillons in rhythmischer Abfolge den Gleichklang der kleinen Perlen. Üblicherweise nahm eine → Strahlenkranzmadonna das Zentrum eines Bild-Rosariums ein oder aber eine Maria mit dem Kind auf dem Schoß. In Nürnberg aber spricht der Verkündigungsengel das „Ave Maria“ zur Jungfrau und erinnert, dass auch der Beter des Rosenkranzes die Gottesmutter mit diesen Worten ehrfürchtig grüßt. Da in dem monumentalen Kranz nur fünf Stationen des Lebens Jesu Platz

Veit Stoss, Englischer Gruß, 1517/18, Nürnberg, St. Lorenz

hatten, entschied sich Stoss für zwei Ereignisse aus dem freudenreichen und drei aus dem glorreichen Rosenkranz: Geburt Christi, Anbetung der Könige, Auferstehung, Himmelfahrt Jesu und Pfingsten. Passionsstationen indes fehlen. Maria aber ist hier in jeder der Bildperlen zu sehen und ist zudem in zwei Medaillons über dem Rosenkranz dargestellt, die Marientod und Marienkrönung vorstellen. Mit dieser Ausrichtung hat Stoss das christologische Gebetsprogramm auf das Engste mit einem mariologischen Gedenken verbunden.

| Maria ist immer in der Mitte eines Rosenkranzes zu sehen. In einer szenischen Darstellung kann sie mit dem hl. Dominikus erscheinen, dem sie den Rosenkranz reicht. Hin und wieder verweisen alleine Rosen oder aus Rosen geflochtene Kränze auf das Thema Rosengebet.

Antependium, Der Mönch und die Rosenkränze, um 1484, Heidelberg, Kurpfälzisches Museum; Albrecht Dürer, Rosenkranzfest, 1506, Prag, Nationalgalerie; Tilman Riemenschneider, Maria im Rosenkranz, 1521, Volkach, Wallfahrtskirche; Caravaggio, Rosenkranzmadonna, 1605, Wien, Kunsthistorisches Museum; Luca Giordano, Maria überreicht Dominikus den Rosenkranz, um 1650, Neapel, Museo e Gallerie Nazionali di Capodimonte

Quelle: Pinder 1505

Literatur: Ausst.-Kat. Rosenkranz 1975 – Ganz 2003 – Heinz 2003 – Frei/Bühler 2003 – Gorzelik 2003

Anna — 26. Juli

Annas Heiligkeit beruht auf ihrer Mutterschaft. Dies ist außergewöhnlich, da eine Verehrung üblicherweise Jungfrauen zuteilwurde. Anna aber ist die Mutter der ewigen Jungfrau Maria und deshalb verehrungswürdig.

Will man etwas über die Mutter Marias erfahren, so wird man nicht in der Bibel, sondern in apokryphen Schriften fündig. Das Protoevangelium des Jakobus, das nach 150 verfasst wurde, berichtet von der Geburt Mariens und den hochbetagten Eltern Anna und Joachim. Da die Ehe kinderlos geblieben war, nahm der Hohepriester Joachims Tempelopfer nicht an. Joachim zog sich daraufhin in die Einsamkeit der Felder zu seinen Herden zurück, wo ihm ein Engel erschien und die Geburt einer Tochter ankündigte. Als Joachim zu seiner Frau zurückeilte und von dieser an der Goldenen Pforte begrüßt wurde, empfing Anna just im Moment der Umarmung Maria. Spätestens an diesem Punkt wird deutlich, dass die Erzählung die unbefleckte Empfängnis der Jungfrau Maria (→ Maria Immaculata) belegen soll.

Da Überlieferungen wie diese nicht in erster Linie Anna, sondern Maria betrafen, setzte auch die Annenverehrung im Westen verhältnismäßig spät ein, während man in der Ostkirche schon seit etwa 550 das Annenfest beging. Erst als man im 13. Jahrhundert bei Kreuzzügen Konstantinopel plünderte und von dort Annenreliquien mit nach Hause brachte, entwickelte sich auch in der Westkirche zunehmend ein Annenkult, der sich vor allem in den deutschen Gebieten ausbreitete und bis gegen 1520/1530 beständig zunahm. Obgleich in vielen Regionen der Festtag der hl. Anna begangen wurde, sollte es noch einige Zeit dauern, bis er zum gesamtkirchlichen Fest erhoben wurde. Schon Sixtus IV. nahm Anna in den römischen Kalender auf, doch etwa hundert Jahre später strich Pius V. diesen Festtag wieder und erst sein Nachfolger Gregor XIII. bestimmte 1584 den 26. Juli zu ihrem Heiligentag, der von der gesamten katholischen Kirche zu begehen sei.

In Deutschland wurde im Jahr 1500 Düren zu einem Hauptwallfahrtsort, denn ein Steinmetzgeselle hatte eine Annenreliquie aus Mainz dorthingebracht. Unter den Orden propagierten besonders die Karmeliter die Verehrung der Mutter Mariens, da ihrer Ordenshistoriografie nach bereits ihre auf dem Berg Karmel lebenden Vorläufer mit Annas Mutter Emerentia in Kontakt gestanden hatten.

Anna wurde kaum je als einzelne Figur dargestellt, sondern erscheint meist in einem szenischen Kontext, zusammen mit ihrer Tochter Maria und dem Jesuskind oder als Mitglied der → Heiligen Sippe. Bereits das älteste bekannte Bild des Westens, ein Fresko, das 650 für die Kirche S. Maria Antiqua auf dem Forum Romanum in Rom geschaffen wurde, zeigt Anna mit Maria auf dem Arm. Mit der Ausbreitung des Annenkultes Ende des Mittelalters nahmen ihre Darstellungen beständig zu.

Tilman Riemenschneider, nicht nur Bildschnitzer, sondern auch fähiger Bildhauer, schuf eine Sandstein-Gruppe der Anna Selbdritt. Diesen Namen, den man mit „Anna selbst und zu dritt" erläutern kann, erhielt ein Thema der Annen-Ikonografie, das im späten Mittelalter weit verbreitet war. Wie üblich hält Riemenschneiders Anna auf ihrem linken Arm die kleinere Figur ihrer Tochter Maria, während sie mit ihrer rechten Hand das Jesuskind umfasst, das auf ihrem Schoß steht. Mit dieser Anordnung geht eine Bedeutungshierarchie einher. Christi herausgehobene Position unterstrich Riemenschneider zusätzlich, indem er allein dessen Gestalt als vollplastische, freistehende Figur herausarbeitete, während Maria und Anna zu einem Reliefblock zusammenschmelzen. Zudem setzt Christus sich durch seine ausgreifenden Gebärden von den beiden Frauengestalten ab, die nicht gestikulieren und von einem geschlossenen Kontur umgeben sind. So war gewährleistet, dass der Betrachter auch dann das Jesuskind als Hauptperson wahrnahm, wenn er den Pfeiler umschritt, an dem die Gruppe angebracht war. Doch trotz der klaren Hierarchisierung bildet die Gruppe durch ihre klare Umrisslinie eine Einheit. Riemenschneider verstand es, eine Symmetrie und Harmonie bei gleichzeitiger Betonung des Jesuskindes herzustellen. Wollte man das unrealistische Verhältnis der Körpergrößen umgehen, und das strebten vor allem italienische Künstler an, so konnte man Maria neben Anna platzieren, oder um die Abstammungsfolge zu verdeutlichen, konnte Maria auf den Schoß Annas oder zu ihren Füßen gesetzt werden.

Im späten Mittelalter wurde häufig die Begegnung Annas mit Joachim an der Goldenen Pforte dargestellt. Doch nach dem Konzil von Trient lehnten Reformtheologen diese Geschichte als apokryph ab und setzten auch deren Abbildungen auf den Index der nichtgewünschten Bildthemen.

Tilman Riemenschneider, Anna Selbdritt, um 1495, Würzburg, Mainfränkisches Museum

| Anna ist meist als ältere Frau mit Kopfschleier dargestellt. Ein besonderes Attribut hat sie nie erhalten.

Giotto, Begegnung an der Goldenen Pforte, 1303–1305, Padua, Arenakapelle; Masaccio, Anna Selbdritt, um 1425, Florenz, Uffizien; Meister des Kalkarer Annen-Retabels, Annen-Retabel, um 1500, Kalkar, St. Nicolai; Leonardo da Vinci, Anna Selbdritt, 1510/1513, Paris, Louvre; Albrecht Dürer, Anna Selbdritt, 1519, New York, The Metropolitan Museum of Art

Quellen: Protevanglium des Jakobus 1987, S. 338–340 – Legenda Anne 1497

Literatur: Gatz 1972 – Ausst.-Kat. Riemenschneider 2004, Bd. 2, Kat.-Nr. 54 – Dörfler-Dierken 1992 – Buchholz 2005

Heilige Sippe

Verwandtschaftsverhältnisse können kompliziert sein. Zumindest sind es die der Heiligen Sippe. Ein Problem stellten für die Theologen die in der Bibel genannten Brüder Jesu dar, denn deren Existenz sprach gegen Marias Keuschheit. Um aus diesem Dilemma herauszukommen, glaubten die einen, die Geschwister stammten aus Josephs erster Ehe, die anderen nahmen an, es handele sich um Jesu Vettern. Besonders → Hieronymus wurde zu einem einflussreichen Vertreter der Vetternthese. Um diese Ansicht zu entwickeln, bedurfte es der Eltern Mariens, die nach apokryphen Schriften, wie dem Protoevangelium des Jakobus und dem Thomasevangelium, Anna und Joachim hießen. Diese Erzählungen verarbeitete man zu der Trinubiumslegende, die von der dreimaligen Vermählung Annas berichtet. Im Osten kursierte diese schon länger, doch im Westen ist sie erstmals in einer Predigt zu finden, die bald Haimo von Halberstadt († 853), bald Haimo von Auxerre († um 855) zugeschrieben wird. Jacobus de Voragine führte in der *Legenda aurea* verschiedene Erzählstränge zusammen. Von kirchlicher Seite jedoch wurde die Trinubiumslegende wiederholt kritisiert und das Konzil von Trient verbot schließlich ihre Verbreitung. Gemäß dieser einflussreichen, doch nicht unbestrittenen Legende verheiratete sich Anna nach Joachims Tod mit Cleophas und nach dessen Ableben mit Salomas. Von jedem der drei Männer empfing sie eine Tochter, die jeweils den Namen Maria erhielt. Die drei Marien vermählten sich mit Joseph, Alphäus und Zebedäus und brachten insgesamt sieben Söhne zur Welt. Diese 17 Personen bilden die Kerngruppe der Heiligen Sippe, zu der jedoch weitere entfernte Verwandte hinzukommen können, wie Annas Eltern Emerentia und Stollanus, ihre Schwester Esmeria sowie ihre Nichte und Cousine Elisabeth, die mit Zacharias → Johannes den Täufer zeugte. Letztlich ging es bei den verwandtschaftlichen Beziehungen der Heiligen Sippe um den Nachweis der unbefleckten Empfängnis Mariens (→ Maria Immaculata). Da für diesen Glaubenssatz die weibliche Abstammungslinie ausschlaggebend war, rückte → Anna in den Mittelpunkt. Damit ist die Heilige Sippe immer mit der Annen- und der Marienverehrung verbunden.

Johann von Soest (Werkstatt), Die Heilige Sippe, um 1480, Utrecht, Museum Catharijneconvent

Die Bilder der Heiligen Sippe können unterschiedlich viele Personen darstellen. Fast immer ist Anna mit ihren drei Ehemännern zu sehen, von ihren drei Marientöchtern ist Maria, die Mutter Jesu, üblicherweise abgebildet, die anderen Töchter, deren Männer und Kinder können hinzukommen. Johann von Soest, der lange unter dem Notnamen Meister von Liesborn bekannt war, hat das weitverzweigte Verwandtschaftsverhältnis übersichtlich ins Bild gesetzt und die Identifizierung der einzelnen Personen durch Namensinschriften erleichtert. In einer grünen Landschaft hat sich die Sippe wie zu einem Familientreffen eingefunden, doch sind die einzelnen Mitglieder gemäß ihrem Rang deutlich voneinander geschieden. Anna und Maria mit dem Jesuskind sind im Zentrum des Bildes platziert (→ Anna Selbdritt), weiter an den Rand gesetzt sind die anderen beiden Marien mit ihren Söhnen. Die kleinen → Johannes der Evangelist und → Jakobus sind mit ihren Attributen Kelch und Pilgerkleidung ausgestattet. Neben der Platzanweisung entsteht eine weitere Hierarchisierung durch die Nimben, die allein diesen Frauen und ihren Kindern zukommen. Eine quer durch das Bild gezogene Mauer sorgt für eine Trennung ebendieser Personen von ihren weniger bedeutsamen Ehemännern und Eltern. Diese sind als nachgeordnete Begleiter von ihren heiligen Frauen räumlich getrennt. Der Ordnung gemäß sind exakt hinter Annas Kopf ihre drei Ehemänner aufgereiht, wobei Joachims herausgehobene Stellung in seinem auf Maria gerichteten Zeigegestus zum Ausdruck kommt. Gleichermaßen sind auch die anderen Gatten genau hinter den entsprechenden Marien zu sehen. Noch weiter entfernt von den Hauptpersonen stehen Annas Schwester Esmeria ganz links und deren Kinder Eliud und Elisabeth weiter rechts. Elisabeth trägt ihren Sohn → Johannes den Täufer auf dem Arm, während Eliuds Schwiegertochter Memelia mit ihrem kleinen Sohn Servatius neben Esmeria ihren Platz erhielt. Die Heilige Sippe des Johann von Soest bildete wahrscheinlich einst einen Flügel zu einem Annenretabel.

| Die einzelnen Personen der Heiligen Sippe können ihr persönliches Attribut mit sich tragen. Vor allem die Söhne der drei Marien sind häufig mit diesen ausgestattet.

Meister des Ortenberger Altars, Mitteltafel des Ortenberger Altars, 1410/1440, Darmstadt, Hessisches Landesmuseum; Älterer Meister der Heiligen Sippe, Triptychon mit Hl. Sippe, um 1415, Köln, Wallraf-Richartz-Museum; Geertgen tot Sint Jans, Die Heilige Sippe, um 1490, Amsterdam, Rijksmuseum; Lucas Cranach d. Ä., Triptychon mit der Heiligen Sippe, 1509, Frankfurt a. M., Städel

Quellen: Haimo von Halberstadt/PL 118 – Trinubiumslegende 1992

Literatur: Dörfler-Dierken 1992 – Goddelijk geschilderd 2003, Kat.-Nr. 6

Christus- und Marienikonen

Ikonen von Christus, Maria und den Heiligen entstanden zunächst im Osten. Im lateinischen Westen unterhielt vor allem Italien enge Beziehungen nach Byzanz, so dass mit dem regen Handels- und Ideenaustausch auch Christus- und Marienikonen transferiert wurden. Nördlich der Alpen hingegen spielte dieser Bildnistyp keine Rolle.

Dem Grundgedanken nach ist die Ikone ein Stellvertreter der abgebildeten Person – eine Vorstellung, die bereits den antiken Kaiserbildern zugrunde lag. Damit konnte das Bild anstelle des Dargestellten agieren und als Bindeglied zwischen dem Betrachter und dem Porträtierten fungieren. Eine Gewähr, dass Ikonen die dargestellte Person wahrhaftig wiedergaben, bot der Entstehungsmodus. Gewöhnlich galten sie als nur teilweise von Menschenhand gefertigt oder als gänzlich wundertätig entstanden. Damit waren sie Acheiropoietoi (gr.), nicht von Menschenhand gemachte Bilder. Ein erster Hinweis auf solch ein wundersames Bildnis stammt aus dem Ende des 6. Jahrhunderts: Christus selbst soll König Abgar sein Bildnis nach Edessa in Nordsyrien gesandt haben nebst einem eigenhändig geschriebenen Brief. Auf welche Art das Porträt zustande gekommen war, ist in einer zweifachen Version überliefert. Einmal heißt es, Jesus habe sein Angesicht in ein Tuch gedrückt, und ein anderes Mal, er habe einem Maler Porträt gesessen. Letztlich wollten beide Legendenfassungen verbürgen, dass ein authentisches Christusbildnis existiert, welches den Archetypus aller folgenden Darstellungen des Gottessohnes bildet. Zugleich belegte das Bildnis, das mit Jesu Einverständnis entstand, Gottes grundsätzliche Anerkennung der Christusbilder und damit auch der Mariens und der Heiligen. Authentische Porträts boten auch Lukasbilder, die Porträts, die der Evangelist → Lukas der Tradition zufolge von Maria und Jesus gemalt haben soll.

Ikonen als wahrhafte Repräsentanten Jesu und der Heiligen auf Erden bestätigten sich wie-

Madonna Salus Populi Romani (Kopie), nach 1569, Rom, S. Andrea al Quirinale

derholt selbst, indem sie Wunder wirkten, weinten, sprachen, sich bewegten und Gebete erhörten. Auch bewiesen sie ihre Heiligkeit oftmals durch Resistenzbekundungen, indem sie Feuer und Wasser widerstanden und manche gewaltsame Außeneinwirkung überlebten.

In Rom beherbergte man eine Vielzahl von Ikonen. Hier hielt man während des gesamten Mittelalters an der überkommenen Bildform fest, während man in vielen italienischen Regionen nach 1300 andere Darstellungsformen Christi und Marias präferierte.

Die prominenteste Marienikone der Ewigen Stadt ist in S. Maria Maggiore zu finden und seit 1870 unter dem Namen Salus Populi Romani bekannt. Da sie im Laufe der Jahrhunderte mehrfach übermalt wurde, ist sie nur unter Vorbehalt zu datieren – vermutlich entstand sie im 6. Jahrhundert. Nach den Quellen des Mittelalters jedoch hatte Lukas die Ikone gemalt. Berühmtheit erlangte dieses Lukasbild spätestens unter Papst Stephan II. (752 – 757) im Zusammenhang der Assumtioprozession, die alljährlich in der Nacht vom 14. zum 15. August stattfand. Bei diesem Anlass erhielt die Marienikone jeweils Besuch von der Christusikone, die man in Sancta Sanctorum am Lateran aufbewahrte. Das Christusbildnis wurde in einem feierlichen Zug, der über das Forum Romanum führte, zu der Marienkirche auf dem Esquilin geleitet. Hier trafen sich Mutter und Sohn in Gestalt ihrer Bildnisse – ein sinnfälliges Zeichen des Stellvertretercharakters der Ikonen. Die Prozession war so bedeutsam, dass sie für Jahrhunderte zum Festkalender der Stadt gehörte und erst kurz nach 1570 abgeschafft wurde. Doch die Marienikone wurde weiterhin sehr geachtet. Bei den barocken Umbauten der Capella Paolino in S. Maria Maggiore erhielt sie eine neue Fassung und eine exponierte Präsentation.

Der Ikone Salus Populi Romani schrieb man unterschiedliche Bildwunder zu, die ihren Ruhm zusätzlich begründeten. Papst → Gregor der Große soll sie einst, als die Pest grassierte, in einer Prozession durch die Stadt geführt haben. Dank des Bittgangs fand die Seuche ein rasches Ende. Dieses Ereignis wurde über die Grenzen Roms hinaus wahrgenommen und beförderte die Bekanntheit der Ikone in S. Maria Maggiore. Deshalb traten im Mittelalter zwei weitere römische Kirchen auf den Plan und beanspruchten das Wunder für ihre Marienikone. Nun hieß es, das Marienbildnis in S. Maria in Aracoeli und die Madonna von S. Sistro in S. Maria del Rosario hätten das Ende der Pest bewirkt.

Mandylion aus S. Silvestro in Capite, 6. Jh., Vatikan, Cappella S. Matilda; Madonna von S. Sisto, 6. Jh., Rom, S. Maria del Rosario; Ikone des Christus Pantokrator, 6./7. Jh., Sinaikloster; Marienikone, 609, Rom, Pantheon

Quelle: Belting 1991, S. 550 – 592

Literatur: Wolf G. 1990 – Belting 1991 – Ostrow 1996, S. 118 – 183 – Büchsel 2003

Vom Tridentinum bis zur Aufklärung

Die scharfe Kritik an der Heiligenverehrung und der Herstellung von Heiligenbildern, die in der Reformationszeit laut wurde, war keinesfalls eine alleinige Angelegenheit der Theologen. Die Frage nach der Rechtmäßigkeit, Heilige darzustellen, die in Streitschriften kontrovers diskutiert und in ikonoklastischen Handlungen radikal zum Ausdruck gebracht wurde, betraf in besonderem Maße auch die Künstler. In Orten, die den Schritt zum Luthertum vollzogen hatten, büßten viele Maler und Bildschnitzer ihre ökonomische Sicherheit ein, denn nun fehlten die kirchlichen Aufträge, die ihnen Lohn und Brot gesichert hatten, und selbst in vielen katholischen Städten stagnierten die Aufträge für viele Jahre.[32] Vielerorts wurden deshalb Klagen laut. In Straßburg etwa, wo es zu Bilderstürmen gekommen war und lutherische Gottesdienste die katholischen Messen abgelöst hatten, wandten sich 1525 die Maler mit einem Bittbrief an den Stadtrat. Sie schilderten ihre bedenkliche Situation und äußerten die Befürchtung, dass die miserable Auftragslage sie an den Bettelstab bringen könnte. Das Gesuch mündete in der dringenden Bitte, ihnen Aufträge von städtischer Seite zukommen zu lassen. Manche Künstler sahen sich gezwungen, von ihrem Beruf Abschied zu nehmen und ihren Nebenerwerb zum Hauptberuf auszubauen – etwa Handel, Gastronomie, Musik –, während andere sich als Landsknechte verdingen mussten. Den Ernst der Lage brachte der Schweizer Entwerfer und Formschneider Peter Flötner in einem Flugblatt zum Ausdruck: Der Künstler jagt hoch aufgerichtet auf einem Schwein durch die Lande. Zu seiner abgerissenen Kleidung passen die Insignien der Armut – wie Bettlerklapper, kaputtes Schwert, Löffel am Hut – und die zerfetzte Kotfahne. Vom Teufel höhnisch beäugt muss er sich von dem Spotttier forttragen lassen, ungeachtet dessen, dass dabei die Werkzeuge seines Handwerks – darunter Palette, Pinsel und Stecheisen – zu Boden getrampelt werden.[33]

Peter Flötner, Der zugrunde gerichtete Handwerker, Flugblatt, um 1535, Gotha, Schlossmuseum

Auch wenn sich die Situation in den kommenden Jahren wieder wandelte und die wachsenden Städte dank der finanzstarken Bürger und der entstehenden bürgerlichen Kunstsammlungen neue Arbeitsmöglichkeiten schufen, hatte die Aufspaltung in zwei Bekenntnisse die Arbeitsbedingungen der Maler und Bildhauer auf Dauer erschwert. In vielen Orten nämlich erhielten Handwerker, die nicht der lokalen Konfession angehörten, nur schwer oder keine Arbeitserlaubnis. So wurden im katholischen Konstanz evangelische Künstler nicht in die Zunft aufgenommen und konnten damit weder Werkstätten eröffnen noch Arbeiten annehmen oder Werke verkaufen. Wollte sich ein Maler, Bildschnitzer oder Bildhauer dennoch in Konstanz niederlassen, so sah er sich gezwungen, zum Katholizismus zu konvertieren.[34]

Trient und die nachtridentinische Ikonografie

Auf dem Konzil von Trient (1545–1563) legte man die theologische Grundlage für die anhaltende Verehrung der Heiligen und den fortwährenden Gebrauch von Bildern. Allerdings war die Bilderfrage erst in letzter Minute besprochen worden. Als sich nämlich das Konzil dem Ende zuneigte, hatte man über die Heiligen- und Bilderverehrung noch nicht verhandelt. So verabschiedete man noch in aller Eile am 3. Dezember einen Beschluss.[35] Das Dekret über die „Anrufung und Verehrung sowie über die Reliquien der Heiligen und die heiligen Bilder" hielt zunächst fest, dass die Heiligen als Interzessoren eine entscheidende Vermittleraufgabe zwischen Menschen und Gott einnehmen. Weiter hieß es, die Reliquien und Bilder seien zu verehren, denn die Ehre, die man dem gemalten und geschnitzten Abbild der Heiligen erweise, gehe auf das Urbild im Himmel über.[36] Damit war die Verehrung der nicht sichtbaren Heiligen weiterhin an sichtbare Objekte geknüpft.

Mit dem Dekret, dessen restaurative Aussage klar gegen die reformatorische Theologie Stellung bezog, bekamen die Bilder ihre bedeutende Stellung innerhalb der Heiligenverehrung weiterhin zugesichert. Doch war man sich bewusst, dass Missbrauch drohte. Um dem vorzubeugen, erhielten die Bischöfe die Aufgabe, über den rechten Umgang mit den Bildwerken zu wachen und die Aufstellung neuer Bilder und Reliquien sowie die Wunder zu prüfen.

Das Konzil von Trient hatte zwar grundsätzlich für die Heiligen- und Bilderverehrung Partei ergriffen, doch konkrete Hinweise, wie ein wünschenswertes christliches Bild aussehen sollte, waren nicht festgehalten worden. Zu dieser Frage ließen auch die kontroverstheologischen Streitschriften nichts verlauten. Gemeinhin lieferten diese nur eine ausführliche Begründung, warum Bilder im Sakralraum erlaubt seien. Sie führten biblische Beweise an, wie: Schon die Bundeslade des Volkes Israel war mit Cherubinen verziert gewesen. Sie verwiesen auf die Tradition, auf Konzilsbeschlüsse und Argumente aus den Schriften der Kirchenväter und machten geltend, dass der Himmel selbst zum Entstehen von Heiligenbildern beigetragen habe, wie dem Schweißtuch der → Veronika und anderen Acheiropoietoi. Sucht man praktische Anweisungen, welche Ikonografie erlaubt und welche unerwünscht war, so wird man nur in wenigen nachtridentinischen Schriftwerken fündig. Einen besonders starken Praxisbezug weist Kardinal Gabriele Paleottis 1582 in Latein und Italienisch erschienene Schrift *Discorso intorno alle immagini sacre e profane* auf, die sich ausführlich ikonografischen Fragen widmet.

Einen wichtigen wie heiklen Punkt bildete die Dezenzfrage. Bereits die Protestanten hatten kritisiert, dass viele Heiligenbilder Laszivitäten oder Obszönitäten beinhalteten.[37] Die oftmals erotische Körperlichkeit der Renaissancedarstellungen des → hl. Sebastian oder der → Maria Magdalena mochten zu einem derartigen Urteil beigetragen haben, dem sich auch katholische Theologen anschlossen. Freilich entstanden auch nach dem Tridentinum noch unbekleidete Heilige, doch fanden diese in der Regel nicht in einem Sakralraum, sondern im privaten Haus Aufstellung. Dort waren sie dem kirchlichen Verdikt nicht unterworfen, während Bilder in Kirchen und Kapellen an ihrer Schicklichkeit gemessen wurden. So fiel Michelangelos „Jüngstes Gericht" in der Sixtinischen Kapelle unter die Zensur, da sich zu viele Nackte auf der Altarwand tummelten. Dies verstieß gegen das Dekorum, denn die päpstliche Kapelle sei schließlich keine Badestube, wetterte der fromme Dichter Pietro Aretino. Sachverständige, darunter auch Kardinal Paleotti, wurden um eine Stellungnahme gebeten und jahrelang wurde über den anstößigen Sachverhalt diskutiert. Der heftig geführte Streit endete nach Michelangelos Tod damit, dass man Danielle Volterra beauftragte, die unschickliche Blöße mit Tüchern zu übermalen.[38]

Für Paleotti und andere Theologen bildete die „veritas historica" den Dreh- und Angelpunkt eines rechten Sakralbildes. Die Forderung nach

[32] Göttler/Jezler 1987. [33] Sladeczek 2002; Münch 2006. [34] Scherp 2002. [35] Jedin 1935; Wohlmuth 1990. [36] Denzinger 1991, S. 579–581. [37] Hecht 1997, S. 266–284. [38] Möseneder 1997.

Michelangelo, Jüngstes Gericht, 1534–1541, Vatikan, Sixtinische Kapelle

der wahrhaften Geschichte hatte viele Facetten. Zunächst galt es eine Richtschnur aufzuspannen, anhand derer die Bilder gemessen werden konnten. Das Maß gaben kirchlich approbierte Texte vor, wohingegen Schriften, die Erfundenes oder Apokryphes beinhalteten, nicht als normgebend anerkannt wurden. Damit war der Primat des Textes formuliert und die Ikonografie an eine von Rom anerkannte Schrift gebunden. Bildtypen wie die spätmittelalterliche Gregorsmesse (→ Gregor der Große I), der es an solch einem Text fehlte, waren nicht mehr erwünscht.[39]

Da viele Bücher, allen voran die Bibel, nur allzu karge Erzählungen boten und Einzelheiten im Dunkeln ließen, blieben die Berichte in mancherlei Hinsicht ein Fragment, dessen Fehlstellen das Bild ergänzen musste, damit ein überzeugendes Ganzes entstand. Die freien Zufügungen der Maler sollten wahrscheinlich und angemessen sein. Es musste etwa entschieden werden, ob Maria bei der Verkündigung durch den Engel Gabriel gestanden oder gesessen hatte. Der Kontroverstheologe Johannes Molanus riet den Malern, die Gottesmutter kniend darzustellen, denn sie habe in diesem Moment die Heilige Schrift meditiert.[40] Andere Darstellungsfragen betrafen die Gewandung, Gegenstände, Waffen und Architektur der Protagonisten und ihres Handlungsfeldes. Um diese Elemente der „veritas historica" anzupassen, zog man nun verstärkt archäologische Literatur und Bildzeugnisse heran, denn diese boten eine Grundlage für die richtige Ausstattung der Protagonisten und ihrer Handlungsräume und trugen damit zur Wahrheit der Bilderzählung bei.

Da das Klima nach dem Tridentinum hinsichtlich der Bildproduktion dezidiert restriktiv war, mussten sich die Künstler oftmals unter Hintanstellung ihrer Kunstauffassung an die kirchlichen Forderungen anpassen. So stand die Freiheit der Kunst, die zu jener Zeit wie nie zuvor von den Künstlern proklamiert wurde, für Bilder im Sakralraum oftmals in Gefahr. Manch innovative Darstellungen kamen nie an ihren Bestimmungsort oder mussten diesen schon bald wieder verlassen. Der Avantgardekünstler Caravaggio geriet um 1600 wegen seiner ikonografischen Neuerungen wiederholt mit den Auftraggebern in Konflikt. Unter anderem stieß seine Darstellung der → Maria Magdalena auf herbe Kritik. Giovanni Pietro Bellori, Kunstschriftsteller und Caravaggios erster Biograf, beanstandete, Caravaggio habe ein beliebiges Mädchen gemalt, das auf einem Stuhl sitzt und sich die Haare trocknet, dazu habe er Geschmeide und ein Salbgefäß auf den Boden gestellt und fertig sei die Maria Magdalena.[41] In der Tat fehlt dem Bildnis alles, was die Porträtierte eindeutig als Heilige kennzeichnen würde. Keine sinnfällige Geste, kein zum Himmel gewandter Blick, kein Anzeichen der Buße und kein Nimbus erheben die Dargestellte über das

Caravaggio, Maria Magdalena, um 1594, Rom, Galleria Doria-Pamphili

[39] Meier 2006, S. 270 – 277. [40] Hecht 1997, S. 253. [41] Bellori 2000, S. 215.

Alltägliche. Hinzu kommen noch die für eine Heilige unpassenden dunklen, von Sonne und Schmutz gebräunten Hände.[42] Es wurde sogar die Vermutung laut, das Mädchen sei eine stadtbekannte Dirne und die Heilige trage die Physiognomie einer diskreditierten Zeitgenossin. Im späten Mittelalter und in der Renaissance war es eine übliche Praxis gewesen, dass Auftraggeber im Bild in die Rolle des heiligen Protagonisten schlüpften, doch derartige Kryptoporträts lehnten die nachtridentinischen Theologen ab.[43] Caravaggios uneindeutige Maria Magdalena, die Beliebigkeit des nicht idealisierten Modells musste zwangsläufig das Missfallen wecken.

Katakombenforschung und Christliche Archäologie

Eine Begründung für die Rechtmäßigkeit der christlichen Bilder fand man 1578 unverhofft im Erdreich Roms. In jenem Jahr entdeckte man die Katakombe Anonima di Via Anapo (→ Katakombenheilige) – in mancherlei Hinsicht ein folgenreicher Fund. Von den zahlreichen römischen Katakomben waren bis dahin nur wenige bekannt: S. Sebastiano, S. Pancratio, S. Calisto und S. Agnese. Pilger hatten im Mittelalter vor allem die Sebastians- und die Calixtus-Katakombe besucht und dort andächtig der heiligen Verstorbenen gedacht. Hielt man die unterirdischen Bestattungsorte doch für die Friedhöfe der Christen und glaubte, hier seien vor allem die Märtyrer beigesetzt worden. Als Martin Luther 1511 in Rom weilte, besuchte auch er die Calixtus-Katakombe und bemerkte, hier würden 10000 Märtyrer ruhen – eine Zahl, die er den gängigen Romführern, den *Mirabilia Romae*, entnommen hatte. Nun brachte man die Gebeine der (vermeintlichen) frühchristlichen Märtyrer in die Kirchen. Darunter befanden sich sterbliche Überreste der Personen, die man seit Jahrhunderten verehrte (→ Cäcilie), und Reliquien von Heiligen, deren Namen bis dahin unbekannt waren (→ Katakombenheilige).

Die neuerwachte Märtyrerverehrung ging einher mit einem gesteigerten Interesse für die christlichen Altertümer. Schon die Oratorianer Cäsar Baronius und → Philippus Neri hatten sich dem Studium der historischen Zeugnisse gewidmet – ein Unternehmen, das sich bei Neri mit Frömmigkeitsübungen paarte: Er verbrachte viele Nächte andächtig in der Sebastianskatakombe und erlebte dort mystische Gottesbegegnungen. Doch war es schließlich der Malteser Antonio Bosio, der eine systematische Untersuchung der römischen Katakomben durchführte und dabei auf viele unbekannte Bestattungsorte stieß. Seine unterirdischen Entdeckungen und Forschungen brachten ihm den Namen „Kolumbus der Katakomben" ein und gelten als Geburtsstunde der Christlichen Archäologie.[44] Bosios Untersuchungen waren zweigleisig angelegt. Er zog schriftliche Quellen zu Rate und wertete den archäologischen Befund sorgfältig aus. Seine Ergebnisse fasste er in dem Buchwerk *Roma sotterranea* zusammen, das 1634 postum erschien.

Bosios Arbeit war von einem humanistisch-antiquarischen Interesse geleitet und, wie die Forschung mancher seiner Kollegen auch, in erster Linie auf die Erweiterung des archäologischen Wissens bedacht.[45] Dementsprechend konzentriert sich das Frontispiz von *Roma sotterranea*, das Pietro da Cortona entworfen hatte,[46] auf die Wiedergabe der archäologischen Tätigkeiten unter der Erde. Das Hauptgeschoss des Kupferstiches zeigt Männer, die in einem Cubiculum Leichen bergen, während im rechten Bildfeld andere Personen Gebeine aus einem Loculus entnehmen. In der Attika wird das Martyrium zweier nicht ausdrücklich als Christen gekennzeichneter Männer wiedergegeben und nur die thronende Personifikation der Ecclesia in der Mitte und das darüber angebrachte Wappen Papst Urbans VIII. stellen eine Verbindung zum Christentum her. Auch der Inhalt von Bosios *Roma sotterranea* ist nicht dezidiert in einem gegenreformatorischen Ton gehalten: Abbildungen von Reliquien fehlen und keines der Bilder fordert nachdrücklich zur Verehrung auf.[47] Dennoch kommt im letzten Kapitel des Buches eine nachtridentinische Apologetik zum Ausdruck. Bosio hatte zunächst das Martyrium

[42] Krüger 1999. [43] Hecht 1997, S. 261 f. [44] Wischmeyer 1978.
[45] Herklotz 2001. [46] Merz 2003. [47] Merz 2003, S. 230.

Pietro da Cortona, Frontispiz, *Roma sotterranea*, Rom 1634

und die Sorge um die Toten im frühen Christentum behandelt, hatte dann die Anlagen verschiedener unterirdischer Bestattungsanlagen vorgestellt und sich abschließend der Frage nach dem Nutzen der heiligen Bilder gewidmet („Dell'uso antico delle sacre Imagini"). In den Katakomben war er nämlich nicht nur auf unzählige Leichname, sondern auch auf eine reiche Bildwelt gestoßen, wie die des guten Hirten, Marias oder biblischer Historien. So hatten die Katakomben der Heiligenverehrung neue Nahrung gegeben und den untrüglichen Beweis erbracht, dass christliche Bilder zum ureigensten Ausdrucksmittel des Christentums gehörten. Indirekt hatte damit auch die Verehrung der Heiligen im Bild ihre Legitimation erhalten. Die unterirdischen Begräbnisstätten aber zogen über Jahrhunderte fromme Touristen an, die in der Tiefe der Grüfte andächtig der ersten Märtyrer gedachten.[48]

Kanonisation

Die entdeckten Katakombenheiligen hatten den Vorteil, dass sie Märtyrer aus dem frühen Christentum waren, deren Heiligkeit nicht erst bewiesen werden musste. Mit den neuen Heiligen indes tat man sich seit der Reformationszeit schwer. Die Kanonisation → Bennos von Meißen im Jahr 1523 hatte im lutherischen Sachsen Spottprozessionen hervorgerufen, bei denen die Protestanten Pferdeknochen anstelle von verehrten Gebeinen mit sich führten. Unter der starken Kritik der reformatorischen Strömungen nahm die katholische Kirche zunächst eine abwartende Stellung ein. Es vergingen 65 Jahre, bevor in Rom der nächste neue Heilige proklamiert wurde.[49] Erst 1588 nahm der Heilige Stuhl die Kanonisation des Didacus (Diego) von Alcalá († 1463) vor. Von nun an wurden wieder regelmäßig neue Heilige ausgerufen, auch wenn deren Zahl bis 1769 überschaubar blieb.

Mit der Aufnahme neuer Heiliger in den kirchlichen Kalender wurde der Kanonisationsprozess sukzessive verfeinert – ein Vorgehen, das mit der ersten grundlegenden Neuordnung der Kurie durch Sixtus V. im Jahr 1588 seinen Ausgang nahm. Urban VIII. verschärfte den Ablauf und Benedikt XIV. traf 1734 weitere Verfügungen, die bis Anfang des 20. Jahrhunderts in Gebrauch waren. Die Änderungen betrafen zunächst die Hierarchie der verehrten Personen, denn nun war eine Seligsprechung nötig, bevor die Kanonisation erfolgen konnte. Mit dieser klaren Trennung schuf man einen zweigeteilten Heiligenhimmel, dessen Bewohnern ein unterschiedlicher Verehrungsgrad zukam. Zur Beatifikation mussten zwei Wunder nachgewiesen werden und der Selige durfte nur regional verehrt werden, entweder in einer bestimmten Diözese oder innerhalb einer Ordenskongregation. Es war ausdrücklich verboten, ihm einen Altar oder gar eine Kirche zu weihen und öffentlich sein Bildnis oder seine Reliquien auszustellen. Zur Kanonisation waren zwei weitere Wunder nachzuweisen, die sich nach der Seligsprechung ereignet hatten. Doch durfte die Heiligsprechung generell erst 50 Jahre nach dem Tod der betreffenden Person vorgenommen werden, um eine Spontanerhebung zu vermeiden und um nicht vorschnell einen „santo subito" (plötzlichen Heiligen) zu schaffen. Der Heilige aber wurde weltweit verehrt mit der dazugehörigen Reliquienpräsentation und Bildproduktion.

Trotz der restriktiven Maßnahmen zur Regelung der Heiligen- und Bilderverehrung kam es mitunter dennoch zu lokalen Sonderkulten von Nicht-Kanonisierten. Im Prättigau etwa hatten im Jahr 1622 Bauern den Kapuziner Fidelis von Sigmaringen erschlagen. Der Märtyrer wurde 1729 selig- und 1746 heiliggesprochen. Doch schon lange vor der offiziellen Kultanerkennung hatte man Fidelis in Chur und Feldkirch in Liturgie, Schriften und Bildern gleich einem Heiligen verehrt.[50]

Um den Kanonisationsprozess verwaltungstechnisch zu regeln, setzte Sixtus V. die Ritenkongregation ein, der fünf Kardinäle angehörten. Seit 1631 etablierte sich auf Dauer das Amt des Advocatus Diaboli, dessen offizielle Bezeichnung Promotor Fidei lautete. Ihm kam die Aufgabe zu, über die korrekte Anwendung der Rechtsnormen zu wachen. Nachdem das Bistum, das die Heiligsprechung wünschte, alle nötigen Materialen eingesandt hatte – Nachweis der Tugenden, der Wunder oder des Martyriums –, unterzog der Advocatus Diaboli diese

Theatrum sacrum zur Kanonisation von 1712, Kupferstich, Privatsammlung

einer strengen Prüfung und verfasste ein erstes Gutachten.[51]

Unter dem aufwendigen und zunehmend verschärften Verfahren wurden in den Jahren von 1588 bis 1769 nur 32 Personen kanonisiert, die zu dieser Zeit gelebt hatten. Unter den neuen Heiligen befanden sich fünf Frauen – von diesen waren vier Nonnen – und 27 Männer, von denen wiederum die meisten Kleriker waren und davon wiederum der größte Teil einem Orden angehörte. Die Heiligen des Barock setzten sich zusammen aus Reformern, Ordensgründern, Mystikern – darunter viele Frauen –, Missionaren und Sozialarbeitern.[52] Bei der Erhebung von Märtyrern war man eher zurückhaltend, obgleich es im Zuge der Glaubensstreitigkeiten und Missionstätigkeiten nicht an neuen Martyrien fehlte. Von den mittelalterlichen Märtyrern wurde allein → Johann von Nepomuk kanonisiert. Die Zurückhaltung der Kanonisation von Blutzeugen ist möglicherweise darauf zurückzuführen, dass zum Bild der triumphierenden und militanten Kirche das Image eines sterbenden und leidenden Heiligen nicht passte oder dass man befürchtete, die Jesuiten würden schnell dominieren, denn aus diesem Orden gingen auffallend viele Märtyrer hervor.[53]

Mit der Neuorganisation der Beatifikationen und Kanonisationen gingen herausragende Feierlichkeiten zum Prozessabschluss einher. Vor allem die Heiligsprechungen wurden in großer Pracht gefeiert und verschlangen immense Kosten.[54] Seit 1742 fanden alle Kanonisationsfeiern in St. Peter in Rom statt, zuvor hatte man in einigen Fällen auch die Lateransbasilika gewählt. Für den Festtag errichtete man im Chor der Kirche ein großes Podest, das Theatrum sacrum, dessen Ehrenplatz im Scheitel des Chors dem Papst zukam. Die Kirche selbst war reich geschmückt mit ephemeren Heiligenbildern,

[48] Brückner 1994. [49] Burke 1984. [50] Sawilla 2009, S. 440 f.
[51] Schalhorn 2000, S. 31–48; Sieger 1995. [52] Burke 1984, S. 50 f.; Po-chia Hsia 1998, S. 134–137. [53] Po-chia Hsia 1998, S. 125 f.
[54] Samerski 2002, S. 468–474.

großformatigen Medaillons, Heiligenfiguren in Stuck, Tugendallegorien, einem aufwendigen Fassadenschmuck – zur Kanonisation 1746 etwa bedeckte ein über 17 m hohes Bild die Fassade von St. Peter –, dazu kamen Kerzen und Leuchter sowie eine Standarte mit dem Bild des Heiligen. Die feierliche Zeremonie, bei der man das *Te Deum laudamus* anstimmte, schloss mit der Papstmesse am Hochaltar von St. Peter, die nun erstmals zu Ehren des frisch kanonisierten Heiligen gefeiert wurde.[55]

Hagiografie

Mit der Reformierung des Kanonisationsprozesses ging eine Überarbeitung des *Martyrologium Romanum* einher. Das Verzeichnis, das in kalendarischer Form alle Heiligen aufführt inklusive einer Kurzform ihres Lebens und Sterbens, wurde grundlegend überarbeitet und kam 1586 als revidierte, vom Heiligen Stuhl anerkannte Version auf den Markt, die jedoch in kurzen Abständen, 1589 und 1598, durch weitere erneuerte Fassungen ersetzt wurde. Damit das *Martyrologium Romanum* auf einer möglichst quellengesicherten Basis fußte, hatte der kenntnisreiche Kirchenhistoriker Cäsar Baronius historische Notizen geliefert. Auch das *Missale Romanum* unterzog man einer Revision und verringerte das liturgische Jahr um einige Heiligenfesttage. Während die frühkirchlichen Festtage beibehalten wurden, mussten manche hoch- und spätmittelalterlichen Feste weichen, wobei die stadtrömischen Heiligen einen klaren Vorzug erhielten.[56]

Für die nachtridentinische Heiligenverehrung ist ein weiteres, umfangreicheres und in seiner Fertigstellung um ein Vielfaches aufwendigeres Buchwerk bedeutsam. Bisher fehlte es zwar nicht an alten und neuen Heiligenviten, denn nach wie vor war die *Legenda aurea* in Gebrauch, zudem hatte der Kartäuser Laurentius Surius zwischen 1570 und 1575 das siebenbändige hagiografische Werk *De probatis sanctorum historiis* in Köln auf den Markt gebracht. Doch nun entstand ein neues hagiografisches Monumentalprojekt: die von den Bollandisten unternommene Edition der *Acta sanctorum*. Das quellengesättigte voluminöse Werk der Jesuiten, das unvollendet blieb, hat den Superlativ verdient, die größte hagiografische Enzyklopädie zu sein. Die Anfänge aber waren bescheidener. Heribert Rosweyde aus der Jesuitenkongregation in Antwerpen plante, alle überlieferten Heiligenviten des heutigen Belgiens zu edieren, und durchsuchte dafür die Handschriften der regionalen Klosterbibliotheken. Dabei ging er ganz im Geiste der humanistischen Quellenkritik und Philologie vor und bemühte sich darum, aus den vielen Textüberlieferungen den Urtext herauszufiltern sowie stilistische Zufügungen und sprachliche Unreinheiten zu entfernen. Die penibel angewandte wissenschaftliche Methode diente freilich nicht dem Selbstzweck, sondern der katholischen Frömmigkeit und der Heiligenverehrung. Da die vorgesehenen 18 Bände bei Rosweydes Tode noch nicht vollendet waren, betraute die Kongregation Jean Bolland – der für das Unternehmen namensgebend wurde – mit dem Ordnen des Nachlasses. Schon bald kam Gottfried Henschen als Hilfe hinzu und das Projekt wurde ehrgeizig von einer landesweiten zu einer weltweiten Heiligen- und Quellensammlung erweitert.

In den folgenden Jahrhunderten erschienen die einzelnen Bände chronologisch geordnet nach den Monaten des Jahres. 1643 lag der Januar in zwei Bänden vor – über 2500 Seiten, gefüllt mit unzähligen Vitenversionen von 1170 Heiligen. Ein derartig aufwendiges Unterfangen benötigte viel Zeit, so dass erst 1658 die drei Bände des Februars publiziert werden konnten. Nach Bollands Tod übernahm Daniel van Papebroch die Projektleitung und reiste zwei Jahre durch ganz Europa, um Archive nach Quellenmaterial zu durchforsten[57]: 1668 verließen drei Bände zum März die Druckerpresse. Die Editionsarbeit wurde auch im kommenden Jahrhundert fortgesetzt und kam nur 1773 mit der Auflösung des Jesuitenordens ins Stocken, setzte aber 1837 mit der Wiederzulassung wieder ein. Erst 1925 wurden die Arbeiten an den *Acta sanctorum* mit der Publikation von vier Bänden für den November eingestellt.[58]

[55] Zu verschiedenen Kanonisationsfeiern vgl. Garms 1976; Rasmussen N. 1988; Schalhorn 2000, S. 49 – 69; Anselmi 2005. [56] Focke/Heinrichs 1939, S. 462 – 467. [57] Papebroch 2002. [58] Ausführlich und maßgebend: Sawilla 2009.

Der Kupfertitel zum Januarband gibt das Bestreben des Editionsprojekts programmatisch wieder. Der auf einem großen Papierstück geschriebene Buchtitel verdeckt eine dunkle Höhle, in der gelehrte Personen mit Büchern kauern. Putten tragen einzelne Bände ans Tageslicht empor, während die Personifikationen der Eruditio (Gelehrsamkeit) und Veritas (Wahrheit) die Schriften zum Gipfel des Berges weiterleiten. Dort thront die Acta Sanctorum höchstpersönlich und bringt das zu Papier, was aus der dunklen Vergangenheit ans Licht empor-

Abraham van Diepenbeeck, Kupfertitel, *Acta Sanctorum*, Bd. 1, 1643

Cosmas Damian Asam, Apotheose des hl. Benedikt, 1732/33, Regensburg, St. Emmeram

gebracht wurde. Das Unternehmen konnte so erfolgreich dem in der Sockelzone liegenden, allesverschlingenden Chronos die kostbaren Informationen entreißen.[59]

Heiligenhimmel

Die vielen Heiligen, von deren immenser Anzahl die *Acta sanctorum* zeugen, weilten unsichtbar im Himmel und waren nur wie üblich in ihren Reliquien und Bildern auf Erden sichtbar zugegen. Doch entwickelte sich im Barock eine weitere Möglichkeit, um mit künstlerischen Mitteln die Gegenwart der Heiligen zu visualisieren. Dank der illusionistischen Deckenmalerei konnte der Heiligenhimmel in die Kirche geholt werden. Die Künstler entwickelten verschiedene Spielarten der Scheinmalerei, die vorgeblich das Kirchengewölbe durchbrach und den Raum zum Himmel hin öffnete.

Der große süddeutsche Freskant Cosmas Damian Asam war ein Meister der illusionistischen Malerei. In der Benediktinerabteikirche St. Emmeram in Regensburg gestaltete er eines der Deckenfelder als offenen Himmel, indem er den Blick des Kirchenbesuchers steil von unten nach oben führte (di sotto in su): von einer schmalen Erdzone, auf der die Verbreitung des Benediktinerordens anklingt, zum offenen Himmel (cielo aperto), in den Engel den Ordensgründer → Benedikt von Nursia erheben. An höchster Stelle ist die → Dreifaltigkeit angesiedelt, die den Heiligen erwartet, umgeben von anderen Heiligen, die auf Wolkenbänken angeordnet sind.[60] So leitet Asam das Auge des Betrachters und weckte die Illusion, als blicke er aus dem Gotteshaus hinaus in den offenen Himmel hinein. Durch geschickte Kunstgriffe entstand ein Kontinuum zwischen Kirchenraum und Heiligenhimmel. Ließ sich der Betrachter auf das illusionistische Spiel ein und war er bereit, sein Auge täuschen zu lassen,[61] so wähnte er, vom Diesseits ins Jenseits zu schauen, vom Verehrungsort der Heiligen zu ihrem ewigen Aufenthaltsort.[62]

Der „cielo aperto" war eine Modeströmung des Barock und eine zeitgebundene Möglichkeit, den Heiligenhimmel in die Kirche zu holen. 1760/61 kam diese seit hundert Jahren übliche Deckengestaltung in Kritik und Anton Raphael Mengs malte ein Deckengemälde, das keine illusionistische Öffnung vortäuscht, sondern die Decke nach oben hin abschließt. Ein Einblick in den Himmel war fortan nicht mehr gewünscht, die Täuschung der Sinne musste zugunsten einer rationalen Durchdringung hintanstehen. Mit der beginnenden Aufklärung trat die Heiligenverehrung in ein neues Stadium.

[59] Sawilla 2009, S. 234–237. [60] Bushart/Rupprecht 1986. [61] Büttner 2001, S. 110–112. [62] Hawel 1987, S. 331–339, 340–343.

Märtyrer

Mit der Aufhebung der konfessionellen Ordnung zur Reformationszeit begann seit dem frühen Christentum erstmals wieder eine Zeit der neuen Martyrien. Im 16. und 17. Jahrhundert mussten zahlreiche Menschen ihr Leben für ihre Glaubensüberzeugung lassen oder starben im Zuge der Glaubenskriege. Dies betraf Angehörige aller Konfessionen und aller Denominationen. Auf Seiten der Lutheraner, Reformierten, Hugenotten, Täufer und Katholiken waren viele Opfer zu beklagen, die gewaltsam zu Tode gekommen waren. Die massenhaften Hinrichtungen im Täuferreich zu Münster und die Metzeleien zur Bartholomäusnacht bilden nur die Spitze des hoch angewachsenen Leichenberges. Zu den Martyrien im eigenen Land kamen die tödlichen Misshandlungen in Missionsgebieten. Jesuiten, Franziskaner und andere Orden waren vor allem nach Ostasien und Südamerika aufgebrochen, um dort für ihren Glauben zu werben und wenn nötig ihr Leben zu lassen.

Alle Glaubensgemeinschaften gedachten ihrer Blutzeugen und waren darum bemüht, die Erinnerung an deren Standhaftigkeit in Wort und Bild zu bewahren. 1552 erschien das erste Druckwerk auf dem Markt, das in Form eines Martyrologiums der neuen Blutzeugen gedachte. Diese Schrift von dem protestantischen Autor Ludwig Rabus bildete den Auftakt, auf den weitere protestantische und schließlich auch katholische Werke folgten. Genannt seien nur das *Theatrum crudelitatum* von Richard Verstegan (1588), die *Bavaria sancta* von Matthäus Rader (1615) und die *Societas Jesu* von Matthias Tanner (1675). Die meisten dieser Werke stellen Jesu Sterben vorweg, an das sich die Martyrien → Johannes' des Täufers, → Stephanus' und der frühen Christen anschlossen, auf die schließlich die neuen, nachreformatorischen Märtyrer folgten. Sie führen das Kontinuum des Leidens und Sterbens für Christus vor Augen und beanspruchen die bis zum Letzten gehende Christusnachfolge für die eigene Konfession. Eine derartige Bestätigung des gottgefälligen Sterbens trug in hohem Maße zur Selbstvergewisserung und zur Abgrenzung gegenüber den anderen Glaubensgemeinschaften bei. Theateraufführungen, die Märtyrerdramen auf die Bühne brachten, taten das Ihre, um sich des unschuldigen Leidens der eigenen Konfessionsangehörigen zu vergewissern. Auf katholischer Seite taten sich vornehmlich die Jesuiten durch spektakuläre Inszenierungen hervor.

Die Konjunktur der Märtyrer spiegelt sich in vielen Facetten in den Bildkünsten wider. Die Darstellung der Blutzeugen des frühen Christentums konzentrierte sich nun oft auf den Moment des Martyriums. Bei → Barbara und → Agnes etwa hatte die Ikonografie ihres Sterbens nur eine nebengeordnete Rolle gespielt, doch nun wurde es oftmals großformatig auf Altargemälden präsentiert. In Antwerpen thematisierte man den Tod der Glaubenszeugen in einem Atemzug mit der Zerstörung der Altarbilder beim Bildersturm von 1566. Als man nämlich nach der Rekatholisierung der Stadt die Kirchen wieder mit Gemälden ausstattete, wählte man auffallend viele Martyriumsszenen. Offenbar verstand man die gewaltsame Beseitigung der Altarblätter als einen Angriff auf die abgebildeten Heiligen und proklamierte nun, dass sich die ikonoklastischen Ausschreitungen nicht nur gegen die Abbilder, sondern auch gegen die Urbilder im Himmel gewandt hatten.

Altarbilder des 17. Jahrhunderts führen das Martyrium der Heiligen oftmals in großer Grausamkeit vor Augen (Abb. S. 255). Sie schildern eindringlich die Pein des übermenschlichen Leidens und das Erdulden der unmenschlichen Schmerzen. Die druckgrafische Bildpublizistik hatte hingegen oftmals den Anschein einer exakten Berichterstattung wecken wollen. Die Gequälten leiden meist geduldig unter der Folter, die in aller Exaktheit vorgeführt wird. So stehen auch die beiden Jesuitenpater in Tanners *Societas Jesu* unberührt am Marterpfahl eines nordamerikanischen Urvolkes, obwohl ihnen schon Fleischteile aus dem Leib geschnitten werden. Da diese Darstellung kein Anzeichen für eine himmlische Erlösung erkennen lässt, rückt der gewaltsame Akt der Peiniger, die hier Angehörige einer anderen Religion und ethnischen Gruppe vorstellen, umso stärker in den Blick. Ihr barbarisches Tun kontrastiert das geduldige Ertragen der Leidenden und überzeugt den Betrachter von der Unmenschlichkeit der Schlächter und von der Unschuld und Reinheit der Glaubensopfer.

Literatur: Freedberg 1976 – Burschel 2004 – Oy-Marra 2007 – Münch 2008

Katakombenheilige

Am 31. Mai 1578 kam es in Rom zu einer folgenschweren Entdeckung: Nahe der Via Salaria brach das Erdreich ein und ließ erkennen, dass sich darunter ein unterirdisches Labyrinth befand – eine spätantike Katakombe war gefunden, die man zunächst fälschlich für die Priscilla-Katakombe hielt, später aber als Katakombe Anonima di Via Anapo identifizierte. Der wiederentdeckte Bestattungsort markierte den Beginn der Katakombenforschung und der wiedererwachenden Verehrung frühchristlicher

Martyrium von zwei Jesuitenpatern in Französisch-Nordamerika, in: Mathias Tanner, *Societas Jesu*, Prag 1675, Abb. 258

Märtyrer. Die unterirdischen Friedhofsanlagen hielt man nämlich für die Begräbnisstätten der Christen. Diese wollten nicht wie die Heiden in kostbaren Monumenten bestattet werden, sondern in den weit bescheideneren Wandgräbern der Katakomben – so erläuterte es Antonio Bosio in seinem monumentalen Buchwerk über die frühchristlichen Katakomben Roms.

Einiges schien darauf hinzuweisen, dass die von nun an wieder ins Bewusstsein gekommenen und systematisch durchsuchten Katakomben eine große Zahl von Märtyrerleichnamen bargen. Denn einige der Wandgräber waren mit Abschlussplatten verschlossen, verziert mit Symbolen, die man als Hinweis auf ein Martyrium deutete. Auch fanden sich in vielen Gräbern Ampullen, deren Inhalt durch den Oxidationsprozess dunkel geworden war. Diese Spuren deutete man als Blutreste und als sicheren Hinweis auf einen gewaltsamen Tod. Gebeine und Gebeinreste, die man derart als Überbleibsel der Märtyrer identifiziert hatte, erhob man aus der Tiefe der Gruft und überführte sie in Kirchen. Einige der Funde stellten prominente Heilige dar, wie der Leichnam der seit langem verehrten hl. Cäcilie (→ Cäcilie II). Die meisten aber waren bis dahin unbekannte Personen, deren Grabinschrift in manchen Fällen ihren Namen nannte. Häufig aber fehlte selbst dieser, so dass man kurzerhand die aufgefundenen Gebeine taufte und ihnen einen neuen Namen gab. Dieser konnte auf die unbekannte Identität hindeuten, wie Anonymus oder Innominata, oder er konnte eine vermutete Eigenschaft der Bestatteten nennen, wie Felix (der Glückliche), Benignus (der Gütige), Charitosa (die Mildtätige).

Mit der Entdeckung der unterirdischen Bestattungsorte war ein schier unerschöpflicher Schatz heiliger Gebeinreste und zahlloser intakter Leichname entdeckt worden, der schon bald das Verlangen nach Teilhabe weckte. Einflussreiche Personen erhielten eine Grabungserlaubnis, andere bestellten Reliquien aus den Katakomben für ihre Kirche. So traf 1610 der erste Katakombenheilige nördlich der Alpen ein. Bis ins 18. Jahrhundert hinein folgten zahlreiche weitere in die Schweiz, nach Österreich und Süddeutschland. Bis 1700 überführte man 60 Katakombenheilige allein in Klöster und Stifte des Bistums Konstanz.

Am päpstlichen Hof war man sich bewusst, dass diese explosionsartige Vermehrung der Märtyrerreliquien ein hohes Fälschungspotential barg. So entwickelte man ein aufwendiges Verfahren, um die jeweiligen Gebeine durch eine päpstliche Bestätigung als wahrhaftig zu legitimieren. Nach Auffindung der Gebeine erfolgte eine Authentisation, die oftmals in der päpstlichen Sakristei stattfand, wo die Reliquien vom Praefectus Coemeteriorum identifiziert und vom Custos Sacrorum Reliquiorum et Sacrorum Coemeteriorum überprüft und bestätigt wurden. Danach wurde eine Urkunde (Authentik) ausgestellt, die Gebeine wurden sorgfältig verpackt und versiegelt und dem Empfänger oder dem Mittelsmann übergeben. So hatte der Katakombenheilige sein päpstliches Echtheitszeichen erhalten und alles war dafür getan, dass die am Bestimmungsort ankommenden Reliquien dieselben waren, die man in Rom verpackt hatte – Reliquienfälschungen, Reliquienschmuggel und Reliquienraub waren damit weitgehend verhindert. Am vorgesehenen Ort angekommen fand die Illation, die Eintragung in ein Gotteshaus statt, wo hohe Geistliche die Rekognition, die Verifizierung der Gebeine vornahmen. Erst dann erfolgte die feierliche Translation in die Kirche.

Obgleich viele Leichname der Katakombenheiligen einen prominenten Platz auf dem Altar erhielten, wurde ihnen nur in Ausnahmen ein Altarbild gewidmet. Dafür gibt es mehrere Gründe: Zum einen waren in der Regel weder Begebenheiten aus dem Leben des jeweiligen Heiligen noch die Umstände seines Todes bekannt, und allein das allgemeine und vage Wissen, dass diese Person als Blutzeuge verschieden war, begründete die Verehrung. Die nachtridentinische Forderung nach einem angemessenen Altarbild beinhaltete jedoch die Beachtung der wahren historischen Ereignisse. Das Altarbild eines Heiligen, über dessen Leben und Sterben nichts bekannt war, konnte dem nicht entsprechen. Zudem waren die Katakombenheiligen oftmals nicht die Hauptpatrone eines Altars, dem das Gemälde gewidmet war. So entschied man sich in den meisten Fällen dafür, den gut bekannten Hauptheiligen auf dem Altarblatt darzustellen und den Katakombenheiligen in einem gläsernen Sarg darunter auszustellen.

Die Benediktinerabtei Niederaltaich hatte die Gebeine der hl. Aurelia aus einer römischen Katakombe erworben. Die Knochen kleidete man in goldgewirkte und mit Edelsteinen geschmückte Gewänder, bettete sie auf ein samtüberzogenes Lager und präsentierte sie in einem großen gläsernen Schrein auf dem Altar. Der Leichnam hält einen vergoldeten Palm-

Sebastiansaltar mit Reliquienschrein der hl. Aurelia, 1681, Niederaltaich, Benediktinerabteikirche

zweig in Händen als Hinweis auf den errungenen Sieg und ewigen Lohn. Da die Präsentation zwar von der Kultwürdigkeit der Gebeine zeugt, doch jegliche narrative Elemente fehlen und eine Bescheinigung für die Rechtmäßigkeit der Verehrung wünschenswert war, platzierte man den Sarg unter dem Altarbild mit dem Martyrium des → hl. Sebastian von Franz Reicher. Sebastian ist der traditionellen Ikonografie entsprechend an den Baum gebunden, dem Pfeilhagel seiner Peiniger ausgesetzt. Über ihm öffnet sich der Himmel und lässt ihm seinen Lohn zukommen. So gibt das Altarblatt die allgemeine Erläuterung, dass die hl. Aurelia wie der hl. Sebastian für Gott gelitten hat und von Gott ihren Lohn erhielt. Die Verehrung hatte mit dieser bildlichen Aussage ihre Legitimation erhalten.

Einen anderen Weg der Bestätigung der Gebeine von Katakombenheiligen hatte Johann Michael Rottmayr gefunden, als er für die Altarblätter in der Zisterzienserabteikirche Raitenhaslach zwei fiktionale, aber prinzipiell mögliche Martyrien darstellte. Über den Leichnamen des hl. Ausanias und der hl. Concordia ist zu sehen, wie die beiden mit Spießen und Keulen bedroht und mit einem Dolch ermordet werden. Ob der Tod tatsächlich in dieser Weise erfolgte, war zweitrangig, allein das Wissen um das Martyrium genügte. Joachim von Sandrart hingegen hatte für die Lambacher Benediktinerkirche die Übergabe der Reliquien eines gewissen hl. Julian im Bild dargestellt. Da bei diesem Akt der Papst und hohe kirchliche Würdenträger zugegen sind, bestätigte das Altargemälde die Authentizität der Julianreliquien in Lambach.

Joachim von Sandrart, Die Übergabe der Gebeine des hl. Julian, 1658–1660, Lambach, Benediktinerklosterkirche; Katakombenheiliger mit Schwert und Palme, Altomünster, Klosterkirche; Johann Michael Rottmayr, Martyrium des hl. Ausanias, Martyrium der hl. Concordia, 1697/98, Raitenhaslach, Zisterzienserabteikirche

Quellen: Aringhi 1972 – Bosio 1998

Literatur: Henggeler 1939 – Wischmeyer 1978 – Achermann 1979 – Polonyi 1990 – Deckers/Mietke/Weiland 1991 – Polonyi 1998 – Brossette 2003 – Meier 2009, Kap. II.3

Bartholomäus

24. August

Der Apostel Bartholomäus wird im Neuen Testament selten erwähnt, doch findet sich sein Name in den Apostelreihen (Mt 10,2–4; Mk 3,16–19; Lk 6,14–16). Ausführlicher berichten die Bartholomäusakten des 5./6. Jahrhunderts über ihn, die in Syrisch abgefasst und ins Griechische und Lateinische übersetzt wurden. Diesem Text zufolge hatte Bartholomäus krauses schwarzes Haar und trug einen langen Bart. Der Kirchenhistoriker Eusebius berichtet, der Apostel habe in Indien gepredigt und dort ein hebräisches Matthäusevangelium hinterlassen, das Ende des 2. Jahrhunderts von einem gewissen Pantaninus aus Alexandrien aufgefunden wurde. Anderen Überlieferungen nach soll er das Evangelium auch in Mesopotamien, Syrien, Lykaonien und Großarmenien verkündet haben, zudem den Medern und Persern, den Germanen, den Parthern, Elamitern und Magern. So unklar die Aussagen zu Bartholomäus' Wirkungsort ausfallen, so uneinheitlich sind auch die Berichte über sein Martyrium. Gemeinhin gilt, dass er im Jahr 71 in Armenien ums Leben kam, wo er viele Menschen geheilt, ihnen gepredigt und sie getauft hatte. Unter den Neubekehrten befanden sich auch König Palömon (Polymios) und seine Familie. Doch Astyages, der Bruder des Herrschers, stand der Christianisierung feindlich gegenüber, ließ Bartholomäus gefangen nehmen und ihm in Albanopolis (Urbanopolis) bei einer grausamen Folter die Haut abziehen. Anderen Erzählungen zufolge aber wurde der Apostel enthauptet, gekreuzigt, gesteinigt, auf dem Kopf gekreuzigt, im Meer versenkt oder zu Tode geprügelt. Angesichts dieser wirren Überlieferung kommt Jacobus de Voragine in der *Legenda aurea* zu dem Schluss, Bartholomäus habe zunächst all diese Marter erdulden müssen, bevor man ihm die Haut abzog. Ende des Mittelalters setzte sich die Vorstellung durch, er habe sein Leben bei dem Akt der Schindung gelassen.

Die Reliquien des Märtyrers gelangten nach Mesopotamien und von dort in viele Teile der westlichen Welt: 983 etwa brachte man heilige Überreste nach S. Bartolomeo auf der Tiberinsel in Rom und zu einem unbekannten Zeitpunkt vor 1239 gelangte eine Schädelreliquie in den Dom von Frankfurt am Main.

Bartholomäus wurde schon früh in Apostelreihen dargestellt. Von etwa 1200 an bis ins 18. Jahrhundert hinein hält er seine abgezogene Haut in der Hand. Seit dem 12. Jahrhundert wurde die Prozedur des Haut-Abziehens häufiger ins Bild gesetzt, indem man den Apostel auf einer Schindbank liegend zeigte. Erst Ende des Mittelalters variierte man diese Szene und stellte nun dar, dass Bartholomäus dabei an einen Baum gebunden ist.

Jusepe de Ribera malte mehrere Bilder mit dem Martyrium des Bartholomäus. Der spanische Maler wirkte in Süditalien, da Neapel die Residenzstadt des spanischen Vizekönigs bildete. Eines der Gemälde, die er im Auftrag des Herrschers fertigte, führt das Ende des Apostels in aller Drastik vor Augen: Bartholomäus ist durch die Arm- und Beinfessel in eine unbequeme, halb hängende, halb liegende Position gedrängt. Der Peiniger hat sich bereits ans Werk begeben und dem Apostel schon die Haut des linken Arms abgezogen, so dass das blutige Muskelgewebe bloßgelegt ist. Derartige anatomisch korrekte Ansichten der Muskulatur konnte Ribera in illustrierten medizinischen Werken studieren, die zu jener Zeit kursierten. Im Gegensatz zu den Darstellungen des Mittelalters erduldet Bartholomäus nicht in Gelassenheit, sondern erleidet die Marter mit schmerzverzerrtem Blick. Die würdelose Position, die Grausamkeit der Tat und die körperlichen Schmerzen wecken das Mitleid des Betrachters. Doch nichts weist darauf hin, dass hier ein Heiliger stirbt, und kein Anzeichen lässt erkennen, dass er sich durch den Märtyrertod das ewige Leben verdient. Die Kenntnis der Ikonografie ist nötig, um den Leidenden identifizieren und um den himmlischen Lohn imaginieren zu können. Da das Gemälde für die königliche Sammlung bestimmt war, gab auch der räumliche Kontext keinen eindeutigen Hinweis auf den Charakter des Leidenden. Erst nach dem Tode des Vizekönigs gelangte das Bild in die Kirche von Osuna in Andalusien, wo das sakrale Umfeld das Vorverständnis leitet.

Jusepe Ribera, Martyrium des hl. Bartholomäus, um 1620, Osuna (Sevilla), Patronato de Arte

| Bartholomäus hat meist schwarzes Haar und trägt einen schwarzen Bart. Seine typischen Attribute sind Buch, Messer und Haut.

Bartholomäus-Fries, 1401/1425, Frankfurt a. M., St. Bartholomäus; Michelangelo, Bartholomäus im Fresko des Jüngsten Gerichts, 1536–1541, Vatikan, Sixtinische Kapelle; Sébastien Bourdon, Martyrium des hl. Bartholomäus, 1643/1648, Morlaix, Musée de Morlaix; Giovanni Battista Tiepolo, Martyrium des hl. Bartholomäus, um 1721, Venedig, San Stae

Quelle: Moesinger 1877

Literatur: Ausst.-Kat. Bartholomäus 1989 – González García 2003 – Scholz-Hänsel 2005, S. 38–40 – Oy-Marra 2007, S. 263–271

Pier Leone Ghezzi, Tod des hl. Clemens, 1725, Vatikan, Pinakothek

Clemens I. 23. November

Papst Clemens I. hatte von 92–101 als zweiter oder dritter Papst nach → Petrus das Pontifikat inne. Irenäus, der große Theologe des 2. Jahrhunderts, glaubte, Clemens habe die Apostel Petrus und → Paulus noch persönlich gekannt und Origenes und → Hieronymus identifizierten ihn mit dem Clemens, der im Philipperbrief namentlich als Mitarbeiter genannt wird (Phil 4,3). Ende des 4. Jahrhunderts verbreitete sich die Meinung, dass er wohl als Märtyrer gestorben sei – eine Ansicht, die man auf dem Konzil von Vaison (442) nachdrücklich betonte. Lange galt der Papst als Verfasser des berühmten Clemensbriefes aus dem 2. Jahrhundert, dessen Autor jedoch nicht mit Namen zu fassen ist.

Clemens soll während der Herrschaft des Kaisers Trajan zur Zwangsarbeit in die Marmorbrüche von Chersones auf die Kriminsel gesandt worden sein. Zur Zeit einer großen Dürre betete er um Wasser. Da erschien ihm ein Lamm und zeigte ihm einen unterirdischen Wasserstrom, so dass Clemens Wasser aus einem Felsen zu schlagen vermochte. Schließlich aber wurde der Papst im Asowschen Meer ertränkt. Dafür band man ihm einen Anker um den Hals und stieß ihn von der Küste der Krim ins tiefe Meer. Der gewaltsame Tod des Papstes soll sich im Jahr 97 oder 101 ereignet haben. Engel bargen den Leichnam in einem Tempel, den sie eigens für die Aufnahme des Verstorbenen errichtet hatten. Doch sollten die Gebeine dort nicht bleiben, denn die griechischen Slawenapostel Konstantin und Methodius entdeckten sie und brachten sie 867 oder 868 von der Krim nach Rom. Dort wurde die Titelkirche San Clemente zum Hauptverehrungsort.

In dieser Kirche stieß der Archäologe Giovanni Battista de Rossi (1822–1894) Jahrhunderte später bei der Erforschung der spätantiken Inschriften Roms auf ein Epigraph, das einen Hinweis auf einen Märtyrer gab. Den fehlenden Namen ersetzte de Rossi kurzerhand mit Clemens.

Papst Clemens XI. (1700 – 1721) beförderte die Verehrung seines heiligen Vorgängers, indem er San Clemente zur Kardinalstitelkirche erhob und sie umfassend restaurieren ließ. Freilich nahm man zu jener Zeit an, die Kirche sei das erste an dieser Stelle errichtete Gotteshaus, und gewahrte nicht, dass sich im Erdreich unter dem derzeit genutzten Sakralraum eine ältere Kirche befand, die man im 5. Jahrhundert erbaut und erst im 12. Jahrhundert durch einen darüber errichteten Neubau ersetzt hatte. In der inzwischen freigelegten und zugänglichen älteren Unterkirche ist ein Fresko aus den Jahren um 1100 zu finden, das möglicherweise Clemens bei der Messe zeigt.

Clemens XI. war darum bemüht, das vermeintliche Alter von San Clemente durch die Renovierungsarbeiten zu betonen und in Architektur und Innenausstattung Bezüge zum frühen Christentum herzustellen. Dem Titelheiligen Clemens widmete er einen vierteiligen Bildzyklus, der an der liturgisch bedeutsameren rechten Seite, der Evangeliumsseite, zwischen den Obergadenfenstern seinen Platz fand. Er verpflichtete vier Künstler, Szenen aus dem Leben des Heiligen zu malen, die gegenüberliegende Wand erhielt eine Bildfolge des zweiten Kirchenpatrons Ignatius von Antiochia. Der Hauptheilige erscheint ein zweites Mal an einer herausgehobenen Stelle, im Deckenfresko des Langhauses. Auch nach dem Tode Clemens XI. war der heilige Papst weiterhin aktuell. Für die Kapelle San Clemente in St. Peter schuf Pier Leone Ghezzi ein Altarbild und zwei Gemälde, die an den seitlichen Wänden ihren Platz erhielten und jeweils Clemens I. zeigen. Eine der Darstellungen thematisiert das Ende des Heiligen: Der Papst sitzt auf dem Rande eines Fischerboots mit einem dicken Tau um seinen Hals, an dessen Ende ein mächtiger Anker befestigt ist. Ghezzi führt den Moment unmittelbar vor dem Martyrium vor Augen. Der Anker wird in wenigen Sekunden vom Boot in das schäumende Meer gestoßen werden und den Heiligen mit sich in die Tiefe reißen.

| Clemens trägt eine Tunika und mitunter das Pallium sowie die Tiara. Als Attribut kann er einen Anker erhalten.

Heiliger Papst Clemens bei der Messe, um 1110, Rom, San Clemente, Unterkirche; Pietro de' Pietri, Giovanni Antonio Gregolini u. a., Szenen aus dem Leben des hl. Clemens, um 1720, Rom, San Clemente; Pier Leone Ghezzi, Martyrium des hl. Clemens und Felswunder, 1725, Vatikan, Pinakothek; Giacomo della Chiesa, Martyrium des hl. Clemens, 1776/1778, Vicenza, Dom

Quelle: Sermo 1948

Literatur: Gilmarti 1974 – Johns 1993, S. 95 – 117 – Ausst.-Kat. Ghezzi 1999, Kat.-Nr. 33 – Neil 2003

Cäcilie II 22. November

Am 20. Oktober 1599 machte man in Rom einen folgenreichen Fund. In der Kirche S. Cecilia in Trastevere war man bei Restaurierungsarbeiten auf einen Marmorsarkophag gestoßen. Als man ihn öffnete, fand man darin den Leichnam der hl. Cäcilie in ein goldenes Kleid gewandet, ein blutdurchtränktes Tuch zu ihren Füßen. Der hinzugerufene Kardinal und Kirchenhistoriker Cäsar Baronius bestätigte ihre Identität. Man wusste, dass der Körper der Heiligen einst in der Calixtus-Katakombe beigesetzt worden war, Papst Paschalis I. (817 – 824) sie jedoch nach S. Cecilia überführt und im Chor der Kirche wiederbestattet hatte. Seit dieser Zeit ruhten die sterblichen Überreste in der Kirche der Heiligen, die man ihr zu Ehren an der Stelle errichtet hatte, an der man ihr einstiges Wohnhaus vermutete. Nun, 1599, war man sich sicher, diesen heiligen Leichnam gefunden zu haben. Besonderes Aufsehen erregte die Lage des Körpers. Zum einen war er völlig unversehrt – seit jeher ein sicheres Zeichen für die Heiligkeit eines Toten – und zum anderen nahm er genau die Stellung ein, in der die Heilige verstorben war. Man hatte sie, nachdem ein Ersticken durch heiße Dämpfe fehlgeschlagen war, zu köpfen versucht, ohne ihren Kopf ganz vom Körper trennen zu können (→ Cäcilie I). Den überraschend aufgefundenen Körper stellte man bis zum Festtag der Heiligen am 22. November zur Verehrung aus und setzte ihn dann unter dem Hochaltar erneut bei.

Kaum hatte man den Leichnam der Heiligen in S. Cecilia gefunden, beauftragte man den römischen Bildhauer Stefano Maderno, von dieser kostbaren Reliquie eine genaue Replik anzufertigen. Bereits wenige Wochen später war die Marmorskulptur fertiggestellt. Die kleine, den Leichnam getreu abzeichnende Figur misst nur 1,25 m und zeigt die Heilige am Boden liegend mit nach hinten gewendetem Kopf. Obgleich im *Liber pontificalis* des Mittelalters zu lesen war, als Papst Paschalis Cäcilies Leichnam aus der Calixtus-Katakombe barg, sei ihr Haupt vom Körper getrennt gewesen, präferierte man die Darstellung mit einem intakten Leib. Madernos Skulptur gibt den Blick auf die Halswunde frei. Zwar bildet die Marmorskulptur die Märtyrerin sehr getreu ab, doch bewirkt gerade diese Nachbildung, dass der Betrachter mit der Heiligen nicht in Blickkontakt treten kann. Da ihr Gesicht nicht zu sehen ist, eignet sich die Heilige in dieser Lage nicht als Partnerin einer frommen Zwiesprache. Die dreidimensionale Skulptur führt stattdessen den Tod so überzeugend vor Augen, als wäre Cäcilie in diesem Moment verschieden, und verkörpert den Leichnam buchstäblich. Die Skulptur erinnert an das vergangene Martyrium, bildet zugleich den gegenwärtigen Zustand der unter dem Altar bestatteten Heiligen ab und vermischt durch ihre Wirklichkeitstreue die Realitätsebenen. So wird dem frommen Betrachter statt eines Kultbildes die wahre Abbildung einer Toten geboten. Dazu trägt in besonderem Maße die Platzierung der Skulptur in einem engen Gefach bei, das an den Loculus, das Nischengrab in einer Katakombe, erinnert. Mit der überzeugenden, dreidimensionalen Repräsentation der Reliquie war eine weitestmögliche Annäherung an den Prototypen erreicht worden. Mit der Auffindung des Leichnams rückte das Martyrium der hl. Cäcilie in den Mittelpunkt vieler Darstellungen. Besonders in Rom entstanden zahlreiche Bilder, welche die Hei-

Stefano Maderno, Die hl. Cäcilie, 1599, Rom, Santa Cecilia in Trastevere

lige in einer ähnlichen Stellung wie Madernos Skulptur zeigen, das Gesicht dem Betrachter aber zukehren. Man verzichtete bewusst auf eine authentische Wiedergabe und bot stattdessen eine Heilige, die mit dem Betrachter in Blickkontakt treten konnte.

Guido Reni, Martyrium der hl. Cäcilie, um 1600, Rom, Basilica di S. Cecilia; Carlo Saraceni, Martyrium der hl. Cäcilie, um 1610, Los Angeles, Los Angeles County Museum of Art; Domenichino, Szenen aus dem Leben der hl. Cäcilie, 1612–1615, Rom, San Luigi dei Francesi, Cappella Polet; Francesco Vanni, Die sterbende hl. Cäcilie, Rom, Basilica di S. Cecilia

Quellen: Bosio 1600 – Historia Caeciliae 1604

Literatur: Holst 1935 – O'Neill 1985 – Ausst.-Kat. Caecilia 1995 – Wolf G. 1997 – Kämpf 2004

Sebastian II — 20. Januar

Als Cäsar Baronius gegen Ende des 16. Jahrhunderts seine elf Bände umfassende Kirchengeschichte schrieb, bedachte er eine der Personen aus der Vita des hl. Sebastian mit einer größeren Aufmerksamkeit als dies Märtyrertexte bisher getan hatten. Im Gegensatz zu den älteren Berichten schilderte er ausführlich die Tat der frommen Irene. Zwar wusste man stets, dass diese römische Frau Sebastian gesundgepflegt hatte, nachdem ihn die Soldaten des Kaisers Diokletian (284–305) (→ Sebastian I) mit Pfeilen durchschossen und, weil sie glaubten, er sei tot, an der Hinrichtungsstätte zurückgelassen hatten, doch hatte man dieser frommen Tat bisher wenig Beachtung geschenkt. Baronius aber berichtete, wie sich die römische Matrone bei Nacht zum Ort des Martyriums aufmachte und sich zusammen mit einer Magd des Schwerverwundeten annahm. Damit hatte das Dulden des hl. Sebastian, der bisher als Hauptpestheiliger verehrt worden war, eine Erweiterung erfahren. Diese erfolgte wohl, weil in der Frühen Neuzeit die Pest seltener auftrat – am heftigsten wütete sie noch während des Dreißigjährigen Krieges – und weil neben die Pestheiligen Sebastian und Rochus neue Schutzpatrone im Falle der Pest getreten waren: → Karl Borromäus, → Franz Xaver und → Kajetan von Thiene. Sebastian war zwar nach wie vor ein wichtiger Pestheiliger, war zudem der Heilige schlechthin der Schützengilden geworden, doch mit der Darstellung seiner Pflege lag nun der Schwerpunkt auf der karitativen Tat der Irene. In Rom beförderten zwei Männer den Sebastianskult entscheidend: → Philippus Neri, der viele Nächte im Gebet in S. Sebastiano fuori le mura verbrachte, und Kardinal Scipione Borghese, der diese Kirche restaurieren ließ. Er sorgte nun dafür, dass auch über der Sebastianskrypta ein Altar zu Ehren des Heiligen errichtet wurde und die darunter liegende, altehrwürdige Verehrungsstätte durch eine breite Treppe leichter zugänglich wurde.

Der Zusammenhang zwischen Baronius' *Annales Ecclesiastici* und der Verbreitung der neuen Sebastiansikonografie ist noch weitgehend ungeklärt, doch offenbar war Caravaggio der entscheidende Vermittler, denn seine Nachfolger fügten auf nahezu allen Sebastians-Darstellungen die fromme Irene hinzu. Da Caravaggio nicht nur in Italien, sondern auch in Frankreich und in den Niederlanden Anhänger fand, verbreitete sich die motivische Neuerung auch in diesen Ländern. Wie viele seiner Kollegen hatte auch der Utrechter Hendrick ter Brugghen mehrere Jahre in Rom verbracht und war in den Bann der Kunst des längst verstorbenen Caravaggio gelangt. Nachdem er gegen 1624 nach Utrecht zurückgekehrt war, malte er das beeindruckende Bild „Der hl. Sebastian von Frauen gepflegt". Der in das hochformatige Gemälde eingespannte Heilige misst mit seinen ausgestreckten Extremitäten das gesamte Bildfeld aus. Seine junge Gestalt wird von dem weichen Licht der Abendsonne beschienen und das rot-goldene kostbare Gewand zeugt von seinem hohen militärischen Rang. Diesem Ideal entgegen steht seine Hand, die Irenes Magd vorsichtig von den Fesseln befreit. Der eng geschnürte Riemen hat den Blutkreislauf unterbunden, so dass seine dunkel angelaufene Hand wie abgestorben wirkt. Der Betrachter erlebt die Bemühungen um den jungen Märtyrer aus einem

Hendrick ter Brugghen, Der hl. Sebastian von Frauen gepflegt, 1625, Oberlin, Ohio, The Allen Memorial Art Museum

sehr tief angesiedelten Standpunkt aus mit, von wo aus er zu dem heiligen Geschehen aufblickt. Dieser Blickwinkel lässt vermuten, dass die Darstellung für einen Altar in einer der katholischen Kirchen in Utrecht gedacht war. Ter Brugghen selbst war zwar Protestant und Utrecht offiziell eine reformierte Stadt, doch trafen sich katholische Gemeinden weiterhin in größeren privaten Räumen, die sie zu Kirchen mit Altären umbauten.

In den Themenkreis der Sebastianspflege gehört auch „Sebastian von einem Engel geheilt", eine Szene, die im 16. Jahrhundert selten dargestellt, nach 1600 jedoch sehr beliebt wurde. Hier erscheint an Stelle der Irene ein Engel, der vorsichtig die Pfeile aus dem Körper des Heiligen entfernt. Von einem solchen Ereignis weiß die Hagiografie nichts, preiswerte Heftchen hingegen berichten davon. Doch blieb das Bildthema nicht auf schlichte Bildchen beschränkt, sondern wurde von führenden Künstlern als Altargemälde dargestellt. Obgleich die Pflege Sebastians in vielen Variationen wiedergegeben wurde, hatte man die Bilder des schönen, spärlich bekleideten Jünglings, der geduldig sein Schicksal erträgt, nicht aufgegeben. Nun malte man die Einzelfigur des Sebastian als nahsichtige Halbfigur.

| Wie im Mittelalter bilden auch in der Frühen Neuzeit die Pfeile das wesentliche Attribut des Sebastian.

Giovanni Baglione, Der hl. Sebastian von einem Engel geheilt, um 1603, New York, Collection of Mary Jane Harris; Guido Reni, Hl. Sebastian, um 1615, Rom, Kapitolinische Museen; Gerrit van Honthorst, Der heilige Sebastian, 1620/1625, London, National Gallery; Luca Giordano, Die Pflege des hl. Sebastian, um 1650/1654, Dresden, Gemäldegalerie Alte Meister

Quellen: Baronius 1586, S. 279 – Bonfadino 1607

Literatur: Ausst.-Kat. Holländische Malerei 1987, Kat.-Nr. 20 – Ausst.-Kat. Sebastiaan 1993 – Jones 1999 – Ressouni-Demigneaux 2007

Erasmus

2. Juni

Erasmus, Bischof von Antiochien, zeichnet ein bewegtes Leben als Verfolgter und Gemarterter aus. Um sich vor der Christenverfolgung des Diokletian (284 – 305) zu retten, floh er nach Libana, doch als er in seine Bischofsstadt zurückkehrte, wurde er gefangen genommen. Auch hier schien sich alles zum Guten zu wenden, denn ein Engel befreite ihn und brachte ihn nach Sirmion in Illyrien. Doch auch dort wurde Erasmus eingekerkert und wiederum half ihm ein Engel aus dem Gefängnis. Dieses Mal führte ihn der Bote Gottes nach Formia in Campania, wo er endlich in Frieden leben konnte. Während seiner Gefangenschaften hatte Erasmus manche Leiden erdulden müssen: Man schlug ihm Nägel unter die Fingernägel, steckte ihn in einen glühenden Harnisch und übergoss ihn mit Pech, Harz, Schwefel, Wachs und Öl. Doch keine der unmenschlichen Qualen führte zu seinem Tod. Der leidgeprüfte Bischof verstarb 303 in Campania eines natürlichen Todes. Seine Gebeine wurden im Dom von Gaeta beigesetzt.

Die genannten und weitere Foltern führen die bekannten Legendentexte des Mittelalters auf, wie die *Legenda aurea* oder der um 1480 gedruckte Text des Boninus Mombritius. Die nachtridentinischen Schriften des Cäsar Baronius und des Laurentius Surius oder das römische Martyrologium boten dazu kaum Neues. Eine leichte Martyriums-Variante findet sich nur in der Passio des Johannes von Gaeta, der später als Gelasius II. (1118 – 1119) den päpstlichen Stuhl bestieg. Der Autor wusste nämlich zu berichten, man habe den Rippen seines heiligen Landsmanns mit einem Haken so starke Verletzungen beigefügt, dass die Eingeweide sichtbar wurden. Doch diese Variante lässt nichts über das Herausziehen von Gedärmen verlauten und war zudem im Mittelalter nicht weiter bekannt. Sie ist erst wieder in nach 1636 publizierten Berichten zu lesen.

Die Bilder des Erasmus können den Heiligen mit Nägeln unter den Fingernägeln zeigen, vor allem wenn er in der Gruppe der → Vierzehn Nothelfer abgebildet ist. Die weitaus bekannte Marter des Herausziehens der Eingeweide hingegen ist ein Spezifikum der Bilder, denn die bekannten Texte lassen davon nichts verlauten. Das Aufreißen der Rippen, das Johannes beschreibt, kommt dieser Folter am nächsten. Nach 1400 zeigen vor allem Bilder aus den Niederlanden das Entfernen von Gedärmen. Auf den Darstellungen jener Zeit liegt Erasmus im Bischofsornat oder entkleidet unter einer Winde, mittels derer ein Peiniger die Eingeweide aufkurbelt.

Warum die Windenmarter im späten Mittelalter Teil der Erasmusikonografie wurde, ist weitgehend ungeklärt. Vermutungen nach soll man ein Attribut missverstanden haben. Da Erasmus nämlich Patron der Schiffer war, habe er womöglich eine Ankerwinde und ein Tau mit sich getragen, die man dann mit aufgewickelten Eingeweiden verwechselt habe – allerdings sind keine Bilder bekannt, die Erasmus tatsächlich mit Anker und Tau zeigen.

Als Nicolas Poussin den Auftrag erhielt, für einen Altar in St. Peter eine Erasmusmarter zu malen, griff er auf die damals längst übliche Darstellung der Windenfolter zurück. Er modernisierte die Technik jedoch und platzierte die Winde hinter dem Heiligen, der schräg ins Bild gewendet im Vordergrund zu sehen ist. So fällt der Blick des Betrachters nicht gleich auf das Folterinstrument, sondern zunächst auf den gefesselten Heiligen und dessen schmerzverzerrtes Gesicht. Im Gegensatz zu den spätmittelalterlichen Darstellungen, die den Heiligen in stoischer Ruhe zeigen, leidet Erasmus hier unübersehbar. Doch ist er zugleich ein Heiliger mit einem makellosen Körper, den selbst die Bauch-

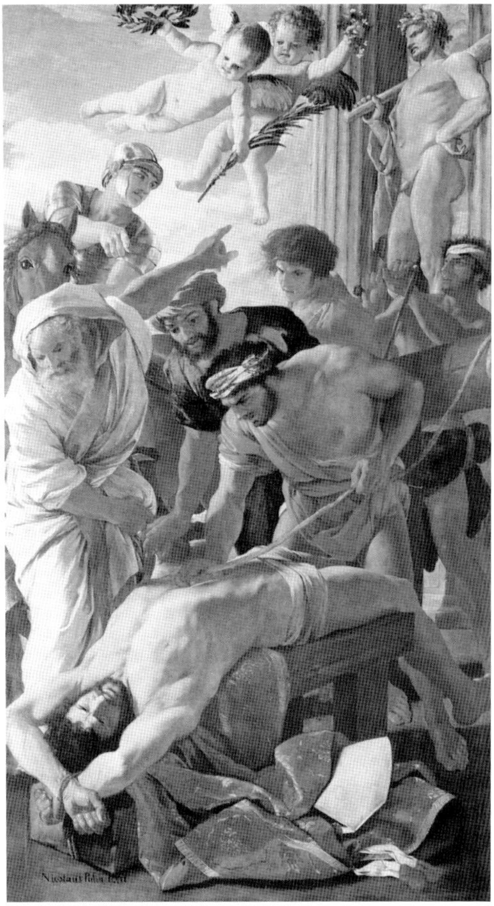

Nicolas Poussin, Martyrium des hl. Erasmus, 1628/29, Vatikan, Pinakothek

öffnung nicht entstellen konnte. Das grausame Geschehen wird durch den Peiniger unterstrichen, der den blutigen Darm durch seine Hände gleiten lässt, damit dieser sorgfältig auf die Winde aufgewickelt werden kann. Weshalb Erasmus die Qualen erdulden muss, wird mit der Gestalt des weißgekleideten heidnischen Priesters ersichtlich, denn dieser fordert den Bischof dazu auf, die Herkulesstatue im Hintergrund anzubeten.

Poussins Bild hinterließ in Rom großen Eindruck. Sein Kollege Valentin de Boulogne trat sofort in Wettstreit und bemühte sich, Poussins idealisierten Verismus durch einen kruden Realismus zu beantworten. Sein Altargemälde, das das Martyrium der hll. Prozessus und Martinianus vorstellte, wurde auf dem Altar neben Poussins Bild aufgestellt und forderte an diesem Ort nachdrücklich zu einem künstlerischen Vergleich auf.

| Erasmus ist durch eine Mitra als Bischof gekennzeichnet. Sein wichtigstes Attribut ist die Winde, um die sich Gedärme schlingen.

Dirk Bouts, Erasmus-Retabel, 1468, Löwen, Sint-Pieterskerk; Johann von Soest, Marter des hl. Erasmus, um 1489, Münster, Westfälisches Landesmuseum; Matthias Grünewald, Hl. Erasmus und hl. Mauritius, 1520/1525, München, Alte Pinakothek; Carlo Saraceni, Das Martyrium des hl. Erasmus, 1612, Gaeta, Kathedrale

Quellen: Acta Sanctorum, Sept. VIII, Bd. 48, S. 418–688 – Randulphus Pisanus 1802 – Waters 2008, S. 178–275

Literatur: Smeyers 1998 – Ausst.-Kat. Barock 2005, Kat. 69

Johannes von Nepomuk — 16. Mai

Vom Tod des Johannes von Nepomuk bis zu seiner Kanonisation war es ein langer Weg. Johannes Welflin oder Wollflin stammt aus dem böhmischen Ort Nepomuk (Pomuk), wo er gegen 1350 geboren wurde. Im Hause des Erzbischofs zu Prag wurde er Kanzleischreiber und nach seiner Priesterweihe hatte er eine Pfründe im Veitsdom inne. Erst jetzt studierte er in Prag und Padua Kirchenrecht, so dass er zum Generalvikar aufsteigen konnte und nun nach dem Erzbischof das höchste Würdeamt bekleidete. Außer zu Ansehen und Einfluss verhalf ihm diese Stellung zu einem guten Einkommen, das ihm erlaubte, gleich zwei Häuser in Prag zu kaufen. Sein erfolgreiches Leben fand ein jähes Ende, als er 1393 im Namen König Wenzels IV. überraschend gefangengesetzt wurde. Nachdem der Folterknecht die übliche peinliche Befragung durchgeführt hatte, glaubte man, der Delinquent werde die körperlichen Verletzungen nicht überleben, und stürzte ihn kurz entschlossen von der Karlsbrücke in die Moldau. Die Umstände der Gefangennahme konnten nie ganz aufgeklärt werden, doch offenbar hatte Wenzel den mächtigen Mann, der die Immunitätsrechte der Kirche gegen die böhmische Krone verteidigte, aus politischen Gründen beseitigen wollen.

Aus einem Justizmord lässt sich kaum ein Märtyrer machen, zumal wenn der König selbst daran beteiligt ist und die Zusammenhänge eifrig zu vertuschen sucht. Doch schon bald glaubte man zu wissen, Johannes sei hingerichtet worden, weil er das Beichtgeheimnis der Königin Johanna auch auf die drängende Bitte des Königs und selbst durch Folter nicht verletzen wollte. Als treuer Wahrer der Schuldbekenntnisse seiner Beichtkinder konnte er von nun an hoch geachtet werden. Johannes' Leichnam wurde aus der Moldau geborgen und im Dom beigesetzt. Das Bodengrab galt als ein heiliger Ort und als 1619 die Reformierten die Bilder im Dom zerstörten, soll einer der Ikonoklasten das Grab betreten haben und gestorben sein. Als man später das Grab öffnete, wurde die Heiligkeit des Verstorbenen erneut offenbart, denn seine Zunge fand man unversehrt – eine Bestätigung, dass hier ein Märtyrer der priesterlichen Verschwiegenheit ruht. In Erwartung der baldigen Kanonisation errichtete man ein aufwendiges Marmordenkmal über der Grablege. 1721 schließlich wurde Johannes seliggesprochen und 1729 folgte die Heiligsprechung. Als Schützer des Beichtgeheimnisses und als Brückenheiliger wurde Johannes von Nepomuk weit über die Grenzen Böhmens bekannt.

In Erwartung der Kanonisation hatte man in Prag nicht nur ein Grabmal errichtet, sondern auf der Karlsbrücke am Ort des Martyriums eine Statue Johannes' von Nepomuk aufgestellt. Die Ausführung der Bronzestatue war aufwendig und wurde in Kooperation mehrerer Künstler zuwege gebracht: Von Matthias Rauchmiller aus Wien stammte der Terrakotta-Entwurf, Johann Brokoff hatte das Holzmodell für den Bronzeguss gefertigt und Wolff Hieronymus Herold aus Nürnberg bewerkstelligte den Bronzeguss. Den Sockel indes entwarf Jean-Baptist Mathey und die steinerne Umfassung stammte wiederum von Brokoff. Das Team hatte eine Darstellung geschaffen, die für die Ikonografie des Johannes von Nepomuk normgebend werden sollte. Der Heilige trägt die priesterliche Gewandung mit der Almutia um die Schultern und ist vollbärtig. Er hält in der Rechten die Märtyrerpalme und in der Linken das Kreuz, das er auf vielen anderen Darstellungen wie in einer intensiven Zwiesprache anschaut. Hier fehlen die fünf Sterne um seinen Kopf, die üblicherweise zur Ikonografie gehören, weil sie seinen Leichnam bei der Auffindung in der Moldau umstrahlt haben sollen. Auf dem Sockel sind mit der Beichte der Königin und dem Sturz von der Brücke die zwei Hauptereignisse abgebildet, die seine Heiligkeit begründeten.

Johannes von Nepomuk wurde zum Schutzheiligen der Brücken und erhielt an vielen Orten eine Statue an Flussübergängen errichtet. Bevor man dem Heiligen mit der Prager Brückenstatue ein herausragendes Denkmal setzte, hatte man ihn häufig zusammen mit den böhmischen Landespatronen abgebildet, obgleich er noch nicht einmal den Status eines Seligen erreicht hatte, und die bereits existierenden Johannes-von-Nepomuk-Bruderschaften hatten mehrere druckgrafische Serien zu seinem Leben herausgegeben. Nach 1700 wurde der mächtige Vollbart durch einen modischen Spitzbart und Schnurrbart ersetzt. So nämlich soll er auf einem Porträt ausgesehen haben, das man nach seiner Kanonisation überraschend fand und das nun als wahres Abbild alle folgenden Darstellungen prägte.

Matthias Rauchmiller, Johann Brokoff und Wolff Hieronymus Herold, Johannes von Nepomuk, Bronzestatue, 1683, Prag, Karlsbrücke

| Johannes von Nepomuk trägt einen Bart und ist in Soutane, Chorhemd und Almutia gekleidet und trägt das Birett auf dem Kopf. Als Attribut erscheinen fünf Sterne um sein Haupt, zudem erhält er Palmzweig, Kruzifix, seine Zunge oder ein Buch.

Sebastiano Conca, Johannes von Nepomuk vor der Muttergottes, um 1729, Rom, Galleria Borghese; Egid Quirin Asam, Portal mit Skulptur und Lebensszenen des Johannes von Nepomuk, um 1740, München, St. Nepomuk (Asamkirche); Joseph Emanuel Fischer von Erlach, Giovanni Antonio Corradini und Johann Joseph Würth, Nepomukgrabmal, 1739, Prag, Veitsdom; Paul Troger, Der hl. Johannes von Nepomuk tröstet die Bedrängten, 1748, Wiener Neustadt, Neuklosterkirche

Quellen: Balbín 1725 – Balbín 1729 – Wielens 1756

Literatur: Brauneis 1971 – Ausst.-Kat. Johannes von Nepomuk 1979 – Herzogenberg 1980 – Ausst.-Kat. Johannes von Nepomuk 1993

Ordensgründer und Ordensangehörige

Mit der Reformation waren viele Orden in eine Krise geraten, die im Verlust mancher ihrer Häuser zum Ausdruck kam. Es verwundert nicht, dass vor allem die Augustinereremiten, denen Luther einst angehört hatte, in Deutschland und England zahlreiche Klöster aufgeben mussten. Doch auch die Benediktiner und Franziskaner mussten etliche Niederlassungen aufgeben. Erst nach dem Konzil von Trient erlangten die alten Orden langsam einen neuen Aufschwung, der sich etwa darin äußerte, dass die Benediktiner 1617 die Universität in Salzburg gründeten.

Neue Heilige rekrutierten sich jedoch kaum aus den alten Orden, sondern aus neugegründeten Gemeinschaften. Nach der Reformation bildete sich eine Vielzahl von Bruder- und Schwesternschaften aus, die die traditionelle Ordenslandschaft bereicherten und sich für die Förderung der Frömmigkeit einsetzten. Zu einer wichtigen Kraft der katholischen Reform wurde die von → Ignatius von Loyola gegründete Gesellschaft Jesu. Dieser ausgesprochen städtische Orden stellte nicht das liturgische Leben in den Mittelpunkt, sondern Predigt, Ausbildung, Seelsorge und Mission. → Franz Xaver zog 1540 als erster jesuitischer Missionar in ein außereuropäisches Land, andere folgten ihm. Als Missionsgebiet galten nicht nur der Ferne Osten und Amerika, sondern auch die calvinistischen Niederlande, in denen die Societas Jesu bald Niederlassungen installierte. Ein Standbein der Gesellschaft bildeten ordenseigene Schulen – 1551 wurde in Rom das Collegio Romano gegründet und 1563 kam die Universitätsgründung in Dillingen zum Abschluss –, die entscheidend zur Rekrutierung neuer Mitglieder beitrugen.

Zu dem pädagogisch-theologischen Schwerpunkt der Jesuiten stand das Leben der Kapuziner im klaren Gegensatz. Der Orden hatte sich von den Franziskanerobservanten abgespalten und 1528 vom Papst die Anerkennung erhalten. Die Brüder lebten zurückgezogen, wanderten predigend und bettelnd durch die Städte und leisteten Sozialdienste. Diese Lebensform brachte den Mönchen den Namen „scapuccini", wandernde Eremiten, ein. Die Kapuziner wurden einer der wichtigsten nachtridentinischen Orden, der von vielen Herrschern und Päpsten Unterstützung erhielt.

Die neugestaltete Ordenstopographie wartete mit vielen neuen Frauengemeinschaften auf. Einige von diesen hatten Männer gegründet, wie die Visitantinnen, die → Franz von Sales ins Leben rief. Andere Nonnenorden waren durch die Initiative von Frauen entstanden, wie die Unbeschuhten Karmeliterinnen, eine Gründung der → Teresa von Ávila, oder die Ursulinen, die auf Angela Merici zurückgehen. Eine Hauptfrage der nachtridentinischen Frauenorden und vielerorts den strittigsten Punkt bildete der Umgang mit der Klausur. Die 1535 gegründeten Ursulinen etwa hatten sich in Mailand formiert, zunächst ohne die mittelalterlichen Charakteristika Kloster und Ordenskleid. Viele der Frauen stammten aus einer geringen sozialen Schicht und brachten kein Vermögen mit, machten es sich aber zur Aufgabe, Kinder im christlichen Glauben zu unterweisen. Als der Orden sich ausdehnte und in anderen Städten

Niederlassungen gründete, musste er oftmals um das Recht eines nicht klausurierten Lebens kämpfen, mitunter wurde ihnen die Klausur entgegen ihrem Anliegen von außen aufgezwungen. Ihre sozialen und pädagogischen Aufgaben waren damit grundsätzlich in Frage gestellt.

Doch konnte der Wunsch nach einer verschärften Klausur auch von innen, von den Nonnen selbst kommen. Teresa von Ávila etwa strebte eine konzentrierte, weltabgeschiedene Frömmigkeit an und wandte sich gegen die nachlässig geführte Klausur, die die Schwestern zu sehr mit den Unruhen des Alltagslebens beschwerte und von der Kontemplation ablenkte. Gerade in konsequent abgeschlossenen Klöstern florierte die Mystik, die wiederum zu einem Grund der Heiligsprechung werden konnte. Selbst Nonnen, die niemals ihr Kloster verließen, wie → Maria Magdalena de' Pazzi, konnten als Mystikerin große Bekanntheit erlangen und bald kanonisiert werden. Manche Ordensgründerin hingegen musste lange darauf warten, in den Heiligenhimmel erhoben zu werden. So wurde die 1540 verstorbene Angela Merici 1768 selig- und erst 1807 heiliggesprochen. Andere große Gründerinnen hingegen erlangten niemals den Status einer Heiligen. Mary Ward etwa, die 1611 nach dem Erziehungsmodell der Jesuiten einen Lehrorden für englische Mädchen, die im Ausland lebten, gegründet hatte, wurde niemals kanonisiert.

Literatur: Conrad 1986 – Po-chia Hsia 1998, S. 26–41

Willibrord

7. November

Willibrord ist wie → Bonifatius ein Missionsheiliger der Merowingerzeit, dessen Verehrung in den nördlichen Niederlanden des 17. Jahrhunderts eine Renaissance erlebte. Geboren wurde er 658 in Northumbrien und schon im Alter von sechs Jahren als Oblate dem Kloster in Ripon übergeben. Angezogen durch das asketische Leben vieler irischer Eremiten begab er sich für zwölf Jahre in das Kloster zu Rathmelsigi, einer angelsächsischen Niederlassung in Irland. Von dort aus wurde er 690 zusammen mit elf weiteren Mönchen zu den Friesen gesandt, wo man sich seit längerer Zeit vergeblich um die Mission des Germanenstammes bemühte. Willibrord erkannte, dass die Missionsarbeit einige Schwierigkeiten bringen könnte, und stellte sich unter den Schutz des Hausmeiers Pippin II. und erwirkte durch eine Romreise auch die Zustimmung des Papstes. Bei einem zweiten Aufenthalt in der Ewigen Stadt erhielt er die Bischofsweihe und damit den Titel des Erzbischofs von Friesland sowie den neuen Namen Clemens. Populär aber wurde er unter seinem Taufnamen Willibrord. Zurück in seinem Missionsgebiet wies ihm Pippin Utrecht als Bischofsstadt zu, wo er zwei Kirchen bauen ließ. Später folgten weitere Schenkungen wie Echternach bei Trier, wo er ein Kloster gründete und 739 bestattet wurde. Aufgrund seiner engen Verbundenheit zum Königshaus taufte Willibrord sogar Pippins gleichnamigen Sohn. Seine Missionsarbeit wurde zeitweise von Bonifatius unterstützt, dem er sogar ein Bistum anbot. Doch der jüngere Bonifatius lehnte ab und reiste bald weiter nach Hessen. Willibrord aber konnte laut seiner frühen Biografie einige heidnische Germanen durch wundersame Begebenheiten zum Christentum bekehren. Auf einer Seefahrt nach Dänemark etwa hatte ihn ein Sturm auf die Insel Helgoland verschlagen. Dort taufte er drei Heiden in einer Quelle, die dem Volk als heilig galt, und schlachtete Kühe, die dem germanischen Kult geweiht waren. Nach Utrecht zurückgekehrt, wollte ihn der friesische Stammesfürst Radbod für diesen Frevel zur Rechenschaft ziehen, doch auf wundersame Weise entging er seinem Todeslos.

Willibrord und Bonifatius wurden in Utrecht stets verehrt, doch Ende des 16. Jahrhunderts gewann ihr Kult an Aktualität. In den nördlichen Niederlanden hatte nämlich das Reformiertentum Fuß gefasst, manchenorts war es zu Bilderstürmen gekommen und das Erzbistum Utrecht war 1583 aufgelöst worden. Rom erklärte Holland gar zu einem neuen Missionsland (Missio Hollandica). In dieser Situation, zwischen Unterdrückung und Selbstbehauptung, erhielt Willibrord als Bistumsgründer und zusammen mit

Cornelis Bloemaert nach Abraham Bloemaert, Hl. Willibrord, Kupferstich, um 1630, Amsterdam, Rijksprentenkabinet

Bonifatius als erster Missionar der Niederlande eine neue Bedeutung.

Es verwundert nicht, dass Willibrord ab 1600 vor allen in den Niederlanden häufiger dargestellt wurde. War sein Bild im Mittelalter fast ausnahmslos in illuminierten Manuskripten zu finden, so wurde er nun auf Altargemälden dargestellt. Doch wie Bonifatius ist auch Willibrord meist als Einzelfigur gegeben und auf niederländischen Gemälden selten in eine Szene eingefügt. Eine Ausnahme stellt der 37 Bildseiten umfassende Lebenszyklus dar, den der Kupferstecher Jacob Mattham 1608 für Sasbout Vosmeer, den vom Papst eingesetzten Bischof der

Erzdiözese Utrecht, fertigte. Für die niederländische Willibrord-Ikonografie wurde ein Kupferstich bedeutsam, den Cornelis Bloemaert nach einem Altargemälde fertigte, das sein Vater Abraham geschaffen hatte. Der Heilige ist als zweiter Bischof Utrechts durch sein Ornat kenntlich gemacht und nimmt das gesamte Bildfeld ein. Attribute bringen seine verdienstvollen Taten in Erinnerung: Das Kirchenmodell spielt auf die Kathedrale in Utrecht an, das Fass und die Flaschenkrüge verweisen auf zwei Weinwunder und das aus dem Boden sprudelnde Wasser erinnert daran, dass dies einst aus der Erde hervortrat, als Willibrords Begleiter dürsteten. Nicht abgebildet ist das Kind, das im Umkreis von Echternach häufig auf den Darstellungen des Heiligen zu sehen ist, da Kinder – vor allem kranke Neugeborene – an drei Samstagen nach ihrer Geburt zur Kirche des Willibrord in Echternach gebracht wurden. Bloemaerts Gemälde bildete einst das Pendant zu einem lebensgroßen Porträt des Bonifatius und hatte in einer Utrechter „schuilkerk" seinen Platz. Diese „verborgenen" Kirchen waren in ein privates Wohnhaus eingebaut worden – oftmals hatte man zwei oder drei Stockwerke zu einem großen Raum vereint –, so dass das Gebäude von außen nicht als ein katholisches Gotteshaus zu erkennen war. Derartige Kirchen entstanden in den gesamten reformierten Niederlanden, waren aber der Bevölkerung bekannt und wurden von den Calvinisten geduldet. Hingen in vielen der katholischen Hauskirchen Gemälde und Altarbilder von Willibrord und Bonifatius, so fanden sie in Form des Kupferstiches weite Verbreitung auch in private Haushalte.

| Willibrord ist selten in das Mönchshabit, sondern meist in bischöfliche Gewänder gekleidet, häufig trägt er auch den Bischofsstab. Als Attribut kann er Kirchenmodell, Weinfass, Kind, Brunnen, Quelle oder Flaschenkrüge erhalten.

Echternacher Retabel mit hl. Willibrord, spätes 8. Jh., Luxembourg, Musée National d'Histoire et d'Art; Anton Stevens, Willibrord segnet die „springenden Heiligen" und die Pilger des Echternacher Pfingstdienstages, 1604, Echternach, Willibrordsbasilika; Jan Fransz Verzijl, Hl. Willibrord, 1639, Gouda, Museum Het Catharina Gasthuis; Johannes Colaert, Der hl. Willibrord vernichtet ein Götzenbild, 1653, Amsterdam, Privatbesitz; Schnitzsarkophag mit Liegefigur, um 1715, Echternach, Willibrordsbasilika

Quelle: Willibrord 1989

Literatur: Kiesel 1969 – Kiesel 1989 – Vlierden 1995 – Eck 2003 – Kotková 2004

Ignatius von Loyola — 31. Juli

Die Sozialisation und frühen Tätigkeiten des Ignatius von Loyola (Íñigo López de Loyola) deuteten nicht darauf hin, dass er zum Gründer des Jesuitenordens werden sollte. 1491 auf dem im Baskenland gelegenen Stammschloss seiner Familie geboren, schlug er eine Laufbahn am Hof und im Heer ein und stand einige Jahre in Pamplona im Dienst des Vizekönigs von Navarra. Dort wurde er bei einem Angriff des französischen Heers so schwer verwundet, dass er sich mehreren schmerzhaften Operationen unterziehen musste und für Monate an das Bett gefesselt war. Auf seinem Krankenlager vertrieb er sich die Zeit mit der Literatur, die im Schloss zur Verfügung stand: Heiligenlegenden und die Passionsbetrachtungen des Ludolf von Sachsen. So wurde er von einem Soldaten zum Nachfolger Christi. Wieder genesen verbrachte er zunächst mehrere Monate in Kloster Montserrat und im nahegelegenen Manrese, wo er durch seine geistlichen Skrupel und sein intensives Beichten auffiel. Als er von einer Pilgerreise ins Heilige Land zurückgekehrt war, widmete er sich in Paris dem Studium der Theologie. Hier scharte er Gleichgesinnte um sich, u. a. den späteren großen Missionar → Franz Xaver, und verband sich mit ihnen in einem frommen Gelübde. Schließlich erhielt er 1537 in Venedig die Priesterweihe und machte sich noch im gleichen Jahr auf den Weg nach Rom. Als er am 15. Oktober die kleine, nur wenige Kilometer vor der Ewigen Stadt gelegene Kapelle von La Storta erreicht hatte, wurde ihm eine schicksalsweisende Vision zuteil. Gottvater selbst gab ihm das Versprechen, er werde ihm Jesus zugesellen, und Christus, das Kreuz

Cornelis Bloemaert nach Abraham Bloemaert, Die Vision des hl. Ignatius bei La Storta, Kupferstich, vor 1630, Amsterdam, Rijksprentenkabinet

auf dem Rücken tragend, verhieß ihm: „Ego vobis Romae propitius ero." („Ich werde Euch in Rom gnädig sein.") Diese Erscheinung gilt als Gründungsvision der Gesellschaft Jesu, die 1540 vom Papst bestätigt wurde.

Ignatius pflegte eine Frömmigkeit, die sich in einer überreichen Tränengabe äußerte. Das tägliche andächtige Weinen galt dem Jesuiten als Maßstab seiner Devotion, weshalb er über die Häufigkeit und Intensität seines Weinens penibel Buch führte. Als Ignatius 1556 verstarb, fand sein Leichnam seine letzte Ruhestätte in der neu errichteten Ordenskirche Il Gesù. Die Kanonisation des verehrten Ordensgründers gelangte 1622 zu einem Abschluss. Ignatius wurde am gleichen Tag wie → Franz Xaver, → Philippus Neri und → Teresa von Ávila kanonisiert. Dem neu gegründeten Orden aber hatte Ignatius die *Exercitia spiritualis*, eine Anleitung zu einer strukturierten geistlichen Andacht, hinterlassen sowie die Aufgabe zur Mission, die sich vornehmlich auf Indien, China, Japan und Lateinamerika konzentrierte. Obgleich die jesuitische Frömmigkeit gerade bei Frauen großen Zuspruch fand, hatte es Ignatius abgelehnt, einen Frauenorden zu gründen.

Die Biografien, die schon früh verfasst und schnell in viele Sprachen übersetzt wurden, sind oftmals reich illustriert und bilden eine große Anzahl von Ignatius' Lebensstationen ab. Für die Erstellung eines wahren Abbildes aber war ein getreues Porträt aus seiner Lebenszeit nötig, das es jedoch nicht gab, zumindest kannte man in Rom kein Bildnis des Ignatius. So wurde die abgenommene Totenmaske zum physiognomischen Prototyp vieler Skulpturen und Gemälde. Am Grabe des Ignatius hatte man schon vor seiner Kanonisation ein Bild ausgestellt. Die Vision von La Storta aber sollte die bedeutsamste Szene aus dem Leben des Heiligen werden. Sie wurde zum präferierten Thema vieler Hauptaltäre der Jesuitenkirchen. Für die Kirche der Societas Jesu in 's-Hertogenbosch schuf der Utrechter Maler Abraham Bloemaert ein Altarbild, das zwar nicht erhalten blieb, jedoch dank des Reproduktionsstichs seines Sohns Cornelis bekannt ist. Die Grafik fand weite Verbreitung und prägte die Ikonografie der Vision entscheidend. Ignatius trägt die Soutane der Kleriker, Pilgerstab und -hut auf dem Boden kennzeichnen ihn als frommen Romreisenden, während das Buch auf seine beständige Andacht anspielt. Ehrfürchtig blickt er zu dem leidenden Christus auf, der Kreuz und Dornenkrone trägt und sich so weit zu Ignatius herabbegeben hat, dass seine Wolke beinah die Stufe des Kirchenportals berührt. Die diagonale Linie des Blickkontakt wird ins Halbrund einer mächtigen Wolkenbank überführt, auf der Gottvater in der Gloriole thront und im Weisegestus seinen Auftrag bekundet.

| Ignatius trägt die schwarze Soutane oder das Messornat mit Kasel. Physiognomisch ist er durch eine hohe Stirnglatze, einen schwarzen Schnurr-

bart und oftmals durch einen Kinnbart gekennzeichnet. Er kann einen Rosenkranz, Kruzifix oder Buch in Händen halten und häufig sind ihm die Initialen IHS zugeordnet, die auf seine Christusfrömmigkeit hinweisen.

Peter Paul Rubens, Die Wunder des hl. Ignatius von Loyola, 1622, Wien, Kunsthistorisches Museum; Domenichino, Die Vision des hl. Ignatius von La Storta, um 1622, Los Angeles, Los Angeles County Museum of Art; Johann Christoph Storer, Hl. Ignatius in der Vision von La Storta, 1662, Landshut, St. Ignatius; Johann Heiß, Der hl. Ignatius weiht seine Waffen der Muttergottes, 1693, Ludwigsburg, Schlossmuseum

Quellen: Maffei 1585 – Ribadeneira 1965

Literatur: König-Nordhoff 1982 – Roethlisberger 1993, Bd. 1, Kat.-Nr. 292 – Imorde 2004, S. 60 – 82 – Feld 2006

Franz Xaver

3. Dezember

Franz Xaver (Francisco de Xavier), Mitbegründer der Societas Jesu und bedeutender Missionar in Asien, wurde 1506 auf Schloss Xaver (Javier) bei Pamplona (Navarra) geboren. Während seines Studiums der Philosophie und Theologie, das er 1525 in Paris begonnen hatte, begegnete er → Ignatius von Loyola. Diese Bekanntschaft gab seinem Leben eine entscheidende Wendung. Unter der spirituellen Führung des älteren Freundes legte Franz Xaver gemeinsam mit fünf weiteren Gefährten auf dem Montmartre ein Gelübde ab, das schließlich zur Gründung der Jesuitischen Gesellschaft führte, die 1540 die päpstliche Anerkennung erhielt. Franz Xaver hatte indessen die Priesterweihe empfangen und sich auf den Weg nach Asien begeben. In Indien, auf den indonesischen Inseln und in Japan entfaltete er während mehr als zehn Jahren eine rege Missionstätigkeit: Er predigte, verfasste Katechismen, ließ diese in die Landessprachen übersetzen und führte so viele Taufen durch, dass, nach seinen eigenen Worten, sein Arm beinahe erlahmt wäre. Franz Xavers Wunsch, auch in China zu missionieren, erfüllte sich nicht, denn das für Fremde verschlossene Land gewährte ihm keine Einreise. Während er noch darauf wartete, China betreten zu können, verstarb er 1552 auf der Insel Sanzian bei Kanton. Sein Leichnam wurde in das indische Goa, eine seiner Wirkungsstätten, gebracht, wo er noch heute in der Jesuitenkirche Bom Jesus ruht. Doch sollten nicht alle Gebeine des großen jesuitischen Missionars im fernen Asien bleiben. Sein rechter Unterarm, der von seinen massenhaft durchgeführten Taufen zeugt, gelangte schon bald in die römische Hauptkirche des Ordens Il Gesù. Bereits die ersten hagiografischen Schriften berichten von Franz Xavers missionarischen Erfolgen, schildern jedoch weit ausführlicher die vielen Wunder, die er in Asien gewirkt haben soll: Er habe Kranke und Lahme geheilt, Tote auferweckt und Teufel ausgetrieben.

Wäre es nach dem Willen des Papstes gegangen, so hätte es das Gemälde des Peter Paul Rubens „Die Wunder des hl. Franz Xaver“ nicht gegeben. Zumindest 1618 noch nicht. Clemens VIII. hatte nämlich den Erlass herausgegeben, dass kein Bild die Wunder eines Sterblichen zeigen sollte, solange der Dargestellte noch nicht kanonisiert ist. Franz Xaver jedoch war zu der Zeit, als Rubens an dem Bild malte, noch nicht einmal seliggesprochen. Erst 1619 wurde er unter die Seligen aufgenommen und 1622 erfolgte seine Kanonisation. Rubens' großformatiges Gemälde, das den Hauptaltar der noch im Bau befindlichen Jesuitenkirche St. Ignatius in Antwerpen schmücken sollte, war möglicherweise vorsorglich in Auftrag gegeben worden, damit bei Abschluss des Kanonisationsprozesses gleich ein Altarbild vorhanden sein würde. Doch ist nicht auszuschließen, dass es schon vor der päpstlichen Bestätigung aufgestellt wurde.

Rubens kleidete den bärtigen Jesuitenpater in eine schwarze Soutane und postierte ihn gleich einer Statue auf einem hohen Sockel. Von dieser Warte aus agiert Franz Xaver. Auf seinen Wink hin ersteht ein Mann in asiatischer Haartracht aus seinem Sarg, während eine Frau am linken Bildrand, die dem Heiligen ihr totes Baby entgegenstreckt, noch auf

Peter Paul Rubens, Die Wunder des hl. Franz Xaver, Ölskizze, 1618, Wien, Kunsthistorisches Museum

die Erweckung ihres Kindes wartet. Der leblos in den Armen der Mutter ruhende Säugling war in einen Brunnen gefallen, weshalb ihm hier ein feines Rinnsal Wasser aus dem Mund fließt. Die anderen herbeidrängenden Personen sind bereits von ihrer Krankheit genesen oder erhoffen noch Heilung von Blindheit, lahmen Gliedmaßen oder ähnlichen Gebrechen. Neben der anschaulichen Schilderung des wundersamen Eingreifens Franz Xavers vergaß Rubens nicht, den Betrachter darauf aufmerksam zu machen, dass der Missionar die Wunder nicht aus eigener Kraft wirkte. Die linke Hand des Jesuiten weist gen Himmel, wo die Personifikation des (katholischen) Glaubens erscheint – ausgestattet mit Globus, Messkelch und Kreuz – und mittels eines hellen Lichtstrahls ein heidnisches Götzenbild zerstört. Die Götterstatue der Heiden ist machtlos, während der Heilige durch Gottes Macht ein potenter Wunderwirker ist.

Im Gegensatz zu Rubens, der eine Zusammenschau verschiedener Wunder darstellte, wählten andere Maler nur eine Begebenheit aus dem Leben des Heiligen. Dafür boten sich eine Totenerweckung, eine Krankenheilung oder die Taufe eines Bekehrten an. Doch auch das Sterben des Franz Xaver eignete sich als Bildthema, da es vor Augen führt, dass der Jesuit mit seinem Tod in die himmlische Herrlichkeit einging.

| Franz Xaver ist üblicherweise bärtig, trägt eine schwarze Soutane oder ein Rochett mit Stola. Als Attribute kann er ein Kruzifix, eine Lilie oder einen Inder zu seinen Füßen erhalten.

Giovan Battista Gaulli, Der Tod des Franz Xaver, 1676, Rom, S. Andrea al Quirinale; Johann Christoph Storer, Heidentaufe des hl. Franz Xaver, 1668, Innsbruck, Jesuitenkirche; Johann Heinrich Schönfeld, Der hl. Franz Xaver über Pestkranken, 1668/1670, Leoben, St. Ignatius; Paul Troger, Der hl. Franz Xaver bei den Pestkranken in Goa, 1735/1745, Wien, Barockmuseum der Österreichischen Galerie

Quellen: Tursellinus 1594 – Lucena 1600

Literatur: Lewine 1963 – Smith 1969 – Schurhammer 1973–1982 – Göttler 1999 – Osswald 2002

Stanislaus Kostka

13. November

Stanislaus Kostka starb zwar schon im Alter von 18 Jahren und hatte sein kurzes Leben ohne öffentliches Wirken und aufsehenerregende Taten verbracht; dennoch wurde er nach seinem Tode verehrt. 1550 wurde Stanislaus als Sohn einer polnischen Adelsfamilie auf Schloss Rostków in Masowien geboren. Als er zum Studium in Wien weilte, lernte er die Jesuiten kennen. Anlass, seinen Kontakt zu dem jungen Orden zu intensivieren, gab eine Vision, die er während einer schweren Krankheit erhielt. Maria erschien ihm, legte ihm das Christuskind in die Arme und forderte ihn nachdrücklich zum Eintritt in den Jesuitenorden auf. Ein anderes Mal, als er krank darniederlag, begegnete ihm → Barbara und reichte ihm das Sakrament. Stanislaus unterbreitete seinen Wunsch, Jesuit zu werden, dem Provinzialoberen in Wien, der es jedoch ablehnte, ihn als Novizen aufzunehmen, da er den Widerstand von dessen Eltern fürchtete. So floh der junge Aspirant in die Jesuitenkollegs von Augsburg und Dillingen, wo er → Petrus Canisius als Fürsprecher fand. Dieser vermittelte ihn an → Franz Borgia nach Rom, der ihn in den Jesuitenkonvent aufnahm. Doch schon 1568, nur ein Jahr nach seinem Eintritt ins Noviziat, verstarb Stanislaus Kostka durch die Strapazen der Flucht geschwächt an einem heftigen Fieber.

Ein erstes Verehrungszentrum des Jungverstorbenen entstand nicht an Kostkas Grab, sondern in seiner Wiener Wohnung, dort, wo ihm Maria erschienen war. Im 17. Jahrhundert wurde sein Zimmer sogar in eine Kapelle umgewandelt. Zusammen mit dem ebenfalls im jungen Alter gestorbenen → Aloysius Gonzaga wurde Stanislaus bald zum Patron der Studierenden. Franz Borgias Betreiben ist es mit zu verdanken, dass bereits 1605 die Seligsprechung erfolgte. Schon kurz vor dem Tod des jungen Novizen hatte er angeordnet, alle Informationen zu sammeln, die eine spätere Heiligsprechung befördern würden. Aufgrund der Erhebung in den Stand eines Seligen konnte man Stanislaus in Polen um Beistand in der Schlacht

Pierre Legros, Der selige Stanislaus Kostka auf seinem Sterbebett, 1703–1704, Rom, S. Andrea al Quirinale

gegen die Osmanen bitten, die 1621 mit einem Sieg endete. Dank dieser Hilfe wurde Stanislaus zum Patron Polens. 1726 schließlich wurde Stanislaus Kostka kanonisiert – ein Ereignis, das man in Wien in aller Feierlichkeit, mit Messen, Prozessionen und Schauspielen beging. Doch auch in Rom verehrte man den einstigen Zögling der Sozietät Jesu, seine Reliquien brachte man nach S. Andrea al Quirinale. Mit seiner offiziellen Heiligsprechung stieg die Produktion seiner Biografien an, es entstanden emblematische Lebensbeschreibungen und eine Vielzahl von jesuitischen Theaterstücken, die sein Leben als nachahmenswert vor Augen führten. Als besonders vorbildlich pries man seine Abkehr von der Welt, seine Hinwendung zum Ordensleben auch gegen den Widerstand der Familie, seine Bildfrömmigkeit und Marienverehrung.

Von Kostka sind authentische Bildnisse überliefert: Eines entstand, als er zwölf Jahre zählte, ein weiteres kurz nach seinem Tod. Auf diese Porträts konnte man für die Heiligenbilder zurückgreifen. Um besondere Lebenstreue bemühte sich auch Pierre Legros, einer der besten Bildhauer Roms, der wiederholt im Auftrag der Jesuiten arbeitete. Diese erreichte er nicht allein durch ein wahres Porträt, sondern auch durch den Einsatz von verschiedenen Marmorarten und eine geschickte Bearbeitung des Steins. Für den Körper des zu der Zeit erst seliggesprochenen Heiligen verwendete er makellos weißen Carrara-Marmor, der sich von dem tief schwarzen Gewand abhebt. Das Bett des Sterbenden ist aus zwei gelben Marmorarten gehauen, so dass sich die Matratze klar von dem Bettüberwurf abhebt. Der überzeugend wiedergegebene Faltenwurf der unterschiedlichen Stoffe unterstützt den hohen mimetischen Charakter der Skulptur. Hinzu kommen die natürliche Körperhaltung und der transitorische Moment des Verscheidens. Einst hielt die Skulptur des Heiligen ein Kruzifix in der rechten Hand, mit der Linken umfasst sie noch immer einen Rosenkranz und ein Marienbildnis – diese realen Devotionsobjekte begünstigen den Illusionismus der Figur.

Mit seinen polychromen Marmorarbeiten setzte Legros in der Bildhauerei neue Akzente. Bisher hatte man allein für die Architektur mehrfarbigen Stein verwandt, nicht aber für eine Skulptur. Legros wusste sehr gut um das Außergewöhnliche seiner Arbeit und war deshalb unzufrieden, dass die Jesuiten die Skulptur in Kostkas Sterbezimmer im Noviziat aufstellen wollten. Er plädierte vielmehr für eine Platzierung in einer Kapelle der dazugehörenden Kirche S. Andrea al Quirinale. Dieses Ansinnen erachteten die Jesuiten als so brisant, dass sie eigens eine Konferenz einberiefen, um darüber zu beraten. Ihr Entscheid fiel ablehnend aus. Ästhetische Gründe wurden ins Feld geführt, die Skulptur würde die Einheit der Kirche stören und die Kosten wären zu hoch, um den gesamten Raum der Liegefigur anzupassen. So blieb das Bild des Heiligen den Blicken der frommen Kirchenbesucher entzogen.

Neben einzelnen Figuren des Heiligen entstanden viele Illustrationen zu gedruckten Viten. Entsprechend diesen Texten zeigen diese viele postume Wunder.

| Stanislaus Kostka trägt jesuitische Tracht: den schwarzen Mantel mit Stehkragen, darüber mitunter das Rochett. Seine häufigsten Attribute sind Lilie, Marienbild, Jesuskind und Kreuz.

Andrea Pozzo, Vitenzyklus, um 1660, Rom, S. Andrea al Quirinale, Kammer des Stanislaus Kostka; Carlo Maratti, Stanislaus Kostka mit dem Jesuskind, 1687, Rom, S. Andrea al Quirinale; Giuseppe Maria Crespi, Die Verzückung des hl. Stanislaus Kostka, 1728/29, Ferrara, Il Gesù

Quellen: Sacchini 1609 – Bartoli 1672

Literatur: Haskell 1955 – Spengler 1997 – Bissell 1997, S. 73–79 – Pötzl-Malikova 2003 – Jetter 2009a – Jetter 2009b

Aloysius Gonzaga 21. Juni

Aloysius Gonzaga (Luigi Gonzaga) ist wie → Stanislaus Kostka ein Heiliger, der jung verstarb und wie dieser zum Patron der studierenden Jugend wurde. Er kam 1568, im Todesjahr seines heiligen Counterparts, in Castiglione delle Stiviere bei Mantua als Sohn des Ferdinand Gonzaga Markgraf von Castiglione zur Welt. Entsprechend seiner hohen Abstammung hielt sich Aloysius einige Jahre am Hof der Medici und Philipps II. in Spanien auf. Die erste Kommunion empfing er gar aus der Hand des Mailänder Bischofs → Karl Borromäus. Schon früh erregte Aloysius Aufmerksamkeit durch seine Frömmigkeit und Bußübungen. Als er gar sein Erbe zu Gunsten seines jüngeren Bruders ausschlug und den Wunsch bekundete, den Jesuiten beizutreten, kam es zu heftigen Auseinandersetzungen mit seinem Vater. Nach zähem Ringen durfte er 1585 in das Noviziat der römischen Niederlassung der Sozietät eintreten. Doch schon 1591 verstarb er, weil er sich bei der Pflege von Pestkranken angesteckt hatte. Ein Jahr zuvor hatte er in einer Offenbarung seinen nahen Tod erfahren. Bereits 1605 wurde der junge Jesuit seliggesprochen, 1726 erfolgte die Kanonisation. Da Gonzaga mit dem Haus Habsburg verwandt war, setzte sich dieses nachdrücklich für seine Heiligsprechung ein. Als diese am gleichen Tag wie die Kanonisation des hl. Stanislaus Kostka erfolgte, beging man in Wien das Ereignis mit großem Pomp. Die zahlreichen Festaktivitäten stilisierten die adligen Heiligen zu Zwillingsbrüdern, da beide gegen den Willen der Familie in den geistlichen Stand getreten waren, Maria hoch verehrt hatten und jung verstorben waren. Vor allem die Jesuitenbühnen hatten schon zuvor Theaterstücke aufgeführt, die Aloysius' Leben als vorbildhaft proklamierten, nun aber stiegen diese sakralen Dramen enorm an. Dass die beiden Heiligen zu Schutzpatronen der studierenden Jugend wurden, hatten weder er noch Kostka ihren intellektuellen Verdiensten zu verdanken, sondern ihrer Frömmigkeit, ihrer Demut und christlichen Tugenden.

Gonzagas Leichnam hatte man zunächst in der römischen Auferstehungskirche bestattet, doch wurden die Gebeine in die römische Jesuitenkirche S. Ignazio überführt, sein Haupt hingegen gelangte in die Aloysius-Kirche seiner Heimatstadt Castiglione. Er wurde zum Patron Mantuas.

Pierre Legros, Die Verklärung des Aloysius Gonzaga, 1698/99, Rom, Sant'Ignazio

Aloysius Gonzaga ist oftmals mit seinem älteren Ordenskollegen Stanislaus Kostka dargestellt. Doch auf dem Altarbild an seinem Bestattungsort im Querschiff von S. Ignazio nimmt alleine seine Gestalt das riesige Bildfeld ein. Den ersten Generalentwurf von Altararchitektur und -bild hatte Andrea Pozzo geliefert, der als Freskant für die Innengestaltung der Jesuitenkirche verantwortlich war. Der endgültige Entwurf und die Ausführung aber lagen in der Hand des Pierre Legros, der wenige Jahre später auch eine bemerkenswerte Statue des hl. Stanislaus Kostka lieferte (Abb. S. 272). Legros veränderte Pozzos vorgeschlagenen Entwurf und wählte die Glorie des hl. Aloysius als Thema. Weit überlebensgroß platzierte er den Heiligen ins Zentrum des Altarbildes. Als dreidimensionale Figur, die weit aus dem Hintergrund herausragt, hebt er sich deutlich von dem reliefierten Bildgrund ab und unterscheidet sich gleichermaßen von den Engeln, die ihn gen Himmel tragen und mit einem Kranz aus Rosen krönen. Die Körperhaltung des Heiligen ist Ausdruck des demütigen Entgegennehmens der göttlichen Gaben. Auch wenn Gonzaga zu seiner Lebenszeit alle weltlichen Ehren zurückwies, erhielt er in S. Ignazio einen Altar, dessen mächtiges Bild zwei riesige Spiralsäulenpaare rahmen, ein Würdemal ersten Ranges.

| Aloysius Gonzaga trägt eine schwarze Soutane und mitunter darüber ein Rochett. Seine Attribute sind vor allem Lilie, Geißel, Totenkopf und Kruzifix.

Gerard Seghers, Aloysius Gonzaga, 1650, Tournai, Musée des Beaux-Arts; Agostino Masucci, Aloysius Gonzaga in Ekstase, um 1725, Rom, Collezione Lemme; Giacomo Zoboli, Der hl. Aloysius Gonzaga hilft einem Pestkranken, 1726, Rom, SS. Ambrogio e Carlo; Giovanni Domenico Tiepolo, Hl. Aloysius Gonzaga, 1760, Mailand, Pinacoteca di Brera

Quelle: Cepari 1614

Literatur: Contardi 1996 – Bissell 1997, S. 44–46 – Arcari/Padovani 1997–2000 – Pötzl-Malikova 2003 – Jetter 2009a – Jetter 2009b

Philippus Neri — 26. Mai

Philippus Neri (Filippo Neri), ein Theologe, der kaum theologische Schriften hinterließ, ein Advokat, der die Erneuerung des geistlichen Lebens suchte und dennoch inmitten der Welt lebte, ein Ordensgründer, der die Unabhängigkeit seiner Ordensmitglieder zu bewahren wusste – er prägte das römische Leben des 17. Jahrhunderts wie kaum ein anderer. Geboren wurde er 1515 als Sohn eines Notars in Florenz. Seine Ausbildung als Kaufmann brach er vorzeitig ab, um 1534 in die Ewige Stadt zu ziehen, die er bis zu seinem Lebensende nicht mehr verließ. Hier nahm er zunächst eine Stelle als Hauslehrer und Erzieher bei einem Geschäftsmann an, betrieb aber daneben seine Frömmigkeitsübungen, hörte Kollegs an der Universität und besuchte fleißig die ehrwürdigen Basiliken und Katakomben der Stadt. Auch auf geistlich-sozialem Gebieten war er aktiv und gründete eine Bruderschaft zur Betreuung der Pilger. Nachdem er die Priesterweihe erhalten hatte, schloss er sich lose den Kaplänen von S. Girolamo della Carità an und bezog ein Stübchen auf einem Dachboden. In dieser Klause versammelte sich bald eine Anhängerschaft, die sich aus Angehörigen unterschiedlicher sozialer Schichten zusammensetzte. Gelehrte und Literaten, Theologen und Laien trafen sich regelmäßig zu einer Art geistlicher Konventikel. Fromme Lesungen, Predigt, Musik und Gebet bildeten das Programm der Zusammenkünfte, jeder durfte kommen und gehen, wann er wollte. Diesem Kreis trug Cäsar Baronius über Jahre hinweg Teile seiner umfassenden Kirchengeschichte vor, die als *Annales Ecclesiastici* berühmt wurde. Die Treffen führten schließlich zur Gründung der Oratorianer. Die geistlichen Veranstaltungen der Kongregation fanden großen Zulauf. Hunderte Laien und Kleriker absolvierten die Besuchstour der römischen Pilgerkirchen, die an einem Tag abgeleistet werden musste. Mit der Anerkennung der Oratorianer durch Gregor XIII. im Jahr 1575 erhielt die Kommunität die Kirche S. Maria della Vallicella zugewiesen, mit deren Neubau unmittelbar begonnen wurde (Chiesa Nova). Das Zusammenleben der Brüder wurde durch eine Minimalregel organisiert, welche die Freiheit der Bruderschaft und die Unabhängigkeit der Mitglieder zu bewahren suchte. 1595 verstarb Neri, 1615 wurde er selig- und 1622 heiliggesprochen.

Die Oratorianer steuerten die Bildherstellung ihres verstorbenen Gründers, indem sie eine Totenmaske anfertigten und diese durch weitere Abdrücke verbreiten ließen. Viele frühe Porträts lassen in ihrer Naturtreue die Nähe zu diesen Prototypen erkennen, doch schon bald setzte eine Stilisierung des Heiligen ein, die schließlich zu einem Idealtypus führte. Nach der Seligsprechung und in Erwartung der Kanonisation gab die Kommunität bei Guido Reni zu Ehren Philippus Neris ein Gemälde in Auftrag. Reni wählte die Marienvision, die dem Heiligen einst zuteilwurde. In das Messornat gewandet kniet Neri auf dem Boden. Den Blick in sein Inneres und doch dem Himmel entgegengerichtet, wird er der Erscheinung Marias und des Kindes mehr gewahr als dass er sie sieht. Das Christuskind streckt ihm die rechte Hand wie segnend entgegen, so als wolle es die himmlische Billigung bekunden, noch bevor die kirchliche Heiligsprechung erfolgt war. Obgleich Neri zu dieser Zeit noch nicht kanonisiert war und deshalb von den Gläubigen noch nicht als Fürbitter angerufen werden durfte, nimmt das Bild diese Aufgabe durch die Haltung Neris bereits vorweg. Tatsächlich mussten die Oratorianer die Darstellung Papst Paul V. zur Approbation vor-

Guido Reni, Philippus Neri erscheint die Madonna, 1614, Rom, S. Maria in Vallicella

legen, hatten die Brüder doch erst die Votivlampen entfernen müssen, die man am Grab des Seligen aufgestellt hatte, obgleich ihm diese Ehre noch nicht zukam, und auch die Errichtung einer Neri geweihten Kapelle war von der Kurie streng kritisiert worden. Renis Gemälde aber wurde befürwortet und zu der wohl am häufigsten reproduzierten Darstellung des Philippus Neri. Die meisten Bilder des Heiligen fanden in italienischen Kirchen Aufstellung.

| Philippus Neri hat kurzes Haar und trägt einen weißen Bart. Er ist in die Soutane oder das Messgewand gekleidet und kann als Attribut einen Lilienstengel erhalten.

Luca Giordano, Philippus Neri und Karl Borromäus, 1740, Neapel, Chiesa dei Girolamini; Sebastiano Conca, Maria Immacolata und Philippus Neri, um 1717, Turin, Museo Civico d'Arte Antica; Pompeo Batoni, Maria mit Kind und Philippus Neri, 1733, Rom, Galleria Nazionale d'Arte Antica; Giambattista Tiepolo, Maria erscheint Philippus Neri, 1739/40, Camerino (Macerata), Museo Diocesano

Quellen: Gallonio 1600 – Bacci 1625

Literatur: Prodi 1994 – Ausst.-Kat. Reni 1988, Kat.-Nr. 70 – Ausst.-Kat. Filippo 1995 – Gerken 2004

Kajetan von Thiene — 7. August

Kajetan von Thiene wurde 1480 in Vincenza geboren und verstarb 1547 weit bekannt und hoch verehrt in Venedig. Nach dem Studium der Theologie, Jura und Philosophie und der Erlangung des Doktorgrades hatte er einen lukrativen Posten als Protonotar Julius' II. erhalten. Doch führte er seine Einkünfte karitativen Zwecken zu und lebte selbst äußerst schlicht. Generell zog es ihn von der kirchlichen Administration zu einem geistlichen Leben, weshalb er sich zum Priester weihen ließ und als Mitglied der Reformbruderschaft „Oratorium der göttlichen Liebe" und der „Bruderschaft des hl. Hieronymus" beitrat. Doch genügte ihm das Reformprogramm der Fraternitäten nicht, so dass er zusammen mit Gianpietro Caraffa, dem späteren Papst Paul IV., selbst einen Orden gründete. Obgleich die Laienseelsorge im Leben Kajetans stets eine große Rolle spielte, nahm sein Orden doch nur Kleriker auf. Die nötige geistliche Neuausrichtung sollte bei den Kirchenmännern beginnen, damit deren Lebenswandel und Frömmigkeit zu einem Beispiel für die Laien würde. Die „Regulierten Kleriker" wurden 1524 vom Papst bestätigt, bekannt aber wurden sie unter dem Namen „Theatiner" – einen Namen, der sich von Caraffas Bischofssitz in Chieti (lat. Theata) ableitet. Die Theatiner widmeten sich der Mission in Georgien, Indien, Borneo und Sumatra. In Italien breitete sich der neue Orden aus und errichtete in mehreren Städten Filialen, wie in Venedig und Neapel. Nördlich der Alpen etablierte er sich dank der Vermittlung der Bayerischen Kurfürstin Henriette Adelaide von Savoyen. Da ihre Ehe mit Ferdinand Maria lange Jahre kinderlos geblieben war, gelobte sie, die Theatiner nach München zu holen, sollte ihr der damals erst seliggesprochene Kajetan zu dem ersehnten Thronfolger verhelfen. Als 1662 Maximilian Emanuel zur Welt kam, ließ sie die Theatinerkirche St. Kajetan errichten und prächtig ausstatten. Da ihr Fürbitter 1671 kanonisiert wurde, konnte er nun auch zum Landespatron von Bayern erhoben werden. Auch wenn nach dem Tod der Kurfürstin die Verehrung Kajetans in ihrem Kurfürstentum nachließ, wurde er doch weiterhin vor allem als Anwalt der Göttlichen Vorsehung verehrt.

Für die neuerrichtete Theatinerkirche in München erhielt Joachim von Sandrart den Auftrag, ein Altarbild zu liefern. Der gerade erst heiliggesprochene Kajetan war bis dahin in der Druckgrafik und in Büchern abgebildet worden, so dass Sandrart auf keine fest etablierte Ikonografie zurückgreifen konnte. Er entschloss sich – wohl auf Anraten des kurfürstlichen Hauses oder eines theologischen Beraters –, das Pestwunder von Neapel darzustellen, das sich schon 1656 ereignet hatte, doch in München erst jüngst publik geworden war. Der Theatiner und Beichtvater der Kurfürstin, Stefan Pepe, hatte dieses Wunder in seiner zweiten Auflage der Lebensbeschreibung Kajetans aufgenommen. In Neapel hatte die Pest bereits viele Opfer gefordert, so dass sich die Einwohner in ih-

Joachim von Sandrart, Kajetans wunderbares Eingreifen bei der Pest zu Neapel, 1670, München, Theatinerkirche

rer Not an Kajetan wandten und neun Tage lang eine öffentliche Andacht vor einem Bildnis des Theatiners hielten. Am Festtag des Seligen seien 6000 Menschen zum Eucharistie-Empfang zusammengekommen. Seit jenem Tag seien keine neuen Pestfälle mehr zu verzeichnen gewesen und die Kranken gesundet. Sandrart führt die Menschenmenge, darunter Kranke und bereits Verstorbene, vor Augen, die sich hilfesuchend dem ausgestellten Porträt Kajetans zuwenden. Der gemalte Heilige wendet sich mit ebenfalls bittend zusammengelegten Händen zu seinem Prototypen, dem seligen Kajetan im Himmel. Tatsächlich steckt ein Engel auf Geheiß des Kajetan ein blutiges Schwert in die Scheide, als Zeichen, dass die Pest ein Ende habe. Obgleich Sandrart selbst Calvinist war, hat er mit diesem Altarbild die katholische Bilderlehre exakt wiedergegeben, indem er nicht das Bild das Wunder wirken ließ, sondern dieses nur als Repräsentanten des Heiligen im Himmel darstellte, während die Wirkkraft von Kajetan selbst ausgeht. Kaum hatte man das Altarbild im Zuge der Kanonisationsfeier ausgestellt, beanspruchten die ortsansässigen Jesuiten das Wunder in Neapel für ihren Ordensheiligen → Franz Xaver. Erst das Eingreifen des Freisinger Bischofs beendete den hitzig geführten Streit. Obgleich er keiner der Parteien Recht zusprach, wurde der Zwist indirekt für die Theatiner entschieden, denn über die Jahrhunderte hinweg proklamierte Sandrarts Altarbild das Pestwunder für den hl. Kajetan.

| Kajetan ist in die Soutane gekleidet, über der er den Chorrock und evtl. die Stola trägt. In Händen hält er mitunter Rosenkranz, Kreuz oder Regelbuch.

Johann Michael Rottmayr, Der hl. Kajetan, 1704, Prag, ehem. Kajetanskirche; Paul Troger, Der hl. Kajetan tröstet die Pestkranken, 1735, Salzburg, Kajetanskirche; Giambettino Cignaroli, Maria mit Kind und hl. Kajetan, 1751, Vicenza, San Gaetano; Giovanni Battista Tiepolo, Ekstase des hl. Kajetan, 1756, Rampazzo, S. Maria Maddalena

Quellen: Castaldo 1619 – Pepe 1671 – Spinelli 1672

Literatur: Chiminelli 1948 – Hufnagel 1966 – Klemm 1986, Kat.-Nr. 136 – Musardo 1995 – Meier 2009

Franz von Sales

29. Januar, seit 1972: 24. Januar

Franz von Sales (François de Sales), Kirchenreformer und Ordensgründer, wurde 1567 auf Schloss Sales bei Thorens, unweit von Annecy, geboren und im katholischen Glauben erzogen. Zunächst erhielt er eine gute Schulbildung in Institutionen der Umgebung, bevor er für zehn Jahre das von Jesuiten geführte Collège de Clermont in Paris besuchte. Hier bekam er eine profunde theologische Ausbildung und erlebte seine erste große Glaubenskrise: Massiver Zweifel an seiner Auserwählung zum Heil nahm ihn gefangen. Ein Gebet vor einem Marienbild in Saint-Etienne-des-Grès führte schließlich zur Überwindung seiner Ungewissheit. Ein weiteres Studium in Padua schloss er mit der Erlangung des Doktortitels der Jurisprudenz ab. Aufgrund seiner gründlichen Ausbildung hatte sein Vater für ihn eine Senatslaufbahn sowie eine glänzende Heiratspartie vorgesehen. Doch Franz konnte ihn von seiner kirchlichen Sendung überzeugen, wurde zum Propst der Kathedrale von Genf-Annecy ernannt und erhielt 1593 die Priesterweihe.

Bekannt aber wurde Sales durch seine Rekatholisierung der südlich des Genfer Sees gelegenen Chablais, der er sich zwischen 1594 und 1602 intensiv widmete. Durch Predigten und Schriften bezeugte er die Rechtmäßigkeit des katholischen Glaubens und konnte schließlich einigen Erfolg verzeichnen. Zu Hilfe kam ihm der Umstand, dass sich der französische König Heinrich IV. vom Protestantismus abgewandt und reformierte Städte wie Genf und Bern seine Unterstützung verloren hatten. 1602 schließlich erhielt Franz den Bischofssitz von Genf-Savoyen. Dieses Amt nutzte er, um die Konzilsbeschlüsse von Trient und die Reformansätze → Karl Borromäus' umzusetzen. Durch Ordensreformen, Ausbildung des Klerus, Katechismus und Seelsorge trieb er die Erneuerung des katholischen Glaubens entscheidend voran. Zusammen mit der Baronin Jeanne-Françoise Frémyot de Chantal gründete er 1610 den Orden der „Heimsuchung Mariens“ (Salesianerinnen, Visitantinnen), dem Frauen angehörten, die sich der Kontemplation und karitativen Tätigkeiten widmeten.

Franz von Sales verstarb 1622 und wurde in der Kirche der Heimsuchung zu Annecy bestattet, 1661 wurde er seliggesprochen und 1664 kanonisiert. Er lebte vor allem in seinen geistlichen Schriften weiter, wie der *Introduction à la vie dévote* (1609) und der *Traité de l'amour de Dieu* (1616). Vor allem im 19. Jahrhundert knüpfte man an seine Sozialarbeit durch den Heimsuchungsorden an und gründete neue ähnlich ausgerichtete Orden.

Franz von Sales' Äußeres überliefern Bildnisse, die noch zu seinen Lebzeiten entstanden. Vor allem ein Bildnis aus dem Jahr 1613 wurde zu dem authentischen Porträt schlechthin, auf das postum entstandene Darstellungen zurückgreifen konnten. Das Bildnis des Heiligen fand vornehmlich durch Stiche weite Verbreitung, selbst an seinem Grabe waren Druckgrafiken erhältlich.

Franz' vorbildliches Glaubensleben fand auch eine allegorische Verarbeitung in Form eines Emblembuches (*La vie symbolique de bienheureux François de Sales*), das Adrien Gambart 1664 publizierte. In Form von 52 Emblemen wird das Leben des Heiligen vorgeführt, von seiner Geburt, auf die ein Altar verweist, weil ihn seine Mutter Gott geopfert hatte, bis zu seinem Tod, der durch eine Urne verbildlicht wird, aus der ein guter Duft entsteigt. Das Titelbild zeigt den Heiligen in einem allegorischen Bild. Franz ist in die Soutane der Kleriker und das Rochett der Bischöfe gekleidet. Er trägt darüber einen Schulterkragen, ein Kreuz auf der Brust und wird von Engeln in den Himmel geführt. Sein Gesicht trägt die üblichen physiognomischen Merkmale Stirnglatze und rund geschnittener Vollbart. Auf der Erde gibt eine Personifikation der Tugend Bedürftigen Geld und eine weitere allegorische Figur wendet sich im Verehrungsgestus zum Himmel, denn die Worte bezeugen: „His evectus ad illam“ („Dieser ist aufgefahren zu jenem“).

Guillaume Vallet nach Antoine Paillet, Himmelaufnahme des François de Sales, Frontispiz, *La vie symbolique de bienheureux François de Sales*, 1664

| François de Sales ist als Bischof oder Prälat dargestellt und trägt die Soutane mit Rochette und erhält als Attribut ein brennendes oder dornenumwundenes Herz.

Carlo Maratti, Franz von Sales, um 1680, Forlì, Oratorianerkirche; Noël Halle, Franz von Sales übergibt Johanna Franziska von Chantal die Ordensregel der Visitantinnen, Anf. 18. Jh., Paris, Saint-Louis-en-l'Île; Louis-Jacques Durameau, Der hl. Franz von Sales empfängt die Letzte Ölung, 1767, Paris, Saint-Nicolas-du-Chardonnet

Quellen: Gambart 1664 – Marsollier 1707

Literatur: Lajeunie 1980 – Wolf G. Ph. 1998 – Hehberger 2006

Visionäre und Mystiker

Nach der Reformationszeit setzten sich alle Konfessionen mit der Frage nach der Rechtmäßigkeit von Visionen und der prinzipiellen Befürwortung oder Ablehnung von göttlichen Offenbarungen auseinander. Doch jede der Bekenntnisgruppen kam zu einem anderen Ergebnis. Der Protestantismus stand individuellen Gottesoffenbarungen in Träumen oder Visionen skeptisch gegenüber. Luther betonte, dass sich Gott allein in seiner Schrift zeige und diese die höchste Autorität besitze. Einige Personen, die eine Extremform des Protestantismus verkörperten, wie Thomas Müntzer, der das Täuferreich in Münster aufgerichtet hatte, leiteten ihre Macht und ihren Einfluss von göttlichen Offenbarungen ab, denen sie ein höheres Gewicht als der Bibel zumaßen. Auch kirchenkritische Strömungen, wie der Spiritualismus, achteten göttliche Eingebungen hoch und räumten ihnen große Autorität ein.

Auch in der katholischen Kirche erhob sich die Frage nach den Gefahren und dem Nutzen von Visionen. Bedenklich war, dass sie einem Individuum zuteilwurden und sich der kirchlichen Kontrolle entzogen. Doch verhalfen sie zu einer Gottesnähe und waren Ausdruck einer tiefen Frömmigkeit, die durchaus wünschenswert war. Bevor Visionserfahrungen publiziert wurden, wie die der → Teresa von Ávila, wurden sie deshalb geprüft, und auf Bildern dargestellte Visionäre waren privilegierte, von kirchlicher Seite anerkannte Personen. Das visionäre Erleben war nun kein Massenphänomen mehr, wie in der Zeit um 1400, sondern wenigen Ordensleuten vorbehalten und selbst in den Klöstern bildeten sie eine große Ausnahme.

Wie im Mittelalter so gingen auch in der Frühen Neuzeit Bild und Vision ein enges Verhältnis ein. Die in Materie gebannte Darstellung konnte den Ausgangspunkt zu einer immateriellen Gottesbegegnung bilden und die geschaute Vision hatte einen bildhaften Charakter. So erläuterte der Jesuit Louis Richeome 1597, Gott selbst sei ein Maler, der mit unsichtbarem Pinsel dem Visionär die göttliche Schau vor das innere Auge male. Der reale Künstler hatte im Gegenzug die Aufgabe, dieses Offenbarungsbild auf die Leinwand zu bannen. Um dieses transzendente Erlebnis angemessen darzustellen, schlug der Maler und Kunsttheoretiker Cristoforo Sorte 1580 vor, der Maler solle weiche, zarte Farben verwenden, die unstofflich wirken, und die Visionsdarstellung von einem hellen Glanz umgeben.

Eine große Anzahl der Bilder, die Visionäre und mystische Gottesbegegnungen thematisieren, entstanden im 17. Jahrhundert in Italien und Spanien. Auch Murillo widmete sich wiederholt diesem Gegenstand. So malte er auch die Vision des → Antonius von Padua, die ihn einst das Christuskind sehen ließ. Zentrum des Bildes ist weniger der Visionsempfänger als der Visionsgegenstand, das Jesuskind. Es erscheint in einer leuchtenden Gloriole, deren Mittelpunkt es einnimmt. Die begleitenden Engel halten sich in Distanz zu Christus und viele von ihnen sind ganz in den Schatten gesetzt. Antonius hat offenbar in den Büchern auf dem Tisch gelesen – es ist unnötig zu betonen, dass es sich dabei um fromme Schriften handeln muss –, als ihn die Vision überraschte. Er ist der passiv Empfangende, der mit geöffneten Armen niederkniet, um die himmlische Offenbarung aufzunehmen. So liegt die Vision außer seiner selbst, er kann sie nicht herbeiführen, sondern bekommt sie vom Himmel geschenkt. Allein das fromme Leben ist die Voraussetzung, jedoch kein Garant der Gottesbegegnung.

Auf Murillos Gemälde bleibt das Christuskind in der Ferne, während andere Maler darstellten, wie Antonius es an sich drückt und umarmt. Nähe und Ferne werden auf Visionsbildern wiederholt thematisiert. In der Regel besteht eine große Distanz zum Visionsgegenstand, wenn dieser ein verehrtes Gnadenbild vorstellt, wie die Madonna von Loreto oder eine Marienikone. Andere mystische Marien- oder Christusbegegnungen sind als eine direkte, oftmals körperliche Berührung wiedergegeben. Wieder andere Darstellungen bilden das visionär Geschaute nicht ab (Abb. S. 284), sondern zeigen nur die Reaktion des Schauenden. Jede dieser Möglichkeiten leitet den Blick und die Emotionen des Betrachters, indem dieser ebenfalls in Distanz zu der verehrten und erschienenen Person gesetzt wird oder mit dem Visionär deren intime Nähe erfährt. Murillo platzierte den Betrachter mit Antonius in die rechte Ecke des Bildes, von wo aus er zur Erscheinung aufschaut. Er steht oder kniet vor dem Altar, über dem das Gemälde seinen Platz hat, und erlebt dort am liturgischen Ort die Vision mit.

Literatur: Benz 1969 – Stoichita 1995 – Krüger 2007

Bartolomé Esteban Murillo, Die Vision des hl. Antonius von Padua, 1656, Sevilla, Kathedrale

Teresa von Ávila ______ 15. Oktober

Die Heilige erhielt bei ihrer Geburt im Jahr 1515 den Namen Teresa de Ahumada, doch unter dem Namen Teresa von Ávila, den sie in Anlehnung an ihre Geburtsstadt erhielt, erlangte sie Weltruhm. Sich selbst aber nannte sie Teresa de Jesús. Dieser Name steht programmatisch für ihre Christusfrömmigkeit und bedingungslose Jesusnachfolge. In einer sehr frommen Familie erzogen, trat Teresa 1535 in das örtliche Karmeliterkloster der Menschwerdung ein. Dort wurde sie von geistlichen Kämpfen heimgesucht, erlebte aber auch ekstatische Zustände. Selbst während ihres frommen Lebens bedurfte es noch einer letzten Bekehrung, zu der sie durch ein Bild des leidenden Christus geführt wurde. Teresas Suche nach einem strengen Leben führte 1562 zur Gründung eines Reformordens, der den Namen „Unbeschuhte Karmeliter“ erhielt und dem sie unter der Mithilfe des großen Mystikers Johannes vom Kreuz sogar einen Männerorden angliedern konnte. Bei ihrem Tod im Jahr 1582 existierten bereits 17 Männer- und 15 Frauenklös-

Gian Lorenzo Bernini, Transverberation der hl. Teresa von Ávila, 1647–1652, Rom, Santa Maria della Vittoria

ter. 1593 spaltete sich dieser observante Zweig von den Karmelitern ab. 1970 bekam Teresa von Papst Paul VI. als erste Frau den Titel eines „Doctor Ecclesiae" verliehen. Grundlage dieser hohen Auszeichnung bilden Teresas autobiografische Schriften, die sie im Auftrag ihrer Beichtväter in Form eines geistlichen Tagebuchs verfasste. In ihrer *Vida* schildert sie ihr Ringen um eine geistliche Vollkommenheit, die sie unter inneren Anfechtungen und körperlichen Schwächen zu erreichen suchte. Tatsächlich kämpfte sie mehrere Jahre mit einer schweren Krankheit, die sie bis an den Rand des Todes brachte. Auch die erhoffte Seelenruhe erlangte sie nicht mühelos. Vor allem um das „innere Gebet" rang sie viele Jahre, das im Gegensatz zum „äußeren Gebet" nicht nur mit den Lippen, sondern meditativ mit dem ganzen Herzen gesprochen werden sollte. Ein immer wiederkehrendes Thema der *Vida* bilden ihre Visionen. Teresa kannte verschiedenartige ekstatische Zustände, die sie ausführlich beschrieb. Als Höhepunkt bezeichnete sie die „Verzückung", die sich von der „einfachen Verzückung" darin unterscheide, dass die Seele nicht mehr im Körper verweile, sondern auf einer göttlichen Wolke in den Himmel geführt werde.

Von Teresas zahlreichen Visionen wurde ihre Transverberation für die Kunst bedeutsam. Für die Unbeschuhten Karmeliter in Rom schuf Gian Lorenzo Bernini die spektakulärste der Versionen. Die Heilige berichtet, ihr sei ein kleiner Engel mit entflammtem Angesicht erschienen und habe ihr einen Pfeil mit einer brennenden Spitze mehrmals ins Herz gestoßen. Beim Herausziehen sei sogar ein Stück ihres Herzens daran hängen geblieben. Die Durchstoßung habe ihr große Schmerzen und zugleich eine ungeahnte Süße und Wonne bereitet. Bernini erhob die ekstatische Heilige auf einer Wolke jeglicher Räumlichkeit und versetzte sie gleichsam in einen undefinierten Visionsraum. Das Gesicht in Verzückung und die leblos herabfallenden Hände und Füße sind das Einzige, was der Betrachter von Teresas Körper sehen kann. Alles Weitere ist unter dem überweiten Gewand verborgen. Mit dem reichen Faltenspiel hat Bernini die seelische Aufruhr der Visionärin in Materie übertragen. Der knabenhafte Engel indes hebt mit leichter Hand die wogenden Gewandmassen und hält den Pfeil wie spielerisch bereit. Doch auch seine togaartige Bekleidung ist in flammengleichen Aufruhr versetzt. Bernini formte hier aus kaltem Marmor eine belebte Gruppe, die aus warmem Wachs modelliert zu sein scheint. Zur Steigerung setzte er die Figuren in einen bühnenartigen Raum über dem Altar und ließ durch ein verborgenes Fenster Licht einfallen und filterte es durch eine gelbe Glasscheibe. Die Verschmelzung von Architektur, Skulptur und Licht steigert die Dramatik des Geschehens und fand weite Beachtung u.a. bei Egid Quirin Asam (Abb. S. 322).

Im Tafelbild findet die Transverberation in einem Innenraum statt oder in einer Kirche vor einem Altar. Diese Episode wurde zum Teresa-Bild schlechthin, doch auch die Übergabe einer Kette durch Maria und eines Mantels durch Joseph war ein beliebtes Thema. Viele Einzelszenen wurden in grafischen Medien verbreitet und auch die nach 1600 erschienenen Biografien beinhalten Kupferstiche zu den Episoden ihres Lebens.

| Teresa von Ávila trägt eine weiße Tracht mit schwarzem Mantel und Tuch oder eine Gewandung in umgekehrter Farbgebung. Taube, Kette, Buch und Schreibfeder oder flammender Pfeil und Engel können ihre Attribute bilden.

Gerard Seghers, Transverberation der hl. Theresa, um 1630, Antwerpen, Koninklijk Museum voor Schone Kunsten; Gaspar de Crayer, Die hl. Teresa empfängt von Maria die Kette und von Josef den Mantel, um 1640, Wien, Kunsthistorisches Museum; französischer Meister, Ekstase der hl. Teresa, um 1726, Paris, St-Nicolas-du-Chardonnet; Sebastiano Ricci, Ekstase der hl. Teresa von Ávila, 1727, Vicenza, San Marco degli Scalzi

Quelle: Vita Teresiae 1613

Literatur: Preimesberger 1989 – Göttler 1994a

Franziskus von Assisi III — 4. Oktober

Franziskus von Assisi war auch, nachdem das Konzil von Trient getagt hatte, weiterhin ein bedeutsamer Heiliger. Biografische Schriften des Mittelalters wie der *Liber aureus* wurden neu aufgelegt. Vor allem diese Schrift des in Pisa lebenden Franziskaners Bartholomaeus Albicius konzentriert die Ausführung auf die Beschreibung der intensiven Christusnachfolge des Ordensgründers. Nach wie vor erhielt auch die Stigmatisation besondere Beachtung (→ Franziskus von Assisi II), doch hatte sich deren Schilderung und Ausdeutung gewandelt. Die Neubewertung spiegelt sich besonders klar in dem Schrifttum des → Franz von Sales wieder. In seinem *Traité de l'amour de Dieu* erklärt er Franziskus' brennende Gottesliebe als innere Voraussetzung für den Empfang der äußeren Wundmale. Die Zeichen des Leidens Christi hätten sich ihm zuerst tief ins Herzen eingedrückt und seinen erst dann an seinem Körper hervorgetreten. Unter dieser Voraussetzung werden die Stigmata zweitrangig und die innere Umwandlung zum Bilde Christi wesentlich und auch die visionäre Schau des Gekreuzigten tritt in den Hintergrund. Einer weiteren Begebenheit, die regelmäßig in den mittelalterlichen Texten auftaucht, gab Bartholomaeus eine neue, christologische Deutung. Alle Biografen hatten davon berichtet, dass Franziskus einst nach Musik verlangte, damit die Klänge seine körperliche Pein linderten. Tatsächlich hörte er himmlische Musik von einer ungeahnten Süße. Der Franziskaner aus Pisa erläutert, der engelsgleiche Geist sei auf den Heiligen herabgekommen, um ihn Christus ähnlich zu machen. So wird selbst die Audition zu einem Akt der Christusangleichung.

Caravaggio, der sich wiederholt mit der Darstellung des Heiligen auseinandergesetzt hatte, führte eine neue Franziskus-Ikonografie ein. Der Poverello liegt in ekstatischem Zustand auf dem weichen Naturboden. Unter den fast geschlossenen Lidern haben sich seine Augen in sein Inneres gerichtet. Außerhalb des Heiligen gibt es kaum etwas Bemerkenswertes zu sehen: Im Hintergrund schläft Bruder Leo, Hirten blicken suchend in den Himmel, ein Feuer leuchtet auf und den dunklen Horizont durchziehen letzte Lichtstreifen. Hatte Franziskus auf den Bildern des Mittelalters mit seinen Augen den Seraphen gesehen, so weist hier nichts auf eine überirdische

Caravaggio, Die Verzückung des hl. Franziskus, 1595/1600, Wadsworth, Atheneum Hartford

Erscheinung hin. Die äußere Schau ist zu einer inneren Vision geworden, die Franziskus in aller Intensität wahrnimmt. So erscheint der Gekreuzigte allein in seiner Imagination und kann vom Betrachter nicht gesehen werden. Hatte dieser auf den Bildern des Mittelalters mit dem Heiligen zu der Kreuzerscheinung schauen können, so muss er sich nun das Bild des Gekreuzigten selbst in seinem Herzen hervorrufen. Zwar erhält Franziskus durch die innere Christusoffenbarung auch bei Caravaggio die Stigmata, doch reduzierte der Maler diese auf die Seitenwunde. Ganz im Sinne des Franz von Sales wird hier die körperliche Angleichung an Christus zweitrangig und die innere Christus-Conformitas zum Wesentlichen. Dass Franziskus auch durch diese zu einem zweiten Christus wird, belegt der Engel, der als unverhältnismäßig große Figur den wie leblosen Körper des Heiligen sanft stützt. So erhält der Heilige himmlischen Beistand gleich Jesus, der auf vielen Bildern im Sarkophag stehend von Engeln gehalten wird. Der in Ekstase geratene Franziskus trägt möglicherweise die Porträtzüge des Auftraggebers Kardinal Francesco Maria Del Monte, der die Bilder des Avantgardisten Caravaggio sehr schätzte.

Caravaggios Bildfindung wurde schnell von anderen Künstlern aufgenommen und weiterverarbeitet. Häufig wurde nun auch der kniende Franziskus, der im Gebet oder in Meditation versunken ist, von Engeln gestützt. Im späten 16. und frühen 17. Jahrhundert entwickelte sich zudem die Vision des musizierenden Engels zu einem aktuellen Bildthema. Auch auf diesen Darstellungen ist die Audition in das Innere des Heiligen verlegt, die er in einem ekstatischen Zustand vernimmt. Die Franziskus-Ikonografie ist vor allem in Italien auf einzelne Szenen der Ekstase konzentriert. Doch die Stigmatisation gehört nach wie vor zum Bildrepertoire der Künstler – besonders nördlich der Alpen. Allerdings wurde auch diese Ikonografie verändert, indem Franziskus nicht mehr zum Kreuz am Himmel schaut, sondern die äußere Erscheinung nur in einer inneren Schau zu erleben scheint. Die Darstellungen des Franziskus sind christologisch konnotiert, biografische Folgen mit mehreren Szenen fehlen hingegen.

| Franziskus trägt das braune Ordensgewand mit einem Strick gegürtet. Doch die Stigmata fehlen häufig. Im Gegensatz zu den mittelalterlichen Darstellungen ist der Heilige selten tonsuriert und trägt nun oftmals einen Bart.

Annibale Carracci, Hl. Franziskus mit Engeln, 1595/1605, Rom, Galleria Doria-Pamphilj; El Greco, Vision des hl. Franziskus, 1600/1605, Madrid, Museo Cerralbo; Orazio Gentileschi, Franziskus in Ekstase, 1605/1615, Rom S. Silvestro in Capite; Peter Paul Rubens, Die Stigmatisation des hl. Franziskus, um 1613, Köln, Wallraf-Richartz-Museum; Giovanni Lanfranco, Franziskus in Ekstase, 1611/1625, Oxford, Ashmolean Museum

Quellen: Albicius 1590 – Sales 1616

Literatur: Askew 1969 – Cinotti 1983, Kat.-Nr. 19 – Frommel 1971 – Savelsberg 1992

Katharina de' Ricci — 13. Februar

1522 wurde Alessandra de' Ricci in Florenz geboren, erst mit ihrem Eintritt in das Kloster der Dominikanerinnen nahm sie den Namen Katharina (Caterina) an. Schon im Alter von vier Jahren wurde sie in das Kloster der toskanischen Stadt Prato gegeben, dort sollte sie ihr Leben lang bleiben. Bereits als Kind zeichnete sich Katharina durch ihre ernsthafte Frömmigkeit aus: Vor einem Kruzifix sprach sie 35 Pater Noster in unterschiedlichen Gebetshaltungen und gab sich damit schon früh einer intensiven Passionsandacht hin. In Prato hatte sie zunächst das Amt der Novizenmeisterin inne, bevor sie von 1560 an bis zu ihrem Tode dem Kloster als Priorin vorstand. Im Laufe ihres Lebens intensivierte sie die lange praktizierten Frömmigkeitsübungen, die sie wiederholt in ekstatische Zustände versetzten. In Visionen erlebte sie die Passion Christi in all ihren Stationen nach, vereinte sich in einer mystischen Vermählung mit Christus (→ Katharina von Alexandrien II) und empfing am 14. April 1542 die Stigmata wie einst → Franziskus von Assisi und wie → Katharina von Siena. Geistlich stand sie dem strengen Dominikaner Girolamo Savonarola nahe, der in den 1490er Jahren in Florenz durch seine Aufrufe zu einem konsequenten Christenleben für großes Aufsehen gesorgt hatte. Katharina unterhielt trotz ihres zurückgezogenen Lebens zu bedeutenden Zeitgenossen brieflichen Kontakt, unter anderem zu → Philippus Neri in Rom. 1590 verstarb die berühmte Mystikerin, 1732 wurde sie selig- und 1746 heiliggesprochen. Katharina de' Ricci wurde zur Patronin von Prato.

Obgleich Katharina zu ihrer Zeit eine weit bekannte Mystikerin war, wurde sie doch selten dargestellt. Die Bilder konzentrieren sich in der Regel auf ihre mystischen Erlebnisse. Diese thematisierte auch Agostino Masucci mit seiner Darstellung der Ekstase der hl. Katharina de' Ricci. Die Transzendenzerfahrungen, die sich mit Irdischem nicht vergleichen lassen, gab Masucci in einem ausgesprochenen Realismus wieder. Das wundersame Ereignis geschieht hier in einer Kirche vor einem Nebenaltar. Bereits dieser Tatbestand sowie die Gegenwart von Klerikern lassen erkennen, dass sich Katharinas Visionen innerhalb des von der Kirche gestatteten Rahmens bewegen. Das geschnitzte Kruzifix, das auf dem Altar steht, scheint die Heilige in Bann zu ziehen und sie emporzuheben. Die heilige Dominikanerin blickt konzentriert auf den Gekreuzigten und streckt wie dieser die Arme weit aus. Auf ihrem Kopf trägt sie eine Dornenkrone und ihr Haupt ist christusgleich von einem hellen Schein umstrahlt. Dieses Erlebnis erhebt die Heilige buchstäblich über alles Irdische und lässt sie auf einer Wolke Christus entgegenschweben. Das mystische Erlebnis ist jedoch in der Realität verankert, denn zahlreiche Personen scharen sich um die Heilige, ein Mädchen kniet gar neben ihr, um ihren Fuß zu küssen.

Agostino Masucci, Ekstase der hl. Katharina de' Ricci, 1748, Rom, Galleria Corsini

Der prächtigen Kleidung der Umstehenden nach sind es sozial und finanziell gut gestellte Zeitgenossen der Katharina, die an der Ekstase der heiligen Frau teilhaben. Sie werden zu Zeugen der Vision, bekunden die Wahrhaftigkeit des Ereignisses und werden zu Teilhabern der Christusbegegnung.

| Katharina de' Ricci wird in der weißen Ordenstracht abgebildet. Oft führt sie Dornenkrone, Geißel und Kruzifix mit sich.

Agostino Masucci, Die Extase der Katharina de' Ricci, 1732, Rom, Galleria Nazionale d'Arte Antica; Girolamo Ticciati, Katharina de' Ricci in der Golgathavision, um 1732, Prato, S. Vincenzo; Salvatore Monosilio, Hl. Katharina de' Ricci in der Glorie, 1745, Rom, Collezione Lemme; Pierre Subleyras, Mystische Vermählung der Katharina de' Ricci, 1746, Rom, Privatsammlung

Quelle: Razzi 1965

Literatur: Agresti 1966 – Agresti 1973 – Trosa/Agresti 1975 – Russo 1995 – Schalhorn 2000, S. 136–159

Franz Borgia

10. Oktober

Franz Borgia von Aragón (Francisco de Borja y de Aragón) ist ein Heiliger, der auf weltliche Würden verzichtete, dann aber eine kirchliche Laufbahn einschlug. Geboren wurde er 1510 in Gandía. Er stammte aus einer Herzogsfamilie, die Papst Alexander VI. (1492–1503) und König Ferdinand von Aragón (1479–1516) zu ihren Verwandten zählte. Borgia heiratete standesgemäß Leonore de Castro, eine Hofdame der portugiesischen Königin, und zeugte mit ihr acht Kinder. Als Erstgeborener war er seinem Vater als Herzog gefolgt und war in den entsprechenden politischen und sozialen Kreisen zu Hause. Doch mit dem Tod seiner Gattin im Jahr 1546 änderte sich Borgias Leben grundlegend. Noch in jenem Jahr trat er in den gerade gegründeten Jesuitenorden ein.

Als Ordensmitglied war Borgia zunächst an verschiedenen Orten tätig, Reisen nach Portugal und Rom wechselten sich mit Aufenthalten im Baskenland und in verschiedenen spanischen Provinzen ab. Während dieser Zeit war er als geistlicher Schriftsteller rege tätig. Er verfasste Erbauungsschriften für Herrscher, Meditationen für Klarissen, Traktate zur Passion Christi und zur Eucharistie und Ähnliches. Aus unklaren Gründen erregten diese Werke die Aufmerksamkeit der Inquisition, so dass Borgia die Flucht nach Portugal vorzog. 1561 hielt er sich erneut in Rom auf und unterhielt wie schon in den Jahren zuvor gute Verbindungen zu → Ignatius von Loyola. Von nun an häuften sich die Ordensämter. Borgia erhielt den Posten des Generalvikars der Societas Jesu, wurde Assistent des Generals und schließlich zum Ordensgeneral ernannt. Im Laufe seines regen jesuitischen Lebens gründete er über 20 Jesuitenkollegs, darunter das berühmte römische Collegium Romanum, und förderte die Mission in Südamerika. Doch war er auch um die Memoria des Ordensgründers bemüht und gab die erste Biografie des Ignatius von Loyola in Auftrag. Ebenso beförderte er die Kanonisation des jungverstorbenen Ordensmitglieds → Stanislaus Kostka. Borgias geistliches Leben zeichnete sich durch intensives Gebet und strenge Buße aus, die einer Christus- und Eucharistiefrömmigkeit geschuldet waren.

Als Borgia 1572 in Rom starb, nahm man eine Totenmaske ab, die heute im Gesù aufbewahrt wird. Seine Gebeine aber setzte man 1617 in Madrid bei, wo sie allerdings 1931 verbrannten. 1624 wurde Franz von Borgia selig- und 1671 heiliggesprochen. Mit seiner Kanonisation setzte eine Publikationsflut seiner Biografien ein, die zum Teil als emblematische Bücher auf dem Markt erschienen.

Der Bildhauer Ciro Ferri fertigte für die Jesuiten im Gesù acht Statuen von heiligen Personen an, die mehrere Ordensheilige – darunter Franz Borgia – darstellten, die auf den Altären des Ignatius und des → Franz Xaver Aufstellung fanden. Die vergoldete Bronzestatue des heiligen Jesuiten Borgia misst in der Höhe immerhin 84 cm und besticht durch ihre freie Ausführung. Ferri präsentiert eine bewegte Heiligengestalt, die dennoch eine gewisse Ruhe ausstrahlt. Borgia trägt über seiner fein plissierten Albe eine Kasel, die in Unruhe geraten ist, denn der Heilige hat seinen Fuß auf eine auf dem Boden liegende Krone gestellt, um seiner Ablehnung weltlicher Herrschaft Ausdruck zu verleihen. Durch dieses instabile Standmotiv vollzieht sein gesamter Körper eine Torsion. Zudem hebt Borgia mit der linken Hand eine Patene und einen Kelch, um sie weisend dem Betrachter zu präsentieren. Durch diese Gestik ist selbst der Manipel, der üblicherweise um den linken Unterarm gestreift ist, bis in die Beuge des Ellenbogens gerutscht. Mit der Aufhebung jeglicher

Ciro Ferri, Statue des hl. Franz von Borgia, 1687/1689, Rom, Il Gesù

äußeren Starre erzeuge Ferri den Eindruck eines innerlich bewegten Heiligen. Borgias emotionale Rührung bewirken Patene und Kelch, die zwar Arbeiten jüngeren Datums sind, doch entsprechende ältere liturgische Geräte ersetzten. Sie stehen für die Eucharistie, die der Heilige sehr verehrte und zu deren Anbetung er auch den Betrachter auffordert.

| Franz von Borgia trägt die schwarze Soutane der Jesuiten. Er kann einen Totenkopf mit Krone oder einen Herzogshut als Attribut erhalten.

Johann Brokoff, Statue des Franz Borgia, 1710, Prag, Karlsbrücke; Francisco Goya, Hl. Franz Borgia nimmt Abschied von seiner Familie und hl. Franz Borgia am Sterbebett eines Unbußfertigen, 1788, Valencia, Kathedrale

Quelle: Ribadeneira 1598

Literatur: Dalmases 1991 – Ausst.-Kat. Cortona 1997, S. 447–449

Maria Magdalena de' Pazzi ——— 29. Mai

Die hl. Maria Magdalena de'Pazzi kam 1566 als Tochter einer alteingesessenen und einflussreichen Florentiner Familie zur Welt und wurde auf den Namen Caterina getauft. Das Mädchen war sehr fromm und gelobte schon mit acht Jahren, Nonne zu werden. Ihr Alltag war geprägt von Meditationen und harten Selbstkasteiungen, die ihre Gesundheit gefährdeten. Als sie 16 Jahre zählte, trat sie dem Orden der Karmeliterinnen Santa Maria degli Angeli bei und legte im folgenden Jahr die Profess ab. Für ihr geistliches Leben wählte sie den Namen der heiligen Büßerin → Maria Magdalena. Im Kloster trafen sich die Schwestern täglich zur gemeinsamen Handarbeit, die sie unter dem Hören des Evangeliums und gemeinsamer Rezitation von Psalmen verrichteten. Häufige Kommunion, gemeinschaftliche Meditationen und stilles Gebet gehörten zu den üblichen Frömmigkeitsübungen. Doch Maria Magdalena fiel schon bald durch ihre mystischen Erlebnisse und ekstatischen Visionen auf, von denen sie häufig heimgesucht wurde. Im Zustand der Ekstase sprach sie laut und kommentierte das Geschaute – Worte, die oftmals ihre Mitschwestern hörten, die zu Zeuginnen ihrer Erscheinungen wurden. Auf den Rat des Beichtvaters schrieben die Nonnen Maria Magdalenas Worte auf. Gegenstand ihrer Visionen waren vor allem die Trinität, Maria und Christus. Einst soll sie in Ekstase die Wundmale Jesu empfangen haben.

Durch ihren beständigen Umgang mit den heiligen Personen wurde Maria Magdalena auch außerhalb des Klosters bekannt, obgleich sie selbst den Konvent nie verließ. Sie verfasste nicht einmal eigene Schriften, und die Briefe, die sie gegen Ende ihres Lebens an den Papst, an Bischöfe und kirchliche Würdenträger schrieb, wurden nie versandt. 1607 verstarb Maria Magdalena de' Pazzi nach einer langen Leidenszeit. Ihr Körper wurde in der Klosterkirche zu Grabe getragen und zog bald Wallfahrer an. Heilungen ereigneten sich und der Leichnam sonderte duftendes Öl ab, das eine heilende Wirkung hatte. Mitunter soll der Andrang so groß gewesen sein, dass die Stadtwachen für Ordnung sorgen mussten. Die Wunder forcierten die Seligsprechung, die 1626 erfolgte, und das Kanonisationsverfahren, das 1669 zum Abschluss kam. Maria Magdalena aber wurde bald zur Patronin der Klosterkirche, die noch heute ihren Namen trägt. Ihre Gebeine, die in einem gläsernen Sarkophag unter dem Altar ihrer Kapelle in Santa Maria Maddalena de' Pazzi zu sehen waren, befinden sich heute im Karmeliterkonvent in Caraggi.

Schon bald nach dem Tode der Heiligen entstanden sehr viele Bildnisse, um die hohe Nachfrage zu decken. Der Florentiner Künstler Francesco Curradi berichtet, er habe 80 Porträts von der Verstorbenen gemalt. Diese habe er vor allem in die Toskana geliefert, doch auch Privatpersonen und Ordenshäuser in Antwerpen und England haben ein Bildnis der Heiligen besitzen wollen. Nach Maria Magdalenas Kanonisation stieg die Nachfrage sprunghaft an. Nun ließ auch ihr Konvent in Florenz ihre Kapelle ausstatten und beauftragte Luca Giordano, zwei Gemälde für die Seitenwände zu liefern. Für eines der Bilder wählte der Maler aus Neapel einen der Höhepunkte der mystischen Vereinigung: Die Vermählung mit Jesus, die sie

Luca Giordano, Christus erscheint Maria Magdalena de' Pazzi, um 1685, Florenz, S. Maria Maddalena de' Pazzi

gleich anderen Mystikerinnen erfuhr (→ Katharina von Alexandrien II). Die Heilige ist auf Wolken über alles Irdische erhoben und begegnet in diesem überirdischen Raum Jesus, der ihr den Ring entgegenhält. Maria Magdalena selbst ist passiv, sie ist wie leblos niedergesunken und hat den Blick gesenkt. An ihrer Stelle wird die mittelalterliche Mystikerin → Katharina von Siena aktiv, die ihre Hand ergreift und Jesus zuführt und statt Maria Magdalena die Augen zu Christus erhebt. Katharina, die wie Maria Magdalena die Wundmale empfangen hatte, wird zu einer geeigneten Vermittlerin der himmlischen Vereinigung.

Neben der mystischen Vermählung zeigen Bilder Maria Magdalena die Heilige in Ekstase, den Herzenstausch mit Christus, die Begegnung mit Maria und dem Jesuskind oder eine ihrer Wundertaten.

| Maria Magdalena trägt das Habit der Karmeliterinnen. Oftmals hält sie das Christuskind in den Armen, sie kann auch Christi Leidenswerkzeuge oder eine Dornenkrone mit sich tragen. Mitunter ist ihr wie → Teresa von Ávila ein brennendes Herz beigegeben.

Giacinto Gimignani, Maria übergibt Maria Magdalena de' Pazzi den Schleier, 1669, Rom, Palazzo Rospigliosi; Ludovico Gimignani, Wunder der hl. Maria Magdalena de' Pazzi, 1670, Rom, Collezione Lemme; Ciro Ferri, Maria Magdalena de' Pazzi erhält die goldene Kette und das Herz von Maria, 1684, Florenz, S. Maria Maddalena de' Pazzi; Luca Giordano, Maria Magdalena de' Pazzi empfängt das Jesuskind, um 1685, Florenz, S. Maria Maddalena de' Pazzi

Quellen: Piccini 1611 – Piccini 1670

Literatur: Pacini 1984a – Pacini 1984b – Barzman 1992 – Maggi 1998 – Ausst.-Kat. Maria Maddalena 2007

Katharina von Alexandrien II

25. November

Die mystische Vermählung der Katharina von Alexandrien (→ Katharina von Alexandrien I) stellt das bedeutendste Ereignis im Leben der Heiligen dar. Ihre visionäre Verehelichung (sposalizio) mit Christus beeinflusste viele Mystikerinnen, wie → Katharina von Siena, die ihrerseits mit Jesus den Brautring tauschten. Trotz der Bedeutsamkeit gehört die mystische Vermählung nicht zur ursprünglichen Version von Katharinas Vita und selbst die *Legenda aurea* weiß nichts davon zu berichten. Erst 1337 ist die Legende von dem „sposalizio“ in einer Handschrift zu finden. Von nun an erzählt man sich, Katharina habe einen Eremiten nach dem Aussehen der Gottesmutter und ihres Sohns gefragt. Als Antwort erhielt sie ein Bildnis Marias mit dem Jesuskind. Katharina richtete nun an die Muttergottes die Bitte, sie möge ihr den Sohn zeigen. Doch das Christuskind wandte seinen Kopf ab, weil Katharina sich noch nicht ausreichend darauf vorbereitet hatte, sein Antlitz zu sehen (Abb. S. 197). Daraufhin unterwies sie der Eremit im christlichen Glauben. In der folgenden Nacht kehrte ihr das Christkind sein Angesicht zu, nannte sie seine Braut und steckte ihr einen Ring an den Finger.

Neben dieser Version der mystischen Vermählung kursierten auch anders lautende Berichte. Eine englische Handschrift aus den Jahren 1420/1430 erzählt, Maria sandte den Eremiten Adrian zu Katharina, damit dieser die junge Frau zum „sposalizio“ mit ihrem Sohn herbeiführe. Nachdem der gehorsame Einsiedler die Königstocher in die Wüste gebracht hatte, geleitete die Gottesmutter sie in einen prächtigen Palast. Dort empfing Katharina zunächst die Taufe und wurde dann von Maria selbst zu Jesus geführt. Dieser ist ein erwachsener Mann, der Katharina den Ring an den Finger steckt und Adrian sogar auffordert, eine Messe zur Trauung zu lesen. Die himmlischen Chöre stimmten das „Sponsus amat sponsam, salvator visitat illam“ an („Der Bräutigam liebt die Braut, der Retter besucht diese“), das auch während der Katharinen-Messen als Responsorium erklang. Diese Legendenversion nahm John Capgrave (1396–1464) in seine Heiligengeschichte *Nova legenda Angliae* auf, die 1516 postum erschien.

Auch wenn die hl. Katharina von Alexandrien und vor allem ihre mystische Vermählung über Jahrhunderte aktuell blieben, entbrannte nach dem Tridentinum doch eine Kontroverse über Katharinas Existenz. Der einflussreiche Kirchenhistoriker Cäsar Baronius trat als ihr Befürworter auf und versuchte, sie mit einer anonymen Heiligen aus Eusebius' *Historia ecclesiastica* zu identifizieren. Doch konnte die Rechtfertigung die Zeiten nicht überdauern und 1969 wurde der Festtag der hl. Katharina abgeschafft.

Der „sposalizio" wurde nach 1300 zu einem Thema der Kunst, erhielt in den kommenden Jahrhunderten zunehmend Relevanz und war bis gegen 1700 aktuell. Die Kunstwerke des Mittelalters und des Barocks konzentrieren sich jeweils auf den Akt der Ringüberreichung. Meist erhält Katharina die Gabe von dem Christuskind, vor allem im Barock ist dies die übliche Variante, doch entsprechend der späteren Textversion sind ab 1340 auch Bilder zu finden, die eine Vermählung mit dem erwachsenen Jesus zum Gegenstand haben, wenngleich diese Darstellungen die Ausnahme blieben.

Anthony van Dycks „Mystische Vermählung der hl. Katharina von Alexandrien" präsentiert nicht die Heilige, sondern das Jesuskind als wichtigste Person des Ereignisses. Der Junge sitzt in instabiler Position auf dem Schoß seiner Mutter und ergreift Katharinas rechte Hand, um ihr den Ring überzustreifen. Dabei hat er ihr den Kopf zugewendet, doch kann der Betrachter noch gut das pausbäckige Gesicht sehen. Katharina und Maria indes sind nur im Profil zu sehen und treten dadurch stärker zurück. Die heilige Königstochter blickt ihrem jungen Bräutigam intensiv in die Augen, Maria aber hat den Blick gesenkt, so dass auch der Betrachter allein den Blick des Jesuskindes sucht. Daneben treten die attributiven Gegenstände zurück, sowohl Palme und Rad, die Katharina als Zeichen ihres Märtyrertodes in der linken Hand trägt, als auch der Brautkranz, den Maria bereithält.

Das exquisite Bild, das van Dycks Kenntnisse der venezianischen Malerei zum Ausdruck bringt, hing wahrscheinlich in der Kapelle des Erzbischöflichen Palastes zu Brüssel, die Maria de' Medici nutzte, als sie dort 1631 weilte. Ob die Königinmutter das Bild mit einem andächtigen oder mit einem kunstverständigen Blick betrachtete, ist unbekannt. Sie konnte sich dem frommen Gehalt des Bildes meditierend hingeben, sich sogar selbst dem Christuskind anvermählen oder sie konnte die hohe Qualität des Heiligenbildes genießen.

Anthony van Dyck, Die mystische Vermählung der hl. Katharina von Alexandrien, um 1630, England, The Royal Collection

| Obgleich die mystische Vermählung für die Katharinenverehrung sehr bedeutsam war, trat der Ring doch nie zu den anderen Attributen der Heiligen (→ Katharina von Alexandrien I) hinzu.

Lucas Cranach d. Ä., Triptychon mit der mystischen Vermählung der Katharina von Alexandrien, 1508/1510, Dessau, Staatliche Galerie; Lorenzo Veneziano, Die mystische Vermählung der Katharina von Alexandrien, 1539, Venedig, Galleria dell'Accademia; Ludovico Carracci, Die mystische Vermählung der Katharina von Alexandrien, 1584, Göteborg, Göteborgs Konstmuseum; Guercino, Die mystische Vermählung der Katharina von Alexandrien, um 1620, Berlin, Gemäldegalerie

Quellen: Knust G. B. 1960, S. 295 – 298 – Waters 2008, S. 303 – 325

Literatur: Schmidt 2001 – Barnes u. a. 2004; Kat.-Nr. III.43 – Schill 2005 – Hodne 2007, S. 155 – 165

Juliana Falconieri 19. Juni

Die um 1270 geborene Juliana (Giuliana) gehörte zu der prominenten Familie der Falconieri in Florenz. Das Haus war besonders durch Julianas Onkel Alexis (Alessio) bekannt geworden, denn dieser hatte den Servitenorden mitbegründet. Seine Nichte stieg in seine Fußstapfen, denn auch sie tat sich als fromme Frau hervor und setzte sich für die Entstehung eines weiblichen Ordenszweiges ein. 1304 wurde die Vereinigung der Serviten-Terziarschwestern (Servitinnen, Mantellaten, Dienerinnen Mariä) ins Leben gerufen und vom Papst anerkannt. Julianas Frömmigkeit war von einer intensiven Christus- und Marienandacht geprägt, begleitet von strengen Bußübungen. Kurz vor ihrem Tode ereignete sich ein Wunder, das ihre hingebungsvolle Jesusliebe verdeutlicht: Die Sterbende konnte die Hostie nicht mehr konsumieren, weshalb der Priester sie ihr auf die Brust legte. Plötzlich war sie von dort verschwunden. Julianas Verlangen nach dem Sakrament war so stark, dass sie es auf wundersame Weise empfangen hatte. Am 19. Juni 1341 verschied die fromme Frau. Ihre Gebeine befinden sich seit 1676 in der Servitenkirche SS. Annunziata zu Florenz. Die Überführung ihres Leichnams steht im Zusammenhang mit ihrer Beatifikation, die schon zwei Jahre später erfolgte. Von ihrer Familie und vom Volk aber war die Selige schon lange verehrt worden. Um den Kult kirchlich anerkennen zu lassen, nahm man 1694 den Kanonisationsprozess auf, der 1737 zum Abschluss kam. In Erwartung eines positiven Ausgangs hatte man schon Jahre zuvor erste Viten drucken lassen. Die Heiligsprechung kam unterschiedlichen Gruppen zugute: Sie diente der Propaganda des Servitenordens, dem Ruhm der Familie und der Ehre der Stadt Florenz.

Pier Leone Ghezzi, Tod der Juliana Falconieri, 1715/1718, Rom, Galleria Corsini

Als Pier Leone Ghezzi 1715/1718 im Auftrag des Kardinals Alessandro Falconieri den Tod der Juliana Falconieri malte, existierten bereits Bilder dieses Themas. Zu dieser Zeit war Juliana noch nicht kanonisiert, so dass eigentlich noch keine Darstellung ihrer Person in einem Sakralraum ausgestellt werden durfte. Doch schon seit etwa 1670 hatte man die damals noch nicht einmal Seliggesprochene wiederholt im Bild dargestellt. In Drucken und Gemälden fand ihr Porträt unter dem Volk und unter den höchsten Klerikern des Vatikans weite Verbreitung, gerade um den Kanonisationsprozess zu beschleunigen. Ghezzi selbst war kein typischer Maler von Heiligenbildern. Zwar malte er mindestens fünf Darstellungen der Heiligen für seinen Hauptmäzen Alessandro Falconieri, doch keines der Gemälde entspricht einem üblichen spätbarocken Heiligenbild. Seine Darstellungen zeichnen sich durch einen ausgeprägten Realismus aus, der nichts mit der Idealisierung des römischen Barock gemein hat. Auch das drei Meter breite Gemälde des Todes der Juliana gibt den Raum eines zeitgenössischen Hauses detailgenau wieder. Umso stärker fällt der Kontrast zum geöffneten Himmel aus, von dem Engel herniederkommen, um die Sterbende zu ehren. Obgleich von dort helles Licht in den Wohnraum fällt, bleibt die himmlische Erscheinung von den Anwesenden doch unbemerkt. Auch der Priester ist allein von der Hostie in Bann gezogen, die er gerade noch in der rechten Hand hielt, die nun aber verschwunden ist und sich als leuchtende Scheibe auf der Brust der Juliana abzeichnet. Dieses Detail ist typisch für die Ikonografie der Juliana Falconieri, ebenso ihre demütige Stellung am Boden.

Juliana Falconieri ist oftmals zusammen mit dem zweiten Familienheiligen Alexis Falconieri dargestellt.

| Juliana Falconieri trägt das schwarze Habit einer Nonne mit einem weißen Schleier. Als Attribut erscheint die Hostie als leuchtende Scheibe auf ihrer Brust.

Leandro Bassano, Hl. Juliana Falconieri als Büßerin in Ekstase, 1600/1615, Wien, Kunsthistorisches Museum; Pier Leone Ghezzi, Immacolata Conceptio mit Juliana und Alexis Falconieri, 1731, Chiaravalle (Ancona), Abtei Santa Maria in Castagnola; Pier Leone Ghezzi, Einkleidung der hl. Juliana Falconieri mit den hll. Filippo Benizi und Alessio Falconieri, 1741, Nantes, Musée des Beaux-Arts

Quellen: Lorenzini 1719 – Antinori 1728

Literatur: Lèpicier 1922 – Montagna/Daniel 1986 – Ausst.-Kat. Ghezzi 1999, Kat.-Nr. 21 – Casale 2001

Seelsorger und Seelenretter

Mit dem Tridentinum hatte die Seelsorge einen weit größeren Stellenwert als je zuvor erhalten. Auf dem Konzil hatte man die Residenzpflicht für Priester und Bischöfe in ihrer Gemeinde als verpflichtend festgehalten, eine Regelung, die bis dahin sehr nachlässig gehandhabt worden war. Die nachtridentinische Pastoraltheologie konzentrierte sich nun auf die Predigt, die Sakramentsspende, die ethische Vorbildlichkeit der Geistlichen und diakonische Hilfeleistungen. Diese klerikalen Tugenden wirkten sich auch auf die Heiligen aus. Die Aufgabengebiete mancher alten Heiligen wurden erweitert oder umgedeutet, um ihnen eine seelsorgerliche Ausrichtung zu geben: Unter den Engeln traten nun die → Schutzengel hervor, die vor den Angriffen des Teufels bewahrten, sowie der Erzengel → Michael, der vor den Übergriffen der Protestanten Schutz bot, während → Gregor der Große zum Retter der Seelen aus den jenseitigen Qualen im Fegefeuer wurde. Unlängst Verstorbene hatten gute Chancen kanonisiert zu werden, wenn sie sich während ihres Lebens als Seelsorger und Seelenretter hervorgetan hatten. Diese Eigenschaften waren nicht nur bei Gemeindepriestern wünschenswert, sondern auch bei hohen kirchlichen Würdeträgern, weshalb viele Bischöfe und Kardinäle, die sich durch diese Tugenden auszeichneten, heiliggesprochen wurden, wie → Karl Borromäus, → Thomas von Villanova und → Franz von Sales. → Ignatius von Loyola indes hatte mit seinen Exerzitien eine methodisierte Seelenpflege entwickelt und diese mit einer großen Breitenwirkung zum Einsatz gebracht. Andere hatten sich ihre Heiligkeit in fremden Ländern durch die Gewinnung der heidnischen Seelen für das Gottesreich erworben, wie der Jesuit → Franz Xaver.

Die Mission war eine der großen nachtridentinischen Herausforderungen der katholischen Kirche. Viele Orden entsandten Priester nach Amerika und Südostasien, doch kaum eine Gemeinschaft stellte so viele Missionare wie die Jesuiten, die sich durch die Anwendung neuer Bekehrungsstrategien hervortaten und einige Erfolge zu verzeichnen hatten. Mittels einer Akkomodation an die Sprache, Kleidung und Sitten des fremden Landes, sofern diese nicht dem Evangelium widersprachen, versuchte man die Türen der Häuser und Seelen zu öffnen.

Auch der aus Köln gebürtige Jesuit Johann Adam Schall von Bell, der seit 1582/83 in China wirkte, passte sich ganz dem Äußeren des Gastlandes an. Zudem war er, wiederum ganz der jesuitischen Manier entsprechend, um eine Mission „von oben" bemüht. Die Missionare suchten einflussreiche Personen, wenn nicht gar das Kaiserhaus für sich zu gewinnen, um dadurch Schutz, Einfluss und Privilegien zu erhalten. In China führte sich Schall von Bell mit seinen astronomischen Kenntnissen und herausragenden technischen Fertigkeiten in den Hofkreis ein. Tatsächlich nahm der Kaiser diese Dienste gerne in Anspruch, da der chinesische Kalender ungenau war und die Technik hinter der westlichen zurückstand. Welch großes Ansehen sich Schall von Bell erworben hatte, bezeugt ein Porträtstich, der nach einem Ölgemälde entstand. Der Jesuit präsentiert sich hier als

Johann Adam Schall von Bell als Mandarin, um 1670, Kupferstich

Mandarin erster Klasse, ein Rang, der ihm 1658 zuerkannt worden war. Auf seiner Brust prangt der weiße Kranich mit ausgebreiteten Flügeln als Sinnbild der Langlebigkeit und die Spitze seines Mandarinhutes ziert ein roter Edelstein. Sein Würdetitel lautete „Lehrer der Geheimnisse des Himmels", der feinsinnig seine doppelte Vertrautheit mit dem sichtbaren Sternenhimmel und dem unsichtbaren Gotteshimmel zum Ausdruck bringt. Obwohl Schall von Bell große Erfolge verzeichnen konnte, wurde er nie heiliggesprochen. Die Chancen, dieser Ehre teilhaftig zu werden, wären gestiegen, wenn er als Märtyrer gestorben wäre. Tatsächlich hatte man ihn zwar 1664 unter der antichristlichen Kaiserherrschaft zum Tode verurteilt, ohne aber das Urteil zu vollstrecken. Trotz dieser kirchenfeindlichen Maßnahmen konnten sich die Jesuiten dank der Akkomodationsmethode und ihres großen Einflusses zu manchen Zeiten der Christenverfolgung am Kaiserhof aufhalten und konnten selbst in schwierigen Jahren in eingeschränktem Maße seelsorgerisch tätig sein.

Mit den Missionstätigkeiten wurden die europäischen Heiligen global. Nicht nur die neuen Heiligen, die in den fremden Ländern verstarben und deren sterbliche Reste dort ruhten, erlangten weltweite Bekanntheit, sondern auch die alten Heiligen, deren Ruhm und Reliquien die Prediger in alle Welt trugen.

Literatur: Collani 1992 – Ausst.-Kat. Barock 2005, Kat.-Nr. 248

Schutzengel — 2. Oktober

Die Vorstellung, dass Gott Engel zum Schutz der Menschen sendet, gründet sich auf mehrere Bibelstellen. Verschiedene Verse sprechen davon, dass ein Engel die menschlichen Wege begleitet (2 Mo 23,20.23), dass er behütet und vor Gefahren bewahrt (Ps 91,11 – 13). Es ist sogar von Engeln die Rede, die jeweils für ein spezielles Kind zuständig sind (Mt 18,10). Besonders das apokryphe Buch Tobias, das von dem Engel Raffael erzählt, der Tobias auf seiner Reise begleitet und vor Gefahren behütet, prägte das Bild des persönlichen Engelschutzes.

Die Theologen des frühen Christentums kannten zwar die Vorstellung von persönlichen Engeln der Menschen, doch nahm dieser Gedanke in ihren Schriften wenig Raum ein. Noch in den deutschsprachigen Werken des Mittelalters sucht man das Wort „Schutzengel" vergeblich, während der lateinische Begriff „custodes angeli" bereits von Ambrosius verwandt wurde, der das Motiv aber nicht weiter ausführte. Erst die Scholastiker gebrauchten das Wort häufiger. So verbreitete sich auch die Idee des Schutzengels nicht vor dem späten Mittelalter und nun erst setzte ihre Verehrung ein. Aus jener Zeit ist in Spanien ein Schutzengelfest bekannt, doch eine Messe zu ihren Ehren wurde erstmals am 3. Juni 1526 gelesen. Auf Wunsch des Kaisers Rudolf II. setzte Papst Paul V. 1608 für den 27. September eine liturgische Feier fest, die indes nur im Heiligen Römischen Reich Deutscher Nation abgehalten wurde. Erst 1670 führte Clemens X. ein für die gesamte katholische Kirche verbindliches Fest ein, das künftig am 2. Oktober begangen wurde.

Mit der päpstlichen Anerkennung des Schutzengelfestes stieg die Verehrung dieser Engel durch die Laien. Die erste Bruderschaft, die Confraternità dei SS. Angeli Custodi erhielt 1614 ihre Bestätigung durch Paul V., 1622 wurde die Fraternität sogar zur Erzbruderschaft erhoben. In Bayern vereinigten sich 1684 sogar mehrere Benediktinerklöster zu der Kongregation „Zu den heiligen Schutzengeln", die ihren Verwaltungssitz im Kloster Tegernsee hatte. Alljährlich am Schutzengelfest erneuerten die Brüder ihr Gelübde. Als herausragende Förderer der Schutzengelverehrung traten auch die Jesuiten hervor.

Ignaz Günter, Schutzengel, 1763, München, Bürgersaalkirche

Eine besondere Prägung erhielt der Schutzengelglaube im 19. Jahrhundert, als er von der bürgerlichen Pädagogik vereinnahmt wurde. Der individuell zugesellte Engel galt zwar weiterhin als Schützer und Tröster des Kindes, doch zugleich auch als moralischer Wächter, der über korrektes und fehlerhaftes Verhalten wacht.

Zu dieser Zeit bis nach dem 1. Weltkrieg fanden Schutzengelbildchen in der Trivialkunst massenhafte Verbreitung, verschwanden dann aber nahezu völlig. In der Regel zeigten die Darstellungen jener Zeit einen Engel, der ein Kind an der Hand führt – ein Typus, der im 15. Jahrhundert entstanden war, wenngleich er damals nur vereinzelt künstlerisch umgesetzt wurde. Bilder des schützenden Engels wurden erst mit der Herausbildung der Bruderschaften und der kirchlichen Förderung des Festes im 17. Jahrhundert aktuell. Oftmals fanden sie Aufstellung auf Altären der Schutzengelbruderschaften, meist waren sie auf dem Nordaltar nahe am Kirchenausgang zu finden. Der Norden galt gemeinhin als Richtung, aus der das Böse sich nähert, während die Nähe zur Schwelle des Sakralraums die Nähe zur Welt mit ihren vielen Versuchungen markiert.

Der bayerische Bildschnitzer Ignaz Günther schuf mehrere Schutzengeldarstellungen. Auch für die Schutzengelbruderschaft des Münchner Karmeliterklosters St. Nikolaus fertigte er eine überlebensgroße Figurengruppe, die auf dem Altar der Fraternität Aufstellung fand. Nach Auflösung des Klosters 1802 gelangte die Skulptur in den Bürgersaal, wo sich die Bruderschaft nun traf. Der feingliedrige Engel führt einen Jungen an der Hand, dessen Aufmerksamkeit er durch einen Weisegestus nach oben lenkt. Dieser himmelgerichtete Fingerzeig ist typisch für Schutzengelgruppen. Eine Inschrift aus dem 18. Jahrhundert erläutert, der Bote Gottes wolle damit andeuten, dass sich der Mensch vom Irdischen zum Himmlischen wenden solle. Weniger offensichtlich, doch für das Motiv entscheidend, ist die Schlange, die sich unter den Füßen des Engels windet. Nun erst wird ersichtlich, dass der kleine Junge vor einer großen Gefahr bewahrt wurde. Andere Bilder zeigen den Schutzengel mit einem großen Schild, den er zwischen das Kind und einen auflauernden Teufel oder Dämon hält.

| Der Schutzengel hat kein besonders Attribut, doch können ihm Schlange oder Drache beigegeben sein, zudem gehört ein Kind zu ihm.

Giuseppe Passeri, Die drei Erzengel, um 1702, Rom, Santa Caterina a Magnanapoli; Sebastiano Ricci, Maria und Kind mit dem Schutzengel, 1720, Venedig, Lutherische Kirche; Pietro Berrettini, Schutzengel, 1753, Rom, Galleria Nazionale d'Arte Antica

Quelle: Albertini 1612

Literatur: Haag u. a. 2000 – Schnupp 2004 – Scheffczyk 1997, S. 331 – 387

Michael II — 29. September

Engel sind zwar Geschöpfe Gottes, doch als ewige Himmelsbewohner haben sie keine Biografie. Stattdessen kennt die Bibel verschiedene Engelsgattungen, unter denen die Erzengel die höchste Stufe einnehmen. Unter den vier Erzengeln wiederum nimmt Michael (→ Michael I) den höchsten Rang ein und steht über seinen Engelskollegen Raphael, Gabriel und Uriel. Das Alte Testament beschreibt Michael als einen kämpferischen Gottesboten, der gegen die Engel heidnischer Könige ins Feld zieht (Dan 10,13.21), während die neutestamentliche Offenbarung ausführlich Michaels Einsatz beim letzten Kampf gegen die satanischen Mächte schildert, aus dem er siegend hervorgeht (Offb 12,7 – 9). Das Judentum kannte eine Verehrung Michaels und auch das frühe Christentum wandte sich dem Erzengel zu, so dass die Amtskirche schon bald vor einem übertriebenen Engelskult warnte. In der Ostkirche fasste die Michaelsverehrung schnell Fuß, während sie in der Westkirche zuerst in Süditalien, das zeitweise unter byzantinischer Herrschaft stand, zu finden ist.

Im 6. Jahrhundert erhielten römische Gotteshäuser ein Michaelspatrozinium und ab dem 7. Jahrhundert sind Michaelskirchen auch nördlich der Alpen nachweisbar. Die erste derartige Kirche entstand auf dem 800 m hohen Berg Gargano in Apulien. Gemäß dem Gründungsmythos war Michael selbst für ihre Errichtung zuständig, denn drei Mal war er an dieser Stelle erschienen – einmal gar als Schlachtenhelfer gegen die heidnischen Neapolitaner, wobei er seine Fußspuren im Stein zurückließ. Der Bau selbst bestand aus einer Kapelle in einer Grotte, von der es hieß, sie sei nicht von Menschenhand errichtet worden, sondern samt einem mit rotem Tuch überkleideten Altar plötzlich entstanden. Auch die Weihe soll anstelle eines kirchlichen Würdenträgers der Erzengel persönlich vorgenommen haben. An dieser Legende orientierte sich auch der 702 erfolgte Bau des berühmtesten Michaelsheiligtums auf dem Mont-Saint-Michel in der Normandie, das ebenfalls von dem Engelsfürsten angewiesen, errichtet und geweiht worden sein soll. Diese ersten Gründungen führten dazu, dass viele Michaelskapellen auf Bergeshöhen errichtet wurden. In Kirchen sind dem Erzengel oftmals Turm- und Emporenkapellen geweiht und häufig erhielt er das Patrozinium über die Westchöre der romanischen Kirchen.

Obgleich sich Michaelskapellen ausbreiteten und der Erzengel 813 im Festkalender des Frankenreichs erscheint, setzte eine liturgische Verehrung nur zögerlich ein und nahm erst nach der Jahrtausendwende einen überregionalen Aufschwung. Eine besondere Beachtung fand Michael als Helfer in Schlachten, besonders im Kampf gegen Häretiker und Heiden, und wurde zum christlichen Streiter (miles christianus) schlechthin. Zwar spielte er als Beschützer der Kreuzzüge keine Rolle, doch zur Zeit der Gegenreformation ließ man ihn als Streiter gegen das Luthertum auftreten. Als man etwa 1597 die Jesuitenkirche St. Michael in München weihte, stand ein Schauspiel zu Ehren des triumphierenden Erzengels auf dem Festprogramm. Am Ende des achtstündigen Theaterstücks wurde Michael aufgefordert, ständig in der Kirche zu wohnen.

Die frühe Ikonografie unterscheidet Michael nicht von den anderen Erzengeln und gibt ihn in Tunika und Sandalen wieder. Einer der ers-

Christoph Schwarz, Der Sieg des Erzengels Michael über Luzifer, 1587–1588, München, St. Michael

ten Hinweise auf seinen Drachenkampf liegt mit einem koptischen Stoff aus dem 6. Jahrhundert vor, bei dem allerdings nicht eindeutig zu belegen ist, ob es sich hierbei tatsächlich um Michael handelt, denn die kämpfende Gestalt trägt keine Flügel, die sie eindeutig als Engel kennzeichnen würden. Seit dem 9. Jahrhundert ist Michael unmissverständlich als Drachentöter abgebildet. Einige der Darstellungen lehnen sich ikonografisch an solche von antiken Schlachten und Abbildungen von siegenden Feldherren an, doch im Gegensatz zu den weltlichen Vorbildern trägt der Erzengel keine Rüstung, sondern weiterhin die Tunika. Unter den Ottonen entstanden zwar zahlreiche illustrierte Apokalypsen – und diese waren die wichtigste Textgrundlage für den Drachenkampf –, doch zeigen die Miniaturen Michael nie als kämpfenden Protagonisten, sondern mehrere nicht näher charakterisierte streitbare Engel. Erst ab dem Hochmittelalter wird es üblich, Michael auch in voller Rüstung darzustellen.

Die nachtridentinische Ikonografie prägte Christoph Schwarz mit seinem Gemälde für den Hochaltar der Münchner St. Michaelskirche. Traditionsbildend wurde der von ihm gewählte Moment des Streits zwischen Himmel und Hölle: Luzifer stürzt besiegt in die Feuersglut, während Michael ohne Anstrengung den Kreuzesstab handhabt und seinen Feind damit nicht einmal mehr berühren muss. Mit dem Teufel stürzen weitere Dämonen in die Tiefe und mit Michael triumphiert der ganze Himmel. Die Darstellung proklamiert den Sieg der katholischen Kirche über protestantische Strömungen, doch kann sie auch in einem allgemeinen Sinn als Überwindung der Superbia (Hochmut) gelesen werden.

| Der kämpfende Michael kann eine Rüstung tragen, oftmals trägt er eine Toga. Als Waffe dient ihm eine Lanze oder ein Kreuzesstab.

Elfenbeinrelief mit Erzengel Michael über dem Drachen, Anf. 9. Jh., Leipzig, Museum für Angewandte Kunst; Hl. Michael mit dem Drachen, Abraham-Engel-Teppich, um 1150, Halberstadt, Domschatz; Hubert Gerhard, Bronzestatue des Michael, 1588, München, Fassade von St. Michael; Guido Reni, Kampf des hl. Michael, 1635, Rom, S. Maria della Concezione; Christoph Daniel Schenck, Der Kampf Michaels mit dem Teufel, 1683, Frankfurt a. M., Liebieghaus

Quelle: Acta Sanctorum, Sept. VIII, Bd. 48, S. 4–193

Literatur: Rosenberg 1956 – Wang 1975 – Rohland 1977 – Stalla 1991 – Ausst.-Kat. Rom in Bayern 1997, S. 413–428 – Schaller 2006

Gregor der Große II ______ 12. März

Papst Gregor der Große (→ Gregor der Große I) gelangte nach dem Konzil zu Trient in Italien zu neuer Aktualität. Deutlich wird dies unter anderem daran, dass nun mehrere Päpste den Namen ihres heiligen Vorgängers annahmen: Als Erster stellte sich Kardinal Ugo Boncompagni in die Tradition des Heiligen und bestieg 1572 als Gregor XIII. den päpstlichen Stuhl. Auf den berühmten Papst berief er sich, als er in seiner Heimatstadt Bologna mehrere Altäre für Tote privilegierte. Dieser wieder eingeführte Brauch bezieht sich auf Gregors des Großen Befreiung des Mönchs Justus aus dem Fegefeuer. In den *Dialogen* erzählt der heilige Papst, dass Justus Gelder veruntreut hatte und deshalb nach seinem Tode im Purgatorium schmoren musste. Im Traum erschien der im Fegefeuer Leidende Gregor und bat ihn um Hilfe. Dieser las daraufhin an 30 aufeinanderfolgenden Tagen für ihn eine Messe. Am Ende der Messfolgen hatte er den Mönch aus dem Fegefeuer befreit. Seit dem Mittelalter war es üblich, für Verstorbene am dritten, siebten und dreißigsten Tag nach ihrem Tode eine Messe lesen zu lassen, die man in Gedenken an den Papst Gregorianische Messen nannte. Gregor der Große hatte auch in San Gregorio Magno, der Kirche, die er auf seinem Privatgrundstück in Rom errichtet hatte, einen Altar für Verstorbene privilegiert. Jede Messe, die dort für einen Toten gelesen wurde, sollte diesen aus dem Fegefeuer erlösen. Daran knüpfte Gregor XIII. an, als er im Heiligen Jahr 1575 in Bologna den ersten Altar privilegierte. Weitere 23 Totenaltäre sollten allein in dieser Stadt folgen. Der ebenfalls aus Bologna stammende Gregor XV. (1621 – 1623) nahm diesen Brauch auf und privilegierte seinerseits Altäre für Tote. Damit kopierte man gewissermaßen das Urmodell in San Gregorio und verpflanzte es in Kirchen anderer Orte, so dass der Heilserwerb nicht an das römische Gotteshaus gebunden war. Die Reproduktion des privilegierten Altars und die Einlösung des Plenarablasses aber waren stets von der Feier einer Messe abhängig.

Mit dem wiedererwachenden Interesse für den heiligen Papst setzte auch eine erneute Bildproduktion ein. Vornehmlich in Italien fand die Ikonografie Gregors des Großen, die im Mittelalter weitgehend auf die Gregorsmesse beschränkt gewesen war (→ Gregor der Große I), eine thematische Erweiterung. Nun entstanden mehrere Altarbilder, die den heiligen Papst bei der Totenmesse zeigen. Giovanni Battista Crespi etwa schuf für eine Totenkapelle in San Vittore zu Varese ein Altarbild, das die Wirksamkeit und die Notwendigkeit der Totenmessen unmissverständlich vor Augen führt. Den gesamten Bildvordergrund nehmen Arme Seelen ein, die klagend im Fegefeuer schmoren. Doch haben sich einige Engel zu ihnen begeben, um sie in den geöffneten Himmel zu führen. Der himmlischen Gloriole schlängelt sich auch ein Spruchband entgegen, auf dem die Worte „Fac eas, Domine, de morte transire ad vitam" („Gib Herr, dass sie vom Tode hinübergelangen zum Leben") zu lesen sind. Diese Gebetsbitte wurde bei jeder Totenmesse gesprochen. Tatsächlich ist im Hintergrund Gregor der Große zu sehen, der vor dem Altar eine Messe zele-

Giovanni Battista Crespi, gen. Il Cerano, Messe Gregors des Großen, 1614/1617, Varese, San Vittore

briert. Auch wenn die liturgische Feier des heiligen Papstes weit im Hintergrund angesiedelt ist, bewirkt doch nur sie die Erlösung der Armen Seelen. Wurde eine Totenmesse vor dem Altar in San Vittore gelesen, so spiegelte der reale Ritus die gemalte Feier. Das Bild führte die Wirksamkeit der Seelenmessen vor Augen und fungierte als deren Werbeträger.

Neben der Messe Gregors des Großen wurden nach dem Tridentinum weitere Wundertaten des heiligen Papstes dargestellt: das Pestwunder, bei dem der Papst die Ikone Salus Populi Romani aus S. Maria Maggiore (Abb. S. 236) in einer Prozession durch Rom geführt und damit Gott bewegt hatte, der grassierenden Seuche ein Ende zu setzen; die wundersame Verwandlung des Messsakraments in einen Finger Christi, weil eine Frau an der Transsubstantiation gezweifelt hatte; das Wunder des Brandeums, einer Stoffreliquie, die blutete, als Gregor der Große mit einem Messer hineinstach, um Zweifelnde von der Echtheit dieser Berührungsreliquie zu überzeugen.

Mit dieser ikonografischen Gewichtung war Gregor der Große nach dem Tridentinum zu einem Gewährsmann geworden, der die Wirksamkeit von Seelenmessen, die Echtheit der Reliquien, die Wundertätigkeit von Gnadenbildern und die Wandlung von Brot und Wein garantierte. Als heiliger Papst war er geeignet, die katholischen Glaubenssätze der Reliquien- und Bildverehrung, der Transsubstantiation und des Fegefeuers zu bestätigen.

| Gregor der Große trägt auch nach dem Tridentinum päpstliche Kleidung und erhält die Taube des Heiligen Geistes als Attribut.

Jacopo Zucchi, Die Messe Papst Gregors des Großen, 1575/76, Rom, SS. Trinità dei Pellegrini, Sakristei; Cesare Aretusi, Pestprozession Gregors des Großen, 1580, Bologna, S. Maria del Baraccano; Cesare Aretusi, Die Hostienwandlung Gregors des Großen, um 1590, Bologna, S. Maria dei Servi, Capella Giavarini; Andrea Sacchi, Das Wunder des blutenden Brandeum, 1625/1627, Vatikan, Sacristia Vaticana, Sala Capitolare; Guercino, Gregors Fürbitte für die Armen Seelen, 1647, Bologna, S. Paolo

Quelle: Gregor der Große 1993

Literatur: Göttler 1994b – Göttler 1996 – Ausst.-Kat. Cerano 2005, Kat.-Nr. 39 – Meier 2011

Benno von Meißen

16. Juni

Kaum eine Kanonisation hat so heftige Kontroversen ausgelöst wie die des Benno von Meißen. Es dauerte 24 Jahre, bis der eingeleitete Prozess zum Erfolg führte und der im Meißner Dom bestattete und seit langem verehrte Bischof 1523 vom päpstlichen Stuhl heiliggesprochen wurde. Im lutherischen Wittenberg hatte man die Geschehnisse im katholisch-albertinischen Sachsen genau beobachtet. Umgehend verfasste Luther eine Gegenschrift unter dem polemischen Titel *Wider den neuen Abgott und alten Teufel, der zu Meißen soll erhoben werden*, die ihrerseits scharfe Entgegnungen von katholischer Seite hervorrief. Mit dem Tod Georgs des Bärtigen im Jahr 1539, des letzten katholischen Herrschers des albertinischen Sachsens, fanden die Auseinandersetzungen ein jähes Ende, denn sein Sohn und Nachfolger Heinrich der Fromme führte die Reformation ein und zerstörte Bennos Tumbengrab im Dom. Die heiligen Reliquien aber wurden von dem seinerzeit amtierenden Bischof gerettet und 1576 den getreuen Händen Albrechts V. von Bayern übergeben, der sie in der Frauenkirche in München beisetzte. Nun verlagerte sich Bennos Verehrung vom sächsischen Meißen in die bayerische Residenzstadt. 1602 wurde der Meißner Heilige zum Stadtpatron Münchens und zwei Jahre später sogar zum Landespatron Bayerns erklärt. In Sachsen kam er erst wieder zu Ehren, nachdem August der Starke 1697 aus politischem Kalkül zum Katholizismus konvertiert war und Teile der Bennoreliquien aus München nun nach Dresden gesandt wurden. 1962 zur Wiedererrichtung der kriegszerstörten Hofkirche der Elbstadt übersandte man aus München die kostbare Mitra des Bischofs. Noch heute ist Benno Patron des Bistums Dresden-Meißen. Im Gegensatz zu den gut dokumentierten Geschehnissen nach Bennos Kanonisation ist über das Leben des Bischofs weniger bekannt. Als der Theologe Hieronymus Emser im Zuge des Heiligsprechungsprozesses eine Biografie verfassen sollte, lagen ihm nur einige verbürgte Fakten vor und seine Recherchen in Goslar und Hildesheim brachten kaum Brauchbares zu Tage.

Geboren wurde Benno 1066 als Sohn adliger Eltern im Harz, er wurde von seinem Onkel Bernward von Hildesheim erzogen und war zunächst Kanoniker der Stiftskirche der Kaiserpfalz zu Goslar. 1085 wurde er auf den Bischofsstuhl zu Meißen berufen, den er bis zu seinem Tode im Jahr 1105 oder 1107 innehatte. Im Investiturstreit geriet er zwischen die Fronten und wurde von dem Gegenpapst seines Amtes enthoben. Schon früh erzählte man sich, er habe beim Verlassen der Stadt den Domschlüssel in der Elbe versenkt. Als er drei Jahre später wieder zurückkehren durfte, habe er den Schlüssel im Bauch eines Fisches wiedergefunden. An Bennos Grab soll sich eine Vielzahl von Wundern ereignet haben, weshalb man seine Gebeine schon 1270, lange vor der Kanonisation, in eine Tumba in die Mitte des Langhauses überführte.

Da mit der Reformation die Verehrung Bennos in Sachsen ein Ende fand und durch die Einführung des reformatorischen Gedankens auch andere Herrschaftsgebiete für den neuen Kult ausfielen, blieben die Darstellungen des jungen Heiligen zahlenmäßig und regional beschränkt. In Sachsen entstanden Gemälde, nachdem August der Starke zum Katholizismus konvertiert war. Nun erhielt der heilige Meißner Bischof in der neuen Hofkirche zu Dresden einen Altar nebst Altarbild. Auch in Bautzen, wo sich eine kleine Gruppe von Katholiken ihr Recht auf Religionsausübung seit der Reformation bewahren konnte, erhielt nun die Bennoverehrung neuen Aufwind. Ein Altargemälde, das den Heiligen in unmittelbarer Nähe zeigt, stammt wahrscheinlich von der Hand Stefano Torellis, der auch für den Kurfürsten arbeitete. Benno trägt die Gewänder eines Bischofs inklusive der Handschuhe. Dynamisch vorwärtsschreitend spricht er gestikulierend zum Betrachter. Die Nahansicht, die ausgreifende Gestik und der bis zum Bildrand reichende Krummstab steigern Bennos Präsenz und die Eindringlichkeit seiner nicht hörbaren Rede. Statt eines Fürbitters und Wunderwirkers führt der Künstler einen eindringlichen Prediger des Christentums vor Augen. Nur am Rande erinnert der kleine Putto an den mirakulösen Fund des Schlüssels im Fischleib.

| Benno von Meißen trägt das bischöfliche Ornat und erhält als Attribut Fisch und Schlüssel.

Johann Michael Rottmayr, Benno von Meißen mit Fisch und Schlüssel als Patron Münchens, 1702, München-Schleißheim, Schloss Schleißheim, Barockgalerie; Hl. Benno, Skulptur, 1724, Bautzen, Liebfrauenkirche; Franz Anton Maulbertsch, Glorie des hl. Benno, Deckenfresko, 1770, Dresden, Hofkirche

Quellen: Emser 1517 – Historia Bennonis 1604

Literatur: Langer 1886/1891 – Rittenbach/Seifert 1965, S. 62–75 – Seifert 1994 – Seifert 1998, S. 288 – Volkmar 2002

Stefano Torelli (?), St. Benno, um 1750, Bautzen, Dom St. Petri

Thomas von Villanova 8. September

Thomas von Villanova (Tomás de Villanueva) hat seine Verehrung maßgeblich seiner Freizügigkeit und seinen karitativen Tätigkeiten zu verdanken. Er wurde 1488 in Aragonien, im Ort Fuenllana bei Villanueva de los Infantes als Sohn adliger Eltern geboren. Zum Studium begab er sich nach Alcalá de Henares, wo er bald selbst als Professor lehrte. 1516 erhielt er einen Ruf an die Universität Salamanca und schloss sich noch im gleichen Jahr den Augustinereremiten von Salamanca an. Von nun an nahm er verantwortungsvolle Positionen im Orden ein: Er war Prior von Salamanca, Präses im Kapitel von Kastilien, Ordensprovinzial von Andalusien und Prior von Valladolid. In diesen Funktionen wirkte er an der Überarbeitung der Ordensstatuten mit und sandte Missionare nach Südamerika. Als weiteres Amt wurde ihm schließlich der Stuhl des Erzbischofs von Valencia übertragen, das Erzbistum Granada hingegen hatte er zuvor abgelehnt.

Bartolomé Esteban Murillo, Hl. Thomas von Villanova, um 1668, Sevilla, Museo de Bellas Artes

Neben seiner kirchlichen Würdestellung und seinen kirchenpolitischen Aufgaben vergaß Thomas von Villanova die Ärmsten nicht. Er ließ täglich Almosen an Bedürftige austeilen und blieb gerade durch seine freigiebige Unterstützung der Notleidenden in der Erinnerung der Nachwelt bewahrt. Zudem war er schon zu seinen Lebzeiten als Wundertäter bekannt: Er soll Kranke geheilt und mindestens elf Tote zum Leben erweckt haben. Als Thomas von Villanova im Jahr 1555 verstarb und in der Kirche der Augustinereremiten Hl. Maria von der Hülfe in Valencia zu Grabe getragen wurde, begleiteten zahllose Arme den Leichenzug. Noch seine Grabinschrift rühmt seine Unterstützung der Armen. Für seine eigene Person hingegen hatte er wenige Bedürfnisse, er ließ seine Kleidung flicken und war im Essen überaus maßvoll. Seine Viten erzählen, dass seine Ratgeber ihn sogar wegen seines allzu schlichten Auftretens gerügt hätten. Der mildtätige Erzbischof wurde 1618 selig- und 1658 heiliggesprochen. Außerhalb Spaniens verehrten vor allem die Augustinereremiten ihr heiliges Ordensmitglied.

Bartolomé Esteban Murillo, Maler aus Sevilla, fertigte viele Bilder des hl. Thomas von Villanova an, die den Heiligen beim Almosenspenden oder beim Heilen von Kranken zeigen. Kaum verwunderlich, dass viele der Gemälde im Auftrag der Augustinereremiten entstanden. Doch selbst für die Kapuziner von Sevilla malte Murillo den heiligen Augustiner. Villanova ist auch hier in das schwarze Habit seines Ordens gekleidet, doch dazu trägt er die Bischofsmitra. Obgleich er sich in einem palastartigen Gebäude aufhält und auf dem Tisch Bücher liegen, die auf Studien hinweisen, hat er sich doch einem Lahmen zugewendet, um ihm Almosen zu spenden. Ein Kind hat bereits Geldstücke von ihm empfangen und im Hintergrund drängen weitere Bedürftige und Kranke herbei. Der Reichtum der Architektur und das über dem Heiligen drapierte rote Ehrentuch bilden einen scharfen Kontrast zu der krassen Armut der Besucher. Doch gerade diese Diskrepanz kennzeichnete Thomas von Villanovas Tätigkeit und beförderte seine Heiligkeit. Murillo deutete zurückhaltend darauf hin, indem er das einfallende Licht auf die Mitra richtete, die wiederum den Strahl reflektiert und den Heiligen mit einem leichten Schein umgibt.

Das Almosengeben wurde vor allem in der Druckgrafik zum wichtigsten Thema der Villanova-Ikonografie.

| Thomas von Villanova trägt das Habit der Augustinereremiten, bischöfliches Ornat oder zumindest die Mitra, mitunter erscheint er mit einer Pluviale über dem Ordensgewand. Oftmals hält er einen Geldbeutel in Händen.

Luca Giordano, Die Almosen des Thomas von Villanova, um 1650, Neapel, Museo e Gallerie Nazionali di Capodimonte; Giacinto Gimignani, Der hl. Thomas von Villanova in der Glorie, 1660/61, Rom, Galleria Nazionale d'Arte Antica; Bartolomé Esteban Murillo, Thomas von Villanova heilt einen Lahmen, 1678, München, Alte Pinakothek; Anton Angelo Bonifazi, Madonna in der Glorie mit dem hl. Thomas von Villanova und Wilhelm von Aquitanien, nach 1679, Viterbo, Palazzo Arcivescovile

Quellen: Libro de la Santa Vida 1620 – Bax 1622

Literatur: Jobit 1961 – Íñiguez 1981, Kat.-Nr. 76 – Gutiérrez 2001 – Müller H. 2008

Petrus Canisius

27. April

Petrus Canisius (Peter Kanis), 1521 in Nimwegen geboren, wuchs in einem streng katholischen Haus auf. In Köln studierte er zunächst Jura, dann Theologie und trat schließlich 1543 als erster Deutscher dem noch jungen Jesuitenorden bei. Im Auftrag des Ordensgründers → Ignatius von Loyola war er maßgeblich bei der Etablierung eines Kollegs in Messina beteiligt. Auch andere Kollegsgründungen, wie Köln, Prag und Fribourg, gehen auf seine Initiative zurück. Der bayerische Herzog Wilhelm IV. erkannte schnell die Wirkkraft der Jesuiten und bat sie um Unterstützung bei der Belebung des Katholizismus in seinem Herrschaftsgebiet. 1549 zog Canisius nach Ingolstadt, wo er die Universität und Kirche belebte. Zunächst hatte er Bedenken, ob er, dessen Muttersprache das Niederländische war, allgemein verständlich predigen würde. Doch konnte er in Ingolstadt einen großen Predigterfolg verzeichnen und war auch in anderen Orten als gewandter Wortverkündiger gefragt. In Augsburg fungierte er als Domprediger und in Wien wurde er gar zum Hofprediger berufen.

Gleichermaßen wie die akademische Lehre und die homiletische Unterweisung lag ihm die Seelsorge am Herzen. Zu diesem Zweck verfasste er drei Katechismen (*Catechismus major*, *Catechismus minor* und *Catechismus minimus*), die sich an unterschiedliche Leserschaften richteten und deren schlichteste Form, der *Kleinste Katechismus*, für Menschen ohne Schulbildung gedacht war. Noch zu seinen Lebzeiten wurde der *Kleine Katechismus* weit über 200 Mal aufgelegt und in viele Sprachen übersetzt. Bis ins 20. Jahrhundert hinein sollte dieses Werk das Hauptlehrbuch der katholischen Kirche sein.

Canisius wirkte auf kirchenpolitischer Ebene als Ratgeber des Kaisers, als Berater auf Reichstagen und bei Religionsgesprächen sowie als Teilnehmer am Konzil von Trient. 1597 verstarb Petrus Canisius in Fribourg. Sein Leichnam wurde in der dortigen Michaelskirche beigesetzt und sein Sterbezimmer im Jesuitenkolleg umgehend in ein Oratorium umgewandelt. Der Hund (lat. canis), der den Wappenschild seiner Familie schmückte, war zum Symbol nicht nur seiner Herkunft, sondern auch seines Lebens geworden: Eifer und Wachsamkeit hatten sein Wirken bestimmt. Die Jesuiten bemühten sich schon bald nach seinem Tode um die Kanonisierung des eifrigen Ordensmitglieds, doch trotz aller Anstrengungen wurde Petrus Canisius erst 1864 seliggesprochen und erst 1925 kanonisiert.

Als der Augsburger Verleger und Kupferstecher Dominicus Custos bald nach dem Tod des Canisius beauftragt wurde, einen Porträtstich herzustellen, sah er sich vor die Herausforderung gestellt, diesen möglichst lebensgetreu zu fertigen. Wenngleich der Verstorbene noch nicht kanonisiert war, sollte das Bildnis doch wie ein Heiligenbild eine „vera effigie" (wahres Abbild) sein. Da sich Canisius während seines Lebens stets geweigert hatte, porträtiert zu werden, musste Custos nach einer geeigneten Stichvorlage suchen. Offenbar nahm er sich das Bildnis auf dem Epitaph des Verstorbenen zum Vorbild, denn dieses beruhte auf einer Zeichnung, die man in den letzten Lebenstagen von dem zeitweise Bewusstlosen angefertigt hatte. Deshalb treten auf Custos' Stich die abgezehrten Gesichtszüge auffallend hervor. Das Haar mit dem gerade geschnittenen Pony umgibt den Kopf wie eine Haarkappe und das spitze Kinn ist unter einem Bart verborgen. Als Kleidung dient ein mantelartiges Gewand, das den Körper nahezu völlig negiert und das Gesicht umso stärker hervortreten lässt. Dieser Porträtstich wurde weit verbreitet und diente für viele weitere Grafiken als Vorlage.

Dominicus Custos, Petrus Canisius, 1599, Kupferstich, München, Staatliche Grafische Sammlung

Als zweite Darstellungsvariante etablierte sich eine Interieurszene, die Canisius am Schreibtisch sitzend präsentiert. Das wesentliche Bildmedium jener Zeit war der Kupferstich, der als Einzelblatt kursierte oder die publizierten Biografien und Ordensgeschichten illustrierte. Eine Stilisierung und Verschmelzung mit anderen Heiligentypen setzte nach 1650 ein. Doch vor allem im 19. Jahrhundert vollzog das Porträt des Jesuiten eine einschneidende Veränderung hin zu einem quasi antiken Gelehrten, den Ludwig Schmeller erstmals in Form einer Büste verewigte. Nach seiner Seligsprechung erhob man Canisius auch im Bilde in den Himmel, indem man ihn nun häufiger zusammen mit weiteren Heiligen in himmlische Sphären versetzte. Nach 1900 schließlich präsentierte man Canisius als Pädagogen, der die Kinder unterweist. Dafür griff man mitunter sogar auf das protestantische Bildformular „Jesus als Kinderfreund" von Lucas Cranach zurück. Die Kanonisation des Jesuiten bot Anlass, in vielen seiner einstigen Wirkungsstätten sein Bildnis aufzustellen. Seine Geburtsstadt Nimwegen errichtete ihm gar ein Denkmal.

| Petrus Canisius trägt meist einen Mantel, mitunter die Soutane, die Kasel oder die Albe mit Stola. Als Attribut erhält er Kreuz, Katechismus, Kruzifix, Mitra oder Pedum.

Peter Wuilleret, Die Predigt des Petrus Canisius, 1635, Freiburg, Kolleg; F. Bonnet, Petrus Canisius auf dem Sterbebett, 1864, Freiburg, Michaelskirche; Toon Dupuis, Denkmal des Petrus Canisius, 1925, Nimwegen

Quellen: Rader 1614 – Schmidt 1652

Literatur: Appuhn-Radtke 1996 – Petrus Canisius 1997 – Ausst.-Kat. Rom in Bayern 1997, Kat.-Nr. 166

Karl Borromäus 4. November

Der Kirchenreformer Karl Borromäus (Carlo Borromeo) wurde 1538 in Arona im Piemont geboren und studierte in Pavia Rechtswissenschaften. Als sein Onkel Giovanni Angelo de' Medici als Pius IV. (1559 – 1565) den Papststuhl bestieg, war auch seiner kirchlichen Laufbahn der Weg geebnet. Er erhielt mehrere Würdeämter, unter anderem auch das des Kardinals, und wurde als Administrator der Diözese Mailand eingesetzt. Einen Wendepunkt in seinem Leben bildete der Tod seines Bruders. Seit dieser Zeit betrieb er intensive Frömmigkeitsübungen und führte trotz seines hohen Jahresgehalts ein schlichtes Leben. 1563 erhielt Borromäus die Priester- und Bischofsweihe. Von nun an lebte er in seinem Bistum Mailand, obgleich dies noch nicht allgemein üblich war, da man erst auf dem Konzil von Trient gefordert hatte, dass der Amtsträger in seinem Bistum residieren müsse. In Mailand suchte Borromäus durch Visitationen und Synoden die katholischen Reformen umzusetzen, allen voran eine verbesserte Priesterausbildung und eine strenge Klosterzucht. Nicht alle Klöster und Kirchen beugten sich willig seinem Reformeifer, das Mailänder Kollegiatkapitel der Scala etwa widersetzte sich einer Visitation, worauf Borromäus die Mitglieder exkommunizierte und die Scala im Gegenzug über den ungeliebten Bischof das Interdikt verhängte. Erst das Eingreifen des Papstes beendete den Zwist zugunsten von Borromäus. Besonderes Interesse widmete der rege Bischof der Frage nach einer würdigen und zugleich funktionalen Kirchenausstattung und publizierte seine Vorschläge in Form von *Instructiones*, die bald nach ihrem Erscheinen auch ins Deutsche übersetzt wurden. In dieser Schrift sprach sich Borromäus für die Befolgung der frühchristlichen Praxis hinsichtlich des rechten Kirchenbaus, der angemessenen bildlichen Ausgestaltung und des rechten Ritus aus.

Karl Borromäus tat sich auch als Seelsorger hervor: Er war bestrebt, die besten Prediger nach Mailand zu holen, und als 1576 in der Stadt die Pest wütete, organisierte er Hilfe und

Peter Candid, Karl Borromäus im Gebet, 1623, München, Alte Pinakothek

kümmerte sich persönlich um die Notleidenden. Als Helfer in Pestzeiten blieb er im kollektiven Gedächtnis bewahrt und galt bald als einer der bevorzugten Pestheiligen. 1584 verstarb Borromäus, 1602 wurde er selig- und 1610 heiliggesprochen.

Das Profilporträt, das Ambrogio Figini noch in den letzten Lebensmonaten von dem Bischof gemalt hatte, wurde als Vera Effigie für Borromäus' postume Darstellungen maßgebend: dunkles Haar und Bart sowie ein scharf geschnittenes Profil mit Hakennase. Nach dem Beschluss der Ritenkongregation sollte der Heilige nur im Kardinalsgewand, nicht aber im bischöflichen Ornat abgebildet werden. An diese Vorschrift hielt sich Peter Candid, wies aber dennoch auf das Bischofsamt des Heiligen hin, als er seinen Werkstattgehilfen seinen Entwurf zu einem Altarblatt übergab. Auf dem ausgeführten Gemälde für die Karl-Borromäus-Kirche vor den Stadtmauern Münchens trägt der Heilige das Messornat, während zwei Putten den Kardinalshut und die Bischofsmitra präsentieren. Borromäus kniet vor einem überkleideten Tisch, der an einen Altar erinnert, doch auch mit nicht liturgischen Objekten beladen ist: Uhr, Birett, Kreuz, Patene und Kelch verweisen auf die private und liturgische Frömmigkeit des Heiligen. So verstand es Candid, der individuellen Devotion des Heiligen einen betont kirchenkonformen, offiziellen Anstrich zu geben. Vom Himmel herab erscheinen Engel, die den Betrachter durch Gestik und Mimik nachdrücklich auf den Heiligen aufmerksam machen.

Wie Candid thematisierten auch andere Maler die intensive Frömmigkeit des Heiligen, oftmals auch ist er beim Verteilen von Almosen zu sehen. Zudem setzte sich seine Darstellung als Pestheiliger durch. Borromäus ist unter den Leidenden zu sehen und reicht diesen oftmals das Sakrament. Ein erster Vitenzyklus, der zwanzig Bilder umfasste, entstand 1602 anlässlich der Seligsprechung für den Mailänder Dom.

| Karl Borromäus trägt meist die Kardinalstracht, kann aber auch in bischöfliche Gewänder gekleidet sein. Als Attribute sind ihm Kardinalshut, Pestpfeil, die Bußinstrumente Totenkopf und Geißel oder die Taube des Heiligen Geistes beigegeben.

Ambrogio Figini, Hl. Karl Borromäus, 1583/84, Mailand, Pinacoteca Ambrosiana; Johann Heinrich Schönfeld, Der hl. Karl Borromäus unter Pestkranken, 1655, Salzburg, Dom; Johann Michael Rottmayr, Fürbitte des hl. Karl Borromäus bei der Mailänder Pest, 1721, Salzburg, Kollegienkirche; Johann Bernhard Fischer von Erlach, Säulen mit Lebenszyklus des Borromäus, 1716–1737, Wien, Karlskirche

Quellen: Possevino 1591 – Bascapè 1593 – Giussano 1610

Literatur: Dallaj 1984 – Rasmussen N. 1988 – Headley/Tomaro 1988 – Ausst.-Kat. Rom in Bayern 1997, Kat.-Nr. 13 – Szilárdfy 1999 – Jones 2005

Büßer und Bekehrte

Es verwundert kaum, dass nach dem Konzil von Trient Büßer und Bekehrte in der Kunst eine neue Aktualität erhielten. War man doch darum bemüht, Angehörige anderer Konfessionen zum Katholizismus zu bekehren, und nahm Konvertierte willig in den Schoß der Kirche auf.

Die Buße gehörte in der katholischen Kirche zu den sieben Sakramenten, während die Protestanten den sakramentalen Charakter ablehnten. Zwar praktizierten auch Lutheraner die Ohrenbeichte, doch galt sie nicht als heilsnotwendig. Auf dem Konzil von Trient jedoch bestätigte man den sakralen Charakter der Buße und bekräftigte die auf Thomas von Aquin zurückgehende Dreiteilung des Bußsakraments: „contritio cordis“ (Herzensreue), „confessio oris“ (Ohrenbeichte) und „satisfactio operis“ (Wiedergutmachung durch Werke). Die Grundpfeiler Selbsterkenntnis und Schuldbekenntnis propagierten viele Erbauungsschriften, die nachdrücklich zu einem bußfertigen Leben aufriefen. Manche biblische Gestalten wie der Verlorene Sohn oder der Zöllner Zachäus wurden dem Leser als vorbildlich geschildert. Doch auch einige der Heiligen galten als Büßer schlechthin, denen nachzueifern war: allen voran die Apostelfürsten → Petrus und → Paulus sowie → Maria Magdalena.

Im Zuge der Konzentration auf Buße und Reue wurden auch Eremitenheilige wie → Paulus von Theben und → Maria Ägyptiaca wieder aktuell. Das weltabgeschiedene Leben und das konsequente Büßerdasein dieser frühchristlichen Heiligen machte sie zu vorbildlichen Personen. Vor allem in Spanien und Italien sind

Willem Swaneburg nach Abraham Bloemaert, Der reuige Zachäus, Kupferstich, um 1609, Amsterdam, Rijksprentenkabinet

sie zu jener Zeit auf vielen Bildern zu finden. Auch in den calvinistischen, nördlichen Niederlanden, wo die katholische Kirche ein Schattendasein führte, war man um diese Themen bemüht. Der katholische Maler Abraham Bloemaert schuf Entwürfe einer sechsteiligen Folge von Sündern der Bibel, die sein Kollege Willem Swaneburg in Kupfer stach. Die dargestellten Personen führen die Verfehlung und die darauf folgenden je verschiedene Seelenhaltungen vor Augen: Saul und Judas fungieren als Negativbeispiele, da ihre Sünde zu Verzweiflung und Tod führte, Petrus, Paulus, Maria Magdalena und Zachäus indes sind positive Exempla, da ihre Sünde sie zur Umkehr bewegte. Der Zöllner Zachäus spricht mit Gott und beteuert, er wolle das Geld, das er zu Unrecht eingezogen habe, zurückerstatten. Die reumütig kniende Haltung, die rechte Hand auf dem Herzen und die tränenschweren Augen beteuern die Wahrhaftigkeit der Umkehr. Als Anzeichen der wahren Herzensreue galten tränennasse Augen, denn sie waren äußerer Ausdruck der inneren Gemütsbewegung. Das aufrichtige Weinen galt zugleich als stärkstes Mittel, um Gottes Gnade zu erhalten.

Literatur: Müller Hofstede 1983

Petrus III — 29. Juni

Die Tränen des Petrus stehen im Mittelpunkt der nachtridentinischen Schriften und Bilder des Apostelfürsten (→ Petrus I, Petrus II). Das Neue Testament unterrichtet zwar über verhältnismäßig viele Ereignisse aus dem Leben des Petrus, doch nun beschäftigte man sich ausgiebig mit der Reue, während der Verrat als Ursache für die folgende Buße selten thematisiert wurde. Alle vier Evangelien berichten, dass Petrus beim letzten Abendmahl auf Jesu Ankündigung, einer der Jünger werde ihn verleugnen, vollmundig erklärte: „Wenn alle dich verlassen, ich verlasse dich nicht" (Mt 26,31–35; Mk 14,26–31). Doch schon wenige Stunden später, als man Jesus gefangen genommen hatte, antwortete Petrus auf die Fragen einer einfachen Magd drei Mal, er kenne Jesus nicht. Als daraufhin der Hahn krähte, erinnerte er sich daran, dass Jesus geweissagt hatte: „Ehe der Hahn kräht, wirst du mich drei Mal verleugnen." Die darauf folgende Reue beschreibt die Bibel in eindringlicher Knappheit: „Da weinte er bitterlich." (Mt 26,69–75; Mk 14,66–72; Lk 22,54–62; Joh 18,25–27)

Die Theologen wurden nicht müde, die Reue des Petrus ausführlich zu schildern, die so intensiv war, dass sie das Äußere des Apostels prägte. Der Kardinal und Kirchenhistoriker Cäsar Baronius etwa erklärte, seine Augen seien vom Weinen schwarz und blutunterlaufen gewesen. Nach Ansicht anderer Autoren habe er so anhaltend geweint, dass die Tränen tiefe Spuren in seine Wangen gegraben hätten. In Anlehnung an den mittelalterlichen Verfasser von Andachtsbüchern Ludolph von Sachsen erläuterte der Jesuit Cornelius de Lapide in seinem Bibelkommentar, dass Petrus jede Nacht beim Hahnenschrei erwacht sei und bitterlich geweint habe. Derartige Ausführungen mündeten nicht selten in dem Aufruf, wie Petrus seine Sünden zu bereuen und zu beweinen. Die tränenreiche Reue galt als Ausdruck der „satisfactio", der Wiedergutmachung für begangene Sünden, die der Apostel in vorbildhafter Weise vorgelebt hatte. Damit wurde das erste Oberhaupt der Kirche zum Beispiel einer wahren Bußfertigkeit und zu einer geistlichen Person, die aufgrund des eigenen Schulderlebnisses Mitleid mit den Sündern hat.

Bereits die frühchristliche Kunst kennt den Verrat des Petrus. Auf Sarkophagen und auf den Wänden der Katakomben sind der Hahn auf einer Säule stehend sowie Petrus, der seine Hand in einer Geste der Verzweiflung zum Gesicht führt, wiederholt zu sehen. Diese Darstellung spielte für das Mittelalter eine sehr untergeordnete Rolle und wurde im 17. Jahrhundert durch die Reue des Petrus ersetzt. Anstelle der verwerflichen Tat sind nun die Zerknirschung und Buße getreten. Folglich wird der Hahn kaum noch dargestellt und begegnet höchstens als Symbol, das an die vorherige Verleugnung erinnert.

Der französische Maler Georges de La Tour hingegen billigte dem Tier in einem seiner Gemälde eine prominente Rolle zu. Er setzte den Hahn auf einen mächtigen, felsartigen Stein, so dass der Betrachter daran erinnert wird, dass Petrus der Fels ist, auf dem Jesus seine Kirche errichten wollte. Hier nun sitzt das Tier, das an

Georges de La Tour, Petrus in Reue, 1645, Cleveland, The Cleveland Museum of Art

die Sünde und Schmach des späteren kirchlichen Oberhaupts erinnert, unbeweglich, gleich einem Mahnmal auf dem Symbol von Petri Macht. Die Verbindung zwischen dem Tier und dem Apostel unterstreichend versah La Tour beide mit einem ähnlichen Profil. Petri Physiognomie ist durch eine scharf geschnittene Nase, ein langes Kinn und einen leicht gebogenen Kinnbart gekennzeichnet und lässt an den Schnabel und den Kinnlappen des Hahns denken. Die für die Reue des Petrus unverzichtbaren Tränen rinnen dem Apostel die Wange herab. Diesem äußeren Reuezeichen entsprechen die ineinander verschränkten Hände, die Petri innere Zerknirschung zum Ausdruck bringen. Gemäß den schriftlichen Berichten, nach denen sich die Verleugnung bei Nacht ereignete, kreierte auch La Tour eine dunkle, nicht näher definierte Umgebung, die eine Laterne nur spärlich beleuchtet. Mit dieser Lichtquelle erhellt La Tour das finstere Bildfeld und erinnert an die Gefangennahme Christi, bei der die Häscher mit Laternen und Fackeln gekommen waren. Der natürlichen Lichtquelle steht der schwache Lichtschein entgegen, der aus dem Himmel in die Dunkelheit des Raumes eindringt. Petrus' Blick in diese Richtung gibt seiner Selbstanklage eine Richtung und lässt erkennen, dass seine Tränen als Wiedergutmachung der Sünde angenommen wurden.

| Der bereuende Petrus ist in der Regel mit tränenden Augen dargestellt. Oftmals hat er die Hände ineinandergelegt oder die Finger ineinander verschränkt. Diese körperlichen Merkmale genügen in der Regel zu seiner Charakterisierung, der Hahn und eine Laterne können hinzutreten.

Gerrit van Honthorst, Die Befreiung des Petrus, um 1618, Berlin, Gemäldegalerie; Gerard Seghers, Die Verleugnung Petri, 1620/1625, Raleigh, Museum of Art; Simone Cantarini, Petrus in Reue, 1640/1650, Northampton, Smith College Museum of Art; Francisco Goya, Der büßende Petrus, 1820/1824, Washington, Phillips Memorial Collection

Quellen: Tansillo 1585 – Nervèze 1602

Literatur: Hahn S. 1977 – Dassmann 1980 – Mormando 1999 – Lavin 2000

Paulus II — 25. Januar

Das einschneidendste Ereignis im Leben des Apostels Paulus (→ Paulus I) war seine Bekehrung. Die Bibel berichtet von dem spektakulären Zwischenfall, der Saulus, den Christusverfolger, in Paulus, den Christusanhänger, verwandelte (Apg 9,1–19). Als Saulus auf dem Weg nach Damaskus war, ausgestattet mit einem Legitimationsschreiben des Hohepriesters in Jerusalem, um dort die neue Sekte der Christen zu zersprengen, berührte ihn plötzlich ein himmlisches Licht, so dass er zur Erde fiel. Auf die Frage einer Stimme: „Saul, Saul, was verfolgst du mich?", vermochte er nicht zu antworten. Doch auf den Befehl der Stimme, die sich als Jesus zu erkennen gab, in Damaskus weitere Befehle abzuwarten, erhob sich Paulus. Für drei Tage war er blind und als ihm die Augen für das Christentum geöffnet wurden, ließ er sich taufen. Was die Begleiter des Paulus von der visuellen und akustischen Erscheinung wahrnahmen, ist der

Caravaggio, Die Bekehrung des Paulus, 1600/01, Rom, S. Maria del Popolo, Cerasi-Kapelle

Bibel nicht eindeutig zu entnehmen. Zunächst heißt es, sie hörten die Stimme, sahen aber niemand (Apg 9,7), und später liest man, sie sahen das Licht, ohne die Stimme zu vernehmen (Apg 22,6 – 11). Gerne wüsste man, wie die apokryphen Paulusakten des 2. Jahrhunderts die Bekehrungsgeschichte wiedergaben, doch ist gerade dieser Teil der Vita nicht mehr erhalten.

Mit der Reformationszeit rückte die Gestalt des Paulus in den Mittelpunkt, denn an seiner Theologie entzündete sich Luthers Kritik an der katholischen Verdienstlehre. Unter Berufung auf die paulinischen Worte, der Mensch erhalte die Rechtfertigung allein durch den Glauben (Rö 3,28), lehnte er allen tätigen Heilserwerb, wie Ablasserwerb oder Pilgerreisen, ab. Im Katholizismus jedoch wurde Paulus nach 1530 zu einem wichtigen Bekehrten, der aus einem Feind des Christentums zu einem eifrigen Christusnachfolger geworden war. Nicht von ungefähr wählten einige Päpste den Namen des Apostelfürsten als Amtsnamen.

Die Bekehrung des Paulus wurde bereits im Mittelalter häufig dargestellt, oftmals als Gegenüberstellung zum Petrusmartyrium. Üblicherweise liegt Paulus neben seinem sich aufbäumenden Pferd auf dem Boden, obgleich die Bibel nichts von einem Reittier verlauten lässt. Der Apostel war zwar für das theologische Selbstverständnis der Protestanten bedeutsam, doch wurde er im Luthertum eher selten dargestellt und Bilder seiner Bekehrung blieben eine Randerscheinung. Unter den protestantischen Malern setzte sich Rembrandt wiederholt mit der Darstellung des Apostels auseinander, konzentrierte sich dabei aber auf den schreibenden Paulus.

Hatten viele der älteren Werke die Episode als ein Getümmel von Menschen und Pferden wiedergegeben, bei dem die Begleiter und Knechte die unruhigen Tiere zu bändigen versuchen oder selbst erschrocken davoneilen, so richtete man nun den Fokus allein auf Paulus und sein Pferd. Auf Caravaggios Bild für die Cerasi-Kapelle in Santa Maria del Popolo nimmt das Pferd den größten Raum ein. Das kräftige Tier kehrt dem Betrachter die Flanken zu und schreitet, von einem älteren Knecht geleitet, vorsichtig über den am Boden liegenden Paulus. Der Apostel ist hier untypisch als junger bartloser Mann wiedergegeben und ebenso ungewöhnlich ist seine Reaktion auf das himmlische Licht und die göttliche Stimme. Rücklings auf dem Boden liegend reckt er die weit ausgestreckten Arme dem Himmel entgegen, während sein Gesichtsausdruck nahezu unbeweglich bleibt. Die Erscheinung spielt sich offenbar in seinem Inneren ab. Zwar fällt helles Licht steil von oben ein und beleuchtet die nächtliche Szene, doch wird nicht deutlich, woher es kommt, allein die Reaktion des Paulus lässt auf eine göttliche Erscheinung schließen. Diese reduzierte und zugleich konzentrierte Fassung schuf Caravaggio erst in einem zweiten Anlauf. Auf der ersten Version hatte er Christus selbst als Himmelserscheinung dargestellt, sich gestikulierend an Paulus wendend, und hatte versucht, die begrenzte Bildgröße durch heftige

Aktionen zu füllen. Offenbar hatte der Auftraggeber Tiberio Cerasi dieses Gemälde abgelehnt und eine zweite Fassung veranlasst. Mit der Betonung der inneren Erschütterung fand diese seinen Zuspruch und erhielt den vorgesehenen Platz an der Seitenwand seiner Kapelle.

| Das Schwert, typisches Attribut des Paulus, fehlt meist auf dieser szenischen Darstellung.

Michelangelo, Die Bekehrung des Paulus, 1542/1545, Vatikan, Capella Paolina; Pieter Brueghel d. Ä., Die Bekehrung des Paulus, 1567, Wien, Kunsthistorisches Museum; Caravaggio, Die Bekehrung des Paulus, 1600/01, Rom, Sammlung Odescalchi Balbi; Johann Liss, Die Verzückung des hl. Paulus, um 1625, Berlin, Gemäldegalerie; Rembrandt, Paulus beim Schreiben innehaltend, um 1630, Nürnberg, Germanisches Nationalmuseum

Literatur: Martone 1985 – Baum 1992 – Arasse/Tönnesmann 1997, S. 29 f. – Kéchichian/Breton 2001

Thomas — 21. Dezember

Über den historischen Apostel Thomas liegen keine Dokumente vor. Das Wissen über ihn und seine Tätigkeit ist allein aus biblischen Berichten und frühchristlichen Schriften wie dem Thomasevangelium oder der Thomasakte abzuleiten. Da der aramäische Name Thomas (gr. Didymos) „Zwilling" bedeutet und einige Bibelverse nahelegen (Joh. 14,22; 20,24 – 29), dass er der Bruder Jesu war, hielt man ihn für Christi Zwillingsbruder. Dementsprechend stilisiert die Thomasakte sein Leben zu einer Imitatio von Christi Lebensweg. Nach Jesu Tod und Auferstehung soll er in Indien gewirkt haben und dort in Kalamina durch einen Schwerthieb und einen Lanzenstich getötet worden sein. Die Thomasakte berichtet weiter, man habe seinen Leichnam nach Edessa gebracht, also an den Ort, an dem die apokryphe Schrift verfasst wurde. Bereits die älteste bekannte christliche Pilgerin Egeria, die einen Bericht über ihre Pilgerreisen im Vorderen Orient verfasste, hatte 381/82 das Grab des Heiligen in Edessa besucht. Doch auch in Indien wurde Thomas von jeher verehrt.

Weit bekannt und für die Kunstgeschichte bedeutsam ist die Szene aus dem Johannesevangelium (Joh 20,24 – 29), die dem Apostel den Namen „Ungläubiger Thomas" einbrachte. Der Evangelist berichtet, dass Jesus sich nach seiner Auferstehung seinen Jüngern gezeigt habe, Thomas aber bei diesem wichtigen Ereignis nicht zugegen war und den Erzählungen gegenüber skeptisch geblieben war. Plötzlich stand Christus im Raum und forderte Thomas auf, seine Hände in seine Wunden zu legen. Ob Thomas dies tatsächlich tat, lässt der Bibeltext offen und schließt stattdessen mit den Worten: „Selig sind, die nicht sehen und doch glauben." Eine weitere Begebenheit, die vom Unglauben des Thomas berichtet und von dem Beweis durch den Himmel, ist in der *Legenda aurea* zu finden. Nun soll Thomas bei → Marias Himmelfahrt nicht zugegen gewesen sein und die Erzählungen der Apostel bezweifelt haben. Da sei der Gürtel der Jungfrau vom Himmel herabgefallen, so dass der Beweis für die leibliche Aufnahme in den Himmel erbracht war.

Was die Bibel unerwähnt lässt, hat die Kunst seit jeher dargestellt: Thomas ertastet Jesu Seitenwunde. Doch kaum ein Künstler hat die Drastik dieser Szene so eindringlich vor Augen geführt wie Caravaggio. Die Figuren sind so nahe an den Betrachter herangerückt, dass dieser wähnt, bei der handgreiflichen Untersuchung beteiligt zu sein und mitzuerleben, wie Thomas seinen Zeigefinger tief in die Seitenwunde Jesu legt. Christus hat – der Bildtradition entsprechend – sein togaartiges Gewand zur Seite gezogen und leitet die Hand des Zweiflers. Thomas selbst runzelt in angestrengter Konzentration seine Stirn und folgt mit weit geöffneten Augen seinem tastenden Finger. Mit einem ebenso intensiven Blick verfolgen zwei bärtige Apostel, wie der Finger eines Menschen den Leib des auferstandenen Gottessohns berührt. Im Gegensatz zu dem göttlichen Christus sind die Apostel schlichte, nahezu grobe Männer mit derben Gesichtszügen und die Fingernägel des Thomas sind alles andere als sauber. Caravaggio stellte nicht Christus in das Bildzentrum, sondern den zweifelnden Jünger und kein

Caravaggio, Der ungläubige Thomas, um 1602, Potsdam, Sanssouci

Segensgestus noch ein Nimbus oder Ähnliches erinnern daran, dass es sich hier um die Offenbarung des Gottessohnes handelt.

Auch wenn andere Künstler das Ereignis zurückhaltender schilderten, so finden sich Darstellungen des Thomaszweifels doch schon auf frühchristlichen Sarkophagen und bereits dort berührt Thomas die Seitenwunde Jesu. In mittelalterlichen Darstellungen hebt Christus meist seinen rechten Arm weit empor, um seine Wunde dem tastenden Finger darzubieten. Zu dieser Zeit sind in der Regel auch die anderen Apostel gegenwärtig. Seit 1300 zögerlich und ab 1400 nahezu ausschließlich konzentrieren sich die Darstellungen auf die Zweiergruppe Thomas und Jesus. Hin und wieder – wie bei Rubens – berührt der Zweifler die Wunde nicht, sondern schaut sie an und scheint sich allein durch das Sehen von der tatsächlichen Gegenwart des Auferstandenen zu überzeugen.

Die Gürtelspende der Maria wurde nach 1300 vor allem in Italien zu einer beliebten Szene. In der Toskana verstand man Thomas, den Empfänger göttlicher Offenbarungen, zudem als einen Garant einer wahren und gnädigen Rechtsprechung. Deshalb sind in dieser Region viele Thomasdarstellungen in Gerichtssälen und an öffentlichen Gebäuden zu finden.

| Thomas trägt ein Buch oder eine Schriftrolle, die ihn als Apostel kennzeichnen, und kann Schwert, Lanze oder ein Winkelmaß in der Hand halten.

Ungläubiger Thomas, Elfenbein-Diptychon, Ende 10. Jh., Berlin, Bode-Museum; Andrea del Verrocchio, Christus-Thomas-Gruppe, 1463–1483, Florenz, Orsanmichele; Meister des Bartholomäusaltars, Thomas-Altar, 1495/1500, Köln, Wallraf-Richartz-Museum; Peter Paul Rubens, Der ungläubige Thomas (Rockox-Triptychon), 1615, Antwerpen, Koninklijk Museum voor Schone Kunsten

Quelle: Thomasakten 1989

Literatur: Schunk-Heller 1995 – Schunk-Heller 1996 – Haeger 2004 – Koos 2005

Maria Magdalena II 22. Juli

Mit der Reformation gelangte die Persönlichkeit der Maria Magdalena (→ Maria Magdalena I) in das Kreuzfeuer der Kritik. Die seit Jahrhunderten vorgenommene Verschmelzung verschiedener im Neuen Testament erwähnter Frauen zur Gestalt der Maria Magdalena rief den Protest der Protestanten hervor. Lutheraner und Reformierte gleichermaßen bezichtigten die katholischen Theologen einer ungenauen Exegese. Obgleich man auch auf katholischer Seite die Schwachstellen der Bibelauslegung sah und selbst der Kirchenhistoriker Cäsar Baronius eindringlich die Frage stellte: „Gab es eine oder mehrere Maria Magdalenen?", hielt man an der traditionellen Identifizierung fest. Das Eingeständnis einer falschen Vermischung der biblischen Frauengestalten wäre einem Zugeständnis an die Protestanten gleichgekommen.

Trotz der Ungereimtheiten avancierte Maria Magdalena doch zu einer der bedeutendsten nachtridentinischen weiblichen Heiligen. Nun rückte ihr Leben als Büßerin in der Einöde von Sainte-Beaume in den Mittelpunkt und die Frage nach ihrer Bekehrung. Warum die schöne Prostituierte und weitbekannte Sünderin die Selbstverleugnung und Weltentsagung gewählt hatte, erklärte man mit einem einschneidenden Ereignis: Sie konnte nur durch Jesu Predigten zur Einsicht ihrer Sünden gekommen sein, wenn nicht ihre (vermeintliche) Schwester Martha sie bekehrt hatte. Für die Theologen und die Künstler weit wichtiger jedoch waren Magdalenas letzte Jahre der Reue und Buße. Nach 1600 griff eine Flut von Schriften dieses Thema auf. Theologische Abhandlungen, erbauliche Ausführungen und narrative Poeme beschrieben und erläuterten das Leben der großen Büßerin. Als unverzichtbare Motive führt das Schrifttum ihre Haare und ihre Tränen an. Wie Maria Magdalena einst im Hause des Simeon die Füße Jesu mit ihren Tränen benetzt und mit ihren Haaren getrocknet hatte, so waren auch jetzt die offenen Haare und die reichlich fließenden Zähren ein sichtbares Zeichen ihrer Buße. Unter Berufung auf die heilige Büßerin hatte man 1226 in Worms den Orden der Reuerinnen (Magdalenerinnen) gegründet.

Wohl kaum ein Maler der Barockzeit eignete sich besser, eine büßende Maria Magdalena zu malen, als Guido Reni aus Bologna, der schon zu seinen Lebzeiten als „göttlich" verehrt wurde. Er zeigte die Heilige entweder als ganze Figur in ihrer Höhle sitzend oder als halbe Figur. Stets hat Magdalena ihren Blick gen Himmel gerichtet und in ihren großen dunklen Augen schwimmen Tränen. Wie auf den Gemälden des Mittelalters sind die langen, offenen Haare das Hauptmerkmal der heiligen Büßerin, auch wenn sie seit der Renaissance den nackten Leib der Heiligen oftmals nur ungenügend bedecken. Auch Reni stellte wiederholt die makellos weiße Haut und die nackten Brüste der schönen Büßerin dar. Auf anderen Bildern hingegen stattete er sie mit einem weiten undefinierten Mantel aus oder mit nachlässig umgelegten Kleidungsstücken. Theologen, wie Kardinal Francesco Borromeo, betonten jedoch, dass die Nacktheit kei-

Guido Reni, Die büßende Maria Magdalena, um 1635, Baltimore, The Walters Art Gallery

neswegs zur Lust verführen, sondern nur den Bericht der Heiligen Schrift vor Augen führen wolle. Ihr vollendeter Körper, der einst Ausdruck des sündigen Lebens war, ist nun zum Zeichen des wiedererlangten sündlosen Lebens geworden.

Das Gemälde aus der Walters Art Gallery stellt eine verhältnismäßig züchtig gekleidete Magdalena vor. Doch ist die Heilige wenig um ihr Äußeres bekümmert, sondern hat sich ganz der Kontemplation des Todes und der Leiden Christi hingegeben. Zu diesem Zweck hält sie einen Totenkopf und ein Kreuz in ihrer linken Hand. Doch in diesem Moment hat sie ihren Blick von den Meditationsgegenständen abgewendet und blickt zum einfallenden Himmelslicht. Reni führt dem Betrachter die Heilige so nahe vor Augen, dass weitere Details ausgeblendet sind und dieser mit Magdalenas emotionaler Buße unmittelbar konfrontiert wird. Die Darstellung der Büßerin fordert ihn nachgerade auf, sich ihre Weltentsagung und Christusfrömmigkeit zum Vorbild zu nehmen.

Trotz der ausgesprochenen Vorliebe für die büßende Maria Magdalena waren szenische Darstellungen, vor allem das „Noli me tangere", weiterhin aktuell. Als neuer Bildtypus trat die Bekehrung der Magdalena durch ihre Schwester Martha hinzu.

| Sehr häufig ist Maria Magdalena als halbe Figur zu sehen. Ihr Haar ist geöffnet, die oftmals kostbare Kleidung nachlässig geknöpft, so dass die bloße Schulter oder sogar die Brüste sichtbar sind. Zur Darstellung können Totenkopf, Geißel, Kruzifix, Gefäß oder Spiegel gehören.

Girolamo Savoldo, Maria Magdalena wendet sich zu Christus um, um 1530, London, National Gallery; Tizian, Büßende Magdalena, 1530/1535, Florenz, Palazzo Pitti; Federico Barocci, Noli me tangere, 1590, Florenz, Uffizien; Georges de La Tour, Die büßende Maria Magdalena, um 1635/1637, Los Angeles, Los Angeles County Museum of Art; Arnold Böcklin, Trauer der Maria Magdalena an der Leiche Christi, um 1867, Basel, Kunstmuseum

Quellen: Lefèvre d'Etaples 1517 – Camilli 1585

Literatur: Janssen 1961 – Müller Hofstede 1983 – Dillenberger 1990 – Haskins 1993 – Mormando 1999

Maria Ägyptiaca

2. April

Zur Zeit der Reformation und Gegenreformation diskutierten die Theologen kontrovers, ob die hl. Maria Ägyptiaca eine historische Person sei. Die Protestanten äußerten in der kirchenhistorischen Schrift *Magdeburger Zenturien* ihren Zweifel daran, dass sie je gelebt habe, während die Bollandisten den Wahrheitsgehalt der überlieferten Legenden ausdrücklich betonten und die verschiedenen Viten in die *Acta Sanctorum* aufnahmen. Für dieses monumentale Verzeichnis übersetzte Daniel Papebroch (1628–1714) die über Jahrhunderte tradierte griechische Biografie erneut ins Lateinische.

Der Vita zufolge verdankt sich unser Wissen um die Heilige einem Mönch namens Zosimas, der in der tiefsten Abgeschiedenheit der ägyptischen Wüste auf die Eremitin Maria gestoßen war. Bis dahin hatte Maria 47 Jahre ohne menschlichen Kontakt in völliger Einsamkeit verbracht. Auf Zosimas' Bitte erzählte sie ihre erstaunliche Lebensgeschichte. Nach der bekanntesten Legendenversion hatte sie 17 Jahre als Prostituierte in Alexandrien gelebt und war einst aus Neugierde nach Jerusalem gereist, um die heiligen Stätten zu besuchen. Als unsichtbare Mächte ihr den Eintritt in den Tempel verwehrten, bat die Sünderin ein Marienbildnis um Hilfe. Eine Stimme riet ihr, in der Wüste Buße zu tun. Nur mit drei Broten versehen zog sie sich dorthin zurück und lebte jahrzehntelang weltabgeschieden und tat gleich der → Maria Magdalena Buße für ihr sündiges Leben. Ein Jahr nachdem Zosimas die Geschichte der Heiligen erfahren hatte, besuchte er die Eremitin erneut, um ihr die Eucharistie zu reichen. Als er sich wiederum nach Jahresfrist in die Wüste begab, fand er Maria tot auf. Mit Hilfe eines Löwen bestattete er den Leichnam und verbreitete als einziger Zeuge der Maria Ägyptiaca die Geschichte ihres konsequenten Büßerlebens. Der Leichnam der heiligen Eremitin wurde aus der Wüste in die Grabeskirche nach Jerusalem überführt.

Den hagiografischen Schriften nach, die schon im frühen Mittelalter in vielen Übersetzungen kursierten, hatte die heilige Eremitin in der ersten Hälfte des 6. Jahrhunderts gelebt. Zunächst proklamierte die Vita vor allem Maria Ägyptiacas vorbildliches Büßerleben und erst im 13. Jahrhundert hielten die hagiografischen Schriften ausdrücklich fest, dass ihr große Verehrung zukomme. Im Barock gelangte die heilige Büßerin erneut ins Blickfeld. Nun widmete man ihr mehrere Dramen, Gedichte und Bilder.

In Rom entstanden die ersten Fresken der Heiligen bereits Anfang des 7. Jahrhunderts, obgleich Griechenland für lange Zeit das Zentrum von Marias Verehrung war und man sie wiederholt auf Ikonen abbildete. Im Westen präferierte man Darstellungen der Eremitin zusammen mit Zosimas: Marias Kommunion und die Bestattung durch Zosimas und einen Löwen. Wie die weit berühmtere heilige Büßerin Maria Magdalena hat auch Maria Ägyptiaca langes offenes Haar, das auf mittelalterlichen Darstellungen oftmals ihren gesamten Körper umspielt. Obwohl sie oftmals nur spärlich bekleidet ist, wurde sie doch nie so verführerisch dargestellt wie ihre Namensschwester. Stattdessen sind ihre asketische Magerkeit und ausgezehrten Gesichtszüge betont.

Jusepe de Ribera malte mehrere Bilder von der heiligen Büßerin. In einer der Versionen lehnte er sich eng an die Ikonografie der Maria Magdalena an (Abb. S. 313): Maria Ägyptiaca blickt mit großen, tränenfeuchten Augen gen Himmel und hat vor sich auf dem Tisch einen Totenkopf gelegt, damit dieser sie an die Vergänglichkeit des menschlichen Seins erinnere. Doch deutet nichts auf ihr einstiges ausschweifende Leben hin. Vielmehr ist Maria eine schlichte Frau, die unter der ärmlichsten Kleidung ein härenes Büßerhemd trägt und das dünne Haar nachlässig zusammengebunden hat. Die Brotreste auf dem Tisch bringen ihre bescheidene Nahrung in Erinnerung.

Jusepe Ribera, Maria Ägyptiaca, 1651, Neapel, Museo Civico Gaetano

| Maria Ägyptiaca ist anhand der langen Haare und des mageren Körpers kenntlich. Sie kann drei Brote mit sich tragen und in Begleitung eines Löwen sein.

Pietro Berrettini, Tod der hl. Maria Ägyptiaca, 1640, Florenz, Palazzo Pitti; Jusepe de Ribera, Hl. Maria Ägyptiaca, 1651, Neapel, Museo Civico Gaetano Filangieri; Nicola Vaccaro, Hl. Maria Ägyptiaca, um 1700, Wien, Kunsthistorisches Museum; Emil Nolde, Triptychon der Maria Ägyptiaca, 1912, Hamburg, Kunsthalle

Quellen: Kunze 1978 – Acta Sanctorum, Apr. I, Bd. 10, S. 76 – 83

Literatur: Kunze 1969 – Ausst.-Kat. Ribera 1992, Kat.-Nr. 1.97 – Jasper 2007

Die Heilige Familie

Die Verehrung der Heiligen Familie bekam nach dem Tridentinum eine neue Richtung. Hatte man vor der Reformation den Blick auf die Großfamilie gerichtet (→ Heilige Sippe) und Marias Mutter → Anna besondere Ehren erwiesen, so konzentrierte man sich nun auf die Kernfamilie Jesus, Maria und Joseph. Im Zuge dessen erlangte → Joseph erstmals Heiligenstatus und trat aus dem Schatten Marias und Jesu hervor. Er avancierte von einer passiven Nebenperson zu einem aktiven Hauptprotagonisten, der seine Rolle als Nährvater, Beschützer und liebevoller Vater wahrnimmt. In Böhmen, Bayern, Österreich und Mexiko wurde Joseph gar zum Landesheiligen eingesetzt.

Doch auch die Marienverehrung erhielt ein neues, nachgerade militantes Gesicht. Maria galt nun als Schlachtenhelferin, die katholische Truppen zum Sieg gegen Andersgläubige, allen voran gegen Protestanten und Türken, verhilft. So brachte man 1571 an der Flotte, die gegen die Türken in See stach, eine Standarte mit der Inschrift „Sancta Maria succurre miseris" an („Heilige Maria, komm zu Hilfe den Erbarmungswürdigen"). Das Vertrauen auf die Hilfe Mariens zahlte sich aus und der erhoffte Sieg konnte errungen werden. Auch während des Dreißigjährigen Krieges ging die Katholische Liga mit Marias Hilfe aus manchem Gefecht siegreich hervor, etwa 1620 aus der Schlacht am Weißen Berg. Kaiser Ferdinand II. bezeichnete die Muttergottes gar als „Generalissima" seiner Truppen und führte eine Kriegsfahne mit ihrem Bildnis mit aufs Schlachtfeld. Auch Gnadenbilder, wie dasjenige in Altötting, galten als Schutzschild gegen feindliche Streitmächte, weshalb der große Barockprediger Abraham a Sancta Clara diese Marienbildnisse als „Kriegsgöttin" und „Schutzfrau" bezeichnete. Unter den vielen Kampfhandlungen, die im Namen und mit dem Beistand Marias begangen wurde, gelangte auch die 1683 erfolgreich abgewehrte Belagerung Wiens durch die Türken zu Prominenz.

Die Marienverehrung lokalisierte sich vornehmlich an den Orten, die ein wunderwirkendes Marienbildnis oder eine Kopie eines → Mariengnadenbildes besaßen. Infolgedessen stieg die Anzahl der Marienwallfahrtsorte sprunghaft an, die Europa wie ein engmaschiges Netz überzogen und die Nahwallfahrten zum Blühen brachten.

Mit Mariens wachsender Bedeutsamkeit in männlichen Konfliktfeldern wurde auch ihr Name zu einem beliebten Männerzweitvornamen. Der bayerische Kurfürst Maximilian nannte als Erster seinen Sohn nach der Gottesmutter Ferdinand Maria und etablierte damit einen Brauch, der lange Bestand hatte.

Maria, die nachtridentinische Heilige schlechthin und bedeutsamste Person der Heiligen Familie im Barock, trug als Schlachtenhelferin, Patronin von Städten und Reichen zur Eintracht bei, sie bot Schutz vor Hunger, Krankheit und Feinden und stärkte die Zusammengehörigkeit. Sie war die geeignete Person, um das katholische Volk zu einen und die Homogenität sicherzustellen.

Jesus schließlich wurde zum Seelsorger und Fürsorger der Menschheit, zum → Guten Hirten, der sich um seine Schäflein sorgt. Damit einher gingen eine Zurückdrängung der Wundenmystik und ein Ansteigen der Verehrung des süßen Jesuskindes.

Das Altargemälde des Münchner Malers Johann Carl Loth bringt die Stellung der Mitglieder der Heiligen Familie und ihre Beziehung zueinander klar zum Ausdruck. Engelkinder, die auf Maria deuten, lenken die Aufmerksamkeit auf die Gottesmutter. Diese verharrt in passiver Demutshaltung, kniend mit gesenktem Blick. Vor ihr steht die leere Wiege, die sie als Gottesgebärerin kennzeichnet, ebenso wie Gottvater, der direkt über ihr angeordnet ist, diese Rolle betont. Das Kind aber trägt Joseph im Arm und Gott blickt vom Himmel zu dem Nährvater herab. Joseph bekommt seine Aufgabe als irdischer Ersatzvater von dem himmlischen Vater zugewiesen und nimmt sie bereitwillig an, wie seine aktiv voranschreitende Schrittstellung zu erkennen gibt.

Literatur: Erlemann 1993 – Mikuda-Hüttel 1997 – Schreiner K. 2000 – Burschel 2001, S. 253 – 255

Johann Carl Loth, Die hl. Familie, 1681, Venedig, S. Silvestro

Guter Hirte

Das Neue Testament vergleicht Jesus wiederholt mit einem guten Hirten. Jesus selbst betont: „Ich bin der gute Hirte. Der gute Hirte lässt sein Leben für die Schafe" (Joh 10,11). Dieses Bild führt das Johannesevangelium breit aus: Die Schafe kennen die Stimme des Hirten und folgen ihr, der gute Hirte geht durch die Tür zum Schafstall ein, während der Dieb auf verborgenem Wege zu der Herde einzudringen versucht (Joh 10,1 – 6). Im Lukasevangelium hingegen erzählt Jesus das Gleichnis vom guten Hirten, der 99 Schafe alleine lässt, um ein verlorenes Schaf zu suchen (Lk 15,1 – 7).

Bereits im frühen Christentum galt der Gute Hirte als Bild des sündenvergebenden Erlösers. Zugleich war er Anlass eines Streites um die rechte Bußpraxis. Bischof Agrippinus machte geltend, dass ein Sünder, der aus der christlichen Gemeinschaft ausgeschlossen sei, nach abgeleisteter Buße wieder aufgenommen werden könne, denn der Pastor Bonus nehme alle verlorenen Schafe liebevoll wieder auf. Tertullian hingegen wandte sich entschieden gegen eine derart milde Bußpraxis und plädierte für einen strengeren Umgang mit den Sündern.

Nach dem Tridentinum gewann der Gute Hirte auf katholischer Seite an nie gekannter Aktualität. Im Zuge der Konfessionalisierung

Christoph Daniel Schenck, Der Gute Hirte, 1683, Frankfurt a. M., Liebieghaus

war die Rückgewinnung der Seelen, die an den Protestantismus verloren gegangen waren, ein wichtiges Anliegen. Das Bild des Schäflein suchenden und rettenden Pastor Bonus eignete sich dafür und wurde in Erbauungsliteratur und Predigt wiederholt thematisiert. Nun auch entstanden mehrere Orden, die sich dem Guten Hirten verschrieben. 1615 etwa wurde die in Rom ansässige Kongregation der Schwestern des Conservatorio del Buon Pastore gegründet, in vielen Ländern folgten weiter Gute-Hirte-Kommunitäten. Ihnen gemein ist der Charakter einer Büßergemeinschaft, die um die Rückführung der verlorenen Schäfchen bemüht ist. Doch nicht nur die Katholiken, auch die Protestanten nutzten ausgiebig das Hirtenmotiv in Form der geistlichen Schäferdichtungen, der sich so mancher lutherische Dichter im 17. Jahrhundert zuwandte.

Auf unsicheren Beinen wankt Christus voran, doch das Schaf hält er sicher auf seinen Schultern. Offensichtlich bereitet es dem mit einem Lendentuch nur spärlich bekleideten Christus große Mühen, das Tier zu tragen, denn sein Gesicht ist von Leiden gezeichnet und der Mund wie zur Klage geöffnet. Am mageren Körper sind die fünf Nägelmale ablesbar. Im Hintergrund neigen sich hohe Gräser im Wind und verleihen zusammen mit Wolkenwirbeln, aus denen Engelsköpfchen hervorschauen, der Szene eine dramatische Grundstimmung. Christoph Daniel Schenck, der 1689 dieses feine Buchsbaumrelief schuf, hat die Mühen des Schafträgers subtil, aber unübersehbar herausgearbeitet. Für wen der Elfenbein- und Bildschnitzer dieses nur wenig mehr als 17 cm hohe Täfelchen fertigte, ist unbekannt. Doch konnte der Eigentümer das Werk zur Hand nehmen, den Körper Christi und seine Wunden abtasten und das wollige Schaf erfühlen. Er konnte die feine Schnitzarbeit goutieren und den geistlichen Gehalt nachvollziehen.

Nicht immer wurde der Gute Hirte als Schmerzensmann abgebildet. In der Kunst des frühen Christentums und des Mittelalters trägt er ein langes Gewand. Erst seit dem späten Mittelalter stellte man seine Wundmale dar, so dass der Gute Hirte mit dem Schmerzensmann verschmolz. Schon im frühen Christentum bildete man auf Sarkophagen und in Katakomben häufig einen Hirten ab, der ein Schaf auf den Schultern trägt. Doch diese Darstellungen verweisen nicht auf Jesus, sondern knüpfen an heidnische Hirtenbilder an und bringen eine Paradiesvorstellung zum Ausdruck, die das jenseitige Sein als ein friedliches, bukolisches Leben versteht. Erst in der Buchmalerei des hohen Mittelalters ist der Hirte eindeutig als Jesus zu identifizieren. Im spätmittelalterlichen *Speculum humanae salvationis* wurde Jesus der Schafträger zum Typus der Himmelfahrt Christi: Wie Jesus zur Erde kam, um die verlorenen Seelen zum Himmel zu führen, so fuhr er nach seiner Auferstehung selbst gen Himmel. Auch in der Druckgrafik des späten Mittelalters wurde der Gute Hirte zu einem beliebten Thema, während er auf den Flugblättern der Reformationszeit zur konfessionellen Polemik herhalten musste. Besonders die Protestanten bedienten sich des Hirtenbildes und kontrastierten den Guten Hirten Christus mit katholischen Geistlichen, die gleich den Dieben und Wölfen der Herde auflauern. Einen weiteren, weniger konfliktbehafteten Kontext fand der Gute Hirte als Kanzelplastik. Am Predigtstuhl erinnerte er daran, dass die Schafe den segensreichen Hirtenworten lauschen und folgen.

| Zum Guten Hirten gehören immer ein Schaf oder mehrere Schafe. Sie sind jedoch weniger ein Attribut als Teil einer szenischen Darstellung.

Der Gute Hirte, Mosaik, 424/450, Ravenna, Mausoleum der Galla Placidia; Bartolomé Esteban Murillo, Das Christuskind als Guter Hirte, um 1778, London, Privatbesitz; Johann Friedrich Overbeck, Der Gute Hirte, 1860/1865, Kopenhagen, Thorvaldsen-Museum

Quellen: Geiler von Kaysersberg 1510 – Laurentius von Schnüffis 1682

Literatur: Legner 1959 – Schumacher 1977 – Ausst.-Kat. Luther 1983, S. 234–236 – Ausst.-Kat. Schenck 1996, Kat.-Nr. 42

Maria Immaculata — 8. Dezember

Die Frage um die Unbefleckte Empfängnis Mariens (Immaculata Conceptio) ist verwickelt und spaltete die Theologen über Jahrhunderte in unterschiedliche Lager. Schon früh war es zu einem Glaubenssatz geworden, dass Maria, die jungfräuliche Mutter des Erlösers, frei von der Erbsünde sei und deshalb vom Tode ausgenommen war. Doch im Mittelalter wurde die Frage nach dem Zeitpunkt ihrer Reinigung zum theologischen Zankapfel. Sie sei bei der Verkündigung von der Erbsünde gereinigt worden (purificatio), glaubten die einen, im Leibe Annas sei sie von der Sünde gereinigt worden (sanctificatio), waren vor allem Thomas von Aquin und die Dominikaner überzeugt, sie sei schon ohne Erbsünde von Anna empfangen worden (immaculatio), propagierten mit Duns Scotus die Franziskaner. Die Purifikationsthese verlor schnell an Bedeutung, doch der Streit zwischen Dominikanern und Franziskanern, den Maculisten und den Immaculisten, büßte nichts von seiner Heftigkeit ein.

In manchen Regionen feierte man das Fest der Immaculata Conceptio schon seit dem frühen Mittelalter, doch sollte es lange nicht zu einem verbindlichen Feiertag für die gesamte Kirche werden. In Rom führte erst Papst Sixtus IV. (1471–1484) dieses liturgische Fest ein. Nach dem Tridentinum setzte sich vor allem der neue Orden der Jesuiten für die Verbreitung der Lehre von der Unbefleckten Empfängnis ein. Erst Alexander VII. setzte 1661 den fortwährenden Streitigkeiten mit einem Erlass zugunsten der Immaculisten ein Ende. Doch nicht vor 1854 sollte die Immaculata Conceptio zu einem Dogma erhoben werden.

Die Vorstellung von der Erschaffung Mariens als sündlose Frau geht auf Hohelied 4,7 zurück. In diesem Vers spricht der Liebhaber zu seiner Braut: „Du bist wunderbar schön, meine Freundin, und kein Makel ist an dir." („... et macula non est in te.") Die Rolle von Bräutigam und Braut schrieb man seit dem hohen Mittelalter Christus und Maria zu und deutete deren Verhältnis rein allegorisch. In der Liturgie des Festes der Immaculata Conceptio erklingt deshalb dieser Vers. Doch die sündlose Maria verband man mit weiteren biblischen Frauengestalten. Sie verschmolz mit der Frau, die nach Gen 3,1 der teuflischen Schlange den Kopf zertreten werde – eine Auslegung, welche die Protestanten dezidiert ablehnten –, und mit dem apokalyptischen Weib, das Johannes (→ Johannes der Evangelist I) in einer Vision sah (Offb

Francisco de Zurbarán, Immaculata Conceptio, 1661, Langon, Saint-Gervais-et-Saint-Protais

12,1): eine schwangere Frau bekleidet mit der Sonne, den Mond unter ihren Füßen und mit zwölf Sternen über ihrem Haupt (→ Strahlenkranzmadonna).

Das apokalyptische Weib wurde im Zeitalter der katholischen Reform zum Bild der Immaculata Conceptio schlechthin. Der Spanier Francisco de Zurbarán knüpfte daran an, als er Maria als junges Mädchen malte, das auf Engelköpfchen und einer durchsichtigen Mondsichel steht. Den Blick geneigt und die Hände gefaltet schwebt sie in wolkigen Sphären. Nur über ihrem Kopf haben sich die Wolken zerteilt und Engelsköpfchen, die aus Wolken gebildet zu sein scheinen, umfangen sie nimbusartig. In dieser Himmelöffnung sind kaum sichtbar zwölf feine Sterne gesetzt. Rein und schön bietet sich die von Gott geschaffene Jungfrau dem Betrachter dar. Doch gleich dem Schöpfergott ist auch der Maler der Kreator eines Werkes ohne Makel. Auf einem fingierten Zettelchen am Bildrand hielt er fest, dass er, Francisco de Zurbarán, dieses Gemälde 1661 „gemacht“ habe (faciebat). Damit ist dieses Bild der Maria Immaculata sowohl eine bildliche Repräsentation der von Gott ins Leben gerufenen Muttergottes als auch ein Ausweis der Fähigkeit des Kunstschöpfers Zurbarán.

Im Mittelalter hatte man nicht das apokalyptische Weib abgebildet, um auf die Unbefleckte Empfängnis hinzudeuten, sondern hatte entweder die Begegnung von Joachim und → Anna unter der Goldenen Pforte, bei der Anna Maria empfing, gewählt oder man hatte die Darstellung der Wurzel Jesse modifiziert. Der Prophet Jesaja, auf dessen Verheißung dieser Bildtypus zurückgeht (Jes 11,1 – 2), bildete den Ausgangspunkt für einen Stammbaum, an dessen Ende Jesus stand. Die Franziskaner veränderten diesen christologischen Bildtypus zu einem mariologischen, indem sie Maria an die Spitze setzten. Die schwebende reine Maria der katholischen Reform konnte mit dem theologisch verwandten Thema → Himmelfahrt Mariens verschmelzen.

| Zur Maria Immaculata gehören in der Regel ein Mond zu Marias Füßen, um den sich meist eine Schlange windet, sowie die Sterne über ihrem Kopf. Maria selbst ist mit offenem Haar dargestellt, das auf ihre Jungfräulichkeit hinweist. Manchmal trägt sie das Jesuskind auf dem Arm.

Giotto, Die Begegnung Joachims und Annas an der Goldenen Pforte, 1303 – 1305, Padua, Capella degli Scrovegni; El Greco, Maria Immaculata, 1608/1614, Madrid, Sammlung Thyssen-Bornemisza; Diego Velázquez, Immaculata Conceptio, um 1618, London, National Gallery; Guido Reni, Immaculata Conceptio, 1627, New York, Metropolitan Museum of Art; Matthias Steinl, Maria Immaculata, 1688, Frankfurt a. M., Liebieghaus

Quelle: Protoevanglium des Jakobus 1987, S. 340 f.

Literatur: Levi d'Ancona 1957 – O'Connor 1958 – Vloberg 1958 – Stoicita 1995, S. 103 – 120

Mariä Himmelfahrt 15. August

Die Himmelfahrt Marias hängt theologisch unmittelbar mit ihrer Unbefleckten Empfängnis zusammen (→ Maria Immaculata). Gemäß dem Glaubenssatz, Maria sei ohne Erbsünde zur Welt gekommen, musste sie auch vom Tod befreit sein, denn dieser ist die Folge der Sünde. Zudem war ihre Sündenfreiheit eine Voraussetzung dafür, dass sie den Erlöser Jesus gebären konnte und sie selbst als Miterlöserin (corredemptrix) der sündigen Menschheit galt. Da sie wie Christus über Sünde und Tod gesiegt hatte, bildete die Aufnahme ihrer Seele und ihres unvergänglichen Leibes in den Himmel die konsequente Schlussfolgerung – so wie der sündlose Christus nach seinem Tode in den Himmel aufgefahren war, verstarb Maria zwar, doch ging sie mit ihrer Seele und ihrem Körper in die Ewigkeit ein. Doch während man bei Jesus von einer Ascensio, einer Auffahrt, spricht, handelt es sich bei Maria um die Assumptio, die Aufnahme in den Himmel, denn ihr Eingang ist passiv und von Gott gewirkt. Frühchristliche Schriften widmeten sich dieser Thematik nicht, doch bereits im 13. Jahrhundert galt Marias Himmelfahrt als allgemein anerkannt.

Da kein biblischer Text von Marias Himmelfahrt berichtet, wurde diese Glaubenswahrheit zum Kritikpunkt der Protestanten. Auf dem Konzil zu Trient bezog man keine klare Stellung zu dem umstrittenen Glaubenssatz, doch ein wichtiger Schritt zu seiner Bekräftigung stellte die Änderung des liturgischen Formulars zum Assumptio-Fest dar. Zur Oktav hatte man bisher eine Epistel verlesen, der zufolge Marias Himmelfahrt als nicht gesichert galt. 1570 entfernte man diesen Zweifel verbreitenden Text und ersetzte ihn durch eine Schriftstelle des Johannes von Damaskus (um 650 – vor 754), der die Aufnahme als eine Tatsache proklamiert hatte. Zum Dogma wurde die Himmelfahrt Mariens jedoch erst 1950 unter Pius XII. (1939 – 1958) erhoben.

Texte, die über die Assumptio berichten, waren im Mittelalter rar. Die Hauptquelle bildete die Erzählung in der *Legenda aurea*, nach der alle Jünger bis auf → Thomas bei Marias Himmelfahrt zugegen waren. Als der Zweifler dies nicht glauben wollte, fiel der Gürtel der Gottesmutter vom Himmel herab. Damit wurde Thomas' Argwohn besiegt, und zugleich erhielten die Nachkommen eine bedeutende Reliquie. Da Marias Leichnam auf der Erde nicht zurückgeblieben war, bildete ihr Gürtel den Beweis ihrer Himmelfahrt und wurde zu einem Gegenstand der Verehrung. Zur Himmelfahrt gehört thematisch die Krönung Marias, bei der die Gottesmutter von Jesus oder der → Dreifaltigkeit zur Himmelskönigin gekrönt wird (Abb. S. 224).

Bis zum 12. Jahrhundert konzentrierten sich die Darstellungen auf den Marientod, bei dem Christus Marias Seele in Empfang nimmt. Seit dem 14. Jahrhundert wurde die leibliche Himmelfahrt aktueller und in Italien wurde die Gürtelspende zu einer beliebten Variante dieses Themas. Seit dem 15. Jahrhundert sind üblicherweise Apostel bei Marias Himmelfahrt zugegen, die sich um den leeren Sarg drängen. Nun auch verlor die Marienkrönung zugunsten der Himmelfahrt an Bedeutung. Nach dem Tridentinum wurde die Himmelfahrt zum beliebtesten Thema der Marienikonographie und wurde für eine Vielzahl von Hochaltären und auf vielen Decken der Barockkirchen umgesetzt. Erst nach 1750 nahmen die Himmelfahrtsdarstellungen ab.

Eine der dramatischsten Himmelfahrtsszenen schuf Egid Quirin Asam mit seiner Skulpturengruppe aus Stuck, die sich hinter dem Hochaltar der ehemaligen Augustinerchorherrenkirche in Rohr erhebt. Die Apostel bekunden durch ihre Aktionen, dass sie das wundersame Geschehen wahrgenommen haben: Sie gestikulieren aufgeregt, deuten in den leeren Sarg und blicken voller Erstaunen zum Himmel. Ihre emotionale Bewegung spiegelt sich unmittelbar in ihren körperlichen Reaktionen wider. Der Betrachter wird seinerseits dazu veranlasst, sich dem Ereignis in Bewegung anzunähern, denn nur durch einen ständigen Wechsel seines Standpunktes vermag er, alle Figuren wahrzunehmen, und erhält immer

Egid Quirin Asam, Mariä Himmelfahrt, 1723, Rohr, Klosterkirche

neue Einblicke. Maria indes wird hoch über seinem Kopf von zwei Engeln in den Himmel getragen. Die Jungfrau ist in golddurchwirkte, wahrhaft königliche Gewänder gekleidet. In expressiver Gestik fährt sie der Trinität entgegen, die für sie die Krone bereithält. Mit einer gelbfarbenen Verglasung hinter der Dreifaltigkeit wird die Himmelszone in ein gold-gelbes Licht getaucht, während die irdische Region seitlich einfallendes Tageslicht beleuchtet. Egid Quirin Asam verstand es, durch die Lichtregie die emotionale Ausdruckskraft der Szene expressiv zu steigern.

| Kein Attribut weist auf die Himmelfahrt hin, doch zur szenischen Darstellung gehören Engel, während der Sarkophag häufig, aber nicht immer abgebildet ist.

Raffael, Marienkrönung und Gürtelspende, 1503, Vatikan, Pinakothek; Tizian, Assunta, 1516/1518, Venedig, S. Madonna Gloriosa dei Frari; El Greco, 1577/1579, Himmelfahrt Mariens, Chicago, Art Institute; Mariä Himmelfahrt, 1642, München, Alte Pinakothek

Quelle: Canisius 1584

Literatur: Ziegenaus u. a. 1991 – Reuter 2002, S. 84 – 97 – Wimböck 2002, S. 235 – 252

Maria Victrix

Die Römer hatten ihren siegreichen Helden Säulen errichtet, um deren Triumph über die Feinde zu feiern, etwa die Trajanssäule und die Säule des Marc Aurel in Rom. Dass Siegessäulen im Dreißigjährigen Krieg wieder aktuell wurden, verwundert nicht. Es erstaunt indes, dass diese nicht zu Ehren eines Truppenführers errichtet wurden, sondern zur Verherrlichung der Gottesmutter. Mariensäulen wuchsen an so vielen Orten aus dem Boden, dass man 1780 allein für Böhmen und Mähren 162 derartige Denkmäler zählte.

Die erste Säule fand ihre Aufstellung auf dem Schrannenplatz (Marienplatz) in München. Anlass bot das 1632 geleistete Gelübde Kurfürst Maximilians, ein „gottseliges Werk" zu stiften, wenn Maria ihm zum Sieg über die bedrohlich nahe gerückten Truppen Gustav Adolfs von Schweden verhelfen würde. Die Bitte wurde erhört und ein Komitee beratschlagte über den Charakter der versprochenen Votivgabe. Sollte der Kurfürst wie üblich Messen lesen lassen, eine Kapelle erbauen oder einen Altar stiften? Wohl der Hofkammerpräsident Johann Mandl von und zu Deutenhofen brachte eine außergewöhnliche Idee ein: Man solle Maria ein Ehrendenkmal aufrichten. Der Plan fand Gefallen und wurde bald in die Tat umgesetzt. Schon 1638 errichtete man auf dem betriebsamen Marktplatz Münchens direkt vor der Jesuitenkirche eine hohe Säule, auf die man eine Marienstatue platzierte. Am 7. November 1638 konnte das Monument im Gedenken an die siegreiche Schlacht am Weißen Berg feierlich eingeweiht werden.

Das Münchner Projekt blieb nicht unbeachtet und regte auch das Kaiserhaus an, Mariensäulen aufzustellen. Hatte man in München noch darüber beratschlagen müssen, welcher Art die Dankesgabe sein sollte, so gelobte Ferdinand III. bereits 1646, als die Schweden gegen Wien zogen, er wolle im Falle des Sieges die Marienverehrung fördern und nach Münchner Vorbild eine Mariensäule errichten. Schon 1647 löste er sein Versprechen ein und ließ vor der Jesuitenkirche das Denkmal aufstellen. Das nächste Stiftungsgelöbnis legte er ab, als 1648 die schwedischen Truppen in Prag schon die Burg und die Kleinseite eingenommen hatten. Die Abwehr der Feinde konnte dieses Mal gefeiert werden, weil der Friedensschluss zu Münster den Kampfhandlungen ein Ende gesetzt hatte. Per kaiserliches Dekret bestimmte er den Altstädter Ring in Prag zum Standort der Mariensäule. In München hatte man zunächst nur die Mariensäule geplant, doch schon bald folgten regelmäßige Andachten, die man am Fuße des Mals abhielt. In Wien und Prag richtete man von Anfang an öffentliche Verehrungsveranstaltungen ein, in Wien etwa traf man sich jeden Samstag sowie an allen Marienfesten zu kollektiven Andachten.

Nicht alle Teile der Münchner Mariensäule wurden neu angefertigt. Die Marienfigur selbst ist eine Bronzearbeit, die Hubert Gerhard schon 1597 geschaffen hatte. Damals hatte man geplant, sie am Grabmal Wilhelms V. in der Michaelskirche aufzustellen. Da das Bestattungsprojekt nicht zur Ausführung kam, gelangte die Bronzefigur in die Frauenkirche und schließlich auf die schlanke Säule aus Adneter Marmor. Aufgrund der Zweitverwendung ist Maria hier eine Himmelskönigin mit Krone und Zepter, während alle folgenden Mariensäulen eine → Maria Immaculata mit dem Sternenkranz tragen. Die vier Engel am Fuß der Säule wurden von Jörg Petel hergestellt. In schwere Rüstung gekleidet kämpft jeder von ihnen gegen einen Drachen. Auf ihren Schilden ist in Anlehnung an Ps 90 (91),13 je eines der Untiere genannt, gegen das sie ankämpfen: „super aspiden" – „et basiliscum" – „et leonem" – „et draconem" („Über

Hubert Gerhard und Jörg Petel, Mariensäule, 1597 und 1638, München, Marienplatz

Nattern, Basilisken, Löwen und Drachen [wirst du gehen]“). Seit der Spätantike hatte man diesen Vers auf Christus hin ausgedeutet, doch nun galt, dass Maria mit Hilfe der Engel die Untiere besiegt habe. Die Tierallegorie bot Spielraum für unterschiedliche Deutungen. Die Überwindung der Feinde konnte moralisch verstanden werden, als Triumph über die vier Hauptsünden oder als Sieg über die apokalyptischen Geißeln Krieg, Hunger, Pest und Tod. In einem marianischen Sinne konnten die kämpfenden Engel auch zu Streitern für Marias Reinheit werden. Auch die Säulen in Wien (heute in Wernstein am Inn) und Prag sind mit bewaffneten Engeln versehen. Dort aber haben sie den Kampf eindeutiger gegen die Häresie aufgenommen.

Mariensäule, 1645/1647, Wernstein am Inn; Mariensäule, Prag, 1650, Altstädter Ring; Carlo Martino Carlone und Carlo Canevale, Mariensäule, 1664/1666, Wien, Am Hof

Quelle: Mayer 1738

Literatur: Schattenhofer 1971 – Tipton 1995 – Kalina 2004

Joseph — 19. März

Joseph avancierte im 17. Jahrhundert von einer Person, die lange Zeit unbeachtet im Hintergrund stand, zu einem Protagonisten ersten Ranges. Der Karrieresprung erfolgte in der westlichen Kultur verhältnismäßig spät, während man in der koptischen Kirche Jesu Stiefvater schon vor der Jahrtausendwende verehrt hatte. Greift man allein auf die biblischen Berichte zurück, so nimm Joseph von Nazareth eine nur schemenhafte Gestalt an, denn spärliche Informationen liefert fast nur das Matthäusevangelium: Joseph gehörte dem israelitischen Stamm David an (Mt 1,1 – 17; Lk 3,23 – 38), er war in dem unbedeutenden Ort Bethlehem in Nazareth geboren und war Zimmermann von Beruf (Mt 13,55). Seine Verlobte Maria wollte er verlassen, weil er glaubte, sie erwarte ein Kind von einem anderen Mann, heiratete sie auf Geheiß eines Engels aber doch (Mt 1,18 – 25) und brachte schließlich die junge Mutter samt dem neugeborenen Jesuskind vor dem Kindermörder Herodes nach Ägypten in Sicherheit (Mt 2,13 – 14.19 – 22). Andere Episoden indes – wie die der Brautwerbung um Maria, bei der ihn ein blühender Zweig unter den vielen Werbern als den gottgewollten Ehemann kennzeichnete, die Ereignisse auf der Flucht nach Ägypten, Vorkommnisse in seiner Werkstatt oder seine Beziehung zu seinem göttlichen Pflegesohn – liefern die apokryphen Kindheitsevangelien (z. B. Pseudo-Matthäus, Thomasevangelium). Dennoch genügten auch diese Erzählungen nicht, Joseph einen herausgehobenen Platz im Heiligenhimmel zuzusichern. Der Kanzler der Pariser Universität Petrus d'Ailly (1350 – 1420) und sein Schüler Johannes Gerson (1363 – 1429) versuchten zwar die Josephsfrömmigkeit zu befördern, doch erst Sixtus IV. nahm Joseph 1479 ins römische Brevier auf. Den eigentlichen Bedeutungszuwachs erlangte der heilige Nährvater jedoch erst zur Zeit der katholischen Reform. 1621 wurde der 19. März als Josephstag festgesetzt und 1870 wurde der heilige Nährvater schließlich zum Patron der gesamten katholischen Welt erklärt. Als maßgeblicher Förderer des Josephskultes trat das Haus Habsburg auf, das ihn 1621 zum Landespatron erhob und 1675 über die gesamten habsburgischen Erblande setzte. Der fromme Lebenswandel des Nährvaters Jesu und seine Fürsorge für das Christuskind machten ihn zu einem geeigneten Heiligen einer Kirche, die sich um Reformen und innerkirchliche Erneuerungen bemühte.

Josephs Stellung in der Kunst des Mittelalters entspricht seiner damaligen marginalisierten Bedeutung innerhalb der Heiligenverehrung. Er erhielt seine Rolle als greiser Familienvater, der bei der Geburt Jesu im Hintergrund des Stalles ein Süppchen kocht, schläft, sich um die Windeln kümmert, die herannahenden Hirten und Könige beobachtet und mitunter deren Geschenke in Empfang nimmt. Nur bei der Darstellung der Flucht nach Ägypten wurde er als Führer des Esels zu einem aktiveren Teil der Erzählung. Selbst in der Szene des blühenden Stabes oder bei der Vermählung mit Maria tritt er weniger als individuelle Person in Erscheinung denn als Gemahl der Gottesmutter. Erst im 16. Jahrhundert wurden ihm vermehrt Einzeldarstellungen gewidmet – etwa als liebevoller Vater, der das Christuskind an der Hand führt – und im 17. Jahrhundert wurde der Greis häufig als ein würdiger Mann mittleren Alters wiedergegeben. Nun auch kommt als neues Thema der Josephs-Ikonografie der Tod Josephs hinzu, der zu einem der beliebtesten Themen des Barock wurde. Diese Gemälde, die häufig auf einem Altar am Ausgang der Kirche ihren Platz hatten, präsentieren den Heiligen als Sterbepatron.

Beliebt waren auch Darstellungen Josephs mit dem Jesuskind. Guido Reni malte solch eine intime Szene und zeigte den alten Mann mit schütterem Haar und zerfurchtem Gesicht, der vorsichtig das Jesuskind in Händen hält und es zugleich dem Betrachter vorweist. Dieser beugt sich gleichsam mit Joseph über das göttliche Kind und nimmt mit ihm dessen reinen Körper und kindliche Süße wahr. Wie im Osten einige Ikonentypen Maria das Kind liebkosend darstellen (Glykophilusa – die Süßküssende, Eleüsa – die Barmherzige), so hat nun auf den westlichen Bildern Joseph die Rolle des zärtlichen Pflegevaters übernommen.

Guido Reni, Hl. Joseph mit Jesuskind, um 1638, Privatsammlung

| Joseph wird als Greis oder bärtiger Mann in einfachen Kleidern dargestellt. In nicht narrativen Szenen kann er eine Lilie, einen blühenden Stab, einen Wanderstab, eine Pilgertasche oder ein Werkzeug als Attribut erhalten.

Georges de La Tour, Joseph mit dem Jesusknaben in der Werkstatt, 1635/1640, Paris, Louvre; Carlo Maratti, Josephs Tod, 1676, Wien, Kunsthistorisches Museum; Michael Willmann, Josephszyklus, 1693–1698, Grüssau, Josephskirche; Paul Troger, Der Tod des hl. Joseph, 1739/1742, Platt bei Zellerndorf, Pfarrkirche

Quellen: Stengel 1616 – Kindheitserzählung des Thomas 1987

Literatur: Ausst.-Kat. Reni 1988, Kat.-Nr. 70 – Erlemann 1993 – Mikuda-Hüttel 1997 – Wilson 2001 – Villaseñor Black 2008

Mariengnadenbilder

Mariengnadenbilder erlangten im 17. Jahrhundert eine nie dagewesene Konjunktur. Menschen wallfahrteten zu wundertätigen Bildern, von denen es so viele gab, dass man kaum eine längere Reise als 150 km unternehmen musste. So wurden die Nahwallfahrten zu Gnadenorten der Region weit aktueller als die Fernpilgerreisen zu den heiligen Städten Jerusalem, Rom und Santiago de Compostela. Die stetig anwachsende Zahl der verehrten Marienbilder kommt in der Buchproduktion des Johann Wilhelm von Gumppenberg zum Ausdruck. Der Jesuit verfolgte das ehrgeizige Projekt, alle wundertätigen Marienbilder der Welt zu verzeichnen. Der 1657 publizierte *Atlas Marianus* führt 50 Gnadenbilder auf, berichtet von Wundern und bildet das jeweilige Marienbildnis ab. Doch mit der ersten Auflage des Marienatlasses war das Projekt nicht zum Abschluss gekommen, denn Gumppenberg recherchierte und sammelte weiter. 1672 erschien die dritte überarbeitete Auflage, die nun 1200 wunderwirkende Mariengnadenbilder beinhaltete.

Marienbilder wurden gemeinhin in eigenen Kapellen oder auf Hochaltären inszeniert. Da es sich meist um kleinformatige Darstellungen handelt, die durch ihre Größe nicht ins Auge fallen, nahm das rahmende Schmuckwerk zu. Strahlende, goldgefasste Apparate zogen die Aufmerksamkeit der Kirchenbesucher an und erst im Näherkommen war das eher unscheinbare Gnadenbild auszumachen. Obgleich das jeweilige wunderwirkende Bildnis ortsgebunden war, fand doch eine weite Verbreitung mittels Kopien statt, die an ihren Orten wiederum eine Wallfahrt begründeten. Damit wurde die Zahl der Marienwallfahrtsorte immens gesteigert.

Den Zusammenhang von Verbreitung der Gnadenbildkopien und Entstehung von Wallfahrten führt anschaulich der Werdegang des Mariahilf-Bildes vor Augen. Die Darstellung der Muttergottes, die das Jesuskind zärtlich umarmt, hatte Lucas Cranach nach 1537 geschaffen. Für das Bildnis griff er auf den Ikonentypus der Elëusa (gr. die Barmherzige) zurück und passte diesen seinem persönlichen Stil und dem Zeitgeschmack an. In den Wirren der Bilderstürme rettete der Kurfürst von Sachsen das Marienbild vor der Vernichtung. Ausschlaggebend für seine Rettungsaktion war der Kunstwert des Bildes, den der lutherische Landesherr sehr wohl schätzte. Dementsprechend erhielt das Bildnis seinen Platz nicht in einer Kapelle, sondern in der kurfürstlichen Kunstsammlung. Hier sah es 1611 Erzherzog Leopold V., erbat es sich zum Geschenk und brachte es in seine Schlosskapelle nach Passau. Nun hatte sich das Bild des lutherischen Malers Cranach durch zwei wundersame Rettungen ausgewiesen: Zunächst war es vor der Zerstörung der Protestanten bewahrt und dann aus der Kunstsammlung des lutherischen Gnadenbildverächters gewissermaßen befreit worden, um schließlich in die Hände eines rechten Marienverehrers zu gelangen. In der Schlosskapelle erweckte das Bildnis die Aufmerksamkeit des Passauer Domdekans Marquard von Schwendi, der umgehend eine Kopie anfertigen ließ. Bald darauf sahen einige Gläubige und Schwendi selbst über dem Schulerberg die Erscheinung Mariens, woraufhin Schwendis Kopie des Marienbildnisses zur öffentlichen Verehrung in der kleinen Kapelle auf dem Berg ausgestellt wurde. Nun also hatten die Erscheinungen die Kopie als gottgefällig legitimiert und zugleich das Original als Ursprung des Duplikats ausgezeichnet. Schon bald strömten so viele Wallfahrer zu dem Bild, dass 1627 die Wallfahrtskirche „Mariahilf ob Passau" geweiht werden konnte. Das originale Cranachbildnis war indes noch nicht an die Öffentlichkeit getreten, sondern befand sich noch immer im Privatbesitz des Erzherzogs, der es freilich in hohen Ehren hielt und ihm in der Kapelle der Innsbrucker Hofburg einen prominenten Platz einräumte. Erst der nachfolgende Erzherzog Ferdinand Karl überließ Cranachs Werk der Kirche St. Jakob, wo es auf dem Hochaltar in einem prächtigen Apparat präsentiert wurde. Nun war der weiteren Verbreitung von Kopien und der Fertigung von Kopien nach den Kopien kein Halt mehr geboten.

Magna Mater Austriae, 12. Jh. (?), Mariazell, Mariä Geburt; Mariengnadenbild, 1275/1300, Rom, S. Maria del Popolo; Schwarze Madonna, vor 1300, Altötting, Gnadenkapelle; Maria von Birnau, um 1420, Wallfahrtskirche Birnau; Maria Pötsch, 1676, Wien, Stephansdom

Quelle: Gumppenberg 1672

Literatur: Aurenhammer 1956, S. 119–150 – Luther 1980 – Hartinger 1984 – Hartinger 1985 – Wolf G. 1995 – Henkel 2004a – Henkel 2004b – Ganz/Henkel 2007

Lucas Cranach d. Ä., Mariahilf, vor 1537, Innsbruck, St. Jakob

Von der Aufklärung bis zur Gegenwart

Die Aufklärung und die Säkularisierung mit ihrer grundsätzlichen Religions- und Kirchenkritik führten zu einem weitreichenderen Wandel der Heiligenverehrung und des Bildgebrauchs als die Reformation. Wie damals kam es auch jetzt zu ikonoklastischen Ausschreitungen. In Frankreich wurden die Sakralräume während der Französischen Revolution geplündert und im Deutschen Reich wurden im Zuge der Säkularisierung Kirchengüter eingezogen und die Ausstattungsgegenstände der Gotteshäuser veräußert. Auch von kirchlicher Seite kam es bis weit ins 20. Jahrhundert hinein wiederholt zu purifizierenden Maßnahmen, denen eine Vielzahl von Heiligenbildern zum Opfer fiel. Ausgangspunkt war die radikale Ablehnung der Religion, der man die Vernunft als höchste Instanz gegenüberstellte – ein Grundsatz, der länderübergreifend Gehör fand und zerstörerische Auswirkungen hatte.

Laut erscholl Voltaires Stimme, die Messen und Bilderkult als willkürlich eingeführte Praktiken brandmarkte. Gemälde und Statuen würden von Religion und Politik schändlich missbraucht, um die Gefühle der Betrachter zu manipulieren. In seinem *Dictionnaire philosophique* blieben auch die Heiligen nicht ungeschoren. Er polemisierte etwa, am Leben des → Ignatius von Loyola könne man die Verrücktheiten seiner Zeit ablesen und der Heilige selbst habe nur den Bodensatz von Vernunft für sich in Anspruch nehmen dürfen. Ähnlich äußerten sich die Enzyklopädisten in der *Encyclopédie ou Dictionnaire raisonné*, die auch Artikel zu religiösen Praktiken beinhaltet, die jedoch nicht wertfrei ausfielen. Die Autoren lehnten Wallfahrten ab, da die frommen Reisen nur einen Vorwand bildeten, sich an fremden Orten herumzutreiben, und die Verehrung der Reliquien und den Glauben an die reale Gegenwart der Heiligen in ihren Gebeinen verurteilten sie als falsch und unnütz.[63]

Die rationalisierenden und desakralisierenden Tendenzen betrafen nicht nur wenige Intellektuelle jener Zeit, sondern machten sich in mancherlei Hinsicht auch auf der Ebene der Kirchengemeinden bemerkbar. Ein deutliches Zeichen der Ablehnung traditioneller kirchlicher Praktiken war der deutliche Rückgang der Seelenmessstiftungen, der bereits in den 1740er Jahren einsetzte.[64] Zudem wirkten sich die restriktiven Verfügungen „von oben" auf die Frömmigkeitspraxis aus, wie das Wallfahrtsverbot Kaiser Josephs II., das in vielen Regionen zum Niedergang des Wallfahrtswesens führte, oder die Reduzierung der Reliquien und die Verminderung der kirchlichen Feiertage, die den ökonomischen Vorteil einer erhöhten Arbeitsleistung mit sich brachte.[65]

Heiligkeit und Heiligenbild im Umbruch

Der Weg der Rationalisierung führte auch an den Heiligenbildern vorbei und verband sich mit dem Autonomieanspruch der Kunst und dem Verlangen der Subjektivierung des Betrachters. Wenig Zustimmung fanden nun die grausamen Märtyrerszenen des Barock, die nachdrücklich zum Mitleiden aufgefordert hatten. Diese als geschmacklos betrachteten Darstellungen wurden nun durch ruhigere Bilder ersetzt, die andere Emotionen hervorriefen. Louis-Jacques Durameau malte ein Altargemälde mit dem Martyrium der hl. Julitta, das diese unter der Herrschaft des Diokletian erdulden musste, weil sie ihrem christlichen Glauben nicht abschwören wollte. Nach langer Folter zerschmetterten die Henker ihren kleinen Sohn Kyriakos und brachten sie selbst durch Kreuzigung und Enthauptung ums Leben. Durameau zeigte nicht die grausamen Qualen; er stellte keine entstelltenden Leidensmienen dar und ließ kein Blut fließen. Die Heilige wird zwar mit einem Strick an den Händen gebunden und ein Peiniger holt zum Schlag aus, doch drückt ihre Haltung nicht Furcht, sondern Ergebenheit aus, ebenso wie sie neben den rauen Henkersknechten rein und unschuldig wirkt. Selbst ihr kleiner Sohn liegt wie schlafend auf den Treppenstufen und es ist kaum zu erahnen, dass er gewaltsam zu Tode kam. Der heroische schreckliche Tod des Barock ist durch ein ruhiges und ergebenes Sterben ersetzt worden. Durameaus Altargemälde deutet die Richtung an, die nun die Heiligendarstellungen einschlugen und der man während des gesamten 19. Jahrhunderts folgte: Aus einem brennenden Christusnachfolger wurde der tugendsame Heilige und aus einer Entsetzen hervorrufenden Darstellung wurden Bilder, die nicht zum Mitleiden aufriefen, sondern das Mitleid weckten.[66]

Zu einem quantitativen Rückgang von Heiligenbildern kam es durch die Loslösung der Künstler von ihren herkömmlichen Auftraggebern Kirche und Hof, an deren Stelle das zweckfreie Arbeiten ohne Auftrag trat. Die Bindungslosigkeit der Künstler ging einher mit dem Autonomieanspruch der Kunst, der die Abhängigkeit von theologischen Dogmen und die Unterwerfung unter normgebende Texte ablehnte. Infolgedessen gewann der Betrachter an Eigenständigkeit und war frei für eine rein subjektiv geleitete Bildbetrachtung, für die keine theologische Erfahrung mehr nötig war.[67]

Wie grundlegend sich die Einstellung zu Religion und Konfession gewandelt hatte, belegt der Justizmord, dem 1762 der Hugenotte Jean Calas zum Opfer fiel. Der Tuchhändler aus Toulouse wurde hingerichtet, weil die Gesetzeshüter argwöhnten, er habe seinen Sohn umgebracht, weil dieser zum Katholizismus konvertieren wollte. Das Todesurteil wurde vollzogen, obgleich offensichtlich war, dass ein Selbstmord vorlag und der angeblich geplante Übertritt zur katholischen Kirche eine Fiktion war. Die parteiische Rechtsprechung und die Intoleranz der Justiz riefen Kritiker auf den Plan, darunter auch Voltaire. Er bewirkte die Aufnahme eines Revisionsverfahrens, mit dem die Hinterbliebenen ihr konfisziertes Gut wiedererlangten. Der Fall erregte internationales Aufsehen und lautstarke Empörung.

Der in Berlin lebende Stecher Daniel Chodowiecki, der ebenfalls zur reformierten Kirche gehörte, wies durch seine Bildfolge „Das Unglück der Familie Calas" auf das geschehene Unrecht hin. Chodowiecki hätte die Folter und den grausamen Tod darstellen und Jean Calas zum Märtyrer seines Bekenntnisses stilisieren können, doch bot er stattdessen eine moralische Abhandlung. Mit dem Blatt „Der Abschied des Jean Calas von seiner Familie" stellte er eine bürgerliche Tragödie vor Augen. Die Kinder haben sich im Kerker eingefunden und sind zum letzten Mal um ihren Vater versammelt, während die betagte Mutter in einem Lehnstuhl ohnmächtig geworden ist. Die pathetischen Gesten bringen die innere Gefühlsregung zum Ausdruck und stehen im krassen Widerspruch zu dem dunklen Verlies. Chodowieckis bewegende Abschiedsszene setzt an Stelle des Leidens für Christus die persönliche Misere und zielt nicht darauf ab,

Louis-Jacques Durameau, Das Martyrium des hl. Kyriakos und der hl. Julitta, 1767, Paris, Saint-Nicolas-du-Chardonnet

[63] Feld 1990, S. 253–257. [64] Schlögel 1995, S. 21–23. [65] Angenendt 1994, S. 261–274. [66] Schieder M. 1997, S. 232–239; Leclair 2001, Kat.-Nr. P.24. [67] Schieder M. 2007.

Calas als Märtyrer seines Glaubens zu heroisieren, sondern auf eine sittliche Besserung des Betrachters. Die Erbauung erfolgt in einem überkonfessionellen Sinn mittels einer Predigt zu Menschlichkeit und Toleranz.[68]

Neuaufbrüche der christlichen Kunst: Nazarener und Beuron

Das Verhältnis zwischen Kunst und Kirche, zwischen Bild, Heiligen und Betrachter gestaltete sich um 1800 zunehmend schwieriger. Mit der Aufklärung und Säkularisierung hatte das christliche Bild an Bedeutung verloren und die alte Ikonografie stieß weitgehend auf Unverständnis. Da selbst Kleriker viele der alten Darstellungen nicht mehr verstanden, wurden erste Nachschlagewerke zur christlichen Ikonografie verfasst.[69]

In dieser Situation schienen ein Neubeginn der christlichen Kunst und eine Neuverortung des christlichen Künstlers geboten. Für Friedrich Overbeck und Franz Pforr war diese in der Hinwendung zur wahren christlichen Kunst zu finden, die ihrer Ansicht nach die altdeutschen Meister und die Renaissance verwirklicht hatte. So gründeten sie 1809 mit der Lukasbruderschaft eine Künstlervereinigung, die an die Zünfte des späten Mittelalters anknüpfte und sich unter die Patronage des → hl. Lukas stellte. In Rom fanden sich die Gesinnungsgenossen für einige Zeit im Kloster S. Isidoro zu einer Lebens- und Arbeitsgemeinschaft zusammen. Ihr ungewöhnlicher Haarschnitt brachte ihnen den Namen „Nazarener" ein.

Die Malerei der Nazarener fand selbst in kirchlichen Kreisen Italiens Anklang, obgleich die Künstler Deutsche waren und einige von ihnen, wie Overbeck, vom Protestantismus zum Katholizismus konvertiert waren. Overbeck er-

Daniel Chodowiecki, Abschied des Jean Calas von seiner Familie, Kupferstich, 1767, Berlin, Kupferstichkabinett

Johann Friedrich Overbeck, Giebel der Portiuncula-Kapelle, Skizze, 1824, Leipzig, Museum der bildenden Künste

hielt sogar den Auftrag, für die verehrte Portiuncula-Kapelle in Assisi ein Fassadenfresko zu malen. Die Andachtsstätte hatte → Franziskus von Assisi 1211 selbst errichtet; im 16. und 17. Jahrhundert hatte man eine größere Kirche darüber gebaut. Overbecks Entwurf spielt auf die Indulgenzen an, die auf den Gründerheiligen zurückgehen und in Portiuncula erworben werden konnten. Franziskus hatte sich einst in Dornengestrüpp gewälzt, um den Versuchungen des Fleisches zu entgehen, und hatte dabei als Himmelsgabe rote und weiße Rosen erhalten. Als ihm beim anschließenden Gebet in Portiuncula Christus und Maria einen Wunsch gewährten, erbat er sich einen Ablass für das alljährliche Kirchweihfest. Overbeck verband den Rosenregen mit dem Gebet am Altar und goss die Szene in ein stilistisch beruhigtes Bildformular. Stille Haltungen und ruhige Posen kennzeichnen die Personen, selbst Franziskus' ekstatische Gebärde ist zurückhaltend und wurde in dem ausgeführten Fresko noch stärker zurückgenommen.

Die Nazarener wollten den Betrachter nicht durch Überwältigung und Illusionismus emotional berühren, sondern mittels eines klaren Bildkonzepts und einer zurückgenommenen Gefühlslage eine dauerhafte Wirkung erzielen. Dabei nutzten sie das Historienbild mit einer

[68] Bien 1960; Gagnebin 1978; Geismeier 1993, S. 95–101. [69] Künstle 1994, S. 68–73.

stillgelegten Handlung, während das Kultbild nicht zu ihrem Repertoire gehörte und einzelne Heilige ohne szenische Einbindung nur selten zur Ausführung kamen. Ausgestaltungen von Sakralräumen im Stile der Nazarener waren in Kirchenkreisen so beliebt, dass der nazarenische Stil bis zum Ersten Weltkrieg als Kirchenstil schlechthin galt. Schlichtheit und klare Konzeption waren Kriterien, die auf eine breite Akzeptanz trafen.

Einen stilistisch und inhaltlich anderen Weg suchte Peter Lenz, der als Pater Desiderius dem Benediktinerorden beitrat. Unzufrieden mit dem zeitgenössischen Realismus, dessen Interesse sich rein auf die Natur richtete und dem alles Religiöse fehlte, wie mit den Nachfolgern der Nazarener suchte er einen neuen Sakralstil. Das Ideal der christlichen Kunst fand Lenz in Büchern mit ägyptischen Bildwerken. Nach Überwindung des Zweifels, ob denn heidnische Formen für christliche Werke normgebend sein könnten, entlehnte er die Grundprinzipien Harmonie, Symmetrie und Stilisierung. Einen Wegbegleiter fand er in Jakob Wüger alias Pater Gabriel, mit dem er im Kloster Beuron einen Werkstattbetrieb etablierte und eine rege künstlerische Tätigkeit entwickelte. Ihr erstes stilprägendes Projekt realisierten sie 1868 – 1871 mit der Errichtung und Ausgestaltung der Mauruskapelle bei Beuron, mit dem sie die Monumentalmalerei und das Zusammenspiel von Architektur und Malerei zu ihrem Hauptanliegen machten. Das Fassadenfresko präsentiert im Zentrum Maria mit dem Jesuskind und bietet diese vor einer unräumlichen Hintergrundfolie, der die Figuren in einer strengen Hieratisierung und Frontalität vorgelagert sind. Wie die Hauptpersonen sind auch die Ordensheiligen → Benedikt und Scholastika ohne Plastizität gegeben und übermitteln mit ihrer unbewegten Haltung und den zur Fläche erstarrten Gewändern einen ausgesprochenen Archaismus.[70]

Die Beuroner Kunst setzte dem Subjektivismus einen überindividuellen, hieratischen Stil gegenüber und dem moralisch-erbaulichen Zweck eine liturgische Ausrichtung. Dies entsprach der liturgischen Frömmigkeit der Benediktiner, provozierte aber Gegenstimmen, die besonders laut aus dem Lager der Jesuiten erschollen und zu einer benediktinisch-jesuitischen Kontroverse führten. Kernpunkt des Streits bildete die Frage nach dem Verhältnis von Kunst, Liturgie und Erbauung. Der Benediktiner Ansgar Pöllmann hatte eine „art pour Dieu" proklamiert, die sich von dem zeitgenössischen „l'art pour l'art" absetzen und zur Verherrlichung Gottes beitragen sollte und in die erhabene, liturgische Feier eingebettet war. Die Jesuiten aber forderten eine Sakralkunst, welche der Förderung der Andacht des Gläubigen dienen sollte und deshalb leicht verständlich sein müsse. Der Anspruch auf ästhetische Qualität stand dem Bedürfnis nach pastoraler Nutzung unversöhnlich gegenüber.[71] Letztlich war es die Exklusivität und Rationalität der Beuroner Kunst, die einer weiten Verbreitung im Wege stand.

Marienfrömmigkeit und Feminisierung der Religion

Die im Zuge der Desakralisierung und Enttraditionalisierung weit zurückgedrängten Heiligen erhielten mit der religiösen Erneuerung, die nach der Jahrhundertmitte einsetzte, wieder größere Beachtung. Allerdings kamen nur wenige Heilige zu besonderen Ehren. Vor allem Maria wurde wieder ins Zentrum der Kirchenreligiosität gerückt, die sich wiederum durch eine Feminisierung auszeichnete.[72]

Nach 1848 stieg der Anteil der Frauen unter dem kirchlichen Personal rapide an. Weibliche Orden und Schwesternschaften wuchsen weit stärker als ihre männlichen Pendants und Frauen eroberten neue Felder der kirchlichen Aktivitäten, wie karitative Tätigkeiten, Arbeiten in Krankenhäusern, Kindergärten und Jugendheimen. In der modernen Welt, die auch die Rolle der Frau neu bestimmte und an der Kirche nicht spurlos vorüberging, waren neue weibliche Vorbilder nötig. Maria bot sich als weibliches Exemplum an, da sie Jungfrau und Mutter in einem war, der Welt enthoben und doch irdische Frau. So konnte sie zum Modell der christlichen

Jakob Wüger, Thronende Madonna mit hll. Scholastika und Benedikt, Fassadenfresko, um 1870, Mauruskapelle bei Beuron

Hausfrau und des unverheirateten Mädchens werden und gerade wegen ihrer dualistischen Eigenschaften für die Frau jeglichen Standes eine Vorbildstellung einnehmen. Mit dem gewandelten Marienbild veränderte sich auch die Einstellung zur weiblichen Keuschheit, die bisher nur in einer zölibatären Lebensweise zu verwirklichen war. Nun aber sprach der Erhalt der körperlichen Reinheit nicht mehr gegen eine Eheschließung, sondern jene fand gerade auch in der Mutterschaft ihren Ausdruck. Die Opferbereitschaft der Frauen manifestierte sich statt in einem weltentsagenden Klosterleben in der frommen Haushalts- und Familienführung.[73]

Von kirchlicher Seite förderte Pius IX. (1846–1878) die Marienfrömmigkeit und legte dem Zeitgeist entsprechend den Verehrungsschwerpunkt auf Marias jungfräuliche Reinheit (→ Maria Immaculata): 1849 erhielt die Präfatio zur Messe Mariä Empfängnis den Zusatz „Immaculata", 1853 wurde in Rom die Bruderschaft der Unbefleckten Empfängnis gegründet und 1854 erhob der Heilige Stuhl die Unbefleckte Empfängnis zum Dogma.[74]

Mit dem Erstarken des Marienkultes kamen auch die wieder zugelassenen Wallfahrten zu einer neuen Blüte. Auch diese Unternehmungen wurden von kirchlicher Seite geleitet, so dass nun die individuelle Pilgerreise durch die organisierte Massenwallfahrt ersetzt wurde.[75] Viele der Wallfahrten führten zu den neuen Marienheiligtümern, die sich im 19. Jahrhundert herausbildeten, wie die Stätten der Marienerscheinung La Salette, Lourdes oder nach 1917 auch Fátima.[76] Die Visionsorte zogen Gläubige aus allen Nationen an und etablierten sich zu internationalen Wunder- und Heilungsstätten. Erst

[70] Siebenmorgen 1983; Krins 2007. [71] Stock 1991, S. 74–77. [72] Schneider 2002. [73] Schlögel 1995. [74] Guth 1997, S. 425. [75] Ebertz 1979; Guth 1997, S. 423–439; Schieder W. 1999. [76] Scheer 2006.

Bernadette Soubirous, Fotografie, um 1865

1935 gingen die Wallfahrten unter dem Druck des Nationalsozialismus wieder zurück.

Die Erscheinungen des 19. Jahrhunderts unterschieden sich von den Visionen der vorherigen Jahrhunderte, denn nun gehörten die Visionsempfänger keinem Kloster an, sondern waren einfache Hirtenkinder. In La Salette erschien Maria 1846 zwei Mädchen, die ihre Herde weideten, und übermittelte ihnen eine apokalyptische Botschaft, 1858 gab sich die Muttergottes dem armen Bauernkind Bernadette Soubirous in einer Grotte bei Lourdes zu erkennen und 1917 zeigte sie sich im portugiesischen Fátima drei Kindern. Die Ereignisse in Lourdes sind charakteristisch für die Erscheinungen jener Zeit: Bernadette sah am 11. Februar in einer Grotte bei Lourdes unverhofft Maria als weißgekleidete Dame und schaute sie nun in ebendieser Gestalt achtzehn Mal bis zum 16. Juli. Bei jeder Erscheinung betete Bernadette den Rosenkranz und fiel in ekstatische Zustände. Im Gegensatz zu den Transzendenzerfahrungen des Mittelalters und der Frühen Neuzeit waren die Visionen des 19. Jahrhunderts nicht allein ein individuelles Erlebnis, sondern wurden zu einem kollektiven Ereignis. In der Grotte bei Lourdes fanden sich erst hunderte, dann tausende Zuschauer ein, um als Zeugen Bernadettes Vision mitzuerleben. So wurde der Ort der Marienerscheinung schon während der Zeitspanne der Visionsfolgen zu einem Pilgerort, der auch nach Ausbleiben weiterer Erscheinungen Wallfahrer anzog. Nach eingehenden Untersuchungen bestätigte man auch von kirchlicher Seite die Göttlichkeit von Bernadettes Visionen und führte 1890 in der Diözese Lourdes sogar das Fest der Erscheinung der Unbefleckten Jungfrau Maria ein. 1907 wurde das Fest in den Kalender der Gesamtkirche aufgenommen, doch 1969 als nicht gebotener Gedenktag daraus wieder entfernt.

Bernadette selbst musste ihre Visionen wiederholt erzählen und wurde zu einer gefragten Person, von der man Heilung und Segen erwartete. Ihr Bild wurde im neuen Medium der Fotografie verbreitet, so dass Bernadette die erste Heilige der Geschichte ist, deren Abbild fotografisch überliefert ist. Besonders beliebt waren nachgestellte Erscheinungsszenen, bei denen die Visionärin den Rosenkranz in Händen hält und die Augen gen Himmel wendet. Bernadette verstarb 1879 als Nonne des Klosters von Nevers und wurde 1925 seliggesprochen. Im Zuge des Beatifikationsverfahrens exhumierte man ihren Leichnam wiederholt und fand ihn stets unverwest. Dieser Tatbestand beförderte den Kanonisationsprozess, der 1933 mit der Heiligsprechung zum Abschluss kam.

Kanonisation

Der nachtridentinische, mehrfach revidierte Kanonisationsprozess wurde 1917 erneut einer Überarbeitung unterzogen. Das Ergebnis mündete in den „Codex Iuris Canonici“, der die juristische Grundlage für alle folgenden Heiligsprechungsverfahren bildete. Der Prozessverlauf war aufwendig und in viele Einzelprozesse untergliedert. Erst das Zweite Vatikanische Konzil unternahm Bemühungen, den langen Verhandlungsweg zu verkürzen, die 1983 in einem neuen „Codex Iuris Canonici" mündeten.[77] Ein wichtiges Anliegen besteht seitdem in der historisch-kritischen Aufarbeitung der jeweiligen Causa, zu deren Gewährleistung unterschiedliche Sachverständige hinzugezogen werden: Theologen, Historiker, Archivare und Mediziner. Die Theologen sind mit der Begutachtung der Tugenden des Kandidaten betraut, zu denen die drei theologischen Tugenden Glaube, Liebe, Hoffnung zählen, die vier Kardinaltugenden Klugheit, Gerechtigkeit, Starkmut, Mäßigung und unter Umständen die Ordenstugenden Gehorsam, Keuschheit, Demut. Diese erwünschten Eigenschaften müssen die Kandidaten in einem außergewöhnlichen Maße verwirklicht haben, so dass sie zu „heroischen" Tugenden werden. Schon Benedikt XIV. (1740 – 1758) hatte dieses hohe Tugendideal, das sich in schnellen, leichten, freudigen und außergewöhnlichen Handlungen äußert, für die Selig- und Heiligsprechung als notwendig festgeschrieben.[78] Die Historiker und Archivare haben die Aufgabe, die historischen Umstände und Zeugenaussagen genau zu prüfen, und die Mediziner erstellen ärztliche Gutachten, um Wunder als solche zu bezeugen.

Die Neuordnung des Kanonisationsprozesses betrifft auch die nötige Wunderliste, die verkürzt wurde. Waren nach 1917 noch 2 – 4 Wunder zur Seligsprechung und 2 – 3 weitere zur Heiligsprechung nötig, so genügt nun ein Wunder zur Beatifikation und ein weiteres zur Kanonisation. Von diesem Anspruch sind die Kandidaten befreit, die den Märtyrertod starben.

Unter den Verfolgungen der Nationalsozialisten und Kommunisten gewann der Tod als Blutzeuge Christi an Bedeutung. Allein in Deutschland wurden im 20. Jahrhundert mehr als 700 Personen heiliggesprochen, weil sie den Märtyrertod erlitten hatten. Dabei wird auch in Rechnung gestellt, wenn die gemarterte Person nicht bei der Folter, aber an den Folgen der Misshandlung starb, wie der heiliggesprochene Karl Leisner, der nach langer Haft in Dachau am 12. August 1945 im Sanatorium verstarb.[79] Neben den Heiligen des Nationalsozialismus bilden die Reinheitsmärtyrer eine große Gruppe, die sich aus Personen zusammensetzt, die ihr Leben ließen, um ihre Keuschheit zu bewahren – es muss nicht betont werden, dass hier die meisten Mädchen und Frauen zu finden sind –, und diejenigen, die in Missionsgebieten zu Tode kamen.[80] Unabdingbare Voraussetzung für ein kirchlich approbiertes Martyrium ist jedoch, dass die entsprechende Person im Bewusstsein handelte, dass ihr Tun oder ihre Weigerung zum Tod führen könnte, denn angesichts der Lebensbedrohung äußere sich die konsequente Befolgung von Gottes Wille. Im 20. Jahrhundert wurden so viele Selige und Heilige geschaffen wie nie zuvor. Allein Johannes Paul II. vollzog 482 Kanonisationen und 135 Beatifikationen.[81]

Christusbild versus Heiligenbild

Nach dem Ersten Weltkrieg kam eine Entwicklung zur vollen Entfaltung, die sich schon längst angebahnt hatte. Die christliche Ikonografie wurde nicht mehr christlich ausgedeutet, sondern erhielt eine Umdeutung auf allgemeiner Ebene. Davon war besonders das Christusbild betroffen, das nach wie vor Konjunktur hatte, jedoch nicht mehr die Kernaussagen des christlichen Glaubens übermittelte, sondern zum Abbild der Menschheit schlechthin wurde. Der gekreuzigte und der leidende Christus wurde zum Reflexionsgrund anthropologischer Fragen und als Bildgegenstand auch von Künstlern gewählt, die der Kirche kritisch gegenüberstanden, sowie von Künstlern, die von der Kirche abgelehnt wurden. Auch der französische Maler Georges Rouault hatte sich gegen die offizielle katholische Kirche gewandt und der französischen Protestbewegung Renouveau Catholique angeschlossen, die um eine Erneuerung der katholischen Kunst bemüht war. Seine Christusdarstellung aus dem Jahr 1932 greift auf traditionelle

[77] Schutz 1988; Sieger 1995; Marckhoff 2002. [78] Hofmann R. 1933. [79] Marckhoff 2002, S. 159 – 166. [80] Moll 1999. [81] Holböck/Wirth 1991 – 2006.

Georges Rouault, Beleidigung Christi, um 1932, New York, The Museum of Modern Art

Ecce-homo-Darstellungen zurück und modifiziert diese. Die christozentrische Aussage ist zu einem anthropozentrischen Kommentar geworden, der den Betrachter nicht zur Anbetung des heiligen Angesichts führen will, sondern ihn zu einer Reflexion über den leidenden Menschen auffordert.[82]

Einen weit stärkeren Bruch markierte der Zweite Weltkrieg, nach dem vorerst keine gegenständliche Malerei mehr möglich war. Die katholische Kirche übte große Zurückhaltung gegenüber dem Bild im Sakralraum und nahm weitreichende Umgestaltungen vor. Zahlreiche ältere Kunstwerke wurden aus den Kirchen genommen und besonders die historistischen Ausgestaltungen fielen der radikalen Purifizierung zum Opfer. Die Gotteshäuser wurden auf die Architektur und den reinen Raum reduziert, so dass Bilder und Symbole nur noch einen minimalen Platz erhielten. Eines der wenigen neuen Heiligenbilder wurde für den Passauer Dom geschaffen. Schon bald nach dem Krieg plante man das nach Bombenzerstörung wieder aufgebaute Gotteshaus mit einem neuen Hochaltar auszustatten. Da dieser Altar dem Kirchenpatron → Stephanus geweiht war, lag es nahe, diesen Märtyrer Christi darzustellen. Schon früh aber wurden Stimmen laut, die sich gegen die Darstellung eines grausamen Martyriums wandten. Nach langer Planungsphase beauftragte man schließlich den Bildhauer Josef Henselmann mit einer „Steinigung des Stephanus", die sich harmonisch in die barocke Architektur des Doms einfügen und dennoch der Gegenwart gemäß sein sollte. Henselmann verzichtete auf einen architektonischen Altaraufbau, der zunächst vorgesehen war, und präsentierte die Figurengruppe freistehend. Der am Boden kniende Heilige ist im Zentrum, doch am niedrigsten angesiedelt, so dass zwei Steinwerfer sowie → Paulus und der Hohepriester auf ihn herabsehen. Der Tradition entsprechend wurde die Steinigung mit Stephanus' Himmelsvision verknüpft, weshalb der Heilige zur Dreifaltigkeit aufblickt, die über der Szene erscheint. Das durch die Fenster einfallende Licht wurde

Josef Henselmann, Hochaltar mit Steinigung des Stephanus, 1952, Passau, Dom

in die Gesamtplanung einbezogen und unterstützt den transzendenten Charakter der himmelischen Erscheinung.[83]

Das Zweite Vatikanische Konzil nahm zur Bilderfrage keine Stellung, denn der Blickpunkt war ganz auf die liturgische Erneuerung und die liturgische Einbeziehung der Gemeinde gerichtet. Es stand ganz im Zeichen der liturgischen Bewegung, die seit der Jahrhundertwende um die Reform der eucharistischen Feier am Altar

[82] Bahr 1996; Ausst.-Kat. Rouault 1997, Kat.-Nr. 39. [83] Hecht 1995, S. 402–430.

bemüht war. Unter dieser Prämisse trat das Heiligenbild immer stärker zurück zugunsten des sakramentalen Christusbildes.[84]

Erst seit den 1980er Jahren ist der Trend zu verspüren, Bilder wieder in die Kirchenräume zurückzubringen. Auf die Praxis folgte die theoretische Auseinandersetzung, die unter anderem in der 1996 erschienenen Handreichung zu *Liturgie und Bild* der Liturgiekommission der Deutschen Bischofskonferenz greifbar ist. Der Traktat befürwortet zwar Bildwerke als gewünschten Bestandteil des Sakralraums, doch sollen sie weiterhin der Liturgie untergeordnet sein. Ihre Aufgabe ist es, die liturgische Feier zu unterstützen und nicht selbst zum Zielpunkt zu werden.[85] Deshalb soll sich die Ikonografie des Altarbildes auf Christus konzentrieren, Heiligendarstellungen indes werden für diesen Ort als unangemessen erachtet. Den Marien- und Heiligenbildern wird eine Aufstellung in Kapellen und Gebetsecken zugebilligt, wo sie dem persönlichen Gebet dienen.[86]

Als die Kirchengemeinde von St. Johannes in Kitzingen für ihren Hochaltar ein Altarbild in Auftrag gab, wich sie von den Empfehlungen der Liturgiekommission ab. Jacques Gassmann lieferte 1995 für diesen Ort ein Gemälde, das den Kirchenpatron → Johannes den Täufer zeigt. Das Leinwandbild ist nicht direkt hinter dem Altar aufgestellt, sondern steht in einigem Abstand erhöht auf einem Unterbau. Um eine Verbindung zu den von Johannes Schreiter 1959 – 1964 für den Chor geschaffenen Glasfenstern zu schaffen, stellte Gassmann Johannes den Täufer als eine Lichtgestalt dar, die neblighell aus dem Dunkel erscheint und einen hellen Lichtschein auszugießen scheint.[87] Es steht zu vermuten, dass die Darstellung des Kirchenpatrons am Hauptaltar eine Ausnahme bleibt. Doch ist die Geschichte der Heiligenverehrung noch nicht abgeschlossen und das Schicksal der Heiligenbilder liegt in der Zukunft.

[84] Acken 1922; Klauser Th. 1965, S. 168, Nr. 10. [85] Liturgie und Bild 1996, S. 14. [86] Liturgie und Bild 1996, S. 29 f., 37. [87] Kahle 1996, S. 144 – 146; Emmert 2008, S. 337.

Anhang

Glossar

Albe knöchellanges, weißes, liturgisches Untergewand aus Leinen
Almutia pelzbesetzter Schulterkragen mit Kapuze, von Stiftsherren getragen
Amikt auch Humerale genannt; Schultertuch, das zur liturgischen Gewandung gehört und unter der Dalmatik getragen wird
Brevier Gebetbuch für die Stundengebete
Cherub Engel eines höheren Ranges
Chlamys Mantel, der über der Schulter mit einer Fibel zusammengehalten wird
Confessio meist zugängliches Heiligengrab unter dem Hochaltar
Crux decussata x-förmiges Kreuz
Cubiculum Grabkammer in einer Katakombe
Dalmatik liturgisches Obergewand mit kurzen Ärmeln
Elevation Hochhalten der gewandelten Hostie durch den Priester während der Messe
Faldistorium Klappstuhl mit gekreuzten Beinen
Kasel liturgisches Obergewand ohne Ärmel und mit offenen Seitennähten, das wie ein Umhang über den Kopf gezogen wird
Kukulle Ordensgewand mit Kapuze
Loculus Nischengrab in einer Katakombe
Manipel streifenförmiges Ornatstück, das über dem linken Unterarm getragen wird
Martyrologium Verzeichnis der Märtyrer
Mitra liturgische Kopfbedeckung in Form einer hohen Klappmütze bestehend aus einem vorderen und hinteren Schild, die von Kardinälen, Bischöfen und Prälaten getragen wird
Omophorion Pallium der Bischöfe der Ostkirche
Ostensorium auch Monstranz genannt; kostbares Behältnis zum Zeigen der Hostie oder der Reliquien
Pallium ringförmige Stola, deren Enden über den Rücken und die Brust des Trägers herabhängen; sie wird vom Papst und von Erzbischöfen getragen
Pannisellus am Abtsstab befestigtes Tuch
Passionale Sammlung von Heiligenmartyrien
Patene Teller, auf dem bei der liturgischen Feier die Hostie liegt
Pluviale auch Chorkappe, Vespermantel und Rauchmantel genannt; ein weiter, halbkreisförmig geschnittener Umhang, der durch eine Schließe zusammengehalten wird
Polyptychon mehrfach klappbares Altarretabel
Präfatio Teil des Hochgebetes während der Messe
Predella Untersatz eines Altarretabels
Rochett weiße Tunika mit engen Ärmeln
Sacra Conversazione Darstellung der stehenden oder thronenden Madonna umgeben von Heiligen
Sakramentar liturgisches Buch mit den Gebeten des Priesters
Seraph Engel mit sechs Flügeln
Skapulier zum Ordensgewand gehörige ärmellose Oberbekleidung, die an den Seiten mit breiten Bändern zusammengehalten wird
Soutane Talar der Kleriker, meist schwarz, nur bei Prälaten violett, bei Kardinälen rot und beim Papst weiß
Stabilitas loci Ortsgebundenheit der Mönche, die sich auf den beständigen Aufenthalt in einem bestimmten Kloster bezieht
Stola langes Stoffband, das die Diakone und Priester bei ihrer Weihe erhalten; es wird über der Albe getragen
Stundenbuch Gebetbuch der Laien
Suffragien Fürbitten, die an unterschiedliche Heilige gerichtet werden
Superpelliceum auch Chorrock genannt; langes, weißes Gewand mit weiten Ärmeln
Tiara Kopfbedeckung des Papstes

Literaturverzeichnis

Quellen

Acta Sanctorum: Acta Sanctorum quotquot tote urbe coluntur, hg. von Johannes Bolland u. a., Brüssel 1643 – 1925

Albertini 1612: Francesco Albertini, Trattato dell'Angelo Custode, Köln 1612

Albicius 1590: Bartholomaeus Albicius, Liber aureus inscriptus liber conformitatum vitae Beati, ac Seraphicis Patris Francisci ad Vitam Jesu Christi Domini Nostri, Bologna 1590

Alcuin / PL 100: Alcuin, Commentariorum in apocalypsis, in: Migne PL 100, Sp. 1152 f.

Ambrosius / PL 16: Ambrosius, De officiis ministrorum, Liber primus, in: Migne PL 16, Sp. 25 – 110

Ambrosius / PL 17: Ambrosius, Acta S. Sebastiani martyris, in: Migne PL 17, Sp. 1113 – 1150

Andel 1933: Gerrit Gijsbertus van den Andel, Die Margaretalegende in ihren mittelalterlichen Versionen. Eine vergleichende Studie, Groningen 1933

Anrich 1913: Gustav Anrich, Hagios Nikolaos. Der heilige Nikolaus in der griechischen Kirche, Bd. 1: Die Texte, Leipzig 1913

Antinori 1728: Domenico Maria Antinori, Vita della Beata Giuliana Falconieri. Istitutrice delle Mantellate dell'Ordine de'Servi di Maria, Rom 1728

Antonii de Padua Vitae 1904: Sancti Antonii de Padua. Vitae duae quarum altera hucusque inedita (Collection d'études et de documents sur l'histoire religieuse et littéraire du Moyen-Âge, Bd. 5), hg. von Léon de Kerval, Paris 1904

Apophtegmes 1985: Apophtegmes des Pères (Les Sentences des Pères du Désert, Bd. 5), übers. von Lucien Regnault, Solesmes 1985

Aringhi 1972: Paolo Aringhi, Roma subterranea novissima, Paris 1659, Nachdruck: Portland 1972

Arnold von Harff 2009: Rom – Jerusalem – Santiago. Das Pilgertagebuch des Ritters Arnold von Harff (1496 – 1499). Nach dem Text der Ausgabe von Eberhard von Groote, übers., komment. und eingel. von Helmut Brall-Tuchel und Folker Rechert, Köln u. a. [3]2009

Arnoldus 1925: Arnoldus von St. Emmeram, Libris de Emmeramo, hg. von Georg Waitz, in: Monumenta Germaniae Historica, Scriptorum, Bd. 4, hg. von Georg Heinrich Pertz, Hannover 1841, Nachdruck: Leipzig 1925, S. 543 – 574

Athanase 1994: Athanase d'Alexandrie, La Vie de saint Antoine, eingel., komment. und übers. von Gerhardus J. M. Bartelink, Paris 1994

Aufhauser 1911: Johannes B. Aufhauser, Das Drachenwunder des Heiligen Georg in der griechischen und lateinischen Überlieferung (Byzantinisches Archiv, Heft 5), Leipzig 1911

Augustin 1964: Aurelius Augustin, Confessiones, lat. und dt., eingel., übers. und hg. von Joseph Bernhart, Frankfurt a. M. 1964

Bacci 1625: Pietro Giacomo Bacci, Vita di S. Filippo Neri Fiorentino, Rom 1625

Balbín 1725: Bohuslav Balbín, Vita B. Joannis Nepomuceni Martyris, Augsburg 1725

Balbín 1729: Bohuslav Balbín, Das Leben des Heiligen Johannis von Nepomuck als eines Ertz-Martyrers über das Beicht-Sigill, Augsburg 1729

Baronius 1586: Caesar Baronius, Annalecta Ecclesiastici, Bd. 1, Rom 1586

Bartholomäus Tridentius 1867: Bartholomäus Tridentius, Vita Sancti Dominici, in: Acta Sanctorum, Aug. I, Bd. 35, Paris und Rom 1867, S. 556 – 558

Bartoli 1672: Daniel Bartoli, Das Leben und scheinbare Wunderthaten deß S. Stanislai Kostka auß der Gesellschafft Jesu, Konstanz 1672

Bartolomei Romagnoli 1994: Alessandra Bartolomei Romagnoli, Santa Francesca Romana. Edizione cri-

tica dei trattati latini di Giovanni Mattiotti (Storia e attualità, Bd. 14), Vatikan 1994
Bascapè 1593: Giovanni Francesco Bascapè, De vita et rebus gestis Caroli S. R. E. Cardinalis tituli S. Praxedis Archiepiscopi Mediolani, Ingolstadt 1593
Baudonivia 1902: Baudoniviae Vita Sanctae Radegundis, in: Monumenta Germaniae Historica. Scriptores rerum Merovingicarum, Bd. 2, hg. von Bruno Krusch, Hannover 1902, S. 358–364, 377–395
Bax 1622: Nicaise Bax, Beatus Thomas à Villanova Elemosynarius Ord. Erem. S. Augustini, Antwerpen 1622
Beatillo 1620: Antonio Beatillo, Historia della vita, miracoli, traslatione, e gloria dell'illustrissimo confessore di Christo San Nicolò arcivescovo di Mira, Neapel 1620
Bellori 2000: Giovan Pietro Bellori, Le vite de'pittori, scultori ed architetti moderni, hg. von Evelina Borea, Bologna 2000
Bern von Reichenau / PL 142: Bern von Reichenau, Vita sancti Udalrici, in: Migne PL 142, Sp. 1183–1204
Bernhard / PL 183: Bernhard von Clairvaux, Domenica infra octavam assumptionis B. V. Mariae, in: Migne PL 183, Sp. 430–438
Berschin 1981: Walter Berschin, Die älteste erreichbare Textgestalt der Passio S. Afrae, in: Bayerische Vorgeschichtsblätter 46, 1981, S. 217–224
Bigelmair 1954 / 55: Andreas Bigelmair, Die Passio des heiligen Kilian und seiner Gefährten, in: Würzburger Diözesangeschichtsblätter 16 / 17, 1954 / 55, S. 104–130
Blangez 1979: Gérard Blangez (Hg.), Ci nous dit. Recueil d'exemples moraux, 2 Bde., Paris 1979 / 1986
Blaschka 1934: Anton Blaschka, Die St. Wenzelslegende Kaiser Karls IV. Einleitung, Texte, Kommentar, Prag 1934
Bonaventura 1898: Bonaventura, Legenda maior S. Francisci et eiusdem Legenda minor, in: Opera omnia, Bd. 8, hg. von Collegio San Bonaventura, Rom 1898
Bonaventura 1962: Bonaventura, Franziskus. Engel des sechsten Siegels. Sein Leben nach den Schriften des heiligen Bonaventura (Franziskanische Quellenschriften, Bd. 7), eingel. und übers. von Sophronius Clasen, Werl / Westf. 1962
Bonfadino 1607: Giovanni Battista Bonfadino, Legenda vita martirio, et morte de Santo Sebastiano, Venedig 1607
Bosio 1600: Antonio Bosio, Historia Passionis B. Caeciliae Virginis, Valeriani, Tiburtinii, et Maximi Martyrum nec non Urbani et Lucii Pontificum et Martyrum Vitae, Rom 1600
Bosio 1998: Antonio Bosio, Roma sotterranea, Rom 1632, Nachdruck: Rom 1998
Boxler 1996: Madeleine Boxler, „Ich bin ein predigerin und appostlorin". Die deutschen Maria-Magdalena-Legenden des Mittelalters (1300–1550), Untersuchungen und Texte, Bern u. a. 1996
Bronzini 1960: Giovanni B. Bronzini, La Leggenda di S. Caterina d'Alessandria Passioni greche e latine, in: Atti della Accademia Nazionale dei Lincei. Classe di Scienze morali, storiche e filologiche 9, 1960, S. 257–416
Bughetti 1912: Benvenuto Bughetti, Legenda versificata S. Clarae Assisiensis (saec. XIII), in: Archivum Franciscanum Historicum 5, 1912, S. 237–260, 459–481, 621–631
Busse 1930: Lotte Busse, Die Legende der heiligen Dorothea im deutschen Mittelalter, phil. Diss. Greifswald 1930

Caesarius Heisterbacensis 1851: Caesarii Heisterbacensis Monachi Ordinis Cisterciensis, Dialogus miraculorum, hg. von Joseph Strange, 2 Bde., Köln u. a. 1851
Caesarius von Heisterbach 2007: Caesarius von Heisterbach, Das Leben der heiligen Elisabeth (Vita Sancte Elyzabeth Lantgravie Sermo de Translatione Beate Elyzabeth) (Veröffentlichungen der Historischen Kommission für Hessen, Bd. 67,2), hg. und übers. von Ewald Könsgen, Marburg 2007
Camilli 1585: Camillo Camilli, Le Lagrime di Santa Maria Maddalena, Perugia 1585
Canisius 1584: Petrus Canisius, De Maria Deipara Virgine, Lyon 1584
Castaldo 1619: Giovanni Battista Castaldo, Vita illustrata di S. Gaetano, Neapel 1619
Cepari 1614: Virgilio Cepari, Historia von dem Leben, Ableiben und Wunderzeichen des seligen Junglings Aloysij Gonzagae, der Societet Iesu, Mainz 1614
Constantino Magno 1879: De Constantino Magno eiusque matre Helena, hg. von Eduard Heydenreich, Leipzig 1879
Constantinus de Urbevetanus 1936: Constantinus de Urbevetanus, Legenda S. Dominici, hg. und eingel. von Heribert Christian Scheeben, Rom 1936
Constitutum Constantini 1968: Das Constitutum Constantini (Konstantinische Schenkung). Text

(Monumenta Germaniae Historica, Bd. 8; Fontes juris Germanici antiqui, Bd. 10), hg. von Horst Fuhrmann, Hannover 1968

Conversio Afrae 1995: Conversio et passio Afrae, in: Monumenta Germaniae Historica. Scriptores rerum Merovingicarum, Bd. 3, hg. von Bruno Krusch, Hannover 1896, Nachdruck: Hannover 1995

Cyriacus-Legende 1992: Cyriacus-Legende, in: Jan Willem Drijvers, Helena Augusta, The Mother of Constantine the Great and the Legend of Her Finding of the True Cross, Leiden u. a. 1992, S. 165 – 171

Denomy 1938: Alexander J. Denomy, The Old French Lives of Saint Agnes and other Vernacular Versions, New York 1938

Denzinger 1991: Heinrich Denzinger, Kompendium der Glaubensbekenntnisse und kirchlichen Lehrentscheidungen, verbessert, erweitert, ins Deutsche übertragen und hg. von Peter Hünermann, Freiburg i. Br. u. a. ^{37}1991

Deubner 1980: Ludwig Deubner, Kosmas und Damian. Texte und Einleitung, Aalen ^{2}1980

Dietrich von Apolda 2007: Dietrich von Apolda, Das Leben der heiligen Elisabeth (Veröffentlichungen der Historischen Kommission für Hessen, Bd. 67,3), hg. und übers. von Monika Rener, Marburg 2007

Dobschütz 1899: Ernst von Dobschütz, Christusbilder. Untersuchungen zur christlichen Legende, Leipzig 1899

Du Puy 1515: Dom François Du Puy, Vita Beati Brunonis Primi Institutoris Ordinis Carthusiensis, Basel 1515

Ebernand 1960: Ebernand von Erfurt, Heinrich und Kunigunde, hg. von Reinhold Bechstein, Quedlinburg 1860, Nachdruck: Amsterdam 1960

Eckert 1965: Willehad Paul Eckert, Das Leben des heiligen Thomas von Aquino, erzählt von Wilhelm von Tocco, und andere Zeugnisse zu seinem Leben, Düsseldorf 1965

Einhard 1991: Einhard, Vita Karoli Magni. Faksimileausgabe im Originalformat der Vita Karoli Magni aus Codex Vindobonensis 529 (Folio 1 – 13) der Österreichischen Nationalbibliothek, Graz 1991

Elsässische Legenda aurea 1980: Die Elsässische „Legenda aurea", Bd. 1: Das Normalcorpus, hg. von Ulla Williams und Werner Williams-Krapp, Tübingen 1980

Elsässische Legenda aurea Sondergut 1983: Die Elsässische „Legenda aurea", Bd. II: Das Sondergut, hg. von Konrad Kunze, Tübingen 1983

Emser 1517: Hieronymus Emser, Das heilig Leben und Legend des seligen Vatters Bennonis weyland Bischoffen tzu Meyssen, Leipzig 1517

Erscheinung der 14 Nothelffer 1953: Erscheinung der 14 Nothelffer in Franckenthal, in: Die Wallfahrtslegende von Vierzehnheiligen, hg. von Josef Dünninger, Berlin 1953, S. 192 – 205

Eugippius 1963: Eugippius, Das Leben des heiligen Severin. Lateinisch und Deutsch, Einführung, Übersetzung und Erläuterungen von Rudolf Noll, Berlin 1963 [Passau ^{2}1981]

Eusebius 2007: Eusebius von Caesaraea, Über das Leben des glückseligen Kaisers Konstantin. Griechisch / Deutsch, hg., übers. und komment. von Paul Dräger, Oberhaid 2007

Firsching 1973: Karl Firsching, Die deutschen Bearbeitungen der Kilianslegende unter besonderer Berücksichtigung deutscher Legendarhandschriften des Mittelalters (Quellen und Forschungen zur Geschichte des Bistums und Hochstifts Würzburg, Bd. 26), Würzburg 1973

Fontes Thomae Aquinatis 1911 – 1927: Fontes vitae S. Thomae Aquinatis, hg. von Dominicus Maria Prümmer, 3 Bde., Toulouse 1911 – 1927

Gallonio 1600: Antonio Gallonio, Vita del Beato P. Filippo Nero, Rom 1600

Gambart 1664: Adrien Gambart's Emblem Book (1664). The Life of St. Francis de Sales in Symbols. A facsimile edition with a study by Elisabeth Stopp, hg. von Terence O'Reilly, Philadelphia 2005

Gasquet 1904: Francis Aidan Gasquet, A Life of Pope St. Gregory the Great written by a Monk of the Monastery of Whitby (probably about A. D. 713), Westminster 1904

Geiler von Kaysersberg 1510: Geiler von Kaysersberg, Das irrig Schaf, Straßburg 1510

Gerhard 1993: Gerhard von Augsburg. Vita Sancti Uodalrici. Die älteste Lebensbeschreibung des heiligen Ulrich. Einleitung, kritische Edition und Übersetzung von Walter Berschin und Angelika Häse, Heidelberg 1993

Giussano 1610: Giovanni Pietro Giussano, Vita di S. Carlo Borromeo, Rom 1610

Grau 1952: Engelbert Grau, Leben und Schriften der Heiligen Klara von Assisi, Werl 1952

Gregor der Große/PL 76: Gregor der Große, Homiliarum in Ezechielem Prophetam, in: Migne PL 76, Sp. 785–1072
Gregor der Große 1933: Des heiligen Papstes und Kirchenlehrers Gregor des Großen vier Bücher Dialoge, übers. von Joseph Funk (Bibliothek der Kirchenväter, 2. Reihe, Bd. 3), München 1933
Gregor der Große 1995: Gregor der Große, Der hl. Benedikt: Buch II der Dialoge, lateinisch/deutsch, St. Ottilien 1995
Gregor von Tours 1885: Gregor von Tours, Liber de miraculis beati Andreae apostoli, in: Monumenta Germaniae Historica. Scriptorum Merovingicarum, Bd. 1, Teil 2, hg. von Max Bonnet, Hannover 1885, S. 821–846
Gregor von Tours Historia 1885: Gregor von Tours, Historia Francorum, in: Monumenta Germaniae Historica. Scriptores rerum Merovingicarum, Bd. 1, Teil 1, hg. von Wilhelm Arndt und Bruno Krusch, Hannover 1885, S. 88–106
Grisar 1887: Hartmann Grisar, Die Gregorbiographie des Paulus Diakonus in ihrer ursprünglichen Gestalt, nach italienischen Handschriften, in: Zeitschrift für katholische Theologie 11, 1887, S. 158–173
Gumppenberg 1672: Johann Wilhelm Gumppenberg, Atlas Marianus quo sanctae Dei genitricis Mariae imaginum miraculosarum origines duodecim historiarum centuriis explicantur, München 1672

Hahn 1845: Karl August Hahn (Hg.), Das alte Passionale, Frankfurt a. M. 1845
Haimo von Halberstadt/PL 118: [Haimo von Halberstadt], Historiae Sacrae Epitomo, in: Migne PL 118, Sp. 817–823
Hämel 1965: Adalbert Hämel, Der Pseudo-Turpin von Compostela, aus dem Nachlaß hg. von André de Mandach, München 1965
Harvengt/PL 203: Philip de Harvengt, Vita beati Augustini, in: Migne PL 203, Sp. 1205–1254
Hedwigs-Codex 1972: Der Hedwigs-Codex von 1353. Sammlung Ludwig, hg. von Wolfgang Braunfels, 2 Bde., Berlin 1972
Heiligen Leben 1488: Der Heiligen Leben, Winterteil, Nürnberg 1488
Heinzelmann/Poulin 1986: Martin Heinzelmann und Joseph-Claude Poulin, Les vies anciennes de sainte Geneviève de Paris. Etudes critiques, Paris 1986
Hermannus Werdensis 2006: Hermannus Werdensis, Hortus deliciarum, hg. von Paul Gerhard Schmidt, Turnhout 2006
Heydenreich 1879: Eduard Heydenreich (Hg.), De Constantino Magno eiusque matre Helena, Leipzig 1879
Hilduin 1898/99: Hilduin, Areopagitica sive sancti Dionysii vita, in: Bibliotheca Hagiographica Latina antiquae et mediae aetatis, Brüssel 1898/99, Nr. 2175
Hinkmar 1896: Hinkmar, Vita Remigii episcope Remensis, in: Monumenta Germaniae Historica. Scriptores rerum Merovingicarum, Bd. 3, hg. von Bruno Krusch, Hannover 1896, S. 239–349
Historia Bennonis 1604: Gewiß und approbirte Historia von S. Bennonis, etwo Bischoffen zu Meissen, Leben und Wunderzaichen, München 1604
Historia Caeciliae 1604: Histori vom Leyden der heiligen Jungfrawen vnd Martyrin Caeciliae vnnd ihrer heiligen Mitgesellen, Grätz 1604
Historia Karoli Magni 1936: Historia Karoli Magni et Rotholandi ou Chronique du Pseudo-Turpin, hg. von Cyril Meredith-Jones, Paris 1936
Historiae sanctorum 1483: Historiae plurimorum sanctorum, Köln 1483
Honorius Aug./PL 172: Honorius Augustodunensis, De omnibus sanctis, in: Migne PL 172, Sp. 1014–1022
Hystori Sebalds 1514: Die hystori des lebens, sterbens und wunderwerck des heyligen Peichtigers und grossen nothelffers Sant Sebalds, Nürnberg 1514

Johannes 1963: Johannes von Hildesheim, Die Legende von den Heiligen Drei Königen, Übertragung und Nachwort von Elisabeth Christern, Köln 1963
Johannes Diaconus/PL 73: Johannes Diaconus, Vita Sanctae Mariae Aegyptiacae, in: Migne PL 73, Sp. 671–690
Johannes Diaconus/PL 75: Johannes Diaconus, Sancti Gregorii magni vita, in: Migne PL 75, Sp. 59–242
Joinville 1995: Joinville, Vie de Saint Louis, Paris 1995

Karlstadt 1983: Andreas Karlstadt [Bodenstein von], Von Abtuung der Bilder, in: Flugschriften der frühen Reformationsbewegung (1518–1524), Bd. 1, hg. von Adolf Laube u. a., Vaduz 1983, S. 105–127
Kindheitserzählung des Thomas 1987: Kindheitserzählung des Thomas, komment. von Oscar Cullmann, in: Schneemelcher 1987, S. 349–359

Knust G. B. 1960: Giovanni Bronzini Knust, Leggenda di S. Caterina d'Alessandria, in: Atti della Accademia Nazionale dei Lincei 357, 1960, S. 257–416

Knust H. 1890: Hermann Knust (Hg.), Geschichte der Legenden der h. Katharina von Alexandria und der h. Maria Aegyptiaca nebst unedierter Texte, Halle 1890

Konrad von Würzburg 1926: Konrad von Würzburg, Goldene Schmiede, hg. von Edward Schröder, Göttingen 1926

Kunze 1978: Konrad Kunze (Hg.), Die Legende der heiligen Maria Aegyptiaca. Ein Beispiel hagiographischer Überlieferung in 16 unveröffentlichten deutschen, niederländischen und lateinischen Fassungen, Berlin 1978

Laurentius von Schnüffis 1682: Laurentius von Schnüffis, Mirantisches Flötlein in welcher Christus under dem Namen Daphnis die in dem Sünden-Schlaff vertieffte Seele Clorinda zu einem bessern Leben aufferweckt, Konstanz 1682

Leben Paulus 1914: Leben des Hl. Paulus, des ersten Einsiedlers, in: Des Heiligen Kirchenvaters Eusebius Hieronymus ausgewählte Schriften aus dem Lateinischen übersetzt (Bibliothek der Kirchenväter), hg. von Ludwig Schade, Kempten und München 1914, Bd. 1, S. 21–33

Lechat 1931: Robert Lechat (Hg.), Relatio translationis corporis S. Stephani protomartyris Constantinopoli Romam, in: Analecta Bollandiana 49, 1931, S. 112 f.

Lefèvre d'Etaples 1517: Jacques Lefèvre d'Etaples, De Maria Magdalena e triduo Christi disceptatio, Paris 1517

Legenda Anne 1497: Legenda sanctissime matrone Anne, Leipzig 1497

Legenda aurea 1997: Die Legenda aurea des Jacobus de Voragine, übers. von Richard Benz, Darmstadt [12]1997

Legende Hedwig 1963: Die große Legende der heiligen Frau Sankt Hedwig, geborene Fürstin von Meranien und Herzogin in Polen und Schlesien, Faksimile nach der Originalausgabe von Konrad Baumgarten, Breslau 1504, hg. und komment. von Joseph Gottschalk, Wiesbaden 1963

Levison 1927: Wilhelm Levison, Das Werden der Ursulalegende, in: Bonner Jahrbücher 132, 1927, S. 1–164

Liber Egidii 1889/90: Liber Miraculorum Sancti Egidii, in: Analecta Bollandiana 8, 1889, S. 103–120; 9, 1890, S. 393–422

Libro de la Santa Vida 1620: Libro de la Santa Vida y Milagros del illustrissimo, y reverendissimo Señor Don Fr. Thomas de Villanueva, Valencia 1620

Lietzmann 1908: Hans Lietzmann, Das Leben des heiligen Symeon Stylites mit einer deutschen Übersetzung der syrischen Lebensbeschreibung und der Briefe von Heinrich Hilgenfeld, Leipzig 1908

Lives of Simeon Stylites 1992: The Lives of Simeon Stylites, übers. und eingel. von Robert Dovan, Berkeley u. a. 1992

Lorenzini 1719: Francesco Maria Lorenzini, Breve notizia della Vita della B. Giuliana Falconieri fondatrice dell'Ordine delle Mantellate de'Servi di Maria, Rom 1719

Lucena 1600: Juan de Lucena, Historia da vida do Padre Francisco de Xavier, Lissabon 1600

Ludwig 1928: Vinzenz Oskar Ludwig, Die hl. Dorothea in der mittelalterlichen Legende. Erstmals aus der Klosterneuburger Handschrift Nr. 1079 veröffentlicht, Wien 1928

Mabillon 1935/36: Johannes Mabillon, Acta Sanctorum Ordinis S. Benedicti, 2 Bde., Paris 1935/36

Maffei 1585: Giovanni Pietro Maffei, De vita et moribus Ignatii Loiolae, Rom 1585

Marcellus 1500: Marcellus, Passio Sanctorum Apostolorum Petri et Pauli, Köln [ca. 1500]

Margarethen-Legende 1890: Eine altlombardische Margarethen-Legende. Kritischer Text nach 8 Hs. mit einl. Untersuchung, hg. von Berthold Wiese, Halle a. d. Saale 1890

Marsollier 1707: Jacques Marsollier, La vie de Saint François de Sales évêque et prince de Genève, instituteur de l'Ordre de la Visitation de Sainte Marie, Paris 1707

Martyrologium Hieronymianum 1931: Martyrologium Hieronymianum, hg. von Heinrich Quentin und Hippolyt Delehaye, Brüssel 1931

Materials Becket 1875–1885: Materials for the History of Thomas Becket, Archbishop of Canterbury (canonized by pope Alexander III, A. D. 1173), hg. von James Craig Robertson und Joseph Brigstocke Sheppard, 7 Bde., London 1875–1885

Mayer 1738: Joseph Mayer, Die Säulen des Bayrnlands [...] in einer Festpredigt vorgestellt, München 1738

Meyer 1916: W. Meyer, Die älteste lat. Fassung der Placidus-Eustachius-Legende, in: Nachrichten von der Gesellschaft der Wissenschaften zu Göttingen 1916, 745 ff.

Migne PL: Patrologiae cursus completus. Series latina, Paris 1855 ff.

Moesinger 1877: Georg Moesinger, Vita et martyrium sancti Bartholomaei apostoli, Salisburg 1877

Müller 1968: Paul Müller, Mauritius, Zeuge seines Glaubens. Die Einsiedelner Version X 2 der Passion des Hl. Mauritius, in: Beiträge zur Geschichte des Erzbistums Magdeburg, hg. von Franz Schrader, Leipzig 1968, S. 179 – 191

Murray 1929: Jessie Murray, La vie de saint Eustace. Version en prose française du XIIe siècle, Paris 1929

Nervèze 1602: Antoine de Nervèze, Les larmes et martyre de S. Pierre, Caen 1602

Neumüller 1971: Willibrord Neumüller, Der heilige Florian und seine „Passio", in: Mitteilungen des Oberösterreichischen Landesarchivs (Sankt Florian, Erbe und Vermächtnis, Festschrift zur 900-Jahr-Feier) 10, 1971, S. 1 – 35

Odo von Cluny / PL 133: Odo von Cluny, In veneratione Sanctae Mariae Magdalenae, in: Migne PL 133, Sp. 713 – 721

Otloh 1925: Otloh, Vita S. Wolfkangi episcope, hg. von D. G. Watz, in: Monumenta Germaniae Historica, Bd. 4, hg. von Georg Waitz, Hannover 1841, Nachdruck: Leipzig 1925, S. 521 – 542

Passio Kiliani / Margaretae 1988: Passio Kiliani, Passio Margaretae, Orationes. Vollständige Faksimile-Ausgabe im Originalformat des Codex Ms. I 190 aus dem Besitz der Niedersächsischen Landesbibliothek Hannover. Kommentarband (Codices selecti, Bd. 83), bearb. von Cynthia Hahn, Graz 1988

Passio Viti 1939: Lukanische Passio sancti Viti, in: Heinrich Königs, Der hl. Vitus und seine Verehrung. Beiträge zur Vitusforschung anläßlich der 1100-Jahrfeier der Vitustranslation von St. Denys nach Korvey 836 – 1936, Münster 1939, S. 561 – 567

Pennacchi 1910: Francesco Pennacchi, Legenda Sanctae Clarae virginis. Tratta dal ms 338 della Biblioteca Comunale di Assisi, Assisi 1910

Pepe 1671: Stephan Pepe, Leben deß heiligen Cajetani Thiene Ordens Stifftern Clericorum Regularium, München 1671

Petrusakten 1989: Petrusakten, hg. und komm. von Wilhelm Schneemelcher, in: Neutestamentliche Apokryphen in deutscher Übersetzung, Bd. II: Apostolisches, Apokalypsen und Verwandtes, hg. von Wilhelm Schneemelcher, Tübingen 1989, S. 243 – 289

Piccini 1611: Vincenzo Piccini, Vita della madre suor Maria Maddalena de' Pazzi Fiorentina, Mailand 1611

Piccini 1670: Vincenzo Piccini, Das wunderbarliche Leben der h. Jungkfrawen Mariae Magdalenae de Pazzis, München 1670

Pinder 1505: Ulrich Pinder, Der beschlossen Gart des Rosenkrantz Marie, 2 Bde., Nürnberg 1505

Pont-Sainte-Maxence 1922: Guernes de Pont-Sainte-Maxence, La vie de Saint Thomas le Martyr, hg. von Emmanuel Waldberg, Lund 1922

Popescu 1903: Johann Popescu, Die Erzählung oder das Martyrium des Barbaren Christophorus und seiner Genossen, Leipzig 1903

Possevino 1591: Giovanni Battista Bernardino Possevino, Discorsi della vita et attioni di C. Borromeo, Rom 1591

Post beatam et gloriosam: Post beatam et gloriosam, in: Bibliotheca Hagiographica Latina antiquae et mediae aetatis, Brüssel 1898 / 99, Nr. 2178

Protevangelium des Jakobus 1987: Protevangelium des Jakobus, übers. und komment. von Oscar Cullmann, in: Schneemelcher 1987, S. 330 – 349

Prudlo 2008: Donald Prudlo, The Martyred Inquisitor: The Life and Cult of Peter of Verona († 1252), Hampshire und Burlington 2008, S. 183 – 262

Pseudo-Athanasianisches Bekenntnis 1991: Pseudo-Athanasianisches Bekenntnis „Quicumque", in: Denzinger 1991, S. 50 – 52

Rader 1614: Matthäus Rader, De vita Petri Canisii de Societate Jesu, sociorum e Germania primi, München 1614

Raimondo 1994: Raimondo da Capua, Legenda maior, übers. von Giuseppe Tinagli, Rom [5]1994

Randulphus Pisanus 1802: Randulphus Pisanus, Vita del pontefice Gelasio II., Vita et passio S. Erasmi Antiochiae episc., Rom 1802 (http: / / www.mdz-nbn-resolving.de / urn / resolver.pl?urn=urn:nbn:de:bvb:12-bsb10005344 – 9)

Razzi 1965: Serafino Razzi, La vita di Santa Caterina de' Ricci, con documenti inediti antecedenti l'edizione, hg. von Guglielmo M. di Agresti, Florenz 1965

Rheinisches Marienlob 1934: Das Rheinische Marienlob (Bibliothek des Litterarischen Vereins Stuttgart, Bd. 281), hg. von Adolf Bach, Leipzig 1934

Ribadeneira 1598: Petro de Ribadeneira, De vita Francisci Borgiae Societatis Iesu praepositi generalis, Antwerpen 1598

Ribadeneira 1965: Pedro de Ribadeneira, Vita Ignatii Loyolae (Monumenta Ignatiana, Bd. 4, Fontes Narrativi de S. Ignatio de Loyola et de Societatis Jesu initiis, Bd. 4), hg. von Candidus de Dalmases, Rom 1965

Sacchini 1609: Franciscus Sacchini, Vita B. Stanislai Kostkae Poloni e Societate Jesu, Ingolstadt 1609

Sales 1616: François de Sales, Traité de l'amour de Dieu, Lyon 1616

Sanctae Birgittae Revelaciones 1967 – 2001: Sanctae Birgittae Revelaciones, hg. von Birger Bergh u. a., 6 Bde., Uppsala und Stockholm 1967 – 2001

Sancti Bernardi prima / PL 185: Sancti Bernardi abbatis Clarae-Vallensis vita et res gestae, in: Migne PL 185, Sp. 226 – 466

Sancti Bernardi secunda / PL 185: Sancti Bernardi abbatis vita secunda, in: Migne PL 185, Sp. 469 – 524

Saussay 1637: André Du Saussay, Martyrologium Gallicanum, Paris 1637, Teil 1, S. 510 – 512

Schmidt 1652: Franciscus de Schmidt, Leven van Petrus Canisius, Antwerpen 1652

Schneemelcher 1987: Wilhelm Schneemelcher (Hg.), Neutestamentliche Apokryphen in deutscher Übersetzung, Bd. 1: Evangelien, Tübingen 1987

Schneemelcher 1989: Wilhelm Schneemelcher (Hg.), Neutestamentliche Apokryphen in deutscher Übersetzung, Bd. 2: Apostolisches, Apokalypsen und Verwandtes, Tübingen 1989

Sermo 1948: Sermo de Translatione Reliquiarum S. Clementis seu S. D. Legendae Chersonicae, hg. von Josef Vašica, in: Acta Academiae Velehradensis 19, 1948, S. 73 – 80

Seuse 1961: Heinrich Seuse, Deutsche Schriften, hg. von Karl Bihlmeyer, Frankfurt a. M. 1961

Spinelli 1672: Antonio Spinelli, Kurtzer Außzug / Eines Berichts [...] Von dem Mirackel / so der H. Cajetanus in der Neapolitanischen Pests erledigung gewürcket, München 1672

Stengel 1616: Carl Stengel, Josephus, hoc est sanctissimi educatoris Christi Domini deique nostri in terris apparentis ac aeternae virginis Mariae sponsi vitae historia, München 1616

Sulpicius Severus / PL 20: Sulpicius Severus, De vita beati Martini, in: Migne PL 20, Sp. 161 – 176

Sulpicius Severus 1914: Die Schriften des Sulpicius Severus über den Heiligen Martinus Bischof von Tours, übers. von Pius Bihlmeyer, in: Bibliothek der Kirchenväter. Eine Auswahl patristischer Werke in deutscher Übersetzung, hg. von Otto Bardenhewer, Bd. 20, Kempten 1914, S. 1 – 147

Surius 1570 – 1575: Laurentius Surius, De probatis sanctorum historiis, 6 Bde., Köln 1570 – 1575

Tansillo 1585: Luigi Tansillo, Le lagrime di San Pietro, Vico Equense 1585

Theodoricus de Apolda 1867: Theodoricus de Apolda, Vita Sancti Dominici, in: Acta Sanctorum, Aug. I, Bd. 35, Paris und Rom 1867, S. 579 – 580

Thomas Antonius 1974: Thomas Antonii de Senis „Caffarini", Libellus de Supplemento Legende prolixe Virginis Beate Catherine de Senis, hg. von Iuliana Cavallini und Imelda Foralosso, Rom 1974

Thomas von Celano 1926 / 27: Thomas von Celano, Vita prima et Vita secunda S. Francisci Assisiensi, hg. von Collegio San Bonaventura, Rom 1926 / 27

Thomas von Celano 1964: Thomas von Celano, Leben und Wunder des heiligen Franziskus von Assisi (Franziskanische Quellenschriften, Bd. 5), eingel. und übers. von Engelbert Grau, Werl / Westf. 1964

Thomasakten 1989: Thomasakten, komment. von Han J. W. Drijvers, in: Schneemelcher 1989, S. 289 – 367

Tischendorf 1966: Konstantin von Tischendorf, Evangelia Apocrypha, Leipzig 1876, Nachdruck: Hildesheim 1966

Trinubiumslegende 1992: Trinubiumslegende, Handschrift eines unbekannten Autors aus dem 12. Jahrhundert, in: Dörfler-Dirken 1992, S. 133 – 135

Tursellinus 1594: Orazio Tursellinus, De Vita Francisci Xaverii, Rom 1594

Vanderlinden 1946: S. Vanderlinden, Revelatio sancti Stephani, in: Revue des Études Byzantines 4, 1946, S. 179 – 217

Varnhagen 1891: Hermann Varnhagen, Zur Geschichte der Legende der Katharina von Alexandrien, Erlangen 1891

Venantius Fortunatus / PL 88: Venantius Fortunatus, De vita sancti Martini, in: Migne PL 88, Sp. 363 – 426

Venantius Fortunatus 2008: Venantius Fortunatus, Vita sanctae Radegundis, lat. / dt. Das Leben der heiligen Radegunde, Übers., Anm. und Nachw. von Gerlinde Huber-Rebenich, Stuttgart 2008

Vita Cunegundis 1963: Vita et miracula sanctae Cunegundis, in: Monumenta Germaniae Historica. Scriptores, Bd. 4, hg. von Georg Heinrich Pertz, Hannover 1841, Nachdruck 1963, S. 821 – 828

Vita Eligii 1902: Vita s. Eligii episcopi Noviomagensis, in: Monumenta Germaniae Historica. Scriptores rerum Merovingicarum, Bd. 4, hg. von Bruno Krusch, Hannover und Leipzig 1902, S. 634 – 761
Vita Genovefa 1896: Vita sanctae Genovefa virginis parisiensis, in: Monumenta Germaniae Historica. Scriptorum rerum Merovingicarum, Bd. 3, hg. von Bruno Krusch, Hannover 1896, S. 204 – 238
Vita Heinrici 1999: Vita sancti Heinrici regis et confessoris und ihre Bearbeitung durch den Bamberger Diakon Adelbert (Monumenta Germaniae Historica. Scriptores, Bd. 69), hg. von Marcus Stumpf, Hannover 1999
Vita Hildegardis 1998: Vita Sanctae Hildegardis / Leben der Heiligen Hildegard von Bingen, Canonizatio Sanctae Hildegardis / Kanonisation der Heiligen Hildegard (Fontes Christiani, Bd. 29), übers. und eingel. von Monika Klaes, Freiburg u. a. 1998
Vita Liudgeri 1999: Die Vita Sancti Liudgeri. Text, Übersetzung und Kommentar, Forschungsbeiträge (vollständige Faksimile-Ausgabe der Handschrift Ms. theol. lat. fol. 323 der Staatsbibliothek zu Berlin), hg. von Eckhard Freise, Bielefeld 1999
Vita Mariae Aegyptiacae / PL 73: Vita Sanctae Mariae Aegyptiacae, in: Migne PL 73, Sp. 671 – 690
Vita Pauli / PL 23: Vita Pauli primi eremitae, in: Migne PL 23, Sp. 18 – 30
Vita Severini 1986: Vita sancti Severini. Lateinisch / deutsch, Das Leben des heiligen Severin, übers. und hg. von Theodor Nüsslein, Stuttgart 1986
Vita Silvestri 1978: Vita Silvestri, in: Sanctuarium seu Vitae Sanctorum, hg. von Boninus Mombritius, Bd. 2, Hildesheim und New York ²1978, S. 508 – 531
Vita Teresiae 1613: Vita B. Virginis Teresiae a Jesus, Antwerpen 1613
Vitae Bonifatii 1977: Vitae Sancti Bonifatii Archiepiscopi Moguntini (Monumenta Germaniae Historica, Bd. 57), hg. von Wilhelm Levison, Hannover 1977

Wace 1932: Wace, La vie de Sainte Marguerite, hg. von Elizabeth A. Francis, Paris 1932
Walther 1878: Waltheri Spirensis Vita et passio Sancti Christopheri Martyris, hg. von Wilhelm Harster, München 1878
Waters 2008: Claire M. Waters (Hg.), Virgins and Scholars. A Fifteenth-Century Compilation of the Lives of John the Baptist, John the Evangelist, Jerome, and Katherine of Alexandria, Turnhout 2008
Wielens 1756: Joseph Wielens, Histoire du Saint Martyr Jean de Nepomuc, Antwerpen 1756
Willibrord 1989: Willibrord – Apostel der Friesen. Seine Vita nach Alkuin und Thiofrid, lateinisch – deutsch, eingel. und übers. von Hans-Joachim Reischmann, Sigmaringendorf 1989
Wolfhard 1963: Wolfhard Haserensus, Miracula Sanctae Waldburgis Monheimensia, in: Monumenta Germaniae Historica. Scriptorum, Bd. 15, Teil 1, hg. von O. Holder-Egger, Hannover 1887, Nachdruck: Hannover 1963, S. 538 – 555

Nachschlagewerke

BBKL: Biographisch-Bibliographisches Kirchenlexikon, hg. von Friedrich Wilhelm Bautz und Traugott Bautz, 31 Bde., Herzberg 1975 – 2010
BHL: Bibliotheca hagiographica: Bibliotheca hagiographica latina antiquae et mediae aetatis, hg. von Socii Bollandiani, 2 Bde., Brüssel 1898 – 1901
Braun 1943: Joseph Braun, Tracht und Attribute der Heiligen in der deutschen Kunst, Stuttgart 1943
BSS: Bibliotheca Sanctorum, 12 Bde., Rom 1961 – 1987
CathEnc: The Catholic Encyclopedia, hg. von Charles G. Herbermann u. a., 17 Bde., New York 1907 – 1922
DACL: Dictionnaire d‘ archéologie chrétienne et de liturgie, 15 Bde., Paris 1903 – 1953
DSp: Dictionnaire de spiritualité, ascétique et mystique. Doctrine et histoire, 16 Bde., Paris 1932 – 1994
EC: Enciclopedia Cattolica, 12 Bde., Vatikan 1949 – 1954
Kaftal 1952 – 1985: George Kaftal, Saints in Italian Art, 4 Bde., Florenz 1952 – 1985
LCI: Lexikon der christlichen Ikonographie, hg. von Engelbert Kirschbaum u. a., 8 Bde., Rom u. a. 1968 – 1976
LThK: Lexikon für Theologie und Kirche, hg. von Walter Kasper, Freiburg i. Br. ³2006
Marienlexikon: Marienlexikon, hg. von Remigius Bäumer u. a., 6 Bde., St. Ottilien 1988 – 1994
NCE: New Catholic Encyclopedia, hg. von William J. McDonald, New York 1967 – 1979
RAC: Reallexikon für Antike und Christentum, hg. von Theodor Klauser u. a., 14 Bde., Stuttgart 1950 ff.
RDK: Reallexikon zur Deutschen Kunstgeschichte, 10 Bde., München 1937 ff.
Réau 1958 / 59: Louis Réau, Iconographie de l‘art chrétien. Teil 3: Iconographie des saints, 3 Bde., Paris 1958 / 59

RGG: Religion in Geschichte und Gegenwart. Handwörterbuch für Theologie und Religionswissenschaft, Tübingen 1998 – 2004

Schiller 1966 – 1991: Gertrud Schiller, Ikonographie der christlichen Kunst, 5 Bde., Gütersloh 1966 – 1991

TRE: Theologische Realenzyklopädie, hg. von Gerhard Krause und Gerhard Müller, 36 Bde., Berlin u. a. 1977 – 2004

Sekundärliteratur

Achermann 1979: Hansjakob Achermann, Die Katakombenheiligen und ihre Translationen in der Schweizerischen Quart des Bistums Konstanz (Beiträge zur Geschichte Nidwaldens, H. 38), Nidwalden 1979

Acken 1922: Johannes van Acken, Christozentrische Kirchenkunst. Ein Entwurf zum liturgischen Gesamtkunstwerk, Gladbeck 1922

Agresti 1966: Guglielmo M. di Agresti, Santa Caterina de' Ricci. Documenti storici – biografici – spirituali (Collana Ricciana Fonti, Bd. 4), Florenz 1966

Agresti 1973: Guglielmo M. di Agresti, Santa Caterina de' Ricci. Bibliografia ragionata (Collana Ricciana Fonti, Bd. 6), Florenz 1973

Aili / Svanberg 2003: Hans Aili und Jan Svanberg, Imagines Sanctae Birgittae. The Earliest Illuminated Manuscripts and Panel Paintings Related to the Revelations of St. Birgitta of Sweden, 2 Bde., Stockholm 2003

Åkestam 2002: Mia Åkestam, St. Birgitta and the Visual Art, in: Scandinavia, Saint Birgitta and the Pilgrimage Route to Santiago de Compostela, Proceedings of the VIII Spain and Sweden Encounters throughout History. Santiago de Compostela, October, 18 – 20, 2000, hg. von Enrique Martínez Ruiz und Magdalena de Pazzis Pi Corrales, Santiago de Compostela 2002, S. 165 – 179

Alce 2007: Venturino Alce, L'iconografia di San Pietro martire nel Duecento e nella prima metà del Trecento, in: Martire per la fede. San Pietro da Verona domenicano e inquisitor, hg. von Gianni Festa, Bologna 2007, S. 307 – 329

Altaner 1922: Berthold Altaner, Der hl. Dominikus. Untersuchungen und Texte, Breslau 1922

Altermatt 2003: Alberich Martin Altermatt, Lactatio und Amplexus: Die zentralen Themen der Bernhardikonographie, in: Bernhard von Clairvaux. Der Zisterzienserheilige zur und in der Kunst (Ausst.-Kat. Kloster Eberbach), Bad Kreuznach 2003, S. 24 – 41

Ammann 1965: Hektor Ammann, Die Deutschen in Saint Gilles im 12. Jahrhundert, in: Festschrift Hermann Aubin zum 80. Geburtstag, hg. von Otto Brunner u. a., Bd. 1, Wiesbaden 1965, S. 185 – 220

Andergassen 1999: Leo Andergassen, Zur Ikonographie der hl. Klara, in: Icones Clarae. Kunst aus dem Brixner Klarissenkloster (Diözesanmuseum Hofburg Brixen), hg. von Leo Andergassen, Bruneck 1999, S. 92 – 102

Angeletti 1973: Colombo Angeletti, S. Barbara nella tradizione reatina, Rom 1973

Angenendt 1991: Arnold Angenendt, Corpus incorruptum. Eine Leitidee der mittelalterlichen Reliquienverehrung, in: Saeculum 42, 1991, S. 320 – 348

Angenendt 1992: Arnold Angenendt, Der „ganze" und „unverweste" Leib – eine Leitidee der Reliquienvermehrung bei Gregor von Tours und Beda Venerabilis, in: Aus Archiven und Bibliotheken. Festschrift für Raymund Kottje zum 65. Geburtstag, hg. von Hubert Mordek, Frankfurt a. M. u. a. 1992, S. 33 – 50

Angenendt 1993: Arnold Angenendt, „Mit reinen Händen". Das Motiv der kultischen Reinheit in der abendländischen Askese, in: Herrschaft, Kirche, Kultur. Beiträge zur Geschichte des Mittelalters. Festschrift für Friedrich Prinz zu seinem 65. Geburtstag (Monographien zur Geschichte des Mittelalters, Bd. 37), hg. von Georg Jenal, Stuttgart 1993, S. 297 – 316

Angenendt 1994: Arnold Angenendt, Der Heilige: auf Erden – im Himmel, in: Politik und Heiligenverehrung im Hochmittelalter. Ergebnisse und Desiderate, hg. von Jürgen Petersohn, Sigmaringen 1994, S. 11 – 52

Angenendt 2002: Arnold Angenendt, „Der Leib ist klar, klar wie Kristall", in: Frömmigkeit im Mittelalter. Politisch-soziale Kontexte, visuelle Praxis, körperliche Ausdrucksformen, hg. von Klaus Schreiner, München 2002, S. 387 – 398

Angenendt 2005: Arnold Angenendt, Liudger: Missionar – Abt – Bischof im frühen Mittelalter, Münster 2005

Anselmi 2005: Alessandra Anselmi, Theaters for the Canonization of Saints, in: St. Peter's in the Vatican, hg. von William Tronzo, Cambridge 2005, S. 244 – 269

Anzelewski 1971: Fedja Anzelewski, Albrecht Dürer. Das malerische Werk, Berlin 1971

Appuhn-Radtke 1996: Sibylle Appuhn-Radtke, Petrus Canisius im Bild – Entwicklungsstadien einer Heiligenikonographie, in: Petrus Canisius – Reformer der Kirche, hg. von Julius Oswald, Augsburg 1996, S. 244 – 274

Arasse / Tönnesmann 1997: Daniel Arasse und Andreas Tönnesmann, Der europäische Manierismus 1520 – 1610, München 1997

Arbeiter 1988: Achim Arbeiter, Alt-St.-Peter in Geschichte und Wissenschaft. Abfolge der Bauten, Rekonstruktion, Architekturprogramm, Berlin 1988

Arcari / Padovani 1997 – 2000: Gianluigi Arcari und Umberto Padovani, L'immagine a stampa di San Luigi Gonzaga, II: vita, morte e miracoli, 2 Bde., Mantua 1997 – 2000

Arndt / Kroos 1969: Hella Arndt und Renate Kroos, Zur Ikonographie der Johannesschüssel, in: Aachener Kunstblätter 38, 1969, S. 243 – 328

Askew 1969: Pamela Askew, The angelic consolation of St. Francis of Assisi in Post-Tridentine Italian painting, in: Journal of the Warburg and Courtaulds Institutes 32, 1969, S. 280 – 306

Augustyn 2009: Wolfgang Augustyn, Die Darstellung der Trinität: Das schwierige Gottesbild im Spiegel der Bildüberlieferung, in: Das Bild Gottes im Judentum, Christentum und Islam. Vom Alten Testament bis zum Karikaturenstreit, hg. von Eckhard Leuschner und Mark R. Hesslinger, Petersberg 2009

Aurenhammer 1956: Hans Aurenhammer, Die Mariengnadenbilder Wiens und Österreichs in der Barockzeit – Der Wandel ihrer Ikonographie und Verehrung, Wien 1956

Ausst.-Kat. Afra 2004: Hl. Afra. Eine frühchristliche Märtyrerin in Geschichte, Kunst und Kultur (Ausst.-Kat. Diözesanmuseum, Augsburg), Augsburg 2004

Ausst.-Kat. Anthony 1995: The Saint of the Child Jesus. Saint Anthony, Devotion and Celebration (Ausst.-Kat. Museu de Arte Popular, Lissabon), Lissabon 1995

Ausst.-Kat. Antonio 1981: S. Antonio 1231 – 1981. Il suo tempo, il suo culto e la sua città (Ausst.-Kat. Sala della Ragione und Sale dei chiostri del Santo, Padua), Padua 1981

Ausst.-Kat. Antonius 1995: Antonius „De kleine en de grote" (Ausst.-Kat. Museum voor Religieuze Kunst, Uden), Uden 1995

Ausst.-Kat. Barock 2005: Barock im Vatikan. Kunst und Kultur im Rom der Päpste 1572 – 1676 (Ausst.-Kat. Kunst- und Ausstellungshalle der Bundesrepublik Deutschland, Bonn und Martin-Gropius-Bau, Berlin), Leipzig 2005

Ausst.-Kat. Bartholomäus 1989: Der heilige Bartholomäus. Geschichte, Kunst, Verehrung (Ausst.-Kat. Dommuseum, Frankfurt a. M.), hg. von Gabriel Hefele, Frankfurt a. M. 1989

Ausst.-Kat. Beccafumi 1990: Domenico Beccafumi e il suo tempo (Ausst.-Kat. Pinacoteca Nazionale, Siena), hg. von Giovanni Agosti und Alessandro Bagnoli, Mailand 1990

Ausst.-Kat. Bonifatius 2004: Bonifatius. Heidenopfer, Christuskreuz, Eichenkult (Ausst.-Kat. Stadtmuseum Erfurt, Haus zum Stockfisch), hg. von Hardy Eidam, Marina Moritz, Gerd-Rainer Riedel und Kai-Uwe Schierz, Zwickau 2004

Ausst.-Kat. Bruno 2001: Immagini di un Santo. Bruno di Colonia tra l'Europa e la Calabria 1101 – 2001. Nono centenario della morte di San Bruno di Colonia (Ausst.-Kat. Museo della Certosa, Serra San Bruno), hg. von Tonino Ceravolo, Domenico Pisani und Antonio Zaffino, Rubbettino 2001

Ausst.-Kat. Caecilia 1995: Sancta Caecilia. Ein Bild aus dem Frankfurter Dom (Ausst.-Kat. Dommuseum, Frankfurt a. M.), hg. von Gabriel Hefele, Frankfurt a. M. 1995

Ausst.-Kat. Cerano 2005: Il Cerano 1573 – 1632. Protagonista del Seicento Lombardo (Ausst.-Kat. Palazzo Reale, Mailand), hg. von Marco Rosci, Mailand 2005

Ausst.-Kat. Cortona 1997: Pietro da Cortona 1597 – 1669 (Ausst.-Kat. Palazzo Venezia, Rom), hg. von Anna Lo Bianco, Mailand 1997

Ausst.-Kat. Cranach 1994: Lucas Cranach. Ein Maler-Unternehmer aus Franken (Ausst.-Kat. Festung Rosenberg, Kronach), hg. von Claus Grimm, Johannes Erichsen und Evamaria Brockhoff, Kronach 1994

Ausst.-Kat. Cranach 2007: Cranach der Ältere (Ausst.-Kat. Städel Museum, Frankfurt a. M. und Royal Academy of Arts, London), hg. von Bodo Brinkmann, Ostfildern 2007

Ausst.-Kat. Drei Könige 1982: Die Heiligen Drei Könige – Darstellung und Verehrung (Ausst.-Kat. Walraff-Richartz-Museum, Köln), Köln 1982

Ausst.-Kat. Dürer 2004: Albrecht Dürer. Der heilige Johannes – aus Tallinn zurück! Der heilige Onuphrius und andere Eremiten (Ausst.-Kat. Kunsthalle, Bremen), bearb. von Anne Röver-Kann, Bremen 2004

Ausst.-Kat. Elisabeth 2007: Elisabeth von Thüringen – eine europäische Heilige (Ausst.-Kat. Wartburg, Eisenach), hg. von Dieter Blume und Matthias Werner, 2 Bde., Eisenach 2007

Ausst.-Kat. Europas Mitte 2000: Europas Mitte um 1000. Beiträge zur Geschichte, Kunst und Archäologie (Ausst.-Kat. Nationalmuseum, Budapest und Nationalmuseum, Bratislava), hg. von Alfried Wieczorek und Hans-Martin Hinz, Stuttgart 2000

Ausst.-Kat. Filippo 1995: La Regola el Fama. San Filippo Neri e l'Arte (Ausst.-Kat. Museo Nazionale del Palazzo di Venezia, Rom), Mailand 1995

Ausst.-Kat. Floriano 2004: Floriano. Ponte di arte e fede tra i popoli d'Europa (Ausst.-Kat. Casa delle Esposizioni, Illegio), hg. von Giuseppe Bergamini und Alessio Geretti, Illegio 2004

Ausst.-Kat. Franken 1996: Die Franken. Wegbereiter Europas vor 1500 Jahren: König Chlodwig und seine Erben (Ausst.-Kat. Reiss-Museum, Mannheim), Mainz 1996

Ausst.-Kat. Franz von Assisi 1982: 800 Jahre Franz von Assisi. Franziskanische Kunst und Kultur des Mittelalters (Ausst.-Kat. Minoritenkirche, Krems-Stein), Wien 1982

Ausst.-Kat. Georg 1981: Sanct Georg. Der Ritter mit dem Drachen (Ausst.-Kat. Diözesanmuseum, Freising), hg. von Sylvia Hahn, Lindenberg 1981

Ausst.-Kat. Ghezzi 1999: Pier Leone Ghezzi, Settecento alla moda (Ausst.-Kat. Palazzo Barberini, Rom), hg. von Anna Lo Bianco, Venedig 1999

Ausst.-Kat. Glasmalerei 2007: Rheinische Glasmalerei. Meisterwerke der Renaissance (Ausst.-Kat. Schnütgen Museum, Köln), hg. von Dagmar Täube, 2 Bde., Regensburg 2007

Ausst.-Kat. Grünewald 2007: Grünewald und seine Zeit (Ausst.-Kat. Staatliche Kunsthalle, Karlsruhe), München und Berlin 2007

Ausst.-Kat. Hildegard 1998: Hildegard von Bingen (Ausst.-Kat. Diözesanmuseum, Mainz), hg. von Hans-Jürgen Kotzur, Mainz 1998

Ausst.-Kat. Holländische Malerei 1987: Holländische Malerei in neuem Licht. Hendrick ter Brugghen und seine Zeitgenossen (Ausst.-Kat. Centraal Museum, Utrecht und Herzog-Anton-Ulrich-Museum, Braunschweig), Braunschweig 1987

Ausst.-Kat. Johannes von Nepomuk 1979: 250 Jahre hl. Johannes von Nepomuk (Ausst.-Kat. Dommuseum, Salzburg), Salzburg 1979

Ausst.-Kat. Johannes von Nepomuk 1993: Johannes von Nepomuk 1393 – 1993 (Ausst.-Kat. Bayerisches Nationalmuseum, München), hg. von Reinhold Baumstark, Johanna von Herzogenberg und Peter Volk, München 1993

Ausst.-Kat. Kalkül und Leidenschaft 2003: Mit Kalkül und Leidenschaft. Inszenierungen des Heiligen in der bayerischen Barockmalerei (Ausst.-Kat. Museen der Stadt Landshut in der Spitalkirche Heiliggeist), 2 Bde., Landshut 2003

Ausst.-Kat. Karl IV. 2006: Karl IV. Kaiser von Gottes Gnaden. Kunst und Repräsentation des Hauses Luxemburg 1310 – 1437 (Ausst.-Kat. Prager Burg und Metropolitan Museum of Art, New York), hg. von Jiří Fajit, München und Berlin 2006

Ausst.-Kat. Kilian 1989: Kilian. Mönch aus Irland – aller Franken Patron 689 – 1989 (Ausst.-Kat. Festung Marienberg und Mainfränkisches Museum, Würzburg), Würzburg 1989

Ausst.-Kat. Krone und Schleier 2005: Krone und Schleier. Kunst aus mittelalterlichen Frauenklöstern (Ausst.-Kat. Kunst- und Ausstellungshalle der Bundesrepublik Deutschland, Bonn und Ruhrlandmuseum, Essen), München 2005

Ausst.-Kat. Liudger 2005: 805: Liudger wird Bischof. Spuren eines Heiligen zwischen York, Rom und Münster (Ausst.-Kat. Stadtmuseum Münster), hg. von Gabriele Isenberg und Barbara Rommé, Mainz 2005

Ausst.-Kat. Lochner 1993: Stefan Lochner Meister zu Köln. Herkunft – Werke – Wirkung (Ausst.-Kat. Wallraf-Richartz-Museum, Köln), hg. von Frank Günter Zehnder, Köln 1993

Ausst.-Kat. Luca 2000: Luca Evangelista. Parola e Immagine tra oriente e Occidente (Ausst.-Kat. Museo Diocesano, Padua), Rom 2000

Ausst.-Kat. Luther 1983: Luther und die Folgen für die Kunst (Ausst.-Kat. Hamburger Kunsthalle), hg. von Werner Hofmann, München 1983

Ausst.-Kat. Maddalena 1986: La Maddalena tra sacro e profano, hg. von Marilena Mosco (Ausst.-Kat. Centro Mostre, Florenz), Mailand 1986

Ausst.-Kat. Magdeburg 2009: Aufbruch in die Gotik. Der Magdeburger Dom und die spätere Stauferzeit (Ausst.-Kat. Kulturhistorisches Museum, Magdeburg), hg. von Matthias Puhle, 2 Bde., Mainz 2009

Ausst.-Kat. Maria Maddalena 2007: Maria Maddalena de' Pazzi. Santa dell'amore non amato (Ausst.-Kat. Seminario Arcivescovile, Florenz), hg. von Piero Pacini, Florenz 2007

Ausst.-Kat. Nazarener 2005: Religion macht Kunst – die Nazarener (Ausst.-Kat. Schirn Kunsthalle, Frankfurt a. M.), hg. von Max Hollein, Köln 2005

Ausst.-Kat. Philippe le Bel 1998: L'art au temps des rois maudits Philippe le Bel et ses fils, 1285 – 1328 (Ausst.-Kat. Grand Palais, Paris), Paris 1998

Ausst.-Kat. Polack 2004: Jan Polack. Von der Zeichnung zum Bild, Malerei und Maltechnik in München um 1500 (Ausst.-Kat. Diözesanmuseum, Freising), hg. von Peter B. Steiner, Augsburg 2004
Ausst.-Kat. Radegonde 2003: Radegonde. Reine, Moniale et Sainte – son Culte en Limousin (Ausst.-Kat. Musée du pays d'Ussel), hg. von Jean-Loup Lemaître, Paris 2003
Ausst.-Kat. Radegunde 2006: Radegunde – ein Frauenschicksal zwischen Mord und Askese (Ausst.-Kat. Stadtmuseum Erfurt, Haus zum Stockfisch), hg. von Hardy Eidam, Erfurt 2006
Ausst.-Kat. Reni 1988: Guido Reni 1575 – 1642 (Ausst.-Kat. Pinacoteca Nazionale, Bologna, Los Angeles County Museum of Art und Kimbell Art Museum, Fort Worth), Bologna 1988
Ausst.-Kat. Ribera 1992: Jusepe de Ribera 1591 – 1652 (Ausst.-Kat. Castel Sant'Elmo, Neapel), Mailand 1992
Ausst.-Kat. Riemenschneider 2004: Tilman Riemenschneider – Werke seiner Glaubenswelt (Ausst.-Kat. Mainfränkisches Museum, Würzburg), hg von Jürgen Lenssen, 2 Bde., Regensburg 2004
Ausst.-Kat. Rocco 2000: San Rocco nell'arte. Un pellegrino sulla via Francigena (Ausst.-Kat. Palazzo Gotico, Piacenza), Mailand 2000
Ausst.-Kat. Rom in Bayern 1997: Rom in Bayern. Kunst und Spiritualität der ersten Jesuiten (Ausst.-Kat. Alte Pinakothek, München), hg. von Reinhold Baumstark, München 1997
Ausst.-Kat. Rosenkranz 1975: 500 Jahre Rosenkranz 1475 Köln 1975 (Ausst.-Kat. Erzbischöfliches Diözesanmuseum, Köln), hg. von Walter Schulten, Köln 1975
Ausst.-Kat. Rouault 1997: Georges Rouault (Ausst.-Kat. Museo d'Arte Moderna, Lugano), hg. von Rudy Chiappini, Mailand 1997
Ausst.-Kat. Saint Louis 1970: La France de Saint Louis (Ausst.-Kat. Salle des Gens d'Armes du Palais, Paris), Paris 1970
Ausst.-Kat. Santa Cecilia 1983: L'Estasi di Santa Cecilia di Raffaello da Urbino nella Pinacoteca Nazionale di Bologna (Ausst.-Kat. Pinacoteca Nazionale, Bologna), Bologna 1983
Ausst.-Kat. Schenck 1996: Christoph Daniel Schenck 1633 – 1691 (Ausst.-Kat. Rosgartenmuseum, Konstanz), Sigmaringen 1996
Ausst.-Kat. Sebastiaan 1993: Sebastiaan. Martelaar of mythe (Ausst.-Kat. Het Markiezenhof, Bergen op Zoom), Zwolle 1993
Ausst.-Kat. Spätmittelalter 2001: Spätmittelalter am Oberrhein. Maler und Werkstätten 1450 – 1525 (Ausst.-Kat. Staatliche Kunsthalle, Karlsruhe), 3 Bde., Stuttgart 2001
Ausst.-Kat. Walburga 2000: Heilige Walburga hilft aus aller Not. Zeugnisse ihrer Verehrung und Verklärung (Ausst.-Kat. Diözesanmuseum, Eichstätt), Eichstätt 2000
Ausst.-Kat. Wallfahrt 1984: Wallfahrt kennt keine Grenzen (Ausst.-Kat. Bayerisches Nationalmuseum, München), hg. von Lenz Kriss-Rettenbeck und Gerda Möhler, München und Zürich 1984
Ausst.-Kat. Wolfgang 1972: St. Wolfgang, 1000 Jahre Bischof von Regensburg. Darstellung und Verehrung (Ausst.-Kat. Kapitelhaus, Regensburg), Regensburg 1972
Ausst.-Kat. Wolfgang 1976: Der heilige Wolfgang in Geschichte, Kunst und Kultur (Ausst.-Kat. Schloss, St. Wolfgang), Linz 1976

Baert 2003: Barbara Baert, A Head on a Platter. The *Johannesschüssel* or the Image of the Mediator and the Precursor, in: Jaarboek Koninklijk Museum voor schone Kunsten Antwerpen 2003, S. 8 – 41
Baert 2007: Barbara Baert, Mantle, Fur, Pallium: Veiling and Unveiling in the Martyrdom of Agnes of Rome, in: Weaving, Veiling, and Dressing. Textiles and their Metaphors in the Late Middle Ages, hg. von Kathryn M. Rudy und Barbara Baert, Turnhout 2007, S. 215 – 238
Bahr 1996: Carolin Bahr, Religiöse Malerei im 20. Jahrhundert am Beispiel der religiösen Bildauffassung im gemalten Werk von Georges Rouault (1871 – 1958), Stuttgart 1996
Bähr 1984: Ingeborg Bähr, Saint Denis und seine Vita im Spiegel der Bildüberlieferung der französischen Kunst des Mittelalters, Worms 1984
Balk 1993: Thomas Balk, Der heilige Ulrich in der spätmittelalterlichen Kunst, in: Weitlauff 1993, S. 483 – 520
Barnes u. a. 2004: Susan J. Barnes, Nora De Poorter, Oliver Millar und Horst Vey, Van Dyck. A Complete Catalogue of the Paintings, New Haven und London 2004
Barth 1938: Medard Barth, Die Heilige Odilia, Schutzherrin des Elsaß. Ihr Kult in Volk und Kirche, 2 Bde., Straßburg 1938
Barth 1960: Medard Barth, Zum Kult des hl. Thomas Becket im deutschen Sprachgebiet, in Skandinavien und Italien, in: Freiburger Diözesan-Archiv 80, 1960, S. 97 – 166

Barth 1964: Medard Barth, Der Kult der hl. Genovefa (von Paris) im deutschen Sprachraum, in: Freiburger Diözesan-Archiv 84, 1964, S. 213 – 271
Barzman 1992: Karen-Edis Barzman, Devotion and Desire: The Reliquary Chapel of Maria Maddalena de' Pazzi, in: Art History 15, 1992, S. 171 – 196
Bauch 1970: Andreas Bauch, Die heilige Äbtissin Walburga (um 710 – 25. Februar 779?), in: Bavaria Sancta. Zeugen christlichen Glaubens in Bayern, hg. von Georg Schwaiger, Bd. 1, Regensburg 1970, S. 168 – 185
Bauerreiß u. a. 1958: Romuald Bauerreiß, Hans Feldbusch und Ernst Guldan, Art. „Dreifaltigkeit", in: RDK, Stuttgart 1958, Sp. 414 – 447
Baum 1992: Marlene Baum, Zur Bedeutung des Pferdes in Caravaggios „Bekehrung des Paulus", in: Das Münster 45, 1992, S. 21 – 26
Becker 1994: Hans-Jürgen Becker, Der Heilige und das Recht, in: Politik und Heiligenverehrung im Hochmittelalter, hg. von Jürgen Petersohn, Sigmaringen 1994, S. 53 – 70
Bedouelle / Lion / Thévenon 2006: Guy Bedouelle, Antoine Lion und Luc Thévenon, Les dominicains et l'image de la Provence à Gênes XIIIe – XVIIIe siècle. Actes du colloque de Nice, 12 au 14 mars 2004, Nizza 2006
Beeh 1990: Wolfgang Beeh (Bearb.), Deutsche Malerei um 1260 bis 1550 im Hessischen Landesmuseum Darmstadt, Darmstadt 1990
Beissel 1988: Stephan Beissel, Die Verehrung der Heiligen und ihrer Reliquien in Deutschland im Mittelalter, Freiburg i. Br. 1890, Nachdruck: Darmstadt ^{2}1988
Beissel 1910: Stephan Beissel, Geschichte der Verehrung Marias im 15. und 17. Jahrhundert. Ein Beitrag zur Religionswissenschaft und Kunstgeschichte, Freiburg i. Br. 1910
Belghaus 2005: Viola Belghaus, Der erzählte Körper. Die Inszenierung der Reliquien Karls des Großen und Elisabeths von Thüringen, Berlin 2005
Belting 1962: Hans Belting, Die Basilica dei SS. Martiri in Cimitile und ihr frühmittelalterlicher Freskenzyklus (Forschungen zur Kunstgeschichte und Christlichen Archäologie, Bd. 5), Wiesbaden 1962, S. 110 – 113
Belting 1991: Hans Belting, Bild und Kult. Eine Geschichte des Bildes vor dem Zeitalter der Kunst, München ^{2}1991
Belting / Kruse 1994: Hans Belting und Christiane Kruse, Die Erfindung des Gemäldes. Das erste Jahrhundert der niederländischen Malerei, München 1994
Belting-Ihm 1976: Christa Belting-Ihm, „Sub matris tutela". Untersuchung zur Vorgeschichte der Schutzmantelmadonna, Heidelberg 1976
Benedictus 1998: Benedictus. Symbol abendländischer Kultur, hg. von Filips de Cloedt, Stuttgart und Zürich 1998
Benker 1975: Gertrud Benker, Christophorus. Patron der Schiffer, Fuhrleute und Kraftfahrer. Legende, Verehrung, Symbol, München 1975
Benvenuti / Giannarelli 1998: Anna Benvenuti und Elena Giannarelli, Il diacono Lorenzo tra storia e leggenda, Florenz 1998
Benz 1969: Ernst Benz, Die Vision. Erfahrungsform und Bildwelt, Stuttgart 1969
Berbier de Montault 1891: Xavier Berbier de Montault, Le Culte des Docteurs de l'Eglise à Rome, in: Revue de l'Art Chrétien 9, 1891, 276 – 278
Bergamini / Geretti 2004: Giuseppe Bergamini und Alessio Geretti (Hg.), San Floriano di Lorch. Atti del convegno internazionale di studio, Mailand 2004
Bergdolt 2000: Klaus Bergdolt, Zur frühen Ikonographie des Hl. Sebastian, in: Schmerz in Wissenschaft, Kunst und Literatur, Hürtgenwald 2000, S. 37 – 57
Bergstein 2000: Mary Bergstein, The Sculpture of Nanni di Banco, Princeton 2000
Berneville 2003: Guillaume de Berneville, La vie de saint Gilles, Paris 2003
Bertelli 1967: Carlo Bertelli, The *Image of Pity* in Santa Croce in Gerusalemme, in: Essays of R. Wittkower, London 1967, Bd. 2, S. 40 – 55
Bertelsmeier-Kierst 2008: Christa Bertelsmeier-Kierst (Hg.), Elisabeth von Thüringen und die neue Frömmigkeit, Frankfurt a. M. 2008
Beutinger 1939: Stina Beutinger, Der heilige Veit und seine bildliche Darstellung bis zum ausgehenden Mittelalter, München 1939
Bianchi / Giunta 1988: Lidia Bianchi und Diega Giunta, Iconografia di S. Caterina da Siena, Rom 1988
Bien 1960: David D. Bien, The Calas Affair. Persecution, Toleration, and Heresy in Eighteenth-Century Toulouse, Princeton 1960
Bissell 1997: Gerhard Bissell, Pierre Le Gros 1666 – 1719, Reading 1997
Blass-Simmen 1991: Birgitt Blass-Simmen, Sankt Georg. Der Drachenkampf in der Renaissance: Carpaccio – Raffael – Leonardo, Berlin 1991

Blersch 1978: Hartmut Gustav Blersch, Die Säule im Weltgeviert. Der Aufstieg Simeons, des ersten Säulenheiligen, Trier 1978

Bloch 1998: Marc Bloch, Die wundertätigen Könige, München 1998 (Les rois thaumaturges. Étude sur le caractère surnaturel attribué à la puissance royale particulièrement en France et en Angleterre, Paris 1983)

Bloch / Nilgen / Förster 1973: Peter Bloch, Ursula Nilgen und Else Förster, Art. „Evangelisten", in: RDK VI, 1973, Sp. 448 – 517

Blume 1983: Dieter Blume, Wandmalerei als Ordenspropaganda. Bildprogramme im Chorbereich franziskanischer Konvente Italiens bis zur Mitte des 14. Jahrhunderts, Worms 1983

Boanas / Roper 1987: Guy Boanas und Lyndal Roper, Feminine Piety in Fifteenth-Century Rome: Santa Francesca Romana, in: Disciplines of Faith: Studies in Religion, Politics and Patriarchy, hg. von Jim Obelkevich, London 1987, S. 177 – 193

Böck 1983 / 84: Robert Böck, Volksfrömmigkeit und Wallfahrtswesen im Gebiet des Altlandkreises Friedberg (Schwaben). 2. Teil – Die Verehrung der Heiligen Leonhard, Sebastian und Johannes von Nepumuk bis 1800, in: Bayerisches Jahrbuch für Volkskunde 1983 / 84, S. 159 – 180

Boeckl 2005: Christine M. Boeckl, The Legend of St. Luke the Painter: Eastern and Western Iconography, in: Wiener Jahrbuch für Kunstgeschichte 54, 2005, S. 7 – 37

Boeckler 1923: Albert Boeckler, Das Stuttgarter Passionale, Augsburg 1923

Boespflug 2001: François Boespflug, Trinität. Dreifaltigkeitsbilder im späten Mittelalter, Paderborn 2001

Bohde 2004: Daniela Bohde, Ein Heiliger der Sodomiten? Das erotische Bild des hl. Sebastian im Cinquecento, in: Männlichkeit im Blick. Visuelle Inszenierungen in der Kunst seit der Frühen Neuzeit, hg. von Mechthild Fend, Köln u. a. 2004, S. 79 – 98

Bolzoni 2004: Lina Bolzoni, The Web of Images. Vernacular Preaching from its Origins to St Bernardino da Siena, Burlington 2004, S. 117 – 195

Bornert 1997: René Bornert, Qui était sainte Odile?, in: Annuaire de la Société d'Histoire et d'Archeologie de Dambach-la-Ville, Barr, Obernai 31, 1997, S. 105 – 118

Borries-Schulten 1989: Sigrid von Borries-Schulten, Zur romanischen Buchmalerei in Zwiefalten: zwei Illustrationsfolgen zu den Heiligenfesten des Jahres und ihre Vorlagen, in: Zeitschrift für Kunstgeschichte 52, 1989, S. 445 – 471

Borst 1966: Arno Borst, Die Sebalduslegenden in der mittelalterlichen Geschichte Nürnbergs, in: Jahrbuch für Fränkische Landesforschung 26, 1966, S. 19 – 178

Böse 2008: Kristin Böse, Gemalte Heiligkeit. Bilderzählungen neuer Heiliger in der italienischen Kunst des 14. und 15. Jahrhunderts, Petershagen 2008

Bourdua 2008: Louise Bourdua, Displaying the Bodily Remains of Antony of Padua, in: Bild und Körper im Mittelalter, hg. von Kristin Marek, Raphaèle Preisinger, Marius Rimmele und Katrin Kärcher, München 2008, S. 243 – 255

Boyarin 1999: Daniel Boyarin, Dying for God: Martyrdom and the Making of Christianity and Judaism, Stanford 1999

Brauneis 1971: Walther Brauneis, Johannes von Nepomuk – Ikonographie und Verbreitung, in: Wiener Geschichtsblätter 26, 1971, 231 – 240

Braunfels 1954: Wolfgang Braunfels, Die heilige Dreifaltigkeit, Düsseldorf 1954

Braunfels-Esche 1976: Sigrid Braunfels-Esche, Sankt Georg. Legende, Verehrung, Symbol, München 1976

Bredekamp 1975: Horst Bredekamp, Kunst als Medium sozialer Konflikte. Bilderkämpfe von der Spätantike bis zur Hussitenrevolution, Frankfurt a. M. 1975

Bredero 1996: Adriaan H. Bredero, Bernhard von Clairvaux (1091 – 1153), Stuttgart 1996

Brenk 2007: Beat Brenk, Da Galeno a Cosma e Damiano. Considerazioni attorno all'introduzione del culto di ss. Cosma e Damiano a Roma, in: Salute e guarigione nella tarda antichità. Atti della giornata tematica di Seminari di Archeologia Cristiana (Roma – 20 maggio 2004), Vatikanstadt 2007, S. 79 – 92

Brinkmann / Kemperdick 2005: Bodo Brinkmann und Stephan Kemperdick, Deutsche Gemälde im Städel 1500 – 1550 (Kataloge der Gemälde im Städelschen Kunstinstitut Frankfurt am Main, Bd. 5), Mainz 2005

Brizzi 1984: Giovanni Brizzi, Contributo all'iconografia di Francesca Romana, in: Una Santa tutta Romana. Saggi e ricerche nel vi centenario della nascita di Francesca Bussa dei Ponziani. 1384 – 1984, hg. von Giorgio Picasso, Siena 1984, S. 265 – 355

Brossette 2003: Urusla Brossette, *Theatrum virtutis et gloriae* – Barocke Freskenprogramme und Altargemälde im liturgischen Festkontext einer Säkularfeier, in: Ausst.-Kat. Landshut 2003, Bd. 2, S. 124 – 161

Browe 1928: Peter Browe, Die Ausbreitung des Fronleichnamsfestes, in: Jahrbuch für Liturgiewissenschaft 8, 1928, S. 107 – 143

Browe 1929: Peter Browe, Die eucharistischen Verwandlungswunder des Mittelalters, in: Römische Quartalschrift 37, 1929, S. 137 – 169

Browe 1933: Peter Browe, Die Verehrung der Eucharistie im Mittelalter, München 1933

Brown E. 1984: Elizabeth A. R. Brown, The Chapels and Cult of Saint Louis at Saint Denis, in: Medievalia 10, 1984, S. 279 – 331

Brown P. 1991: Peter Brown, Die Heiligenverehrung. Ihre Entstehung und Funktion in der lateinischen Christenheit, übers., bearb. und hg. von Johannes Bernard, Leipzig 1991

Bruck 1967: Wilhelm Bruck, St. Apollonia. Patronin der Zahnkranken. Ihr Kult und Bild im Wandel der Zeit, Bielefeld 1967

Brückner 1994: Wolfgang Brückner, Die Katakomben im Glaubensbewußtsein des katholischen Volkes. Geschichtsbilder und Frömmigkeitsformen, in: Römische Quartalschrift für christliche Altertumskunde und Kirchengeschichte 89, 1994, S. 287 – 307

Brusa 1951: Luciana Brusa, Gli atti del martirio di S. Agata, in: Rivista di cultura classica medioevale 1, 1951, S. 342 – 367

Brzoska 1982: Emil Brzoska, Barbaraverehrung und Bergbau mit Berücksichtigung des oberschlesischen Industriegebiets, Dülm 1982

Buchholz 2005: Marlies Buchholz, Anna selbdritt. Bilder einer wirkungsmächtigen Heiligen, Königstein i. T. 2005

Buchner 1891: Franz Xaver Buchner, Ein ehemals vielverehrter, nun vielvergessener Heiliger, St. Achatius (22. Juni), in: Theologisch-praktische Monatsschrift 22, 1891, S. 451 – 456

Büchsel 2003: Martin Büchsel, Die Entstehung des Christusporträts. Bildarchäologie statt Bildhypnose, Mainz 2003

Buijsen 1989: Edwin Buijsen, The Iconography of St Antony of Padua in Flemish Art up to the Counter-Reformation, in: Il Santo 29, 1989, S. 3 – 28

Bulst 1996: Neithard Bulst, Heiligenverehrung in Pestzeiten. Soziale und religiöse Reaktionen auf die spätmittelalterlichen Pestepedemien, in: Mundus in imagine. Bildersprache und Lebenswelt im Mittelalter. Festgabe für Klaus Schreiner, hg. von Andrea Löther u. a., München 1996, S. 63 – 97

Burke 1984: Peter Burke, How To Be a Counter-Reformation Saint, in: Religion and Society in Early Modern Europe 1500 – 1800, hg. von Kaspar von Greyerz, London 1984, S. 45 – 55

Burschel 2001: Peter Burschel, „Imitatio sanctorum". Oder: Wie modern war der nachtridentinische Heiligenhimmel, in: Konzil von Trient und die Moderne, hg. von Paolo Prodi und Wolfgang Reinhard, Berlin 2001, S. 241 – 259

Burschel 2004: Peter Burschel, Sterben und Unsterblichkeit. Zur Kultur des Martyriums in der frühen Neuzeit, München 2004

Bushart / Rupprecht 1986: Bruno Bushart und Bernhard Rupprecht (Hg.), Cosmas Damian Asam 1686 – 1739. Leben und Werk, München 1986

Butters 1996: Suzanne B. Butters, The Triumph of Vulcan. Sculptors' Tools, Porphyry, and the Prince in Ducal Florence, 2 Bde., Florenz 1996

Büttner 2001: Frank Büttner, Die ästhetische Illusion und ihre Ziele – Überlegungen zur historischen Rezeption barocker Deckenmalerei in Deutschland, in: Das Münster 54, 2001, S. 108 – 127

Callaey 1957: F. Callaey, Origine e sviluppo della festa del „Corpus Domini", in: Euntes docete 10, 1957, S. 3 – 33

Camille 1992: Michael Camille, Visionary Perception and Images of the Apocalypse in the Late Middle Ages, in: The Apocalypse in the Middle Ages, hg. von Richard K. Emmerson und Bernard McGinn, Ithaca und London 1992, S. 276 – 289

Camillo Ferrari / Meyer 2005: Michele Camillo Ferrari und Andreas Meyer (Hg.), Il volto santo in Europa. Culto e immagini del crocifisso nel Medioevo. Atti del convegno internazionale di Engelberg (13 – 16 settembre 2000), Lucca 2005

Campenhausen 1964: Hans Freiherr von Campenhausen, Die Idee des Martyriums in der alten Kirche, Göttingen [2]1964

Cárdenas 2006: Livia Cárdenas, Albrecht von Brandenburg – Herrschaft und Heilige. Fürstliche Repräsentation im Medium des Heiltumsbuches, in: Tacke 2006, S. 239 – 270

Casale 2001: Vittorio Casale, Santi, apparati celebrativi e casa Falconieri nella carriera artistica di Pier Leone Ghezzi, in: Bollettino d'Arte 117, 2001, S. 85 – 124

Caseau 2004: Béatrice Caseau, Syméon Stylite l'ancien entre puanteur et parfum, in: Revue des études byzantines 63, 2004, S. 71 – 96

Cassanelli / García 2007: Roberto Cassanelli und Eduardo López-Tello García (Hg.), Benediktinische Kunst. Kultur und Geschichte eines europäischen Erbes, Regensburg 2007

Cavalieri 1899: Franchide Cavalieri, S. Agnese nella tradizione e nelle leggenda, in: Römische Quartalschrift, Supplementband 10, 1899, S. 1 – 67

Chazelles 1990: Celia M. Chazelles, Pictures, books, and the illiterate. Pope Gregory I's letters to Serenus of Marseilles, in: Word and Image 6, 1990, S. 138 – 153

Chevalley 1995: Denis A. Chevalley, Der Dom zu Augsburg (Die Kunstdenkmäler von Bayern, N. F. Bd. 1), München 1995

Chiminelli 1948: Piero Chiminelli, San Gaetano Thiene cuore della riforma cattolica, Vicenza 1948

Cinotti 1983: Mia Cinotti, Michelangelo Merisi detto il Caravaggio tutte le opere, Bergamo 1983

Clark 1981: Kenneth Clark, Piero della Francesca. Complete Edition, Oxford 1981

Claussen 1980: Peter Cornelius Claussen, Der Wenzelsaltar in Alt St. Peter. Heiligenverehrung, Kunst und Politik unter Karl IV., in: Zeitschrift für Kunstgeschichte 43, 1980, S. 280 – 299

Colavolpe 2000: Andrea Colavolpe, Sant'Andrea e la chiesa di Amalfi, in: Tre apostoli una regione, Salerno 2000, S. 159 – 213

Cole Ahl 1986: Diane Cole Ahl, Benozzo Gozzoli's Frescoes of the Life of Saint Augustine in San Gimignano: Their Meaning in Context, in: artibus et historiae 13, 1986, S. 35 – 53

Colella 1993: Renate L. Colella, Päpstliche Suprematie und kirchliche Reform. Die Fresken Fra Angelicos in der Kapelle Nikolaus' V. Ein päpstliches Programm in spätkonziliarer Zeit, phil. Diss. München 1993

Colella 1997: Renate L. Colella, Hagiographie und Kirchenpolitik – Stephanus und Laurentius in Rom, in: Pratum Romanum. Richard Krautheimer zum 100. Geburtstag, hg. von Renate L. Colella u. a., Wiesbaden 1997, S. 75 – 96

Collani 1992: Claudia von Collani, Der Chinamissionar Johann Adam Schall von Bell SJ (1592 – 1666). Einige Aspekte aus der chinesischen Missionsgeschichte des 17. Jahrhunderts, in: Würzburger Diözesangeschichtsblätter 54, 1992, S. 353 – 370

Connolly 1994: Thomas Connolly, Mourning into Joy. Music, Raphael, and Saint Cecilia, New Haven und London 1994

Conrad 1986: Anne Conrad, Ordensfrauen ohne Klausur? Die katholische Frauenbewegung an der Wende zum 17. Jahrhundert, in: Feministische Studien 1, 1986, S. 31 – 45

Contardi 1996: Bruno Contardi, L'altare di San Luigi Gonzaga in Sant'Ignazio, in: Andrea Pozzo, hg. von Alberta Battista, Mailand 1996, S. 57 – 112

Courcelle / Courcelle 1965: Jeanne Courcelle und Pierre Courcelle, Iconographie de Saint Augustin. Les cycles du XIVe siècle, Paris 1965

Courcelle / Courcelle 1969: Jeanne Courcelle und Pierre Courcelle, Iconographie de Saint Augustin. Les cycles du XVe siècle, Paris 1969

Dallaj 1984: Arnalda Dallaj, Carlo Borromeo e il tema iconografico di santi arcivescovi milanesi, in: Culto di santi, istituzioni e classi sociali in età preindustriale, hg. von Sofia Boesch Gajano und Lucia Sebastiani, L'Aquila und Rom 1984, S. 649 – 680

Dalmases 1991: Cándido de Dalmases, Francis Borgia Grandee of Spain, Jesuit, Saint, Saint Louis 1991

Dassmann 1975: Ernst Dassmann, Ambrosius und die Märtyrer, in: Jahrbuch für Antike und Christentum 18, 1975, S. 49 – 68

Dassmann 1980: Ernst Dassmann, Die Szene Christus-Petrus mit dem Hahn. Zum Verständnis von Komposition und Interpretation auf frühchristlichen Sarkophagen, in: Pietas. Festschrift für Bernard Kötting, hg. von Ernst Dassmann, Münster 1980, S. 509 – 527

Dassmann 1982: Ernst Dassmann, Paulus in frühchristlicher Frömmigkeit und Kunst, Opladen 1982

David-Danel 1958: Marie-Louise David-Danel, Iconographie des Saints médecins Côme et Damien, Lille 1958

Deckers / Mietke / Weiland 1991: Georg Deckers, Gabriele Mietke und Albrecht Weiland (Hg.), Die Katakombe „Anonima di Via Anapo". Repertorium der Malereien, 3 Bde., Rom 1991

Denoël 2004: Charlotte Denoël, Saint André. Culte et iconographie en France (V[e] – XVe siècles), Paris 2004

Dewez / Iterson 1956: Léon Dewez und Albert van Iterson, La lactation de saint Bernard. Legende et iconographie, in: Cîteaux in de Nederlanden 7, 1956, S. 165 – 189

Diedrichs 2006: Christof L. Diedrichs, Ereignis Heiltum. Die Heiltumsweisung in Halle, in: Tacke 2006, S. 314–360

Dietrich 2005: Wilhelm R. Dietrich, Arzt und Apotheker im Spiegel ihrer alten Patrone Kosmas und Damian. Kultbasis, Kultweg, Kultzeichen – Kultorte in Baden-Württemberg, Lindenberg 2005

Dillenberger 1990: Jane Dillenberger, The Magdalen: Reflections on the Image of Saint and Sinner in Christian Art, in: Image and Spirit in Sacred and Secular Art, hg. von Jane Dillenberger, New York 1990, S. 28–50

Dinkler 1939: Erich Dinkler, Die ersten Petrusdarstellungen. Ein archäologischer Beitrag zur Geschichte des Petrusprimates, in: Marburger Jahrbuch 11, 1939, S. 1–80

Dinzelbacher 1978: Peter Dinzelbacher, Die Visionen des Mittelalters. Ein geschichtlicher Umriß, in: Zeitschrift für Religions- und Geistesgeschichte 30, 1978, S. 116–128

Dinzelbacher 1990a: Peter Dinzelbacher, Reliquienverehrung, in: Das Mittelalter – unsere fremde Vergangenheit. Beiträge der Stuttgarter Tagung vom 17. bis 19. September 1987, hg. von Joachim Kuolt, Harald Kleinschmidt und Peter Dinzelbacher, Stuttgart 1990, S. 195–239

Dinzelbacher 1990b: Peter Dinzelbacher, Die „Realpräsenz“ der Heiligen in ihren Reliquiaren und Gräbern nach mittelalterlichen Quellen, in: Dinzelbacher / Bauer 1990, S. 115–174

Dinzelbacher 1991: Peter Dinzelbacher, Revelationes, Turnhout 1991

Dinzelbacher 1998: Peter Dinzelbacher, Bernhard von Clairvaux. Leben und Werk des berühmten Zisterziensers, Darmstadt 1998

Dinzelbacher / Bauer 1990: Peter Dinzelbacher und Dieter R. Bauer, Heiligenverehrung in Geschichte und Gegenwart, Ostfildern 1990.

Dinzelbacher / Hogg 1997: Peter Dinzelbacher und James Lester Hogg (Hg.), Kulturgeschichte der christlichen Orden in Einzeldarstellungen, Stuttgart 1997

Dionigi 1998: Renzo Dionigi, SS. Quattuor Coronati. Bibliography and Iconography, Mailand 1998

Diskant Mair 2004 / 05: Carolyn Diskant Mair, St Agnes of Rome as a bride of Christ: a northern European phenomenon, c. 1450 – c. 1520, in: Simiolus 31, 2004 / 05, S. 135–155

Dobschütz 1899: Ernst von Dobschütz, Christusbilder. Untersuchungen zur christlichen Legende, Leipzig 1899

Dondaine 1953: Antoine Dondaine, Saint Pierre Martyr, in: Archivum Fratrum Praedicatorum 23, 1953, S. 66–162

Dondelinger 2003: Patrick Dondelinger, Die Visionen der Bernadette Soubirous und der Beginn der Wunderheilungen in Lourdes, Regensburg 2003

Dörfler-Dierken 1992: Angelika Dörfler-Dierken, Die Verehrung der heiligen Anna in Spätmittelalter und früher Neuzeit (Forschungen zur Kirchen- und Dogmengeschichte, Bd. 50), Göttingen 1992

Dormeier 1985: Heinrich Dormeier, St. Rochus, die Pest und die Imhoffs in Nürnberg vor und während der Reformation, in: Anzeiger des Germanischen Nationalmuseums 1985, S. 7–72

Dorsch 1983: Klaus J. Dorsch, Georgszyklen des Mittelalters. Ikonographische Studie zu mehrszenigen Darstellungen der Vita des hl. Georg in der abendländischen Kunst unter Einbeziehung von Einzelszenen des Martyriums, Frankfurt a. M. 1983

Drei Könige 1964: Achthundert Jahre Verehrung der Heiligen Drei Könige in Köln 1164–1964, Köln 1964

Drijvers 1992: Jan Willem Drijvers, Helena Augusta, The Mother of Constantine the Great and the Legend of Her Finding of the True Cross, Leiden u. a. 1992

Duchesne 1911: Louis Duchesne, Le culte romain des Quatre-Couronnés (Santi Quattro), in: Mélanges d'archéologie et d'histoire 21, 1911, S. 231–246

Duggan A. 2004: Anne Duggan, Thomas Becket, London 2004

Duggan L. 1989: Lawrence G. Duggan, Was art really the „book“ of illiterate, in: Word and Image 5, 1989, S. 227–251

Dunn 2003: Geoffrey D. Dunn, „Sententiam nostram non novam promimus“. Cyriacus and the episcopal synod of 255, in: Annuarium historiae conciliorum 35, 2003, S. 211–221

Dünninger 1972: Josef Dünninger, Sprachliche Zeugnisse über den Kult der Vierzehn Nothelfer im 14. und 15. Jahrhundert, in: Festschrift Matthias Zender. Studien zu Volkskultur, Sprache und Landesgeschichte, hg. von Edith Ennen und Günter Wiegelmann, Bonn 1972, Bd. 1, S. 336–346

Dupeux 1991: Cécile Dupeux, La Lactation de Saint Bernard de Clairvaux. Genèse et evolution d'une image, in: L'image et la production du sacré. Actes du colloque de Strasbourg (20–21 janvier 1988), hg. von Françoise Dunand, Jean-Michel Spieser und Jean Wirth, Paris 1991, S. 165–193

Dupraz 1961: Louis Dupraz, Les passions de S. Maurice d'Augaune. Essai sur l'historicité de la tradition

et contribution à l'étude de l'armée Pré-Dioclétienne (260–286) et des canonizations tardives de la fin du IVe siècle, Fribourg 1961
Dvornik 1958: Francis Dvornik, The Idea of Apostolicity in Byzantium and the Legend of the Apostle Andrew, Cambridge 1958

Ebertz 1979: Michael N. Ebertz, Die Organisierung von Massenreligiosität im 19. Jahrhundert. Soziale Aspekte zur Frömmigkeitsforschung, in: Jahrbuch für Volkskunde N. F. 2, 1979, S. 38–72
Ebner / Würthinger 2003: Johannes Ebner und Monika Würthinger (Hg.), Der Heilige Florian. Tradition und Botschaft (= Neues Archiv für die Geschichte der Diözese Linz 16), Linz 2003
Eck 2003: Xander van Eck, Dreaming of an eternally Catholic Utrecht during Protestant rules: Jan van Bijlert's *Holy Trinity with Sts Willibrord and Boniface*, in: Simiolus 30, 2003, S. 19–33
Eckert 1980: Willehad Paul Eckert, Der Hund mit der Fackel und andere Attribute des hl. Dominikus, in: Symbolon 5, 1980, S. 31–39
Ehlers 2000: Joachim Ehlers, Der wundertätige König in der monarchischen Theorie des Früh- und Hochmittelalters, in: Reich, Regionen und Europa in Mittelalter und Neuzeit. Festschrift Peter Moraw, hg. von Paul-Joachim Heinig, Berlin 2000, S. 3–19
Ehrend 1993: Helfried Ehrend, Eligius auf Münzen, Medaillen, Marken und Plaketten, Speyer 1993
Einhorn 1998: Jürgen Werinhard Einhorn, Spiritualis Unicornis. Das Einhorn als Bedeutungsträger in Literatur und Kunst des Mittelalters, München ²1998
Elbern 1962: Victor H. Elbern, St. Liudger und die Abtei Werden, Essen 1962
Elbern 1966: Victor H. Elbern, HIC SCS SYMION. Eine vorkarolingische Kultstatue des Symeon Stylites in Poitiers, in: Cahiers Archéologiques 16, 1966, S. 23–38
Elisabeth Festschrift 1983: Elisabeth, der Deutsche Orden und ihre Kirche. Festschrift zur 700jährigen Wiederkehr der Weihe der Elisabethkirche in Marburg (Quellen und Studien zur Geschichte des Deutschen Ordens, Bd. 18), Marburg 1983
Elm / Berg 1994: Kaspar Elm und Dieter Berg (Hg.), Vitasfratrum. Beiträge zur Geschichte der Eremiten- und Mendikantenorden des zwölften und dreizehnten Jahrhunderts. Festgabe zum 65. Geburtstag, Werl 1994
Embach 2008: Michael Embach, Kaiserin Helena in der lateinischen Legendarik des Mittelalters, in: Archiv für mittelrheinische Kirchengeschichte 60, 2008, S. 31–54
Emmert 2008: Jürgen Emmert, Retabel im Bistum Würzburg – eine Renaissance, in: Das Münster 61, 2008, S. 334–340
Engemann 1976: Josef Engemann, Zu den Dreifaltigkeitsdarstellungen der frühchristlichen Kunst: Gab es im 4. Jahrhundert anthropomorphe Trinitätsbilder?, in: Jahrbuch für Antike und Christentum 19, 1976, S. 158–172
Epp 1988: Sigrid Epp, Konstantinzyklen in Rom. Die päpstliche Interpretation der Geschichte Konstantins des Großen bis zur Gegenreformation (Schriften aus dem Institut für Kunstgeschichte der Universität München, Bd. 36), München 1988
Erichsen 1989: Johannes Erichsen (Hg.), Kilian. Mönch aus Irland – aller Franken Patron. Aufsätze (Veröffentlichungen zur Bayerischen Geschichte und Kultur, Nr. 19 / 89), München 1989
Erkens 1999: Franz-Reiner Erkens (Hg.), Karl der Große und das Erbe der Kulturen, Akten des 8. Symposiums des Mediävistenverbandes Leipzig 15. bis 18. März 1999, Aachen 1999
Erlemann 1993: Hildegard Erlemann, Die Heilige Familie. Ein Tugendvorbild der Gegenreformation im Wandel der Zeit. Kult und Ideologie, Münster 1993
Ernst 1989: Josef Ernst, Johannes der Täufer. Interpretation – Geschichte – Wirkungsgeschichte, Berlin und New York 1989
Etzdorf 1956: Karin von Etzdorf, Der Heilige Eligius und die Typen seiner Darstellung als Patron der Goldschmiede und Schmiede, phil. Diss. München 1956
Ewig 1956: Eugen Ewig, Das Bild Constantins des Großen in den ersten Jahrhunderten des abendländischen Mittelalters, in: Historisches Jahrbuch 75, 1956, S. 1–46
Ewig 1979: Eugen Ewig, Der Martinskult im Frühmittelalter, in: ders., Spätantike und fränkisches Gallien. Gesammelte Schriften, Zürich 1979, Bd. 2, S. 318–354
Exner 2003: Matthias Exner, Wandlung des Christophorus-Bildes im 12. Jahrhundert, in: Iconographica 2, 2003, S. 11–17

Fabian 1914: Ernst Fabian, Zwei gleichzeitige Berichte von Zwickauern über die Wittenberger Unruhen 1521 und 1522, in: Mitteilungen des Altertumsvereins für Zwickau und Umgebung 11, 1914, S. 25–30

Feld 1990: Helmut Feld, Der Ikonoklasmus des Westens, Leiden u. a. 1990
Feld 1991: Helmut Feld, Franziskus von Assisi, der „zweite Christus", Mainz 1991
Feld 2006: Helmut Feld, Ignatius von Loyola, Gründer des Jesuitenordens, Köln u. a. 2006
Feld 2007: Helmut Feld, Franziskus von Assisi und seine Bewegung, Darmstadt [2]2007
Ferguson O'Meara 1977: Carra Ferguson O'Meara, The iconography of the facade of Saint-Gilles-du-Gard, New York 1977
Fernandez 1975: Romuald Fernandez, Le cult et l'iconographie des Stylites, in: Les Stylites Syriens, Mailand 1975, S. 161 – 217
Figge 2000: Valerie Figge, Das Bild des Bischofs, Bischofsviten in Bilderzählungen des 9. bis 13. Jahrhunderts, Weimar 2000
Fletcher / Skipsey 1991: Jennifer Fletcher und David Skipsey, Death in Venice. Giovanni Bellini and the assassination of St. Peter Martyr, in: Apollo 133, 1991, S. 4 – 9
Focke / Heinrichs 1939: Ernst Focke und Hans Heinrichs, Das Kalendarium des Missale Pianum vom Jahre 1570 und seine Tendenzen, in: Theologische Quartalschrift 120, 1939, S. 383 – 400, 461 – 469
Freedberg 1976: David Freedberg, The Representation of Martyrdoms During The Early Counter-Reformation in Antwerp, in: The Burlington Magazine 118, 1976, S. 128 – 138
Frei / Bühler 2003: Urs-Beat Frei und Fredy Bühler (Hg.), Der Rosenkranz. Andacht, Geschichte, Kunst, Bern 2003
Frese 2006: Tobias Frese, Die Bildkritik des Bernhard von Clairvaux. Die Apologia im monastischen Diskurs, Bamberg 2006
Freuler 1994: Gaudenz Freuler, Sienese Quattrocento Painting in the Service of Spiritual Propaganda, in: Italian Altarpieces 1250 – 1550. Function and Design, hg. von Eve Borsook und Fiorella Superbi Gioffredi, Oxford 1994, S. 81 – 116
Fricke 2007: Beate Fricke, Ecce fides. Die Statue von Conques, Götzendienst und Bildkultur im Westen, München 2007
Friedrich 2000: Michael Friedrich, Tradition – Imagination – Legitimation. Untersuchungen von Visualisierung lokaler Sonderformen allgemeiner Heiligentraditionen am Beispiel der Hl. Helena, Rom u. a. 2000
Friesen 2001: Ilse E. Friesen, The Female Crucifix: Images of St. Wilgefortis since the Middle Ages, Waterloo 2001
Frohn 2001: Birgit Frohn, Klostermedizin, München 2001
Frommel 1971: Christoph Luitpold Frommel, Addendum to the Cardinal Francesco Maria Del Monte's Inventory: the Date of the Sale of Various Notable Paintings, in: Storia dell'arte 9 / 10, 1971, S. 53 – 56
Frugoni 1996: Chiara Frugoni, Female Mystics, Visions, and Iconography, in: Women and Religion in Medieval and Renaissance Italy, hg. von Daniel Bornstein und Roberto Rusconi, Chicago 1996, S. 130 – 164
Fuchs 2003: Thomas Fuchs, Das Ringen mit der Tradition. Die Kiritk an Kirche und Religion in der Historiographie der Aufklärungsepoche, in: Zeitschrift für Religions- und Geistesgeschichte 55, 2003, S. 121 – 137
Fühler-Kreis 2003: Dione Fühler-Kreis, Mauritius – heiliger Ritter, Mohr und Reichspatron, in: Kunst und Architektur in der Schweiz 54, H. 3, 2003, S. 16 – 22
Fuhrmann 1959: Horst Fuhrmann, Konstantinische Schenkung und Silvesterlegende in neuer Sicht, in: Deutsches Archiv 15, 1959, S. 523 – 540
Fuhrmann 1980: Horst Fuhrmann, Über die Heiligkeit des Papstes, in: Jahrbuch der Akademie der Wissenschaft in Göttingen 82, 1980, S. 28 – 43
Fuhrmann 1997: Horst Fuhrmann, Bilder für einen guten Tod (Bayerische Akademie der Wissenschaften Philosophisch-Historische Klasse Sitzungsberichte 1997, H. 3), München 1997
Fuhrmann 1998: Horst Fuhrmann, Die Päpste. Von Petrus zu Benedikt XVI., München 1998 [[3]2005]

Gäbe 1989: Sabine Gäbe, Radegundis: Sancta, regina, ancilla. Zum Heiligkeitsideal der Radegundisviten von Fortunat und Baudonivia, in: Francia 16, 1989, S. 1 – 30
Gabelt 1996: Stefan Gabelt, Das Bassenheimer Martinsrelief, in: Meisterwerke mittelalterlicher Skulptur. Die Berliner Gipsabgußsammlung, hg. von Hartmut Krohm, Berlin 1996, S. 245 – 253
Gagnebin 1978: Bernard Gagnebin, La Gravure de „La Malheureuse Famille Calas", in: Gazette des Beauxs-Arts 92, 1978, S. 197 – 202
Gaiffier 1959: Baudouin de Gaiffier, La légende latine de sainte Barbe par Jean de Wackerzeele, in: Analecta Bollandiana 77, 1959, S. 5 – 41
Ganz 2003: David Ganz, Ein „Krentzlein" aus Bildern. Der Englische Gruß des Veit Stoss und die

Entstehung spätmittelalterlicher Bild-Rosarien, in: Frei/Bühler 2003, S. 152–169
Ganz 2007: David Ganz, Eine Heilige mit großer Garderobe. Elisabeth-Bilder im konfessionellen Zeitalter, in: Ausst.-Kat. Elisabeth 2007, S. 469–484
Ganz 2008: David Ganz, Medien der Offenbarung. Visionsdarstellungen im Mittelalter. Berlin 2008
Ganz/Henkel 2004: David Ganz und Georg Henkel, Rahmen-Diskurse. Kultbilder im Konfessionellen Zeitalter (Kult-Bild. Visualität und Religion in der Vormoderne, Bd. 2), Berlin 2004
Ganz/Henkel 2007: David Ganz und Georg Henkel, Kritik und Modernisierung. Der katholische Bildkult des konfessionellen Zeitalters, in: Hoeps 2007, S. 262–285
Gardner 1976: Julian Gardner, Saint Louis of Toulouse, Robert of Anjou and Simone Martini, in: Zeitschrift für Kunstgeschichte 39, 1976, S. 12–33
Garibaldi 1993: Vittoria Garibaldi (Hg.), Piero della Francesca. Il politico di Sant'Antonio, Perugia 1993
Garms 1976: Jörg Garms, Kunstproduktion aus Anlaß von Heilig- und Seligsprechungen – Rom 1767 und 1769, in: Römische Historische Mitteilungen 18, 1976, S. 153–164
Gärtner 2002: Magdalene Gärtner, Römische Basiliken in Augsburg. Nonnenfrömmigkeit und Malerei um 1500, Augsburg 2002
Gatz 1972: Erwin Gatz, Die Anfänge der Dürener Annaverehrung. Ein Beitrag zur spätmittelalterlichen Frömmigkeitsgeschichte, in: Von Konstanz nach Trient. Beiträge zur Geschichte der Kirche von den Reformkonzilien bis zum Tridentinum, hg. von Remigius Bäumer, München u. a. 1972, S. 318–333
Geismeier 1993: Willi Geismeier, Daniel Chodowiecki, Leipzig 1993
Geith 1977: Karl-Ernst Geith, Carolus Magnus. Studien zur Darstellung Karls des Großen in der deutschen Literatur des 12. und 13. Jahrhunderts, Bern 1977
Geldner 1985: Ferdinand Geldner, Die Vierzehn Nothelfer in der frühen Druckgraphik, in: Gutenberg-Jahrbuch 60, 1985, S. 303–315
Gendolla 1991: Peter Gendolla, Phantasien der Askese. Über die Entstehung innerer Bilder am Beispiel der „Versuchung des heiligen Antonius", Heidelberg 1991
Genitili 1966: Domenico Genitili, Un asceta e un apostolo. San Nicola da Tolentino, Mailand 1966
Gennaro 1996: Clara Gennaro, Clare, Agnes, and their Earliest Followers: From the Poor Ladies of San Damiano to the Poor Clares, in: Women and Religion in Medieval and Renaissance Italy, hg. von Daniel Bornstein und Roberto Rusconi, London 1996, S. 39–55
Gerken 2004: Claudia Gerken, Vom Porträt zum Heiligenbild. Filippo Nero als „Vivum Exemplar" und die Legitimation seines Bildkultes, in: Ganz/Henkel 2004, S. 220–249
Gerulaitis 1967: Leonardas V. Gerulaitis, The Canonization of Saint Thomas Aquinas, in: Vivarium 5, 1967, S. 25–46
Gilmarti 1974: John Gilmarti, The Paintings Commissioned by Pope Clement XI for the Basilica of San Clemente in Rome, in: The Burlington Magazine 116, 1974, S. 304–310
Girault 2008: Pierre-Gilles Girault, Le Maître de saint Gilles et le triptyque royal de Saint-Leu-Saint-Gilles: essai d'interprétation iconographique et historique, in: Revue de l'art 159, 2008, S. 45–58
Giunta 1999: Diega Giunta, La questione delle stimmate alle origini della iconografia cateriniana e la fortuna del tema nel corso dei secoli, in: Con l'occhio e col lume. Atti del corso seminariale di studi su S. Caterina da Siena (25 settembre – 7 ottobre 1995), hg. von Luigi Trenti und Bente Klange Addabbo, Siena 1999, S. 319–347
Gmelin 1974: Hans Georg Gmelin, Spätgotische Tafelmalerei in Niedersachsen und Bremen, München 1974
Goddelijk geschilderd 2003: Goddelijk geschilderd. Honderd meesterwerken van Museum Catharijneconvent, Zwolle 2003
Goffen 1985: Rona Goffen, Giovanni Bellini and the altarpiece of St. Vincent Ferrer, in: Renaissance studies in honor of Craig Hugh Smyth, hg. von Andrew Morrogh und Fiorella Superbi Gioffredi, Florenz 1985
Gollnick 2008: Rüdiger Gollnick, Benediktusregel und Benediktusvita. Unter modernen Fragestellungen neu erschlossen. Ein interdisziplinärer Leitfaden, Berlin 2008
González García 2003: Juan Luis González García, Tragico e sublime. Jusepe de Ribera e il Martirio di San Bartolome, in: Rivista storica del Sannio 10, 2003, S. 175–200
Goodich 1982: Michael Goodich, Vita perfecta: The Ideal of Sainthood in the Thirteenth Century (Monographien zur Geschichte des Mittelalters, Bd. 25), Stuttgart 1982
Gordon 2003: Dillian Gordon, The Fifteenth Century Italian Paintings (London National Gallery), London 2003

Gormans 2007: Andreas Gormans, „Unter den Mantel geschaut“. Die Schutzmantelmadonna, Caesarius von Heisterbach und die Zisterzienser, Königswinter 2007

Gorzelik 2003: Jerzy Gorzelik, The Post-Tridentine Rosary Devotion and its Artistic Setting, in: Art, Ritual, Religion. Proceedings of the Fifth Joint Conference of Art Historians from Britain and Poland, Warsaw, 7th – 9th June 2000, hg. von Peter Martyn und Piotr Paszkiewicz, Warschau 2003, S. 79 – 84

Göttler 1994a: Christine Göttler, Rubens, *Teresa von Avila als Fürbitterin für die Armen Seelen*: Ein Altarbild als Ordenspropaganda und persönliches Epitaph, in: Die Malerei Antwerpens – Gattungen, Meister, Wirkungen. Studien zur flämischen Kunst des 16. und 17. Jahrhunderts. Internationales Kolloquium Wien 1993, hg. von Ekkehard Mai, Karl Schütz und Hans Vlieghe, Köln 1994, S. 58 – 71

Göttler 1994b: Christine Göttler, „Jede Messe erlöst eine Seele aus dem Fegefeuer“. Der privilegierte Altar und die Anfänge des barocken Fegefeuerbildes in Bologna, in: Himmel, Hölle, Fegefeuer. Das Jenseits im Mittelalter (Ausst.-Kat. Schweizerisches Landesmuseum, Zürich und Wallraf-Richartz-Museum, Köln), München 1994, S. 149 – 164

Göttler 1996: Christine Göttler, Die Kunst des Fegefeuers nach der Reformation. Kirchliche Schenkungen, Ablaß und Almosen in Antwerpen und Bologna um 1600, Mainz 1996

Göttler 1999: Christine Göttler, „Actio“ in Peter Paul Rubens’ Hochaltarbildern für die Jesuitenkirche in Antwerpen, in: Barocke Inszenierung, hg. von Joseph Imorde, Fritz Neumeyer und Tristan Weddigen, Emsdetten und Zürich 1999, S. 11 – 31

Göttler 2001: Christine Göttler, Is Seeing Believing? The Use of Evidence in Representations of the Miraculous Mass of Saint Gregory, in: The Germanic Review 76, 2001, S. 120 – 142

Göttler / Jezler 1987: Christine Göttler und Peter Jezler, Das Erlöschen des Fegefeuers und der Zusammenbruch der Auftraggeberschaft für sakrale Kunst, in: „… kein Bildnis machen“. Kunst und Theologie im Gespräch, hg. von Christoph Dohmen und Thomas Sternberg, Würzburg 1987, S. 119 – 148

Gottschalk 1964: Joseph Gottschalk, St. Hedwig, Herzogin von Schlesien, Köln und Graz 1964

Gottschalk 1981: Joseph Gottschalk, Hedwigsreliquiare aus 600 Jahren, in: Archiv für Schlesische Kirchengeschichte 39, 1981, S. 165 – 187

Graf 2002: Katrin Graf, Bildnisse schreibender Frauen im Mittelalter. 9. bis Anfang 13. Jahrhundert, Basel 2002

Griese 2005: Sabine Griese, Ein neuer Eligius. Die disparate Parallelität von Heiligenvita und Heiligenbild im 15. Jahrhundert, in: Frömmigkeit – Theologie – Frömmigkeitstheologie. Festschrift Berndt Hamm, Leiden und Boston 2005, S. 195 – 210

Groß / Urban 1997: Werner Groß und Wolfgang Urban (Hg.), Martin von Tours. Ein Heiliger Europas, Ostfildern 1997

Grötecke 2001: Iris Grötecke, Von der Ordensgründerin zu Ordensheiligen. Das Retabel der Klara von Assisi zwischen religiöser Frauenbewegung, Bildtradition und kirchlicher Norm, in: Marburger Jahrbuch 28, 2001, S. 83 – 100

Grunewald / Gussone 1996: Eckhard Grunewald und Nikolaus Gussone (Hg.), Das Bild der heiligen Hedwig in Mittelalter und Neuzeit, München 1996

Grünewald 1992 / 93: Thomas Grünewald, „Constantinus Novus“: Zum Constantin-Bild des Mittelalters, in: Costantino il Grande dall’antichità all’umanesimo. Colloquio sul Cristianesimo nel mondo antico, Macerata 18 – 20 Dicembre 1990, hg. von Giorgio Bonamente und Franca Fusco, Macerata 1992 / 93, S. 461 – 485

Guth 1986: Klaus Guth, Die heiligen Heinrich und Kunigunde. Leben, Legende, Kult und Kunst, Bamberg 1986

Guth 1997: Klaus Guth, Geschichtlicher Abriß der marianischen Wallfahrtsbewegungen im deutschsprachigen Raum, in: Handbuch der Marienkunde, hg. von Wolfgang Beinert und Heinrich Petri, Regensburg 1997, Bd. 2, S. 321 – 448

Gutiérrez 2001: Luis Álvarez Gutiérrez, Iconografía e iconología en torno a la figura de Santo Tomás de Villanueva. De Juan de Juanes a Murillo, in: Iconografía Agustiniana (Roma, 22 – 24 de noviembre de 2000). Actas del Congresso. XI Congresso Internacional de Historia de la Orden de San Agustín, hg. von Rafael Lazcano, Rom 2001, S. 491 – 545

Haag u. a. 2000: Ernst Haag, Leo Scheffczyk, Christine Aka, Günter Lange, Laurentius Koch, Art. „Schutzengel“, in: LThK, Bd. 9, [3]2000, Sp. 309 – 311

Haeger 2004: Barbara Haeger, Rubens’ Rockox Triptych. Sigh, Meditation, and the Justification of Images, in: Nederlands Kunsthistorisch Jaarboek 55, 2004, S. 116 – 153

Hagnau 1998: Carola Hagnau, Der Meister der Lindauer Beweinung. Das Kölner Tafelgemälde „Christus als Schmerzensmann und die Stigmatisation des Hl. Franziskus“ in Werk und regionalem Kontext, Berlin 1998

Hahn C. 2000: Cynthia Hahn, Visio Dei. Changes in Medieval Visuality, in: Visuality before and beyond the Renaissance. Seeing as others saw, hg. von Robert S. Nelson, Cambridge 2000, S. 169 – 196

Hahn S. 1977: Sylvia Hahn, Die Darstellung der Verleugnung und Reue Petri. Ikonographische Studien, phil. Diss. München 1977

Haman 2006: Matthis Haman, Die liturgische Verehrung des heiligen Mauritius am Neuen Stift in Halle, in: Tacke 2006, S. 287 – 313

Hamburger 1989: Jeffrey F. Hamburger, The Use of Images in the Pastoral Care of Nuns. The Case of Heinrich Suso and the Dominicans, in: The Art Bulletin 71, 1989, S. 20 – 46

Hamburger 1998: Jeffrey F. Hamburger, The Visual and the Visionary. Art and Female Spirituality in Late Medieval Germany, New York 1998

Hamburger 2000: Jeffrey F. Hamburger, Seeing and Believing. The Suspicion of Sight and the Authentication of Vision in Late Medieval Art and Devotion, in: Imagination und Wirklichkeit. Zum Verhältnis von mentalen und realen Bildern in der frühen Neuzeit, hg. von Klaus Krüger und Alessandro Nova, München 2000, S. 47 – 69

Hamburger 2002: Jeffrey F. Hamburger, St. John the Divine. The Deified Evangelist in Medieval Art and Theology, Berkley u. a. 2002

Hämel 1950: Albert Hämel, Überlieferung und Bedeutung des Liber Sancti Jacobi und des Pseudo-Turpin, München 1950

Hamm 1990: Berndt Hamm, Hieronymus-Begeisterung und Augustinismus vor der Reformation. Beobachtungen zur Beziehung zwischen Humanismus und Frömmigkeitstheologie (am Beispiel Nürnbergs), in: Augustine, the Harvest, and Theology (1300 – 1650). Essays Dedicated to Heiko Augustinus Oberman in Honour of his Sixteeth Birthday, hg. von Kenneth Hagen, Leiden u. a. 1990, S. 127 – 235

Hammer 2008: Gabriel Hammer, Bernhard von Clairvaux in der Buchmalerei. Darstellungen des Zisterzienserabtes in Handschriften von 1135 – 1630, Regensburg 2008

Hartinger 1984: Walter Hartinger, Entstehung und Verbreitung einer volkstümlichen Wallfahrt und Andachtsform, in: Ausst.-Kat. Wallfahrt 1984, S. 284 – 299

Hartinger 1985: Walter Hartinger, Mariahilf ob Passau. Volkskundliche Untersuchung der Passauer Wallfahrt und der Mariahilf-Verehrung im deutschsprachigen Raum, Passau 1985

Hartmann-Petersen 2007: Gönna Hartmann-Petersen, Genovefa von Paris – Person, Verehrung und Rezeption einer Heiligen des Frankenreiches. Eine paradigmatische Studie zur Heiligenverehrung im Frühmittelalter (Kieler Theologische Reihe, Bd. 4), Hamburg 2007

Haskell 1955: Francis Haskell, Pierre Legros and a Statue of the Blessed Stanislas Kostka, in: The Burlington Magazine 97, 1955, S. 287 – 291

Haskins 1993: Susan Haskins, Mary Magdalen. Myth and Metaphor, London 1993

Haubrichs 1979: Wolfgang Haubrichs, Georgslied und Georgslegende im frühen Mittelalter. Text und Rekonstruktion, Königstein i. T. 1979

Haupt 1955: Karl Haupt, Die Ulrichsvita in der mittelalterlichen Malerei, in: Zeitschrift des Historischen Vereins für Schwaben 61, 1955, S. 1 – 159

Haussherr 1975: Reiner Haussherr, Über die Christus-Johannes-Gruppen. Zum Problem „Andachtsbild“ und deutsche Mystik, in: Beiträge zur Kunst des Mittelalters. Festschrift für Hans Wentzel zum 60. Geburtstag, Berlin 1975, S. 79 – 103

Haussherr 1994: Reiner Haussherr, Christus-Johannes-Gruppe in der Bible Moralisée, in: Zeitschrift für Kunstgeschichte 27, 1994, S. 133 – 152

Hawel 1987: Peter Hawel, Der spätbarocke Kirchenbau und seine theologische Bedeutung. Ein Beitrag zur Ikonologie der christlichen Sakralarchitektur, Würzburg 1987

Hawel 1993: Peter Hawel, Das Mönchtum im Abendland. Geschichte – Kultur – Lebensform, Freiburg u. a. 1993

Headley / Tomaro 1988: John M. Headley und John B. Tomaro, San Carlo Borromeo. Catholic Reform and Ecclesiastical Politics in the Second Half of the Sixteenth Century, London und Toronto 1988

Hecht 1995: Christian Hecht, Der Hochaltar, in: Der Dom in Passau. Vom Barock bis zur Gegenwart, hg. von Karl Möseneder, Passau 1995, S. 347 – 430

Hecht 1997: Christian Hecht, Katholische Bildertheologie im Zeitalter von Gegenreformation und Barock. Studien zu Traktaten von Johannes Molanus, Gabriele Paleotti und anderen Autoren, Berlin 1997

Hecht 2005: Christian Hecht, Von der Imago Pietatis zur Gregorsmesse. Ikonographie der Eucharistie vom hohen Mittelalter bis zur Epoche des Humanismus, in: Römisches Jahrbuch der Bibliotheca Hertziana 36, 2005, S. 9 – 44

Hehberger 2006: Erich Hehberger, Franz von Sales. Ikonographie in Kupferstichen des 17. und 18. Jahrhunderts, Lindenberg 2006

Heinen 2008: Heinz Heinen, Konstantins Mutter Helena. Geschichte und Bedeutung, in: Archiv für mittelrheinische Kirchengeschichte 60, 2008, S. 9 – 29

Heinz 2003: Andreas Heinz, Die Entstehung des Leben-Jesu-Rosenkranzes, in: Frei / Bühler 2003, S. 22 – 47

Heinz 2008: Andreas Heinz, Das Bild der Kaiserin Helena in der Liturgie des lateinischen Westens, in: Archiv für mittelrheinische Kirchengeschichte 60, 2008, S. 55 – 74

Heinzelmann 1985: Martin Heinzelmann, Zum Stand der Genovefa-Forschung, in: Deutsches Archiv für Erforschung des Mittelalters 41, 1985, S. 532 – 548

Heiser 1978: Lothar Heiser, Nikolaus von Myra. Heiliger der ungeteilten Christenheit, Trier 1978

Helas 2007: Philine Helas, The Clothing of Poverty and Sanctity in Legends, and their Representations in Trecento and Quattrocento Italy, in: Weaving, Veiling, and Dressing. Textiles and their Metaphors in the Late Middle Ages, hg. von Kathryn M. Rudy und Barbara Baert, Turnhout 2007, S. 245 – 287

Henggeler 1939: Rudolf Henggeler, Die Katakombenheiligen der Schweiz in ihren bildlichen Darstellungen, in: Zeitschrift für Schweizerische Archäologie und Kunstgeschichte 1, 1939, S. 156 – 175

Henkel 2004a: Georg Henkel, Vom Kunstbild zum Kultbild: Mariahilf zu Innsbruck, in: Ganz / Henkel 2004, S. 143 – 171

Henkel 2004b: Georg Henkel, Rhetorik und Inszenierung des Heiligen. Eine kulturgeschichtliche Untersuchung zu barocken Gnadenbildern in Predigt und Festkultur des 18. Jahrhunderts (Kunst- und kulturwissenschaftliche Forschungen, Bd. 3), Weimar 2004

Herbers 1994: Klaus Herbers, Politik und Heiligenverehrung auf der Iberischen Halbinsel. Die Entwicklung des „politischen“ Jakobus, in: Politik und Heiligenverehrung im Hochmittelalter, hg. von Jürgen Petersohn, Sigmaringen 1994, S. 177 – 276

Herbers 2003: Klaus Herbers (Hg.), Jakobus und Karl der Große. Von Einhards Karlsvita zum Pseudo-Turpin, Tübingen 2003

Herbers 2004: Klaus Herbers, Der Apostel Jakobus. Vom spanischen zum europäischen Mythos, in: Mythen Europas. Schlüsselfiguren der Imagination. Mittelalter, hg. von Inge Milfull und Michael Neumann, Regensburg 2004, S. 48 – 66

Herbers 2009: Klaus Herbers, Kämpfende Heilige im 10. und 12. Jahrhundert: Der heilige Ulrich, der heilige Jakobus, in: Augsburger Netzwerke zwischen Mittelalter und Neuzeit. Wirtschaft, Kultur und Pilgerfahrten, hg. von Klaus Herbers und Peter Rückert, Tübingen 2009, S. 215 – 237

Herbers / Plötz 1998: Klaus Herbers und Robert Plötz (Hg.), Der Jakobuskult in „Kunst“ und „Literatur“. Zeugnisse in Bild, Monument, Schrift und Ton, Tübingen 1998

Herklotz 1989: Ingo Herklotz, Die Beratungsräume Calixtus' II. im Lateranpalast und ihre Fresken. Kunst und Propaganda am Ende des Investiturstreits, in: Zeitschrift für Kunstgeschichte 52, 1989, S. 145 – 214

Herklotz 2001: Ingo Herklotz, Christliche und klassische Archäologie im sechzehnten Jahrhundert: Skizzen zur Genese einer Wissenschaft, in: Die Gegenwart des Altertums. Formen und Funktionen des Altertumsbezugs in den Hochkulturen der Alten Welt, hg. von Dieter Kuhn und Helga Stahl, Heidelberg 2001, S. 291 – 307

Herzogenberg 1980: Johanna von Herzogenberg, Johannes von Nepomuk in der Druckgraphik des 18. Jahrhunderts, in: Alte und moderne Kunst 25, H. 170, 1980, S. 15 – 21

Heß 2008: Cordelia Heß, Heilige machen im spätmittelalterlichen Ostseeraum. Die Kanonisationsprozesse von Birgitta von Schweden, Nikolaus von Linköping und Dorothea von Montau (Abhandlungen und Beiträge zur historischen Komparatistik, Bd. 11), Berlin 2008

Hodne 2007: Lasse Hodne, Sponsus amat sponsam: l'unione mistica delle sante vergini con dio nell'arte del medioevo. Uno studio iconologico, Rom 2007

Hoeps 2007: Reinhard Hoeps (Hg.), Bild-Konflikte (Handbuch der Bildtheologie, Bd. 1), Paderborn 2007

Hoffeld 1971: Jeffrey M. Hoffeld, An Image of St. Louis and the Structuring of Devotion, in: The Metropolitan Museum of Art 29, 1971, S. 261 – 266

Höfler 2007: Janez Höfler, Der Meister E. S. Ein Kapitel europäischer Kunst des 15. Jahrhunderts, 2 Bde., Regensburg 2007
Hofmann H. 1975: Hans Hofmann, Die Heiligen Drei Könige. Zur Heiligenverehrung im kirchlichen, gesellschaftlichen und politischen Leben des Mittelalters, Bonn 1975
Hofmann R. 1933: Rudolf Hofmann, Die heroische Tugend. Geschichte und Inhalt eines theologischen Begriffs, München 1933
Hogg 2003: James Hogg, Der heilige Bruno / Lives of Saint Bruno (Analecta Cartusiana, Bd. 214), Salzburg 2003
Hogg / Thir 2002: James Hogg und Karl Thir (Hg.), Der heilige Bruno und die Kartausen Mitteleuropas (Analecta Cartusiana, Bd. 190), Salzburg 2002
Holböck / Wirth 1991 – 2006: Ferdinand Holböck, Die neuen Heiligen der katholischen Kirche, 4 Bde., Stein a. Rhein 1991 – 2000, Bd. 5 von Stefan Wirth, Stein a. Rhein 2006
Holl 1928: Karl Holl, Gesammelte Aufsätze zur Kirchengeschichte, Bd. 2: Der Osten, Tübingen 1928
Holländer 2003: Hans Holländer, Wunderbare und seltsame Sachen. Antonius und die Versuchung der Malerei, in: Phantastik – Kult oder Kultur? Aspekte eines Phänomens in Kunst, Literatur und Film, hg. von Christine Ivanovi, Jürgen Lehmann und Markus May, Stuttgart 2003, S. 75 – 93
Holst 1935: Niels von Holst, Die Cäcilienstatue des Maderno. Ihre Entstehung und ihre antiken Vorbilder, in: Zeitschrift für Kunstgeschichte 4, 1935, 35 – 46
Holzbauer 1972: Hermann Holzbauer, Mittelalterliche Heiligenverehrung. Heilige Walpurgis (Eichstätter Studien, Bd. 5), Kevelaer 1972
Holze 1994: Heinrich Holze, Art. „Paulus von Theben", in: BBKL, Bd. 7, Herzberg 1994, Sp. 89 – 92
Honemann 2007: Volker Honemann, Die „Vita Sanctae Elisabeth" des Dietrich von Apolda und die deutschsprachigen „Elisabethleben" des Mittelalters, in: Ausst.-Kat. Elisabeth 2007, Aufsätze, S. 421 – 430
Hontoir 1946: Camille Hontoir, Sainte Julienne et les cisterciens, in: Collectanea Ordinis Cisterciensium Reformatorum 8, 1946, S. 109 – 116
Horster 1987: Marita Horster, Nanni di Banco: „Quattro Coronati", in: Mitteilungen des Kunsthistorischen Institutes in Florenz 31, 1987, S. 59 – 80
Huber 1910: Michael Huber, Die Wanderlegende von den Siebenschläfern. Eine literargeschichtliche Untersuchung, Leipzig 1910
Hucker 2006: Bernd Ulrich Hucker, Der „schwarze Heilige". Mauritiusverehrung im Kloster Ebstorf, in: Kloster und Bildung im Mittelalter, hg. von Nathalie Kruppa und Jürgen Wilke, Göttingen 2006, S. 197 – 228
Hufnagel 1966: Max Joseph Hufnagel, St. Cajetan, ein wenig bekannter Schutzpatron Bayerns. Geschichtlicher Beitrag zu seiner Verehrung in Bayern, in: Jahrbuch für altbayerische Kirchengeschichte 24, 1966, S. 45 – 103

Iacobone 2007: Pasquale Iacobone, Il culto dei martiri Cosma e Damiano dall'oriente a Roma: le più antiche testimonianze artistiche e monumentali, in: Annali della Pontificia Insigne Accademia di Belle Arti e Lettere dei Virtuosi al Pantheon 7, 2007, S. 211 – 244
Imhof / Stasch 2004: Michael Imhof und Gregor K. Stasch (Hg.), Bonifatius. Vom angelsächsischen Missionar zum Apostel der Deutschen, Petersberg 2004
Imorde 2004: Joseph Imorde, Affektübertragung, Berlin 2004
Iñiguez 1981: Diego Angulo Iñiguez, Murillo II: Catálogo Crítico, Madrid 1981
Isenberg 2005: Gabriele Isenberg, Liudger und die Anfänge des Bistums Münster, in: Westfalen 83, 2005, S. 10 – 21

Jäggi 2004: Carola Jäggi, „Sy bettet och gewonlich vor únser frowen bild …" Überlegungen zur Funktion von Kunstwerken in spätmittelalterlichen Frauenklöstern, in: Femmes, art et religion au Moyen Âges, hg. von Jean-Claude Schmitt, Straßburg 2004, S. 63 – 86
Janssen 1961: Marga Janssen, Maria Magdalena in der abendländischen Kunst. Ikonographie der Heiligen von den Anfängen bis ins 16. Jahrhundert, phil. Diss. Freiburg 1961
Jasper 2007: David Jasper, Asceticism as a Way of Love, in: The God of Love and Human Dignity. Essays in Honour of George M. Newlands, hg. von Paul Middleton, London u. a. 2007, S. 107 – 126
Jaspert 1982: Bernd Jaspert, Studien zum Mönchtum (Regulae Benedicti studia, Bd. 7), Hildesheim 1982
Jedin 1935: Hubert Jedin, Entstehung und Tragweite des Trienter Dekrets über die Bilderverehrung, in: Theologische Quartalschrift 116, 1935, S. 143 – 188

Jeon 2005: Hanho Jeon, Meditatio mortis. Zur Ikonografie des heiligen Hieronymus mit dem Totenschädel unter besonderer Berücksichtigung des Lissaboner Gemäldes von Albrecht Dürer, phil. Diss. Münster 2005 (http://miami.uni-muenster.de/servlets/DerivateServlet/ Derivate-3974/diss_jeon.pdf)

Jetter 2009a: Christina Jetter, „Glorreicher Welt-Verachter" und „Wunderthätiger Uberwinder der Türcken": Die Jesuitenheiligen Aloysius Gonzaga und Stanislaus Konstka als Patrone der studierenden Jugend, in: Archivum Historicum Societatis Jesu 78, 2009, S. 3–55

Jetter 2009b: Christina Jetter, Die Jesuitenheiligen Stanislaus Kostka und Aloysius von Gonzaga. Patrone der studierenden Jugend – Leitbild der katholischen Elite, Würzburg 2009

Jobit 1961: Pierre Jobit, L'Évêque des pauvres saint Thomas de Villeneuve. Tomás de Villanueva 1486–1555, Paris und Montréal 1961

Johns 1993: Christopher M. S. Johns, Papal Art and Cultural Politics. Rome in the Age of Clement XI, Cambridge 1993

Jones 1999: Pamela M. Jones, The Power of Images: Paintings and Viewers in Caravaggio's Italy, in: Saints & Sinners. Caravaggio and the Baroque Image, Boston 1999, S. 28–86

Jones 2005: Pamela M. Jones, San Carlo Borromeo and Plague Imagery in Milan and Rome, in: Hope and Healing. Painting in Italy in a Time of Plague 1500–1800 (Ausst.-Kat. Worcester Art Museum, Worcester), hg. von Gauvin Alexander Bailey u. a., Chicago 2005, S. 65–96

Julien/Ledermann 1985: Pierre Julien und François Ledermann, Saint Côme et saint Damien. Culte e iconographie/Die Heiligen Kosmas und Damian. Kult und Ikonographie (I Santi Cosma e Damiano. Culto e iconografia), Zürich 1985

Kahle 1996: Barbara Kahle, Auf der Suche nach dem Sakralraum. Nachkonziliarer Kirchenbau im Bistum Würzburg, Würzburg 1996

Kalina 2004: Walter F. Kalina, Die Mariensäulen in Wernstein am Inn (1645/1647), Wien (1664/1666), München (1637/1638) und Prag (1650), in: Österreichische Zeitschrift für Kunst und Denkmalpflege 58, 2004, S. 43–61

Kämpf 2004: Tobias Kämpf, Die Betrachter der Cäcilie: Kultbild und Rezeptionsvorgabe im nachtridentinischen Rom, in: Ganz/Henkel 2004, S. 98–141

Kasten 2001: Ingrid Kasten, Gender und Legende zur Konstruktion des heiligen Körpers, in: Bericht des historischen Vereins für die Pflege der Geschichte des ehemaligen Fürstbistums Bamberg 137, 2001, S. 117–131

Kaus 1992: Eberhard Kaus, Zu den Liudger-Viten des 9. Jahrhunderts, in: Westfälische Zeitschrift 142, 1992, S. 9–55

Kéchichian/Breton 2001: Patrick Kéchichian und Stanislas Breton, La conversion de Paul, Paris 2001

Kelsch 1987: Wolfgang Kelsch, Die Quattuor Coronati in der Legende und der bildenden Kunst, Bayreuth 1987

Kerner 1999: Max Kerner (Hg.), Der verschleierte Karl. Karl der Große zwischen Mythos und Wirklichkeit, Aachen 1999

Kessler/Wolf 1998: Herbert L. Kessler und Gerhard Wolf (Hg.), The Holy Face and the Paradox of Representation, Papers from a Colloquium held at the Bibliotheca Hertziana, Rome and the Villa Spelman, Florence, 1996 (Villa Spelman Colloquia, Bd. 6), Bologna 1998

Kieckhefer 1991: Richard Kieckhefer, Holiness and the Culture of Devotion: Remarks on Some Late Medieval Male Saints, in: Images of Sainthood in Medieval Europe, hg. von Renate Blumenfeld-Kosinski und Timea Szell, Ithaca und London 1991, S. 288–305

Kiesel 1969: Georges Kiesel, Der heilige Willibrord im Zeugnis der bildenden Kunst. Ikonographie des Apostels der Niederlande mit Beiträgen zu seiner Kulturgeschichte, Luxemburg 1969

Kiesel 1989: Georges Kiesel, Ikonographie des hl. Willibrord. Mit besonderer Berücksichtigung der individuellen Attribute, in: Willibrord. Apostel der Niederlande, Gründer der Abtei Echternach. Gedenkgabe zum 1250. Todestag des angelsächsischen Missionars, hg. von Georges Kiesel und Jean Schroeder, Luxembourg 1989, S. 217–228

Kinder Carr 1978: Carolyn Kinder Carr, Aspects of the Iconography of Saint Peter in Medieval Art of Western Europe to the Early Thirteenth Century, phil. Diss. Case Western Reserve University, Cleveland 1978

King 2003: David A. King, The Cult of St. Wilgefortis in Flanders, Holland, England and France, in: Am Kreuz – eine Frau. Anfänge – Abhängigkeiten – Aktualisierungen, hg. von Sigrid Glockzin-Bever und Martin Kraatz, Münster 2003, S. 55–97

Kirsch 1910: Johann Peter Kirsch, Die heilige Cäcilia in der römischen Kirche des Altertums (Studien zur Geschichte und Kultur des Altertums, IV. Bd., 2. H.), Paderborn 1910

Kirsch 1917: Johann Peter Kirsch, Die Passio der heiligen „Vier Gekrönten" in Rom, in: Historisches Jahrbuch 38, 1917, S. 72–97

Klaniczay 1990: Gábor Klaniczay, The Uses of Supernatural Power. The Transformation of Popular Religion in Medieval and Early-Modern Europe, Cambridge 1990

Klauser R. 1956: Renate Klauser, Der Heinrichs- und Kunigundenkult im mittelalterlichen Bistum Bamberg, in: Bericht des historischen Vereins für die Pflege der Geschichte des ehemaligen Fürstbistums Bamberg 95, 1956, S. 1–211

Klauser Th. 1965: Theodor Klauser, Kleine abendländische Liturgiegeschichte. Bericht und Besinnung, Bonn 1965

Klauser Th. 1974a: Theodor Klauser, Der Ursprung des Festes Petri Stuhlfeier am 22. Februar, in: Gesammelte Arbeiten zur Liturgiegeschichte, Kirchengeschichte und christlichen Archäologie (Jahrbuch für Antike und Christentum, Ergänzungsbd. 3), hg. von Ernst Dassmann, Münster 1974, S. 97–113

Klauser Th. 1974b: Theodor Klauser, Das altchristliche Totenmahl nach dem heutigen Stand der Forschung, in: Gesammelte Arbeiten zur Liturgiegeschichte, Kirchengeschichte und christlichen Archäologie (Jahrbuch für Antike und Christentum, Ergänzungsbd. 3), hg. von Ernst Dassmann, Münster 1974, S. 114–120

Kleinmann 1998: Dorothée Kleinmann, Radegunde, eine europäische Heilige. Verehrung und Verehrungsstätten im deutschsprachigen Raum, Graz u. a. 1998

Kleinschmidt 1909: Beda Kleinschmidt, St. Ludwig von Toulouse in der Kunst, in: Archivum Franciscanum Historicum 2, 1909, S. 197–215

Kleinschmidt 1931: Beda Kleinschmidt, Antonius von Padua in Leben und Kunst, Kultur und Volkstum, Düsseldorf 1931

Klemm 1986: Christian Klemm, Joachim von Sandrart. Kunst-Werke u. Lebens-Lauf, Berlin 1986

Koch 1883: John Koch, Die Siebenschläferlegende, ihr Ursprung und ihre Verbreitung. Eine mythologisch-literaturgeschichtliche Studie, Leipzig 1883

Kohlschein / Schweißinger 1992: Franz Kohlschein und Bernhard Schweißinger, „Ihr Vierzehn Heil'gen, groß bei Gott, o helfet uns in Not und Tod." Untersuchungen zu den Wallfahrtsbüchern des Wallfahrtsortes Vierzehnheiligen, Bamberg 1992

König 2001: Eberhard König, Das Guémadeuc-Stundenbuch. Der Maler des Antoine de Roches und Guido Mazzoni aus Modena, Kommentarband zur Faksimile-Edition, Rotthalmünster 2001

König-Nordhoff 1982: Ursula König-Nordhoff, Ignatius von Loyola. Studien zur Entwicklung einer neuen Heiligen-Ikonographie im Rahmen einer Kanonisationskampagne um 1600, Berlin 1982

Königs 1939: Heinrich Königs, Der hl. Vitus und seine Verehrung. Beiträge zur Vitusforschung anläßlich der 1100-Jahrfeier der Vitustranslation von St. Denys nach Korvey 836–1936, Münster 1939

Konrad 1993: Bernd Konrad (Bearb.), Die Kunstwerke des Mittelalters im Rosgartenmuseum, Konstanz 1993

Koos 2005: Marianne Koos, Kunst und Berührung. Materialität versus Imagination in Caravaggios Gemälde des „Ungläubigen Thomas", in: Passion, Affekt und Leidenschaft in der Frühen Neuzeit, hg. von Johann Anselm Steiger (Wolfenbütteler Arbeiten zur Barockforschung, Bd. 43), 2 Bde., Wiesbaden 2005, Bd. 1, S. 1135–1161

Köpf 1990: Ulrich Köpf, Die Bilderfrage in der Reformation, in: Blätter für Württembergische Kirchengeschichte 90, 1990, S. 38–64

Kosel 1993: Karl Kosel, Ulrichskirchen und Ulrichsdarstellungen im Bistum Regensburg, in: Weitlauff 1993, S. 549–670

Kotková 2004: Olga Kotková, Willibrord und Bonifatius in der Darstellung von Bloemaert und Colaert. Die Polarität ihrer Abbildung in der nordniederländischen Kunst des 17. Jahrhunderts, in: Imhof / Stasch 2004, S. 203–218

Kötting 1988: Bernhard Kötting, Der frühchristliche Reliquienkult und die Bestattung im Kirchengebäude, in: Ecclesia peregrinans. Das Gottesvolk unterwegs. Gesammelte Aufsätze, Münster 1988, Bd. 2, S. 90–119

Krafft 2005: Otfried Krafft, Papsturkunde und Heiligsprechung. Die päpstlichen Kanonisationen vom Mittelalter bis zur Reformation. Ein Handbuch, Köln u. a. 2005

Kraus / Pabst 2003: Thomas Kraus und Klaus Pabst (Hg.), Karl der Große und sein Nachleben in Geschichte, Kunst und Literatur (= Zeitschrift des Aachener Geschichtsvereins 104/105, 2003/04), Aachen 2003, S. 295–345

Krause 2002: Katharina Krause, Hans Holbein der Ältere, München und Berlin 2002

Kraut 1986: Gisela Kraut, Die Lukasmadonna. Studien zum künstlerischen Selbstverständnis und zur sozialgeschichtlichen Stellung der Maler vom 15.–17. Jahrhundert, Marburg 1986

Kretzenbacher 1954: Leopold Kretzenbacher, Die Ketten um die Leonhardskirchen im Ostalpenraume, in: Kultur und Volk. Beiträge zur Volkskunde aus Österreich, Bayern und der Schweiz. Festschrift für Gustav Gugitz, hg. von Leopold Schmidt, Wien 1954, S. 165–202

Kretzenbacher 1958: Leopold Kretzenbacher, Die Seelenwaage. Zur religiösen Idee vom Jenseitsgericht auf der Schicksalswaage in Hochreligion, Bildkunst und Volksglaube, Klagenfurt 1958

Kretzenbacher 1959: Leopold Kretzenbacher, Santa Lucia und die Lutzelfrau. Volksglaube und Hochreligion im Spannungsfeld Mittel- und Südosteuropas, München 1959

Kretzenbacher 1977: Leopold Kretzenbacher, Zeugnis der stummen Kreatur. Zur Ikonographie eines Mirakels der Nikolaus von Tolentino-Legende, in: Festschrift Matthias Zender. Studien zu Volkskultur, Sprache und Landesgeschichte, hg. von Edith Ennen und Günter Wiegelmann, 2 Bde., Bonn 1977, Bd. 1, S. 435–446

Kretzenbacher 1980: Leopold Kretzenbacher, Legendenbilder aus dem Feuerjenseits. Zum Motiv des „Losbetens" zwischen Kirchenlehre und erzählendem Volksglauben, Wien 1980

Krins 2007: Hubert Krins, Die Beuroner Kunstschule, in: Cassanelli/García 2007, S. 397–404

Krogh Rasmussen 1986: Niels Krogh Rasmussen, Iconography and Liturgy at the Canonization of Carlo Borromeo, in: Analecta Romana Instituti Danici 15, 1986, S. 119–150

Kroos 1986: Renate Kroos, „Gotes tabernackel". Zu Funktion und Interpretation von Schreinmadonnen, in: Zeitschrift für Schweizerische Archäologie und Kunstgeschichte 43, 1986, S. 58–64

Krüger 1989: Klaus Krüger, Bildandacht und Bergeinsamkeit. Der Eremit als Rollenspiel in der städtischen Gesellschaft, in: Malerei und Stadtkultur in der Dantezeit. Die Argumentation der Bilder, hg. von Hans Belting und Dieter Blume, München 1989, S. 187–200

Krüger 1992: Klaus Krüger, Der frühe Bildkult des Franziskus in Italien. Gestalt- und Funktionswandel des Tafelbildes im 13. und 14. Jahrhundert, Berlin 1992

Krüger 1999: Klaus Krüger, Innerer Blick und ästhetisches Geheimnis: Caravaggios „Magdalena", in: Barocke Inszenierung, hg. von Joseph Imorde, Fritz Neumeyer und Tristan Weddigen, Emsdetten und Zürich 1999, S. 32–49

Krüger 2001: Klaus Krüger, A Deo solo et a te regnum teneo. Simone Martinis „Ludwig von Toulouse" in Neapel, in: Medien der Macht. Kunst zur Zeit der Anjous in Italien, hg. von Tanja Michalsky, Berlin 2001, S. 79–119

Krüger 2007: Klaus Krüger, Evidenzeffekte. Bildhafte Offenbarung in der Frühen Neuzeit, in: Evidentia. Reichweiten visueller Wahrnehmung in der Frühen Neuzeit (Pluralisierung und Autorität, Bd. 9), hg. von Gabriele Wimböck, Markus Friedrich und Karin Leonhard, Berlin 2007, S. 391–424

Kühne 2000: Hartmut Kühne, Ostensio Reliquiarum. Untersuchungen über Entstehung, Gestalt und Funktion der Heiltumsweisung im römisch-deutschen Regnum, Berlin und New York 2000

Künstle 1994: Karl Künstle, Symbolik und Ikonographie der christlichen Kunst. Zur Methodologie der christlichen Ikonographie, in: Ikonographie und Ikonologie. Theorie – Entwicklung – Probleme. Bildende Kunst als Zeichensystem, Bd. 1, Köln [6]1994, S. 64–80

Kunze 1969: Konrad Kunze, Studien zur Legende der heiligen Maria Aegyptiaca im deutschen Sprachgebiet, Berlin 1969

Kunze 1970: Konrad Kunze, Überlieferung und Bestand der Elsässischen Legenda aurea. Ein Beitrag zur deutsch-sprachigen Hagiographie des 14. und 15. Jahrhunderts, in: Zeitschrift für deutsches Altertum und deutsche Literatur 99, 1970, S. 265–309

Küsters 1985: Urban Küsters, Der verschlossene Garten. Volkssprachliche Hohelied-Auslegung und monastische Lebensform im 12. Jahrhundert (Studia humanoria. Düsseldorfer Studien zu Mittelalter und Renaissance, Bd. 2), Düsseldorf 1985

Lacaze 1979: Charlotte Lacaze, The „Vie de St. Denis" Manuscript, New York u. a. 1979

Laehr 1965: Gerhard Laehr, Die Konstantinische Schenkung in der abendländischen Literatur des Mittelalters bis zur Mitte des 14. Jahrhunderts, Lübeck 1926, Nachdruck: Vaduz 1965

Lajeunie 1980: Etienne Lajeunie, Franz von Sales. Leben – Lehre – Werk, Eichstätt und Wien [2]1980 (St. François de Sales. L'homme, la pensée, l'action, 2 Bde., Paris 1966)

Lane 1984: Barbara Lane, The Altar and the Altarpiece. Sacramental Themes in Early Netherlandish Painting, New York 1984

Lange B. 2003: Barbara Lange, Körper und Verkörperung. Kölns mystischer Körper in der Malerei um 1500, in: Das Mittelalter. Perspektiven mediävistischer Forschung 8, 2003, S. 33 – 56

Lange G. 2007: Günter Lange, Der byzantinische Bilderstreit und das Bilderkonzil von Nikaia (787), in: Hoeps 2007, S. 171 – 190

Langer 1886/1891: Otto Langer, Bischof Benno von Meißen. Sein Leben und seine Kanonisation, in: Mitteilungen des Vereins für Geschichte der Stadt Meißen 1, 1886, S. 1 – 38; 2, 1891, S. 99 – 144

Laurent 1932: Marcel Laurent, Les miracles de Saint Antoine de Padoue, in: Oud Holland 49, 1932, S. 73 – 90

Lavin 2000: Irving Lavin, Georges de la Tour. The Tears of St. Peter and the „Occult" Light of Penitende, in: L'Europa e l'arte Italiana, hg. von Max Seidel, Venedig 2000, S. 353 – 376

Lechner 1974: Gregor Martin Lechner, Iconographia Thomasiana. Thomas von Aquin und seine Darstellungen in der bildenden Kunst, in: Thomas von Aquino. Interpretation und Rezeption. Studien und Texte, hg. von Willehad Paul Eckert, Mainz 1974, S. 933 – 973

Lechner 1981: Gregor Martin Lechner, Maria Gravida. Zum Schwangerschaftsmotiv in der Bildenden Kunst (Münchner Kunsthistorische Abhandlungen, Bd. 9), München und Zürich 1981

Leclair 2001: Anne Leclair, Louis-Jacques Durameau (1733 – 1796), Paris 2001

Legner 1959: Anton Legner, Der Gute Hirte, Düsseldorf 1959

Legner 1995: Anton Legner, Reliquien in Kunst und Kultur zwischen Antike und Aufklärung, Darmstadt 1995

Legner 2003: Anton Legner, Kölner Heilige und Heiligtümer. Ein Jahrtausend europäischer Reliquienkultur, Köln 2003

LeGoff 1984: Jacques LeGoff, Die Geburt des Fegefeuers, Stuttgart 1984

LeGoff 2000: Jacques LeGoff, Ludwig der Heilige, Stuttgart 2000

Lentes 1994: Thomas Lentes, Bild, Reform und „cura monialum". Bildverständnis und Bildgebrauch im Buch der Reformacio Predigerordens des Johannes Meyer († 1485), in: Dominicains et dominicaines en Alsace, XIIIe s., hg. von Jean-Luc Eichenlaub, Colmar 1994, S. 177 – 195

Lentes 1995: Thomas Lentes, Der Körper als Ort des Gedächtnisses – Der Körper als Text, in: Glaube Hoffnung Liebe Tod. Von der Entwicklung religiöser Bildkonzepte (Ausst.-Kat. Graphische Sammlung Albertina, Wien), hg. von Christoph Geismar-Brandi und Eleonora Louis, Wien 1995, S. 76 – 79

Lentes/Gormans 2006: Thomas Lentes und Andreas Gormans (Hg.), Das Bild der Erscheinung. Die Gregorsmesse im Mittelalter, Berlin 2006

Lèpicier 1922: Alexius Maria Lèpicier, Santa Giuliana Falconieri, fondatrice delle Suore Mantellate, Serve di Maria: la sua vita, il suo tempo, la sua opera, Pistoia 1922

Levi d'Ancona 1957: Mirella Levi d'Ancona, The iconography of the immaculate conception in the Middle Ages and early Renaissance, New York 1957

Levison 1948: Wilhelm Levison, Konstantinische Schenkung und Silvesterlegende (1924), in: ders., Aus rheinischer und fränkischer Frühzeit. Ausgewählte Aufsätze, Düsseldorf 1948, S. 390 – 465

Lewine 1963: Milton J. Lewine, The Sources of Rubens's Miracles of Saint Ignatius, in: The Art Bulletin 45, 1963, S. 143 – 147

Lindner 1967: Dominikus Lindner, Die sogenannte Erbheiligkeit des Papstes in der Kanonistik des Mittelalters, in: Zeitschrift der Savigny-Stiftung für Rechtsgeschichte, Kanonistische Abteilung 53, 1967, S. 15 – 26

Liturgie und Bild 1996: Liturgie und Bild. Eine Orientierungshilfe. Handreichung der Liturgiekommission der Deutschen Bischofskonferenz, hg. vom Sekretariat der Deutschen Bischofskonferenz, Bonn 1996

Locher 1999: Hubert Locher, Domenico Ghirlandaio. Hieronymus im Gehäuse. Malerkonkurrenz und Gelehrtenstreit, Frankfurt a. M. 1999

Lockwood 1953: William B. Lockwood, A Manuscript in the Rylands Library and Flemish-Dutch and Low-German Accounts of the Life and Miracles of Saint Barbara, in: Bulletin of the John Rylands Library 36, 1953, S. 23 – 37

Loenertz 1975: Raymond Joseph Loenertz, Actus Sylvestri. Genèse d'une legend, in: Revue d'histoire ecclésiastique 70, 1975, S. 426 – 439

Lohrmann 2007: Dietrich Lohrmann, Delegatio cum annexis articulis et interrogatoriis. Die prozessrechtliche Wende im Streit um die Reliquien des heiligen Eligius (1256), in: L'acte pontifical et sa critique, hg. von Rolf Grosse, Bonn 2007, S. 229–264

Lörincz 2001: Zoltán Lörincz, Saint Martin dans l'art en Europe, Tours 2001

Lotter 1976: Friedrich Lotter, Severinus von Noricum. Legende und historische Wirklichkeit. Untersuchung zur Phase des Übergangs von spätantiken zu mittelalterlichen Denk- und Lebensformen (Monographie zur Geschichte des Mittelalters, Bd. 12), Stuttgart 1976

Lüdke 2008: Dietmar Lüdke, „O lieber herr Jesu criste wo warest du do sy mich also geschlůgen". Antonius-Versuchungen in der spätmittelalterlichen Bildkunst, in: Schrecken und Lust. Die Versuchung des heiligen Antonius von Hieronymus Bosch bis Max Ernst (Ausst.-Kat. Bucerius Kunstforum, Hamburg), hg. von Michael Philipp, Hamburg und Aachen 2008, S. 31–41

Lüken 2004: Svenn Lüken, Karl der Große und sein Bild, in: Karl der Große und Europa. Symposium, Frankfurt a. M. 2004, S. 6–86

Luther 1980: Gisela Luther, Sinnlichkeit und Heilserwartung. Lucas Cranachs Mariahilfbild und dessen Rezeption im kleinen Andachtsbild und Bildmotiv, phil. Diss. Marburg 1980

Lutterbach 1995: Hubertus Lutterbach, Monachus factus est. Die Mönchwerdung im frühen Mittelalter, zugleich ein Beitrag zur Frömmigkeits- und Liturgiegeschichte, Münster 1995

Lützelschwab 2004: Ralf Lützelschwab, Ludwig der Heilige und der Erwerb der Dornenkrone. Zum Verhältnis von Frömmigkeit und Politik, in: Das Mittelalter 9, 2004, S. 12–22

Lyster 2008: William Lyster (Hg.), The Cave Church of Paul the Hermit at the Monastery of St. Paul, Egypt, New Haven und London 2008

Maas 1979: Herbert Maas, Der Name Sebald, in: 600 Jahre Ostchor St. Sebald – Nürnberg 1379–1979, hg. von Helmut Baier, Neustadt a. d. Aisch 1979, S. 186–195

Macaigne 1912: René Macaigne, La vie de Sainte Geneviève et la passion de Saint Denys, in: Revue des Questions Historiques 48, 1912, S. 91–105

Machilek / Machilek 2000: Franz Machilek und Margarita Machilek, Der heilige Wenzel: Kult und Ikonographie, in: Ausst.-Kat. Europas Mitte 2000, Bd. 2, S. 888–894

Maggi 1998: Armando Maggi, Uttering the Word. The Mystical Performances of Maria Maddalena de' Pazzi, a Renaissance Visionary, New York 1998

Maggio 1967: Stefano Maggio, Il culto di S. Lorenzo martire in Italia (sec. IV–VII), Rom 1967

Maier 1994: Hans Maier, Die heilige Cäcilia. Ein Übersetzungsfehler machte sie zur Patronin der Kirchenmusik, in: Sänger- und Musikantenzeitung 37, 1994, S. 353–357

Marckhoff 2002: Ulrike Marckhoff, Das Selig- und Heiligsprechungsverfahren nach katholischem Kirchenrecht, Münster 2002

Marek 2008: Kristin Marek, Monarchosomatologie: Drei Körper des Königs. Die Effigies König Eduards II. von England, in: Bild und Körper im Mittelalter, hg. von Kristin Marek u. a., München 2008, S. 185–205

Marquard 1996: Reiner Marquard, Mathias Grünewald und der Isenheimer Altar. Erläuterungen, Erwägungen, Deutungen, Stuttgart 1996

Marshall 2002: Louise Marshall, Reading the Body of a Plague Saint: Narrative Altarpieces and Devotional Images of St Sebastian in Renaissance Art, in: Reading Texts and Images. Essays on Medieval and Renaissance Art and Patronage in Honour of Margaret M. Manion, Exeter 2002, S. 237–272

Marti / Mondini 1994: Susan Marti und Daniela Mondini, „Ich manen dich der brüsten min, Das du dem sünder wellest milte sin!" Marienbrüste und Marienmilch im Heilsgeschehen, in: Himmel Hölle Fegefeuer. Das Jenseits im Mittelalter (Ausst.-Kat. Schweizerisches Landesmuseum Zürich), hg. von Peter Jezler, München 1994, S. 79–90

Marti / Mondini 1996: Susan Marti und Daniela Mondini, Maria auf der Mondsichel – als theologisches Lehrstück. Liebevolle Mutter, bürgerliche junge Dame und unbefleckte Himmelskönigin, in: Glaube Liebe Hoffnung Tod (Ausst.-Kat. Kunsthalle Wien), hg. von Christoph Geissmar-Brandi, Wien 1996, S. 326–329

Martone 1985: Thomas Martone, The Theme of the Conversion of Paul in Italian Paintings from the Early Christian Period to the High Renaissance, New York 1985

Matthaei 1928: Georg Matthaei, Die Vikarienstiftungen der Lüneburger Stadtkirchen im Mittelalter und im Zeitalter der Reformation (Studien zur Kirchengeschichte Niedersachsens, Bd. 4), Göttingen 1928

Mayer 1994: Bettina Mayer, Die Schnitzfiguren des Gruftaltars von St. Walburg in Eichstätt. Das Werk

eines ostpreußischen Meisters der Spätgotik?, in: Historischer Verein Eichstätt 87, 1994, S. 111–135
Meier 2006: Esther Meier, Die Gregorsmesse. Funktionen eines spätmittelalterlichen Bildtpyus, Weimar u. a. 2006
Meier 2007: Esther Meier, Die heilende Kraft des Angesichts Christi. Leprakranke und das Schweißtuch der Veronika, in: Gesund und krank im Mittelalter. Marburger Beiträge zur Kulturgeschichte der Medizin, hg. von Andreas Meyer und Jürgen Schulz-Grobert, Leipzig 2007, S. 125–144
Meier 2008: Esther Meier, Kunstproduktion in den Franziskanerklöstern zu Korbach und Meitersdorf (Dortmunder Schriften zur Kunst / Kunstgeschichte, Bd. 1; Waldeckische Forschungen, Bd. 15), Norderstedt 2008
Meier 2009: Esther Meier, Joachim von Sandrart. Ein Calvinist im Spannungsfeld von Kunst und Konfession, Habilitationsschrift TU Dortmund 2009
Meier 2011: Esther Meier, Bild und Ritus: Gregor der Große und die Messe vor und nach dem Tridentinum, in: Rottenburger Jahrbuch für Kirchengeschichte 30, 2011 (im Druck)
Meiffret 2004: Laurence Meiffret, Saint Antoine ermite en Italie (1340–1540), Rom 2004
Meisen 1981: Karl Meisen, Nikolauskult und Nikolausbrauch im Abendlande. Eine kultgeographisch-volkskundliche Untersuchung, Düsseldorf [2]1981
Meiss 1999: Millard Meiss, Malerei in Florenz und Siena nach der schwarzen Pest. Kunst, Religion und Gesellschaft in der Mitte des vierzehnten Jahrhunderts, Dresden 1999 (Painting in Florence and Siena after the Black Death, Princeton 1951)
Merkel 1992: Kerstin Merkel, Die Reliquien von Halle und Wittenberg. Ihre Heiltumsbücher und Inszenierung, in: Cranach – Meisterwerke auf Vorrat. Die Erlanger Handzeichnungen der Universitätsbibliothek. Bestands- und Ausstellungskatalog, hg. von Andreas Tacke, München 1992, S. 37–50
Merz 2003: Jörg Martin Merz, Pietro da Cortona und das Frontispiz zu Antonio Bosios „Roma sotterranea“, in: Marburger Jahrbuch für Kunstwissenschaft 30, 2003, S. 229–244
Metzger 2002: Christof Metzger, Hans Schäufelin als Maler, Berlin 2002
Michalski 2000: Sergiusz Michalski, Die Ausbreitung des reformatorischen Bildersturms 1521–1537, in: Ausst.-Kat. Bildersturm. Wahnsinn oder Gottes Wille? (Bernisches Historisches Museum, Bern und Musée de L'Œuvre Notre-Dame, Straßburg), hg. von Cécile Dupeux, Peter Jezler und Jean Wirth, München 2000, S. 46–51
Michalsky 1997: Tanja Michalsky, *Imperatrix gloriosa – humilitae et castitatis exemplum*. Das Bild der heiligen Kunigunde, in: Kunigunde – eine Kaiserin an der Jahrtausendwende, hg. von Ingrid Baumgärtner, Kassel 1997, S. 187–222
Michalsky 2000: Tanja Michalsky, Memoria und Repräsentation. Die Grabmäler des Königshauses Anjou in Italien, Göttingen 2000
Miethke 1980: Jürgen Miethke, Bernhard von Clairvaux, in: Die Zisterzienser. Ordensleben zwischen Ideal und Wirklichkeit. Eine Ausstellung des Landschaftsverbandes Rheinland, Rheinisches Museumsamt, Brauweiler. Aachen, Krönungssaal des Rathauses 3. Juli – 28. September 1980, Bonn 1980, S. 47–55
Mikuda-Hüttel 1997: Barbara Mikuda-Hüttel, Vom „Hausmann“ zum Hausheiligen des Wiener Hofes. Zur Ikonographie des hl. Joseph im 17. und 18. Jahrhundert, Marburg 1997
Miniaturen 1966: Die Miniaturen aus dem Stundenbuch der Katharina von Kleve, mit einer Einleitung und Erläuterung von John Plummer, 2 Bde., Berlin 1966
Moll 1999: Helmut Moll (Hg.), Zeugen für Christus. Das deutsche Martyrologium des 20. Jahrhunderts, 2 Bde., Paderborn u. a. 1999
Montagna / Daniel 1986: Davide M. Montagna und S. M. Daniel, Santa Giuliana da Firenze, Rom 1986
Mormando 1999: Franco Mormando, Teaching the Faithful to Fly: Mary Magdalene and Peter in Baroque Italy, in: Saints & Sinners. Caravaggio & the Baroque Image, hg. von Franco Mormando, Boston 1999, S. 107–135
Morris 1999: Bridget Morris, St. Brigitta of Sweden, Woodbridge 1999
Mortimer 1992: Ruth Mortimer, St. Catherine of Siena and the Printed Book, in: The Papers of the Bibliographical Society of America 86, 1992, S. 11–22
Möseneder 1997: Karl Möseneder, Michelangelos „Jüngstes Gericht“. Über die Schwierigkeit des Disegno und die Freiheit der Kunst, in: Streit um Bilder. Von Byzanz bis Duchamp, hg. von Karl Möseneder, Berlin 1997, S. 95–117
Mühlenberg 1996: Ekkehard Mühlenberg, Art. „Patristik“, in: TRE 26, 2000, S. 97–106
Müller H. 2008: Hermann Müller, Thomas von Villanova, Patron der Lauinger Augustinerkirche – 350 Jahre

Heiligsprechung, in: Jahrbuch des Historischen Vereins Dillingen an der Donau 109, 2008, S. 123 – 134

Müller M. 1993: Mechthild Müller, Bischof Ulrich von Augsburg in der Kunst des Barocks, in: Weitlauff 1993, S. 521 – 548

Müller Hofstede 1983: Justus Müller Hofstede, „O felix Poenitentia" – Die Büßerin Maria Magdalena als Motiv der Gegenreformation bei Peter Paul Rubens, in: Imagination und Imago. Zum 65. Geburtstag vom Kurt Rossacher und zum zehnjährigen Bestandsjubiläum des Salzburger Barockmuseums, Salzburg 1983, S. 203 – 227

Münch 2006: Birgit Ulrike Münch, Apelles am Scheideweg? Der frühneuzeitliche Künstler zwischen Konfession und Ökonomie, in: Der Kardinal. Albrecht von Brandenburg, Renaissancefürst und Mäzen, Regensburg 2006, Bd. 2, S. 379 – 385

Münch 2008: Birgit Ulrike Münch, Neue Märtyrer – alte Heilige. Das Martyrium im konfessionellen Diskurs: Zur theologischen Strategie einer bildkünstlerischen Leerstelle, in: Kunst und Konfession. Katholische Auftragswerke im Zeitalter der Glaubensspaltung 1517 – 1563, hg. von Andreas Tacke, Tübingen 2008, S. 116 – 143

Musardo 1995: Vincenza Talò Musardo, San Gaetano Thiene. Culto e devozione popolare nel Tarantino. Appunti storici e iconografici dal XVII al XX secolo, Taranto 1995

Muschiol 1996: Gisela Muschiol, Zur Typologie weiblicher Heiliger vom frühen Mittelalter bis zur „Legenda maior", in: Grunewald / Gussone 1996, S. 39 – 54

Nahmer 1994: Dieter von der Nahmer, Die lateinische Heiligenvita. Eine Einführung in die lateinische Hagiographie, Darmstadt 1994

Nautin 1993: Pierre Nautin, Art. „Hieronymus", in: TRE 15, 1993, S. 304 – 315

Neil 2003: Bronwen Neil, The Cult of Pope Clemens in Ninth-Century Rome, in: Ephemerides liturgicae 117, 2003, S. 103 – 113

Nemitz / Thierse 1995: Rolfroderich Nemitz und Dieter Thierse (Hg.), St. Barbara. Weg einer Heiligen durch die Zeit, Essen 1995

Neunheuser 1963: Burkhard Neunheuser, Eucharistie in Mittelalter und Neuzeit (Handbuch der Dogmengeschichte, Bd. 4: Sakramentenlehre, Faszikel 4b), Freiburg i. Br. 1963

Nieuwdorp / Dekeyzer 1997: Hans Nieuwdorp und Brigitte Dekeyzer, Breviarium Mayer van den Bergh. Alle Miniaturen, Gent 1997

Nilgen 1973: Ursula Nilgen, Art. „Evangelistensymbole", in: RDK VI, 1973, Sp. 517 – 571

Nilgen 1998: Ursula Nilgen, Thomas Becket und Braunschweig, in: Der Welfenschatz und sein Umkreis, hg. von Joachim Ehlers und Dietrich Kötzsche, Mainz 1998, S. 219 – 242

Nilgen 1999: Ursula Nilgen, The Manipulated Memory: Thomas Becket in Legend and Art, in: Memory & Oblivion. Proceedings of the XXIXth International Congress of the History of Art held in Amsterdam, 1 – 7 September 1996, hg. von Wessel Reinink und Jeroen Stumpel, Dordrecht 1999, S. 745 – 772

Occhioni / Vauchez 1984: Nicola Occhioni und André Vauchez, Il processo per la canonizzazione di S. Nicola da Tolentino, Rom 1984

O'Connor 1958: Edward Dennis O'Connor (Hg.), The Dogma of the Immaculate Conception. History and Significance, Notre Dame 1958

O'Neill 1985: Maryvelma Smith O'Neill, Stefano Maderno's „S. Caecilia": a Seventeenth Century Roman Sculpture Remeasured, in: Antologia di Belle Arti 25 / 26, 1985, S. 9 – 21

Orengo 1994: Maria Teresa Orengo, Romana Imaginum: una controversia iconografica tra XVII e XVIII secolo, in: Gli Agostiniani a Genova e in Liguria tra Medioevo ed età moderna. Atti del convegno internazionale di studi, hg. von Claudio Paolocci, Genf 1994, S. 181 – 202

Origo 1989: Iris Origo, Der Heilige der Toskana, Leben und Zeit des Bernardino von Siena, München 1989

Osswald 2002: Maria Cristina Osswald, Die Entstehung einer Ikonographie des Franz Xaver im Kontext seiner kultischen Verehrung in den Jahren von 1552 bis 1640, in: Franz Xaver. Patron der Missionen. Festschrift zum 450. Todestag, hg. von Rita Haub und Julius Oswald, Regensburg 2002, S. 60 – 80

Ostrow 1996: Steven F. Ostrow, Art and Spirituality in Counter-Reformation Rome. The Sistine and Pauline Chapels in S. Maria Maggiore, Cambridge 1996

Otranto 1987: Giorgio Otranto (Hg.), San Nicola di Bari e la sua Basilica. Culto, arte, tradizione, Mailand 1987

Oy-Marra 2007: Elisabeth Oy-Marra, Bildstrategien von Schrecken und Erlösung. Der geschundene Körper christlicher Märtyrer in der Malerei des

16. und 17. Jahrhunderts, in: Gewaltdarstellung und Darstellungsgewalt in den Künsten und Medien (Reihe Historische Anthropologie, Bd. 34), hg. von Martin Zenck, Tim Becker und Raphael Wolbs, Berlin 2007, S. 249 – 273

Pächt 1963: Otto Pächt, Zur Entstehung des „Hieronymus im Gehäuse“, in: Pantheon 21, 1963, S. 131 – 142

Pacini 1984a: Piero Pacini, Alcune immagini inedite di Santa Maria Maddalena de' Pazzi, in: Scritti di storia dell'arte in onore di Roberto Salvini, Florenz 1984, S. 529 – 535, Tf. CLXXII f.

Pacini 1984b: Piero Pacini, Contributi per l'iconografia di Santa Maria Maddalena de' Pazzi: una „vita“ inedita di Francesco Curradi, in: Mitteilungen des Kunsthistorischen Instituts in Florenz 28, 1984, S. 279 – 350

Pack 2005: Dieter Pack, Die historische Entwicklung des Apollonia-Kults unter besonderer Berücksichtigung des sog. „kleinen Andachtsbildes“ (= Würzburger medizinhistorische Forschungen 85), Würzburg 2005

Paffrath 1961: Arno Paffrath, Die Legende vom Heiligen Hubertus. Ihre Entstehung und Bedeutung für die heutige Zeit und für die Hubertusfeiern, Hamburg 1961

Paffrath 1984: Arno Paffrath, Bernhard von Clairvaux. Leben und Wirken, dargestellt in den Bilderzyklen von Altenberg bis Zwettl, Köln 1984

Palmer 1989: Anne-Marie Palmer, Prudentius on the Martyrs, Oxford 1989

Papebroch 2002: Kunstdenkmäler zwischen Antwerpen und Trient: Beschreibungen und Bewertungen des Jesuiten Daniel Papebroch aus dem Jahre 1660, Erstedition, Übersetzung und Kommentar von Udo Kindermann, Köln u. a. 2002

Patschovsky 2003: Alexander Patschovsky, Die Trinitätsdiagramme Joachims von Fiore († 1202). Ihre Herkunft und semantische Struktur im Rahmen der Trinitätsikonographie, von deren Anfängen bis ca. 1200, in: Die Bildwelt der Diagramme Joachims von Fiore. Zur Medialität religiös-politischer Programme im Mittelalter, hg. von Alexander Patschovsky, Ostfildern 2003, S. 55 – 114

Pavone / Pacelli 1981: Mario Alberto Pavone und Vincenzo Pacelli, Enciclopedia Bernardiniana, Bd. 2: Iconografia, Aquila 1981

Petermann 2000: Kerstin Petermann, Bernt Notke. Arbeitsweise und Werkstattorganisation im späten Mittelalter, Berlin 2000

Petersohn 2008: Jürgen Petersohn, Franken im Mittelalter. Identität und Profil im Spiegel von Bewußtsein und Vorstellung, Ostfildern 2008

Petrella 2003 / 04: Gaia Petrella, La leggenda di Santa Margherita d'Antiochia nel Ms. 1853 della Biblioteca Civica di Verona e le recensioni miniate della vita della Santa, in: Rivista di storia della miniatura, 8, 2003 / 04, S. 97 – 106

Petrus Canisius 1997: Petrus Canisius: beeldvorming van een heilige in de Nederlandse kunst van de negentiende en twintigste eeuw, hg. von Nijmeegs Museum Commanderie van St.-Jan, Nimwegen 1997

Pflefka 2001: Sven Pflefka, Heilige und Herrscherin – Heilige oder Herrscherin? Rekonstruktionsversuche zu Kaiserin Kunigunde, in: Bericht des Historischen Vereins Bamberg 137, 2001, S. 35 – 52

Philipp 2008: Michael Philipp, Der versuchte Antonius. Künstlerische Wandlungen einer legendären Figur, in: Schrecken und Lust. Die Versuchung des heiligen Antonius von Hieronymus Bosch bis Max Ernst (Ausst.-Kat. Bucerius Kunstforum, Hamburg), hg. von Michael Philipp, München 2008, S. 15 – 29

Pieper 1986: Paul Pieper, Die deutschen, niederländischen und italienischen Tafelbilder bis um 1530 (Bestandskatalog Westfälisches Landesmuseum für Kunst- und Kulturgeschichte Münster), Münster 1986 [[2]1990]

Pillinger 1994: Renate Pillinger, Der Apostel Andreas. Ein Heiliger in Ost und West im Bild der frühen Kirche, Wien 1994

Pilz 1970: Kurt Pilz, Das Sebaldusgrabmal im Ostchor der St.-Sebaldus-Kirche in Nürnberg. Ein Messingguß aus der Gießerhütte der Vischer, Nürnberg 1970

Plötz 1984: Robert Plötz, Imago Beati Jacobi. Beiträge zur Ikonographie des hl. Jacobus Maior im Hochmittelalter, in: Wallfahrt kennt keine Grenzen (Ausst.-Kat. Bayerisches Nationalmuseum, München), München u. a. 1984, S. 248 – 263

Po-chia Hsia 1998: Ronnie Po-chia Hsia, The world of Catholic renewal 1540 – 1770, Cambridge 1998

Pohlkamp 1983: Wilhelm Pohlkamp, Tradition und Topographie: Papst Silvester I. (314 – 335) und der Drache vom Forum Romanum, in: Römische Quartalschrift für Alterthumskunde und für Kirchengeschichte 78, 1983, S. 1 – 100

Pohlkamp 1984: Wilhelm Pohlkamp, Kaiser Konstantin, der heidnische und der christliche Kult in den

Actus Silvestri, in: Frühmittelalterliche Studien 18, 1984, S. 357–400
Poletti 1934: Gian Battista Poletti, Il martirio di Santa Apollonia (studio critico sulla vita e sulle immagini), Rocca S. Casciano 1934
Polleross 1988: Friedrich B. Polleross, Das sakrale Identifikationsporträt. Ein höfischer Bildtypus vom 13. bis zum 20. Jahrhundert (Manuskripte zur Kunstwissenschaft, Bd. 18), 2 Bde., Worms 1988
Polonyi 1990: Andrea Polonyi, Reliquientranslationen in oberschwäbische Benediktinerklöster als Ausdruck barocker Frömmigkeit, in: Rottenburger Jahrbuch für Kirchengeschichte 9, 1990, S. 77–84
Polonyi 1998: Andrea Polonyi, Wenn mit Katakombenheiligen aus Rom neue Traditionen begründet werden. Die Wirkungsgeschichte einer Idee zwischen Karolingischer Reform und ultramontaner Publizistik (Studien zur Theologie und Geschichte, Bd. 14), St. Ottilien 1998
Polzer 1993: Joseph Polzer, The „Triumph of Thomas" Panel in Santa Caterina Pisa. Meaning and Date, in: Mitteilungen des Kunsthistorischen Instituts in Florenz 37, 1993, S. 29–70
Posada 1987: Gerardo Posada, Der heilige Bruno. Vater der Kartäuser, Köln 1987
Pötzl 2000: Walter Pötzl, Die Verehrung der Vierzehn Nothelfer vor 1400, in: Jahrbuch für Volkskunde N. F. 23, 2000, S. 157–186
Pötzl 2005: Walter Pötzl, Die Anfänge und die ersten Jahrhunderte der Verehrung des Hl. Leonhard in Deutschland, in: Recht und Religion im Alltagsleben. Perspektiven der Kulturforschung. Festschrift für Walter Hartinger zum 65. Geburtstag (Neue Veröffentlichungen des Instituts für Ostbairische Heimatforschung der Universität Passau, Bd. 56), hg. von Manfred Seifert und Winfried Helm, Passau 2005, S. 259–282
Pötzl-Malikova 2003: Maria Pötzl-Malikova, Berichte über die Feierlichkeiten anlässlich der Kanonisation der Heiligen Aloysius Gonzaga und Stanislaus Kostka in der Österreichischen Ordensprovinz, in: Die Jesuiten in Wien. Zur Kunst- und Kulturgeschichte der österreichischen Ordensprovinz der „Gesellschaft Jesu" im 17. und 18. Jahrhundert, hg. von Herbert Karner und Werner Telesko, Wien 2003, S. 157–164
Preimesberger 1989: Rudolf Preimesberger, Berninis Cappella Cornaro. Eine Bild-Wort-Synthese des siebzehnten Jahrhunderts? Zu Irving Lavins Bernini-Buch, in: Zeitschrift für Kunstgeschichte 49, 1989, S. 190–219
Pressouyre / Kinder 1990: Léon Pressouyre und Terryl N. Kinder (Hg.), Saint Bernard et le monde cistercien, Paris 1990
Prodi 1994: Paolo Prodi, Art. „Filippo Neri (1515–1595)", in: TRE 24, 1994, S. 259–264
Prudlo 2007: Donald Prudlo, The martyred inquisitor: the life and cult of Peter of Verona (1252), Aldershot 2007
Puzicha 1980: Michaela Puzicha, Vita iusti (Dial. 2,2). Grundstrukturen altkirchlicher Hagiographie bei Gregor dem Großen, in: Pietas. Festschrift für Bernhard Kötting (Jahrbuch für Antike und Christentum, Ergänzungsbd. 8), hg. von Ernst Dassmann und Karl Suso Frank, Münster 1980, S. 284–312

Rapp 1993: Francis Rapp, Neue Formen der Spiritualität im Spätmittelalter, in: Spiritualität des Pilgerns (Jakobus Studien, Bd. 5), Tübingen 1993, S. 39–58
Rasmussen J. 1976 / 1977: Jörg Rasmussen, Untersuchungen zum Halleschen Heiltum des Kardinals Albrecht von Brandenburg, in: Münchner Jahrbuch der bildenden Kunst 3. F. 27, 1976, S. 59–118; 28, 1977, S. 91–132
Rasmussen N. 1988: Niels Krogh Rasmussen, Iconography and Liturgy at the Canonization of Carlo Borromeo, in: Analecta Romana Instituti Danici, hg. von Tage Nielsen, Rom 1988, S. 119–150
Ravasi 1999: Gianfranco Ravasi (Hg.), Pietro. La storia, l'immagine, la memoria, Mailand 1999
Rebenich 2009: Stefan Rebenich, Inventing an ascetic hero. Jerome's „Life of Paul the first hermit", in: Jerome of Stridon. His life, writings and legacy, hg. von Andrew Cain und Josef Lössl, Farnham 2009, S. 13–27
Reber 1963: Ortrud Reber, Die Gestaltung des Kultes weiblicher Heiliger im Spätmittelalter. Die Verehrung der Heiligen Elisabeth, Klara, Hedwig und Birgitta, Hersbruck 1963
Refice 1999: Paola Refice, L'iconografia di San Pietro, in: Romei e Giubilei. Il pellegrinaggio medievale a San Pietro (350–1359) (Ausst.-Kat. Palazzo Venezia, Rom), Mailand 1999, S. 205–210
Reinitzer 1982: Heimo Reinitzer, Der verschlossene Garten. Der Garten Marias im Mittelalter (Wolfenbütteler Hefte 12), Wolfenbüttel 1982
Ressouni-Demigneaux 2007: Karim Ressouni-Demigneaux, La vita „immaginata" di San Sebastiano,

in: Guido Reni. Il tormento e l'estasi. I San Sebastiano a confronto (Ausst.-Kat. Galleria di Palazzo Rosso, Genua), hg. von Piero Boccardo und Xavier F. Salomon, Mailand 2007, S. 17 – 31

Reudenbach 2000: Bruno Reudenbach, Reliquiare als Heiligkeitsbeweis und Echtheitszeugnis. Grundzüge einer problematischen Gattung, in: Vorträge aus dem Warburg-Haus, Bd. 4, Berlin 2000, S. 1 – 36

Reudenbach / Toussaint 2003: Bruno Reudenbach und Gia Toussaint, Die Wahrnehmung und Deutung von Heiligen. Überlegungen zur Medialität von Reliquiaren, in: Das Mittelalter 8, H. 2, 2003, S. 34 – 40

Reuter 2002: Guido Reuter, Barocke Hochaltäre in Süddeutschland 1660 – 1770, Petersberg 2002, S. 84 – 97

Rhein 1995: Reglinde Rhein, Die Legenda Aurea des Jacobus de Voragine. Die Entfaltung von Heiligkeit in „Historia" und „Doctrina", Köln u. a. 1995

Rice 1988: Eugene F. Rice, Saint Jerome in the Renaissance, Baltimore ²1988

Ricker 2008: Julia Ricker, Die Translationslegende des Erzmärtyrers Stephanus: Überlegungen zur Relation von Bildprogramm und Tituli in einem Perikopenbuch der Echternacher Malerschule, in: Mittelalterliche Weltdeutung in Text und Bild, hg. von Susanne Ehrich und Julia Ricker, Weimar 2008, S. 77 – 98

Ridderbos 1984: Bernhard Ridderbos, Saint und Symbol. Images of Saint Jerome in Early Italien Art, Groningen 1984

Ries 1993: Markus Ries, Heiligenverehrung und Heiligsprechung in der Alten Kirche und im Mittelalter. Zur Entwicklung des Kanonisationsverfahrens, in: Weitlauff 1993, S. 143 – 161

Rigon / Vauchez 2006: Antonio Rigon und André Vauchez (Hg.), San Rocco: genesi e prima espansione di un culto. Incontro di studio, Padova 12 – 13 febbraio 2004 (Subsidia hagiographica, Bd. 87), Brüssel 2006

Ringbom 1962: Sixton Ringbom, *Maria in Sole* and the Virgin of the Rosary, in: Journal of the Warburg and Courtauld Institutes 25, 1962, S. 326 – 330

Ringbom 1965: Sixten Ringbom, Icon to Narrative. The Rise of the Dramatic Close-up in Fifteenth-Century Devotional Painting (Acta Academiae Aboensis, Ser. A, Bd. 31, Nr. 2), Abo 1965

Ringbom 1969: Sixten Ringbom, Devotional Images and Imaginative Devotions. Notes on the Place of Art in Late Medieval Private Piety, in: Gazette des Beaux-Arts 73, 1969, S. 159 – 170

Rittenbach / Seifert 1965: Willi Rittenbach und Siegfried Seifert, Geschichte der Bischöfe von Meißen, 968 – 1581 (Studien zur katholischen Bistums- und Klostergeschichte, Bd. 8), Leipzig 1965

Roemer 2000: Werner Roemer, Sankt Rochus. Die Verehrung des Heiligen in Kunst und Geschichte, Kevelaer 2000

Roethlisberger 1993: Marcel G. Roethlisberger, Abraham Bloemaert and his Sons. Paintings and Prints, 2 Bde., Doornspijk 1993

Rohan Book of Hours 1973: The Rohan Book of Hours. Bibliothèque Nationale, Paris (MS. latin 9471), eingel. und komment. von Millard Meiss und Marcel Thomas, London 1973

Rohland 1977: Johannes Peter Rohland, Der Erzengel Michael Arzt und Feldherr. Zwei Aspekte des vor- und frühbyzantinischen Michaelskultes, Leiden 1977

Romano 1999: Serena Romano, The *Arca of St Dominic* at Bologna, in: Memory & Oblivion. Proceedings of the XXIXth International Congress of the History of Art held in Amsterdam, 1 – 7 September 1996, hg. von Wessel Reinink und Jeroen Stumpel, Dordrecht 1999, S. 499 – 526

Rosario 2000: Iva Rosario, Art and Propaganda: Charles IV of Bohemia 1346 – 1378, Woodbridge 2000

Rosenberg 1956: Alfons Rosenberg, Michael und der Drache. Urgestalten von Licht und Finsternis, Olten und Freiburg i. Br. 1956

Rosenfeld 1937: Hans-Friedrich Rosenfeld, Der hl. Christophorus. Seine Verehrung und seine Legende. Eine Untersuchung zur Kultgeographie und Legendenbildung des Mittelalters, Leipzig 1937

Roth 1980: Elisabeth Roth, „Got und der lieb Herr S. Sebolt". Nürnbergs Stadtpatron in Legende und Chronik, in: Mitteilungen des Vereins zur Geschichte der Stadt Nürnberg 67, 1980, S. 37 – 59

Roth 1987: Elisabeth Roth, Sankt Kunigunde – Legende und Bildaussage, in: Bericht des Historischen Vereins Bamberg 123, 1987, S. 5 – 68

Rouche 1997 / 98: Michel Rouche (Hg.), Clovis, histoire et mémoire (Actes du congrès international d'histoire du Reims, September 1996), 2 Bde., Paris 1997 / 98

Rubin 1991: Miri Rubin, Corpus Christi. The Eucharist in Late Medieval Culture, Cambridge u. a. 1991

Rusconi 1999: Roberto Rusconi, Vincent Ferrer e Pedro de Luna: sull'iconografia di un predicatore fra due obbedienze, in: Modelli di lettura iconografica:

il panorama meridionale, hg. von Mario Alberto Pavone, Neapel 1999, S. 49–68

Russo 1995: Bonadonna Russo, Maria Teresa, L'amicizia spirituale tra s. Caterina de' Ricci e s. Filippo Neri, in: Studi medievali 36, 1995, S. 957–974

Rüttinger 2007: Jan Rüttinger, Die Einseitigkeit von Information. Die Silvesterkapelle von SS. Quattro Coronati und ihre päpstliche „Propaganda", in: Text – Bild – Schrift. Vermittlung von Information im Mittelalter (Mittelalter Studien, Bd. 14), hg. von Andres Laubinger, Brunhilde Gedderth und Claudia Dobrinski, München 2007, S. 65–82

Samerski 2002: Stefan Samerski, „Wie im Himmel so auf Erden"? Selig- und Heiligsprechung in der katholischen Kirche 1740 bis 1870 (Münchner Kirchenhistorische Studien, Bd. 10), Stuttgart 2002

San Vito 2008: San Vito. Indagine su un martire di Cristo dei primi secoli, Rom 2008

Sander 1993: Jochen Sander, Niederländische Gemälde im Städel. 1400–1550 (Kataloge der Gemälde im Städelschen Kunstinstitut Frankfurt am Main, Bd. 2), Mainz 1993

Sander 2002: Jochen Sander, Gott als Künstler, der Künstler als Heiliger Lukas. Künstlerische Selbstreflexion und Künstlerselbstbildnis im Kontext christlicher Ikonographie, in: Wettstreit der Künste. Malerei und Skulptur von Dürer bis Daumier (Ausst.-Kat. Haus der Kunst, München und Wallraf-Richartz-Museum, Köln), hg. von Ekkehard Mai und Kurt Wettengl, Wolfratshausen 2002, S. 71–81

Sandner 1993: Ingo Sandner, Spätgotische Tafelmalerei in Sachsen, Dresden 1993

Sankt Elisabeth 1981: Sankt Elisabeth. Fürstin, Dienerin, Heilige – Aufsätze, Dokumentation, Katalog, Sigmaringen 1981

St. Kilian 1989: St. Kilian. Schrifttumsverzeichnis zu Martyrium und Kult der Frankenapostel und zur Gründung des Bistums Würzburg, zusammengestellt von Ludwig K. Walter, Würzburg 1989 (= Würzburger Diözesan-Geschichtsblätter 51, 1989)

Santi 1999: Bruno Santi, Appunti per l'iconografia di Santa Caterina da Siena nel periodo della Controriforma, in: Con l'occhio e col lume. Atti del corso seminariale di studi su S. Caterina da Siena (25 settembre – 7 ottobre 1995), hg. von Luigi Trenti und Bente Klange Addabbo, Siena 1999, S. 307–317

Sardi 2000: Aldo Sardi, L'iconografia di S. Antonio di Padova dalle origini ai nostri giorni, in: Biblioteca Francescana Sarda 9, 2000, S. 123–256

Saurma-Jeltsch 1994: Lieselotte E. Saurma-Jeltsch, Karl der Große als vielberufener Vorfahr. Sein Bild in der Kunst der Fürsten, Kirchen und Städte, Sigmaringen 1994

Saurma-Jeltsch 1998: Lieselotte E. Saurma-Jeltsch, Die Miniaturen im „Liber Scivias" der Hildegard von Bingen. Die Wucht der Visionen und die Ordnung der Bilder, Wiesbaden 1998

Sauser 1999: Ekkart Sauser, Art. „Cyriacus", in: BBKL 16, 1999, Sp. 362–364

Savelsberg 1992: Wolfgang Heinrich Savelsberg, Die Darstellung des Hl. Franziskus von Assisi in der flämischen Malerei und Graphik des späten 16. und des 17. Jahrhunderts (Iconographia Franciscana, Bd. 6), Rom 1992

Sawilla 2009: Jan Marco Sawilla, Antiquarianismus, Hagiographie und Historie im 17. Jahrhundert. Zum Werk der Bollandisten. Ein wissenschaftshistorischer Versuch, Tübingen 2009

Schalhorn 2000: Andreas Schalhorn, Historienmalerei und Heiligsprechung. Pierre Subleyras (1699–1749) und das Bild für den Papst im 17. und 18. Jahrhundert, München 2000

Schaller 2006: Andrea Schaller, Der Erzengel Michael im frühen Mittelalter. Ikonographie und Verehrung eines Heiligen ohne Vita (Vestigia Bibliae, Bd. 26/27), Frankfurt a. M. u. a. 2006

Schattenhofer 1971: Michael Schattenhofer, Die Mariensäule in München, München und Zürich 1971

Schauerte 1964: Heinrich Schauerte, Sankt Cyriacus im westfälischen Raum, in: Rheinisch-Westfälische Zeitschrift für Volkskunde 11, 1964, S. 64–73

Schawe 2000: Martin Schawe, Rom in Augsburg. Die Basilikabilder aus dem Katharinenkloster, München o. J. [2000]

Scheer 2006: Monique Scheer, Rosenkranz und Kriegsvisionen. Marienerscheinungskulte im 20. Jahrhundert, Tübingen 2006

Scheffczyk 1997: Leo Scheffczyk, Katholische Dogmatik, Bd. 3, Aachen 1997

Scherp 2002: Astrid Scherp, Protestantische Künstler aus Süddeutschland im Dienst von katholischen Auftraggebern im Zeitalter der Gegenreformation, in: Johann Heiß. Schwäbischer Meister barocker Pracht (Ausst.-Kat. Zeppelin Museum, Friedrichshafen), hg. von Wolfgang Meighörner, Friedrichshafen 2002, S. 67–71

Scheuer 2006: Manfred Scheuer, Art. „Martyrer, Martyrium", in: LThK 6, ^{3}2006, Sp. 1436 – 1444

Schieder M. 1997: Martin Schieder, Jenseits der Aufklärung. Die religiöse Malerei im ausgehenden Ancien régime, Berlin 1997

Schieder M. 2007: Martin Schieder, Vom Kirchgang zum Kunstgenuß. Betrachtungsformen religiöser Malerei im 18. Jahrhundert, in: Von Kunst und Temperament. Festschrift für Eberhard König, hg. von Caroline Zöhl und Mara Hofmann, Turnhout 2007, S. 240 – 252

Schieder W. 1999: Wolfgang Schieder, Wallfahrten der katholischen Kirche im 19. Jahrhundert, in: Pilger und Wallfahrtsstätten in Mittelalter und Neuzeit, hg. von Michael Matheus, Stuttgart 1999, S. 77 – 99

Schill 2005: Peter Schill, Ikonographie und Kult der hl. Katharina von Alexandrien im Mittelalter. Studien zu den szenischen Darstellungen aus der Katharinenlegende, phil. Diss. München 2005 (http://edoc.ub.uni-muenchen.de/4091/1/Schill_Peter.pdf)

Schimmelpfennig 1993: Bernhard Schimmelpfennig, Afra und Ulrich. Oder: Wie wird man heilig?, in: Zeitschrift des Historischen Vereins für Schwaben 86, 1993, S. 23 – 44

Schimmelpfennig 1994: Bernhard Schimmelpfennig, Heilige Päpste – päpstliche Kanonisationspolitik, in: Politik und Heiligenverehrung im Hochmittelalter, hg. von Jürgen Petersohn, Sigmaringen 1994, S. 73 – 100

Schindler 1961: Robert Schindler, Die Siebenschläfer, ihre Legende, ihr Kult, ihr Brauchtum, in: Ostbairische Grenzmarken. Passauer Jahrbuch für Geschichte, Kunst und Volkskunde 5, 1961, S. 195 – 199

Schlie 2002: Heike Schlie, Bilder des Corpus Christi. Sakramentaler Realismus von Jan van Eyck bis Hieronymus Bosch, Berlin 2002

Schlögel 1995: Rudolf Schlögel, Sünderin, Heilige oder Hausfrau? Katholische Kirche und weibliche Frömmigkeit um 1800, in: Wunderbare Erscheinungen. Frauen und katholische Frömmigkeit im 19. und 20. Jahrhundert, hg. von Irmtraud Götz von Olenhusen, Paderborn 1995, S. 13 – 50

Schmidt 2001: Victor M. Schmidt, Painting and Individual Devotion in Late Medieval Italy: The Case of Saint Catherine of Alexandria, in: Visions of Holiness. Art and Devotion in Renaissance Italy, hg. von Andrew Ladis und Shelley E. Zuraw, Athens 2001, S. 21 – 36

Schmidtke 1982: Dietrich Schmidtke, Studien zur dingallegorischen Erbauungsliteratur des Spätmittelalters. Am Beispiel der Gartenallegorie (Hermaea, Germanistische Forschungen N. F., Bd. 43), Tübingen 1982

Schmitz-Eichhoff 1977: Marie-Therese Schmitz-Eichhoff, St. Rochus. Ikonographische und medizinhistorische Studie, Köln 1977

Schnaubelt / Fleteren 2003: Joseph C. Schnaubelt und Frederick van Fleteren (Hg.), Augustine in Iconography. History and Legend, New York u. a. 2003

Schneider 2002: Bernhard Schneider, Feminisierung der Religion im 19. Jahrhundert. Perspektiven einer These im Kontext des deutschen Katholizismus, in: Trierer Theologische Zeitschrift 111, 2002, S. 123 – 147

Schneidmüller 2001: Bernd Schneidmüller, Kaiserin Kunigunde. Bamberger Wege zu Heiligkeit, Weiblichkeit und Vergangenheit, in: Bericht des Historischen Vereins Bamberg 137, 2001, S. 13 – 34

Schnitzler 1996: Norbert Schnitzler, Ikonoklasmus – Bildersturm. Theologischer Bilderstreit und ikonoklastisches Handeln während des 15. und 16. Jahrhunderts, München 1996

Schnupp 2004: Bianca Schnupp, Schutzengel. Genealogie und Theologie einer religiösen Vorstellung vom Tobitbuch bis heute, Tübingen und Basel 2004

Schnürer / Ritz 1934: Gustav Schnürer und Joseph M. Ritz, Sankt Kümmernis und Volto Santo. Studien und Bilder, Düsseldorf 1934

Scholz-Hänsel 2005: Michael Scholz-Hänsel, Jusepe de Ribera, Köln 2005

Schreiner G. 1959: Georg Schreiner, Die Vierzehn Nothelfer in Volksfrömmigkeit und Sakralkultur. Symbolkraft und Herrschaftsbereich der Wallfahrtskapelle, vorab in Franken und Tirol (Schlern-Schriften 168), Innsbruck 1959

Schreiner K. 2000: Klaus Schreiner, Märtyrer, Schlachtenhelfer, Friedensstifter. Krieg und Frieden in Spiegel mittelalterlicher und frühneuzeitlicher Heiligenverehrung, Opladen 2000

Schumacher 1977: Walter Nikolaus Schumacher, Hirt und „Guter Hirt". Studien zum Hirtenbild in der römischen Kunst vom zweiten bis zum Anfang des vierten Jahrhunderts unter besonderer Berücksichtigung der Mosaiken in der Südhalle von Aquileja, Rom u. a. 1977

Schunk-Heller 1995: Sabine Schunk-Heller, Die Darstellung des ungläubigen Thomas in der italienischen

Kunst bis um 1500 unter Berücksichtigung der lukanischen Ostentatio Vulnerum, München 1995
Schunk-Heller 1996: Sabine Schunk-Heller, Zur Ikonographie der Christus-Thomas-Gruppe von Andrea del Verrocchio, in: Herbert Beck, Maraike Bückling und Edgar Lein (Hg.), Die Christus-Thomas-Gruppe von Andrea del Verrocchio, Frankfurt a. M. 1996, S. 121–127
Schurhammer 1973–1982: Georg Schurhammer, Franz Xaver, sein Leben und seine Zeit, 4 Bde., Rom 1973–1982
Schutz 1988: Winfried Schutz, Das neue Selig- und Heiligsprechungsverfahren, Paderborn 1988
Schweizer-Vüllers 1997: Regine Schweizer-Vüllers, Die Heilige am Kreuz. Studien zum weiblichen Gottesbild im späten Mittelalter und in der Barockzeit, Frankfurt a. M. u. a. 1997
Seifert 1994: Siegfried Seifert, Die Benno-Reliquien im Bistum Dresden-Meißen, in: Monachium sacrum. Festschrift zur 500-Jahr-Feier der Metropolitankirche Zu Unserer Lieben Frau in München, hg. von Hans Ramisch, München 1994, S. 521–526
Seifert 1998: Siegfried Seifert, Das Domstift St. Petri in Bautzen, in: 750 Jahre Marienstern. Festschrift, hg. von Karlheinz Blaschke, Heinrich Magirius und Siegfried Seifert, Halle a. d. Saale 1998, S. 282–297
Seiler 1987: Roger Seiler, Der hl. Rochus in Kult und Kunst, in: Der Pestpatron Rochus, Roque, Rocco, Roch. Die Sammlung Engeler, Zürich (Ausst.-Kat. Medizinhistorisches Museum, Zürich), hg. von Christoph Mörgeli, Zürich 1987, S. 9–175
Siebenmorgen 1983: Harald Siebenmorgen, Die Anfänge der „Beuroner Kunstschule". Peter Lenz und Jakob Wüger 1850–1875. Ein Beitrag zur Genese der Formabstraktion in der Moderne, Sigmaringen 1983
Sieger 1995: Marcus Sieger, Die Heiligsprechung. Geschichte und heutige Rechtslage, phil. Diss. Würzburg 1995
Sladeczek 2002: Franz-Josef Sladeczek, „das wir entlichs verderbens und des bettelstabs sind". Künstlerschicksale zur Zeit der Reformation, in: Macht und Ohnmacht der Bilder. Reformatorischer Bildersturm im Kontext der europäischen Geschichte (Historische Zeitschrift, Beihefte, N. F. Bd. 33), hg. von Peter Blickle, André Holenstein, Heinrich Richard Schmidt und Franz-Josef Sladeczek, München 2002, S. 273–304
Smeyers 1998: Katharina Smeyers, De Marteling van de H. Erasmus door Dirk Bouts. Een speurtocht naar inspiratiebronnen en navolgingen, in: Dirk Bouts (ca. 1410–1475) een Vlaams primitief te Leuven (Ausst.-Kat. Sint-Pieterskerk, Löwen), Löwen 1998, S. 127–135
Smith 1969: Graham Smith, Rubens' Altargemälde des hl. Ignatius von Loyola und des hl. Franz Xaver für die Jesuitenkirche in Antwerpen, in: Jahrbuch der Kunsthistorischen Sammlungen in Wien 65, 1969, S. 45–60
Smolak 1994: Kurt Smolak, Zum Martyrium des Hl. Florian, in: Mitteilungen zur frühchristlichen Archäologie in Österreich 6, 1994, S. 4–16
Smoller 1998: Laura A. Smoller, Miracle, Memory, and Meaning in the Canonization of Vincent Ferrer, 1453–1454, in: Speculum 73, 1998, S. 429–454
Sohn 1997: Andreas Sohn, Bilder als Zeichen der Herrschaft. Die Silvesterkapelle in SS. Quattro Coronati (Rom), in: Archivum Historiae Pontificiae 35, 1997, S. 7–47
Sommers Wright 1971: Georgia Sommers Wright, The Tomb of Saint Louis, in: Journal of the Warburg and Courtauld Institutes 34, 1971, S. 65–82
Spengler 1997: Dietmar Spengler, Eine Heiligenvita des Stanislaus Kostka von Giovanni Battista Lenardi, in: Das Münster 50, 1997, S. 204–213
Spieser 2007: Jean-Michel Spieser, Die Anfänge der christlichen Ikonographie, in: Hoeps 2007, S. 139–170
Spike 1997: John T. Spike, Fra Angelico, München 1997
Sprandel 1990: Rolf Sprandel, Der Sakramentskult des Spätmittelalters im Spiegel der zeitgenössischen Chronisten, in: Das Mittelalter – unsere fremde Vergangenheit. Beiträge der Stuttgarter Tagung vom 17. bis 19. September 1987, hg. von Joachim Kuolt, Harald Kleinschmidt und Peter Dinzelbacher, Stuttgart 1990, S. 299–314
Stalla 1991: Robert Stalla, St. Michael – Studien am Beispiel des Hochaltarbildes von St. Michael in Berg am Laim, in: Aufsätze zur Kunstgeschichte. Festschrift für Hermann Bauer zum 60. Geburtstag, hg. von Karl Möseneder und Andreas Prater, Hildesheim u. a. 1991, S. 231–255
Steger 1999: Denise Steger, Die bildliche Darstellung der vier großen lateinischen Kirchenväter vor ihrer Sanktionierung unter Papst Bonifazius VIII. im Jahr 1298, in: Römische Quartalschrift 94, 1999, S. 209–227
Steinen 1963: Wolfram von den Steinen, Chlodwigs Übergang zum Christentum. Eine quellenkritische Studie, Darmstadt [2]1963

Steppe 1985: J[an] K[arel] Steppe, L'iconographie de Saint Jacques le majeur (Santiago), in: Santiago de Compostela. 1000 ans de Pèlerinage Européen (Ausst.-Kat. Centrum voor kunst en cultuur, Abbaye Saint-Pierre, Gand), Gent 1985, S. 129 – 153
Stieglecker 2001: Roland Stieglecker, Die Renaissance eines Heiligen. Sebastian Brandt und Onuphrius Eremita, Wiesbaden 2001
Stirnimann 1981: Heinrich Stirnimann, Der Gottesgelehrte Nikolaus von Flüe. Drei Studien, Fribourg 1981
Stock 1991: Alex Stock, Zwischen Tempel und Museum. Theologische Kunstkritik, Positionen der Moderne, Paderborn u. a. 1991
Stöcker 1984: Christoph Stöcker, Dürer, Celtis und der falsche Bischof Achatius. Zur Ikonographie von Dürers *Marter der Zehntausend*, in: artibus et historiae 9, 1984, S. 121 – 137
Stoichita 1995: Victor I. Stoichita, Visionary Experience in the Golden Age of Spanish Art, London 1995
Strieder 1993: Peter Strieder, Tafelmalerei in Nürnberg 1350 – 1550, Königstein i. T. 1993
Stroo 1985: Cyriel Stroo, De Iconografie van de heilige Walburga in Vlaanderen, in: Jaarboek van het Koniklijk Museum voor schone Kunste 1985, S. 189 – 276
Stundenbuch Maria von Burgund 1993: Das Stundenbuch der Maria von Burgund. Codex Vindobonensis 1857 der Österreichischen Nationalbibliothek, Faksimileausgabe und Kommentar von Franz Unterkircher, Graz 1993
Suckale 1980: Robert Suckale, Peter Parler und das Problem der Stillage, in: Die Parler und der schöne Stil 1350 – 1400. Europäische Kunst unter den Luxemburgern. Das internationale Kolloquium vom 5. bis 12. März 1979 anlässlich der Ausstellung des Schnütgen-Museums in der Kunsthalle Köln, Köln 1980, S. 175 – 184
Suckale-Redlefsen 1987: Gude Suckale-Redlefsen, Mauritius: Der heilige Mohr / The Black Saint Maurice, München und Zürich 1987
Suckale-Redlefsen 2009: Gude Suckale-Redlefsen, Der Schwarze Ritter von Magdeburg, in: Ausst.-Kat. Magdeburg 2009, Bd. 1, S. 192 – 201
Sussmann 1929: Vera Sussmann, Maria mit dem Schutzmantel, in: Marburger Jahrbuch für Kunstwissenschaft 5, 1929, S. 285 – 351
Suzuki 1989: Keiko Suzuki, Bildgewordene Vision oder Visionserzählungen. Vergleichende Studie über die Visionsdarstellungen in der Rupertsberger „Scivias"-Handschrift und im Luccheser „Liber divinorum operum"-Codex der Hildegard von Bingen, Frankfurt a. M. u. a. 1989
Szilárdfy 1999: Zoltán Szilárdfy, Die Aktualität des Kultes und der Ikonographie des heiligen Karl Borromäus im Ungarn der Barockzeit, in: Ex Fumo Lucem. Baroque Studies in Honour of Klára Garas. Presented on Her Eightieth Birthday, Budapest 1999, S. 267 – 284

Tacke 2006: Andreas Tacke (Hg.), „Ich armer sundiger mensch". Heiligen- und Reliquienkult am Übergang zum Konfessionellen Zeitalter, Göttingen 2006
Tammen 1997: Silke Tammen, „Einer Frau gestatte ich nicht, daß sie lehre". Zur Inszenierung der weiblichen Stimme in der spätmittelalterlichen Kunst am Beispiel heiliger Frauen, in: Lustgarten und Dämonenpein. Konzepte von Weiblichkeit in Mittelalter und Früher Neuzeit, hg. von Annette Kuhn und Bea Lundt, Dortmund 1997, S. 313 – 342
Tammen 2003a: Silke Tammen, Der Bilderzyklus der Heiligen Katharina von Alexandrien in den „Belles Heures" des Duc de Berry: zur Wahrnehmung des sinnlichen Heiligenkörpers, in: Das Mittelalter. Perspektiven mediävistischer Forschung 8, H. 1, 2003, S. 118 – 140
Tammen 2003b: Silke Tammen, Marianischer und „natürlicher" Uterus. Überlegungen zur Anatomie des Heils am Beispiel einer spätmittelalterlichen Heimsuchungsgruppe, in: Natur im Mittelalter. Konzeptionen, Erfahrungen, Wirkungen, hg. von Peter Dilg, Berlin 2003, S. 419 – 441
Telesko 2007: Werner Telesko, „Feuer im Wasser". Zum Programm der Deckenfresken in der Augustiner-Chorherrenstiftkirche von St. Florian, in: Barock in Mitteleuropa. Werke, Phänomene, Analysen, hg. von Martin Engel u. a. (= Wiener Jahrbuch für Kunstgeschichte 55 / 56, 2006 / 07), Wien u. a. 2007, S. 295 – 305
Thierbach 2004: Melanie Thierbach, Die heilige Afra in der Kunst, in: Ausst.-Kat. Afra 2004, S. 74 – 103
Thürlemann 1992: Felix Thürlemann, Das Lukas-Triptychon in Stolzenhain. Ein verlorenes Hauptwerk von Robert Campin in einer Kopie aus der Werkstatt Derick Baegerts, in: Zeitschrift für Kunstgeschichte 1992, S. 524 – 564
Tillmann 2001 / 02: Elisabeth Tillmann, Der spätgotische Schnitzaltar aus Antwerpen in Dortmund-Kirchlinde – ein Zeugnis franziskanischer Ordens-

kultur aus dem Dortmunder Minoritenkloster. Ikonographische Analyse, ordens- und stadtgeschichtlicher Kontext und Überlegungen zur Antwerpener Kunstproduktion, in: Beiträge für die Geschichte Dortmunds und der Grafschaft Mark 92/93, 2001/02, S. 37 – 115

Tipton 1995: Susan Tipton, „Super aspidem et basiliscum ambulabis …". Zur Entstehung der Mariensäulen im 17. Jahrhundert, in: Religion und Religiosität im Zeitalter des Barock (Wolfenbütteler Arbeiten zur Barockforschung, Bd. 25), hg. von Dieter Breuer, 2 Bde., Wiesbaden 1995, Bd. 1, S. 375 – 397

Tollo/Bisacci 1999: Roberto Tollo und Elena Bisacci (Hg.), San Nicola da Tolentino e le Marche. Culto e arte, Tolentino 1999

Torrell 1995: Jean-Pierre Torrell, Magister Thomas. Leben und Werk des Thomas von Aquin, Freiburg i. Br. 1995

Torsy 1971: Jakob Torsy, Eucharistische Frömmigkeit im späten Mittelalter, in: Archiv für mittelrheinische Kirchengeschichte 23, 1971, S. 89 – 102

Třeštík 2000: Dušan Třeštík, Die dynastischen Heiligen und Landespatrone: Wenzel, Ludmilla und Adalbert, in: Ausst.-Kat. Europas Mitte 2000, Bd. 2, S. 883 – 886

Trosa/Agresti 1975: Dionisia Trosa und Guglielmo M. di Agresti, Prolegomeni alla spiritualità di Santa Caterina de' Ricci (Collana Ricciana Fonti, Bd. 7,3), Florenz 1975

Trüb 1978: Carl L. Paul Trüb, Heilige und Krankheit, Stuttgart 1978

Tschochner 1981: Friederike Tschochner, Heiliger Sankt Florian, München 1981

Ullmann E. 1992: Ernst Ullmann, Die Wittenberger Unruhen. Andreas Bodenstein von Karlstadt und die Bilderstürme in Deutschland, in: L'art et les révolutions (Actes du XXVIIe congrès international d'histoire de l'art), Straßburg 1992, Bd. 4, S. 117 – 126

Ullmann W. 1960: Walter Ullmann, Die Machtstellung des Papsttums im Mittelalter. Idee und Geschichte, Graz u. a. 1960

Urbach 2006: Zsuzsa Urbach, Lactatio Sancti Bernardi. Ein Renaissancegemälde des Christlichen Museums von Esztergom, in: Acta Historiae Artium 47, 2006, S. 79 – 91

Vaassen 1993: Elgin Vaassen, Ulrichsdarstellungen in der Glasmalerei vom 15. – 20. Jahrhundert, in: Weitlauff 1993, S. 671 – 696

Vauchez 1997: André Vauchez, Sainthood in the Later Middle Ages, Cambridge 1997

Velhagen 1993: Rudolf Velhagen (Hg.), Eremiten und Ermitagen in der Kunst vom 15. bis zum 20. Jahrhundert (Öffentliche Kunstsammlung, Basel), Basel 1993

Vetter 1958/59: Ewald M. Vetter, Mulier Amicta Sole und Mater Salvatoris, in: Münchner Jahrbuch der Bildenden Kunst 3. F., 9/10, 1958/59, S. 32 – 71

Villaseñor Black 2008: Charleine Villaseñor Black, Creating the Cult of St. Joseph. Art and Gender in the Spanish Empire, Princeton 2008

Virdis 2002: Limentani Virdis, Caterina und Mari Pietrogiovanna, Flügelaltäre. Bemalte Polyptychen der Gotik und Renaissance, München 2002

Vlierden 1995: Marieke van Vlierden, Willibrord en het begin van Nederland, Utrecht 1995

Vloberg 1958: Maurice Vloberg, The Immaculate Conception in art, in: O'Connor 1958, S. 463 – 506

Volkmar 2002: Christoph Volkmar, Die Heiligenerhebung Bennos von Meißen (1523/24). Spätmittelalterliche Frömmigkeit, landesherrliche Kirchenpolitik und reformatorische Kritik im albertinischen Sachsen in der frühen Reformationszeit, Münster 2002

Waetzoldt 1964: Stephan Waetzoldt, Die Kopien des 17. Jahrhunderts nach Mosaiken und Wandmalereien in Rom, Wien und München 1964

Wagner 2007: Fritz Wagner, Zum Bernhard-Bild in Literatur und Kunst, in: Liebesmystik als Chance und Herausforderung. Wirkungen von Person und Spiritualität Bernhards von Clairvaux, hg. von Harald Schwillus, Berlin 2007, S. 25 – 40

Walker Bynum 1988: Caroline Walker Bynum, Holy Feast and Holy Fast. The Religious Significance of Food for Medieval Women, Berkeley 1988

Walker Bynum 2006: Caroline Walker Bynum, Seeing and Seeing Beyound. The Mass of St. Gregory in the Fifteenth Century, in: The Mind's Eye. Art and Theological Argument in the Middle Ages, hg. von Jeffrey F. Hamburger und Anne-Marie Bouché, Princeton 2006, S. 208 – 240

Walsh 2007: Christine Walsh, The Cult of St. Kathrin of Alexandria in Early Medieval Europe, Aldershot 2007

Walter 2006: Christopher Walter, The Iconography of Constantine the Great, Emperor and Saint, Leiden 2006

Wang 1975: Andreas Wang, Der „Miles Christianus“ im 16. und 17. Jahrhundert und seine mittelalterliche Tradition. Ein Beitrag zum Verhältnis von sprachlicher und graphischer Bildlichkeit, Frankfurt a. M. 1975
Wegmann 2003: Susanne Wegmann, Auf dem Weg zum Himmel. Das Fegefeuer in der deutschen Kunst des Mittelalters, Köln u. a. 2003
Wehr 1996: Lothar Wehr, Petrus und Paulus – Kontrahenten und Partner. Die beiden Apostel im Spiegel des Neuen Testaments, der Apostolischen Väter und früher Zeugnisse ihrer Verehrung, Münster 1996
Weilandt 2007: Gerhard Weilandt, Die Sebalduskirche in Nürnberg. Bild und Gesellschaft im Zeitalter der Gotik und Renaissance, Petersberg 2007
Weinfurter 1999: Stefan Weinfurter, Heinrich II. (1002 – 1024). Herrscher am Ende der Zeiten, Regensburg 1999
Weitlauff 1993: Manfred Weitlauff (Hg.), Bischof Ulrich von Augsburg 890 – 973. Seine Zeit – sein Leben – seine Verehrung. Festschrift aus Anlaß des tausendjährigen Jubiläums seiner Kanonisation im Jahre 993, Weißenhorn 1993
Weitzmann-Fiedler 1966: Josepha Weitzmann-Fiedler, Zur Illustration der Margaretenlegende, in: Münchner Jahrbuch der bildenden Kunst 17, 1966, S. 17 – 48
Wermelinger u. a. 2005: Otto Wermelinger u. a. (Hg.), Mauritius und die Thebäische Legion. Akten des internationalen Kolloquiums Freiburg, Saint-Maurice, Martigny, 17. – 20. September 2003, Fribourg 2005
Westeel 1999: Isabelle Westeel, Quelques remarques sur la „Vita Eligii“, vie de saint Éloi, in: Mélanges de science religieuse 56, 1999, S. 33 – 47
Westeel 2005: Isabelle Westeel, Courte note d'hagiographie: un nouvel épisode du „pendu-dépendu“ dans la vie latine de Saint Éloi, in: Famille, violence et christianisation au Moyen Age, hg. von Martin Aurell und Thomas Deswarte, Paris 2005, S. 209 – 217
Wiebel 1988: Christiane Wiebel, Askese und Endlichkeitsdemut in der italienischen Renaissance. Ikonologische Studien zum Bild des heiligen Hieronymus, Weinheim 1988
Wilk 1985: Sarah Wilk, The cult of Mary Magdalena in fifteenth century Florence and its iconography, in: Studie medievali 26, 1985, S. 685 – 698
Williams-Krapp 1979: Werner Williams-Krapp, Die deutschen Übersetzungen der „Legenda aurea“ des Jacobus de Voragine, in: Beiträge zur Geschichte der deutschen Sprache und Literatur 101, 1979, S. 252 – 276
Williams-Krapp 1995: Werner Williams-Krapp, Di grôsten zeichen di kein heilige getan mac di tut dirre heilige. Zu den deutschen Jakobslegenden, in: Der Jakobuskult in Süddeutschland. Kultgeschichte in regionaler und europäischer Perspektive (Jakobus-Studien 7), hg. von Klaus Herbers und Dieter R. Bauer, Tübingen 1995, S. 233 – 248
Wilson 2001: Carolyn C. Wilson, St. Joseph in Italian Renaissance Literature and Art. New Directions and Interpretations, Philadelphia 2001
Wimböck 2002: Gabriele Wimböck, Guido Reni (1575 – 1642). Funktion und Wirkung des religiösen Bildes, Regensburg 2002
Winckel / Goethem / Molkenboer 1927: Albertus van Winckel, Fernand van Goethem, Bernard H. Molkenboer (Hg.), Sint Thomas van Aquino – Bijdragen over zijn Tijd, zijn Leer en zijn Verherrlijking door de Kunst, Gent und Löwen 1927
Winkelbauer 1945: Walter Franz Winkelbauer, Kaiser Maximilian I. und St. Georg, in: Mitteilungen des österreichischen Staatsarchives 7, 1945, S. 523 – 550
Winstead 2003: Karen A. Winstead, St Katherine's Hair, in: St Katherine of Alexandria. Texts and Contexts in Western Medieval Europe, hg. von Jacqueline Jenkins und Katherine J. Lewis, Turnhout 2003, S. 171 – 199
Winterer 2009: Christoph Winterer, Das Fuldaer Sakramentar in Göttingen. Benediktinische Observanz und römische Liturgie, Petersberg 2009
Wirth 2007: Jean Wirth, Die Bestreitung des Bildes vom Jahr 1000 bis zum Vorabend der Reformation, in: Hoeps 2007, S. 191 – 212
Wischmeyer 1978: Wolfgang Wischmeyer, Die Entstehung der christlichen Archäologie im Rom der Gegenreformation, in: Zeitschrift für Kirchengeschichte 89, 1978, S. 136 – 149
Wittekind 2009: Susanne Wittekind (Hg.), Geschichte der bildenden Kunst in Deutschland, Bd. 2: Romanik, München 2009
Wittern 1986: Susanne Wittern, Frauen zwischen asketischem Ideal und weltlichem Leben. Zur Darstellung des christlichen Handelns der merowingischen Königinnen Radegunde und Balthilde in hagiographischen Lebensbeschreibungen des 6. und 7. Jahrhunderts, in: Frauen in der Geschichte. VII. Interdisziplinäre Studien zur Geschichte der Frauen im Frühmittelalter. Methoden – Pro-

bleme – Ergebnisse, hg. von Werner Affeldt und Annette Kuhn, Düsseldorf 1986, S. 272 – 294
Wittmann 1967: Anneliese Wittmann, Kosmas und Damian. Kultausbreitung und Volksdevotion, Berlin 1967
Wohlmuth 1990: Josef Wohlmuth, Bild und Sakrament im Konzil von Trient, in: Wozu Bilder im Christentum? Beiträge zur theologischen Kunsttheorie (Pietas Liturgica 6), St. Ottilien 1990, S. 63 – 85
Wolf G. 1990: Gerhard Wolf, Salus Populi Romani. Die Geschichte römischer Kultbilder im Mittelalter, Weinheim 1990
Wolf G. 1995: Gerhard Wolf, Kultbilder im Zeitalter des Barock, in: Religion und Religiosität im Zeitalter des Barock (Wolfenbütteler Arbeiten zur Barockforschung, Bd. 25), 2 Bde., hg. von Dieter Breuer, Wiesbaden 1995, Bd. 1, S. 399 – 413
Wolf G. 1997: Gerhard Wolf, Caecilia, Agnes, Gregor und Maria. Heiligenstatuen, Madonnenbilder und ihre künstlerische Inszenierung im römischen Sakralraum um 1600, in: Zeitsprünge. Forschungen zur Frühen Neuzeit 1, 1997, S. 750 – 795
Wolf G. 1999: Gerhard Wolf, „Pinta della nostra effige". La Veronica come richiamo dei romei, in: Romei e Giubilei. Il pellegrinaggio medievale a San Pietro (350 – 1359) (Ausst.-Kat. Palazzo Venezia, Rom), Mailand 1999, S. 211 – 218
Wolf G. 2002: Gerhard Wolf, Schleier und Spiegel. Traditionen des Christusbildes und die Bildkonzepte der Renaissance, München 2002
Wolf G. Ph. 1998: Gerhard Philipp Wolf, Art. „Sales, François de Sales (1567 – 1622)", in: TRE 29, 1998, S. 717 – 723
Wolf K. 1996: Kirsten Wolf, The Legend of Saint Dorothee, in: Analecta Bollandiana 114, 1996, S. 41 – 72
Wolf N. 2002: Norbert Wolf, Deutsche Schnitzretabel des 14. Jahrhunderts, Berlin 2002
Wolff 1996: Ruth Wolff, Der heilige Franziskus in Schriften und Bildern des 13. Jahrhunderts, Berlin 1996
Wood 1996: Jeryldene M. Wood, Women, Art, and Spirituality. The Poor Clares of Early Modern Italy, Cambridge 1996
Wunderli 1986: Peter Wunderli (Hg.), Der kranke Mensch in Mittelalter und Renaissance, Düsseldorf 1986

Zambrano / Katz Nelson 2004: Patrizia Zambrano und Jonathan Katz Nelson, Filippino Lippi, Mailand 2004
Zannini 1990: Lucia Zannini, Iconografia di San Ciriaco, In: Studia Picena 55, 1990, S. 179 – 205
Zarri 1984: Gabriella Zarri, L'altra Cecilia: Elena Duglioli Dall'Olio (1472 – 1520), in: Culto di santi, istituzioni e classi sociali in età preindustriale, hg. von Sofia Boesch Gajano und Lucia Sebastiani, L'Aquila und Rom 1984, S. 573 – 613
Zehnder 1985: Frank Günter Zehnder, Sankt Ursula. Legende, Verehrung, Bilderwelt, Köln 1985
Zehnder 1990: Frank Günter Zehnder, Katalog der Altkölner Malerei (Katalog des Wallraf-Richartz-Museums, Bd. 11), Köln 1990
Ziegeler 2007: Jans-Joachim Ziegeler, Der Altenberger Bernhard-von-Clairvaux-Zyklus und die Bernhard-Legende, in: Ausst.-Kat. Glasmalerei 2007, Bd. 1, S. 77 – 79
Ziegenaus u. a. 1991: Anton Ziegenaus u. a., Art. „Himmelfahrt Mariae", in: Marienlexikon, Bd. 3, St. Ottilien 1991, S. 199 – 208
Zinnhobler 1982: Rudolf Zinnhobler, Der heilige Severin. Sein Leben und seine Verehrung, Wien 1982
Zinnhobler / Amon 1973: Rudolf Zinnhobler und Karl Amon, Tod, Begräbnis und „Erhebung" des heiligen Wolfgang, in: Oberösterreichische Heimatblätter 27, 1973, S. 159 – 162
Zucker 1992: Mark J. Zucker, Problems in Dominican Iconography: The Case of St. Vincent Ferrer, in: artibus et historiae 25, 1992, S. 181 – 193
Zupnick 1958: Irving L. Zupnick, Saint Sebastian in Art, phil. Diss. Columbia University 1958
Zwierlein 2009: Otto Zwierlein, Petrus in Rom. Die literarischen Zeugnisse. Mit einer kritischen Edition der Martyrien des Petrus und Paulus auf neuer handschriftlicher Grundlage (Untersuchungen zur antiken Literatur und Geschichte, Bd. 96), Berlin und New York 2009

Namensverzeichnis

Ortsverzeichnis

Verzeichnis der Attribute

Abbildungsnachweis

750 Jahre Kloster St. Marienstern. Festschrift, hg. von K. Blaschke, H. Magirius u. S. Seifert, Halle a. d. Saale 1998: S. 301

Adrien Gambart's Emblem Book, hg. von E. Stopp, Philadelphia 2005: S. 279

Anzelewsky, F.: Albrecht Dürer. Das malerische Werk, Berlin 1980: S. 215

akg-images, Berlin: S. 38, 52, 54, 84, 98, 108, 111, 132, 147, 163, 182, 199, 231, 236, 240, 263, 270, 289, 295, 336

akg-images / Georges Rouault, © VG Bild-Kunst, Bonn: S. 338

Ausstellungskatalog Badisches Landesmuseum Karlsruhe, Spätmittelalter am Oberrhein. Maler und Werkstätten, Bd. 2, Stuttgart 2001: S. 130, 135

Ausstellungskatalog Bayerisches Nationalmuseum München, Rom in Bayern. Kunst und Spiritualität der ersten Jesuiten, hg. von R. Baumstark, München 1997: S. 298, 304 f.

Ausstellungskatalog Bernisches Historisches Museum, Bildersturm. Wahnsinn oder Gottes Wille?, hg. von C. Dupeux u. a., München 2000: S. 22

Ausstellungskatalog Diözesanmuseum Augsburg, Hl. Afra. Eine frühchristliche Märtyrerin in Geschichte, Kunst und Kultur 304 – 2004, hg. von M. Weitlauff u. M. Thierbach, Augsburg 2004: S. 40

Ausstellungskatalog Diözesanmuseum Freising, Jan Polack. Von der Zeichnung zum Bild. Malerei und Maltechnik in München um 1500, hg. von S. Hahn u. a., Augsburg 2004: S. 230

Ausstellungskatalog Herzog-Anton-Ulrich-Museum Braunschweig, Heinrich der Löwe und seine Zeit. Herrschaft und Repräsentation der Welfen 1125 – 1235, hg. von J. Luckhardt u. F. Niehoff, München 1995: S. 15

Ausstellungskatalog Herzog-Anton-Ulrich-Museum Braunschweig, Holländische Malerei in neuem Licht. Hendrick ter Brugghen und seine Zeitgenossen, Braunschweig 1987: S. 260

Ausstellungskatalog Hessisches Landesmuseum Darmstadt, Deutsche Malerei um 1260 bis 1550 im Hessischen Landesmuseum Darmstadt, Darmstadt 1990: S. 150

Ausstellungskatalog, Karl IV. Kaiser von Gottes Gnaden. Kunst und Repräsentation des Hauses Luxemburg 1310 – 1437, München 2006: S. 180

Ausstellungskatalog Kloster Aldersbach, Cosmas Damian Asam 1686 – 1739. Leben und Werk, hg. von B. Bushart u. B. Rupprecht, München 1986: S. 248

Ausstellungskatalog Kunst- und Ausstellungshalle der Bundesrepublik Deutschland, Bonn und Ruhrlandmuseum Essen, Krone und Schleier. Kunst aus mittelalterlichen Frauenklöstern, München 2005: S. 177

Ausstellungskatalog Mainfränkisches Museum Würzburg, Kilian, Mönch aus Irland – aller Franken Patron 689 – 1989, Würzburg 1989: S. 58

Ausstellungskatalog Museen der Stadt Landshut, Mit Kalkül und Leidenschaft. Inszenierungen des Heiligen in der bayerischen Barockmalerei, Bd. 1, Landshut 2003: S. 251, 253

Ausstellungskatalog Museo Nazionale del Palazzo di Venezia Rom, La Regola e la Fama. San Filippo Neri e l'Arte, Mailand 1995: S. 275

Ausstellungskatalog Museo Nazionale del Palazzo di Venezia Rom, Pietro da Cortona 1597–1669, hg. von A. L. Bianco, Mailand 1997: S. 287
Ausstellungskatalog Museum für Kunst und Kulturgeschichte der Hansestadt Lübeck-Behnhaus, Johann Friedrich Overbeck 1789–1869. Zur 200. Wiederkehr seines Geburtstages, hg. von A. Blühm u. G. Gerkens, Lübeck 1989: S. 333
Ausstellungskatalog Neapel, Jusepe de Ribera 1591–1652, Mailand 1992: S. 255, 315
Ausstellungskatalog Palazzo Barberini Rom, Pier Leone Ghezzi. Settecento alla moda, hg. von Anna Lo Bianco, Venedig 1999: S. 256, 292
Ausstellungskatalog Pinacoteca Nazionale Bologna, Guido Reni 1575–1642, Bologna 1988: S. 313, 325
Ausstellungskatalog Réunion des Musées Nationaux, Georges de La Tour, Paris 1997: S. 309
Ausstellungskatalog Réunion des Musées Nationaux, Nicolas Poussin 1594–1665, Paris 1994: S. 261
Ausstellungskatalog Rosgartenmuseum Konstanz, Christoph Daniel Schenck 1633–1691, Sigmaringen 1996: S. 318
Ausstellungskatalog Stadtmuseum Erfurt, Radegunde – ein Frauenschicksal zwischen Mord und Askese, Erfurt 2006: S. 171, 173
Ausstellungskatalog The Metropolitan Museum of Art New York u. Galeries Nationales du Grand Palais Paris, Zurbarán. Hg. von J. Baticle, New York 1987: S. 320
Ausstellungskatalog, Tilman Riemenschneider, hg. von Jürgen Lenssen im Auftrag der Diözese Würzburg, Bd. 2, Würzburg 2004: S. 233
Ausstellungskatalog Wallraf-Richartz-Museum Köln, Stefan Lochner. Meister zu Köln. Herkunft – Werke – Wirkung, hg. von F. G. Zehnder, Köln 1993: S. 116
Ausstellungskatalog zur Landesausstellung, Lucas Cranach. Ein Malerunternehmer aus Franken, Augsburg 1994: S. 179
Auzas, P.-M.: Die Apokalypse von Angers. Ein Meisterwerk mittelalterlicher Teppichwirkerei, München 1985: S. 106
Bähr, I.: Saint Denis und seine Vita im Spiegel der Bildüberlieferung der französischen Kunst des Mittelalters, Worms 1984: S. 48
Barberini, M. G.: I santi quattro coronati a Roma, Rom 1989: S. 186
Barnes, S. J. (u. a.): Van Dyck. A complete catalogue of the paintings, New Haven 2004: S. 291
Bartz, G.: Guido di Piero, genannt Fra Angelico, um 1395–1455, Köln 1998: S. 94
Battista, A. (Hg.): Andrea Pozzo, Mailand 1996: S. 274
Bayerische Verwaltung der staatlichen Schlösser, Gärten und Seen, München: S. 224
Beiträge zur Geschichte Dortmunds, Aalen 2001/2002: S. 92
Bellosi, L.: Giotto, Mailand 1997: S. 225
Belting, H.: Bild und Kult. Eine Geschichte des Bildes vor dem Zeitalter der Kunst, München 1990: S. 21
Bestandskatalog Rosgartenmuseum Konstanz, Die Kunstwerke des Mittelalters, hg. von K. Bernd, Konstanz 1993: S. 117
Bibliotheca Sanctorum, Rom 1965: S. 192
Bildarchiv Preußischer Kulturbesitz, Berlin: S. 32, 196
Böckler, A.: Das Stuttgarter Passionale, Augsburg 1923: S. 212
Böse, K.: Gemalte Heiligkeit. Bilderzählungen neuer Heiliger in der italienischen Kunst des 14. und 15. Jahrhunderts, Petershagen 2008: S. 103, 201
Brandenburg, H.: Die frühchristlichen Kirchen Roms vom 4. bis zum 7. Jahrhundert, Mailand 2004: S. 13
Chevalley, D. A.: Der Dom zu Augsburg, München 1995: S. 156
Churches Conservation Trust, London: S. 81
Cole Ahl, D.: Fra Angelico, London 2008: S. 29
Couderc, C.: Heures dites de Henri IV, Paris 1908: S. 141
de la Riestra, P.: S. 162
Der Hl. Liudger. Gedenkjahr 809–1984, Billerbeck 1984: S. 138
de Vos, D.: Flämische Meister. Jan van Eyck, Rogier van der Weyden, Hans Memling, Köln 2002: S. 159
Die Miniaturen aus dem Stundenbuch der Katharina von Kleve, mit einer Einleitung u. Erläuterung v. J. Plummer, Berlin 1966: S. 43
Dillian, G.: The Fifteenth Century Italian Paintings, London 2003: S. 119
Dunkerton, J. u. a.: Giotto to Dürer. Early Renaissance Painting in The National Gallery, New Haven 1991: S. 202
Effenberger, A./Severin, H.-G.: Das Museum für spätantike und byzantinische Kunst, Mainz 1992: S. 72
Ewald, G.: Johann Carl Loth 1632–1698, Amsterdam 1965: S. 317
Foto Marburg: S. 24f., 50, 60, 76, 124, 154, 204, 322
Fraenger, W.: Matthias Grünewald, München 1983: S. 67, 69
Ganz, D.: Medien der Offenbarung. Visionsdarstellungen im Mittelalter, Berlin 2008: S. 114
Geismeier, W.: Daniel Chodowiecki, Leipzig 1993: S. 332
Gmelin, H. G.: Spätgotische Tafelmalerei in Niedersachsen und Bremen, München 1974: S. 208f.
Goddelijk geschilderd. Honderd meesterwerken van Museum Catharijneconvent, Zwolle 2003: S. 234
Goffen, R.: Giovanni Bellini, New Haven, London 1989: S. 62
Gombrich, Ernst H.: Die Geschichte der Kunst, Frankfurt a. M. 1996: S. 282
Hallesches Heiltumbuch von 1520 (Nachdruck), hg. von H. L. Nickel, Halle a. d. Saale 2001: S. 12
Harthan, J.: Books of Hours and their Owners, London 1978: S. 9
Hilber, L.: Der Gottesgelehrte Nikolaus von Flüe. Drei Studien, Freiburg 1981: S. 66
Hildmann, A.: Die Münchner Kirchen. Architektur – Kunst – Liturgie, Regensburg 2008: S. 277
Historische Zeitschrift, Beiheft Bd. 33, München 2002: S. 238
Historischer Verein, Eichstätt 1994: S. 149
Höfler, J.: Der Meister E. S. Ein Kapitel europäischer Kunst des 15. Jahrhunderts, Bd. 2, Regensburg 2007: S. 220
Italian Altarpieces 1250–1550. Function and Design, hg. von E. Borsook u. F. Superbi Gioffredi, Oxford 1994: S. 88
Knappe, K.-A.: Dürer. Das grafische Werk, Paris/Wien 1964: S. 133
Koller, M.: Der Flügelaltar von Michael Pacher in St. Wolfgang, Wien 1998: S. 126, 143
König, E.: Die Très Belles Heures von Jean de France Duc de Berry, München 1998: S. 169

König, E.: Guémadeuc-Stundenbuch. Der Maler des Antoine de Roche und Guido Mazzoni aus Modena, Rotthalmünster 2001: S. 47
König, E.: Michelangelo Maerisi da Caravaggio, Köln 1997: S. 241, 284, 310, 312
Kretzenbacher, L.: Legendenbilder aus dem Feuerjenseits. Zum Motiv des „Losbetens", Wien 1980: S. 157
Krüger, K.: Der frühe Bildkult des Franziskus in Italien. Gestalt- und Funktionswandel des Tafelbildes im 13. und 14. Jahrhundert, Berlin 1992: S. 83
Kunstverlag Peda, Passau: S. 228
La Maddalena tra sacro e profano, hg. von M. Mosco, Mailand 1986: S. 74
Laskowski, B.: Piero della Francesca 1416/17 – 1492, Köln 1998: S. 41
Leclair, A.: Louis-Jacques Durameau. 1733 – 1796, Paris 2001: S. 331
Leone de Castris, P.: Simone Martini, Mailand 2003: S. 86
Lepie, H./Minkenberg, G.: Die Schatzkammer des Aachener Domes, Aachen 1995: S. 174
Liebieghaus Skulpturensammlung, ARTOTHEK, Weilheim: S. 110
Limentani Virdis, C./Pietrogiovanna, M.: Flügelaltäre. Bemalte Polyptychen der Gotik und Renaissance, München 2002: S. 27, 222
Marburger Jahrbuch, Marburg 2003: S. 243
Metzger, C.: Hans Schäufelin als Maler, Berlin 2002: S. 217
Möller, N.: Das Mariahilfbild im Dom zu St. Jakob in Innsbruck. Innsbruck o. J.: S. 327
Nemitz, R./Thierse, D. (Hg.): St. Barbara. Weg einer Heiligen durch die Zeit, Essen 1995: S. 194
Nepi u. Terrosi, Beccafumi e il suo tempo, hg. von P. Barocchi, Mailand 1990: S. 45
Nieuwdorp, H./Dekeyzer, B.: Breviarium Mayer van den Bergh. Alle Miniaturen, Gent 1997: S. 79
Olivari, M.: Giovanni Bellini, Florenz 1990: S. 100
Opitz, M.: Benozzo Gozzoli 1420 – 1497, Köln 1998: S. 90, 96, 122
Palazzo Corsini, Roma, hg. von E. Borsellino, Rom 1995: S. 286
Penny, N.: Geschichte der Skulptur. Material, Werkzeug, Technik, Leipzig 1995: S. 272
Pope-Hennessy, J.: Italian High Renaissance & Baroque sculpture, London 1996: S. 258
Rheinisches Bildarchiv, Köln: S. 77, 102
Roethlisberger, M. G.: Abraham Bloemaert and his Sons, Doornspijk 1993: S. 266, 268, 307
Rom – Jerusalem – Santiago. Das Pilgertagebuch des Ritters Arnold von Harff (1496 – 1499), übers., komment. u. eingel. von Helmut Brall-Tuchel u. Folker Rechert, Köln u. a. 2009: S. 18
Rosci, M.: Il Cerano. Giovanni Battista Crespi, Mailand 2000: S. 299
Sandner, I.: Spätgotische Tafelmalerei in Sachsen, Dresden 1993: S. 128, 213
Sawilla, J. M.: Antiquarianismus, Hagiographie und Historie im 17. Jahrhundert. Zum Werk der Bollandismen. Ein wissenschaftshistorischer Versuch, Tübingen 2009: S. 247
Siebenmorgen, H.: Die Anfänge der „Beuroner Kunstschule". Peter Lenz und Jakob Wüger 1850 – 1875. Ein Beitrag zur Genese der Formabstraktion in der Moderne, Sigmaringen 1983: S. 335
Steiner, P. B. u. a.: Münchner Gotik im Freisinger Diözesanmuseum, Regensburg 1999: S. 70
Sterling, C.: La peinture médievale à Paris, Bd. 2, Paris 1990: S. 137
Stoichita, V. I.: Visionary Experience in the golden Age of Spanish Art, London 1995: S. 281
St. Peter's in the Vatican, hg. von W. Tronzo, Cambridge 2005: S. 245
Strieder, P.: Tafelmalerei in Nürnberg 1350 – 1550, Königstein i. Ts. 1993: S. 55f.
The Hours of Jeanne d'Évreux, Queen of France, New York 1957: S. 176
The Illustrated Bartsch, New York 1981: S. 113, 140
The Rohan Book of Hours, hg. von Marcel Thomas, New York 1973: S. 34
Toman, R. (Hg.): Die Kunst der italienischen Renaissance. Architektur, Skulptur, Malerei, Zeichnung, Köln 1994: S. 152, 184, 210
Toman, R. (Hg.): Die Kunst der Romantik. Architektur, Skulptur, Malerei, Köln 1996: S. 16
Ullstein Bild, Berlin: S. 324
Unterkircher, F.: Das Rothschild-Gebetbuch, Graz 1984: S. 188
Unterkircher, F.: Das Stundenbuch des Mittelalters, Graz 1985: S. 64
Valdivieso, E.: Murillo. Sombras de la Tierra, Luces del Cielo, Madrid 1990: S. 302
van Os, H.: Der Weg zum Himmel. Reliquienverehrung im Mittelalter, Regensburg 2001: S. 36
Visions of Holiness, hg. von A. Ladis u. S. E. Zuraw, Athens 2001: S. 197
Volk, P.: Ignaz Günther. Vollender des Rokoko, Regensburg 1991: S. 296
Waetzoldt, S.: Die Kopien des 17. Jahrhunderts nach Mosaiken und Wandmalereien in Rom, Wien 1964: S. 167
Weizsäcker, H. (Hg.): Die Kunstschätze des ehemaligen Dominikanerklosters in Frankfurt am Main, München 1923: S. 145
Westfälisches Landesmuseum für Kunst- und Kulturgeschichte, Münster: S. 227
Wolf, N.: Deutsche Schnitzretabel des 14. Jahrhunderts, Berlin 2002: S. 17, 189
Wurster, H. W.: Passau. Dom St. Stephan, Passau 2004: S. 339
Zambrano, P./Katz, N. J.: Filippino Lippi, Mailand 2004: S. 206
Zeitschrift des Historischen Vereins für Schwaben, Augsburg 1955: S. 190
Zeitschrift für Kunstgeschichte, München 1989: S. 30, 166